中国同文
nongtong

让
我
们
一
起
追
寻

William Dalrymple

〔英〕威廉·达尔林普尔 作品七

白莫卧儿人

爱情、战争与 18 世纪的印度

Love and Betrayal in Eighteenth-Century India

陆大鹏

刘晓晖 译

White Mughals

社会科学文献出版社

SOCIAL SCIENCES ACADEMIC PRESS (CHINA)

本书获誉

荣获 2003 年沃尔夫森历史奖

威廉·达尔林普尔是那种罕见的文笔好的历史学者。这是一本引人入胜、令人手不释卷的书。

——萨曼·鲁西迪

这是自沙贾汗和穆姆塔兹·玛哈尔皇后（为了纪念她，沙贾汗建造了泰姬陵）以来，出自印度的最感人至深的爱情故事……它比任何虚构作品都更浪漫，结局也更具悲剧性，并且最后的情节逆转肯定会让读者眼花缭乱。达尔林普尔是当今对亚洲最观察入微、最有同情心的写作者。无论对热爱印度还是喜爱罗曼史与文学的人士来说，《白莫卧儿人》都是一座令人心旷神怡的美妙花园。

——查尔斯·艾伦，《文学评论》

大家一般觉得爱情与战争属于迥然不同的领域，除了在托尔斯泰的小说当中，二者很难融合。威廉·达尔林普尔这部杰作的部分成就，就在于它举重若轻地让这两个主题水乳交融，让英国征服印度的大历史背景与一段催人泪下的爱情故事交织在一起。达尔林普尔的大部分叙述都具有悬疑小说的快节奏……［但］最重要的是，这本书精彩展现了达尔林普尔的学术功力、写作才华和入木三分的洞见。对这部在多个层面都出类拔萃的杰作，任何简短的评论都是不公平的。我们只能说，达尔林普尔取得了令人难以置信的成就，他的得分一下子就超过了绝大多数历史学家和小说家。

——弗兰克·麦克林，《星期日独立报》

想象力丰富、文笔优美、充满智识挑战，也有激情澎湃的爱情故事。这是达尔林普尔一生的最伟大成就，也是他写过的最好的一本书。他为印度和英国所做的事，就像爱德华·萨义德在《东方学》中为西方和阿拉伯世界的相遇所做的一样。达尔林普尔摧毁了几个世纪以来对在印度的英国人的刻板描绘，也摧毁了英国人坚忍不拔、感情内敛的神话。尽管历史背景是在 18 世纪，但这是一本非常重要的具有现实意义的书。达尔林普尔在当前关于种族主义、殖民主义和全球化的辩论中开辟了新的天地。在这本书之后，在印度的英国人的历史就有了崭新的面貌。

——艾哈迈德·拉希德

动人心魄，包罗万象，质感极佳……凭借扎实的研究（也需要妙手偶得的好运气），借助想象力和共情力，达尔林普尔让 18 世纪末在印度的英国人的世界跃然纸上……一本神奇的书，一个关于爱情和我们共有的人性的故事。

——弗朗西斯·罗宾逊，《泰晤士报文学增刊》

谁要是因为对印度缺乏兴趣而错过了威廉·达尔林普尔的《白莫卧儿人》，那损失就大了。他通过讲述一位英国在海德拉巴的常驻代表和一位穆斯林贵族女子的爱情故事，深入探讨了18世纪末东西方的关系，在那个时代东西方确实是相遇了。达尔林普尔是一位孜孜不倦的研究者，而且在本书中，他还是一位无比幸运的研究者。他提供了一场常常令人惊讶的知识盛宴，并介绍了一大批特色各异的人物，有的滑稽，有的令人心酸。但最重要的是，他的写作手法引人入胜，他对这个主题的无比热情能够感染你。这是一本令人无法抗拒的书。

——戴安娜·艾希尔，《卫报》年度好书

达尔林普尔写作的主题是"文化互化"（transculturation）这个不讨喜的概念，但他的书里有一些关于种族、外交、战争，尤其是性爱的美妙材料……狡诈、欲望、野心和惊奇在这里融为一体。

——罗宾·布莱克，《金融时报》

一部杰作。

——《新政治家》年度好书

技法上雄心勃勃……有学术的严肃性，也有道德层面的激情。这本洋洋洒洒的书里最扣人心弦的地方，就是达尔林普尔带着小说家的激情描述的柯克帕特里克反叛的悲剧性代价。

——潘卡吉·米什拉，《卫报》

德干高原的恢宏盛景，是达尔林普尔这部惊心动魄的历史悬疑作品的恰当背景。这本书生动描绘了在互相抵触的不同文化中昙花一现的爱情。这是一部扣人心弦的编年史，是两百年前一位英国常驻代表与海德拉巴一位穆斯林贵族妙龄女子之间暴风骤雨般的罗曼史。作品的背后是一丝不苟的研究，并且达尔林普尔以他标志性的风趣和优美文笔将故事讲述给读者。故事的结构十分精巧，每一章的结尾都留下了悬念。故事主线在德干高原区域政治的大背景下展开。无论关于战争、性爱、阴谋还是占星术，达尔林普尔都是一位靠谱的、热情洋溢的向导。这是一部英雄式主题的经典名作，也将印度一些最壮丽但最被人忽视的风景从遗忘之中解救出来。

——比尔·艾特肯

《白莫卧儿人》是令人信服的对帝国主义的控诉，也是一个感人的爱情故事……达尔林普尔是当今最吸引人的非虚构作家之一。

——休·麦克唐纳，《先驱报》（格拉斯哥）

一部够得上最高学术标准的历史作品……文采斐然，有很好的研究作为支撑，具有精明世故的智慧……这是 18 世纪印度彬彬有礼、颓废而充满诗意的世界的巨幅历史画卷，那时莫卧儿王公们生活在金碧辉煌的宫殿里，英国人生活得像印度王公一样。关于在印度的英国人的大多数记述都聚焦于维多利亚时代，所以我们倾向于认为我们的同胞在印度的唯一态度，就是维多利亚时代的态度。这是少数讲述维多利亚时代之前的一两个世纪的书之一，能够让我们更全面地了解历史。本书暗含的目标是突出那个更早的时代的道德风尚是多么自由奔放，多么迥异于维多利亚时代。而传达这样的信息的途径，是一个引人入胜的故事，其中有战争、阴谋、性爱、爱情和背叛，始终不偏离历史事实……达尔林普尔的天赋在于像一位优秀的小说家一样，让这些人物和情节跃然纸上。

——乔纳森·罗利，《旅行家》

这个故事里有很多具有普遍性的东西，比如，冲破重重阻挠的爱情、跨越种族与民族界限的忠诚。但达尔林普尔这部历史作品的主题更广泛，它展现了令人肃然起敬的学术功底，运用了许多此前无人采用的原始资料，对18世纪末的英印关系进行了细致入微的剖析，也记载了商业与政治环境的历史。达尔林普尔早就是成功的游记作家和杂文家，现在他证明了自己是一位卓越的历史学家。

——爱德华·马里奥特，《旗帜晚报》

对情节的简要概括，完全无法展现达尔林普尔用怎样的热情和精力还原了这个非同一般的故事（他"洗劫"了从爱丁堡到海德拉巴的每一个存放英治印度档案的机构），也无法展现他对印度及其生活方式的极具感染力的热爱，从每一页上都能看得出这种热爱……《白莫卧儿人》是相当了不起的成就：极具启发性，发人深思，感人至深，并且引人入胜。尽管书的篇幅不小，但只要你对"英国人在印度"这个话题有一点点兴趣，就会手不释卷。

——戴维·古道尔爵士，《平板》

引人入胜，扣人心弦……威廉·达尔林普尔展开了一幅广阔的画卷：18 世纪印度生动而风云激荡的全景图。这本书背后的研究工作令人肃然起敬，文笔有活力，具有自信而迷人的力量……达尔林普尔是一位有才华的叙述者，将印度王公与东印度公司之间的互动展现得淋漓尽致，把一些主要人物描摹得栩栩如生。

——塞利娜·黑斯廷斯，《每日邮报》

一部雄心勃勃的历史修正著作……在印度被描绘为黑暗大陆很久之后，终于有一位精通历史、热爱旅行、文笔优美、知识渊博的作家，向世人展示一个迥然不同的印度……达尔林普尔的书推翻了很多既有的理论和观念，注定会在历史学家当中掀起许多波澜，提供一个我们之前从不知道的新视角。

——比努·约翰，《印度快报》

这本书融合了优秀小说的紧张感和真正历史学家的档案工作。它是了不起的成就，揭示了东印度公司和英国精英的新的一面。

——《独立报》年度好书

《白莫卧儿人》精彩、尖锐，展现了同情心，它不仅是一个引人入胜的爱情故事，而且在这个危险的历史时刻，它也是一个重要的提醒，让我们不要忘了，欧洲人曾经认为穆斯林社会亲切而有吸引力，在伊斯兰世界和西方之间架起桥梁一直是可能的。

——凯伦·阿姆斯特朗

这是一部以一丝不苟的学术研究为基础的历史叙述，展现了达尔林普尔标志性的优美文笔、黑色幽默和讲故事的才华……通过这部海德拉巴爱情史诗，达尔林普尔告诉我们，关于印度的最优秀的非虚构作品仍然是由对印度富有同情心的外国人写的。说这本书可读性强是远远不够的。作者的坦诚和激情要求我们使用更高级的赞扬之语。

——阿肖克·马利克，《今日印度》

令人手不释卷，始终有神奇的娱乐性……这是一部内容丰富而气势恢宏的好书。

——菲利普·齐格勒，《每日电讯报》

这部扣人心弦的作品……不仅仅是对 18 世纪末大量"土著化"的东印度公司雇员（数量之多，出人意料）的引人入胜和极其丰富的叙述，也是一个催人泪下的故事，讲述其中一个人，詹姆斯·柯克帕特里克，为了一位美丽的穆斯林贵族女子的爱情而甘愿拿自己的前程和声誉冒险……英国和印度的历史学家当中很少有人愿意承认"发生在早期的不同种族之间的……水乳交融"，仿佛"各方都对这一时刻的混杂与融合感到有些尴尬"。达尔林普尔用这个精彩纷呈的故事改变了那一切。本书既有详尽的学术研究作为基础，也有优美的文笔。

——索尔·戴维，《星期日邮报》

历史学家之技艺的一次胜利。

——阿图尔·查图维迪，《印度星期日快报》

一本美妙的书。一位海德拉巴贵族女子和英国常驻代表之间的爱情故事，留下了令人悲伤的结局。借助这个故事，作者探索了英属印度建立之前英国与印度之间的关系。

——阿赫达夫·苏埃夫，《泰晤士报文学增刊》年度好书

这是今年最优秀的书……了不起的成就，文笔优美的历史书的完美典范。有详尽的学术研究，讲述也很精彩。自达尔林普尔早期的《精灵之城》以来，我就没有读过这么引人入胜的书了。

——库什万特·辛格，《政治家》年度好书

达尔林普尔的书都有详尽的学术研究和档案作为支撑，并且可读性强。这都是毋庸置疑的。所以当最挑剔的批评家也说他关于印度的新书达到了一个新高度时，他的粉丝就必须赶紧买一本了。果然，他没有让人失望。这本书在篇幅上比达尔林普尔之前的作品更加雄心勃勃。本书虽然表面上讲的是18世纪末一名东印度公司官员与海德拉巴的一位年轻贵族女子之间的爱情，但也是对流行的"文明冲突"理念的驳斥。本书的结尾几乎可以算是对于和平共存的恳求，恳求人们借鉴这些白莫卧儿人代表的"宽容与理解"的精神。当今的极化世界很有必要向白莫卧儿人这样的榜样学习。

——苏曼·塔拉富达尔，《印度斯坦时报》

《白莫卧儿人》的研究功力很深，读起来像小说，并且很讽刺的是，像是维多利亚时代的小说。但书里没有一样东西是虚构的。达尔林普尔对18世纪档案、书信与日记的详尽研究让他能够深入他研究的世界。文风干脆利落，脚注里洋溢着达

尔林普尔的辛辣幽默感……［最重要的是］达尔林普尔要表达一个观点：文明冲突的理论过于简单化了，并且是种族主义的、不真实的。他把这个观点表达得极好。

——莎伊拉贾·尼拉坎坦，《远东经济评论》

这是一个超凡的、具有开创性的故事。为了写它而付出的所有努力、承担的所有代价和风险都是值得的……在西方，仇视伊斯兰教的情绪上升到了危险的程度，我们比以往任何时候都更需要这个提醒：东西方曾经在宽容、和平与爱中邂逅，无论这邂逅是多么短暂。

——戴维·罗宾逊，《苏格兰人报》

献给萨姆、席琳·瓦吉尔·米勒

和

布鲁斯·万奈尔

目　录

插图清单

约克郡的特许会计师约翰·伍姆韦尔在勒克瑙的一处露台上抽水烟，约 1790 年。(Collection Frits Lugt, Institut Néerlandais, Paris)

戴维·奥克特洛尼爵士在德里的常驻代表府与舞女们一起休闲，约 1820 年。(Reproduced courtesy of the Oriental and Indian Office Collection, British Library—OIOC, BL Add. Or 2)

安托万·波利耶在勒克瑙欣赏他的剧团的表演，比前一幅图大约早三十年。(From the collection of Prince and Princess Sadruddin Aga Khan)

勒克瑙的一次晚宴，约 1820 年。(Author's collection)

孟加拉的印度女子，1787 年，弗朗切斯科·里纳尔迪 (Francesco Renaldi) 作。(OIOC, BL)

布隆娜·埃莉斯，克洛德·马丁的印度情人。(La Martinière School, Lucknow)

杰姆达妮，威廉·希基的伴侣，1787 年，托马斯·希基作。(Courtesy of the National Gallery of Ireland)

海尔·妮萨，1806~1807 年作于加尔各答。(Private collection)

一位贵妇在花园的伞亭下听音乐，她的侍女在一旁看着。海德拉巴，约 1760 年。(OIOC, BL Johnson Album 37, no. 9, 426 ix)

一位饱受相思之苦的海德拉巴贵妇在月光下等待恋人时，与阿熙尔女仆商量着什么，约 1750 年。(OIOC, BL Johnson Album 50, no. 4, 422)

具有传奇色彩的昌达·比比 (卒于 1599 年)。作于海德拉巴，约 1800 年。(OIOC, BL Add. Or 3899, 433)

一位德干王公和他的女眷。出自比贾布尔，约 1680 年，拉希姆·德干尼作。(Reproduced by kind permission of the Trustees of the Chester Beatty Library, Dublin; MS 66 no. 1)

尼查姆阿里·汗从海德拉巴穿过堤道，前往他的戈尔康达要塞，约 1775 年。(The Bodleian Library, Oxford：MS. DOUCE Or. b3 Fol. 25, 31)

"英俊上校"与柯克帕特里克家的两兄弟——乔治和詹姆斯在冬青谷，约 1769 年。(Private collection)

1799 年底，威廉·柯克帕特里克在马德拉斯担任韦尔斯利的私人秘书。(Courtesy of the National Gallery of Ireland)

詹姆斯·阿基利斯·柯克帕特里克，英国驻海德拉巴常驻代表，1799 年，托马斯·希基作。(Private collection)

尼查姆和他的宫廷人员出游狩猎，约 1790 年，文卡特查拉姆作。(Salar Jung Museum, Hyderabad)

处于权力巅峰时期的阿里斯图·贾赫，约 1800 年，文卡特查拉姆作。(V&A Picture Library, I. S. 163-1952)

亨利·罗素，约 1805 年，文卡特查拉姆作。(Collection of Professor Robert Frykenberg)

尼查姆的两个最小的儿子，苏莱曼·贾赫王子和凯万·贾赫王子，约 1802 年，文卡特查拉姆作。(Private collection)

马阿里·米安，阿里斯图·贾赫的长子、法尔赞德夫人的丈夫，文卡特查拉姆作。(Private collection)

尼查姆阿里·汗与阿里斯图·贾赫，以及尼查姆的儿子兼继承人西坎达尔·贾赫商议，约 1800 年，文卡特查拉姆作。(Private collection)

年轻的马拉塔佩什瓦马达夫拉奥二世与他的监护人和实际上的狱卒，后者是才华横溢但冷酷无情的马拉塔大臣纳纳·法德纳维斯。詹姆斯·威尔士 (James Wales) 作，1792 年。(Royal Asiatic Society/Bridgeman Art Library)

蒂普苏丹，迈索尔之虎，约 1790 年。(V&A Picture Library, I. S. 266-1952)

理查德·科利·韦尔斯利，第一代韦尔斯利侯爵，约翰·菲利普·戴维斯 (John Fhilip Davis) 作，约 1815 年。(By courtesy of the National Portrait Gallery, London)

米尔·阿拉姆。(Salar Jung Museum, Hyderabad)

詹姆斯·阿基利斯·柯克帕特里克，约 1805 年，据说为乔治·钱纳利所作。（Courtesy of the Hongkong and Shanghai Banking Corporation Ltd）

晚年的威廉·帕尔默将军，约 1810 年。（Courtesy of the Director, National Army Museum, London）

威廉·帕尔默将军、菲兹·帕尔默与他们年幼的子女在勒克瑙，1785 年，约翰·佐法尼作。（OIOC, BL）

詹姆斯和海尔的子女萨希布·阿拉姆和萨希布·贝古姆，1805 年，乔治·钱纳利作。（Courtesy of the Hongkong and Shanghai Banking Corporation Ltd）

雇佣兵亚历山大·加德纳穿着苏格兰花呢格纹的纱丽克米兹（salvar kemise）服装。

米歇尔·若阿基姆·雷蒙之墓。

毛拉阿里山。

19 世纪 90 年代的海德拉巴：刽子手、药师、后宫女侍卫和乐队成员。

雷蒙的比德尔金属水烟筒。（Private collection）

威廉·柯克帕特里克。（Strachey Trust）

威廉·林奈·加德纳。

威廉·弗雷泽。

年轻时的詹姆斯·阿基利斯·柯克帕特里克。（Strachey Trust）

海德拉巴银行家威廉·帕尔默，已经是一个失意的老人了。（Private collection）

托马斯·卡莱尔。（Strachey Trust）

返回英国时的亨利·罗素。

基蒂·柯克帕特里克。

海德拉巴常驻代表府的南面，1805 年。（Strachey Trust）

现在的海德拉巴常驻代表府南面。

现在的海德拉巴常驻代表府北面。

进入海尔·妮萨深闺的鼓楼（Naqqarkhana）大门。

海德拉巴的查米纳塔门，19 世纪 90 年代。

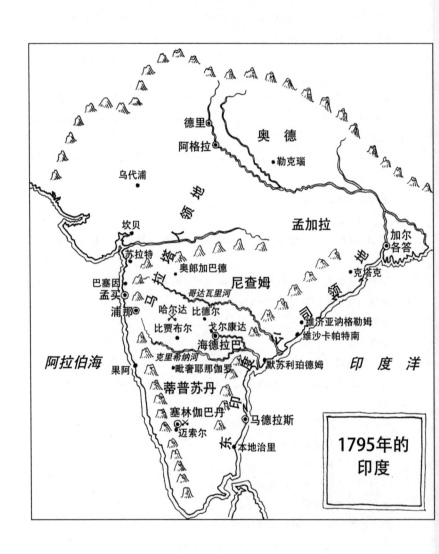

德里
阿格拉
奥 德
勒克瑙
乌代浦
领 地
坎贝
苏拉特
孟加拉
加尔各答
巴塞因
孟买
奥郎加巴德
尼查姆
克塔克
哥达瓦里河
维齐亚讷格勒姆
浦那
哈尔达
比德尔
维沙卡帕特南
比贾布尔
戈尔康达
海德拉巴
克里希纳河
默苏利珀德姆
阿拉伯海
果阿
毗奢耶那伽罗
印 度 洋
蒂普苏丹
塞林伽巴丹
马德拉斯
迈索尔
本地治里

1795年的印度

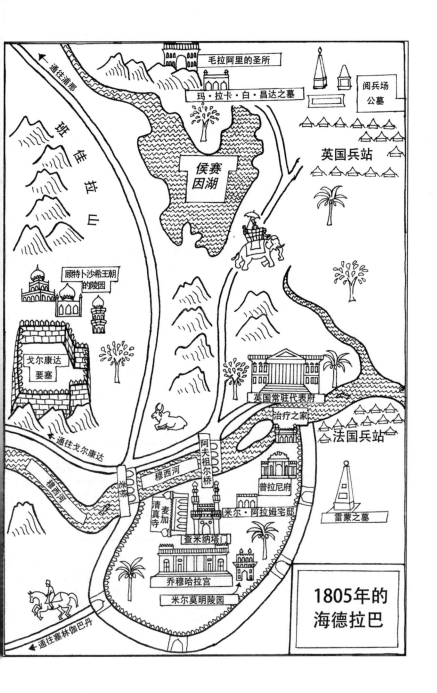

毛拉阿里的圣所

玛·拉卡·白·昌达之墓

阅兵场公墓

英国兵站

通往浦那

班佳拉山

侯赛因湖

顾特卜沙希王朝的陵园

戈尔康达要塞

通往戈尔康达

穆西河

英国常驻代表府

治疗之家

法国兵站

阿夫祖尔桥

穆西河

普拉尼府

麦加清真寺

米尔·阿拉姆宅邸

雷蒙之墓

查米纳塔

乔穆哈拉宫

米尔莫明陵园

通往塞林伽巴丹

1805年的
海德拉巴

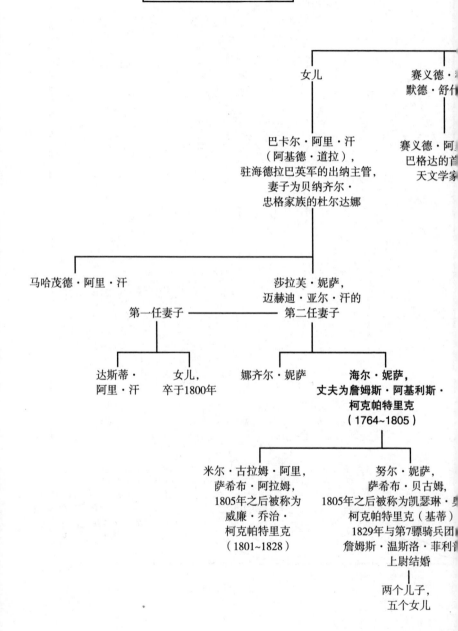

舒什塔里家族

女儿   赛义德·…
默德·舒什…

巴卡尔·阿里·汗
（阿基德·道拉），
驻海德拉巴英军的出纳主管，
妻子为贝纳齐尔·
忠格家族的杜尔达娜

赛义德·阿…
巴格达的首…
天文学家…

马哈茂德·阿里·汗   莎拉芙·妮萨，
迈赫迪·亚尔·汗的

第一任妻子 ———————— 第二任妻子

达斯蒂·
阿里·汗

女儿，
卒于1800年

娜齐尔·妮萨

**海尔·妮萨，
丈夫为詹姆斯·阿基利斯·
柯克帕特里克
（1764~1805）**

米尔·古拉姆·阿里，
萨希布·阿拉姆，
1805年之后被称为
威廉·乔治·
柯克帕特里克
（1801~1828）

努尔·妮萨，
萨希布·贝古姆，
1805年之后被称为凯瑟琳·奥…
柯克帕特里克（基蒂）
1829年与第7骠骑兵团…
詹姆斯·温斯洛·菲利普…
上尉结婚

两个儿子，
五个女儿

赛义德·努尔丁·舒什塔里，
书法家与诗人，
"扶倾济弱的善人"，
卒于1744年

德·塔利布·舒什
里，卒于1779年

赛义德·礼萨·舒什
塔里，卒于1780年

阿卜杜勒·拉
夫·舒什塔里，
给世界的馈赠》
的作者

赛义德·阿卜杜勒·卡西姆，
即米尔·阿拉姆，
海德拉巴首相，
卒于1809年，
妻子为泽布·妮萨

米尔·扎因·
阿比丁·舒什塔里，
作家和诗人，蒂普苏丹
的私人秘书，卒于1799年

米尔·道朗

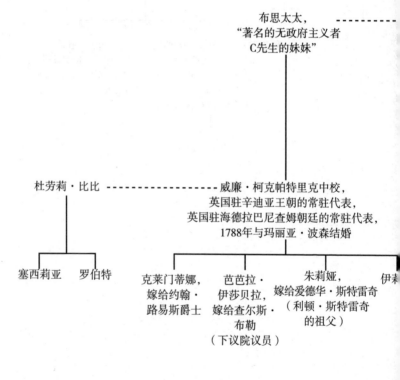

柯克帕特里克家族

布思太太，
"著名的无政府主义者
C先生的妹妹"

杜劳莉·比比 ------------------ 威廉·柯克帕特里克中校，
英国驻辛迪亚王朝的常驻代表，
英国驻海德拉巴尼查姆朝廷的常驻代表，
1788年与玛丽亚·波森结婚

塞西莉亚　　罗伯特

克莱门蒂娜，
嫁给约翰·
路易斯爵士

芭芭拉·
伊莎贝拉，
嫁给查尔斯·
布勒
（下议院议员）

朱莉娅，
嫁给爱德华·斯特雷奇
（利顿·斯特雷奇
的祖父）

伊莉

· 柯克帕特里克，

著有《尸体腐败》，

1770，妻子为来自

亚的克里奥尔女子

詹姆斯 · 柯克帕

特里克上校，

"□上校"，苏门答腊

尔伯勒堡指挥官，

1729~1818，

年在马德拉斯娶了

凯瑟琳 · 门罗

拉斯医院的创始人

· 门罗医生的长女）

· 柯克帕特里克，　　　　　　詹姆斯 · 阿基利斯 · ------------- "黑姑娘"

1763~1838，　　　　　　　柯克帕特里克少校，

埃莉诺 · 梅特卡夫　　　　　　1764~1805，

　　　　　　　　　　　　英国驻海德拉巴尼查姆

　　　　　　　　　　　朝廷的常驻代表（1798~1805），

　　　　　　　　　　　　1800年娶了海尔 · 妮萨

米尔 · 古拉姆 · 阿里，　　努尔 · 妮萨，　　　　　　"印度斯坦男孩"

萨希布 · 阿拉姆，　　　萨希布 · 贝古姆，

1805年之后被称为　　1805年之后被称为

威廉 · 乔治 ·　　　凯瑟琳 · 奥萝拉 ·

柯克帕特里克　　　柯克帕特里克（基蒂），

（1801~1828）　　1829年与第7骠骑兵团的

　　　　　　　詹姆斯 · 温斯洛 · 菲利普斯

　　　　　　　　上尉结婚

两个儿子，

五个女儿

出场人物

一　英国人

柯克帕特里克家族

詹姆斯·柯克帕特里克上校（"英俊上校"，1729~1818）：声名狼藉却讨人喜欢。威廉、乔治和詹姆斯·阿基利斯的父亲。他曾是东印度公司军队的上校，在詹姆斯·阿基利斯的恋情发生时，已经退隐到他位于肯特郡的庄园冬青谷。

威廉·柯克帕特里克中校（1756~1812）：波斯语学者、语言学家和鸦片瘾君子；曾任海德拉巴①常驻代表，1800年担任韦尔斯利勋爵的军事秘书和首席政治顾问；私生子，詹姆斯·阿基利斯·柯克帕特里克的同父异母兄长。

乔治·柯克帕特里克（1763~1838）：詹姆斯·阿基利斯的哥哥，人称"善良诚实的乔治"。他虔诚，不苟言笑，在印度的事业没有成功，最高职位仅仅是马拉巴尔的低级税吏。

詹姆斯·阿基利斯·柯克帕特里克少校②（1764~1805）：

---

① 海德拉巴是英国殖民统治时期印度数百个邦国中最大也最富庶的。统治阶级为穆斯林，民众以印度教徒为主。1947年印巴分治时期，英国允许印度的566个邦国要么加入印度或巴基斯坦，要么独立。海德拉巴选择独立，但于1948年被印度吞并。（如无特殊说明，本书所有脚注均为译者注）

② 最终军衔为中校。

在海德拉巴被称为哈施玛特·忠格（意思是"战功赫赫"），或称纳瓦布·法赫尔·道拉·巴哈杜尔。他是英国在海德拉巴宫廷的常驻代表，已经完全东方化了。

威廉·乔治·柯克帕特里克（1801~1828）：在海德拉巴被称为"米尔·古拉姆·阿里，萨希布·阿拉姆"。到英国后，他于 1812 年跌入"一大锅滚烫的开水"，至少有一个肢体需要截肢，导致终身残疾。他苟延残喘，成为一位耽于幻想的残疾诗人，痴迷于华兹华斯和柯勒律治的玄学，二十七岁时去世。

凯瑟琳·奥萝拉·柯克帕特里克（1802~1889）：在海德拉巴被称为"努尔·妮萨，萨希布·贝古姆"，后来在英国被称为基蒂·柯克帕特里克。她是詹姆斯和海尔·妮萨的女儿，1805 年被送到英国；1829 年 11 月 21 日与第 7 骠骑兵团的詹姆斯·温斯洛·菲利普斯上尉结婚；1889 年在托基去世，享年八十七岁。

韦尔斯利家族

理查德·科利·韦尔斯利，韦尔斯利侯爵（1760~1842）：印度总督。他原本是詹姆斯·柯克帕特里克心目中的大英雄，但他咄咄逼人的帝国主义政策令詹姆斯厌恶，于是詹姆斯越来越坚决地抵制东印度公司霸占德干高原①的企图。

---

① 德干高原位于印度中部和南部，包括今天马哈拉施特拉邦、安得拉邦、卡纳塔克邦和泰米尔纳德邦的一部分，是有名的熔岩高原。海拔平均为 500~600 米，地质主要是白垩纪的玄武岩。德干高原在东边与东高止山脉相连，西边与西高止山脉相接。德干高原西北部是印度棉花的主要产区。"德干"这个名称来自梵文，意思是南边、右边。

阿瑟·韦尔斯利上校①（1769~1852）：迈索尔总督和"德干高原与南马拉塔地区的政治与军事主官"。他非常不喜欢柯克帕特里克兄弟。后来成为闻名世界的威灵顿公爵。

亨利·韦尔斯利（1773~1847）：他的长兄理查德·韦尔斯利总督的助理，奥德②"割让地区"的总督。

帕尔默家族

威廉·帕尔默将军（卒于 1814 年）：沃伦·黑斯廷斯和詹姆斯·阿基利斯·柯克帕特里克的朋友。担任英国驻浦那的常驻代表，直到被韦尔斯利勋爵解职。与奥德的贵族女子菲兹·巴克什女士结婚。他是约翰、威廉和黑斯廷斯的父亲。

菲兹·巴克什，帕尔默夫人（又名萨希布·贝古姆，约1760~1820）：她的父亲是一名为奥德的纳瓦布③效力的波斯裔骑兵军官。她的妹妹努尔女士嫁给了伯努瓦·德·布瓦涅将军。菲兹嫁给了帕尔默将军，和他生了四男两女，其中包括银行家威廉·帕尔默。在将军去世后，她和儿子威廉一起生活在海德拉巴。她是海尔·妮萨最好的朋友，海尔·妮萨去世后，菲兹闭门谢客一个月，说"她失去了唯一真正的朋友"。

---

① 最终军衔为陆军元帅。
② 奥德王国为印度的邦国之一，地理位置在今天印度的北方邦和尼泊尔的一小片地区。"奥德"这个名字源于古城阿约提亚。根据印度教神话，阿约提亚是大神罗摩的诞生地。奥德王国的统治者为穆斯林，绝大部分臣民为印度教徒。首都起初为法扎巴德，后改为勒克瑙。
③ 纳瓦布（Nawab）是莫卧儿皇帝授予南亚一些半自治的穆斯林统治者的荣誉头衔，他们名义上是皇帝的行省总督，实际上往往是独立君主。也可以这样理解：印度教的君主称王公（Raja），穆斯林的君主往往称纳瓦布。有时一些王室成员和势力强大的权贵也被称为纳瓦布。

约翰·帕尔默（1767~1836）："商人帝王"。帕尔默将军的儿子，由他的第一任妻子萨拉·黑兹尔所生。

威廉·帕尔默上尉（1780~1867）：帕尔默将军和菲兹的儿子。起初詹姆斯·柯克帕特里克帮他在尼查姆①麾下找了一份工作。威廉以菲洛西提斯的笔名给韦尔斯利写了一封信，批评总督对詹姆斯的不公待遇。威廉后来在海德拉巴成为有权有势的银行家，但最后遭遇了一场灾难性的破产。

罗素家族

亨利·罗素爵士（1751~1836）：孟加拉大法官，有两个儿子——亨利和查尔斯。

亨利·罗素（1783~1852）：詹姆斯·柯克帕特里克的私人秘书和助手，后来成为海尔·妮萨的情人。

查尔斯·罗素：常驻代表卫队的指挥官，亨利的弟弟，对兄长很顺从。

常驻代表府的人员

威廉·亨明上尉：常驻代表卫队的指挥官。亨利·罗素说他是詹姆斯在常驻代表府的主要敌人。

塞缪尔·罗素："工程师"。英国皇家艺术研究院院士约翰·罗素的儿子，与上述罗素家族没有亲戚关系。短暂担任尼查姆的工程师，帮助詹姆斯完成了常驻代表府的施工。

---

① 尼查姆为海德拉巴王国君主的头衔。初代尼查姆从 1724 年开始统治这个王国。尼查姆及统治阶级为穆斯林，民众以印度教徒为主。尼查姆大力赞助文学、艺术、建筑和文化。1948 年，海德拉巴被印度吞并，尼查姆被废黜。

托马斯·西德纳姆：常驻代表的秘书。詹姆斯渐渐不信任他，称他为"最高大祭司"。詹姆斯去世后，他成为常驻代表，试图消除詹姆斯对常驻代表府的"莫卧儿化"，并解雇了詹姆斯任职时的许多主要员工。

两位孟希[①]，阿齐兹·乌拉和阿曼·乌拉：来自德里的学识渊博的两兄弟，是詹姆斯最信任的孟希。

乔治·尤尔医生：常驻代表府的外科医生。

尤尔太太：尤尔医生的妻子，能说一口流利的乌尔都语。她是个大块头女人，食量惊人。1805 年，她陪同詹姆斯的孩子们去英国。

附属部队

詹姆斯·达尔林普尔中校（1757~1800）：附属部队指挥官。

塞缪尔·达尔林普尔中校：詹姆斯·达尔林普尔的堂兄弟，亨利·罗素的朋友。在詹姆斯·柯克帕特里克的最后一次旅行期间与他同船。大家普遍觉得塞缪尔的妻子玛格丽特"可恶"。

亚历山大·肯尼迪医生：附属部队的医生。

其他英国人

克莱武勋爵爱德华（1754~1839）：罗伯特·克莱武（绰号"印度的克莱武"）的儿子，马德拉斯总督，头脑不灵光。

---

① "孟希"是波斯语，在莫卧儿帝国和英属印度指的是欧洲人雇佣的本土语言教师或秘书。

芒斯图尔特·埃尔芬斯通（1779～1859）：旅行家和东印度公司官员，后来升任孟买总督；1801 年 8～9 月去浦那任职途中，与爱德华·斯特雷奇一同访问海德拉巴。

爱德华·斯特雷奇（1774～1832）：旅行家和官员；1801年 8～9 月去浦那任职途中，与芒斯图尔特·埃尔芬斯通一起访问了海德拉巴。1808 年，他与威廉·柯克帕特里克最小也是最漂亮的女儿朱莉娅结婚。

二 法国人

米歇尔·若阿基姆·马利·雷蒙（1755～1798）：海德拉巴的法国营的雇佣军指挥官。

让-皮埃尔·皮龙：雷蒙的继任者。

三 海德拉巴人

尼查姆家族

纳瓦布·米尔·尼查姆·阿里·汗，阿萨夫·贾赫二世（1761～1803 年在位）：海德拉巴的尼查姆，西坎达尔·贾赫的父亲。他是第一代尼查姆"尼查姆·穆尔克"的第四子，推翻并囚禁自己的兄长萨拉巴特·忠格之后继承父位。

巴克熙夫人：尼查姆阿里·汗的第一任妻子和西坎达尔·贾赫的养母。权势极大，"掌管王室财政，控制宫廷的所有款项支出"。在 1800 年，大家认为她已经"上了年纪"。

蒂娜特·妮萨夫人：尼查姆阿里·汗的妻子和西坎达尔·贾赫的母亲。也是有权势的老人，据詹姆斯·柯克帕特里克说，她掌管王室的珠宝。

阿里·贾赫（卒于 1798 年），尼查姆阿里·汗之子，在

1798 年反叛。阿里·贾赫在比德尔附近向米尔·阿拉姆和雷蒙将军投降，不久之后"自杀"，情形可疑。

达拉·贾赫：尼查姆阿里·汗的女婿，在 1796 年反叛。达拉·贾赫在赖久尔被詹姆斯·达尔林普尔俘虏，被押回海德拉巴，随后从历史记载中消失。

纳瓦布·米尔·阿克巴·阿里·汗，西坎达尔·贾赫，阿萨夫·贾赫三世（1771~1829）：海德拉巴的尼查姆，尼查姆阿里·汗唯一幸存的儿子。

贾涵·帕瓦尔夫人：又称哈只夫人。马阿里·米安和法尔赞德夫人的女儿，阿里斯图·贾赫的孙女，她从阿里斯图·贾赫那里继承了普拉尼府。她是尼查姆西坎达尔·贾赫的妻子，受到他的虐待。她向詹姆斯发警报，说西坎达尔·贾赫企图暗杀他。

巴伦嬷嬷、昌巴嬷嬷：宫廷的阿熙尔女仆，尼查姆阿里·汗在宫廷的主要侍从。还在哈尔达战役中指挥女兵团。

阿里斯图·贾赫家族

古拉姆·赛义德·汗，阿里斯图·贾赫，阿齐姆·奥姆拉（卒于 1804 年 5 月 9 日）：尼查姆的首相，被柯克帕特里克兄弟称为"所罗门"。他早年在奥郎加巴德担任要塞司令（qiladar），在首相鲁肯·道拉被暗杀后，成为第一副首相，随后担任首相。在哈尔达战败后，他于 1795 年 3 月被作为人质送往浦那。1797 年回国后，他又恢复了职务，直到 1804 年去世。他的孙女贾涵·帕瓦尔夫人嫁给了尼查姆西坎达尔·贾赫。

萨瓦尔·阿芙扎，纳瓦布夫人：阿里斯图·贾赫的正妻。

她丈夫去世后，米尔·阿拉姆抢走了她的所有财产。

马阿里·米安：阿里斯图·贾赫之子；1795 年在哈尔达战役中英年早逝。

法尔赞德夫人：穆尼尔·穆尔克的姊妹，首相的儿媳，嫁给马阿里·米安，是莎拉芙·妮萨的密友。根据某些资料，她向莎拉芙·妮萨施加压力，让她把海尔嫁给詹姆斯·柯克帕特里克。

舒什塔里家族

赛义德·礼萨·舒什塔里（卒于 1780 年）：什叶派神职人员，从舒什塔尔先去了莫卧儿帝都德里，然后到海德拉巴，在那里得到了尼查姆·穆尔克的土地封赏。赛义德·礼萨"不肯出仕，甚至连大法官的职位也拒绝了"，退休后专注于祈祷。他的正直名声是他的儿子米尔·阿拉姆以及舒什塔里家族其他成员在海德拉巴掌权的基础。

米尔·阿布·卡西姆，米尔·阿拉姆·巴哈杜尔（卒于 1808 年 12 月 8 日）：阿里斯图·贾赫的瓦吉尔[①]和尼查姆在加尔各答的代表；率领尼查姆军队参加塞林伽巴丹战役（1799 年）；1800 年被流放；1804 年 7 月重新得宠，并被任命为首相，接替阿里斯图·贾赫；是巴卡尔·阿里·汗的表兄弟。米尔·阿拉姆一直从英国政府领取每月 2000 卢比的津贴，直到他 1808 年死于麻风病。

米尔·道朗（卒于 1801 年）：米尔·阿拉姆之子。1801

---

① "瓦吉尔"（Wakil 或 Vakeel），阿拉伯语，意思是"得到信赖的私人使者"或大使。

年死于麻风病。

米尔·阿卜杜勒·拉蒂夫·舒什塔里：米尔·阿拉姆的堂兄弟和同僚。米尔·阿拉姆名誉扫地后在宫廷的代表。《给世界的馈赠》的作者。

巴卡尔·阿里·汗，阿基勒·道拉：伊朗舒什塔尔人。米尔·阿拉姆的表兄弟，他是米尔·阿拉姆父亲的姊妹的儿子。曾陪同米尔·阿拉姆出使加尔各答。后来成为附属部队的出纳主管，随附属部队征讨塞林伽巴丹；莎拉芙·妮萨的父亲和海尔·妮萨的外祖父。海尔与詹姆斯结婚后，阿里斯图·贾赫"提升了巴卡尔·阿里·汗的地位"，"授予他一个头衔和一处由若干村庄组成的庄园"。据说他的视力和听力有缺陷。

杜尔达娜夫人：巴卡尔·阿里·汗的妻子，莎拉芙·妮萨的母亲，海尔·妮萨的外祖母。出身于米尔·贾法尔·阿里·汗的家族。

莎拉芙·妮萨夫人（约 1765 年~1847 年 7 月 21 日）：巴卡尔·阿里·汗的女儿，海尔·妮萨的母亲，也是迈赫迪·亚尔·汗的第二任妻子，比他年轻得多。迈赫迪·亚尔·汗于 18 世纪 80 年代末或 90 年代去世之后，她成了寡妇，有两个豆蔻年华的未婚女儿。之后她回到了娘家的宅邸。海尔与詹姆斯结婚后，海德拉巴政府给了她一处庄园，"她亲自经营庄园"。在她年老时，她的庄园被没收，导致她死于贫困。

迈赫迪·亚尔·汗：米尔扎·卡西姆·汗的儿子，海尔·妮萨的父亲，莎拉芙·妮萨的丈夫。卒于 18 世纪 80 年代末或 90 年代，留下比他年轻得多的寡妇和两个豆蔻年华的未婚女儿。

海尔·妮萨：莎拉芙·妮萨的女儿，巴卡尔·阿里·汗的外孙女，詹姆斯·阿基利斯·柯克帕特里克的妻子。她原本与巴赫拉姆·穆尔克的儿子穆罕默德·阿里·汗订了婚。

娜齐尔·妮萨：海尔·妮萨的姊妹。

达斯蒂·阿里·汗：海尔·妮萨的同父异母兄长，迈赫迪·亚尔·汗与前妻所生之子。

其他海德拉巴贵族

拉贾·拉戈蒂姆·拉伊：阿里斯图·贾赫圈子里的婆罗门贵族。詹姆斯不喜欢他，曾说"必须设法除掉这只庞大的秃鹫"。阿里斯图·贾赫死后，拉贾·拉戈蒂姆·拉伊被米尔·阿拉姆免职，财产也被米尔·阿拉姆抢走。

拉贾·昌杜·拉尔：先是詹姆斯的门客，然后是米尔·阿拉姆的门客，继承了米尔·阿拉姆的权力。他长期担任尼查姆西坎达尔·贾赫的首相，没收了莎拉芙·妮萨的庄园。他是重要的诗歌赞助人。

玛·拉卡·白·昌达：诗人、历史学家和交际花，最初属于阿里斯图·贾赫的宫廷。先后成为米尔·阿拉姆和穆斯塔基姆·道拉的情人。

四　伦敦，1820 年

芭芭拉·伊莎贝拉·布勒，查尔斯·布勒（下议院议员）：威廉·柯克帕特里克的女儿和女婿。詹姆斯死于他们在加尔各答的家中。后来基蒂就是在他们家认识了年轻的托马斯·卡莱尔。

朱莉娅·柯克帕特里克：威廉·柯克帕特里克的女儿，爱德华·斯特雷奇的妻子，基蒂·柯克帕特里克的朋友和堂姊妹。

托马斯·卡莱尔（1795～1881）：大学者，查尔斯·布勒的儿子们的教师。

王朝和职位更迭

海德拉巴的尼查姆

尼查姆·穆尔克，1724～1748 年在位

内战，1748～1762 年

尼查姆阿里·汗，1762～1803 年在位

尼查姆西坎达尔·贾赫，1803～1829 年在位

尼查姆纳西尔·道拉，1829～1857 年在位

海德拉巴的首相

阿里斯图·贾赫，1778～1804 年在任

米尔·阿拉姆，1804～1808 年在任

穆尼尔·穆尔克，1809～1832 年在任

拉贾·昌杜·拉尔，1832～1843 年在任

英国常驻代表

约翰·肯纳韦，1788～1794 年在任

威廉·柯克帕特里克，1794～1798 年在任

詹姆斯·阿基利斯·柯克帕特里克，1798～1805 年在任

亨利·罗素（代理），1805 年 10～12 月在任

托马斯·西德纳姆，1805～1810 年在任

查尔斯·罗素（代理），1810 年 6 月至 1811 年 3 月在任

亨利·罗素，1811 年 12 月至 1820 年在任

查尔斯·梅特卡夫爵士，1820~1825 年在任

英印总督

沃伦·黑斯廷斯，1774~1785 年在任

康沃利斯侯爵，1786~1793 年在任

约翰·肖尔爵士（代理），1793~1798 年在任

韦尔斯利勋爵，1798~1805 年在任

康沃利斯侯爵（第二次），1805 年在任

乔治·巴洛（代理），1805~1807 年在任

明托勋爵，1807~1813 年在任

鸣　谢

　　我从 1997 年春天开始写这本书，一共用了五年时间，走访行程数千英里。在这期间，数不胜数的友人慷慨地为我提供了款待、耐心帮助、专业知识、建议、智慧、图片、编辑技巧、威士忌、家族文献、行军床和许多杯茶。这些朋友有各式各样的背景，如比贾布尔一处古墓的无名苏非派信徒，当我坐在他的圣所的阴凉处写笔记的时候，他亲切地用孔雀羽毛扇给我扇风；还有海德拉巴最好的香饭①厨师（他叫萨利姆，你可以在广场清真寺对面的路边饭馆找到他）；还有比德尔的一位老牧羊人，他引领我爬上悬崖峭壁，为我展示了阿什图尔墓地②的最佳景观。当然还有许多历史学家，他们为我解释了东印度公司、马拉塔或尼查姆政治的复杂性；有印度和英国的许许多多非常有耐心的图书馆员，他们忍受了我持续不断的查询手抄本的申请。也许最重要的是，我应该提到詹姆斯·阿基利斯·柯克帕特里克和海尔·妮萨的后人，他们在选择保持匿名的同时，允许我完全自由地查阅他们独一无二的文献档案。

　　我还要感谢以下人士。

---

　　①　香饭（Biryani）是印度次大陆的流行饭食，混合了米饭、多种香料、肉（鸡、牛、羊、虾、鱼等），有时还有鸡蛋和蔬菜。

　　②　阿什图尔在比德尔附近，有巴赫曼尼苏丹国十二位君主的陵墓。

在英国，我要感谢：Bob Alderman、Charles Allen、Chris Bayly、Mark Bence Jones、Richard Bingle、Richard Blurton、Jonathan Bond、Anne Buddle、Brendan Carnduff、Lizzie Collingham、Patrick Conner、Jeremy Currie、Jock Dalrymple、Philip Davies、Simon Digby、Alanna Dowling、Jenny Fraser、Sven Gahlin、Nile Green、Charles Grieg、Christopher Hawes、Amin Jaffer、Rosie Llewellyn Jones、Wak Kani、Paul Levy、Jerry Losty、John Malcolm、Sejal Mandalia、Peter Marshall、Gopali Mulji、Doris Nicholson、Henry Noltie、Alex Palmer、Iris Portal、Kathy Prior、Addie Ridge、Mian Ridge、Mahpara Safdar、Narindar Saroop、Ziaduddin Shakeb、Nick Shreeve、Robert Skelton、Fania Stoney、Allegra Stratton、Susan Stronge、Fariba Thomson、David and Leslie Vaughan、Philippa Vaughan、Brigid Waddams、Lucy Warrack、Theon Wilkinson、Amina Yaqin 和已故的 Mark Zebrowski。特别要感谢"西方与东方旅行社"（Western & Oriental Travel）的 Mary-Anne Denison-Pender，她承担了我在德干高原各地旅行的大部分费用；还要感谢苏格兰艺术协会（Scottish Arts Council），它慷慨地提供了我去德里的印度国家档案馆进行长期研究的经费。

在美国，我要感谢：Indrani Chatterjee、Sabrina Dhawan、Michael Fisher、Indrani Chatterjee、Sabrina Dhawan、Michael Fisher、Bob Frykenberg、Durba Ghosh、Navina Haidar、Ali Akbar Husain、Maya Jasanoff、Omar Khalidi、Elbrun Kimmelman、Karen Leonard、Nabil Matar、Gail Minault、Eleni Phillon、Robert Travers、Sylvia Vatuk、Stuart Cary Welch 和 Peter Wood。

在印度，我要感谢：Javed Abdulla、Mohamed Bafana、Rohit

Kumar Bakshi、Pablo Bartholomew、V. K. Bawa、John Fritz、S. Gautam、Zeb un-Nissa Haidar、Elahe Hiptoola、Mir Moazam Husain、S. Asmath Jehan、Bashir Yar Jung、J. Kedareswari、A. R. Khaleel、Nawab Abid Husain Khan、Pradip Krishen、Jean-Marie Lafont、Narendra Luther、George Michell、Jagdish Mittal、Sarojini Regani、Arundhati Roy、Laeeq Salah 和 Prita Trehan。我要特别感谢 Bilkiz Alladin 慷慨地与我分享她对海尔·妮萨的研究，并感谢 Nausheen 和 Yunus Jaffery 在波斯语和乌尔都语资料方面的帮助。

David Godwin 和 Giles Gordon 都为推动本书的出版付出了艰辛的劳动。我对他们的孜孜不倦和热情感激涕零。我的多位出版人都给了我很多好的建议，包括 Harper Collins 的 Robert Lacey、Helen Ellis、Arabella Pike 和 Aisha Rahman；Penguin Putnam 的 Ray Roberts 和 Paul Slovak；Penguin India 的 David Davidar；Rizzoli 的 Paolo Zaninoni。最重要的是，我要感谢 Michael Fishwick。这是我们合作的第五本书，他对这本书给予了坦率、幽默、慷慨和睿智的指导，就像十六年前他对我们合作的第一本书《仙那度》的指导一样。

我想，Olivia 一定觉得，同她以前与拜占庭苦行僧、挤满出租车停靠站的锡克教徒司机以及忽必烈廷臣的"同居"生活相比，与海尔·妮萨和我的"三人行"要更困难，但她以特有的温柔和慷慨，承受了长达五年的磨难。我向她、Ibby、Sam 和 Adam 致以万分的感谢，并再次向他们表达我深深的爱。

我想把这本书献给萨姆和席琳·互吉尔·米勒，感谢他们十多年来一如既往的关爱与友谊，先是在德里，后是在伦敦。

也感谢布鲁斯·万奈尔，他令人难以置信的广博的学术研究和
精彩的波斯文翻译，让我能够把本书写得这么长。

威廉·达尔林普尔

佩奇场，2002 年 7 月 1 日

序　章

　　我第一次听说詹姆斯·阿基利斯·柯克帕特里克，是在1997 年 2 月，当时我正在游览海德拉巴。

　　正值穆哈兰姆月①里什叶派纪念先知的外孙侯赛因②殉难的节日。我刚刚完成了一本关于中东修道院的书，四年的工作让我精疲力竭。我来到海德拉巴，是为了逃离书桌和满满的书架，为了放松身心，为了随心所欲，为了再来一场漫无目的的旅行。

　　恰逢春季。脚下的清真寺石板路暖洋洋的。我漫步在老城的各处圣所之间，随处可见身披黑袍的穆斯林哀悼者，他们吟唱着悠扬婉转的乌尔都语哀歌，纪念卡尔巴拉的悲剧，仿佛侯赛因是在一周前遇害的，而不是在公元 7 世纪末。这就是我喜

---

①　穆哈兰姆月是伊斯兰历的第一个月，也是全年第一个圣月。

②　侯赛因·伊本·阿里（625～680）是阿拉伯帝国的哈里发阿里（什叶派的第一代伊玛目）的次子，也是伊斯兰教先知穆罕默德的外孙。阿里死后，其长子哈桑被迫放弃哈里发继承权，穆阿维叶一世建立倭马亚王朝，哈桑率阿里宗族退居麦地那。哈桑死后，弟弟侯赛因成为阿里家族的领袖。

　680 年，穆阿维叶一世驾崩，其子叶齐德一世继位为哈里发，侯赛因不承认他的地位，拒不向其效忠，并迁往麦加。不久，库法发生针对叶齐德一世的反叛，叛军邀请侯赛因前往主政。途中，侯赛因和两百余名拥护者被叶齐德一世的六千名士兵包围于卡尔巴拉。侯赛因及其跟随者拒绝投降，全体于 10 月 10 日的卡尔巴拉战役中阵亡。侯赛因之死标志着伊斯兰教什叶派与逊尼派的彻底决裂，他也被什叶派穆斯林一致追认为第三代伊玛目。

欢的那种印度城市。

并且，这是一个相对来说较少有人探索和描写的地方，至少在英语世界是这样；这里也是一个神秘莫测的地方。与阿格拉或北方拉杰普特①诸城邦的那种震撼人心、气势磅礴的辉煌不同，海德拉巴将它的魅力隐藏在外人的视线之外，用不起眼的城墙和迷宫般的街巷隐蔽它的光辉璀璨，不让好奇的目光接触。它只会慢慢地领你进入一个封闭的天地，那里的喷泉还在流淌，花儿在微风中弯腰，孔雀在果实累累的芒果树上啼鸣。在那里，隐藏在街道之外的，是一个永恒和静谧的世界，是逐渐逝去的印度-伊斯兰文明的最后堡垒。正如一位艺术史学家所说，"海德拉巴的老绅士们仍然戴着菲斯帽②，仍然梦见玫瑰和夜莺，并为格拉纳达的陷落而哀悼"。[1]

从海德拉巴老城出发，我开车去参观峭壁之上的戈尔康达要塞。六百年来，戈尔康达一直是该地区似乎源源不断地产出的钻石的集散地。在 18 世纪发现新大陆的钻石矿以前，这里是唯一为人所知的钻石产地。在城墙之内，游人会经过一连串的深宫、泳池、亭台楼阁和园林。法国珠宝商让-巴蒂斯特·塔韦尼耶于 1642 年造访戈尔康达时，发现这里的人们就像这些建筑显示的一样富庶而颓废。他写道，这座城市拥有超过两万名注册的名妓，她们每个星期五轮流为苏丹跳舞。

我很快发现，这种浓郁的浪漫的宫廷气氛，甚至感染了

① 拉杰普特人（Rajput，字面意思是"国王之子"）是印度的一些成分非常复杂的种姓、族群和阶层。英国人将他们归为"尚武种族"。
② 菲斯帽是一种直身圆筒形（也有削去尖顶的圆锥形）、通常有吊穗作为装饰的毡帽，常见于土耳其和北非等曾经由奥斯曼帝国统治的伊斯兰地区。在 20 世纪初奥斯曼帝国解体之前，土耳其毡帽一直被西方人视为东方穆斯林的象征。

18 世纪末抵达海德拉巴的那些头脑清醒的英国人。曾经的英国常驻代表府，如今的奥斯曼尼亚大学女子学院，是一座庞大的帕拉迪奥式①别墅，它的平面布局与同时期的华盛顿白宫有点相似。这是东印度公司修建的最完美的建筑之一，位于一座巨大的设防园林之中，与海德拉巴老城只隔着一条穆西河。

我得知，这个建筑群是詹姆斯·阿基利斯·柯克帕特里克中校建造的。他于 1797～1805 年担任英国驻海德拉巴宫廷的常驻代表，相当于大使。柯克帕特里克显然接受和采纳了海德拉巴的服装和生活方式。据说，他来到这座城市不久之后，就爱上了海德拉巴首相的一名女性亲戚。柯克帕特里克在 1800 年遵照伊斯兰法律的要求，娶了海尔·妮萨（这个名字的意思是"最优秀的女人"）。

在旧常驻代表府内，我发现以前的舞厅和会客厅的天花板上的灰泥成块地脱落，有些块状的灰泥有轿子那么大。楼上的旧卧室已经严重腐坏。它们现在空荡荡的，不见人迹，只有蝙蝠出没，偶尔有一对多情的鸽子在这里缠绵；楼下优雅的椭圆形沙龙被硬纤维板隔成许多小间，成了学院管理人员的办公室，显得很破旧了。因为房子的中央部分破损严重，对学生来说太危险了，所以现在学生们主要是在房子后面的旧象厩里上课。

即使是在这种半荒废的状态下，也很容易看出常驻代表府曾经是多么辉煌壮丽。它的南面有一个恢宏的半圆形河湾，可以通过一座巨大的凯旋门到达，凯旋门面对着穆西河上的桥。北面有一对英国石狮子，它们伸出爪子，趴在巨大的有山墙和

---

① 曾风靡欧洲的帕拉迪奥建筑风格得名自威尼斯建筑师安德烈亚·帕拉迪奥（1508～1580）。这种风格在很大程度上受到古希腊罗马神庙建筑的对称、透视和价值观的影响。

柱廊的正立面之下。石狮子俯瞰着一大片桉树、香榄和木麻黄树，把东印度公司最宏伟、最庄重的一面展现得淋漓尽致。不过，在院落后部的灌木丛中还隐藏着惊喜。

在常驻代表府后部的花园里，我看到了柯克帕特里克对他妻子的爱的信物，虽然这个信物已经破损了。有一个传说（我估计是后人附会，但不乏魅力）是这样的：海尔·妮萨一辈子过着穆斯林大家闺秀那种与世隔绝的深闺生活，住在柯克帕特里克的花园尽头的一座单独的女眷深宫（bibi-ghar，字面意思是"女人的房子"），所以她没办法绕过丈夫的伟大作品（即这座府邸）去欣赏它美轮美奂的门廊。最后，常驻代表想出了一个办法，为他的新宫殿建造了一座等比例缩小的石膏模型，让她可以仔细观察她永远不会允许自己亲眼看到的东西。不管故事的真相如何，这个模型一直完好无损地保存到20世纪80年代，后来有一棵树倒在上面，砸坏了模型的右翼。而模型左翼和中央区域的残骸躺在一块瓦楞铁之下，靠近莫卧儿风格的女眷深宫的废墟，深埋在一片藤蔓和爬山虎之下。这个区域今天仍然被称为"夫人花园"。我觉得这个故事非常迷人。我离开花园时，已经陶醉在这个故事之中了，不禁想知道更多。这个故事与人们对"在印度的英国人"的刻板印象大相径庭，也浪漫得多，于是我在海德拉巴的余下时间里都在四处追寻柯克帕特里克的踪迹，寻找能够给我讲述更多故事的人。

我不需要走很远就能如愿以偿。泽布·妮萨·海德尔博士是一位年长的波斯语学者，她在旧常驻代表府的一座不那么破败的厢房里教导她那些戴着面纱的女学生。泽布博士解释说，她是当时的海德拉巴首相鲁肯·道拉的后人。她说，她不仅熟悉这个故事的梗概，而且熟悉许多提到这个故事的波斯语和乌尔都语史料。

　　据泽布博士说，这些海德拉巴的史料明确表示，柯克帕特里克为了娶海尔·妮萨而皈依了伊斯兰教。史料还提到，尽管发生了这么一桩丑闻，柯克帕特里克在海德拉巴还是很受欢迎，自由自在地与人们相处，并采纳了这座城市的生活习惯。泽布博士尤其记得一本名为《胡尔希德·贾赫史》的史书中的一句话："由于与该国的女士们相处过久，他非常熟悉海德拉巴的生活方式和行为习惯，并接受了这些方式和习惯。"好几部波斯文史料还暗示，到最后，柯克帕特里克虽然是英国官员，却对海德拉巴的尼查姆（统治者）忠心耿耿。这些史料都没有被翻译成英文，因此对那些不熟悉 19 世纪德干乌尔都语或手抄本所用的高度印度化的波斯语的人来说，这些史料都处于未被研究的状态。实际上，只有极少数年长的海德拉巴伊斯兰学者熟悉这两门语言。

　　一天夜里，我参观了柯克帕特里克的主要对手米歇尔·若阿基姆·雷蒙将军的墓。雷蒙是法国的共和主义者，也是为尼查姆效力的雇佣军人。他和柯克帕特里克一样，也接受了海德拉巴的生活方式。柯克帕特里克的工作是把海德拉巴人拉到英国那边，而雷蒙试图说服尼查姆与法国人结盟。雷蒙去世后，被安葬在海德拉巴城外马拉克佩特的法国兵站上方的山顶。他的墓就在一座小型古典希腊风格神庙的下方，旁边有一座方尖碑。

　　雷蒙肯定放弃了基督教，他的坟墓上没有任何基督教的符号或图像，似乎能证明这一点。但他的海德拉巴崇拜者不确定他是否已经成了印度教徒或穆斯林。他的印度教徒士兵将雷蒙先生的名字改成梵文风格的穆萨·罗摩，而他的穆斯林士兵称他为穆萨·拉希姆。拉希姆是真主之慈悲的化身。尼查姆和其他人一样说不准雷蒙的宗教信仰，于是决定以一种宗教中立的方式纪念雷蒙的忌日（3 月 25 日），把一盒方头雪茄和一瓶啤酒送到他的墓碑前。这个习俗显然一直延续到印度独立后最后一位尼查姆前往澳大利亚时；在雷蒙的忌日，我恰好在海德拉巴，所以我很想看看，是否有关于雷蒙的记忆留存至今。

雷蒙纪念碑原本建在海德拉巴城墙外几英里的一座荒凉的山顶上。但近些年的快速发展让海德拉巴成了印度第四大城市，这座山周围的所有地方都被开发了，如今只有山顶上的纪念碑周围还比较空旷，没有建起新的平房①和住宅区。我在路的尽头下了出租车，登山前往神庙。在硫红色的城市夜空中，神庙的轮廓清晰可见。我走近的时候，看到柱子间影影绰绰，原来是善男信女在神庙背后的神龛点燃泥灯。也许这些人看到了我登山前来；不管是什么原因，当我到达纪念碑时，他们已经踪影全无，只在墓前留下了祭品：几只椰子、几炷香、一些花环和几堆小金字塔形状的白色甜食。

回到伦敦后，我四处搜寻关于柯克帕特里克的更多信息。有几本关于英属印度建筑的书提到了他的常驻代表府和他的印度夫人，但都很简略。有限的信息似乎都源自 1893 年《布莱克

---

① 印度语境里的"平房"（bungalow）原指孟加拉地区的一种单独一层、有游廊的房屋，bungalow 这个词的本义即"孟加拉"。

伍德杂志》上的一篇文章——《詹姆斯·阿基利斯·柯克帕特里克的浪漫婚姻》，作者是柯克帕特里克的亲戚爱德华·斯特雷奇。[2]

当我发现柯克帕特里克与兄长威廉的通信由威廉的后裔斯特雷奇家族保存，最近被印度事务部图书馆[①]买下时，我才有了第一次真正的突破。那里有堆积如山的写有"我的弟弟詹姆斯·阿基利斯·柯克帕特里克的来信"字样的信册（里面的纸张都因岁月的摧残而变得光亮而脆弱），还有许多卷镀金皮面装订的与英印总督韦尔斯利勋爵的官方信函、成捆的波斯文手抄本、若干盒收据，以及一份装在黄褐色大信封里的遗嘱。这正是传记家梦寐以求的那种随机而又详细的日常生活碎片。

不过，乍一看去，许多书信显得平淡无奇、令人失望：关于宫廷政治的八卦；从加尔各答索取信息的请求；提供一箱马德拉酒或柯克帕特里克在海德拉巴的集市上买不到的蔬菜，如土豆和豌豆（居然买不到这些，真是出人意料）的偶尔恳求。这虽然足够有趣，但仍然不引人注目。我恼火地发现这些书信极少提及柯克帕特里克的宗教情感或私事。此外，许多更有趣的材料都是用密文写的。柯克帕特里克一谈到他的风花雪月，或者他参与建立的间谍网络，清晰而稳健的笔迹就会化为一长串难以理解的数字。

经过几个星期的阅读，我终于找到了载有海尔·妮萨书信的档案，发现其中一些书信没有加密。有一天，当我打开印度事务部的另一个硬纸板文件夹时，我的目光落在了下面一段文

---

① 印度事务部图书馆起初由东印度公司的图书馆和档案馆组成。它后来演变成英国政府的印度事务部图书馆，今天是大英图书馆（伦敦）的一个单独部分。——原书注

字上，它的笔迹小而稳健，字体倾斜：

> 首先，不妨指出，我确实安全地经受了一次严酷的考验，与这封信要谈的魅力十足的主角进行了一次长时间的幽会。就是在这次幽会期间，我全面而仔细地观察了这个妙人儿。我们聊了大半夜。这次幽会显然是由她的外祖母和母亲策划的，她们对她百般宠溺，允许她满足自己的渴望，因为这关系到她们的生存。这次幽会是在我家中进行的，我努力克制自己，不去享用我显然受邀去享用的诱人盛宴。虽然上帝知道我没有能力克制自己，但我还是努力说服这位浪漫的年轻女性，请她摆脱激情的掌控。我承认，我自己也产生了这样的激情。她一次又一次地向我示爱，说她已经不可逆转地爱上我一段时间了，她的命运与我的命运紧密交织，只要能与我朝夕相伴，她愿意当最卑贱的婢女……

不久之后，我发现了几页被"翻译"过的密文，发现原来密文是简单的一个字母和一个数字的对应关系。解决了这个问题之后，整个故事很快就清晰起来了。

当我偶然看到东印度公司对此事的秘密调查卷宗时，又有了一个重大的突破。调查卷宗里有从证人那里获取的宣誓证词，有详细而赤裸裸的问题，这些问题得到了惊人地坦率、无拘无束的回答。当我把调查卷宗拿在手里时，我心中残留的疑虑都烟消云散：这里有非常精彩的材料，足以写一本书。

随后四年里，我一直在印度事务部图书馆艰辛劳作，偶尔回到德里和海德拉巴，查询那里的档案。在印度，不可避免地出了一些麻烦。在德里的印度国家档案馆地下室，有人在安装新的空调系统时，心不在焉地将全部六百卷《海德拉巴常驻代表档案》放在露天处，而当时正值雨季。等到我第二次再来看这些档案的时候，大部分档案已经无法挽救了，没有被水淹的档案也覆盖了厚厚的绿霉。几天后，档案馆认定这些霉很危险，于是六百卷档案都被送去"熏蒸"。我再也没有见到它们。

在同一个雨季，穆西河在海德拉巴泛滥，英国广播公司（BBC）播放了海德拉巴老城的档案管理员将他们收藏的精美手抄本的残余部分挂在晾衣绳上晾干的画面。

尽管遭遇了这样的挫折，但我追踪的那个爱情故事开始逐渐成形。就像看着一张"拍立得"照片显影一样，轮廓慢慢清晰起来，色彩开始填补剩余的白色空间。

也有一些令人惊喜的妙手偶得的时刻。经过三趟旅行、在多家档案馆待了几个月之后，在我最后一次去海德拉巴的最后一天，我花了一个下午的时间逛查米纳塔门后面的老城集市，想买点礼物送给亲人。那天是星期天，集市大门半掩。我之前忘了给家人买礼物，眼看飞往德里的飞机只有 5 个小时就要起飞，于是我疯狂地从一家店跑到另一家店，寻找海德拉巴最重要的特产，就是有装饰的比德尔金属工艺品。最后，一个男孩自告奋勇带我去一家商店，说在那里可以找到一个比德尔金属盒子。他带我深入广场清真寺背后迷宫般的街巷。在那里的一条小巷子里坐落着一家商店，他说我在那里一定能找到"booxies booxies"。

实际上这家店卖的不是盒子，而是书（就是我的导游一直想告诉我的"booksies"）①，严格地说也不是书，而是乌尔

---

①　英文当中 books（书）和 boxes（盒子）发音近似，而且这个导游的英语显然不标准。

都语和波斯语手抄本以及非常罕见的印刷版编年史。这些书是老板在 20 世纪 60~70 年代从海德拉巴的一些私人图书馆收购的，当时海德拉巴那些属于贵族的宏伟的城市宫殿被拆毁，被推土机夷为平地。现在，这些书堆放在一个只有较大的扫帚间那么大，而且尘土飞扬、光线昏暗的店铺里，从地板一直堆到天花板。这位书商很厉害，对自己拥有什么书了如指掌。我告诉他我正在写什么之后，他从一摞书下面拿出一本巨大的、破烂不堪的波斯语书籍——《给世界的馈赠》，作者是阿卜杜勒·拉蒂夫·舒什塔里，我在詹姆斯·柯克帕特里克的书信里经常看到这个名字。这本六百页的大书原来是海尔·妮萨的这位亲戚妙趣横生的自传，是在她与詹姆斯结婚的丑闻发生不久之后在海德拉巴写的。店里还有其他一些手抄本，包括一本非常罕见的记述海德拉巴该时期历史的著作《阿萨夫史集》（*Gulzar i-Asafiya*）。我花了一下午的时间与店主讨价还价，离开他的店时，虽然少了 400 英镑，却多了一箱从未被翻译过的原始史料。它们的内容完全改变了我随后的工作。[1]

---

[1] 现代印度史学的一个奇怪之处是，对德干高原的研究仍然很少。对德干任何一个宫廷的严肃研究都很少，对德干文化史的研究尤其罕见。今天的史学界仍然经常把德干绘画错误地归类到莫卧儿或拉杰普特绘画中。在今天，历史的每一个细枝末节都会得到一大群历史学博士的钻研，所以这样的巨大缺口就显得格外奇怪。海德拉巴和更广泛的德干高原的历史仍然是史学研究的一大空白。研究莫卧儿人的著作的数量是研究德干苏丹国的著作的一百倍。每当你找到一本关于海德拉巴的书，你就找到满满一架的关于勒克瑙的书。历史学家乔治·米歇尔前不久在《新编剑桥印度史》关于德干的那一卷的引言中写道："很少有学者，无论是印度的还是外国的，大规模地研究过德干。至今很少有学者关注和研究德干，这有点让人惊讶。"见 George Michell and Mark Zebrowski, *The New Cambridge History of India 1. 7: Architecture and Art of the Deccan Sultanates* (Cambridge, 1999)。——原书注

　　到了 2001 年，我的研究已经进行了四年。我自认为对柯克帕特里克已经了如指掌，在一遍遍阅读他的书信时，在脑海中仿佛能听到他说话的声音。不过，还有一些重要的空白留待填补。特别是对于柯克帕特里克去世后海尔·妮萨的遭遇，无论是印度事务部的文献，还是 1893 年《布莱克伍德杂志》上的文章，都只字未提。又经过九个月的搜寻，我才在牛津大学博德利图书馆的亨利·罗素档案中偶然发现了令人心碎的答案。这个故事从来没有被人讲过，似乎连柯克帕特里克的同时代人也不知道。它与《蝴蝶夫人》有惊人的相似之处。日复一日，在汉弗莱公爵图书馆①的纹章盾和深色橡木书柜之下，我以尽可能快的速度阅读褪色书页上罗素那经常让人难以辨认的圆形草体字，悲剧性的爱情故事才慢慢地在我面前完整地展开。

　　最后，就在我落笔的几个月前，在距离我在伦敦西区的家只有几英里远的地方，属于柯克帕特里克和海尔·妮萨的后人的家族档案浮出水面。这就把故事延伸到了海尔·妮萨的女儿基蒂·柯克帕特里克的经历上，她的故事也同样精彩。她最初的名字是萨希布·贝古姆，出生后以海德拉巴的穆斯林贵族女孩的身份被抚养，四岁时被送往英国，抵达伦敦后受洗，从此与母系亲属完全断了联系。后来她被吸收到维多利亚时代文学圈子的上层，在那里，她迷住了她的堂姐的家庭教师，年轻的托马斯·卡莱尔，并成为卡莱尔的小说《拼凑的裁缝》的女主角布鲁敏的原型，被誉为"多姿多彩、容光焕发的曙光女

---

① 汉弗莱公爵图书馆是牛津大学博德利图书馆的一部分，是它最古老的阅览室，得名自英王亨利四世的幼子兰开斯特公爵汉弗莱。

神……最美好的东方光芒的使者"。

这最后一套家族档案讲述了一系列非凡的巧合，正是这些巧合让基蒂在成年后重新与她的海德拉巴外祖母取得联系，并让祖孙俩在时隔近四十年后通过感情洋溢的书信重新建立纽带。这些书信非常优美，萦绕着浓浓的悲伤，讲述了因偏见和误解、政治和命运而天人路隔的亲人的故事。其中一位在托基①的海滨别墅用英语写信；另一位在海德拉巴的深闺用波斯语口授给抄写员，抄写员用撒了金粉的信纸书写，并将信装在莫卧儿风格的金丝锦囊中。外祖母的信向基蒂揭示了她的父母相识相爱的秘密，并让她自己发现了海尔·妮萨命运的悲惨真相。

这个故事讲述了一家三代人在基督教和伊斯兰教之间，在欧式服装和印度服装之间，在莫卧儿海德拉巴和摄政时期的伦敦之间漂泊的故事。这个故事提出了一些重大的问题：关于英国人的特质和帝国的性质，关于信仰，关于身份认同；实际上，也关于所有这些问题在多大程度上是重要的、固定的和不可改变的；或者，它们其实在多大程度上是灵活的、可调整的

---

① 托基是英格兰西南部德文郡的海滨城镇，19 世纪初发展成一个时髦的海滨度假胜地。拿破仑战争期间，停泊在托基海湾的皇家海军军人经常光顾这里。后来随着名气传播，托基受到维多利亚时代社会精英的欢迎。托基是作家阿加莎·克里斯蒂的故乡。

和可协商的。在本书的故事里，通常情况下似乎是金科玉律的帝国二元论（统治者与被统治者、帝国主义者与底层民众、殖民者与被殖民者）被打破了。事实证明，许多代历史学家漫不经心地采用的宗教、种族和民族主义的标签，至少是出人意料地不可靠的。不过，最让我着迷的一点是，虽然围绕柯克帕特里克故事的文献保存得很好，为我们提供了一个窗口去观察一个很少有人意识到曾经存在的世界，但故事中的情况本身绝非罕有的，而事件参与者自身也很清楚这一点。

研究越深入，我就越相信，我们对东印度公司的英国人的刻板印象（比如，他们是一个小规模的外来群体，与世隔绝地生活在他们管辖区①的城镇、要塞与兵站中）需要修正。英国人在印度生活的这个早期阶段的基调，似乎是"混杂"和"不纯洁"的，是多种民族、文化和思想之间一系列出人意料却自然而然的交融。

无论是1947年之前在英国撰写的传统的帝国主义史书，还是独立后印度的民族主义史学，抑或是新一代学者（其中很多人倾向于遵循爱德华·萨义德于1978年出版的开创性著作《东方学》开辟的道路）的后殖民主义著作，都试图让我们相信，那个时代的英国人与印度人是泾渭分明的，那个世界的种族、民族和宗教边界是清晰明确的。但柯克帕特里克家族生活的世界远比我们一贯想象的要混杂得多，种族、民族和宗教边界也都不是那么明确。[3]仿佛这种发生在早期的种族、思想、服饰风格与生活方式的水乳交融，并非任何人有意识努力的结果，

---

① 18世纪末，英国在印度的直接控制领地大体上局限于三座城镇——加尔各答、孟买和马德拉斯及其腹地，这就是所谓的三个管辖区。

也不符合任何人对历史的阐释。出于不同的原因，各方似乎都对这一时期的混杂与融合感到有些尴尬，所以宁愿假装这从未发生过。毕竟，用非黑即白的眼光看待事物比较轻松。

我在研究过程中发现，我自己也是这一时期的跨种族婚恋的产物，我也有印度血统。所以我对上述问题越来越敏感。我们家族里似乎没有人知道这件事，不过它也并不让人惊讶：我们都听说过，我们那位出生于加尔各答的美丽、黑眼睛的高祖母索菲亚·帕特尔（伯恩-琼斯①曾与她相爱）如何与她的姐妹说印度斯坦语，并且在沃茨②为她画的肖像里，她的手腕上系着一条"拉基"（rakhi），即印度教的圣线或护身绳。但我挖掘档案之后才发现，她是一位来自金德讷格尔的孟加拉印度教徒女子的后裔，这名女子在 18 世纪 80 年代皈依了天主教，并嫁给了本地治里③的一位法国军官。

于是，我越来越清楚地认识到，印度和英国之间曾经有一种共生关系。正如在印度的个别英国人可以学会欣赏并希望模仿印度文化的不同方面，选择采用印度的风俗习惯和语言一样，这一时期也有许多印度人开始前往英国，与当地人通婚并学习西方的生活方式。

莫卧儿帝国的游记作家米尔扎·阿布·塔利布·汗在

---

① 爱德华·伯恩-琼斯爵士（1833~1898），第一代从男爵，英国艺术家和设计师，与前拉斐尔派有密切联系。他是威廉·莫里斯的朋友，创作过包括彩色玻璃在内的许多装饰艺术品。

② 乔治·弗雷德里克·沃茨（1817~1904）是英国画家和雕塑家。

③ 本地治里为印度东南部城市，它的名字在泰米尔语中意为"新村"。法国东印度公司于 1673 年在本地治里建立商贸据点，此后本地治里成为法国在南亚次大陆的主要根据地。荷兰和英国都曾为争夺该地而与法国发生战争。19 世纪 50 年代后，英国掌控了几乎整个南亚次大陆，但允许法国继续保留在本地治里等地的统治权。1954 年，本地治里并入印度。

1810 年用波斯文发表了一篇关于他在亚洲、非洲和欧洲旅行的记述。他描述了在伦敦遇到的几名完全英国化的印度女子，她们随同丈夫和孩子来到英国，其中一位已经完美地完成了文化的"变身"，以至于"在她身边待了一段时间后，我才确信她是印度人"。[4]他还见到了非凡的丁·穆罕默德，他是一位来自巴特那①的穆斯林地主，跟随他的英国恩公到了爱尔兰。

在那里，丁·穆罕默德很快就和出身于盎格鲁-爱尔兰名门的简·戴利私奔，后来又与她结婚。1794 年，他出版了《游记》，确立了他在科克②社会的独特而出人意料的显赫地位。《游记》是有史以来第一本由印度人用英语写作的书，爱尔兰一半的士绅都买了这本书。1807 年，丁·穆罕默德移居伦敦，在那里开设了英国第一家由印度人经营的咖喱餐厅，店名为"丁·穆罕默德的印度斯坦咖啡馆"。"在这里，士绅们可以享受用真正的印度烟草制作的水烟和最完美的印度菜肴，最伟大的美食家也承认这里的咖喱在英国无与伦比。"最后，他来到布莱顿，在那里开设了英国的第一家东方按摩院，并成为乔治四世和威廉四世国王的"按摩医师"。丁·穆罕默德的传记作者迈克尔·费希尔说得很对："穆罕默德的婚姻和作为专业医生的成功程度告诉我们，不能把英国人后来的种族观念或立场往更早的历史时期投射。"③[5]

---

① 巴特那现在是印度比哈尔邦首府，古称华氏城。

② 科克是爱尔兰西南部城市。

③ 法国的情况也是这样，虽然程度没有英国的那么深。早在 1761 年，安基提尔-杜佩隆就提到，一名法国军官的印度裔妻子陪他一起返回欧洲，后来还有很多印度女人到了欧洲：班努·潘·戴·阿拉德，她与身为雇佣军人的丈夫在圣特罗佩定居；菲兹丽·阿扎姆·朱·库尔与她的丈夫一起在马赛定居。——原书注

这恰恰就是许多关于18世纪和19世纪初印度的史书的问题所在：许多历史学家受到强烈的诱惑，想根据我们对维多利亚时代和爱德华时代的行为与态度的刻板印象来诠释证据。不过，这些刻板印象显然与东印度公司官员和他们印度妻子真实的恐惧与希望、焦虑与愿景完全相悖。在印度事务部图书馆储存的足以排列50英里长的东印度公司档案中，可以轻松地读到公司官员和他们印度妻子的大量书信。仿佛维多利亚时代的英国人不仅成功地将印度殖民化，而且更持久地将我们的想象力殖民化，排除了其他所有关涉到英印互动的图景。

自从大英帝国在20世纪后半期崩溃，大量印度人来到西方，他们中的大多数人理所当然地穿上了西方的衣服，接受了西方的礼仪。这种从东到西的文化交融，并不让我们感到惊讶。但是，相反的情况仍然让我们惊讶：如果一个欧洲人自愿接纳东方文化（伊丽莎白时代的说法是"变成土耳其人"，维多利亚时代的说法是"土著化"或"本土化"），这仍然是令我们惊愕的事情。

在詹姆斯·阿基利斯·柯克帕特里克去世仅七十五年之后，也是在他的女儿（英印混血、曾生活在托基和海德拉巴、在伊斯兰教与基督教之间游走）的有生之年，吉卜林就写出了"东方是东方，西方是西方，两者永不聚"的诗句。今天，人们倾向于嘲笑吉卜林；但当德高望重的学者也谈论"文明冲突"的时候，当东方和西方、伊斯兰教和基督教似乎正在进行另一场大规模对抗的时候，这群令人意想不到的跨文化人士能够及时地提醒我们，两个世界的调和是非常可能的，而且一直都是可能的。

第一章

1801 年 11 月 7 日，在严格保密的条件下，两个人被低调地带进马德拉斯①政府大楼的花园。

在外界的漫天尘土中，沿着炙热、宽阔的军用公路，一队队身着红色制服的印度兵②正在步履沉重地行军。这条公路从海岸通向圣托马斯山③的兵站。在城门的阴凉处，聚着一大群请愿者和围观者。在印度的这些地方，总会有这样的人群聚集。成群结队的小贩捧着装满米糕、香蕉、甜食、橘子和盘安④的托盘，环绕着人群。

政府大楼的大门内，过了哨兵的警戒线，就是另一个世界：75 英亩青翠欲滴的热带园林，有香蕉树和高大的罗望子树、凤凰木、高莫哈树和香气扑鼻的夜香木投下阴凉。这里没有尘土，没有人群，没有噪声，只有鸟鸣（总是听得见鹦哥的喋喋不休，偶尔有噪鹃悠扬而暴躁的啼鸣），还有半英里外

---

① 马德拉斯今称金奈，为印度东南部的大城市，由英国殖民者于 17 世纪建立，逐渐发展成为相应区域的中心城市和海军基地。

② "印度兵"（Sepoy）这个词原指莫卧儿帝国的职业步兵，通常装备火枪。18 世纪起，欧洲殖民势力（如法国东印度公司、英国东印度公司）将他们在本地招募的印度土著士兵也称为 Sepoy。现今印度、巴基斯坦和尼泊尔等国的陆军保留了 Sepoy 这个词，作为对列兵的称呼。Sepoy 源自波斯语 sepahi，意为步兵。奥斯曼帝国用 sipahi 指骑兵。

③ 圣托马斯山在马德拉斯（金奈），距离今天的金奈国际机场很近。

④ 盘安（Paan）是东南亚、南亚和东亚常见的多种由蒌叶和槟榔制成的制剂，有的加入烟草，咀嚼后对人有刺激作用。盘安属于致癌物。

的惊涛拍岸之声。

本章开头提到的两个人被带着穿过政府花园，走向马德拉斯新任总督克莱武勋爵正在重建和扩建的古典风格白色园林别墅。其中一个人被留在那里等待，另一人被领到园林的一片树荫下，那里的桌旁已经摆放了三把椅子。不一会儿，克莱武勋爵驾到，身后跟着他的私人秘书马克·威尔克斯。在这个没有一大群仆人就什么事情都做不了的时代，三个人却都没有带随从，这足以说明此次会晤的敏感性。在克莱武主持宣誓时，威尔克斯开始详细记录会议过程，该记录至今仍保存在印度事务部图书馆。

克莱武勋爵大人命令鲍泽中校到政府花园接受关于某件重大机密事务的询问，并指示 M. 威尔克斯上尉在勋爵身边做会议记录。克莱武勋爵对鲍泽中校说：

"我将要开展的调查牵涉到国家利益，兹事体大。因此，我得到了最高贵的英印总督阁下的指示，敦促你牢记这一点，并希望你做好准备，以这个庄严场合所要求的准确性，汇报你掌握的情报。"[1]

宣誓完毕后，克莱武继续向鲍泽解释，为什么要把鲍泽和他的同事奥尔少校从他们所在的团（驻在海德拉巴）传唤到450英里之外的马德拉斯，以及为什么不能让海德拉巴的任何人知道他们此行的真正原因。克莱武需要知道东印度公司派驻海德拉巴宫廷的常驻代表詹姆斯·阿基利斯·柯克帕特里克的真实情况。两年来，一直有流言在传播，而之前的两次调查（不是很正式，而且远没有那么深入）都未能平息这些流言。

柯克帕特里克的一些故事，虽然足以在加尔各答引起一两个人的睥睨，却也无伤大雅。据说，除了最正式的场合之外，他已经放弃了英式服装。用一名惊讶的来访者的话说，如今他惯于穿着"质地上乘的伊斯兰服装"在英国常驻代表府周围游荡。另一名来访者注意到，柯克帕特里克按照莫卧儿贵族的习俗，给自己的双手涂上了散沫花染剂，并蓄起了印度风格的"大胡子……不过，在其他绝大多数方面，他都像英国人"。[2]

这些怪癖本身并不足以让人们惊慌。在印度的英国人，特别是离加尔各答、马德拉斯和孟买这三座主要的管辖区城镇有一定距离的英国人，早就适应了莫卧儿风格的服饰和习俗。虽然这在近期显得有些不合时宜，但这本身不会影响一个人的前程，肯定不至于让他受到严肃的调查。但对柯克帕特里克的其他一些指控，就严重得多了。

克莱武说，首先，有许多报告显示，柯克帕特里克与海德拉巴某个贵族豪门的"一名女性有关系"。官方调查报告从未提过这个姑娘的名字，但据说她当时不超过十四岁。此外，她是"赛义达"① 即先知的后裔，因此，和她的所有女性亲属一样，她严格遵守深居闺房、与世隔绝的规矩。赛义德，尤其是印度的赛义德，对他们种族的纯洁性和女性的贞洁特别敏感。他们不仅严格实行内婚制② （换句话说，他们只能与先知的其他后裔结婚），而且在许多情况下，赛义达甚至拒绝与外界的

---

① 赛义德是伊斯兰世界对先知穆罕默德的女儿法蒂玛与阿里的两个儿子哈桑和侯赛因的后裔的敬称，如果是女性则称赛义达。在印度等地方，穆罕默德的后裔还被尊称为"埃米尔"或"米尔"。如果某人的父亲不是赛义德，而母亲是赛义达，那么他可能被尊称为"米尔扎"。

② 内婚制指的是约束男女必须在某一特定社会阶层以内，或某社会团体中，或宗族内，或家庭内，选择配偶的婚姻制度。

孕妇接触，以免陌生人腹中未出生的孩子是男性，从而在不知不觉中玷污了她们的纯洁。[3]尽管有这些令人生畏的禁忌，她的部族也采取了防范措施，但这个姑娘还是不知怎么地怀上了柯克帕特里克的孩子，并且据说已经分娩。

起初在海德拉巴传播的流言蜚语中，有人说柯克帕特里克强奸了这个叫海尔·妮萨的姑娘，然后谋杀了她的一个兄弟，因为这个兄弟试图阻止他的"好事"。人们似乎一致认为这些说法是恶意中伤、毫无根据的，但可以肯定的是（并且对东印度公司来说令人警觉的是），海尔·妮萨怀孕的消息已经泄露出去，在海德拉巴引起了广泛的骚乱。更糟糕的是，据说这姑娘的外祖父"对这样的丑事给他的家族荣誉带来的侮辱表示了近乎疯狂的愤怒，宣布他打算前往麦加清真寺（该城的主要清真寺）"。[4]他发誓要在那里煽动德干高原的全体穆斯林起来反抗英国人，从而威胁英国对印度南部和中部的控制。而此时恰好是一个极其敏感的时期，因为拿破仑的一支军队仍在埃及自由活动，英国人担心拿破仑正在考虑对英国在南亚次大陆的领地发动大胆的攻击。

也许，最令孟加拉当局震惊的是这一点：有人说柯克帕特里克实际上已经正式与这个姑娘结婚，这意味着他皈依了伊斯兰教，成为什叶派穆斯林。关于柯克帕特里克皈依伊斯兰教的传言，加上他毫不掩饰地同情和欣赏海德拉巴文化，让他的一些同事不禁怀疑，他在政治上是否仍然可靠。一年多以前，年轻的阿瑟·韦尔斯利上校，也就是后来的威灵顿公爵，曾写信给他的兄长理查德，即坐镇加尔各答的英印总督，表达了这方面的担忧。韦尔斯利上校是英军在海德拉巴的邻国迈索尔的指挥官，他听到一些可靠的报告，说柯克帕特里克此时似乎深受海德拉巴人的"影响","可以预料,他将更多地关注尼查姆宫廷的目标,而不是英国政府的目标"。换句话说,柯克帕特里克可能已经"变节",在某种程度上成了双重间谍。[5]

总督韦尔斯利勋爵[①]对如何回应这些指控纠结了一段时间。有好几个复杂的因素。首先,尽管流言四起,但柯克帕特里克在东印度公司的政治［外交］部门有很好的履历,表现一贯出色。他不费一枪一弹,成功地把最后一支成规模的法国军队从印度南部驱逐出去,并与海德拉巴的尼查姆谈判达成了一项重要条约。该条约使得尼查姆的广袤领地第一次坚定地与英国结盟,从而一劳永逸地使印度微妙的力量平衡转为对英国有利。由于柯克帕特里克的这些贡献,韦尔斯利在几个月前还向伦敦举荐柯克帕特里克,建议授予他从男爵[②]的爵位。

但这并不是唯一的麻烦所在。柯克帕特里克的兄长威廉是总督在加尔各答最亲信的顾问之一,韦尔斯利本人认为威廉是总督政策的主要设计师之一。虽然韦尔斯利决心查明年轻的柯克帕特里克的真相,但他希望调查时尽可能不要疏远威廉。最后,韦尔斯利知道,要公开调查这些敏感的事情而不引发重大丑闻是很困难的,弄不好会对英国在海德拉巴乃至整个印度的利益造成相当大的损害。但是,那些传闻太严重了,流传太广了,不容忽视。

有鉴于此,韦尔斯利决定退而求其次,在马德拉斯开展秘

---

① 在 1800 年之前,理查德·科利·韦尔斯利的头衔为莫宁顿勋爵。为了行文清晰和保持前后一致,本书始终称他为韦尔斯利勋爵。——原书注
② 从男爵是英国的一种世袭身份,低于男爵,高于骑士,不算是贵族(在上议院没有议席),和骑士一样以"爵士"为敬称。2015 年英国有约 1200 个从男爵。

密调查，并在那里获取在海德拉巴的两名最资深的英国军人鲍泽中校和奥尔少校的宣誓证词。这两位都与柯克帕特里克有密切的接触，但都不是他的亲密朋友，所以他们的证词比较可信。

这不是一个完美的解决方案，尤其是因为韦尔斯利很不欣赏新任马德拉斯总督克莱武勋爵爱德华。爱德华的父亲就是著名的罗伯特·克莱武①，四十四年前他在普拉西的胜利开启了东印度公司的惊人转变，公司从一家偿付能力常常令人怀疑的贸易公司转变为一支拥有常备军和广袤领土的强大的帝国主义势力，其管辖区面积远远超过了它的诞生地英国。在两人第一次见面之后，韦尔斯利描写爱德华·克莱武是"一位可敬、热忱、恭顺、脾气极好的绅士，但完全缺乏与他当前的地位匹配的才华、知识、办事习惯或坚定性格。他是怎么爬到这样的位置的？"[6]但是，韦尔斯利意识到，在加尔各答开展调查必然会牵扯到柯克帕特里克的兄长，所以除了把这项工作委托给克莱武，他别无选择。

并且，由于英国与海德拉巴（当时印度最大的独立的伊斯兰国家）的未来关系至少部分取决于柯克帕特里克与那个姑娘的关系的确切细节，因此，在审讯过程中，显然有必要提出一系列最私密、最直言不讳的问题。

韦尔斯利断定，整件事情无疑会让各方都感到非常尴尬，

---

① 罗伯特·克莱武（1725~1774），第一代克莱武男爵，陆军少将，绰号"印度的克莱武"，是英国的首任孟加拉管辖区总督。他和沃伦·黑斯廷斯是英国在印度的殖民统治的奠基者。克莱武是东印度公司在孟加拉获得军事和政治主宰地位的头号功臣，遏制了法国在印度的野心，在这个过程中他自己也发了大财。他是颇有争议的人物，曾在议会受审。现代历史学家批评他的凶残、横征暴敛等恶行。

所以最好由克莱武在马德拉斯处理。于是，1801 年 9 月 30 日，韦尔斯利正式写信给克莱武勋爵，指示他准备对柯克帕特里克开展秘密调查，同时向海德拉巴发出命令，让鲍泽和奥尔低调地、迅速地前往海岸。

在随后的几天里，奥尔和鲍泽在宣誓之后回答了一系列问题，这些问题是如此私密和露骨，以至于最终的报告肯定是东印度公司在印度留存下来的在性方面最赤裸裸的公开文件之一：阅读它的时候，人会略感不安，仿佛打开了柯克帕特里克的卧室窗户，向里面窥视。

透过威尔克斯上尉完美的圆形草体字的字里行间，可以清楚地看到两位军人是多么尴尬和脸红。他们被问到柯克帕特里克是如何与一名十几岁的穆斯林贵族少女相识并发生关系的，毕竟她生活在与世隔绝的深闺，更何况已经与另一个男人订婚。到底是柯克帕特里克还是那个女孩主动的：是谁勾引了谁？他们什么时候第一次同床？多久一次？此事在什么时候为公众所知？故事是怎么传出去的？海德拉巴市民的反应如何？这份报告和现代的庭审报告或议会调查一模一样，凸显了临场感和私密感。

问：你是否认为这位年轻女士是被常驻代表引诱的，或者你更愿意相信他是被她家的女人们的阴谋欺骗了？

答：我说不准公众舆论更倾向于哪一种推测。据说，这位女士爱上了常驻代表，而且该家庭的女性允许他自由出入，这在穆斯林家庭是非常罕见的。这似乎表明是她们家主动的。

问：常驻代表和这位年轻女士第一次发生性关系的日

期是什么？

答：我第一次听到这种说法是在年初，当时还是人们的窃窃私语。后来此事越来越多地成为街谈巷议，并被大家普遍相信，直到引发了公开的丑闻。

对两位军官的讯问展现的部分故事是如此惊人地"摩登"，令人难以相信这份调查报告是两百年前写的。其中有很大篇幅谈到令人尴尬的怀孕，家人绝望地试图堕胎，柯克帕特里克在最后关头施加干预、阻止堕胎，以及姑娘的母亲发自内心的呼喊：如果困扰整个事件的宗教分歧不存在，这个男人就可以"像穆萨［摩西］、尔撒［耶稣］和穆罕默德的教义的区别为世人所知之前那样，自由地与她的女儿长相厮守"。还有柯克帕特里克大胆的浪漫宣言（由鲍泽转述），"无论这些调查的最终结果如何，他决心永远不抛弃这位女士或她的后代"。历史的疏离感消失了：这些都是今天的我们耳熟能详的人生境况。

但在阅读报告的过程中，同样也有一些时刻，熟悉的感觉消失了，我们仿佛又回到了山鲁佐德和《一千零一夜》的半神话世界。我们读到：恋人透过竹制的深闺屏风偷偷摸摸地幽会；人们在狩猎时驱使猎豹袭击正在吃草的羚羊；间谍在集市内跟踪轿子；女孩的外祖父威胁要"出家当法基尔①"，因为那是挽救家族荣誉的唯一办法。

最重要的是，我们还惊讶地看到了一位特立独行的英国高

---

① 法基尔（fakir）是中东和南亚一些守贫和虔诚禁欲的苏非派修士。莫卧儿帝国时期的南亚次大陆常错误地用这个词指印度教和佛教的苦修者。

官：大家（尤其是他的海德拉巴姻亲）普遍相信他是货真价实的穆斯林；他经常穿着印度服装；而且在这段恋情之前，他就在自己宅邸的后屋建造了女眷居住区，配备了莫卧儿女仆、乳母、产婆和深闺卫士。这样一个令人惊奇的世界居然和英治印度的官方有如此紧密的联系。有无数电影和廉价电视剧刻板而僵硬地描绘了在印度的英国人：他们都是死硬的帝国主义者，心胸狭窄、腰杆笔挺的洋大人，头戴木髓遮阳盔，蓄着络腮胡子，不顾天气炎热、穿正式礼服参加宴会，对印度人民和印度文化嗤之以鼻。如果你对这样的刻板印象信以为真，那么你看到柯克帕特里克的世界一定会感到陌生。

不过，越探究这一时期的历史文献，我们就越会发现，其实这一时期有很多欧洲人对印度的反应方式也许会让今天的我们感到惊讶和欢喜。这些欧洲人从一种文化跨越到另一种文化，全心全意地接受莫卧儿帝国晚期印度的高度多样性。

在我们熟悉的欧洲人征服和统治印度、将欧洲生活方式强加于亚洲中心地带的叙事的背后，始终隐藏着一个更引人入胜的，而且大体上还没有得到书写的故事：印度人征服了欧洲人的想象力。在 19 世纪之前的所有时期，特别是在 1770 年到 1830 年期间，出现了大规模的跨种族的性探索和极其广泛的文化同化与混血现象：萨曼·鲁西迪在谈到现代多元文化主义时称之为"酸辣酱化"（chutnification）①。实际上，这一时期在印度的所有英国人都在一定程度上印度化了。那些走得更

---

① 这里的酸辣酱指的是南亚次大陆常见的调料（chutney），其成分多变，有番茄泥、花生酱或酸奶、小黄瓜块及碎薄荷叶等。

远，皈依伊斯兰教或印度教的人，或真正能够跨文化的人，当然总是少数；但这样的人可能不像我们相信的那样少。

自始至终，人们都有一种感觉，那就是他们正面临一种全新的问题，因为两个截然不同的世界第一次发生了碰撞和亲密接触。没有先例，也没有可参考的脚本。阅读这一时期的书信、日记和报告时，我们感到，那些参与者仿佛在随机应变地解决人类从未以这种方式经历过的问题、偏见、张力和情感。

印度总是用一种奇怪的方式对待它的征服者。被打败之后，它会向他们招手，然后慢慢地引诱、同化和改造他们。

自古以来，许多强国都曾打败印度军队。但南亚次大陆总能以某种方式逆转殖民化潮流，并改造那些试图征服它的人。没有一个国家能抵抗印度的这些手段。印度幅员辽阔，它的社会和宗教制度交织在一起，具有独特的弹性，根深蒂固，所有外来入侵者迟早都会被赶走，或被吸纳。有一位历史学家说过一句令人难忘的话：莫卧儿征服者在16世纪从中亚来到印度时是"穿着靴子的红脸大汉"，四个世纪后他们离开印度时是"穿着衬裙的小白脸"。[7]直到19世纪30年代，各种迹象表明，印度将对继莫卧儿帝国之后抵达的欧洲人进行同样戏剧性的改造。就像他们之前的所有外国人一样，欧洲人似乎也会被印度毫不费力地吸收和同化。

从欧洲人抵达印度之初,这种"跨越"的过程就开始了。葡萄牙人是第一批进行"跨越"的欧洲人。在 1510 年征服果阿(比莫卧儿人到达北印度早了大约十六年)之后,葡萄牙指挥官阿方索·德·阿尔布开克特意命令他的部下与他们在攻城时屠杀的穆斯林守军的遗孀结婚。阿尔布开克亲自主持了这些"美丽的摩尔女人"①[8]的婚礼,并为她们提供了嫁妆。然后,这些美丽的摩尔女人被迫皈依基督教。许多人在接受洗礼后,被强制学习天主教信仰的基本知识。但是,事实证明,这种强行向印度灌输纯粹的葡萄牙文化的粗暴尝试是短暂的,也是不成功的,就像之前若干世纪里许多人试图向印度强加纯粹的蒙古、萨珊波斯或希腊文化都失败了一样。

在接下来的五十年里,土著女子、周边环境,以及果阿与欧洲之间的遥远距离,都对新到的葡萄牙人产生了影响,因此,一代又一代的征服者逐渐开始放弃葡萄牙的生活方式,转而采用印度的习俗。1560 年葡萄牙在印度设置宗教裁判所时,果阿已经更像是莫卧儿帝国的首都德里和阿格拉,而不太像里斯本或其他任何一座葡萄牙城市。一位耶稣会士震惊地向罗马报告:"此地比其他任何地方都更需要宗教裁判所,因为这里所有的基督徒都与穆斯林、犹太人和印度教徒生活在一起,这就导致此地的基督徒居民的良心松懈了。只有宗教裁判所才能让他们过上正派的生活。"

到 1560 年,果阿的葡萄牙权贵身穿华丽的丝绸衣服,打

---

① 在中世纪,北非、伊比利亚半岛、西西里岛和马耳他岛等地的穆斯林被欧洲基督徒称为"摩尔人"。摩尔人并非单一民族,而是包括阿拉伯人、柏柏尔人和皈依伊斯兰教的欧洲人等。"摩尔人"也被用来泛指穆斯林,这里就是这个意思。

着阳伞，离开自己的房子时一定有大量的奴隶和仆人前呼后拥。有旅行者报告说，果阿贵族拥有自己的"后宫"，甚至基督徒女子在家中也穿印度服装，像穆斯林贵妇一样大门不出二门不迈，"很少抛头露面"。[9]如果她们必须外出，就戴着面纱或乘坐有帘子遮挡的轿子。

葡萄牙男人们嚼槟榔果，吃米饭（但只用右手），喝亚力酒①；他们用草药[10]擦身，他们的医生给病人开了古老的印度灵丹妙药——牛尿，一天三次，"以恢复他们的健康面色，早上一杯，中午一杯，晚上一杯"。[11]他们按照印度人的方式喝壶里的水，"不用嘴去碰，而是让水从壶口流到嘴里，一滴也不洒……当有人从葡萄牙新来时，如果开始这样喝水，因为不习惯这种方式，容易把水洒在自己怀里，他们就乐不可支，嘲笑他，称他为'雷诺尔'，这是对从葡萄牙来的新人的戏称"。[12]

就连教会机构也开始接受印度风俗：从 1585 年开始，当地教会颁布了一项怪异的法令，命令殖民地的神学院只接受拥有婆罗门（印度教的祭司）血统的印度-葡萄牙混血儿，培养他们成为罗马天主教会的神父。"他们从印度的异教徒那里学到并接受了这一切，"荷兰旅行者扬·范·林斯霍滕倍感惊讶地写道，"印度异教徒有这些习俗已经很久了。"[13]

到了 1642 年，荷兰东印度公司的总裁安东尼·范·迪门报告称："大多数在印度的葡萄牙人都把这个地区看作他们的祖国，而不再考虑葡萄牙。他们很少与葡萄牙做生意，而是满

---

① 亚力酒为南亚和东南亚产的一种蒸馏烈酒，用椰子汁、糖蜜、米或枣子等制成。

足于在印度的各港口之间经商，仿佛他们是印度土著，没有别的祖国。"[14]他的同胞范·林斯霍滕得出了同样的结论："葡萄牙人的子孙，无论男女，无论从肤色还是习俗来看，都似乎是天生的印度人。"[15]

这些对印度-葡萄牙文化的早期描述，为随后三百年里印度各民族与各种殖民入侵者之间的广泛接触奠定了基调。很明显，这从一开始就不是一种文化对另一种文化的全面取代，而是一个复杂的融合过程。印度-葡萄牙社会既不是纯粹的葡萄牙社会，也不是完全的印度社会，而是两者的混合体。它是适应了印度的气候与社会习俗的欧洲模板；或者，从相反的角度来看，它是容纳了欧式机构、印度-葡萄牙建筑和许多日益印度化的欧洲文化输入物的印度环境。在印度的葡萄牙人和他们的印葡混血后裔，并没有摈弃一种文化去接纳另一种文化，而是同时生活在两种文化之中，同时拥有两套相互竞争的生活方式和世界观。

当然，对于果阿宗教裁判所的多明我会神父来说，这种"涵化"过程始终是不可接受的。只要有迹象表明某个基督徒在家中遵循了印度教的习俗，就足以让整个家庭和他们的仆人被逮捕并遭受酷刑。宗教裁判所起草了一份被禁的印度习俗的清单。今天的社会历史学家可以把这份清单作为一个有用的索引，去研究葡萄牙人如何以各种方式学习他们的印度邻居的习惯、品位和迷信。

这份清单当中包括一些令人震惊的异端做法，比如，"像印度教徒习惯的那样煮饭不放盐"、穿缠腰布（dhoti）或"乔丽"（choli，印度的女式短款紧身胸衣，往往是透明的）和拒绝吃猪肉等。甚至某些树木、花草和蔬菜也被禁止。例如，禁止种植圣罗勒，因为许多印度教徒认为圣罗勒是对抗邪恶之眼的护身符。[①]

也许部分是由于宗教裁判所的缘故，数量惊人的葡萄牙人决定离开葡萄牙殖民地，去印度的各宫廷寻求财富，通常是当炮手或骑兵。这个过程的起源也可以追溯到葡萄牙人最初抵达印度的时期：1498 年，瓦斯科·达伽马在他著名的第一次印度之旅期间发现，马拉巴尔海岸的王公们[②]已经雇用了一些意大利雇佣兵；在他起航回国之前，他自己的两名船员离开了他，加入那些意大利雇佣兵，为马拉巴尔王公效力，以获得更高的工资。[16]根据葡萄牙编年史家巴罗斯[③]的记载，到六十多年后的 1565 年，至少有两千名葡萄牙人在不同的印度王公的军队中作战。到 17 世纪初，另一位葡萄牙作家认为这个数字至少达到五千人。[17]

那些"印度化"的人往往来自葡萄牙社会的边缘。他们被印度引人注目的宗教自由吸引，也被更好的前景、更高和更

---

① 有一名旅行者讲了个故事，说他在果阿接受宴请时，从宗教裁判所来了一名信使，给宴会的东道主送来一封短信。东道主"顿时面色煞白，心事重重、浑身战栗地拆开信"，以为自己要被裁判所逮捕了。但实际上宗教法官只是想从他的果园里讨一些芒果。于是东道主赶紧摘了芒果送去；"当晚他就砍伐了自己的芒果树，以确保家里没有任何东西会吸引宗教裁判所的注意"。印度教民族主义者对宗教裁判所的看法，见 A. K. Priolkar, *The Goa Inquisition*(Bombay, 1961)。另见 Sanjay Subrahmaniyam, *The Portuguese Empire in Asia: A Political and Economic History* (London, 1993), pp. 83-4。——原书注

② 印度的"王公"（Raja）一词源自梵文，大致即国王、君主之意。伊斯兰教传入印度之后，印度教君主称"王公"，以区分伊斯兰教君主的"苏丹"等称号。Raja 也常被译为"土邦主""拉惹"等。

③ 若昂·德·巴罗斯（1496~1570）是葡萄牙最早一批伟大历史学家之一，被誉为"葡萄牙的李维"。他记述葡萄牙人在亚洲和非洲生活的史书最有名。

稳定的报酬吸引。另一些人无疑是被印度社会的乐趣吸引，在这个社会里，奴隶制、纳妾和一夫多妻制是司空见惯和完全被接受的；在这里，他们可以效仿 17 世纪初一些英国水手在摩鹿加群岛遇到的那个奇特人物，他"和一大群女人一起生活……他整天唱歌跳舞，赤身裸体……一连两天酩酊大醉"。[18]相比之下，葡属果阿军队的服役条件非常严酷，特别是在雨季，可以看到无事可做的士兵在果阿的红土路上游荡，"寻求施舍"，因为他们没有住房，并且常常领不到军饷。[19]

不管出于什么原因，成千上万的欧洲人在南亚次大陆各地的朝廷服务。而且不仅仅是葡萄牙人在这么做。在莫卧儿帝国的鼎盛时期，有如此之多的欧洲人在莫卧儿军队中服役，以至于朝廷在德里城外为他们建造了一个特别的郊区，它被称为"外国人城"（Firingi Pura）。外国人城的居民包括叛教的葡萄牙人、英国人和法国人，其中许多人选择皈依伊斯兰教，并在一个被称为法拉希西·汗的法国人的带领下，组成了一个独特的外籍团。[20]

莫卧儿帝国并没有垄断这些叛教者：帝国的竞争对手，即控制印度南部和中部大部分地区的四大德干苏丹国①，也热衷

---

① 原文如此。一般的说法是德干高原有五大苏丹国，是中世纪后期统治印度德干高原的五个伊斯兰政权，分别是艾哈迈德讷格尔、贝拉尔、比德尔、比贾布尔（阿迪勒·沙王朝）和戈尔康达（顾特卜沙希王朝）。德干高原原本有一个巴赫曼尼苏丹国，存在时间为 1347～1527 年，它是一个波斯化的伊斯兰政权，长期与毗奢耶那伽罗帝国交战。五大苏丹国陆续从巴赫曼尼苏丹国分裂出来。虽然都是伊斯兰政权，但五大苏丹国统治者的民族背景不同，比如，比德尔和比贾布尔的建立者是格鲁吉亚人，戈尔康达的建立者是土库曼人。五大苏丹国虽然互相竞争，但曾在 1565 年联手摧毁了毗奢耶那伽罗的都城。1574 年，贝拉尔被艾哈迈德讷格尔吞并。剩余的四个苏丹国陆续被莫卧儿帝国吞并。

于利用欧洲人的服务。例如，在比贾布尔的阿迪勒·沙王朝①的宫廷中，就有贡萨洛·瓦斯·科蒂尼奥，他以前是果阿的一个有势力的地主，因谋杀罪入狱，后来逃到比贾布尔，皈依伊斯兰教。在这里，他得到了"收入丰厚的土地，作为一个纯粹的摩尔人，与妻儿一起生活"。[21]

一个世纪后，当大批英国人开始抵达印度时，英国叛教者也往往投奔德干高原的几个苏丹国。早期的英国商人尼古拉斯·威辛顿写了一篇关于最早的叛逃事件之一的目击者记录。他清晰地描写了17世纪初在印度流窜的独立欧洲人的数量，这些人都一心要发家致富，并做好了相应的准备，如果有必要，他们随时可以改变自己的服装、政治效忠对象和宗教信仰。威辛顿也清楚地表明了割礼的固有危险。对许多考虑皈依伊斯兰教的欧洲人来说，割礼是最大的障碍。威辛顿写道："有一个人来到我们这里，他以前从我们的船队跑到葡萄牙人那里，又从他们那里跑到我们这里。"

> 这样经过德干地区时，他被另一个英国人（已经当了摩尔人，并住在那里）说服，皈依伊斯兰教；他这样做了，受了割礼，当地国王给他发放每天7先令6便士，允许他与国王同桌吃饭；但他在受割礼的八天后就死了。
>
> 同样，我们的另一个同伴，[一个小号手]叫罗伯特·特鲁利……到德干去见那里的国王，带着一个德意志人当翻译，因为后者懂那里的语言；到了那里，他俩表示

---

① 阿迪勒·沙王朝，或称比贾布尔苏丹国，是南印度的一个伊斯兰政权，是巴赫曼尼苏丹国解体后的德干高原五大苏丹国之一，以比贾布尔为首都，存在时间为1490~1686年，最终被莫卧儿帝国吞并。

愿意皈依伊斯兰教，国王客气地接受了。于是，特鲁利受
了割礼，得到一个新的名字，国王也给了他一大笔津贴，
他与国王继续交往。但他们给那个德意志人行割礼的时
候，发现他已经受过割礼（因为他在波斯待过）。德干人
发现他已经是穆斯林了，觉得受了骗，所以不接待他。于
是他回到阿格拉，为一个法国人服务，又成了基督徒，经
常和主人一起做弥撒……因此，德干国王那里有四个英国
人当了摩尔人，还有许多葡萄牙人。[22]

这些早期的欧洲叛教者从自己社会的边缘出发，成为欧洲
世界和印度世界之间的重要中介。他们还展示了，将这两个世
界分开的边界具有多么显著的多孔性和流动性。从 16 世纪中
叶开始，许多人逃离葡属果阿；一个世纪后，英国东印度公司
在古吉拉特地区苏拉特的桥头堡又出现了新的叛逃浪潮。欧洲
在印度的殖民地的边境地区发挥了它们在随后三百年里将继续
发挥的作用：在这些边境地区，身份类别、民族忠诚的观念和
权力关系往往是灵活的，自我改造的可能性是无限的。

与维多利亚时代英国人宣传的帝国神话相反，英国人最初
并不对"印度化"具有免疫力，而恰恰是"印度化"改变了
在印度的葡萄牙人。其实，在 17 世纪首次进入莫卧儿帝国的
英国人的一个显著标志是，他们非常擅长适应这个乍看起来一

定非常陌生的社会。

葡萄牙人来到果阿的目的通常是在印度永久定居，而英国人一般都设想在结束工作后返回家乡，这深刻地影响了他们看待印度的方式。① 不过，东印度公司在早期的成功既取决于跨越种族和宗教界限的接触，也取决于商业头脑。在不同程度上，来到东方冒险的欧洲商人、士兵、外交官甚至神职人员，除了接受莫卧儿印度之外别无选择。我们也不应当对这种趋势感到惊讶。从世界历史的更广泛角度来看，更奇怪、更费解的是 19 世纪末英国人的态度：他们到过地球上近四分之一的地方，统治过将近四分之一的世界，却坚决不接受他们接触的几乎任何一种文化的影响。

不过，跨文化交流并不是什么新鲜事。近几个世纪以来，一直有在中东从事贸易的英国商人与穆斯林杂居，并皈依伊斯兰教。② 英国与更广泛的伊斯兰世界之间的最初接触大多发生在 17 世纪海上小规模冲突的背景下，那时穆斯林在海上的技术优势导致大量英国船只被俘虏或击沉。据报道，从 1609 年

---

① 不过比较穷的白人士兵可能不一定这样，他们往往对回国没什么兴趣，或没有机会回国。——原书注

② 当然，在这个时期，在伊斯兰世界之外，欧洲人跨越文化界限和"土著化"的例子不胜枚举。威廉·约翰逊爵士（绰号"莫霍克从男爵"）在今天的纽约州境内娶了两个易洛魁妻子；好几个形迹可疑的苏格兰人在洪都拉斯自立为统治者；"武士威廉"，即威廉·亚当斯在 17 世纪的日本为幕府效力；还有砂拉越的"白人王公"詹姆斯·布鲁克。See J. T. Flexner, *Mohawk Baronet: Sir William Johnson of New York* (New York, 1959)；Kirk Swineheart, *Molly's War* (Hodder & Stoughton, 2008)；Giles Milton, *Samurai William* (London, 2002)；Steven Runciman, *The White Rajahs: A History of Sarawak from 1841 to 1946* (Cambridge, 1960)；also John Demos's gripping *The Unredeemed Captive: A Family Story from Early America* (New York, 1994). ——原书注

到 1616 年，有四百六十六艘英国船遭到奥斯曼或巴巴利①桨帆船的袭击，船员披枷带锁地被掳走。到 1626 年 5 月，在阿尔及尔城有五千多名英国俘虏，在萨利②又有一千五百名。伦敦方面心急火燎地安排赎回他们，"以免他们效仿他人，变成土耳其人"。

到了 17 世纪 20 年代，奥斯曼海军的活动不再局限于地中海，而是将触角伸向了英伦三岛的海域：1625 年 8 月，"土耳其人从蒙茨海湾［在康沃尔郡］的'蒙尼盖斯卡'教堂抓走了大约六十名男子、女子和儿童"。²³更令人担忧的是，有报道称，其中一些袭击是由皈依伊斯兰教并"变成土耳其人"的英国人率领的，例如，1645 年 9 月，七艘"来自巴巴利"的船在康沃尔靠岸，其船员在"我国的一些叛教者"带领下深入内陆。²⁴

有报道称，大批英国俘虏改信伊斯兰教，这是真正触动斯图亚特王朝的一点。更糟糕的是，虽然其中一些人是被迫皈依的，但许多人显然不是，当时的英国旅行者经常带回他们的同胞"戴上头巾"并在伊斯兰世界飞黄腾达的故事。16 世纪末奥斯曼帝国最有权势的太监之一哈桑·阿迦原名萨姆森·罗利，来自大雅茅斯③，²⁵而在阿尔及利亚，"摩尔人国王的刽子手"原本是埃克塞特的一名屠夫，名叫"押沙龙"（阿布德·萨拉姆）。²⁶同样地，一些英国旅行者先是在君士坦丁堡，后来

---

① 又译"柏柏里"。欧洲人称之为巴巴利，而阿拉伯人称之为马格里布的地区，也就是今天的摩洛哥、阿尔及利亚和突尼斯一带。此地的海盗曾经很猖獗，他们袭击地中海及北大西洋的船只和沿海居民，又从欧洲及撒哈拉以南非洲掳走人口作为奴隶贩卖。

② 萨利是今天阿尔及利亚南部的城镇。

③ 大雅茅斯是英国诺福克郡的海港城市。

又在亚丁遇到了一个译员①，据说他是"土耳其人，但出生于康沃尔"。[27]还有一位奥斯曼帝国的将军被称为英格利兹·穆斯塔法，他实际上是苏格兰人，原名坎贝尔，后皈依伊斯兰教，加入了奥斯曼帝国的近卫军②。[28]

英国驻奥斯曼帝国的大使托马斯·舍利爵士自称不能容忍这些叛教者，形容他们是"流氓和人渣，恶棍和无神论者，他们逃到了土耳其，寻求庇护和支援"。他的反应体现了刚刚开始崛起的大英帝国的傲慢，但无疑也反映了英国人在这一时期的焦虑和不安全感。"变成土耳其人"的英国人似乎来自英国社会相当广泛的不同阶层，包括军火商和伪币制造者、船长和雇佣军人、一名"号手"和在北非巴巴利海岸当海盗的"许多英国绅士"，还有一个英国女人，她成为阿尔及尔代伊③的妻子之一。[29]

舍利在一份报告中指出，英国人在东方待的时间越久，就越容易接受穆斯林的生活方式。他写道："与异教徒交往会使人堕落。许多国家，包括英国的浪荡青年……每在土耳其逗留

---

① 原文为 dragoman，指奥斯曼帝国的译员兼向导。——原书注

② 英王查理二世派遣一个名叫汉密尔顿上尉的军官去巴巴利海岸赎回一群被奴役的基督徒，但他的任务失败了，因为那些基督徒都拒绝返回：他们已经皈依伊斯兰教，在当地平步青云，现在"享受着土耳其人的繁荣昌盛"，过着他们在故乡想都不敢想的奢华生活，而且他们觉得伊斯兰社会和他们自己的社会一样文明和先进，并且更加宽容。倍感挫折的汉密尔顿上尉不得不空手而回。他在正式报告中写道："他们因为喜爱土耳其女人，都放弃了对上帝的信仰。"然后补充道："土耳其女人一般都非常漂亮。"Nabil Matar, *Islam in Britain 1583 - 1685*（Cambridge, 1998），p. 37.——原书注

③ 代伊（Dey，源自土耳其语，字面意思是伯父）是 1671 年之后奥斯曼帝国给阿尔及尔、的黎波里和突尼斯统治者的头衔。代伊相对于帝国中央拥有很大的自主权。

三年，就会失去一分基督教信仰。"[30]伊斯兰教征服英国人，更多的是靠它的成熟、先进和吸引力，而不是靠武力：1606 年，甚至英国驻埃及领事本杰明·毕晓普也皈依了伊斯兰教，并随即从史海中销声匿迹①。[31]

因此，在 1616 年英国与莫卧儿帝国签订第一份条约的时候，英国方面就估计会有大批英国商人受到诱惑，改变自己的宗教和文化，离开东印度公司，转而为莫卧儿帝国效力。该条约的起草者，斯图亚特王朝的大使托马斯·罗爵士，非常清楚地认识到，叛教者的变节会对公司造成潜在的危险，所以他坚持在条约的第八条规定："所有英国逃亡者都要被交给英国贸易站。"② 莫卧儿皇子胡拉姆，即后来的沙贾汗皇帝，对这一条提出质疑，"反对将皈依伊斯兰教的英国人交给英国当局"，但罗立场坚定，因为根据他在奥斯曼帝国治下中东地区的经验，他深知这一条款的重要性。根据发回英国的报告，最后，这个关键的"问题在大使的坚持下得到了解决"。[32]

---

① 这件事情在英国国内引起的反响当然非常恶劣，背信弃义的"叛教者"很快就成为英国戏剧里的常见角色。在詹姆斯时代的英国，关于割礼的笑话，以及关于某些人为了获得成群妻妾而皈依伊斯兰教却被阉割的笑话非常流行。例如，见 Daniel J. Vitkus (ed.), *Three Turk Plays from Early Modern England* (New York, 2000)。而许多曾经的叛教者返回了英国，有的希望重新回到基督教会的怀抱，有的显然仍然坚持信奉伊斯兰教，这就给基督教会的领导者带来了问题。1637 年，此事成为英国下议院一次大规模辩论的主题，大主教劳德向下议院呈送了《一个背叛基督教、皈依土耳其人的宗教的叛教者的忏悔与和解》。见 Matar, *Islam in Britain 1558-1685*, p. 69。——原书注

② 当时的英国人将他们的贸易站称为 factories，这个词在今天的意思是"工厂"，不过贸易站几乎完全没有生产的业务。——原书注

位于古吉拉特海岸的莫卧儿大型港口苏拉特是英国商人和莫卧儿帝国臣民第一次接触的中心。在这里，英国所谓的"贸易站职员"居住的房屋的建筑风格既有牛津剑桥的学院元素，也有莫卧儿客栈的色彩。一方面，每天的活动以祈祷开始，以贸易站主管和牧师主持的集体餐会结束。牧师的工作是监督职员的行为，确保他们定期去教堂做礼拜，并防止他们做出不符合基督教精神的事情。另一方面，这种舒适的英式学院场景是在一座"摩尔人的建筑"内出现的，晚餐后，工作人员可以在"土耳其浴室"里洗浴和放松。[33] 在没有欧洲商品的情况下，贸易站职员很快就适应了印度的物质文化。很快，贸易站的库存清单中就开始出现"一个槟榔盒子、两个痰盂 [pigdanes，源自印地语 pikdan] 和一个玫瑰水瓶"等印度特有的奢侈品。[34]

对苏拉特贸易站日常生活的最佳描述见于旅行记录，因为虽然贸易站职员的官方信函几乎全部留存至今，[①] 但大部分信函都是关于贸易的琐事，只是非常含糊地提到了工作人员的日常生活。不过，偶尔也会有一些暗示，说明工作人员在多大程度上适应了墙外的世界。

---

① 大部分这样的信函被整理出版为厚厚的十三大册，即 William Foster (ed.), *The English Factories in India 1618-1669* (London, 1906-27)。——原书注

1630 年，苏拉特贸易站主管威廉·梅斯沃尔德承认，贸易站职员几乎完全放弃了使用公司发往苏拉特的西药，而更愿意接受当地莫卧儿医生的建议。梅斯沃尔德写道："西药的效用当然不容置疑。但要从遥远的地方运来，库存时间太久，而且操作的人不熟练，又没有考虑到气候变化对人体的影响，所以它们的效果可能很小，或甚至有害。"他颇为羞怯地承认："我们认为，在无伤大雅的事情上，最安全的办法是让英国人印度化，在一定程度上适应本地的饮食。若是生了病，本地的普通疗法是最好的。"[35]

只有在遇到一个善于表达的旅行者时，我们才能突然发现，在这些措辞谨慎的公开信透露出的枯燥的商业信息的背后，原来还有一个五彩斑斓的世界。在梅斯沃尔德给伦敦写这封关于医药的信的差不多同一时间，荷尔斯泰因公爵的大使约翰·阿尔布雷希特·德·曼德尔斯洛访问了苏拉特的英国贸易站。他的描述显示，尽管贸易站职员试图将他们的机构描绘成剑桥三一学院在古吉拉特海岸的前哨，将自己形容为具有英国式的理智和虔诚，但实际上，这些工作人员的生活相当丰富多彩，尽管他们不敢让伦敦方面知道。贸易站职员可能遵守了要求他们保持单身的规定（的确，在东印度公司的早期岁月，只有一名公司职员与印度姑娘正式结婚，这还引起了轩然大波[①]），但这

① 存世最早的提到英国男人与印度女人恋爱的文献是 1626 年 2 月 20 日的一封信："约翰·利奇兰近些年来养了一个土著女人。尽管大家都劝他，但他拒绝把她送走。所以大家在讨论是否将他从公司开除；但如果开除他，他就会娶那个女人并彻底抛弃自己的祖国和朋友，所以大家决定不要采取极端的措施，而是希望随着时间流逝他能回心转意，'因为他在其他方面是个行为端正、相当有才干、在东印度公司业绩良好的人'。"*The English Factories in India* 1618-1669, Vol. 3, p. 119; see also Vol. 5, pp. 35, 39, 61. ——原书注

并没有阻止他们穿上印度服装，并在夜晚欣赏成群结队的莫卧儿舞女和名妓的表演。在苏拉特以北，英国人租下了一座与陵园（曼德尔斯洛说，"这是该国一位达官贵人的陵墓"）相连的"小屋"。在曼德尔斯洛访问期间的一个晚上，英国贸易站职员乘马车出来，先在陵园里"兜了两三圈"，然后他们（大概是在牧师的视线范围之外）"举行了人类能想象得到的最精彩的娱乐活动，纵情享受这个国家能够提供的乐趣，他们找来了一些土著女人。她们很想看看我的衣服，因为我仍然穿着德式服装，而定居在东印度的英国人和荷兰人通常都是按照本地的风俗来穿着打扮的。她们原想让我把衣服脱掉。但她们发现我不愿意这样做，而且我也很难接受她们把自己脱光，也不愿意让她们做她们这种性别和职业的人应该做的事情。她们似乎很不高兴，于是就走了"。[36]

贸易站职员离英国在苏拉特的基地越远，就越适应印度的风俗。17 世纪末，加尔各答城的创始人约伯·查诺克穿上了孟加拉的笼吉①，娶了一名印度教徒女子，这个女子据说是他从她第一任丈夫的火葬堆上救下的。亚历山大·汉密尔顿的《东印度新纪事》是最早的关于印度的英文游记之一，其中讲述了这个故事：

> 查诺克先生为这个殖民地选址，地点就是它如今所在的地方。他作为这里的统治者，比印度王公更专横跋扈……周边地区被多神教主宰，寡妇自焚殉夫的习俗也在

---

① 笼吉（lungi）是一种男装纱笼，发源于南亚次大陆，它在穿裤子令人不适的炎热潮湿地区特别受欢迎。它是由一块布缝成筒状再打结穿着，通常是棉织的，有多种设计和颜色。丝绸的笼吉可用于婚礼等仪式目的。

这里盛行。查诺克先生有一次带着卫兵去观看一个年轻寡妇的悲剧性行为，但他被这个寡妇的美丽打动了，于是命令卫兵将她强行从刽子手的手中夺走，然后把她带到自己的住处。他俩幸福地生活了很多年，生了好几个儿女。他在加尔各答定居之后，她去世了。但他没有让她皈依基督教，自己反倒信仰了多神教。他身上所剩无几的基督教特点之一，就是为她举行了体面的葬礼，为她建了一座墓。她去世后，每逢她的忌日，他都在墓前遵照多神教的习俗，献祭一只公鸡。[37]

不过，在莫卧儿帝国的都城阿格拉，英国贸易站的职员感受到了莫卧儿帝国的强大与繁荣，以及莫卧儿文明巅峰时期充满诱惑的优雅风度的最深刻挑战。据其中一名职员说："在城市的中心，我们在肉食、饮料和服装方面都遵照这个国家的风俗习惯……我们席地而坐吃肉或说话。室内一般铺着地毯，有很大的、高高的圆形靠枕供我们倚靠。"[38]最早的英国使节之一威廉·霍金斯，甚至接受了莫卧儿皇帝赐给他的妻子，"在他[霍金斯]的家中，饮食和其他方面完全采用摩尔人或穆斯林的习俗。如果其他人不这样做，他似乎会不悦……他的想法非常善变，他的宗教信仰也是如此"[39]。

不久之后，就有一名英国贸易站职员正式皈依伊斯兰教。1649年4月5日，东印度公司在亚洲的最高级官员弗朗西斯·布雷顿拿起羽毛笔，给国内的董事们写信。他有坏消息要告诉大家。"我们希望我们的笔能保持沉默，"他写道，"但令我们悲痛的是，它必须向你们讲述一个悲伤的故事。这不仅是一个人的损失，也是我们国家的耻辱，而且更糟糕的是，我们的基督教信仰蒙受了耻辱。在阿格拉，你们的仆人约书亚·布莱克韦尔无耻地叛教了。"

布雷顿继续描述道，在某个星期天的祈祷之后，布莱克韦尔如何"偷偷溜到城市的总督那里，总督预先安排好了，与卡齐［法官或高级律师］和其他人一起接待他；在他们面前，他邪恶而决绝地放弃了他的基督教信仰，皈依伊斯兰教，立即接受了割礼，就这样一去不复返"。①

布莱克韦尔只有二十三岁，是圣詹姆斯宫"御用杂货商"的儿子。他十七岁时离家出走，很早就被派去掌管东印度公司在莫卧儿宫廷的贸易站。这是一项重要的任命，因为此时是印度莫卧儿帝国黄金时代的巅峰，沙贾汗皇帝在阿格拉统治着一个覆盖印度绝大部分、整个巴基斯坦和阿富汗很大一部分的广袤帝国。在与小小的英国社区隔河相望的地方，泰姬陵的巨大白色穹顶已经傲然屹立在基座上，俯瞰着亚穆纳河。布莱克韦尔野心勃勃，知道莫卧儿皇帝的财富超过了欧洲任何一位君主所拥有的；并且，此时莫卧儿都城的宏伟规模和精美绝伦，必然会深深地震撼布莱克韦尔，动摇他心中原本可能有的对基督教世界优越性的信念。他认为，相对于获得如此丰厚的恩典来

---

① 有意思的是，布雷顿自己后来被葬在一座纯粹伊斯兰风格的八边形坟墓中，上有穹顶，有图格鲁克王朝风格的拱顶，顶端还有莫卧儿风格的装饰。这座坟墓至今完好，位于苏拉特北郊，周围环绕着 20 世纪 60 年代建造的外观阴森的公寓楼。它的照片可见 Christopher Ridgeway and Robert Williams（ed.），*Sir John Vanbrugh and Landscape Architecture in Baroque England*（London, 2000），p. 126, plate 87。在这本书收录的一篇饶有趣味的文章中，罗伯特·威廉姆斯告诉我们，年轻的范布勒在苏拉特当东印度公司贸易站职员时很欣赏布雷顿的墓，为其画了素描，后来在设计布伦海姆宫和霍华德城堡这样非常有英国特色的乡间大宅的有穹顶的陵墓时，可能运用了自己在苏拉特墓地搜集到的创意。——原书注

说，割礼的痛苦只是一个小小的代价。[40]同事们在布莱克韦尔叛教之后写的信中，明确解释他的动机，说"对世俗利益的空想"和"魔鬼的虚伪谗言"让他渴望一夜暴富。[41]所以，贸易站的其他职员相信，促使布莱克韦尔叛教的是野心，而不是宗教信仰。

布莱克韦尔之后，很快又有了更多的英国叛教者，他们中的大多数人都投奔了德干高原的几个苏丹国。1654 年，二十三名东印度公司雇员逃离苏拉特，这是单次叛逃人数最多的一次。不久之后还有更多人叛逃，他们先是在苏拉特胡作非为，就像后来成群结队的英国流氓在国外趁着夜色胡闹一样。威廉·梅斯沃尔德厌倦地写道："他们的嫖娼、酗酒和类似的恶行……大闹妓院和酒吧等行为，已经让当地居民非常敌视我们。"难怪英国人很快就在苏拉特街头被骂作"Ban-chude[①]和 Betty-chude[②]，我不好意思翻译这两个词"。[42]

与之前的葡萄牙人一样，这么多英国人愿意投靠莫卧儿帝国，部分原因是英国普通士兵和水手的待遇极差，何况他们中的许多人当初并不是自愿来印度的。马德拉斯议事会的书信中常常充满了抱怨，说公司派往印度的新人是英国社会最底层的渣滓："其中不少人是从新门［监狱］出来的，这种现象并不稀罕，有几个人已经承认了，不过这

---

① 字面意思：奸自己姐妹的人。——原书注
② 字面意思：奸自己女儿的人。顺便说一下，尤尔在《霍布森-乔布森词典》中收录了这两个词。这些词在今天的印度仍然是常见的骂人话。尤尔没有给出直译，而仅仅说："Banchoot 和 Beteechoot 是脏话，若不是因为'大众'对它们不熟悉，我们都不好意思把它们印刷出来。有的英国人偶尔会用这些词，但我们相信，绝大多数英国人都会避免使用如此粗鲁的词。"——原书注

些人我们倒还能控制得住。但最近公司从精神病医院招来了一些人。"[43]

像这样的人，往往来自英国的穷乡僻壤和社会边缘，他们没有理由对伦敦富商拥有的贸易公司保持特别的忠诚。对这些人来说，为莫卧儿帝国效力的前景往往是无限光明、令人不可抗拒的。在 17 世纪 70 年代，英国人不安地发现，莫卧儿人在孟买建立了一个活跃的秘密招募网络；到 80 年代，这个招募网络已经非常成功，让英王查理二世认为有必要从印度召回"所有为土著君主服务的英国人"。[44]很少有人理睬他的旨意。到了 17 世纪末，逃兵已经成为东印度公司的一个重要问题，因为越来越多的英国人逃去为印度朝廷服务，有的英国人逃到莫卧儿宫廷，但越来越多的英国人像小号手罗伯特·特鲁利一样，逃到富裕而宽容的比贾布尔苏丹国和戈尔康达苏丹国，这两个国家此时仍然控制着印度南部和中部的很大一部分地区。

德干的大背景是很重要的，因为德干的大城邦就像文艺复兴时期意大利的城邦一样，总是比阿格拉的莫卧儿帝国宫廷更加海纳百川和兼收并蓄。印度教徒和穆斯林之间的关系在德干高原总是比在两极对立的北方要融洽一些，而且长期以来，德干高原的传统是，毗奢耶那伽罗①的印度教国王应该在公开场合穿上伊斯兰宫廷服装，[45]而该地区的每一位穆斯林苏丹都要

---

① 毗奢耶那伽罗（字面意思：胜利城）帝国（1336～1646），位于印度南部，是印度历史上倒数第二个印度教帝国（最后一个印度教帝国是马拉塔帝国），1565 年被德干高原几个信奉伊斯兰教的苏丹国大败后逐渐衰败。

聘请一位印度教徒当首相。①

在这样的种族和宗教混杂的局面中，不仅有葡萄牙人和其他欧洲雇佣兵涌入，还有满载中东移民的桨帆船从波斯、也门和埃及直接抵达德干的各港口。这些中东移民把德干变成了黎凡特②以外最伟大的阿拉伯学术和文学创作中心，并带来了对奥斯曼瓷砖艺术和波斯与河中地区③建筑革新的爱好。

这种混杂性在德干绘画中一目了然。拉希姆·德干尼在 1670 年前后创作的一幅细密画非常典型。[46]画中有一位王公，身穿德干宫廷服装，正襟危坐；还有几位宫女，其中一位在弹奏维纳琴④，另一位在观看宠物鹿，赤裸上身，她的深色乳头透过透明的丝质"乔丽"清晰可见。这都不算稀奇，因为这是传统的 17 世纪印度花园的场景，而那里是高雅而放纵的乐园。但画面中央是一位交际花，她穿着精美绝伦的丝绸灯笼裤，戴着饰有羽毛的宽边帽，

---

① 有些苏丹甚至接受了印度教的风俗：比贾布尔的苏丹易卜拉欣·阿迪勒·沙二世在统治早期使用了印度教苦行僧的金刚菩提子（rudraksha）祈祷念珠，并取得了"宇宙上师"（Jagat Guru）的称号。这位苏丹在写作的时候使用高度梵化的语言，同等热情地赞扬印度教的辩才天女和先知穆罕默德，有一次甚至把自己描述为印度教的一位神："他身穿橙黄色服装……易卜拉欣，他的父亲是象头神，母亲是辩才天女，坐骑是一头大象。"关于易卜拉欣·阿迪勒·沙二世，见 Richard Maxwell Eaton, *Sufis of Bijapur 1300–1700*（Princeton, 1978），pp. 95–106；George Michell and Mark Zebrowski, *The New Cambridge History of India 1. 7: Architecture and Art of the Deccan Sultanates*（Cambridge, 1999），pp. 162–7。——原书注

② 黎凡特（Levant）是历史上的地理名称，一般指中东、地中海东岸、阿拉伯沙漠以北的一大片地区。在中古法语中，"黎凡特"一词即"东方"的意思。黎凡特是中世纪东西方贸易的传统路线必经之地。

③ 河中地区是中亚的一个地区，在锡尔河与阿姆河之间，相当于今天的乌兹别克斯坦、塔吉克斯坦、吉尔吉斯斯坦南部、哈萨克斯坦西南部。古伊朗人称该地区为"图兰"。河中地区的主要城市有撒马尔罕和布哈拉等。

④ 维纳琴（veena 或 vina）是一种在印度古典乐中使用的拨弦乐器，也是印度最古老的弦鸣乐器，在古印度非常盛行。

留着詹姆斯一世时期英国花花公子的卷发；她的脚下是一只印度版本的查理王小猎犬。她用欧式酒杯为王公斟酒。

在这幅细密画中，沙贾汗的后宫与盖伊·福克斯[①]时代的衣着风格发生了碰撞，这体现了德干宫廷令人惊讶的不拘一格的基调，也能解释为什么那么多欧洲人能轻松地融入该地区多民族的精英集团。在这里，曾经的葡萄牙炮兵可能在宫廷中与波斯诗人和书法家、戴着头巾的阿富汗军阀、改过自新的设拉子水手、来自哈德拉毛[②]的骆驼骑兵、叛教的法国珠宝商以及（尤其是）一些新近成为贵族的英国小号手为伍。

德干高原的宫廷保持了这种引诱和同化外来者的能力。罗伯特·特鲁利在戈尔康达宫廷接受割礼的一百五十年之后，詹姆斯·阿基利斯·柯克帕特里克在海德拉巴的阿萨夫·贾赫王朝的尼查姆朝廷也接受了割礼，而尼查姆朝廷就是顾特卜沙希王朝[③]的后继者。

莫卧儿帝国对几个德干苏丹国的漫长的军事征服于 1636

① 盖伊·福克斯（1570~1606）是英格兰的天主教徒，参与了 1605 年的火药阴谋，企图在威斯敏斯特宫上议院地下室内安放火药，行刺国王詹姆斯一世，并恢复天主教君主在英格兰的统治。火药阴谋以失败告终。福克斯遭受酷刑折磨后被处死。1605 年 11 月 5 日，英格兰当局鼓励伦敦人点起篝火，庆祝国王逃过暗杀，从此 11 月 5 日成为英国的节日，被称为"盖伊·福克斯日""篝火之夜"等。
② 哈德拉毛地区位于阿拉伯半岛南部，大部分在今天的也门境内。
③ 即戈尔康达苏丹国。

年由沙贾汗开始，半个世纪后由奥朗则布于 1687 年完成。这场征服战争使莫卧儿帝国不堪重负，开始了长达一百五十年的逐渐衰落。这就在印度的中心地带形成了一个巨大的权力真空。一些英国人决心要填补这个真空。

在 18 世纪，随着英国势力的稳步增长和莫卧儿帝国力量的逐渐衰退，英国人越来越少为了改善经济状况而接受伊斯兰文化；因此，公开皈依伊斯兰教似乎也变得不那么常见了。但至少在印度，随着东印度公司慢慢地从商业组织转变为殖民政府，仍然有一些英国人低调地皈依伊斯兰教，但动机与之前截然不同：到 18 世纪后期，英国人皈依伊斯兰教，通常是为了与出身高贵的穆斯林女子结婚。[47]

还有相当多的人是被迫改变信仰的。英国人在波利鲁尔战役中被迈索尔的蒂普苏丹打得落花流水之后，从 1780 年到 1784 年，有七千名英国男子以及数量不详的女子被蒂普苏丹囚禁在他固若金汤而壮美的塞林伽巴丹要塞。[①] 其中超过三百人被迫接受割礼、皈依伊斯兰教，并得到了穆斯林名字和衣服。[48]对英国人来说更加屈辱的是，英国军队的好几个少年鼓手被迫穿上女裙（ghagracholis），像舞女一样为迈索尔宫廷提供娱乐。[49]英国战俘詹姆斯·斯卡利经历十年的牢狱之灾后，

---

① 迈索尔的蒂普苏丹（1753~1799）是 18 世纪末英国人在印度遇到的最强劲的敌人。他的父亲海德尔·阿里曾是海德拉巴尼查姆的军队中的下级骑兵军官，后来推翻了瓦迪亚尔王朝的印度教王公，夺取了迈索尔的政权。蒂普苏丹是精力旺盛的统治者，也是军事天才，尽管英国人喜欢骂他是"臭名昭著的暴君"、"篡位者"和施行"全世界最恶劣的暴政"的统治者。他于 1782 年继承父位，两次打败英国军队，占领了果达古、卡纳塔克沿海地带、马拉巴尔和尼查姆领地的很大一块，但后来被康沃利斯勋爵领导下的英国军队打退。最终在 1799 年，他的岛屿要塞塞林伽巴丹被英军攻破，他也被杀。——原书注

已经不知道如何坐在西式椅子上，也不会使用刀叉；他的英语"结结巴巴，前言不搭后语，十分不地道"；他的皮肤也晒黑了，就像"黑人的黝黑面容"；他还非常讨厌穿欧式服装。[50]这是殖民者的终极噩梦，并且是以最令人不快的方式表现出来的：俘虏的行为举止被敌人同化，殖民者自己被殖民了。

不过，在 18 世纪最后二十五年里，也就是詹姆斯·柯克帕特里克首次来到印度的时候，英国的力量在稳步增长，在印度的英国人的态度也开始变化。随着他们的自信心大增、势力不断强大，沿海的英治城市越来越不像印度城市：每年都建造新的英式剧院和图书馆，旁边往往有仿照伦敦圣马丁教堂的教堂。英国人在印度办英文报纸，玩英式纸牌游戏，举办英式舞会和化装舞会。共济会在印度开设了分会，伊顿公学的校友们开始在印度举办一年一度的板球比赛，到 1774 年甚至出现了一家"加尔各答狩猎俱乐部"。[51]这种变化并不是即刻发生的，也不是很彻底。在整个 18 世纪，旧的混杂的跨文化现象仍然存在。例如，印度服饰作为一种随意而休闲的服装，在英国人的私密场合和非正式的公共场合仍然流行。直到 18 世纪 70 年代，即便是加尔各答议事会①的成员，穿着印度服装开会也不

---

① 从 1773 年开始，东印度公司董事会选举四人组成一个议事会以辅佐总督，称为"孟加拉最高议事会"，总督为第五名成员。该议事会的决议对总督有约束力，它曾弹劾第一任总督沃伦·黑斯廷斯。后来议事会的权力变小，总督的权力变大。1833 年，该议事会改称"印度议事会"，在印度事务方面的权力仅次于公司董事会和英国政府。1858 年，统治印度的权力从东印度公司转移到英国政府，于是在伦敦成立了新的政府机构"印度事务部"，由级别相当于内阁大臣的印度事务大臣负责，而辅佐他的议事会被称为"印度总督议事会"，也叫"印度议事会"。

是什么稀奇事，毕竟印度服装更适合当地的气候。①

东印度公司的这么多雇员之所以能轻松地采用印度的风俗习惯，部分原因是他们当中的许多人在抵达印度时都非常年轻，所以容易接受新事物。根据东印度公司的章程，新入公司的人年龄不得超过十六岁。所以，年满三十岁的公司官员通常已经在印度度过了他们人生的至少一半。英国传教士克劳迪厄斯·布坎南牧师表达了英国许多代殖民地官员和宗教官员的恐惧和忧虑："这个遥远而广阔的帝国的每一个部分的管理者，最初抵达的时候还只是少年，不像在英国长大成人的青少年那样受过学识、道德或宗教方面的大量教育；他们一到印度就在放荡不羁的土著当中自由行动，在相互冲突的种种迷信之中受教育。在这种情况下，我们还能有什么期待？"[52]

尽管如此，在两种英国人之间还是出现了显著的区别。一种英国人生活在三座沿海城市日益欧化的环境中；另一种英国人生活在管辖区城镇的城墙之外的真正印度，并在不同程度上成为印度的一部分。一个人在多大程度上能接触到这个非常不同的、最初非常陌生的世界，越来越取决于他被派驻的地方，

---

① 在 18 世纪的马德拉斯，肯定可以看到一些年轻的贸易站职员"穿着长内裤、晨袍和拖鞋"，在正午时分闲逛，或者穿着"摩尔人的服装"去教堂做礼拜和参加检阅。迟至 1788 年，伊莉莎·戴维森记载道，该殖民地的女性越来越流行戴头巾。她写道："各式帽子都被抛弃，取而代之的是这种更舒适的东方式头饰。"见 Amin Jaffer, *Furniture from British India and Ceylon* (London, 2001), p. 40。这一时期马德拉斯的遗嘱和财产清单显示了英国人的衣橱里有多少印度服装。例如，詹姆斯·科普上尉将"我的所有摩尔人服装"遗赠给他的译员。迪伦斯上尉有"一双摩尔式拖鞋、三件同样风格的上衣和一条腰带"，而卡伦斯上尉有两套完整的"摩尔人服装"，阿基利斯·普雷斯顿有五套。Henry Dodwell, *The Nabobs of Madras* (London, 1926), p. 184. ——原书注

正如他对印度影响的反应程度，取决于他个人的同情心和气质那般。

和以前一样，最大的转变发生在那些与欧洲社会完全隔绝的人身上，特别是那些被派往更遥远的印度朝廷的东印度公司官员。詹姆斯·柯克帕特里克的同僚、英国驻德里的常驻代表是出生在波士顿的戴维·奥克特洛尼爵士，他是詹姆斯的哥哥威廉的老朋友。奥克特洛尼已经非常习惯于在不同世界的边界游走，游刃有余。他的父亲是苏格兰高地人，定居于马萨诸塞。美国独立战争爆发后，他们家逃往加拿大，从那里去了伦敦。戴维于1777年加入东印度公司军队，再也没有回过新大陆。他以印度为家，发誓永远不离开印度。

在莫卧儿帝国都城的时候，奥克特洛尼喜欢别人用他的完整莫卧儿头衔来称呼他：纳西尔·道拉（国家捍卫者）。他过着莫卧儿绅士的生活：每天晚上，他的全部十三名妻妾都会跟在丈夫身后在德里兜风，每个人都骑一头大象。[53]酷爱水烟、舞女和印度服饰的奥克特洛尼让加尔各答的英国圣公会主教雷金纳德·黑贝尔大吃一惊，因为奥克特洛尼接待他的时候穿戴着"印度长袍和头巾"，坐在沙发上，由仆人拿着孔雀羽毛扇子给他扇风。奥克特洛尼自己的帐篷的一侧是他的妻妾睡觉的红绸女眷帐篷，另一侧是他的女儿们的营地。据主教说，所有的女眷帐篷都"用红布遮挡，不让外人看到"。

主教后来目睹了奥克特洛尼的队伍在拉杰普塔纳①乡村行

---

① 拉杰普塔纳地区相当于今天印度的拉贾斯坦邦、中央邦一部、古吉拉特邦一部等。"拉杰普塔纳"的意思是"拉杰普特人的土地"，而拉杰普特是一个"种姓"，包括很多尚武的战士部族。

进的场景，这景象同样引人注目。"有相当多的马匹、大象、轿子和有帘子遮挡的［女眷］马车，"黑贝尔写道，"［有长长的正规印度兵的队伍，］我猜还有四五十名非正规军，有骑兵也有步兵，他们手持长矛和各种型号的火绳枪；骆驼［和大象］的队伍很长……［仿佛是］一位东方君主出行。戴维爵士坐着一辆四匹马拉的大马车。他是一个魁梧、相貌英俊的老人，但浑身被披肩、金线毛皮大衣和莫卧儿毛皮帽包裹着，只露出脸……他离开祖国大约五十四年了；他在故乡既没有朋友，也没有亲戚，多年来已经习惯东方的生活习俗和奢华的排场。如果他没有退休和返回英国的意思，谁又会感到奇怪呢？毕竟这是全世界唯一让他觉得值得眷恋的家。"[54]

同样被印度环境同化的，还有那些为印度统治者卖命的欧洲雇佣兵。两名爱尔兰雇佣兵在 18 世纪中叶以普通海员的身份来到印度，他们分别跳槽，周游印度各地，为印度统治者训练士兵。这足以说明跨文化的转变程度可以有多深。

托马斯·莱格来自阿尔斯特①的多纳哈迪，他对印度的炼金术和占卜术产生了兴趣，最终成为赤身露体的法基尔，在斋浦尔郊外拉贾斯坦沙漠的一座空墓内了却残生。他曾穿越印度中部和印度斯坦②到信德地区，偶尔担任骑兵军官和铸炮工匠，然后再

---

① 阿尔斯特在爱尔兰岛东北部，是爱尔兰历史上的四个省之一。在今天，其中六个郡组成了北爱尔兰，是英国的一部分，其余三个郡属于爱尔兰共和国。17 世纪起，有大量苏格兰新教徒移民到阿尔斯特。
② "印度斯坦"这个词可指整个南亚次大陆，也可指北印度的印度河-恒河平原。这里显然是第二种意思。

沿印度河上游进入帕米尔高原，探索喀布尔和巴达赫尚①。在某个时间点，他回到了印度，娶了法维耶·德·席尔瓦的孙女。席尔瓦是著名的葡萄牙占星师，被葡萄牙国王派往印度，为斋浦尔大君②贾伊·辛格二世提供星相学方面的建议。贾伊·辛格二世就是德里的大天文台简塔·曼塔天文台的建造者。

有一次，莱格遇到了詹姆斯·托德。后者是《拉贾斯坦历史与古迹》的作者，几乎完全融入了拉贾斯坦文化，就连热爱印度的奥克特洛尼都抱怨说，托德"太像拉杰普特人了，所以不能让他和拉杰普特人打交道"。托德显然与莱格一见如故，对这个来到他的营地的衣衫褴褛的梦想家很感兴趣。两人一直聊到深夜，莱格告诉托德，他对印度炼金术和占卜术做了什么样的研究，并透露，他相信自己旅行时在兴都库什山脉深处发现了伊甸园。莱格向托德讲述了中亚最古老的传说之一的爱尔兰版本。"在山的深处，"莱格告诉托德，"坐落着一座精美绝伦的花园，随处可见甜美的水果。花园一头是堆积如山的金砖，另一头是银砖。"最后托德把莱格送回了他那座废弃的古墓，莱格在那里继续过法基尔生活。

不久后的 1808 年，莱格去世了，被葬在他生前居住的墓中。[55]

莱格的另一位同时代人乔治·托马斯的故乡也在爱尔兰，不过是在爱尔兰的另一端。和莱格一样，他也为北印度的王公

---

① 巴达赫尚（中国古书称为把丹沙、八答黑商、巴达克山等）是历史上的一个地区，大致包括今天阿富汗东北部、塔吉克斯坦北部和中国新疆一小部分。巴达赫尚在 19 世纪是英国和俄国"大博弈"的中心地区之一。

② 大君（Maharaja）的字面意思是"伟大的王公"，在印度地位高于一般王公。

服务。在18世纪末，托马斯成功地在德里以西的梅瓦迪荒原建立了自己的国家。吉卜林的《将成为国王的人》中的皮奇·卡纳汉可能就是以托马斯为原型的。托马斯在爱尔兰被称为"来自蒂珀雷里①的王公"，在印度被称为"杰哈兹大人"，这个名字可能是印度人对"乔治"的误读，也可能是指他的海军背景，因为"杰哈兹"在乌尔都语中是船的意思。

杰哈兹大人在哈里亚纳②建立自己的王国后，营造宫殿，铸造钱币，并建立自己的后宫，但他渐渐地把英语忘得一干二净；在他的晚年，有人请他口授自传时，他说，只要他能用波斯语说，他就很乐意这样做，"因为经常使用，对他来说波斯语比母语更熟悉"。[56]威廉·富兰克林最终记下了托马斯的口述回忆录。富兰克林说，虽然托马斯没有受过教育，但"他说、写、读印度斯坦语和波斯语都异常地流利和准确"；并且，他的英印混血儿子简·托马斯成了旧德里著名的乌尔都语诗人。在当时的细密画中，简·托马斯穿着莫卧儿帝国晚期"班卡"（Banka，向女人献殷勤的风流浪子）的奢华服饰，梳着风流倜傥的发型。[57]

这种跨文化的转变在内地可能还很常见，但到了18世纪

---

① 蒂珀雷里为爱尔兰南部城镇。
② 哈里亚纳地区在今天印度的北部，现在是一个邦。

80 年代，如果一名东印度公司官员在加尔各答、马德拉斯或孟买，或者孟加拉的任何一个大型兵站居留，那么他接触到的印度风俗往往非常有限。18 世纪的加尔各答尤其给游客留下了欧洲前哨的印象，仿佛摄政时期的巴斯被搬到了孟加拉湾。

"加尔各答，"罗伯特·克莱武写道，"是宇宙中最邪恶的地方之一……贪得无厌和穷奢极欲到无法想象的程度。"[58]在这里，人们可能在几个月之内暴富，也可能在赌桌或惠斯特牌桌上的短短几分钟里就倾家荡产。因疾病或放纵的生活习惯而死亡是司空见惯的事，因为见惯了死人，大家变得麻木不仁：为了亡故的朋友，他们可能短暂地哀悼，然后醉醺醺地争夺他的马匹和轻便马车。

加尔各答市中心有一座文员宿舍楼，公司的年轻官员在接受初步培训时就住在这里。从外观上看，它与英国的公学几乎没有什么不同，而大多数公司文员都是前不久刚刚从英国的公学毕业的。楼里的居民仍然表现得仿佛这栋楼屹立于泰晤士河之滨，而不是胡格利河的岸边。他们晚饭后最喜欢的祝酒词是把传统的小调"呜呼哀哉"（Alas and Alack-the-Day）改成"每天一个姑娘和一拉克①"（A Lass and a Lakht a Day）。大多数公司文员之所以来到印度，图的就是这些。

随着时间的推移，几乎所有这些以加尔各答为基地的公司文员都会在最肤浅的层面略微有些印度化，比如，乘轿子、观赏印度舞蹈表演或吸水烟。在 18 世纪 80 年代，吸水烟成为时

---

① 1 拉克＝10 万。——原书注

尚的最高境界，就连居住在加尔各答的极少数英国女子也吸水烟。[①] 不过，在这个孤立的世界里，加尔各答的英国人与印度人和印度社会亲密接触的唯一途径，就是与印度情人共同生活。在 18 世纪下半叶，东印度公司的大多数雇员似乎仍在这样做：在印度事务部保存的 1780 年至 1785 年的孟加拉遗嘱中，每三个人中就有一个给他们的印度妻子或伴侣或其子女遗赠财产。[59]我们可以有把握地推测，还有更多的英国人养着印度情人，但不想留下正式的法律记录。

这种做法变得如此普遍，以至于勒克瑙的乌尔都语诗人开始放弃印度浪漫主义诗歌的老套路（穆斯林少年与印度教徒姑娘的爱情产生了致命的后果），改为创作一种新的"玛斯纳维"[②]。在这些故事中，印度教徒女孩爱上了英国男人，不过故事的结局还是历史悠久的悲剧套路。在拉杰卜·阿里·贝格·苏鲁尔的《奇迹的故事》中，被爱情冲昏头脑的英国人（"一个血统高贵、地位显赫的英俊青年；满脑子炽热的爱情，心中满是激情的烈火"）深深地爱上了一个印度教徒店主的美丽女儿，当女孩的父母禁止这段恋情时，英国青年为爱而疯狂，心碎死去（"他跌倒在尘土飞扬的床上，痛苦地哭泣……"）。故事的结尾令人想起现代宝莱坞电影中的一幕：

---

① 日记作者威廉·希基记载道，他抵达加尔各答后得知，"此地人人吸水烟，不吸不行"。他补充道："我经常听人说，他们宁愿不吃饭，也不能不吸水烟。" William Hickey (ed. A. Spencer), *The Memoirs of William Hickey* (4 vols, London, 1925), Vol. 2, p. 136. 水烟实在太流行，所以加尔各答的剧院包厢不得不专门划出吸烟区。对无事可做的英国太太们来说，编织用来放置水烟袋的小地毯甚至成为一种合适的消遣。——原书注

② 玛斯纳维（Mathnawi 或 masnavi）是一种用押韵对句写成的诗歌，波斯文、阿拉伯文、土耳其文、乌尔都文中都有这种诗歌。波斯著名诗人鲁米的《玛斯纳维》最有名。

英国青年的送葬队伍从他爱人的家门口经过时，印度教徒姑娘从二楼的窗户跳到他的棺材上，受了致命伤。苏鲁尔总结道：

> 激情澎湃的爱情的吸引，让分开的恋人团聚在一起。所有目睹这一幕的人都为之战栗，较有同情心的人都晕倒了。关于这个不幸事件的传闻飞遍了全城。姑娘的父母悲痛欲绝，很快就去世了。这就是"爱情"这个爱惹麻烦的家伙做的事情：它将生离死别的受害者和始作俑者并排地安葬在尘埃中。成千上万的人们会来瞻仰他们的坟墓……[60]

这一时期的许多遗嘱相当感人地证实了苏鲁尔的玛斯纳维给人的印象，表明英印双方的男女感情和忠诚关系在当时并不罕见。许多遗嘱都包含了英国男子要求其亲朋好友照顾他们的印度伴侣的条款，称这些印度女子为"挚爱"、"值得信赖的朋友"或"这位和蔼可亲的杰出女士"。遗嘱还显示，在许多情况下，印度情人获得了出人意料的权力。一些遗嘱提到了契约，后者有点像 18 世纪的婚前协议。许多印度女子在她们的英国伴侣去世后继承了数额相当大的金钱和满屋的奴隶。例如，托马斯·内勒少校于 1782 年去世，他将 4 万卢比[①]、一栋平房和一座位于巴哈拉姆普尔[②]的花园、一辆双轮牛车、若干公牛、珠宝、衣服和他们所有的男奴和女奴都遗赠给了他的伴侣穆克穆尔·帕特娜。[61] 另一名东印度公司商人马修·莱斯利给他的四位印度妻子分别留下一栋房子和 2 万卢比，这是一

---

① 至少相当于今天的 24 万英镑。——原书注
② 巴哈拉姆普尔在今天印度东部的西孟加拉邦。

笔非常可观的遗产。[62]

娶印度小妾当然不会让东印度公司的雇员自动地对印度或印度文化产生同情。事实远非如此。但当时的人们认识到，同居往往会导致一定程度的跨文化融合，即使在具有显著英国特色的加尔各答也是如此。托马斯·威廉森就非常清楚地指出了与印度情人同居对新来的英国人的影响："……在他们职业生涯的早期，年轻人会与这个国家的女子建立关系，并对她们的社会和习俗产生喜好或品位，这种喜好或品位很快就会胜过其他所有东西的吸引力。"[63]不久之后，探险家理查德·伯顿①也表达了类似的观点：他写道，一位印度情妇不仅教给她的伴侣"印度斯坦语的语法，还教给他们土著生活中使用的句法"。②[64]

例如，在英国人对清洁没有特别热情的时期，是印度女子让英国男人懂得了定期洗澡的乐趣。英语里的"香波"

① 理查德·伯顿爵士（1821～1890）是英国探险家、学者和军人，因为在亚洲、非洲和美洲的探险旅行而闻名，懂得多种语言和文化。据说他懂二十九种语言。他最广为人知的成就有：伪装前往圣城麦加（当时欧洲人被禁止进入）并完整记录了这一过程；完整翻译《一千零一夜》；出版英文版《爱经》（Kama Sutra）；翻译阿拉伯性学经典《芳香园》；他与约翰·汉宁·斯皮克成为最早到达非洲中部坦噶尼喀湖的欧洲人。他在作品中对大英帝国的殖民政策进行了广泛的抨击。

② 这也是双向影响的过程。存世的为数不多的与英国人同居的印度女子的遗嘱（Durba Ghosh 深度挖掘了英国和印度的档案，但只找到三十七份这样的遗嘱，见她的文章"Colonial Companions"）显示，当英国男人在这种混杂环境中接受了印度风俗习惯时，他们的印度情人也经历了类似的跨文化过程，学会了欧洲的风俗习惯和生活方式。根据 Ghosh 的研究，很多印度女子"穿上欧式服装，拥有欧式家具，吃欧式菜肴，［但她们也］拥有铜锅铜壶、水烟袋、吃槟榔的用具，穿纱丽和印度披肩"；少数印度女子甚至皈依了基督教。就像两个世纪前果阿的印度-葡萄牙世界一样，我们在这里看到的显然也是两种习俗重叠的混杂环境。这是一个肥沃多产的多元文化、多元种族和多元宗教的环境，融合了多种习俗和生活方式。——原书注

（shampoo，即洗发液）来源于印地语中表示"按摩"意思的词语，而且这个词也是在这个时候进入英语的，说明 18 世纪英国人对印度人用肥皂以外的东西清洁头发的想法感到新奇。[65]那些回国后继续定期洗澡和洗发的英国人会被不太讲卫生的同胞嘲笑：当时有一种陈词滥调，说在孟加拉的英国人变得"娘娘腔"。[66]据了解，有几个加尔各答的英国男人为了满足印度妻子或伴侣的卫生要求（大概也是宗教要求），接受了割礼。[67]

由于受到类似的影响，东印度公司的一些雇员甚至成为素食主义者。这一时期的一部小说讲述了一位在加尔各答发迹之后返回英国的富豪①在他的印度教徒新娘香消玉殒之后被抑郁症折磨的故事。他变得"既不是英国人也不是印度人，既不是基督徒也不是印度教徒。在饮食方面，他是大神梵天②的忠实弟子"，吃米饭、水果、土豆和其他蔬菜，而"把宰牛视为仅次于杀人的罪行"。[68]素食的倾向并不限于小说之中，从这一时期几位英国素食主义者的著作中可以清楚地看到这一点，如加尔各答市长、"加尔各答的黑洞"③ 的幸存者约翰·泽弗奈

---

① 18 世纪，满载财富返回英国的老"印度通"被称为 Nabob，尤其是在 1768 年塞缪尔·富特的戏剧《大富翁》（The Nabob）让这个词为英国公众所知之后。这个词是印度斯坦语 Nawab（纳瓦布）传入英语之后的讹误形式。Nawab 的字面意思是"副手"，是莫卧儿皇帝赐给他们属下的地方总督与副王的头衔。——原书注

② 梵天为印度教的创造之神，与毗湿奴、湿婆并称三主神。他的坐骑为孔雀（或天鹅），配偶为智慧女神辩才天女，故梵天也常被认为是智慧之神。

③ "加尔各答的黑洞"是加尔各答威廉堡的一座小地牢。1756 年 6 月，孟加拉纳瓦布的军队占领加尔各答，将若干英军战俘和印度平民囚禁在这里。由于空间狭小，一百四十六名俘虏中有一百二十三人死于窒息。这个故事主要是幸存者约翰·泽弗奈亚·霍尔维尔讲述的。他是东印度公司的雇员和军医。1757 年 6 月的普拉西战役中，罗伯特·克莱武率领英军决定性地打败了孟加拉纳瓦布的军队。"加尔各答的黑洞"后来被用作仓库。为了纪念死难者，英国人在附近竖立了一座方尖碑。

亚·霍尔维尔，以及神秘的爱尔兰将军查尔斯·"印度教徒"·斯图尔特少将（他的雕塑收藏构成了大英博物馆印度藏品的核心）。斯图尔特在印度全国各地旅行时，身旁跟着他的印度情人，他的马车后面跟着一队儿童马车，"还有一轿子的小婴儿"。[69]他甚至雇用了一群婆罗门，他认为他们的仪式纯洁性对他的印度教徒亲人的饮食的正确烹饪至关重要。[70]

从这一时期的遗嘱来看，并不是所有的婚恋关系都令人愉快。在很多遗嘱中，英国男人对印度情人的待遇令人不寒而栗。亚历山大·克劳福德于1782年在吉大港立遗嘱时，对他希望遗嘱执行人如何照料他的狗和马做出了详尽的规定。在写了好几页这样的文字之后，他几乎漫不经心地补充道："我希望给我的姑娘2000卢比，让她照顾我的孩子，条件是她把孩子交给你们监护，不要再惹任何麻烦。"克劳福德给出了自己的马和狗的名字，却没有给出这个印度姑娘的名字，也没有对她表达一丝最后的温情。[71]从他们留下的遗嘱来看，许多英国人一直都是一夫一妻主义者，从一个伴侣转到另一个伴侣，有时速度很快，也有相当多的人同时养着两个印度情人。有的英国人甚至拥有庞大的"后宫"，即便按照当时的印度标准，他们的女人也太多了。托马斯·威廉森的《东印度手册》是年轻的东印度公司官员到印度加尔各答生活的标准指南，对于18世纪的东印度公司雇员来说，这本书就像《孤独星球》对于现代背包客的意义一样。威廉森记录了这样一个案例：有一名东印度公司雇员养了不少于十六个小妾。有人问他如何对待她们时，他只嘟囔着说："哦，我只是给她们一点米饭，随便她们到处乱跑。"[72]

威廉·希基和他的孟加拉情人杰姆达妮的关系，是当时加尔各答的英国富豪与印度女人的关系的一个很好的例子。这种关系一开始只是简单的姘居。希基毫不掩饰地告诉别人，杰姆达妮原本是他邻居的情人，希基在邻居回国后"接盘"。"我经常欣赏一个可爱的印度斯坦女孩，她有时会到我家拜访卡特，"他在回忆录中写道，"［她］非常活泼和聪慧。卡特离开孟加拉后，我邀请她与我建立亲密的关系，她同意了。"[73] 不过，他俩的关系很快就发展到了更深的层次："从那天起，直到她去世，杰姆达妮一直和我生活在一起。她的非凡活力和幽默得到了我所有朋友的尊重和仰慕。与许多亚洲女人不同，她从不躲避陌生人的视线；相反，她乐于参加我与男性朋友的聚会，热情地加入我们的嬉戏，不过她从不碰葡萄酒或烈酒。"

杰姆达妮也是希基的挚友之一本·米的最爱。"我向温柔亲切的杰姆达妮致以爱意和良好的祝愿，"米在一封信中写道，"我希望，拥有姣好面容和温和性格的她能够来到这里……［我们可以分享］一些美味的胡椒咖喱。"[74] 希基的《回忆录》中夹杂着米偶尔写的类似的信。不久之后，米就为了躲债而潜逃到了欧洲，他从那里给杰姆达妮寄去了礼物。他从巴黎来信，写道："我最近看到了一些首饰，是刚到巴黎的，我想她很可能会喜欢，并喜悦地喊道：'好棒！好棒！'其中有手镯、项链和耳环。我向她表达我的喜爱，并请她为了我的缘故戴上这些首饰。"[75]

当希基生病时，"我那善良而风趣的爱人……坐在我身边，焦急地注视着我因为病痛加重或减轻而不断变化的面容"[76]。他的病情好转后，他们在"花园区①买了一座宽敞的大宅，离加尔各答大约 7.5 英里，离河边只有几码远，地段很

————————

① 花园区是加尔各答的一个区域，在胡格利河畔。

好，乘船或乘车都很方便"。希基在这里有四个套房，"专供我使用，让杰姆达妮和她的侍女有足够的私密和清静……杰姆达妮对这座新房子的新奇感到非常满意，除了终日留在那里，没有什么能满足她。因此，她派人去搬运她的家具和器物，在我们的楼上房间安顿下来"。[77]

过了一段时间，杰姆达妮怀孕了，"身子越来越重……她殷切地希望生'一个可爱的小威廉先生'"。

直到 8 月 4 日，她的身体一直很健康，精神状态也很好。8 月 4 日这一天，我吃了早饭并和她愉快地聊天之后，就去法院大楼处理一个相当重要的案件。我在那里待了还不到一个小时，我的几名仆人就惊慌失措地跑来告诉我，夫人快不行了。我立刻回家，发现我那可怜的姑娘已经昏迷不醒、牙关紧锁，没有任何力量能让她张嘴。她刚生下一个健康漂亮的孩子，皮肤相当白皙。

希基得知，当杰姆达妮"在剧烈的痛苦中煎熬了一个小时"之后，生下了一个孩子，但孟加拉产婆（希基的欧洲医生黑尔当时外出了）告诉她应该躺着不动，因为她怀的是双胞胎，"还有一个孩子要出生。可怜的痛苦不堪的姑娘吓坏了，她发出一声剧烈的尖叫，立刻就猛烈地抽搐起来……"

黑尔医生在我到家五分钟后赶来了，他对她的状况感到非常惊讶和担心。他无法解释她为什么会陷入这种状态。通过医生施用的强效药物，她在半小时内恢复了知觉和语言能力，她非常热切地鼓励和安慰我，说她毫不怀疑自己会好起来的。黑尔医生还向我保证，危险的抽搐已经结束，一切都会如我们所愿。带着这样令人宽慰的保证，我又去法院处理公务。但我又一次被匆匆地召去照顾我那垂死的爱人。她突然又一次发病，再也没有恢复过来，一直处于中风状态。晚上 9 点，她在昏迷中与世长辞。

伤心欲绝的希基写道："就这样，我失去了温柔而又深情的姑娘。任何一个男人，要是拥有这样的姑娘，都是他的莫大福气。"[78]几个月后，他才从悲痛中振作起来，继续在加尔各答法院工作。

与伊斯兰教相比，英国人较难接触到，也较难接受印度教与印度教文化，至少部分原因是许多印度教徒认为英国人是不可接触的"贱民"，拒绝与他们一起吃饭，因此在某种程度上限制了双方社交的可能性。不过，这并没有吓退许多热心崇拜印度教的英国人。而且，作为学术研究的主题，早期在加尔各答的英国人更重视印度教，而不是伊斯兰教。

1775 年 3 月，二十三岁的东印度公司官员纳撒尼尔·布拉西·哈尔海德出版了他翻译的《印度教法典》。[79]"印度人的智慧"就这样第一次被展示在英国人眼前，他们的反应极其热烈。正如《批判评论》的评论作者所写的那样：

这是最令人赞叹的杰作……［我们］相信，即使是地球上这个开明的地区［欧洲］，也产生不了如此伟大的作品，它完全超越了偏见和教士群体的那种狭隘而庸俗的层面。现代哲学中最可亲的部分，与几个未曾受过正式教育的印度婆罗门的那种广泛的慈善、全面的仁爱相比，也黯然失色……哈尔海德先生的翻译工作，为他的国家、为整个世界做的贡献，远远超过所有在印度发迹的英国富豪的财富，而正是那些英国富豪洗劫了这些可怜人的国家……财富不是英国从印度获得的唯一东西，也不是英国从印度获得的最有价值的东西。[80]

埃德蒙·伯克[①]表示同意。他读了哈尔海德的书之后（根据查尔斯·詹姆斯·福克斯[②]的说法）就"对印度教徒的虔诚表示钦佩，对他们的神圣宗教和神圣信仰抱有一种近乎虔诚的敬畏"。伯克在议会宣称："凡是确立了印度教的地方，国家都繁荣昌盛。"[81]当时仍是理性时代，很多英国人对基督教的较不宽容和狭隘的方面失去了信心，加上对欧洲以外文明的兴趣日渐浓厚，就形成了一种开明而开放的知识氛围，愿意接受哈

---

① 埃德蒙·伯克（1729~1797）是出生于爱尔兰的政治家、作家、演说家、政治理论家和哲学家，他曾在英国下议院担任数年辉格党议员。他最为后人所知的事迹包括：反对英王乔治三世和英国政府、支持北美殖民地（后来的美国）独立、批判法国大革命。对法国大革命的反思使他成为辉格党里的保守主义代表人物。他常被视为英美保守主义的奠基者。

② 查尔斯·詹姆斯·福克斯（1749~1806），英国辉格党政治家，是小威廉·皮特的主要对手。查尔斯的父亲亨利曾是老威廉·皮特的主要对手。福克斯坚决反对乔治三世，认为他是暴君；他支持美国爱国者，甚至赞扬乔治·华盛顿。他反对奴隶制，支持法国大革命，主张宗教宽容和个人自由。他曾担任外交大臣。

尔海德所称的印度教的核心思想。

1784 年 1 月 15 日，加尔各答新的最高法院大法官威廉·琼斯爵士来到了这个充满智识激情的舞台。在加尔各答登陆不到六个星期后，琼斯召集了三十位志同道合的人士，成立了一个"研究亚洲历史、博物学、文物、艺术、科学和文学的学会"。该学会的赞助人是历任英印总督中最开明的沃伦·黑斯廷斯，他也对印度教热情洋溢。黑斯廷斯宣称："实际上，我爱印度比爱自己的祖国更多一些。"[82] 在琼斯和黑斯廷斯的领导下，孟加拉亚洲学会迅速成为全世界对印度教的兴趣骤然爆发的催化剂。亚洲学会与孟加拉本土知识分子建立了长久的联系，并引领一代代学者去探寻印度历史与文明最深层次的根源。琼斯和黑斯廷斯等人希望通过这种方式教育欧洲，帮助欧洲人去了解这个相对不为人知的文明。正如黑斯廷斯所言："这些研究与实用无关，而是要传播一种慷慨的情感……当英国人对印度的主宰早已结束，当财富与权力的源泉早已被世人遗忘的时候……［印度的经典］仍将存世。"[83]

不久之后，琼斯来到了距离加尔各答 60 英里的恒河上游的克里希纳纳加尔。在那里，他穿上了当地印度风格的宽松的白棉布服装，租了一间"完全用植物材料"建造的平房。在这里，他与婆罗门一起生活，他们帮助他学习梵文。他很快意识到，这种语言"比希腊文更完美，比拉丁文更丰富，比两者都更精致"。在梵文文学方面，琼斯每天都会发现一些令他激动不已的奇迹。"我爱上了牧女①，"他在抵达不久之后写道，"我迷上

---

① 牧女（Gopi 或 Gopika）是印度教毗湿奴派传说中围绕在大神黑天周围的女性崇拜者，她们对黑天绝对忠诚。

了黑天①，并且是罗摩②的狂热崇拜者。我第一次读《伊利亚特》时觉得埃阿斯或阿喀琉斯很伟大，但如今在我眼中，阿周那、怖军和《摩诃婆罗多》的勇士们的地位更高。"

琼斯的许多书信似乎都是在克里希纳纳加尔写的。他在给一位朋友的信中写道："我同意你的意见，向泉水和河流表示崇拜；我很快就要沿着恒河逆流而上，走向大神亚穆纳的神圣河岸。"他恭喜一位笔友找到了一本保存完好的《薄伽梵歌》③，祝贺另一位笔友学会了唱"印度斯坦歌谣"。前一天，他还在往北方寄信，请求瓦拉纳西的班智达④提供某位神明的不同名号和化身的信息，第二天他又推荐加尔各答的医生尝试各种阿育吠陀疗法⑤。琼斯写道，在印度，他发现了世外桃

---

① 黑天是印度教诸神中最广受崇拜的一位神，被视为毗湿奴的第八个化身，是诸神之首。关于黑天的神话主要源自《摩诃婆罗多》和《往世书》。在艺术上，黑天通常被描述为蓝黑色皮肤、身缠腰布、头戴孔雀羽毛王冠的形象。他代表极具魅力的情人，因而常以在一群女性爱慕者簇拥下吹笛的牧人形象出现。

② 罗摩是印度教神话中主神毗湿奴的第七个化身，也是史诗《罗摩衍那》的主人公。对罗摩的崇拜在印度民间非常流行。

③ 《薄伽梵歌》是印度教的经典之一，字面意思为"神之歌"，共有七百节诗句，收录于印度两大史诗之一《摩诃婆罗多》中。成书时间约为前5世纪至前2世纪。此书对于印度思想界有莫大的影响，而且是近世印度思想家的精神支柱。《薄伽梵歌》采取对话形式，借阿周那王子与大神黑天的问答，论述在既存的社会制度之中，必须毫无私心地各尽本分，并应当绝对地信奉唯一的神。由于所含的思想极为复杂，因此在哲理与实践、信仰与现世的关联上，常有矛盾与不统一之处，但仍然是全印度教徒的福音书、信徒的座右铭，至今仍是印度人诵读的经典。

④ "班智达"是梵语中的智者和教师，尤其是精通梵语和吠陀经书的人。今天常用这个词指知识分子、专家、智慧的人。

⑤ 阿育吠陀，字面意思为"生命知识"，是古印度的医学体系，与哲学紧密联系。有点类似于传统中医，很难通过现代科学的实证方法来证明有效，常常被现代西方医学界认为是伪科学。

源。[84]蚁垤①是新的荷马，《罗摩衍那》是新的《奥德赛》。可能性似乎无穷无尽。

尽管加尔各答的英国梵文学者热情澎湃，但他们对印度教的兴趣很少超出学术的范围。虽然琼斯对轮回的观念表现出一种依恋，他却仍然是英国圣公会的虔诚信徒。"我不是印度教徒，"他写道，"但我认为，印度教徒关于人类未来状态的学说，比基督徒灌输的关于无止境惩罚的恐怖观点更合理，更虔诚，更有可能防止人们去做坏事。"[85]但也有一些人走得更远。从技术上讲，皈依印度教是不可能的：印度教不仅是一种宗教，也是一种社会制度，所以一个人必须生来就是印度教徒；印度教在传统上没有皈依仪式。不过，似乎没有人把这一点告诉"印度教徒斯图尔特"。

关于这个奇怪的爱尔兰人，我们知道的不多。他于 18 世纪 80 年代来到印度，当时他还只有十几岁；但他似乎立即就被印度教吸引了。在他抵达加尔各答一年之后，他就接受了印度教的一种风俗并一直坚持到死：每天早上从他的家步行到恒河里沐浴，并按照印度教的习俗崇拜恒河。正如《亚洲杂志》上的讣告所说："斯图尔特将军以极大的热情研究了这个国家的土著的语言、礼仪和习俗，他与他们的亲密关系，以及他对他们的思想和偏见的容忍，或者说是遵从，为他赢得了'印度教徒斯图尔特'这个

---

① 相传蚁垤是《罗摩衍那》的作者，其身份不详，有很多传说，有人说他是语法学家，或古代仙人。传说蚁垤出身于婆罗门家庭，因静坐修行数年不动，身上成了蚂蚁窝的小土丘，故以蚁垤为名。另一种说法是，他原本是弃儿，被山中野人收养，长大之后以偷盗为生，专门抢劫朝圣者，后被一位瑜伽士开导。一般倾向于认为《罗摩衍那》是漫长历史累积的产物，由历代宫廷歌手和民间诗人不断添加扩充，直至最后定型。蚁垤有可能是史诗原始形式的"最初的诗人"，也可能只是一位被虚构出来的作者。

绰号。我们相信，读者诸君对他的这个绰号很熟悉。"[86]在他的著作中，他明确地自称为印度教的"皈依者"。[①]

斯图尔特的军中同袍，包括那些本身就对印度充满好感的人，也从来不知道该如何看待这位将军。有一次，"印度教徒斯图尔特"被任命为印度中部最大的骑兵兵站的指挥官，他在那里的副手是詹姆斯·柯克帕特里克的老熟人威廉·林奈·加德纳。加德纳和柯克帕特里克一样，几乎肯定皈依了伊斯兰教。加德纳写给表弟的信让我们可以了解到，东印度公司军队的这个怪异的前哨据点（正副指挥官分别皈依了印度的两种互相竞争的宗教）的生活是什么样子。

加德纳的信中第一次提到"印度教徒斯图尔特"的时候，正值前任将军即将卸任并已经宣布由斯图尔特接任之际。"沃森将军今天早上离开了我们，"加德纳写道，"尽管他人很好，很善良，但我很高兴他走了，因为告别晚宴是最骇人听闻的事情，尤其是当一个人的忠诚度是用他能喝下多少瓶酒来衡量的时候。我想，他的继任者斯图尔特将军不会以自己的胃容量或脑袋的坚固程度为荣，因为他经常供奉神明，并且避免看到牛肉。"

从这时起，斯图尔特就经常在加德纳的书信中，以"班智

---

① 斯图尔特去世后留下的财产清单让我们清楚地看到，这是一个行走在两个截然不同的世界之间的人。一方面，他显然拥有乔治时代英国绅士的通常装备：方糖夹、烤面包片架和台球杆，以及常用的野营桌、地图匣和当时的一线军人一般会有的便携家具。他显然也很喜欢印度式狩猎（shikar）。另一方面，他拥有数量惊人的"印度斯坦风格"的服装与器物：尖尖的拖鞋、莫卧儿风格的水罐、牦牛尾做成的拂尘、吃槟榔时用的痰盂、水烟袋，诸如此类。清单中还有大量印度教神祇的雕像，据说斯图尔特曾对其顶礼膜拜。他肯定在萨默尔建造了一座印度教神庙，他去欧洲时还带着自己的印度家用器具。Inventory of goods of the late Major Genl. C. Stuart, OIOC L/AG/34/27/93 – 765: pp. 745 – 63 [museum] and 765 – 87 [personal]. ——原书注

达将军"或"班智达斯图尔特"的昵称出现。有一次，加德纳
写道："将军是个怪人。他写信给我，要我到楚克拉河坛①去找
他，那是印度教徒，尤其是女人洗澡的地方！他要在这个地方
建造一座宝塔［印度教神庙］！他用'胜利属于罗摩和悉多'的
话向每一个印度教徒致敬！"另一次，加德纳写道，他不得不暂
时接过兵站的指挥权，因为将军计划去参加大壶节②活动，沐
浴一周。还有一次，加德纳写道，一位朋友刚从萨格尔③每周
一次的马市回来。在集市上，他发现斯图尔特坐着，"周围有十
几个赤身裸体的法基尔，他们在他头上双手合十，为他降福"。[87]

斯图尔特不仅欣赏印度的宗教，还是印度教徒女子及其衣
品的热情爱好者。19世纪初，他在《加尔各答电讯报》上发
表了一系列出人意料的文章，试图说服该城的欧洲女子穿纱
丽，理由是它比当时的欧洲时装更有吸引力，并警告说，如果
不穿纱丽，英国女子就没有希望与印度女子媲美。

大多数印度教徒女子的身材相对较矮，外表却非常丰
满妖娆。这种丰满赏心悦目；这种坚挺让人心醉神迷；光
洁的皮肤、妩媚的神情、优雅端庄的举止，让她们具有普

---

① 在南亚语境里，河坛（Ghat）是通往水边（往往是圣河，也可能是一个
小池塘）的阶梯。
② 大壶节（Kumbh Mela）是印度教的一项重要的朝圣和节庆活动，大约每十
二年举办一次，地点在印度四座城市（安拉阿巴德、赫尔德瓦尔、乌贾
恩、纳西克）之一。相传大壶节的起源故事是印度教的神明和群魔为争夺
一个装有长生不老药的壶而大打出手，结果把壶打翻，四滴长生不老药落
到举办节日的四座城市。印度教徒相信，在这四座城市，特别是在恒河、
亚穆纳河与传说中的萨拉斯瓦蒂河这三条圣河汇合处（安拉阿巴德以东）
沐浴，是特别吉祥的。玄奘在《大唐西域记》中称之为"无遮大会"。
③ 萨格尔在今天印度中部的中央邦。

遍的吸引力……新割的青草也比不上她们的气息那么甜美……我见过一些印度教徒女士，身材如此精致，四肢如此灵动，眼神如此有神，你必须承认，她们不比欧洲最有名的美女差。我已经开始认为，铜色脸庞的耀眼明亮，比欧洲女人苍白和病态的肤色要美得多。①

斯图尔特对印度教所有事物的极度热情绝对是不寻常的，但英国人对印度教表示尊重并参加其仪式，并不是稀罕的事情。这一时期的资料经常提到公司官员参加印度教的法会，在神庙中赠送礼物并参与祭祀。例如，詹姆斯·格兰特向瓦拉纳西的难近母②神庙赠送了一座时钟，因为当他和妻儿被卷入神庙对面的

---

① 斯图尔特或许是今天被宝莱坞电影界称为"湿纱丽"的景象的有史可查最早的爱好者："也许有必要告诉新近抵达印度的女士们，印度女人羞怯如玫瑰花蕾，所以洗澡时也穿着衣服……从洗澡的溪水中起身的时候必然浑身衣服湿漉漉。如果我有专制君主的权力，我就要求我们英国的女人效仿她们；我坚信不疑，这会让爱的激情永远熊熊燃烧。"斯图尔特的匿名文章重印时的标题为《淑女宝鉴》，最早在孟加拉发表的一系列书信，其主题包括：女性魅力，对常规性地采纳印度服装的日益青睐；这个国家的女性对过度着装的排斥；对印度之美、鲸骨裙撑、紧身胸衣的金属撑衣片、印度紧身裤、男帽制作匠人、闲散单身汉、发粉、侧鞍、女仆与男仆的附带评论。由〈为印度教徒辩护〉的作者所写》(*A LADIES' MONITOR Being a series of letters first published in Bengal on the subject of FEMALE APPAREL Tending to favour a regulated adoption of Indian Costume；and a rejection of SUPERFLUOUS VESTURE By the ladies of this country：with Incidental remarks on Hindoo beauty；whale bone stays；iron busks；Indian corsets；man-milliners；idle bachelors，hair powder，side saddles，waiting-maids；and footmen. By the author of A VINDICATION OF THE HINDOOS*, Calcutta, 1809, 后文简称《淑女宝鉴》)。——原书注

② 难近母（Durga）是印度教的一位女神，传统上被认为是湿婆之妻雪山神女的两个凶相化身之一（另一个是时母）。难近母的最主要职能是降魔。她是与恶魔战斗的可怕的女武士的形象，有十只手、三只眼，拿着许多武器和法器。她的坐骑有时是一头狮子，有时是一只老虎。难近母节（Durga Puja）就是纪念和崇拜她的节日，大约在9月到10月，为期十天。

恒河漩涡时，那里的祭司曾为他的安全祈祷。[88]大约在同一时期，英国人带着军乐队游行到时母①神庙，庆祝《亚眠条约》的签订。[89]

印度教文献也证实了英国人的开放态度。根据一部涉及这一时期的泰米尔史书，理查德·马修斯将军在一些婆罗门的建议下，在塔科拉姆②的一座神庙向印度教神灵祈祷，以治疗严重的胃痛。据这部史书的匿名作者说，马修斯的病被成功治愈，后来他慷慨解囊，向神庙捐赠财物。在故事的开头，将军在神庙附近扎营，他的部队希望使用神庙的泉水。但在他的"贱民和低种姓随从"进入神庙后，"通常通过牛嘴雕塑［以喷射方式］流出、水柱粗如象鼻"的泉水神秘地消失了。

> 然后，将军答应给钱来支付"护摩"［Homa，供奉火的净化仪式］的费用，使水能像以前一样从牛嘴里流出来。但婆罗门回答说，他们没办法让水像以前一样流出来，于是，将军对婆罗门很生气，让他们各回各家，他则回到自己的帐篷。
>
> 当天晚上，将军的肠胃剧烈疼痛，有可能危及生命。他认为这是由于他强行进入宝塔并查看每个地方，于是派人去找祭司，并询问他们。他们建议他向神祈祷，神会治愈他的病症。第二天早上，马修斯将军来到塔中，站在神

---

① 时母（Kali，又译大黑女、迦梨或迦利等）是印度教的一位女神，传统上她被认为是湿婆之妻雪山神女的化身之一。时母的造型通常为有四只手臂的凶恶女性，全身黑色，身穿兽皮（上身往往赤裸），舌头伸到口外。她的脖子上挂着一串人头，腰间又系一圈人手。四只手中有的持武器，有的提着被砍下的头颅。时母的脚下常常踩着她的丈夫湿婆。
② 塔科拉姆在今天印度东南部的泰米尔纳德邦。

的面前，在那里向神祈祷；然后他回到自己的帐篷，就在这时，他的病痛消失了。于是，这位先生向神赠送了1000枚宝塔币①，并命令婆罗门继续礼拜神明；他还给一些村庄增加了宗教津贴。于是，祭司把一些牛带进塔里，举行了净化仪式；他们召集婆罗门，并为了神的缘故，招待所有人；于是，之前从牛嘴雕塑喷射出来、水柱粗如象鼻的水，又开始喷射了。

"马修斯将军，"作者补充道，"在那个地方待了六个月；他经常让人把牛嘴雕塑里喷射出的水送到他那里，供他饮用……将军走时把他的小妾留在了这个地方。"[90]

并非所有的东印度公司官员都认同斯图尔特将军和马修斯将军对印度的热情，尤其是对印度教的热情。

最有力的批评者是公司的董事之一查尔斯·格兰特。格兰特是英国最早的福音派基督徒之一，他把他的原教旨主义宗教观点带进了东印度公司的会议室。他写道："很难想象有哪个民族比他们（印度教徒）被迷信禁锢得更彻底。"他在1787年提议发起传教运动，让这个被他描述为"普遍地、完全地腐化了……极端盲

_____

① 宝塔币是印度多个王朝以及英国、法国和荷兰殖民者铸造的钱币。英国东印度公司发行的宝塔币一面是神庙图案，另一面是神猴哈努曼的形象，这两种图案都是从毗奢耶那伽罗帝国的钱币上学来的。

目，极端堕落，极端可怜"的民族皈依基督教。[91]在几十年内，传教士（最初以丹麦人的定居点塞兰坡①为基地）开始从根本上改变英国人对印度教徒的看法。英国人不再像琼斯和黑斯廷斯那样，将印度教徒视为崇高而古老的智慧的传承者。在英国人眼中，印度教徒变成了仅仅是"可怜的愚昧的异教徒"，甚至是"放荡无耻的多神教徒"。很多英国人希望，至少有部分印度教徒在急切地等待着皈依基督教，并由此走上文明之路。

R. 安斯利牧师是格兰特的传教士的一个典型。安斯利写了一本《英国人在印度的偶像崇拜》，印刷出版后向英国本土的福音派信徒传播。在这部书中，容易激动的安斯利写到了他参观奥里萨地区一座神庙的经历。"我参观了死亡之谷！"他告诉噤若寒蝉的会众，"我看到了黑暗之穴！"这篇布道文用了将近二十页的篇幅，描述了安斯利牧师目睹的"罪恶和令人作呕的场面"。令人失望的是，这些所谓的"罪恶的场面"其实只不过是公司官员协助印度教徒举行仪式而已。对于奥里萨的贾格纳②战车游行，安斯利评论道："英国人为偶像崇拜的仪式提供了布和幔子。那种恐怖难以言表……居然有一些欧洲绅士鼓励举行这些仪式，并向偶像献礼，还经常跪地参拜！"[92]

亚历山大·汤普森牧师是最直言不讳的传教士之一。他一生都在谴责印度教的"罪恶"，退休后专门写了题为《政府与印度偶像崇拜的关系》的语气激烈的长篇大论。[93]汤普森认为，

---

① 塞兰坡在今天印度的西孟加拉邦，属于加尔各答都会区的一部分，位于胡格利河右岸。

② 贾格纳（juggernaut 或 Jagannath）字面意思为"世界之主"，一般指的是大神黑天。印度奥里萨地区普利的贾格纳神庙定期举行"战车游行"。欧洲人的一些早期记载里说虔诚的信徒为表达虔敬，自愿被战车碾死。在现代英语里，"juggernaut"一词常指毁灭性的、不可阻挡的强大力量。

18 世纪末东印度公司官员的热情是印度教大复兴的主要原因之一。回顾 18 世纪 90 年代，他提醒读者：

> ［东印度公司］政府的主要官员［在当时］属于一个特殊的阶层。1790 年至 1820 年，那些拥有最丰富的经验，并在印度担任最高职务的人，总的来说是一群没有宗教信仰的人：他们赞同印度教多于基督教，赞成《古兰经》多于《圣经》。有些人因为害怕民众叛乱而憎恨传教士，有些人反对传教则是因为他们的心"被美丽的偶像崇拜者诱惑，拜倒在丑恶的偶像脚下"。①

所谓的"婆罗门化"的英国人在传教士的冲击面前，并没有不战而降。正是为了反对福音派的不宽容，"印度教徒斯图尔特"匿名出版了一本题为《为印度教徒辩护》的小册

---

① 汤普森列举了东印度公司参与印度教仪式的事例，这个清单非常有意思。在丘德达帕，"公司的税吏命令在担心发生干旱和饥荒的季节在多座神庙举行求雨（Varuna Pujam）的祈祷"，并专门拨出"150 枚星宝塔币"的公款来供奉神庙。在马德拉斯，税吏恢复了原本废止的"偶像叶嘉塔的节日"，并以公司的名义向这个偶像供奉礼物。在另一个场合，汤普森讲述道，他认识的一位传教士发现，在恒河河口的公司食盐仓库，公司聘请了一名全职的婆罗门来向吉祥天女祈祷，"以保佑公司的食盐贸易不要亏损"。这位传教士后来还发现，在"比哈尔的鸦片贸易站"有类似的安排，公司在那里聘请了婆罗门来为好收成和第一批鸦片货船安全抵达而祈祷。Rev. A. Thompson, *Government Connection with Idolatry in India* (Cape Town, 1851), pp. 4, 17, 29, 32. 当时的其他布道文包括许多类似的故事，例如，坦贾武尔附近一个团的团长给他的印度兵发钱，用来向时母献祭一只羊。这位团长自己也在神像前膜拜，希望消灭他的部队里流行的霍乱。James Peggs, *A Voice from India: The British Connection with Idolatry and Mahomedanism, particularly the Government grant to the Temple at Juggarnarta and numerous other temples in India. A letter to Sir J. C. Hobhouse* (London, 1847). ——原书注

子。[94]在这本小册子里，他试图阻止欧洲传教士向印度教徒传教的企图；他认为，"在道德推理的原则上，印度教不需要基督教的温和之手，印度教的信徒本身就能成为文明社会所要求的正派而有德的人民"。关于传教士动辄嘲笑的印度教神话，斯图尔特写道："每当我环顾四周，在恢宏的印度教神话当中，我发现了披着寓言外衣的虔诚：我看到道德与每一个故事融合在一起；而且，根据我自己的判断，印度教神话似乎是世界上有史以来最完整、最充分的道德寓言体系。"他还指出，《吠陀》是"在遥远的上古写成的，在那个时期，我们在森林里的野蛮祖先也许还没有意识到有神的存在；毫无疑问，那时的他们对灵魂不朽的光荣学说也很陌生，而这种学说最早是在印度斯坦产生的"。

斯图尔特为印度教辩护引发的反应，体现了 18 世纪末 19 世纪初英国人对印度的态度开始发生怎样的变化。一场全面的文字论战爆发了，写作《为印度教徒辩护》的匿名的"孟加拉军官"（斯图尔特）遭到愤怒的攻击，他被谴责为"异教徒"和"多神教徒"。[95]

反对斯图尔特的不仅仅是传教士，他的同袍也变得同样尖刻。一位感到惊恐的军官写道："读者诸君，虽然这听起来不可思议，但此时此刻，公司里就有一位英国将军，他遵守印度教徒的所有习俗，在他们的神庙里献祭，随身携带他们的偶像，由法基尔陪伴他、为他准备膳食。他没有被当作疯子对待，但如果把他的诸多偶像、法基尔和宗教典籍放在精神病院的某个角落，远离那些更理性和不幸的病人，也许不算错。"[96]

就连过路的旅行者也开始无情地攻击日益孤立的斯图尔特。"有一件事情让我难以置信，"伊丽莎白·芬顿在日记中写道，

"这里有一个英国人，在基督教国家出生和受教育，却成了这种异教崇拜的可怜而堕落的参与者。他的名字是 S 将军，多年来他采纳了这些人的风俗习惯和宗教，如果那些东西算得上宗教的话；大家一般认为他的头脑是正常的，甚至说他是个有才干的人。"她带着惊恐之情停下笔，但只是为她那上气不接下气的咆哮加上第二个分号，然后继续写道："这让我不禁停顿下来，努力去理解他为什么会有这种妄想，但我再怎么努力都不明白。那些按上帝的旨意要生在黑暗中的人，是不需要为自己的这种境况负责任的；但是，曾经生活在基督教光明中的人，竟然自愿放弃基督教的希望，这实在是太可怕了。"[97]

"印度教徒斯图尔特"并不是唯一一面临批评的人。在整个印度，随着 18 世纪向 19 世纪过渡，英国人的态度正在发生变化。那些对印度教、印度习俗，甚至对他们的印度妻子和混血子女表现出过多热情的人，会发现社会对他们的敌意越来越大。

戴维·黑尔是一名苏格兰钟表匠，他在加尔各答创办了印度学院。当他死于霍乱之后，教会居然拒绝为他举行基督教葬礼，理由是他更像印度教徒而不是基督徒。[98]还有许多人发现他们的印度化生活方式导致他们的晋升受阻。1798 年，有人发现，驻扎在比哈尔的英国税务官弗朗西斯·吉兰德斯与菩提伽耶的神庙联系过于紧密，并向该神庙捐赠了一座时钟。于是，伦敦的公司董事们写信给英印总督，对基督徒竟然参加"异教徒"

的仪式表示惊恐。[99]稍晚之后，弗雷德里克·肖尔发现，他采用土著服饰的做法激怒了加尔各答那些日益目空一切的官员。政府明令禁止公司雇员穿戴除欧洲服饰以外的任何服饰。第二年，军队也发布了类似的命令，禁止欧洲军官庆祝侯丽节①。"异教节日"，以及赌博、纳妾、贪污和醉酒，都是在这种新环境里要坚决制止的事情。英国当局开始与印度划清界限。

18 世纪 80 年代末，种族和民族的等级观念也开始出现，新兴的英印混血社区首当其冲地受到这种新的不宽容精神的影响。从 1786 年起，在新任总督康沃利斯勋爵的领导下，东印度公司出台了一系列法规，禁止英国人与印度妻子所生的孩子成为东印度公司的雇员。康沃利斯前不久在约克镇被乔治·华盛顿击败，刚刚来到印度。他决心确保印度永远不会出现一个定居的殖民者阶层来挑战英国的统治，就像北美殖民者曾经让他蒙羞那样。

就是为了这个目的，东印度公司于 1786 年发布了一道命令，禁止英国军人的混血孤儿去英国受教育，因为那样的话，他们就会有资格成为东印度公司军队的军官。1791 年，东印度公司又颁布了一道新命令，禁止父母双方有一方有印度血统的人到东印度公司的民政、军事或海事部门工作。1795 年，公司颁布了更多法规，又一次明确规定，只有父母双方均为欧洲人的人才有资格成为东印度公司军队的军官，混血儿顶多可以成为军队的"笛手、鼓手、乐师和马蹄铁匠人"。英国人与印度女子生的孩子还和他们的英国父亲一样，被禁止拥有土

---

① 侯丽节（Holi）是印度教的一个重要节日，是印度教徒的传统春节，在节日期间，大家互相投掷彩色粉末和有颜色的水，以庆祝春天的到来。

地。所以英印混血儿被排挤在所有最明显的发财致富的道路之外，他们很快就发现自己在社会上只有下坡路可走。这种现象持续到一个世纪之后，那时英印混血儿的职业主要是小职员和火车司机。[100]

因为混血儿在印度的前途受限，那些足够富裕的公司雇员往往会把混血子女送回英国家中。许多混血儿成功地融入英国上流社会，有的甚至获得高位。19 世纪初的英国首相利物浦勋爵就是英印混血儿的后裔。[101]但是肤色非常重要。加尔各答经纪人约翰·帕尔默在讨论如何安顿他的三个失去父母的混血继孙时，曾写信给沃伦·黑斯廷斯："两个年龄最大的孩子几乎和欧洲儿童一样皮肤白皙……应该把他们送到欧洲去。如果最小的孩子的肤色可以混得过去［即被当作白人］的话，我可以把他也送去欧洲。但由于我每天都能看到在国内养育［深肤色的］土著孩子造成的有害后果，我自己心里也有一个疑问，那就是，应不应当把第三个孩子也送去英国。"最后决定，那个"黑"孩子应该留在印度，将来努力做一名职员，而其他孩子则被送往英国，在那里碰碰运气。[①][102]

在加尔各答新近产生但愈演愈烈的偏见伤害了很多群体，

① 在两个"皮肤白皙"的男孩抵达英国后，黑斯廷斯给多位朋友写信，为这两个孩子寻找一所"他们的出身和肤色不会影响入学"的学校。在爱丁堡找到这样一所学校之后，"教育计划就只剩下一个大的障碍……我指的是，孩子们在那里难免会学得一口苏格兰口音……［我们希望］在那种口音扎根之前，尽快把孩子们送到英格兰，从而消除该口音的影响"。在印度的英国人的种族偏见似乎比在英国本土的更强烈，因为迟至 1805年，黑斯廷斯显然相信，对一个人的前程来说，苏格兰口音的损害至少和印度血统或黝黑的皮肤一样严重。Hastings Correspondence, BL Add Mss 45, 418, Vol. II, p. 132, Letter from Hastings to Anderson, Daylesford House, 23 July 1805. ——原书注

英印混血儿只是其中之一。在康沃利斯的领导下，一个人只要不是欧洲人，就会受到威廉堡①公司总部那些越来越趾高气扬的官员的蔑视。1786 年，约翰·帕尔默的父亲威廉·帕尔默将军②（后来成为柯克帕特里克最亲密的伙伴和盟友之一）写信给他的朋友戴维·安德森，对刚到加尔各答的康沃利斯规定的涉及印度政要的新礼节表示大失所望。帕尔默将军写道："印度的权贵们受到最冷淡、最粗暴无礼的接待，我可以向你保证，他们能观察和体会到这一点，他们一定会满腹怨恨。"[103]

这些新的种族态度影响了英国人和印度人关系的方方面面。"孟加拉遗嘱"显示，正是在这个时期，提到印度伴侣的遗嘱和财产清单的数量开始下降：1780 年和 1785 年，每三份遗嘱中就有一份向印度伴侣遗赠财产，但之后这样的遗嘱就急剧减少。从 1805 年到 1810 年，每四份遗嘱中有一份提到印度伴侣；到 1830 年，每六份遗嘱中有一份提到印度伴侣；到 19 世纪中叶，几乎没有一份遗嘱提到印度伴侣。1825 年出版的托马斯·威廉森的《东印度手册》第二版完全删除了所有提及印度伴侣的内容，[104] 而 18 世纪在印度的英国名人的传记和回忆录，凡是提到他们的印度妻子的，都在 19 世纪初被重新编辑，所以较晚的版本都删除了关于他们的印度伴侣的文字。以绰号"柯林斯国王"的约翰·柯林斯为例，他是英国在马拉塔人领袖辛迪亚的宫廷的常驻代表，布莱基斯顿少校的《印

---

① 威廉堡是位于印度加尔各答胡格利河（恒河的一条重要支流）东岸的一座城堡，始建于 1696 年，得名自英王威廉三世。威廉堡前的马坦公园是加尔各答最大的城市公园。

② 威廉·帕尔默于 1806 年晋升为将军，他在 1786 年还只是个小小的少校。不过为了避免混乱，本书始终称他为帕尔默将军。——原书注

度斯坦十二年军事历险记》第一版中提到柯林斯拥有自己的
"后宫"，该书的较晚版本就删掉了这一段。[105]

在加尔各答，采用印度习俗的英国人开始成为惊讶的对
象，有时甚至受到嘲笑。19世纪初，"模仿穆斯林留络腮胡
子、戴头巾"的英国男人越来越受到"讥笑"。[106]咖喱不再是
宴会上可以被接受的菜肴："宴会上的美食包括密封罐头装的
三文鱼、红鲱鱼、奶酪、烟熏西鲱、覆盆子果酱和干果；这些
食品来自欧洲，有时很难买到，因此很受重视。"[107]印度宽松
裤（Pyjama）① 第一次成为英国人睡觉时穿的衣服，而不是白
天穿的服装。1813年，托马斯·威廉森在《在印度的欧洲人》
一书中写道："在过去，欧洲人几乎个个都抽印度的……水烟
或烟斗。但是随着时间流逝，这种奢侈越来越少见，如今三个
欧洲人当中不一定有一个会抽。"[108]要不了多久，欧洲人就不
再抽水烟，就像他们不再娶印度女人为妻一样。

但是，这都是加尔各答的情况，而居住在三个管辖区城镇
的城墙之外的公司雇员就不一定了。如果一个年轻的公司职员
头脑灵光，学会了当地语言，考试成绩也很好，他仍有可能被
派往英国设在某个独立的印度朝廷的常驻代表府。在那里，他
可能是方圆几百英里内唯一受过教育的欧洲人。在这种情况
下，尤其是如果他身处海德拉巴或勒克瑙这样的印度-伊斯兰
混合文化中心，或乌代浦这样比较灵活的拉杰普特宫廷，他就
不得不从印度环境中寻找最亲密的朋友、语言方式和思维方
式，以及性伴侣。[109]

---

① "Pyjama"一词在现代英语中指睡衣，源自波斯语，本意为"腿部服
装"。它原本是宽松轻质的裤子，穆斯林和印度教徒都穿，后来被英国殖
民者学去，并传播到全世界。

与管辖区城镇的孤立世界相比，在这些伟大的莫卧儿文化中心，穿印度服装、娶印度妻子、过着英国-莫卧儿混合的生活，总是更受欢迎，英国人的变化也更有戏剧性。不过，从 18 世纪 90 年代到 19 世纪 30 年代，在加尔各答公认可接受的、恰当的行为方式与印度各宫廷的英国常驻代表府认为完全适当的行为方式之间出现了分歧，例如，当英国驻印度总司令的夫人、令人生畏的玛丽亚·纽金特夫人访问德里时，她被那里的景象吓坏了。她说，"本土化"的不仅仅是常驻代表戴维·奥克特洛尼爵士，他的助手威廉·弗雷泽和爱德华·加德纳更糟糕。她在日记中写道："我要谈谈加德纳先生和弗雷泽先生，他们现在还在我们的队伍中。他们都蓄着巨大的络腮胡子，而且都不肯吃牛肉或猪肉。他们与其说是基督徒，不如说是印度教徒。他们两人都很聪明，很有智慧，却十分古怪；而且，他们很早就来到这个国家，形成了一些意见和偏见，所以他们几乎可以算是土著。我们一起谈话的时候，我努力暗示了每一件我认为会对他们有影响的事情。我谈起他们从小信奉的宗教，谈起他们的朋友，说这些朋友会对他们的络腮胡子、长胡须等感到惊愕和震惊。""我们讨论了这些事情，"纽金特夫人总结道，"我还是希望他们会考虑这一点。"[110]

两个世界渐行渐远。詹姆斯·阿基利斯·柯克帕特里克正是落入了这种日益扩大的文化误解的鸿沟。如果说这种差距在 19 世纪的头几年扩大成了深渊，那主要是由于一个人的影响。

1797 年 11 月 8 日，爱尔兰小贵族韦尔斯利勋爵从英国启程前往印度。他接受了任命，将担任孟加拉总督和英国在印度的最高政府首脑。近三百年来，来到南亚次大陆的欧洲人一直在以千奇百怪的方式融入印度社会。这种进程此时已接近尾声。越来越多的欧洲人感到从印度学不到什么，也越来越不愿意去探索新事物。欧洲人此时认为，印度是他们进行无情而有利可图的扩张的合适场所，在那里可以获得荣誉和财富，让所有参与者受益。英国人需要改变和征服印度，而不是让自己被印度改变和征服。

韦尔斯利勋爵决心不仅要把这种新的帝国主义方针变成自己的原则，而且要淋漓尽致地践行这种方针。他的帝国主义政策将会基本建立英属印度的主要上层建筑，它将一直存续到1947年。他还带来了傲慢和不屑的英国种族主义态度，正是这些态度支撑和维持了英属印度。

第二章

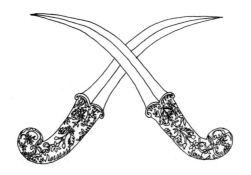

1798 年 1 月的一天，理查德·韦尔斯利在好望角登陆。他年仅三十七岁，身材矮小，踌躇满志，雄心勃勃；天庭饱满，眉毛粗而黑，罗马式鼻子引人注目；双眼碧蓝，目光炯炯，下巴显得很坚毅，四分之三长度的鬓角让下巴更显突出；嘴巴较小，显得果敢；脸上一副猫头鹰般的神情，让人觉得他绝顶聪明，也许还冷酷无情。但他的所有肖像上都有一丝脆弱的，甚至可以说是被害妄想狂的表情。他越来越多地用极端傲慢的面具来掩饰自己的这个缺陷。

韦尔斯利的东道主、好望角驻军指挥官、目光如炬的安德鲁·巴纳德，立即发现了这个缺陷，并向他的妻子安妮预言："他的性格有自相矛盾之处。他很聪明，但软弱［且］骄傲……他会完成任务，让他的雇主满意，但在这样做的过程中，他会得到人们的敬畏，而不是爱戴。"[1] 这是一个准确的预言。韦尔斯利在印度没有结交到一个亲密的朋友，他的同事，包括他的弟弟阿瑟，经常觉得极难与他相处；但很少有人怀疑他的天赋或他的能力。

不过，巴纳德有一点说错了：韦尔斯利并没有让他名义上的雇主，即东印度公司的董事们满意。他甚至没有尝试取悦他们。他在给控制理事会（1784 年成立的负责监督东印度公司的政府机构）主席的私人书信中毫不掩饰自己对"最可憎的贼窝东印度公司"的"无尽鄙视"。[2] 尽管他为公司董事们赢得了一个庞大的帝国，但他在这个过程中也差一点就把公司搞破产了。从一开始，他的目标就远远不止是维持东印度公司的利润率，他的雄心壮志比这远大得多。理论上，他是东印度公司的雇员，但他实际上非常憎恶公司唯利是图的做法。

东印度公司的董事们不知道的是，理查德·韦尔斯利来到东方的时候带来了两个明确的目标。他决心让英国人牢牢地控制印度，并将法国人从他们在南亚次大陆的最后立足点彻底驱逐出去。在这方面，他遵从控制理事会主席亨利·邓达斯①的指示。韦尔斯利在赴印度上任之前接受过邓达斯长时间的耳提面命，从他那里吸收了仇法思想。邓达斯给韦尔斯利的指示当中很重要的一点是，"清洗"受到法国影响力"污染"的几个印度土著政权，即迈索尔的蒂普苏丹、海德拉巴的尼查姆阿里·汗，以及统治马拉塔邦联②的几个互相竞争的酋长的朝廷，他们都在法国雇佣兵和欧洲叛教者的帮助下建立了现代化

① 亨利·邓达斯（1742~1811），第一代梅尔维尔子爵，苏格兰托利党政治家，1794 年担任英国历史上第一任陆军大臣。他也是英国历史上最后一个遭弹劾的政治家（不过后来被判定无罪）。邓达斯大力推动苏格兰启蒙运动和对法作战，反对废奴，主张扩大英国在印度的势力范围，对东印度公司产生很大影响。他长期主宰苏格兰政治，被讥讽为"亨利九世""苏格兰大经理人""苏格兰大暴君""苏格兰无冕之王"等。
② 马拉塔帝国（或称马拉塔邦联）是南亚次大陆上的一个近代帝国，也是印度历史上最后一个真正的印度教帝国。马拉塔人是来自德干高原西部（今天的马哈拉施特拉邦）的武士族群。他们在希瓦吉·蓬斯尔领导下反抗穆斯林统治后建立的帝国起始于 1674 年，终结于 1818 年，其鼎盛时期的疆域覆盖整个印度北部。莫卧儿帝国的灭亡在很大程度上是因为与马拉塔帝国的军事对抗。莫卧儿皇帝奥朗则布于 1707 年去世后，马拉塔帝国大幅扩张疆域，但在 1761 年的第三次帕尼帕特战役中败给了阿富汗的杜兰尼王朝，不得不停止向阿富汗方向的扩张。随后，马拉塔帝国变为一个松散的邦联，由若干自治政权组成，包括浦那的佩什瓦、瓜廖尔的辛迪亚王朝、印多尔的哈尔卡尔王朝、那格浦尔的蓬斯尔王朝、巴罗达的盖克瓦王朝等。佩什瓦（Peshwa）原为马拉塔帝国的（转下页注）

军队，这些军队都完全可能为法国所用，去对抗英国人。

韦尔斯利乘坐的英国皇家海军巡航舰"弗吉尼亚"号因为"桅杆太长太重"，太过危险，所以不得不将桅杆截短。[3]改装船只和改造船帆让韦尔斯利不得不在好望角逗留，有了一段闲暇时光。从英国到此的航程太辛苦了，所以他利用这段时间休养身体，并尽可能多地了解印度的情况。每天一大早，他都接见因为患黄疸病而离开印度的老"印度通"们，其中很多人来到好望角，就是为了恢复健康。安妮·巴纳德称他们为"黄色将军"。他们一个个一瘸一拐地走进来，相互竞争，"把他们丰富的知识和经验传授"给新任总督。也有其他路过好望角的人，可以向韦尔斯利介绍孟加拉的最新事态。根据安妮·巴纳德的日记，除了"黄色将军"们之外，还有"来自印度的船长，他们带着给政府的公文在此停留，发现总督大人在好望角，便将公文呈送给他，由他拆阅。这样的话，他抵达印度时就已经对那里的情况有所了解，新官上任就能掌控局面，会显得很有能耐"。

在这些会议和简报结束后的晚上，当地荷兰社区①为韦尔斯利举办了一系列丰盛的晚宴。不过，他们的烹饪本领让人大

（接上页注②）世袭首相，辅佐皇帝，后来佩什瓦成为帝国的实际统治者，领导帝国成为次大陆的霸主。再往后，佩什瓦自己也丧失了权威，成为马拉塔诸侯的傀儡君主。

1775 年，东印度公司干预佩什瓦的继承，引发第一次英国-马拉塔战争，马拉塔邦联获胜。包括威灵顿公爵在内的敌手都高度评价马拉塔军队的战斗力。第二次英国-马拉塔战争（1803~1805）和第三次英国-马拉塔战争（1805~1818）都是英国获胜，最后马拉塔邦联灭亡。

① 开普殖民地（Cape Colony）得名自好望角（Cape of Good Hope），最早由荷兰东印度公司于 1652 年在今天的南非和纳米比亚建立，1795 荷兰人在战争中把开普殖民地输给了英国，1802 年根据《亚眠条约》收回，1806 年布劳乌堡战役之后又输给了英国。从此开普殖民地是大英帝国的一部分，直到 1931 年南非独立。

跌眼镜。巴纳德写道：

> 他们的晚宴从炖牛脚跟开始，这是他们最喜欢的一道菜，与牛百叶和通心粉一起吃……但他们每上一道菜都会增加菜的尺寸和分量，最后一道菜是巨大的关节……［一个家庭］兴高采烈、热情好客地接待了我们所有人……其中一道菜是一个牛犊头，它和成年公牛的头一样大，咧着嘴。牛犊头被完整地煮熟之后，连着耳朵和一对英勇的幼角，一起上桌……它的牙齿比任何一个牙医做的都要完美……［这顿饭的最后是］一碗燕窝汤……乱七八糟，是我吃过的最臭气熏天的东西。

经受这次磨难之后，韦尔斯利回到巴纳德家时，除了说"我不会为了20英镑而错过看一眼我那位高尚的白牙朋友"之外，就非常有外交家风度地拒绝点评荷兰人的菜肴。[4]

安妮·巴纳德在她的日记和书信中详细记录了她为这位贵宾安排的娱乐和消遣活动。她列举了应邀与韦尔斯利勋爵共进晚餐的许多海军将领、法官和总督，邀请他们赴宴的荷兰市民，甚至还有"莫桑比克总督阁下，一个气度不凡、身材伟岸的葡萄牙人……［由］一个身高34英寸的黑人侏儒侍奉着"。这位总督试图用一根金头手杖贿赂韦尔斯利。但她从未提及的一个人物，却是韦尔斯利在好望角遇到的对他影响最大的人，那就是威廉·柯克帕特里克少校。

威廉·柯克帕特里克是詹姆斯·阿基利斯·柯克帕特里克的哥哥，在1798年只有四十四岁，但看上去比实际年龄苍老得多。仕途失意、婚姻不幸和多年病痛，都在他的脸上显现出来。托马

斯·希基①为他画的两幅精美肖像留存至今。第一幅肖像作于
1787 年，画中的威廉·柯克帕特里克看上去是一个笨拙但坚定的
人物，一只手拿着他刚刚在加尔各答建立的孤儿院的地契。他的
脸上有一种探究的、略带不确定和惶惑的表情，仿佛他在掂量看
画的人；他看起来也有点不耐烦，似乎他有比坐在那里被人画像
更重要的事情要做。第二幅肖像⁵与第一幅隔了十二年，作于 1799
年，也就是柯克帕特里克在好望角遇见韦尔斯利的一年之后。但
从画中人的变化来看，你可能会觉得过了三十年：第一幅画像中
的蓬乱头发已经从前额大幅后撤，新添了眼袋，人也瘦了很多；
他看起来很疲惫，也许还有点失意。只有上翘的鼻子、坚定的嘴
唇和略带不耐烦的神情与之前那幅肖像相似。

韦尔斯利在抵达好望角三周后写了一封信给身在伦敦的邓
达斯，这封信的内容几乎全部与威廉·柯克帕特里克有关。韦
尔斯利与柯克帕特里克的谈话不仅占了整整三十页的信笺，还
占了另外四十页的附件。信中详述了一个不仅是韦尔斯利和邓
达斯，而且是柯克帕特里克兄弟在未来几个月里最关心的问
题：法国在印度各邦日益增长的影响力。

韦尔斯利写道：

> 在您建议我抵达印度之后尽早考虑的那些问题当中，
> 您特别叮嘱我，必须以最高的警惕来面对土著王公几乎普
> 遍采用的制度，即聘请欧洲或美国军官来培养和训练土著
> 军队，模仿为英国效力的印度兵部队。

---

① 托马斯·希基（1741~1824）是爱尔兰画家，主要创作肖像，去过印度，创作
过蒂普苏丹家人的肖像。1792 年马戛尔尼勋爵率领使团访问乾隆皇帝统治下
的中国时，希基是使团的画家。无法确定他与威廉·希基有无亲戚关系。

　　我偶然在此地认识了柯克帕特里克少校，他不久前担任英国驻海德拉巴常驻代表，之前还担任过驻辛迪亚宫廷的常驻代表。他出于健康原因来到了好望角。我在这里逗留期间，努力从他那里搜集所有关于那些欧洲或美国军官以及他们在尼查姆麾下指挥的军队的信息。[6]

韦尔斯利请求威廉·柯克帕特里克以书面形式回答他关于海德拉巴的尼查姆雇用的法国雇佣军的一系列问题，尤其是"一个叫雷蒙的法国人指挥的一个营……一群斗志昂扬、勤奋而活跃的法国军人"。柯克帕特里克给出的答复让韦尔斯利印象深刻，所以他不仅将答复不做任何改动、直接发给邓达斯，还恳求柯克帕特里克放弃回国的计划，跟他一起去加尔各答，担任他的军事秘书。

威廉在印度遇到了严重的健康问题，尤其是严重的痛风和风湿病，给他的身体带来了巨大的痛苦。但当韦尔斯利向他提出上述建议时，他答应考虑一下，但前提是要在"离这里大约 70 英里的热矿泉浴场"治愈他的疾病。[7]他最终接受了韦尔斯利的慷慨提议。这不仅改变了他的职业生涯，而且改变了他留在海德拉巴担任代理常驻代表的那个人——他的弟弟詹姆斯的命运。

几年后，在威廉退休并回到英国之后，韦尔斯利回顾了那次在好望角的邂逅，并写道，他"毫不犹豫地宣布，我对

［威廉·柯克帕特里克］适时提供的信息感激不尽"，这些信息使总督能够在他任职的头两年取得显著的成功。他接着写道：

> 柯克帕特里克在东方语言方面的技巧，他对印度的风俗习惯和法律的熟悉，是我在这个国家遇到的任何人都无法比拟的。他对所有土著朝廷，对它们的政策、偏见和利益，以及对印度所有主要政治人物的全面了解，在公司的文武官员当中无人能敌……他的这些才干使我特别信任他。并没有人向我举荐或介绍他。[8]

韦尔斯利强调，柯克帕特里克的平步青云靠的是自己的才干，而不是靠出身或者贵人相助。但韦尔斯利恐怕也不知道，威廉走到今天这一步是多么不容易，他的出身是多么卑微。因为威廉·柯克帕特里克其实并不是詹姆斯·阿基利斯的亲哥哥，而是非婚生的同父异母哥哥。[①] 威廉出生于爱尔兰，母亲是布思太太，"著名的无政府主义者 C 先生的妹妹"，威廉的父亲曾与她有一段短暂的私情。威廉的两个合法的同父异母弟弟乔治和詹姆斯·阿基利斯在整个童年时期，完全不知道自己还有一个哥哥。

柯克帕特里克兄弟的父亲是马德拉斯骑兵团的詹姆斯·柯克帕特里克上校，人称"英俊上校"。这个绰号显然不仅是指他的英俊相貌和"深棕色眼睛"，也指他喧嚣混乱的爱情生

---

① 这在 18 世纪的英国不算稀罕，因为当时有多达三分之一的孩子是非婚生子。见 Peter Laslett（ed.），*Bastardy and its Comparative History*（London, 1980）。——原书注

活。布卢姆斯伯里①的女族长简·玛丽亚·斯特雷奇，也就是利顿·斯特雷奇②的母亲，嫁给了威廉·柯克帕特里克的外孙。为了给斯特雷奇家族编纂家谱，她花了很长时间来研究"英俊上校"的背景。她是维多利亚时代一位虔诚的女士，很喜欢在公众面前展示她的虔诚，③ 所以她对自己发现的东西并不完全满意。原来，"英俊上校"于 1730 年出生在南卡罗来纳查尔斯顿的一座种植园，他的家人在 1715 年詹姆斯党叛乱④失败后，从苏格兰邓弗里斯郡逃到了那里。更让斯特雷奇夫人警觉的是，上校的母亲"可能是个克里奥尔人⑤"。大约在 18 世纪中叶，这个家庭回到了英国，⑥ 在那里，"英俊上校"开始了斯特雷奇夫人描述的"充满冒险和居无定所的生

---

① 布卢姆斯伯里是伦敦中部的一个地区，17~18 世纪由贝德福德公爵开发成时尚住宅区，因为当地有大量花园广场、学府和医疗机构而出名。

② 贾尔斯·利顿·斯特雷奇（1880~1932）是英国作家和文学批评家，是"布卢姆斯伯里"文人团体的创始成员之一，代表作为《维多利亚女王时代名人传》。

③ 斯特雷奇家族有一幅精彩的肖像，他们排成一排在祈祷，女孩在一侧，男孩面向她们，按照年龄顺序排列。见 Elizabeth French Boyd, *Bloomsbury Heritage: Their Mothers and Their Aunts* (New York, 1976) 的封面。——原书注

④ 詹姆斯党是 17 世纪到 18 世纪上半叶的一个政治团体，目的是帮助 1688 年被废黜的英国国王詹姆斯二世及其后代（即斯图亚特王族）复辟。詹姆斯党的基地主要在苏格兰、爱尔兰和英格兰北部，他们发动了多次反对英国汉诺威王朝的武装叛乱。1715 年的詹姆斯党叛乱是由詹姆斯·弗朗西斯·爱德华·斯图亚特（1688~1766，詹姆斯二世的长子，绰号"老僭王"）在苏格兰和英格兰多个地点发动的武装叛乱，企图推翻汉诺威王朝、复辟斯图亚特王朝，但最终失败。

⑤ 克里奥尔人是指殖民时代的一些混血族群，如西班牙裔与非洲裔或印第安人的混血儿。

⑥ 柯克帕特里克一家从美洲回国后，似乎不再自认为是苏格兰人，而是定居在肯特郡，成为虔诚的英格兰圣公会教徒。——原书注

活"，不过他的胜利主要是在情场而不是战场。[9]

威廉·柯克帕特里克出生时，他的父亲还是一个二十四岁的单身汉；威廉在爱尔兰的一家寄宿学校长大，上校供养他，但在公开场合不承认他是自己的儿子。威廉只有四岁的时候，上校去了印度，加入了东印度公司的马德拉斯骑兵团，起初只是一名少尉。当威廉年龄足够大的时候，"英俊上校"为自己的私生子购买了东印度公司的军校学员资格；但父子在印度从未谋面，因为上校在印度的生涯只持续了八年，当威廉于1771年到达印度时，上校早已离开。

在返回英国之前，"英俊上校"在马德拉斯娶了凯瑟琳·门罗，她是马德拉斯新医院的创始人安德鲁·门罗医生的长女。门罗医生在马德拉斯管辖区是一个很有争议的人物。他对自己的"歇斯底里药剂"的疗效深信不疑，却以脾气暴躁、极其厌恶任何被他认为可能接近疑病症的东西而闻名。有一次，"十九名签约的［公司］雇员"对他的行为提出了正式的控诉；他们特别指出，当他们中的一个人想要一种药粉来治疗坏血病引起的严重的牙龈症状时，门罗写信给他的副手说："先生，那个放肆的家伙想要什么，你就给他，让他不要用那些胡言乱语来烦我。"[10]

同时期的一份关于门罗医生所在医院的记录表明，医生们对医院管理的态度也反映了门罗那种莫名其妙的态度："管辖区医院当前的管理之差，真是闻所未闻。"一位来访的外科医生写道：

我在这家医院的短暂任职期间，经常发现有两三个人躺在病床上，烂醉如泥。我还听说，其他不归我管的病人

也有类似情况。病人经常和保安队长结伴而行，到黑城
[马德拉斯的印度人居住区] 去，在那里他们一般会待上
大半夜，胡作非为。这种现象并不罕见。于是，医院在夜
间就成了暴乱现场，而医院的阴凉处和其他无人的地方则
是白天赌博和拳击的场所。[11]

　　虽然出了这些糟心事，但"英俊上校"和门罗的美丽女
儿的婚姻显然是充满激情的，在两年内，凯瑟琳给上校生了两
个儿子，乔治出生于 1763 年 7 月 15 日，詹姆斯·阿基利斯出
生于十三个月后的 1764 年 8 月 22 日。兄弟俩都在马德拉斯的
圣马利亚教堂受洗，凯瑟琳和上校就是在那里结婚的。但在詹
姆斯·阿基利斯十八个月大的时候，他的母亲突发热病，尽管
得到了她父亲的医治（或许恰恰是因为他的医治），还是去世
了，年仅二十二岁。我们推测，詹姆斯和乔治一定是由印度保
姆照看的，直到他们的父亲于三年后返回英国。"英俊上校"
从来不会错过风流的机会，他在回国的船上与一位名叫佩雷
恩①的太太发生了短暂的私情，又有了一个私生子，这一次是
个女儿。佩雷恩太太的丈夫是一名为阿尔果德②的纳瓦布效力
的葡萄牙犹太雇佣兵。[12]

　　对于詹姆斯和乔治在英国度过的童年，没有相关文献记
载。当他们的父亲再次启程前往东方，这次是去担任苏门答腊
的马尔伯勒堡指挥官时，我们只知道兄弟俩曾被短暂地送到伊
顿公学，在那里，他们一定是理查德·韦尔斯利的低年级校

---

① 史料中给出的名字是 Perrein，但这肯定是常见的印度 - 葡萄牙姓氏
　Perreira 的讹误形式。——原书注
② 阿尔果德在今天印度东南部的泰米尔纳德邦。

友。他们的学业是在法国的"多家学校"①完成的。在放假期间，他们与祖父一起在肯特郡布罗姆利附近的冬青谷生活。祖父此时已经卖掉了卡罗来纳的种植园，放弃了对詹姆斯党的同情，开始写书，但他的作家生涯起步太晚，而且不太成功：他的政治作品被认为"非常枯燥",[13]而他最著名的作品是一本名为《尸体腐败》的薄薄的医学研究著作。詹姆斯在欧洲待了仅仅十一年，就于1779年3月，也就是在他十五岁时，回到了他的出生地印度。就像之前对威廉的安排一样，"英俊上校"为詹姆斯争取到了东印度公司在马德拉斯的军校的学员资格。

现在威廉和詹姆斯都在马德拉斯，迟早会相遇。斯特雷奇夫人手里有"英俊上校"的日记和信册（现在都散佚了），我们从中可以了解同父异母的兄弟俩是如何相遇的。她在给一位亲戚的信中谈到了她的发现：

　　当詹姆斯·阿基利斯去了印度，并准备去威廉所在的地区时，他们的父亲写信给詹姆斯，希望他结识一位同姓的年轻绅士，并以这位绅士为榜样。不久之后，上校在给詹姆斯·阿基利斯的信中说，威廉是"你的哥哥"。在后来的一封信里，上校责备詹姆斯·阿基利斯对他非婚生的哥哥不管不顾，并深入探讨了这个问题。上校说，在他看来，父母对其婚生子女和私生子女的责任没有区别；他认为詹姆斯会同意他的观点，即在他们都知道的一个例子

---

① 原文为seminary，该词在这个时代不一定指神学院，因为柯克帕特里克一家是英国圣公会教徒，不是罗马天主教徒，所以这个词极不可能指的是神学院。它更有可能指的仅仅是"寄宿学校"。——原书注

中，私生子在能力和成就上胜过了合法的儿子。[14]

　　兄弟俩第一次见面的时间似乎是在 1784 年或 1785 年。尽管他们的年龄相差十岁，而且见面肯定让双方都感到怪怪的，但这对同父异母的兄弟立即变得亲密无间。从他们往往感人肺腑的书信的语调来看，这种关系似乎给两人都提供了急需的情感支撑。威廉年长，但似乎更脆弱、更缺乏安全感。考虑到他童年缺爱和受到严格管束，这也许并不奇怪。

　　从威廉在 18 世纪 70 年代和 80 年代写给挚友约翰·肯纳韦的信中，我们对威廉能有一个深刻的印象：一个孤独而忧郁的少年，在印度茕茕孑立，囊中羞涩，没有靠山，也没有金主。[15]肯纳韦是文法学校的毕业生，父亲是埃克塞特市的商人。1772年，肯纳韦和弟弟都从他们在东印度公司的表兄理查德·波尔克那里获得了军校学员的资格，于是一起来到印度。兄弟俩在抵达时，因为船在恒河河口失事而险些丧命，他们"向黑斯廷斯总督报到时，除了身上的衣服，一无所有"。[16]尽管出师不利，但肯纳韦兄弟的人脉很广，约翰很快就在争夺晋升机会的竞争中胜过了比他大一岁的威廉·柯克帕特里克。不过，这并不妨碍他们的友谊，威廉写给肯纳韦的信出人意料地真挚。

　　在 1774 年 1 月 18 日的一封信（这是他们的存世通信当中最早的一封）中，柯克帕特里克热情洋溢地写道，很高兴看到"你向我证明了你的感情……我向你保证，我思念你的程度，就像我的挚友思念我一样"。一年后，他的语气更加感情洋溢："你太了解你自己和我了，所以你不会怀疑我对你的感情的真挚。"到了 1777 年，语气已接近浪漫。"我很沉闷、愚蠢和忧郁，"痛苦的柯克帕特里克写道，"一句话，我的精神萎靡不振……［而且］自从我离开你之后，我就一直萎靡不振。我现在仍然萎靡不振，还将继续委顿下去。"柯克帕特里克提到了"自从我和你分开后，我遭受的所有折磨"，以及肯纳韦的离去如何夺走了"我应得的幸福"。

柯克帕特里克终于在一封仅仅标为"12月12日"的信中向肯纳韦告白。他们发生了争执，柯克帕特里克熬夜给朋友写信，试图解释自己的感情。

　　我亲爱的杰克，

　　昨晚你还没走两分钟，我就想再见到你。我以为我有一百件事情要告诉你，而你和我在一起的时候，我却一件都没想起来。说实话，你离开我时，我喜忧参半：因为虽然我们相互之间重新做出的友谊的保证让我感到了最大的快乐，但你的匆匆离去，却使这种快乐大打折扣。啊，我亲爱的朋友！如果你了解我的性格，你就不会在没有彻底相信我的宽宏大量的性格之前，让我遭受一整夜的辗转反侧。

　　我有一颗心，它虽然能够产生最温柔的感情，却不能默默地忍受主人的丝毫轻视或冷漠。你，我亲爱的杰克，就是它的主人。当你像一个真诚而深情的朋友一样统治它时，它在任何情况下都会顺从你的意愿。

　　因此，我坦诚地把我的想法告诉了你，真正的感情都是如此坦诚的。

　　再见，我亲爱的杰克。

W. 柯克帕特里克
星期一晚上

我们不知道该如何解读这些令人心碎的信，因为就在威廉写这些信的同时，他正与印度女子杜劳莉·比比同居，与她生了两个混血孩子。尽管威廉后来与英国女子玛丽亚·波森结婚，相伴十二年之久，但他与杜劳莉的关系一直维持到他生命的末尾。没有证据表明柯克帕特里克与肯纳韦有任何形式的肉体关系。少年之间的浪漫友谊完全可能是柏拉图式的，这种可能性甚至很大。但与此同时，威廉也有可能是双性恋者，他的忧郁有可能部分源自一种受压抑的、无比纠结的、得不到肉体释放的对男性的爱慕。①

在印度生活了十三年之后，威廉于 1784 年回英国看病和休养。他把自己的两个混血孩子，罗伯特和塞西莉亚，也带回了英国，他们当时分别是七岁和四岁。威廉把儿女交给"英俊上校"照顾。上校最近从苏门答腊退休，回到冬青谷，詹姆斯和乔治就是在那里长大的，但威廉显然从未到过冬青谷。虽然父亲同意收留孩子们，但父子之间的见面并不愉快。"我看到我的父亲和所有亲戚都很健康，"威廉从伦敦写信给肯纳韦，"但我很不高兴，因为我发现父亲的思想状态不利于他自己的幸福，也不利于我的幸福。各种失意和他不应得的各种人生变故，已经塑造了他的性格，所以单是这个考虑就会使我在

---

① 威廉给人的印象肯定是一个感情脆弱、茕茕孑立、渴求温暖的男人，他经常清楚地描述自己不时经历的抑郁。他在 1779 年 6 月 13 日给肯纳韦的信中写道："我很想描述那种阴影，或冷静的忧伤，或悲痛。有时在气氛中能够观察到它，有时从一个人的言辞或书写中能够观察到……杰克，我有过一千次这样的感受，当我心情低落时，我几乎对周围的一切都看不见、听不着，完全沉浸于我的痛苦思索中，也许这时我的言辞和论断会非常夸张，以至于……引起一个愚笨而癫狂的家伙的责备。"Kennaway Papers, Devon Records Office, Exeter, B961M ADD/F2, William Kirkpatrick to Kennaway, 13 June 1779. ——原书注

这个国家的生活变得非常不愉快。我希望尽快返回印度。"

与探望父亲的不愉快形成鲜明对比的是，威廉在埃克塞特与肯纳韦的家人一见如故，共度了一个月的快乐时光。他写信给肯纳韦，说"等到再次有幸与我亲爱的杰克相拥的幸福时刻，再讲述我这次拜访的经过，以及我对这个家庭的描述。现在只需告诉你，我在他们当中度过了将近一个月的时间，十分惬意。除了你亲身到来，没有什么能让我更满意了"。不过，这次英国之行使威廉清楚地看到了他的生活受到的种种约束。在印度，他的才干和官职逐渐给他带来了地位和尊重；但在英国，他谁也不是，只是个风流成性的在印度发迹的富豪的私生子，而且不被自己的父亲承认。更重要的是，威廉手头拮据。他在印度结交的朋友的阶级和经济阶层与他不同。拜访肯纳韦家后，他突然意识到，除非他发财致富，否则不可能再回英国了。在给肯纳韦的信中，他试图向朋友解释他的感受：

　　……我无法形容我对返回印度是多么迫不及待。如果我有恰当的经济条件的话，我在英国也能过上令我满意的生活。但既然我没有那样的经济条件，那么对从印度归来的我来说，英国非但不是天堂，而且一定是地狱。在英国，我有几个朋友（朋友是生活中唯一的实质性的慰藉和福气），我非常爱他们，也非常尊敬他们。但如果我在英国再多待一年，我就不得不从他们的身旁消失：因为他们很富有，一文不名的我如何能接近他们，如何能与他们交往？因此，这种局面是令人不快的，是痛苦的，是无法表达的。因此，我将尽早返回印度，在那里度过我的余生，除非通过获得一笔财富（顺便说一句，这对我来说几乎是不可能的），我能够避免与我所爱的人断绝往来。[17]

威廉的书信无一例外写得非常雅致和优美，用了许多古典文学和东方文学的典故，特别是经常与肯纳韦探讨波斯文学、哈菲兹①作品的不同译本和《列王纪》的美妙。他努力提升自己的波斯语、孟加拉语和印度斯坦语水平。但在所有书信中，尽管他表现出渊博的东方学知识，却没有什么明显的印度情怀。②

其实，在某些地方，威廉·柯克帕特里克已经因为对印度人的傲慢而闻名。热爱印度的威廉·帕尔默将军（曾任沃伦·黑斯廷斯的军事秘书，时任勒克瑙常驻代表）在 1786 年 11 月听说威廉·柯克帕特里克被任命为英国驻马拉塔领袖马

---

① 哈菲兹（1315~1390），本名沙姆斯丁·穆罕默德，是最有名的波斯抒情诗人，被誉为"诗人的诗人"。哈菲兹为其笔名，意为"能背诵《古兰经》者"。他还有许多其他称号，如"神舌""天意表达者""设拉子夜莺"等。他歌颂爱情与美酒，也讽刺宗教伪善。据统计，他的诗集在伊朗的发行量仅次于《古兰经》。他的很多诗句是波斯语世界家喻户晓的名言。在伊朗，10 月 12 日为哈菲兹日。他的代表作有《诗颂集》。哈菲兹的作品不仅在波斯文学史上有重要地位，对欧洲文学也有很大影响。18 世纪德意志最伟大的诗人——歌德受哈菲兹的诗集启发，创作了《西东合集》。

② 对威廉来说，懂多门外语似乎只是一种有价值的工具，会帮助他飞黄腾达：1779 年，他被提升为孟加拉军团总司令的波斯语译员；1781 年，也就是他来到印度仅仅十年后，他晋升为上尉。他越来越多地运用自己的语言技能来搜集情报，仔细地整理和分析来自印度不同朝廷的波斯语新闻通讯，并与乔治·切里（东印度公司最资深的情报军官）那样的人建立联系。后来，这样的人脉对柯克帕特里克兄弟的仕途来说至关重要。但威廉对东方学识的态度是非常务实的，完全没有当时很多人（特别是他的同父异母弟弟詹姆斯）在书信中表现出的对印度的喜爱、惊奇或欣赏。——原书注

哈吉·辛迪亚①宫廷的常驻代表时，感到非常震惊。帕尔默写道："我对柯克帕特里克寻求这个职位感到惊讶，因为他对印度有强烈的偏见。"18

正如帕尔默将军预料的那样，威廉·柯克帕特里克在辛迪亚宫廷担任常驻代表的经历并不顺利，原因也和帕尔默预料的一样。柯克帕特里克的童年遭遇使他对任何可能出现的轻视都特别敏感。威廉获得这个职位的消息公开之后，当时的常驻代表詹姆斯·安德森写信提醒威廉，马拉塔人的印度教徒农民习俗与威廉惯于与之打交道的穆斯林莫卧儿人的彬彬有礼的风俗截然不同。

在我住在这个营地的早期，我不禁想，辛迪亚有时会对我有轻微的忽视和冷落。但经验告诉我，这其实是因为马拉塔人的风俗与我习惯的穆斯林习俗不同……［辛迪亚］似乎对细枝末节的关注有所欠缺，例如，他不会像更礼貌的穆斯林那样频繁地写信嘘寒问暖，并做出其他一些细微的礼貌举动……19

不过，威廉把这个提醒当作耳旁风。威廉在抵达德里（当时辛迪亚在那里扎营）不到一个月之后，就向总督康沃利斯勋

① 马哈吉·辛迪亚（1730~1794）是瓜廖尔的辛迪亚王朝的统治者。1761年的第三次帕尼帕特战役中马拉塔帝国败给阿富汗之后，帝国严重衰退，而马哈吉·辛迪亚是帮助帝国中兴的主要人物之一。他成为佩什瓦的心腹，并领导辛迪亚王朝成为马拉塔帝国的首要势力和军事强国。他还帮助莫卧儿皇帝复辟，使其成为马拉塔帝国的附庸。第一次英国-马拉塔战争中，马哈吉·辛迪亚是打败英国的主要军事家。为他立传的英国人说他是18世纪南亚第一伟人。

爵抱怨说，辛迪亚和他的宫廷人员粗鲁无礼、粗枝大叶："他的总体目标〔是让〕英国常驻代表在他的宫廷受到种种羞辱。"辛迪亚则向加尔各答方面正式抱怨了威廉的傲慢自负。

康沃利斯当时正计划对蒂普苏丹用兵，所以不希望看到公司和马拉塔人之间爆发任何形式的敌对行动。相反，他希望与马拉塔人缔结某种防御性的联盟。于是，康沃利斯给威廉回信说，"听到你和辛迪亚之间关系冷淡，感到极为遗憾"，并指示威廉与马拉塔宫廷维持"友好和融洽的关系"。在信的结尾，康沃利斯更坦率地表明了自己的立场："你是个明智的人，肯定会立刻理解我这封信的内容和意图。我希望避免与辛迪亚公开决裂，因此，如果他出于任何动机，继续像你说的那样怠慢和冷落你……你必须尽可能地把它们仅仅当作私人冒犯来对待。"[20]

这封信的表达再清楚不过了，但已经太迟了。1787 年 1 月 24 日，冲突爆发了。威廉的一名印度卫兵去亚穆纳河游泳，在那里遇到了一个洗衣工。洗衣工正在河坛上洗辛迪亚的女婿的衣服。洗衣工是贱民，所以卫兵要求对方在他游泳的时候离开。洗衣工拒绝离开。印度兵立刻攻击他，用棍棒打他的头。一支马拉塔部队恰好路过，出手支援洗衣工，把那个印度兵打成重伤。冲突随之升级，到了下午，双方都有几名士兵受了重伤，威廉为了自己的安全，不得不离开他的住处（在旧德里一座半壁倾颓的宫殿）。他在城外 6 英里处的萨夫达尔·忠格①墓园设立了临时营地，要求辛迪亚逮捕罪犯，并正式道歉。但对方没有任何回应。

---

① 萨夫达尔·忠格（约 1708~1754）是莫卧儿帝国衰退时期的重要人物，继承他的舅舅（同时也是岳父）萨阿达特·汗的地位，成为奥德的第二代纳瓦布，也是帝国的维齐尔。后来的历代奥德统治者都是他的后裔。

在持续了十个月的僵局之后，威廉于 10 月写信给肯纳韦："我发现，如果不采取某些与康沃利斯勋爵认为必要的政策相抵触的措施，我就不可能与辛迪亚和睦相处，所以我决定辞去目前的职务。"他试探性地递交了辞呈，然后惊讶地发现总督立即批准了。当他离开自己的旧住地、向加尔各答进发时，他的惊讶变成了惊恐，因为他越来越清楚地发现，康沃利斯认为，与一个强大邻国的关系发生了毫无必要的破裂，这完全是威廉的错，而不能归咎于辛迪亚。

一年后，柯克帕特里克仍然没有得到新的任命，而他开始深刻地认识到，自己的事业遭受了多么严重的灾难。当肯纳韦被任命为海德拉巴常驻代表时，威廉写信向他表示祝贺，并补充说："我如今所处的可耻而屈辱的境地，一定会毁了我的声誉和人生。"[21]

在海德拉巴新官上任的肯纳韦满怀同情地回复了他。但肯纳韦向自己的兄弟威廉坦言，他认为柯克帕特里克的行为（辞职）虽然体面，却等同于自杀。肯纳韦在 1788 年 12 月写道：

> 柯克在这个国家的前景现在非常不乐观，他辞去的职务与我现在的职务类似，但更有利可图。这么好的位置，他却自己放弃了。他为了自己的呆板原则牺牲了自己的利益，放弃了在四五年内一定能达成的财务自由［即有足够的资本让他靠着利息退休并回英国］……如果我处于单身和没有家庭负担的情况下，我肯定不会像他那么做。也许我不那么做是错误的，但我认为，我可以在不牺牲自己利益的前提下保全自己的品格。[22]

更糟糕的是，威廉·柯克帕特里克此时远非"单身和没有家庭负担"。三年前，在 1785 年 9 月 26 日，也就是在他从英国回到印度仅仅几个月后，经过短暂的求爱，他与玛丽亚·波森结婚了，斯特雷奇夫人说她"出身于约克郡的士绅阶层"。罗姆尼①为玛丽亚所画的肖像显示，她是一个漂亮、性感的女人，有饱满的嘴唇、红色的长发和聪明知性的神情。她和柯克帕特里克很快就在四年里生了四个孩子。但他们的婚姻并不幸福。

玛丽亚起初陪同丈夫去了辛迪亚的德里营地，但很快就去了阿格拉。在那里，她试图与莫卧儿宫廷拉关系，希望获得在泰姬冈吉（就在泰姬陵隔壁）居住的许可，但没有成功。当她的请求被正式驳回后，她对这种羞辱性的拒绝感到愤怒，于是带着婴儿去了加尔各答。柯克帕特里克被迫向康沃利斯的副手（也是最终的继任者）约翰·肖尔②表示，"通过个人的争论和坚持，我也许能让她同意（返回）"，但他不敢打包票。他随后承诺，"我应该注意不要出现任何令人尴尬的情况"，这句话或许在暗示，他和妻子经常这样公开吵架。[23] 到 1788 年底，双方决定让玛丽亚带着孩子们返回英国，在巴斯定居。

这段婚姻仍在勉强维系，威廉在九年间继续给妻子写温情脉脉的书信，但她的回信越来越短，越来越敷衍。到了 1794 年，威廉抱怨玛丽亚的信"完全不认真……写得匆忙、潦草，

---

① 乔治·罗姆尼（1734~1802）是英国著名肖像画家，是当时英国最时髦的艺术家，为上流社会很多名人画像。

② 对肖尔岗位的正式描述是"加尔各答参议会的资深成员和主持者"，直到他正式接替康沃利斯勋爵成为孟加拉总督。1792 年，他被册封为从男爵，于是被称为约翰·肖尔爵士。1798 年，他被册封为廷茅斯勋爵。——原书注

字迹经常难以辨认，非常不准确，最糟糕的是（在涉及丈夫和父亲的感情方面）极度缺乏那些你很容易提供的细节，而我自然希望得知那样的细节。因此，我恳求你，我亲爱的姑娘，请停止这种匆匆忙忙与我通信的方式，并记住，你不是通过普通的邮递，而是通过一种难得的运输工具，写信给距离你千里之遥的丈夫"。[24]次年，玛丽亚完全不再回复他的信。到了1797年，由于玛丽亚的"不当行为"，双方同意合法分居。[25]四个女儿被送到"英俊上校"家和堂亲们一起生活。没有任何证据表明威廉和玛丽亚再见过面。威廉的外孙辈都被告知，玛丽亚在最小的孩子出生后就去世了。在威廉去世后，他们惊奇地发现他的遗嘱里有一份财产留给玛丽亚，而她也接受了这份遗赠。[26]很讽刺的是，她居然生活在印度，而且显然有了新的情人。

从1787年到1792年，在玛丽亚定居巴斯的五年里，威廉·柯克帕特里克的事业一直徘徊不前，他不定期地给肯纳韦写信，解释说他没有多动笔，是因为"我失望透顶，所以无法处理其他的话题。既然你不能给我解脱，我决心不给你痛苦"。[27]郁郁寡欢的他，又回到了薪水很低的骑兵团去工作。

不过，在1792年，威廉的语言天赋给他带来了第二次突破，他奉命领导一个去尼泊尔的外交使团。他穿越了喜马拉雅山以前未有欧洲人探索过的区域，是第一个到达纳雅科特的欧洲人，当时尼泊尔的王公在那里主持宫廷。虽然这次出使没有取得任何外交成果，却被认为是进入新领域的一次重要尝试。威廉后来出版了一本关于他这趟旅行的书——《尼泊尔王国简述》，该书受到广泛好评。此外，这次远行使他与康沃利斯达成和解。康沃利斯公开赞扬威廉："没有人能够比他更稳妥、更谨慎、更小心翼翼地完成任务。"[28]

这次远征使柯克帕特里克重新得到了上峰的青睐。1793 年 3 月，他给在英国的玛丽亚写了一封语气激动的信，透露"我的朋友肯纳韦"因健康状况不佳将于 12 月退休，而如果"我的朋友肖尔先生"被任命为总督、接替康沃利斯的话（看起来很有可能），"毫无疑问，我将接过〔肯纳韦〕在海德拉巴的常驻代表职务。上帝保佑你，我最亲爱的姑娘。我不可以说更多了"。[29]到了 11 月，两项任命都通过了，柯克帕特里克写信到巴斯，说他的前景突然发生了巨大的变化。他现在的收入非常可观，"我希望通过适当的节约，在几年内获得财务自由"。现在他有条件给女儿们提供"私校教育"了。

在信的末尾，他说自己将于下周从加尔各答出发，从陆路沿印度东海岸南下，"我弟弟詹姆斯指挥的地方就在我去海德拉巴的路上。我希望他能和我一起去那里，约翰·肯纳韦爵士已经在那里为他争取到一个职位……以他的才能，加上他迟早有机会在我手下获得助理的职位，他在外交领域会有极大的优势。我强烈建议他接受这个提议"。[30]

1793 年，詹姆斯·阿基利斯·柯克帕特里克乍看上去与他那饱受折磨、性格复杂的同父异母兄长截然不同。詹姆斯为人随和，慷慨大方，擅长交际，遗传了父亲的英俊容貌，也遗传了母亲非常白皙的肤色。他有饱满的嘴唇、炯炯有神的蓝眼睛和一头稻草色的头发。他颇有花花公子习气地把头发从前额往后梳，头发留得也比当时男人们通常的头发更长。他的同时代人认为他身材魁梧、匀称，而且英俊异常。但他性情敏感，和兄长一样，觉得自己需要不断地得到安抚。他的信中洋溢着对通信者的感情，有时读起来仿佛在呼唤对方报之以同样热情的爱。

到二十九岁时，詹姆斯已经在公司的马德拉斯军团待了十四年，但他的军旅生涯乏善可陈。不过他和威廉一样有语言天赋，除了完全掌握波斯语和印度斯坦语外，他似乎还能相当流利地讲印度南方的语言，特别是泰米尔语和泰卢固语。詹姆斯在母亲去世后很可能是由印度保姆抚养长大的，所以他对多种印度语言的掌握很可能可以追溯到他的马德拉斯童年时期。经常有报道说，这一时期的许多英国儿童把保姆说的印度斯坦语（或者就詹姆斯的情况而言，大概是泰米尔语）当作他们的第一语言，这让他们的父母大吃一惊。

和威廉一样，正是这种语言天赋，后来成为詹姆斯摆脱艰苦沉闷的军旅生涯的捷径。不过，威廉虽然对东方有渊博知识，对印度却抱有傲慢的"约翰牛"态度；而詹姆斯从一开始就对这个生养他的国家有更多的感情。在1792年提交给《马德拉斯信使报》的匿名自传片段中，他将自己描述为"一名精通波斯语和印度斯坦语的军官，并熟悉讲这些语言的民族的风俗习惯，因此对他们产生了一定程度的好感"。[31]

这种"好感"的一个方面，是他与一名印度女子的关系。他与这名女子生活了多年，和她生了一个儿子。1791年，詹姆斯在一年的病假期间将这个男孩带回了英国，此后，这个孩子加入了由"英俊上校"在肯特郡主持的由婚生子女和非婚生子女组成的多民族家庭，这无疑令他的乡下邻居越来越困惑不解。

除了对印度人的"偏爱"外，詹姆斯对印度之美也有一种强烈的审美感受，这在他的书信中显而易见。他在信中一再赞美他经过的地方的旖旎风光。在 1792 年 2 月回到德干高原后不久，他给家里写信："整个乡间苍翠欲滴，令人心旷神怡……你几乎可以在一天中的任何时候不戴帽子在阳光下行走，而不会感到不适。"他特别欣赏班加罗尔①附近蒂普苏丹的莫卧儿风格园林。"我很喜欢它们……布置得很有品位和设计感，构成林荫大道的众多柏树是我见过的最高、最漂亮的树。"

一个月后，当他所在的团在第三次迈索尔战争期间参加围攻蒂普苏丹的岛屿都城塞林伽巴丹时，尽管欧洲官兵"伤亡惨重"，并且"成千上万的腐尸覆盖了都城周边方圆 20 英里的每一寸地面，臭不可闻"，但詹姆斯还是能够欣赏他正在参加攻打的这座城市的惊人美丽："此处岛上和城外的宫殿和花园，无论是规模、品位还是观感都远远超过班加罗尔，而且据说它们与城内的主要宫殿和花园还相差甚远。从我们的战壕可以看到城内的宫殿，考虑到它远远高于城墙和城垛，它的高度一定和它的面积一样可观。"

他在前一天看到了蒂普苏丹壮丽的莫卧儿风格花园，即"光彩夺目的红园（Lall Baug）"。他在给父亲的信中写道："呜呼！它也成了战争的牺牲品。"宫殿被当作战地医院，美丽的花园"被拆掉，以获取攻城所需的材料。雄壮威严的成排柏树一瞬间就被砍倒；橙树、苹果树、檀木，甚至香气扑鼻

---

① 班加罗尔是今天印度南部德干高原上卡纳塔克邦的首府，为全国第三大城市。

的玫瑰和茉莉也逃不过毁灭的命运。在我们的炮兵阵地上可以看见玫瑰枝做成的柴捆，用茉莉枝捆扎，警戒线是檀香木组成的。工兵们浑身香气……"

他甚至躲过了敌人的炮弹，去参观蒂普苏丹的父亲海德尔·阿里的新陵墓。他非常欣赏这座陵墓，不过认为它"在各方面都不如阿格拉的泰姬陵"。有意思的是，他补充道："我在此附上我从海德尔的墓碑上捡到的一些灰泥。据说它是用麦加的泥土制成的，也就是所谓的'先知圣墓的尘土'，因此它一定具有许多罕见的、价值不可估量的神奇功用。"[32]如果是别人写下了这句话，那么大家或许会觉得他在挖苦；但从上下文来看，詹姆斯显然是非常认真的，尽管"先知圣墓的尘土"对于"英俊上校"来说无疑是一件奇怪的礼物。他在整个职业生涯中对宗教几乎没有表现出任何兴趣，更不用说对伊斯兰圣物有兴趣了。

在审美和情感上，詹姆斯的书信表现出对印度的挚爱，这种挚爱在他的一生中都是恒久不变的。但他的政治立场在这个时期还没有清晰地成形。他后来会将东印度公司视为印度政治中不可信任的侵略力量。但在18世纪90年代初，他仍然赞同英国人的传统观点，即倾向于将印度统治者视为"娘娘腔"和"奢侈"的暴君，他们"乱七八糟的暴政"削弱了国家的实力，阻碍了社会进步。英国人认为这与东印度公司形成了鲜明的对比，因为东印度公司在"不屈不挠、斗志昂扬"的军队的保护下，将西方的风俗引入印度。大多数在印度的英国人认为这毋庸置疑地给南亚次大陆带来了莫大的福祉。

詹姆斯在这个时期的家信中写到蒂普苏丹的"无限野心和极端残忍"，但即使在这个早期阶段，詹姆斯在同胞当中也是不寻常的，因为他在迈索尔苏丹身上看到了许多值得钦佩的品质。他写道："蒂普苏丹在军营出生和长大，在一位大师[即他的父亲海德尔·阿里]的指导下学习兵法，拥有军人特有的英勇和坚韧，而他在战场上的成就足以证明他父亲的教导相当英明。"英国人遭遇的多次挫折和失败充分证明了蒂普苏丹的"军事才华。即便他热爱和平，或者精通和平的艺术，他也没有机会去追求和平……他的整个统治时期一直处于备战或实际战争的状态"。此外，蒂普苏丹的勇敢和抵抗精神也令詹姆斯惊愕。尽管东印度公司成功地发动了反击，但没有证据表明蒂普苏丹的"斗志动摇了，或者他的毅力减弱了"。虽然现在有四支军队正在向他推进，但"据我所知，他还没有投降的意思"。[33]

相比之下，詹姆斯的哥哥威廉对蒂普苏丹的看法就非常简单粗暴了：彻头彻尾的怪物，"东方专制主义"的最恶劣化身。在威廉看来，蒂普苏丹是"残酷无情的敌人""不宽容的偏执狂""狂暴的宗教狂人""压迫成性的、不义的统治者……嗜血的暴君，谈判时背信弃义的人"，更重要的是，他是一个"卑鄙而精于算计的人"。[34]在这些对印度统治截然不同的看法中，潜藏着两兄弟未来许多分歧的种子。

詹姆斯在血腥的第三次迈索尔战争中毫发未伤，却在三个月后，躺在床上被自己的勤务兵打成重伤。一天早上，他在行军床上醒来，发现那个"莫卧儿血统"的勤务兵正从他的行李箱里偷东西。勤务兵冲了出去，不久后又带着詹姆斯的两把剑再次闯进来。詹姆斯为《马德拉斯信使报》写了一份匿名的第三人称记述：

……当他 [詹姆斯] 从床上爬起来时，手无寸铁，几乎赤身裸体……两次致命的打击被他的双手挡住了，虽然伤口很深，但他此时手里恰好紧紧攥着一封信，稍微阻挡了劈砍，所以免于被砍断双手。他被打残了，无力再反抗，唯一的办法是逃跑。在逃跑过程中，凶手又凶狠地砍了他两剑，他当场倒地。嗜血和贪得无厌的歹徒认为他已经死了，于是转身寻找更多的受害者，但没有发现任何人。他无疑相信自己的罪恶不可能得到宽恕，于是拔出匕首，在绝望的疯狂之中，连续捅了自己胸口八次。[35]

这次袭击震动了詹姆斯，促使他从根本上检讨了自己在印度的生活。在疗养期间，他写信给"英俊上校"，对自己在服役十四年后的处境进行了评估。他并不乐观。他写道："此时此刻，我的晋升前景和我登船来印度时一样渺茫。如今在步兵军官名册上，有一百名中尉的名字排在我前面 [他们都会在他之前获得晋升]。如果继续保持目前的状态，我每年的进展都不可能很大，这样的话，还要再过漫长的十年，我才能获得上尉军衔。也就是说，要服役（或者说是做牛做马）二十三年之后。"[36]而他那位才华横溢的兄长在印度只待了十年就成功晋升为上尉。

詹姆斯在本次战争开始时曾收到一些推荐信，但它们似乎没有产生丝毫效果。他把信交给了陆军将领威廉·梅多斯爵士，但"这位小个子将军正忙于攻打堡垒和其他战事，没有确认收到信，所以我不知道有无可能从这些推荐信里得到什么好处"。"富乐顿上校写给他的亲戚麦克斯韦上校的 [推荐詹姆斯的] 信，[詹姆斯] 还没有用，据说麦克斯韦上校是康沃利斯勋爵身边的红人。"但总的来说，詹姆斯承认，他的前景并不乐观，他恳求父亲发挥影响力，设法改善他的命运。[37]他突然想念起家里的舒适和便利的设施，所以还请求上校给他寄"几打维尔诺蔬菜糖浆①，在来印度的途中，我发现它的功效极佳。在长期的战役期间，由于缺乏蔬菜，我的坏血病又犯了"。

仅仅四个月后，就在他最意想不到的时候，有人施加了影响，去提携詹姆斯；而且这是一位出乎意料的恩人，詹姆斯完全没有想到过拜托他。7 月，他哥哥的朋友，新晋爵位的约翰·肯纳韦爵士，突然从海德拉巴写信给他，邀请他留下来，并表示愿意尽其所能帮助他。在詹姆斯的请求下，肯纳韦与詹姆斯的上级交涉，在 8 月为他争取到了远在维济亚讷格勒姆的要塞指挥官职位。该要塞位于重要的东海岸港口维沙卡帕特南东北 30 英里的部落领地。[38]即便在今天，维济亚讷格勒姆也是一个偏远而贫穷的地方，周围是荒凉的山丘和零星分散的部落据点。在 18 世纪末，这里更是交通不便、远离中心。但至少这是一个指挥官职位，是一个开始。

然后，就在詹姆斯被任命为维济亚讷格勒姆指挥官的三个月后，威廉从加尔各答写信给他，分享了自己被任命为海德拉巴常驻代表的消息。他邀请弟弟到他身边工作，劝他考虑一下这个提议，等他们见面时再谈。威廉从孟加拉出发，将在六周后经过维沙卡帕特南。

威廉沿着东海岸南下的旅程十分缓慢。走海路最快，风向有利的时候十天就能到默苏利珀德姆港，然后沿着戈尔康达古

---

① 维尔诺蔬菜糖浆（Velnos' Vegetable Syrup）是当时一种以植物为原料制作的糖浆，传说具有神奇功效，常用于治疗性病和坏血病。

道走一周就能到海德拉巴。但因为有以毛里求斯为基地的法国私掠海盗袭扰这一段海岸,所以他不能走海路。[39]于是他只好骑着骆驼或大象,沿着东高止山脉的山脊,在山峰和柚木林与孟加拉湾的碧蓝小海湾之间缓慢行进。兄弟俩在科罗曼德尔海岸[①]北端的维沙卡帕特南相遇。[②]

那是一个温暖的平安夜,詹姆斯几乎无须劝说就放弃了驻军指挥官的职位,投奔威廉。当夜,遵照詹姆斯的建议,兄弟俩以威廉的名义起草了一封给詹姆斯上级的信,请他批准将詹姆斯调往海德拉巴。

这可能是兄弟俩第一次一起过圣诞节。但他们很快就发现,詹姆斯的退役需要更多的时间在公司的军事官僚机构走完流程。因此,兄弟俩一致同意,詹姆斯应该暂时留在维济亚讷格勒姆,而威廉应该独自前往海德拉巴。在经过长期的休战甚至友谊之后,据说海德拉巴的尼查姆和他的宿敌马拉塔人之间又在酝酿战争,所以威廉必须尽快赶到海德拉巴,尽其所能地阻止战争爆发。

威廉在一个月后抵达海德拉巴,发现海德拉巴的年迈统治者尼查姆阿里·汗并不在他的城市(这可不是好兆头),而是去了古老的德干首府比德尔,这座坚不可摧的要塞距离海德拉

---

① 科罗曼德尔海岸指南印度东南沿海地带。

② 尽管兄弟俩在维沙卡帕特南写的书信都没有提到这一点,但在1793年,卡姆萨里(Kamsali)种姓的木匠正在忙着制作西方品位与东方技艺完美结合的最美丽产物之一,没过多久维沙卡帕特南就因为它而驰名国际:极其精致的家具,以及在檀香木和乌木上镶嵌的象牙,算得上是英国-印度镶嵌细工艺术令人眼花缭乱的杰出成就。对维沙卡帕特南家具的精彩研究,见 Armin Jaffer, *Furniture from British India and Ceylon* (London, 2001), pp.172-221。——原书注

巴与马拉塔联邦的边境最近。据说尼查姆已经开始在那里集结一支大军。威廉在海德拉巴只做了短暂停留，订购了"蜡烛、巴特那土豆、一些覆盆子白兰地和樱桃白兰地、豌豆、上好的咖啡、一瓶白葡萄酒和一些上好的波尔图红葡萄酒"，[40]就回到他的象背上，开始了前往比德尔的80英里旅程。

这条路穿过一片荒芜的土地，见证了该地区在过去一百五十年里动荡和凶暴的历史。曾经的平坦棉田如今已经废弃，无人耕种，田地间点缀着重兵把守的村庄和被烧毁的小堡垒。当时的一位英国旅行者用悲观的语言描述了同样的一趟旅程："至于我经过的乡间，没有什么比它的景象更令人忧郁的了。荒废的村庄、不常有人走的道路，以及曾经有人耕种的痕迹，使这一景象更令人痛苦，因为我们从中还能依稀看出它曾经的繁华。与往昔的幸福对比，如今的苦难更显得不堪。"这位观察家还提到，他遇到了"一些劫掠成性的骑兵在我们经过的乡间抢劫"，不过因为他有武装护卫，所以那些抢劫犯避免与他纠缠。[41]

这也不仅仅是英国人对该地区的看法。据伊朗旅行家阿卜杜勒·拉蒂夫·舒什塔里（他与海德拉巴最有势力的部族之一有亲戚关系，并于1794年在加尔各答担任尼查姆的瓦吉尔①）说，海德拉巴都城周围的乡村越是靠近马拉塔边境，就越是一片瓦砾。他写道："如今，由于敌人犯上作乱、税吏敲骨吸髓，整个国家变成了一片废墟，居民四散奔逃、苦不堪言。少数无法逃亡的人饱受饥荒之苦。领导层崩溃了，治理国家的法律被破坏了……有太多的废墟和被遗弃的房屋。虽然这

---

① 这里指的是大使或代表，不过这个词在今天通常是律师的意思。——原书注

个地区的气候无比优越，但这个国家如今比印度其他大多数地方都要糟糕。"[42]

经过四天的旅程，在这片饱受战火摧残的土地上，威廉看到前方出现了比德尔阴森的城堞。

即便在今天，经过了一个半世纪的岁月蹉跎和疏于管理，比德尔仍然是印度最宏伟的要塞之一。而在当时，它更是无与伦比。它建在一块巨大的深褐色玄武岩上，从德干高原的平坦大地上陡然升起。在每一个方向，巨大的环形暗黑色城堞在山丘上和陡峭的山谷中延绵数英里，放眼望去是一望无际的塔楼和城墙、门廊和堡垒、拱形的城齿和设有防御工事的悬崖峭壁。在这些城墙的怀抱中，有一片完美的绿洲：有白花花的棉花地和满是水分充足的肥沃黑土的园林，公牛犁着小块整齐的耕地，农田边上是棕榈林和番石榴园。绿意盎然的大块肥沃农田与城墙外的荒原形成鲜明的对比。

要塞的一边是洗衣河坛，洗衣服的人在玄武岩台阶上拍打衣服的声音从那里传来；远处是一个长满莲花的小湖，湖的四角有圆顶的伞亭。在城墙外的荒芜废墟和灌溉水渠的沿线，散落的若干球状白色圆顶标志着阿什图尔的中世纪王陵；在王陵周围的灌木丛中，矗立着两座庞大的苏非派圣所，那里挤满了前来寻求早已死去的谢赫[①]帮助的朝圣者和寻求奇迹的人。

1794 年 2 月 10 日晚上，在离开加尔各答三个月后，威廉·柯克帕特里克和他的卫队经过阿什图尔王陵，从巨大的戈尔康达门进入比德尔要塞。他们穿过了一圈又一圈的城墙和要

---

① 谢赫（Sheikh）是阿拉伯语中常见的尊称，指"部落长老""伊斯兰教教长""智慧的男子"等，通常是超过四十岁且博学的人。在阿拉伯半岛，谢赫是部落首领的头衔之一。南亚的穆斯林也用谢赫这个尊称。

塞护墙，越过了一系列在中世纪由成群结队的奴隶在岩石上开凿出来的深沟。在狭窄拥挤的街道上，在古老的圣所和香料市场之间，在马商和钻石商之间，在布商和手工匠人的作坊（城里的工匠在作坊敲打着他们的比德尔金属罐子和水烟筒）之间，威廉等人看到了军队集结的证据，因为来自印度各地的大批雇佣兵聚集在这座城市，寻求工作机会。

在太平盛世，德干的集市上挤满了来自东方各地的各民族的代表。而此时比德尔却挤满了一群特别多元化的雇佣骑兵：来自哈德拉毛的阿拉伯人、来自旁遮普的大胡子锡克人、来自印度边疆地区的戴头巾的阿富汗人和普什图人，以及他们来自恒河平原的罗赫拉①亲戚。在集市上游荡的还有尼查姆的正规步兵，这些穿红衣的印度兵由法国指挥官米歇尔·若阿基姆·雷蒙训练。他们戴着黑色的三角帽，穿着白衬衫和短筒靴。[43]威廉·柯克帕特里克的新助理威廉·斯图尔特（柯克帕特里克刚刚在海德拉巴第一次见到他）对尼查姆的军队肃然起敬。他写道："尼查姆的军队……看起来比我见过的辛迪亚军队还要庞大。他豢养的步兵很少，但他的骑兵估计有四万。我看到的士兵都很优秀：士兵们衣着整齐，军官们自豪地给他们的骑兵发放统一的长袍当制服，以区分他们。有些人的上衣上有两把交叉的剑，用的是印花棉布，有些人衣服上则是一把剑和一些黄色或红色的翎子。"[44]

---

① 罗赫拉人是普什图民族的一个分支，历史上生活在罗赫尔康德地区（在今天印度的北方邦），是在印度生活的最大的一个普什图人群体。他们最早在 17~18 世纪从阿富汗来到北印度，最初是为莫卧儿帝国效力的雇佣兵，但后来发展成印度的一支强大势力。1947 年印巴分治之后，大部分罗赫拉人移民到巴基斯坦。

集市上的人们来自许许多多不同的民族，而这些人潮涌动的街道上的建筑也反映了多元文化。虽然集市和防御工事完全是印度风格的，但城内的许多建筑从伊斯兰世界的中心地带寻找灵感，绕过莫卧儿人在北印度的实验，直接借鉴遥远的奥斯曼人的瓷砖艺术或河中地区的建筑模式。坐在大象背上，柯克帕特里克可以看到帖木儿时代布哈拉和撒马尔罕的建筑元素：瓜棱形的圆顶，仿佛帖木儿本人都会乐意将其作为自己的墓顶；色彩鲜艳、精致的菱形伊兹尼克①式瓷砖，其中的蓝色就像奥斯曼匕首上的蓝宝石一样动人心魄；甚至还有一所伊斯兰学校，它若是出现在萨非王朝统治下伊斯法罕的广场，也不会显得突兀。

深夜，在缓慢地穿过数英里长的拥堵的集市后，英国人的队伍终于到达了要塞的内院。威廉从比德尔发出的第一封信简短而正式，只是说海德拉巴首相阿里斯图·贾赫②不顾先例和礼节，亲自带他直奔尼查姆的宫廷，以示友好，并向威廉表达了"尼查姆希望尽可能与我们的政府紧密联系的急切愿望"。[45]

不过，威廉·斯图尔特大约在这个时候对尼查姆的宫廷进行了更详细的描述。他对尼查姆和他的首相一笔带过。"尼查姆彬彬有礼，非常殷勤，"斯图尔特写道，"但他的奴仆们傲慢而霸道，不可一世。尼查姆的首相是一条聪明但懒惰的猎

---

① 伊兹尼克是今天土耳其西北部的一座城镇，希腊语的名字是尼西亚，因公元325年的基督教尼西亚大公会议和"尼西亚信经"而闻名。

② 尼查姆的首相古拉姆·赛义德·汗实际上直到1796年才获得"阿里斯图·贾赫"（意思是"亚里士多德的荣光"）的称号。此时他被称为穆希尔·穆尔克（意思是"王国的顾问"）。但同时代的史书几乎总是把他称为阿里斯图·贾赫，所以为了行文清晰和保持前后一致，本书也始终称他为阿里斯图·贾赫。——原书注

犬，首相的座右铭是让所有的臣民痛苦，以取悦他那贪婪的主人。首相用双手握住主人的胡子，可以随心所欲地操控他。"[46]

斯图尔特的评价大大低估了这两个人的成就：他俩凭借自己的努力，拯救了他们的王国，使其免于灭亡。当尼查姆阿里·汗在三十二年前的 1762 年登基时，很少有人会想到，在德干高原的各种互相竞争的势力当中，几乎只有海德拉巴能够独善其身，熬过接下来七十五年的惊涛骇浪。

虽然斯图尔特低估了尼查姆阿里·汗和他的首相，但他生动地描绘了尼查姆的宫廷生活，以及印度与中东习俗如何在这里水乳交融，例如，按照印度风俗吃盘安，而按照土耳其风俗喝小杯咖啡。他写道：

> 酋长们献上礼物之后退后表示恭敬，谦卑地跪拜。之后，[他们] 获准走近尼查姆，但很少坐下来。这里的排场比我在 [莫卧儿皇帝] 沙·阿拉姆的宫廷看到的还要隆重和华丽。按照尼查姆家族的习惯，他 [尼查姆阿里·汗] 从不吸烟，而是吞下大团的盘安，因为他没有牙齿，所以无法咀嚼；他喝大量的很热的咖啡，在大厅的中央有一个火堆来加热咖啡，还有拿杯子的仆役用小玛瑙杯快速轮流送咖啡。他养了很多女人，有两百个子女，其中三十个还在世，其中有七个儿子和二十三个女儿。王储看起来和他父亲（时年六十二岁）一样老，但我猜想他不会超过三十七岁。
>
> 宫廷的人们通常在晚上集合；有许多银烛台、蜡烛和牛油烛，延续不断的蓝灯被一个接一个地举在蓝色的竿子上，令人赏心悦目；一些琥珀色的蜡烛一直在殿下身旁燃

烧，但它们的气味是如此强烈，我猜想它更多是用来遮掩难闻的牛油气味的——一种臭味淹没了另一种。

所有酋长都浑身珠光宝气，戴着头巾饰物〔sarpech〕、珍珠项链，臂环〔bazoo bunds〕，甚至还有那些只有印度斯坦女子才戴在手腕上的手镯。这里的穆斯林看起来像印度教徒，头发剃得很短，戴着小头巾，穿着像"佩什瓦兹"这种女式长袍一样的衣服，并按照未行割礼的人们的常规方式把头发蓄到耳边。

举行宫廷接见会的建筑也反映了宫廷的金碧辉煌。外层要塞的灰暗森严与内层要塞中私人清真寺和宫殿套房的精美装饰之间的鲜明对比，给威廉·柯克帕特里克留下了深刻的印象。德干的工匠虽然在建材选用方面受到许多限制，但他们总是用加入了奇思妙想的瓦片或灰泥、木雕和带"视觉陷阱"效果的壁画来弥补这一缺憾。登峰造极的莫过于"彩宫"（Rangin Mahal），它的中世纪室内装饰是印度最美不胜收的极品之一，威廉一定曾在这里私下里觐见尼查姆。在这里，墙壁上交替覆盖着复杂的瓷砖和阿拉伯花纹的雕刻板，坚硬的火山花岗岩被轻松地处理，仿佛它像石膏一样柔软，又像蕾丝襞襟一样精细。

这种精致的强调感官享受的宫廷气氛，在德干细密画中得到了最集中的体现，这些细密画是在尼查姆宫殿的工作室中绘制的。[1] 在这些工作室绘制的图像中，可见喷泉滴水、鹦鹉飞来栖息、孔雀在芒果树上鸣叫。

---

[1] 尼查姆阿里·汗的两位卓越的宫廷画师是拉伊·文卡特查拉姆和塔贾里·阿里·沙，这两位在海德拉巴宫廷都享有高级贵族的身份，这一点很重要。——原书注

　　这些赏心悦目的花园场景让人暂时忘记马拉塔人随时可能骑马驱至城郊、烧杀抢掠。宁静祥和的艺术乐园与整个 18 世纪德干高原充满动荡与创伤的政治现实，形成了鲜明而直接的对比。尼查姆的父亲尼查姆·穆尔克在 1724 年之后的岁月里，把莫卧儿帝国分崩离析的几个南部省份转变成半独立的海德拉巴王国。他是个性格严肃的人物，就像他的偶像、严格执行伊斯兰律法的莫卧儿皇帝奥朗则布一样，本能地不赞成艺术，尤其是不赞成肖像细密画这种不符合《古兰经》精神的艺术。他严密地监视贵族们，他的间谍向他检举那些在穆哈兰姆月举行非法聚会的人。要举行舞蹈表演和舞女演出，必须向宫廷申请，而且只有在节日和婚礼的场合才会获得许可。[47]

　　尼查姆·穆尔克是一位精明强干的军事家，但更是一位才华横溢的政治家。他利用贿赂和阴谋手段，取得了他那落伍的莫卧儿军队不能取得的成就。在脱离德里直接控制的同时，他还特意保持了对莫卧儿皇帝名义上的忠诚。在整个 18 世纪，海德拉巴的人民仍然自称莫卧儿人，并把自己的国家视为阿克巴和沙贾汗的旧帝国的一个半独立的碎片。尼查姆·穆尔克也对马拉塔人保持着小心翼翼的监视，利用间谍和外交手段遏制他们。他警告自己的追随者："奥朗则布皇帝用他的庞大军队和印度斯坦的全部财富都不能打败他们［马拉塔人］。许多家庭家破人亡，奥朗则布的战争没有带来任何好处。而我通过外交手段使他们对我百依百顺、忠心耿耿。"[48]

　　尼查姆·穆尔克于 1748 年去世后，由于他的儿子们自相残杀，并试图通过与邻国势力（特别是北方和西方的马拉塔人，以及东方的本地治里）结盟来夺权，海德拉巴精心打造的结构逐渐解体。十四年后，尼查姆·穆尔克一个年纪较小的私生子——尼查姆阿里·汗最终确立了自己的王位，将兄长萨拉巴特·忠格扔进比德尔的地牢，还派人把他勒死在那里。

这时，这个国家似乎已经处于灭亡的边缘，因为马拉塔人、法国人、英国人和迈索尔的海德尔·阿里的军队像秃鹫一样从四面八方扑向海德拉巴，夺取尼查姆的大片领地。然而海德拉巴并没有崩溃，这主要得益于尼查姆阿里·汗高超的外交手段和他精心构建的联盟体系。当他掌权时，在军事上，海德拉巴是德干高原互相竞争的多个国家当中最弱的一个。但到他去世时，就只有海德拉巴和东印度公司仍然是重要的势力。他的非凡成就是将这个国家从莫卧儿后期的"印度病夫"变成了18世纪冷战的重要战略资产。没有他的友谊和支持，任何势力都无法在印度取得统治地位。

1794年，当柯克帕特里克兄弟第一次见到尼查姆时，他已年过六旬，身材高大而清瘦，牙齿和头发都掉光了，但他仍然保持着警惕性，游刃有余地操纵着宫廷的各种派系，利用着外部敌人的弱点。当时的一幅细密画显示他是一个憔悴的老人，脸上有淡淡的雀斑，胡子刮得干干净净，倚靠在他的软垫宝座①上；旁边放着一把剑和一个痰盂。[49]他被描绘成睿智而又谨慎的人，在一座白色大理石亭子前与他的大臣深入交谈。他身穿半透明的白色薄纱长袍，戴着裹紧的白色头巾，从头巾中露出了镶嵌珠宝的装饰。他腰间缠着镀金的束腰，头巾上有一圈粉红色的大宝石闪闪发光。后来与他相熟的詹姆斯·柯克帕特里克为他留下了详细的描述：

---

① 原文为 Musnud，指这个时期印度统治者的宝座的一部分，是软垫和垫枕。——原书注

他的身材很高大，身躯仍然保留着健壮的迹象，他年轻时因为孔武有力而引人注目。他的肤色黝黑，容貌虽然从来不算英俊，但表情丰富，说明他是个深思熟虑、头脑聪慧的人。他的神情优雅而庄重，讲起话来充满了帝王的礼貌和高傲，一方面平易近人、让接近他的人都能比较容易地信任他，另一方面表明他没有忘记自己的尊严和显赫的血统，他为这血统设立了新的标杆。

我相信，大家普遍认为，作为一位君主，他虽然并非天赋异禀，也不是聪明绝顶，但在一些艰难的场合，他已经证明自己很有政治才干，那种才干就是东方人眼中治国理政的本质……他不是优秀的军事家，却是卓越的政治家，这就足以弥补没有军事才干的缺陷。[50]

不过，当时的大多数观察家认为，海德拉巴人在德干政治的雷区中游刃有余，与其说是尼查姆阿里·汗的功劳，不如说是他那位才华横溢而老谋深算的首相阿里斯图·贾赫的贡献。阿里斯图·贾赫虽然是冷酷无情的政治家，却也是一个文化素养极高的人。他对画家和诗人的广泛赞助，使绘画和诗歌艺术在经历了尼查姆·穆尔克的严酷统治之后得以复兴。也许这就是他有许多细密画肖像得以保存至今的部分原因。画中可见一个身材魁梧、满脸狡黠神色的男人，粗壮强健，神情显得精明绝顶，鹰钩鼻，胡须经过精心修剪。画中的他总是高高在上，戴着小红头巾，胸前挂着一串朴素的珍珠项链，右手腕上还戴着一个珍珠手镯；他的手里总是拿着一条弯曲如蛇的黄金水烟筒。根据当时的海德拉巴编年史，他从来没有离开过这个水烟筒一秒钟，"他的香喷喷的烟味"是首相府的一大特色。爱德华·斯特雷奇第一次见到阿里斯图·贾赫时，也注意到了他对水烟筒的喜爱。

> 首相正以真正的东方方式吸烟。他既不握住他的水烟筒，也不故意张开嘴去接烟筒嘴，但他的仆人看着他，把烟筒的尖头递向他的嘴唇。仆人时不时用它轻触首相的胡须，当有好机会时，就把它往他的嘴里戳一下。首相之前似乎没有看到烟筒嘴，仆人送过来的时候他就吸一口。当他开始说话时，仆人又把烟筒嘴拿出来，用烟筒嘴轻触他的胡须，又在适当的时候把它送到主人的嘴边。当首相做了一个仿佛要吐口水的动作时，他的一名忠实随从就伸出双手，接过一大口唾沫，然后非常小心地把唾沫擦在一块摆在他身边的布上，并小心翼翼地把它包起来，随时准备再用双手接收主人的唾沫，似乎它是极其宝贵的东西。[51]

在宫廷里，除了阿里斯图·贾赫和尼查姆之外，还有第三位人物在柯克帕特里克兄弟的生涯中扮演着重要的角色，而且后来还通过婚姻关系成了詹姆斯的近亲。米尔·阿拉姆是阿里斯图·贾赫的私人秘书，从受人尊敬但贫寒的背景中崛起。当约翰·肯纳韦抵达海德拉巴时，他认为米尔·阿拉姆只是首相身边的佞臣。肯纳韦在1788年写道："我不认为他对首相有什么影响。首相的每一个情绪和意见，他都奴颜婢膝地接受。"[52]

但是，在那之后，米尔·阿拉姆成功地出使加尔各答，与康沃利斯勋爵成为好友，并担任尼查姆派驻东印度公司的瓦吉尔（大使或代表）。尼查姆通过他来疏通与英国人的关系。因此，米尔·阿拉姆开始表现出越来越独立于他曾经的恩主阿里斯图·贾赫的迹象，特别是在与马拉塔人的冲突迫在眉睫的时候，他公开反对与马拉塔人冲突，将其比喻为毫无必要地"捅马蜂窝"。[53]

尼查姆阿里·汗在他统治的大部分时间里，确实避免与马拉塔人开战，并听从他父亲的谆谆教导，用外交手段招揽他们，而不是用武力挑战他们。但现在，部分是在首相的影响下，他决定改变政策。现在有雷蒙将军为他训练新式步兵部队，所以他相信自己的军队终于有可能在战场上与马拉塔人匹敌。为此，他和阿里斯图·贾赫都非常急切地想通过威廉·柯克帕特里克与英国人结盟，并争取东印度公司的军队站到他们这一边。阿里斯图·贾赫是尼查姆的谋臣当中最亲英的，在尼查姆宫廷当中也只有他认识到东印度公司的军事力量极强而且仍在不断增长。但是，他的想法并没有得到广泛的认同，宫廷中另一个强大的派系由组成尼查姆近卫军的白嘉贵族①领导，他们毫不掩饰地表示，他们希望海德拉巴与马拉塔人结盟，反对英国人。第三派则希望尼查姆与蒂普苏丹和法国人结盟。

此时宫廷里还没有人知道，新任英印总督约翰·肖尔爵士已经决定拒绝尼查姆向公司提出的联合对抗马拉塔人的请求。在威廉·柯克帕特里克出发前往海德拉巴之前，肖尔要他坚持四年前即在 1790 年签署的三国盟约。该盟约将马拉塔人、尼查姆和东印度公司作为盟友联系在一起，并将公司的死敌蒂普苏丹孤立在同盟之外。事实将会表明，这是肖尔的一个关键性的误判，这个错误几乎摧毁了海德拉巴，也差一点毁掉了东印度公司在印度南部和中部仍然很脆弱的势力。

---

① 白嘉贵族（Paigah）是海德拉巴的高级贵族群体，从尼查姆立国开始就与尼查姆家族有紧密联系。每个白嘉家族都有自己的宫殿和军队。

威廉·柯克帕特里克最初给尼查姆宫廷留下了非常好的印象，尤其是他卓越的语言能力。马拉塔人派驻海德拉巴宫廷的瓦吉尔戈宾德·克里香向浦那①报告道："这个柯克帕特里克聪明绝顶，精通波斯语，书写起来同样熟练，能看懂账目，对公共事务了如指掌，精通天文学。他是万事通型的专家。"⁵⁴但是威廉意识到，一旦首相发现英国人不会与海德拉巴联手对付马拉塔人，他在尼查姆宫廷的受欢迎程度就会大大降低。在接下来的几个月里，尼查姆和马拉塔人之间的谈判仍在继续，而且双方都在公开备战。威廉写信给肖尔说，他正在抵制阿里斯图·贾赫和尼查姆诱使英国人"脱离我们温和的中立立场"的所有企图。

他还尽力劝告海德拉巴人，在他看来，海德拉巴军队根本无法与马拉塔人著名的欧式步兵部队抗衡。这些步兵部队由18世纪印度最伟大的军事人物之一伯努瓦·德·布瓦涅伯爵②用最新式的法国军事技术训练而成，以他们的"火与铁的壁垒"而著称，足以击溃最训练有素的印度军队。⁵⁵柯克帕特里克写道，阿里斯图·贾赫似乎并不觉得"危险迫在眉睫，而我相信，如果真的用德·布瓦涅的一个旅来对付他，海德拉巴

① 浦那在今天印度西部的马哈拉施特拉邦，在本书涉及的时期是马拉塔人的佩什瓦（名义上的最高领袖）的都城。

② 伯努瓦·德·布瓦涅伯爵（1751~1830）是来自萨伏依公国的军事冒险家。他出身于皮毛商人家庭，自幼对东方充满好奇，长大后成为法国的职业军人。后来他为俄军效力，参加了第五次俄土战争（1768~1774），不幸被俘，成为土耳其人的奴隶，后被英国人赎回。在英国人的帮助下，他到印度冒险，帮助瓜廖尔的辛迪亚王朝（当时是马拉塔帝国的霸主）统治者马哈吉·辛迪亚用欧洲技术训练和指挥新式军队。他指挥的近十万辛迪亚新式军队使马拉塔帝国得以称霸印度北部，并成为印度最后一个有实力抵抗大英帝国的土著国家。布瓦涅深得马哈吉·辛迪亚的信任，成为权贵和大地主。经历了风云激荡的一生之后，布瓦涅去了英国，后来返回家乡萨伏依（当时属于皮埃蒙特-撒丁王国）。

就完了。我担心公司还来不及发出命令把海德拉巴置于我们的保护之下，它就会被马拉塔人吃得一干二净"。[56]

但到了 12 月，柯克帕特里克意识到，海德拉巴人把他的警告都当作耳旁风：不仅是尼查姆，而且比德尔的整个军营都相信，他们对马拉塔人稳操胜券。每天晚上，舞女们都歌唱着即将到来的胜利，阿里斯图·贾赫甚至向朝廷宣布，等他们攻下浦那之后，他要把马拉塔首相纳纳·法德纳维斯（意思是马拉塔人的马基雅维利）流放到瓦拉纳西，让他"腰间围着一块布，手里拿着一壶水，在恒河岸边喃喃自语地念咒语"。威廉·柯克帕特里克在写给肖尔的信中说："〔阿里斯图·贾赫的〕脑袋里似乎正在酝酿一场风暴。这场风暴可能要不了多久就会爆发……不管它在何时爆发，我都害怕它的后果；而且我也担心这些后果很快就会显现出来。"[57]

柯克帕特里克这么焦虑是对的。1794 年 12 月，就在他的弟弟詹姆斯终于成功地从维济亚讷格勒姆调到海德拉巴并且已经在路上的消息传来时，尼查姆下达了进攻命令。尼查姆的大军浩浩荡荡地离开了固若金汤的比德尔，向马拉塔人的首都浦那挺进。

这场战役既短暂又惨烈。

在三个月的时间里，尼查姆的军队沿着曼吉拉河的河岸，向浦那缓慢推进。马拉塔人同样缓慢地向莫卧儿人（海德拉

巴人的自称①）推进。敌对的两支军队中，马拉塔人的兵力稍
强，约有十三万人，而莫卧儿人的总兵力约九万。马拉塔军队
更有经验，指挥水平也更高。两支军队都是骑兵和步兵各占一
半，不过只有海德拉巴人有一个由身穿英式红制服的女兵组成
的步兵团，她们主要负责保护尼查姆的后宫女眷。女眷也随军
行动，乘着长长的一队有帘子遮挡的象轿。[58]

在海德拉巴军队向浦那缓慢行进的过程中，双方经常进行
礼貌的谈判，但没有结果。到最后，尼查姆坚持认为，他并没
有入侵马拉塔领土，只是沿着自己领土的边境线进行一次长时
间的狩猎。在每一个阶段，双方都优先选择谈判而不是战斗，
更愿意耍阴谋而不是公然开战。就像尼查姆宫廷的巴洛克式社
交礼仪一样，尼查姆的军事战略似乎是一场精心设计的宫廷哑
谜，是一场缓慢而精深的棋局，而不是一场活生生的士兵实际
遭受伤亡的真正战役。

在谈判的同时，双方都把大部分精力用于贿赂和秘密情报
工作，来破坏对方军队的稳定。阿里斯图·贾赫花了一大笔钱
（据说约为 1000 万卢比②），试图说服辛迪亚③和他著名的德·

---

① 海德拉巴人认为他们的国度是旧莫卧儿帝国的一个半独立的部分，因此
  总是称自己的军队为"莫卧儿军队"。马拉塔文献也是这么称呼他们
  的。——原书注

② 原文为 1 克若（Crore）。1 克若等于 1000 万卢比。1000 万卢比相当于今
  天的 6000 万英镑。——原书注

③ 这里指的是道拉特·拉奥·辛迪亚（1779~1827），他是马哈吉·辛迪亚的
  侄孙，于 1794 年马哈吉·辛迪亚去世后继承了瓜廖尔的辛迪亚王朝的君主
  之位，此时道拉特·拉奥年仅十五岁。这个少年继承了伯努瓦·德·布瓦
  涅为马哈吉·辛迪亚训练的精锐军队，但对于如何部署和运用这支军队缺
  乏想象力，也没有军事才干。他与哈尔卡尔王朝的竞争，以及未能与其团
  结起来共同对抗东印度公司的失误，引发了 1803 年的第二次英国-马拉塔
  战争，使东印度公司成为印度的主宰者，为英国统治印度铺平了道路。

布瓦涅旅脱离马拉塔军队，但没有成功；而纳纳·法德纳维斯花钱较少（据说约为70万卢比①），试图怂恿海德拉巴宫廷中亲马拉塔和亲蒂普苏丹的派别背叛阿里斯图·贾赫。阿里斯图·贾赫的前门客米尔·阿拉姆据说也是接受贿赂的人之一。[59]英国驻浦那的常驻代表查尔斯·沃尔·马利特爵士认为米尔·阿拉姆来马拉塔宫廷谈判时的行为特别可疑，并把自己的怀疑转告威廉·柯克帕特里克。威廉在给肖尔的信中写道："似乎他［米尔·阿拉姆］到了浦那之后唯一的举动就是向查尔斯·马利特爵士抱怨和影射［对阿里斯图·贾赫的］长期怀疑，我从来没有发现这些怀疑有什么作用。相反，它们只会把水搅浑，让事态发展放慢。"[60]

与此同时，阿里斯图·贾赫集中所有精力，试图说服柯克帕特里克（更具体地说，是东印度公司的军队，特别是驻扎在海德拉巴的两个英国步兵团）站到尼查姆这边。但威廉拒绝改变自己的立场：他坚持认为，在这场战争中，公司要严格保持中立。他甚至相当生硬地拒绝回答阿里斯图·贾赫关于海德拉巴军队走哪条路线最好的问题，说他在这种问题上提供建议是"违反所有礼节的"。

最后，在1795年3月14日晚上，尼查姆的军队到达了一道被称为穆里山的山脊的顶端，向下望去，看到马拉塔军队在他们下方扎营，两军相隔一天的路程。第二天，也就是3月15日的早上8点，尼查姆下令让他的部队从山脊的高处冲下去。马拉塔人在下面严阵以待。

午饭过后不久，也就是下午2点前后，两军开始交火。首

---

① 相当于今天的420万英镑。——原书注

先接触的是两支由法国人训练的新式部队。"雷蒙的法国军团"在法兰西共和国的三色旗下作战，稳步推进到马拉塔人的中路，也就是著名的德·布瓦涅旅的对面。该旅打着法国波旁王朝的旗号。令威廉大感意外的是，雷蒙的十二个新建的步兵团利用他们较高的地势，发挥了巨大的作用，向德·布瓦涅旅的侧翼倾泻葡萄弹①。令威廉更惊讶的是，莫卧儿女兵组成的团（被称为 Zuffur Plutun，意思是"胜利营"）同样端着滑膛枪向山下稳步推进，并成功地抵挡住了马拉塔右翼的进攻。② 到了晚上，雷蒙部队被他们的白嘉骑兵护卫队抛弃了，面对德·布瓦涅的炮兵的猛烈轰击，不得不稍稍后撤。但尼查姆的大部分军队已经到达了他们指定的宿营地点，就在距离穆里山山坡 3 英里的一条小河的岸边。他们在那里扎营过夜，为第二天早上的战斗做好了准备。

当时谁也不清楚到底出了什么问题，但就在当夜 11 点多，尼查姆的营地突然乱成了一锅粥。威廉在次日早上回忆了这次溃败，写道：

在我看来，这些事件仿佛梦境，如此出乎意料，如

---

① 葡萄弹（grapeshot）是一种炮弹，通常是大量铁制弹丸紧紧地装在帆布袋内，因形似一串葡萄而得名，陆战和海战均可使用。发射之后弹丸向四周飞散，在近距离对密集人员的杀伤力极强。葡萄弹与霰弹（Canister）类似，但霰弹一般装在锡罐内。

② 在阅兵场上看到女兵团的英国人倾向于嘲笑她们的"滑稽模样"。但见过她们作战的英国人总是对这些女兵的凶悍、严明纪律和强大战斗力感到惊讶：亨利·罗素后来引用"英王军中一名高级军官的话，说这些女兵会让印度一半的土著军队汗颜"。引自 'Henry Russell's Report on Hyderabad, 30th March 1816', reprinted in Indian Archives, Vol. IX, July-December 1955, No. 2, p. 134。——原书注

此无法解释，如此令人惊愕。尼查姆的军队在与敌人稍有交战的情况下，并没有出什么明显的问题。两位有些名声的贵族阵亡了，也许还损失了一百名士兵。但殿下的部队在晚上 11 点时已经稳稳占据了他们想要占据的地点，这时尼查姆或他的首相，或者他俩一起，怯懦地做出了撤退的致命决定……后果不难想象：全军阵脚大乱，惊慌失措，损失了大量辎重。但这只是眼前的短期后果。那些可能随之而来的后果会非常严重地威胁这个国家未来的独立，因为殿下很有可能不得不屈服于浦那政府的所有要求。[61]

柯克帕特里克后来了解到了真相。原来，马拉塔人断断续续的炮击让尼查姆的女眷惊慌失措，尤其是尼查姆地位最高的妻子巴克熙夫人。她威胁道，如果尼查姆不把全部女眷带到半壁倾颓、有护城河保护的小堡垒哈尔达躲避，她就会当众揭开面纱，抛头露面。这座堡垒位于穆里山的最底部，就在前线后方 3 英里处。在尼查姆莫名其妙撤退的混乱中，一小队寻找水源的马拉塔人偶然遇到了负责警戒的莫卧儿人，黑暗中短暂的交火足以让剩余的海德拉巴部队彻底陷入恐慌。他们冲到哈尔达堡的城墙之内，把所有的大炮、搬运辎重的骆驼、弹药车、物资和粮食都抛在脑后。

次日清晨，马拉塔人惊奇地发现，莫卧儿人不仅丢掉了具有战略优势的阵地，而且将武器、弹药和给养散落在战场上，却躲进一个无险可守的新阵地。查尔斯·马利特在当天上午的正式报告中写道："我们对尼查姆军队不明不白地逃跑造成的重要后果感到震惊。这不仅损害了他个人和政府的尊严，而且危及他本人和军队的生存。"[62] 马拉塔人虽然惊讶,但立刻抓住机会去充分利用莫卧儿人的颓势:到上午 10 点,马拉塔人已经运走了四百辆被遗弃的莫卧儿弹药车、两千头骆驼和十五门重炮;到了 11 点,他们已经完全包围了海德拉巴军队,并设法把六十门大炮搬到了穆里山的低坡上,开始轰击哈尔达堡垒。几乎没有发生正面交锋,但对尼查姆来说,一切都已经结束了。[63]

到了第二天早上,堡垒里的补给已经开始不足,马拉塔人派了使者来谈判。与尼查姆的其他随从一起避难的威廉写道:

> 军队越来越缺水缺粮,驻防的地方过于狭小,很难搞到水和粮食,军队也没有能力出去寻找给养。马拉塔宫廷虽然刚刚取得了辉煌的胜利,但在公开发言时语气十分温和;但它的要求是不是也很温和,还有待观察……戈宾德·克里香 [马拉塔使者] 已经抵达,来谈停战的条件……不过,对于其他方面,我担心即将到来的谈判的结果不会有利于公司的政治利益。[64]

最终,谈判慢慢吞吞地持续了二十二天。随着马拉塔人加紧围攻,海德拉巴军营的情况每况愈下。每一天,在尼查姆犹豫不决的时候,马拉塔人都会提高要求。尼查姆阵营中的许多人怀疑,军队没有做任何坚决的抵抗,也没有尝试突围,是由于海德拉巴军队内部有人背叛。怀疑的矛头后来都落在了米尔·阿拉姆和亲马拉塔的白嘉贵族身上。当发现马拉塔人的一项关键要求是罢免米尔·阿拉姆等人的主要敌人、尼查姆的亲英派首相阿里斯图·贾赫并将他交给马拉塔人时,大家就更加怀疑了。无论原因是什么，海德拉巴此次灾难的严重后果越来越明显。"尼查姆不得不屈服于马拉塔人的所有要求，"威廉写道，"他不再是一位独立的君主。"[65]

威廉在这一时期写的许多书信都丢失了，因为信使没能穿过马拉塔人的战线，被巡逻的平达里骑兵[①]砍死了。存世的几封书信表明，哈尔达堡垒内的局面无以为继，柯克帕特里克的英国小分队和其他人一样受尽折磨。

古堡里的水又绿又咸，让守军得了痢疾。尽管如此，这样的臭水还是卖到了 1 卢比[②]一杯。第一周结束时，所有备用的草料和粮食都吃完了，一把扁豆的价格也成了天文数字。守军砍掉了堡垒里的罗望子树，吃它们的叶子和树皮以及未成熟的果实。这些东西吃光后，大家只能挨饿：有人饿死，有人渴死，肮脏的环境导致霍乱暴发。[66]到第二周结束时，威廉的卫兵和仆人有三分之一死亡。3 月 30 日，他写信给加尔各答方面：

> 我每时每刻都在目睹的苦难，是对我的灵魂极其残酷的折磨，然而，即使在我自己狭小的圈子里，我也无法减轻人们的苦难。我向自己保证，约翰·肖尔爵士不会对我代表一些受难者提出的请愿充耳不闻，然而天知道他们的苦难何时才能结束。自溃败以来，我至少埋葬了十四五名

---

① 即平达里马贼，是 18 世纪在印度中部兴起的土匪与雇佣兵武装，他们信奉伊斯兰教，一度得到辛迪亚王朝、哈尔卡尔王朝等马拉塔政权的庇护和默许。1817~1818 年的第三次英国-马拉塔战争中，英军击溃了平达里马贼的势力。

② 相当于今天的 6 英镑。——原书注

部下，我们病得很重。我的身体还能勉强支撑：但在我最
近患了风湿病之后，要想恢复，必须出海一趟。[67]

威廉其实是在淡化自己病情的严重性。在这次围城战之前，整个雨季都在野外露营已经损害了他的健康，他不得不越来越多地平躺在行军床上，靠服用鸦片来缓解疼痛。他的部下和役畜的日子也很难过。在他们离开比德尔之前，柯克帕特里克就失去了两头大象和两头骆驼。现在，他的卫兵和仆人要么已经死亡，要么重病缠身，而常驻代表的英国医生乔治·尤尔也没有什么办法治疗他们。病情特别严重的是威廉的助手斯图尔特，他发着高烧，苟延残喘。他一直没有完全康复，熬到了10月，体力终于渐渐耗尽。

对尼查姆来说，围城于4月17日结束。他签署了一项条约，将道拉塔巴德①、艾哈迈德讷格尔和索拉普这些重要的要塞以及海德拉巴的大片领土割让给马拉塔人，这些土地的岁入为350万卢比。尼查姆只剩下一些残山剩水和一条无险可守的边境，还要支付2000万卢比②的战争赔款。在最后关头，马拉塔人同意将尼查姆需要割让的领土减少将近一半，但代价是把阿里斯图·贾赫交给马拉塔人。他被作为人质交到了他的老冤家、马拉塔首相纳纳·法德纳维斯手中。当时的海德拉巴历史学家古拉姆·侯赛因·汗留下了关于这两个老对手会面的记载：

---

① 道拉塔巴德是奥郎加巴德附近的雄伟要塞，曾是伊斯兰势力在德干高原的桥头堡，也曾是德里苏丹国的首都。——原书注
② 相当于今天的1.2亿英镑。——原书注

纳纳对阿里斯图·贾赫说的第一句话是："纳瓦布大人，你花了 1000 万卢比的钱（贿赂），并没有取得什么效果，不是吗？而我花了 70 万卢比贿赂你们政府中的贵族，却有相当好的效果，甚至让我们能够愉快地会面！"

阿里斯图·贾赫黯然回答："命运如此！"

"阁下，"纳纳继续说，"您之前承诺要让我裹着缠腰布、端着水罐去瓦拉纳西……现在战役的结果跟您预想的不同，那么您的打算是什么？"

"嗯，您为什么不送我去麦加朝觐呢？"阿里斯图·贾赫回答。

"如果神佑助我们的话，我们会把阁下送到麦加，把我这个罪人送到瓦拉纳西，这样的话你我都能获得精神上的慰藉。但首先，您必须接受我们政府的邀请，当几天客人，观察观察，享受我们的招待，好不好？"

"的确如此。"阿里斯图·贾赫回答。

然后，两位首相都起身，手拉着手，向［马拉塔］营地走去……从那里，他们一步步前往浦那。在浦那，阿里斯图·贾赫被囚禁在一座古老的废旧花园里，这是马拉塔人指定给他居住的。一千名按英国人的方式训练的手持滑膛枪的青年［来自德·布瓦涅旅的印度兵］和一千名阿拉伯雇佣兵被派驻在花园周围看守他，还有一些铺地毯的仆役、轿夫和仆人，总共约有一百名随从陪伴他。这些人都出身卑微，也只有他们被允许进入花园内的阿里斯图住地。每一个进出花园的人都要被搜身，任何有字的纸张都被没收。[68]

1795年4月24日，威廉·柯克帕特里克和他的卫队一瘸一拐地回到了海德拉巴，比尼查姆的败军早了几天。他发现弟弟詹姆斯已经在常驻代表府等他。

兄弟俩上一次见面是在十六个月前，在东海岸的维济亚讷格勒姆一起过圣诞节，当时他们都很乐观，因为威廉的事业突然复苏，他能够利用自己的影响力和提携下属的新权力来帮助弟弟。海德拉巴是一个重要的任职地，他们当时完全有理由相信，通过增强英国在那里的影响力，兄弟俩会有很好的事业发展机会。

现在的情况大不相同。海德拉巴人遭受毁灭性的惨败，所以尼查姆国度能不能长期存续下去都要打个很大的问号。而英国人未能以任何方式帮助他们的盟友，这就摧毁了尼查姆对东印度公司的信任。现在他把雷蒙和法国人视为他真正的保护者，这就完全改变了18世纪印度的力量平衡。这就是后来大博弈①的前奏。这对东印度公司来说是灾难性的，因为当时英法正在交战，节节胜利的法国军队占领了比利时和荷兰，现在

---

① "大博弈"指19世纪大部分时间里英国与俄国为了阿富汗及其周边的中亚与南亚领土而发生的政治与外交对抗。俄国害怕英国侵入中亚，而英国害怕俄国威胁印度。双方互不信任，不时以战争互相威胁。一般认为，"大博弈"的开始是1830年1月，印度总督威廉·本廷克勋爵着手开辟从印度通往布哈拉埃米尔国的贸易路线。另外，英国企图控制阿富汗、将其变成自己的附庸，并将土耳其、波斯、希瓦汗国和布哈拉埃米尔国作为英俄之间的缓冲地带。这样就能保护印度和英国的关键海上路线，并阻止俄国在波斯湾或印度洋获得港口。随后爆发了1838年的第一次英国-阿富汗战争、1845年的第一次英国-锡克战争、1848年的第二次英国-锡克战争和1878年的第二次英国-阿富汗战争。俄国则吞并了希瓦、布哈拉和浩罕汗国。"大博弈"结束于1895年9月，俄国与阿富汗的边界得到确定。英国作家罗德亚德·吉卜林的小说《基姆》让"大博弈"这个词闻名于世。

又威胁到意大利北部。此外，随着阿里斯图·贾赫被流放和监禁，英国人失去了他们在海德拉巴宫廷的主要代言人，宫廷现在由非常敌视东印度公司的贵族把持。威廉身患重病，需要离开海德拉巴疗养，安静地恢复健康。更糟糕的是，他的助手斯图尔特显然已经病入膏肓。在这种情况下，兄弟俩的重逢没什么喜气。

在尼查姆回国后的一个月内，局势就很清楚了，法国人成功地填补了曾经被英国人占据的地位。尼查姆说，他正在认真考虑解散驻扎在海德拉巴的两个英国营①，并有理有据地向威廉指出，如果不能用它们来保护他不受头号敌人马拉塔人的伤害，那么以昂贵的代价来维持它们就没有意义了。5 月 13 日，威廉和詹姆斯一起去拜见尼查姆，后来报告称："他主要是询问和评论了欧洲局势……从他的整个基调中很容易看出，肯定有某个法国人花费了相当大的精力，通过完全错误或高度夸张的描述，诱骗他产生了一个坚定的信念，那就是任何势力都没有办法长期抵抗法国……"[69]威廉随后的报告中满是对法国势力在海德拉巴宫廷日益强大以及雷蒙的法国旅对英国利益构成严重威胁的详细描述。另外，尼查姆已经授权雷蒙将法国旅的兵力扩充到一万人。

---

① 前文说英国人在海德拉巴驻扎了两个团，此处说是两个营。这未必是错误，因为英国陆军的架构与别国不同。团是英国陆军的行政单位，而非战术单位。有的团只有一个营，大多数团有两个营，有些团有三个甚至更多营。如果一个团有两个营，往往是第 1 营在海外服役，第 2 营在国内负责征兵、训练等工作。第 1 营更资深，会从第 2 营吸收人员以补充兵力。英军某个团下属的两个营极少在同一场战役中并肩作战。因此，说到英军某团在某地时，其实往往只有一个营。所以英军的"营"和"团"很容易混为一谈。

11 月，雷蒙迅速而高效地镇压了尼查姆年轻的儿子阿里·贾赫的叛乱。这之后，雷蒙的崛起更加势不可当。威廉给他在孟买的朋友乔纳森·邓肯写信说：

> ［仅仅］三年前［雷蒙］还是一个默默无闻的游击队员，而如今他是一支纪律严明的部队的首领，拥有至少一万名步兵，还有一支装备精良的炮兵，有相当优秀的军官，那都是他的同胞和同党。我有理由认为，这个人非常敌视我国。你很容易想象，在许多方面，他都让我惴惴不安。[70]

尼查姆为奖励雷蒙镇压阿里·贾赫的叛乱，将他提升到宫廷内部新的显赫地位，并授予他两个波斯语头衔：阿兹达尔·忠格，意思是"战争之龙"；穆塔赫瓦尔·穆尔克，意思是"国家里最勇敢的人"。[71]雷蒙还获得了一座庞大的庄园，位于紧邻海德拉巴的戈尔康达要塞的战略要地。[①]

在接下来的一年里，对英国人来说，海德拉巴的局势变得越来越糟。令英国人惊恐的是，在蒂普苏丹的岛屿要塞塞林伽巴丹，身为共和派的法国军官们组建了一个迈索尔的雅各宾俱乐部，"旨在制定与共和国法律相符合的法律"。这群法国革

---

① 威廉力劝尼查姆重新考虑对雷蒙的赏赐，但徒劳无功。威廉报告称："尼查姆要么对雷蒙近期的服务太感谢了，要么太害怕雷蒙，所以不敢拒绝他。敌人的奸计，再加上殿下认为我们对他的利益不够关心（在他眼中，［我们在哈尔达战役期间］拒绝满足他所有不合理的期望，显示了我们对他的冷漠），使他近期在某些方面不太好说话。" OIOC, Kirkpatrick Papers, F228/5, p. 8, 17 January 1796, William Kirkpatrick to James Duncan. ——原书注

命者还在蒂普苏丹的都城种植了"自由树"。[72]英国人截获了"公民蒂普"与拿破仑·波拿巴的通信，发现蒂普苏丹正式邀请拿破仑访问印度，并解放印度、驱逐英国人。蒂普苏丹甚至派遣大使前往巴黎，并附上一份条约草案，建议结盟将英国人赶出印度。[73]

此外，雷蒙不仅与为蒂普苏丹训练步兵的法国军官经常接触，而且与法国革命军在本地治里和毛里求斯的指挥部也经常接触。1796 年 12 月 16 日，威廉用密文写信给总督肖尔，说他在法军营地中的密探发现，"雷蒙刚刚获得了法国督政府的委任；另外，在他的军营中也有人透露，蒂普苏丹已经向门格洛尔①运送了大量补给品，供预计随时可能到达该港的法国军队使用。这些传闻可能是假的，但它们至少表明了法国人在这里的愿望和立场"。[74]

肖尔用密文回了信，问是否可以用某种计谋来"陷害"或诋毁雷蒙，使他在尼查姆的眼里显得可疑。这个建议也许说明柯克帕特里克兄弟已经有了这种秘密行动的经验。但威廉回答说，他认为这样做的风险太大，"更容易损害我自己的名誉，而不是损害雷蒙的"。[75]他建议，只有一个办法可以消除雷蒙的影响力：与尼查姆谈判并签订条约，明确承诺在马拉塔人进攻时给予支持。只有这样，尼查姆才可能认为自己足够安全，可以不需要法国部队的支持。和以前一样，肖尔犹豫不决，最终不准威廉探讨签订这种条约的可能性。[76]

当威廉的健康状况迫使他辞去常驻代表职务时，他的处境

_____

① 门格洛尔是今天印度西南部卡纳塔克邦南部海港城市，曾为葡萄牙殖民地。

就是这样。到了 1797 年初夏，他知道，尽管英国在海德拉巴的地位岌岌可危，但他实在是病得太重了，无法继续担任这一职务。几个月来，他一直在告诉肖尔，自己患有严重的"风湿病和肠胃紊乱……我也许可以在海德拉巴继续工作一年，但病痛长期折磨我，频繁发作；我的四肢，尤其是双手几乎持续不断地疼痛。所以，我认为，在不仅需要大量的精神消耗，而且需要大量的身体劳作的情况下，我比死人好不了多少"。[77]到了 1796 年底，肖尔已经允许他在任何时候，只要他觉得有需要，就可以退居到海边。威廉在 11 月写给"英俊上校"的信中说："我只等欧洲重新和平（我们在印度的所有政治都取决于此），就要看看换个环境对我这残破的身体有什么作用……好望角是我恢复健康的最好机会。"[78]

但威廉等待的不仅仅是和平。在他离开之前，还有一件事需要和肖尔解决：让他弟弟接替他。自从 1795 年 10 月斯图尔特去世后，詹姆斯一直是威廉在常驻代表府的副手。对于一名卑微的中尉来说，他的职级有了很大的提升，毕竟他在到海德拉巴之前一直在一个不起眼的驻军地当指挥官，就在今天的安得拉邦与奥里萨邦边界的部落地带。但詹姆斯在海德拉巴如鱼得水，他那超凡的语言能力，再加上他对莫卧儿文化的本能同情和喜爱，对威廉来说极有帮助。

詹姆斯来到海德拉巴之后，立即与尼查姆建立了良好的关系，并通过简单的礼节首先赢得了进言的机会，后来还赢得了尼查姆的信任。几年后，詹姆斯解释了他在海德拉巴取得成功的秘诀："据说，马德拉斯的人们不知道我是靠什么魔法在海德拉巴宫廷达成我的目标。如果你想知道这个魔法是什么，我可以用几句话告诉你，那就是对老尼查姆非常尊重和恭敬，对他所有天真无邪的心血来潮和愿望都尽量迁就。"[79]一个典型的例子是，詹姆斯在海德拉巴的冬天来临之际，决定为老人订制一条特殊的被子。"我很高兴听到给老尼查姆的被子已经在路上了，"他在寄往加尔各答的信中写道，"它来得正好，因为寒冷的天气刚刚开始，而老先生需要温暖的被服。你不知道，这些小小的关怀让他多么高兴。我可以说，通过这样的关怀，我已经得到了他的好感。"[80]

詹姆斯还证明自己善于在这样一个派系林立、在战略上高度敏感的岗位上从事必要的情报工作。在海德拉巴宫廷，每个互相竞争的派系的间谍都在互相窃听。正如后来发生的事件表明的那样，詹姆斯在海德拉巴的头两年里，成功地在宫廷和法国军营中建立了一个广泛的间谍和联络网，向他通风报信的线人包括清扫工、后宫侍卫和尼查姆宫中的多位高级妃嫔、雷蒙的一些军官，以及尼查姆的宫廷史官和艺术家塔贾里·阿里·沙。

威廉对弟弟的表现肃然起敬，也有些惊讶。"我坦率地承认，"威廉在给肖尔的信中说，"不仅是我，就连他自己，对他在这一事业当中表现出的才华和能力也感到意外。在他单独主事的几个月里，他的才干刚有了用武之地，就施展得淋漓尽致。"[81]他和詹姆斯在海德拉巴常驻代表府共同生活的时间里变得亲密无间。威廉向肖尔坦言，他很确信，如果他的弟弟得到了常驻代表的职位，并且如果好望角的环境不能改善自己糟糕的健康状况以致他被迫从公司完全退休的话，弟弟一定会在经济上支持他。"我们兄弟感情极深，他对我的孩子们很好，而且他的条件比我的好得多，所以我与其在常驻代表职位上继续煎熬一两年，不如让位给他，那样的话我的生活反而更有保障。"①

最后，詹姆斯被任命为代理常驻代表，实际上是得到一个试用期，有了证明自己的机会。而威廉则在1797年炎热夏天的某个时候前往好望角，去恢复健康。第二年1月，当威廉的身体还远未恢复的时候，他在安妮·巴纳德家被引荐给新任总督韦尔斯利勋爵。两人都敌视法国，而且都主张英国积极进取地统治印度，所以一拍即合。

威廉在得到韦尔斯利的军事秘书的职位不久之后，写信给他在加尔各答的朋友约翰·柯林斯上校，向他透露："自从勋爵大人到达这里［好望角］之后，我与他进行了多次交谈。在这过程中，我详尽回答了他关于海德拉巴宫廷政治的所有问题……他虽然对印度事务没有经验，却消息灵通，知道很多。"[82]更重要的是，威廉写道，他已经说服韦尔斯利，必须与尼查姆签订明确的友好和支援条约，尽管肖尔一直不肯这么做。后来，威廉给詹姆斯写了一封长信，讲解如何与尼查姆谈判。几天后，韦尔斯利亲自写信给詹姆斯。詹姆斯对有机会与法国人交手感到非常兴奋，他回信说，新任总督"睿智而慷

---

① 威廉对詹姆斯的预料很准，詹姆斯的确知恩图报，并且十分敬爱兄长。詹姆斯在次年写信给他，说他拨出了"每年1万卢比给我的小侄女们……毕竟我们血浓于水，我们之间的情谊和依恋极其深厚，甚至可以说是无边无际的，而我年轻时欠了你太多恩情（这给我的心留下了不可磨灭的印象）。考虑到上面这些，我怎么会不对你感激涕零呢？是你给了我当前好处多多的高位，也是你帮助我学到了真本领，让我能够把工作做得让上级满意。从我开始了解和欣赏你的美德与才华的那一刻起，我就始终爱戴你，所以我手中的任何东西，只要我最亲爱、最挚爱的哥哥发出轻微的暗示，我都会欢天喜地地拿出来给他。" OIOC, Kirkpatrick Papers, F228/11, p. 112, 4 April 1799, James Kirkpatrick to William Kirkpatrick. ——原书注

慨的提议”和“高明”的指示令他受宠若惊、激动不已。

他给威廉写了一封更加真挚的回信。“亲爱的威尔，我相信，无须赘言我对那位最值得尊敬的贵族［韦尔斯利勋爵］是多么感激涕零，感谢他对我的关照和善意。你懂得我的心，一定可以很好地理解我现在的感受……”[83]

第三章

从环绕海德拉巴英国常驻代表府的护墙顶端，詹姆斯·阿基利斯·柯克帕特里克可以俯瞰穆西河。它在雨季是一股汹涌的洪流，在夏季却是一条平缓的、可以涉水渡过的小溪。在河的远岸，宏伟的海德拉巴城傲然屹立，城墙全长 7 英里，城墙的瞭望塔之上是一幅壮丽的全景图：白色的清真寺和宫殿，纪念碑和陵园，圆顶和宣礼塔，建筑群向远方延伸，而这些建筑的镀金顶饰在夏日的阳光下熠熠生辉。

自 16 世纪末以来的一百年里，至少部分得益于钻石贸易的利润，海德拉巴一直是印度最富有的城市之一。它无疑是莫卧儿帝国之外最繁荣的城市。1591 年，戈尔康达的苏丹库里·顾特卜·沙将他的新城市规划为"举世无双的大都市，天堂的复制品"。[1]法国旅行家 M. 德·泰弗诺在 17世纪 50 年代末经过这里时，描述了苏丹的规划是多么成功：优雅、干净、富丽堂皇、规划得当，这座羽翼初生的海德拉巴城里满是宏伟的房屋和园林，长达数英里的集市上"熙熙攘攘地挤着许多富商、银行家和珠宝商，以及大批能工巧匠"。

在城墙之外，景致同样诱人。富人的花园和乡间别墅向四周延伸数英里；在西南方向，坐落着戈尔康达城堡，它的脚下是庞大的半球形的顾特卜沙希王陵。欧洲商人蜂拥而至，"赚取了巨额利润……这个王国可以说是钻石之国"。[2]其中有一位商人是威廉·梅斯沃尔德，他是这个苏丹国的海港默苏利珀德姆的英国贸易站主管。他第一次到访戈尔康达时，对所看到的一切都感到惊奇，并将其描述为：

> 全印度地理位置最好的城市，因为这里空气清新、水路交通便利、土壤肥沃，更不要说这里的王宫是多么宏伟和豪华，走遍全印度的人也认为它远远胜过任何一座属于莫卧儿人或其他君主的宫殿……这是一座石制宫殿，而在其内部，最重要的地方用黄金装饰。我们通常用铁器的地方，如窗户格栅、门闩和类似的东西，在这里都是用黄金打造的。其他所有符合如此伟大的帝王的尊严的东西，都是用黄金制成的。他拥有的大象和珠宝的数量无与伦比，所以他被认为是印度最富有的君主之一。[苏丹]娶了比贾布尔国王的女儿，除她之外还有三位妻子，以及至少一千名妃嫔：对他们来说，妻妾成群是特别值得骄傲的事情，是一种莫大的荣耀；而在他们眼中最奇怪、最可悲的事情之一，就是我们尊贵的君主，即英王陛下，拥有三个王国，居然却只有一个妻子……[3]

在戈尔康达和莫卧儿德里之间的长期竞争之后，莫卧儿皇帝奥朗则布终于在1687年占领并洗劫了海德拉巴，把什叶派清真寺和哀悼大厅（ashur khanas）当作骑兵马厩，刻意羞辱这座城市的什叶派机构，因为奥朗则布是正统的逊尼派，在他眼中什叶派是异端。① 此后海德拉巴经历了一段时间的衰落。该地区的中心转移到奥朗则布新建的莫卧儿城镇奥郎加巴德。一连八十年，海德拉巴的辉煌不再，半壁倾颓，许多街区被遗弃和毁坏。但在 1762 年尼查姆阿里·汗登基之后，海德拉巴再次成为首都，而且尼查姆统治的国度在印度中部和南部的疆域比戈尔康达的顾特卜沙希苏丹国要广袤得多。

尽管这一时期战火频仍，但这座城市很快就开始恢复从前的财富与辉煌。顾特卜沙希宫殿和公共建筑的废墟被翻新和修复，清真寺得到重建，花园内重新栽种了树木花卉，最重要的是，城墙得到加固和修补。到了 18 世纪 90 年代，拥有约二十五万人口的海德拉巴再次成为主要的商业中心，也是德干高原印度-伊斯兰混合文明的无与伦比的中心，成为自 14 世纪该地区第一个苏丹国建立以来的文化传承的最后一环。

在海德拉巴的中心，矗立着气度恢弘的查米纳塔门（Char Minar），这是一座由四座拱门组成的巍峨建筑，四角分别有一座带穹顶的宣礼塔。查米纳塔门标志着城市两个主要集市的交

---

① 什叶派是顾特卜沙希王朝统治下海德拉巴的身份认同的核心。逊尼派与什叶派的大分裂可以追溯到伊斯兰教发展史的早期。在先知去世不久之后，穆斯林共同体因为权力继承的问题而分裂。其中一群穆斯林，即逊尼派，认可麦地那（后来是倭马亚王朝）的哈里发的权威。另一个主要派别，即什叶派，认为政治主权是一种神圣的权力，应当属于先知的后裔，从他的女婿阿里开始（阿拉伯文中 Shi'at Ali 就是"阿里派"的意思）。阿里于公元 661 年被谋杀，他的儿子侯赛因在十九年后的 680 年，在卡尔巴拉战役中被倭马亚王朝的哈里发叶齐德一世的军队杀死。此后什叶派在几乎所有地方都是少数派，直到 16 世纪，伊朗的萨非王朝将什叶派确立为他们的波斯帝国的唯一合法宗教信仰。在那不久之后，一系列什叶派领袖在印度的德干高原掌权，其中就有顾特卜沙希王朝，他们将自己的新首都奉献给阿里，因为海德是阿里的名字之一。顾特卜沙希王朝还在名义上接受了以伊斯法罕为都城的伊朗萨非王朝的宗主权，而萨非王朝是德里的逊尼派莫卧儿帝国的死敌。——原书注

会点，从峭壁之上的戈尔康达城堡延伸出来的道路与来自默苏利珀德姆大港的道路在此交会。"这里有各种药物，"一位访客写道，"各种香料、书籍、纸张、墨水、笔、方格条纹布和其他布匹、各种颜色的丝织品和纱线、剑和弓、箭和箭筒、刀和剪刀、勺子和叉子、顶针和骰子、大大小小的针、精美的宝石和假宝石。总之，人们可能想要的东西，这里一应俱全。"[4]

来自中东各地以及法国、荷兰、英国甚至中国的商人都会来到海德拉巴的香料集市采购货物，那里陈列着堆积如山的丁香、胡椒、姜和肉桂。麻袋口向外卷起，露出闪闪发光的黑色长角豆枝、块状的姜茎、芳香四溢的檀香木片或小山似的鲜橙色姜黄。其他商人来到海德拉巴，购买银和铜，闻名遐迩、举世无双的"大马士革"剑，精致的金锦和棋盘图案（shatranji）的地毯。

在街道上，一群身着飘逸长袍的波斯人和阿拉伯人与来自德里和勒克瑙的戴头巾的莫卧儿人、来自果阿的葡萄牙马贩子以及从默苏利珀德姆海岸基地赶来的荷兰珠宝商会合在一起。他们一起探索集市，品尝城里著名糖果店的美味食物，或在香水商的香气扑鼻的摊位前流连忘返，那里根据季节的不同出售不同配方的香水和芳香油，也根据热度或湿度的不同而改变成分。[①]

----

① 德干伊斯兰文化特别重视对香气的鉴赏，将其发展为一门艺术。有许多关于芳香花园、情色香气、焚香与香水艺术的著作存世，其中有两部最重要。《王室九味调香》（*Itr-i Nawras Shahi*）是一部关于香水艺术的著作，是为心胸开阔的比贾布尔苏丹易卜拉欣·阿迪勒·沙二世写的，书中描述了如何制作挥发性很强的香油和香水来给卧室和其他较小的空间熏香，以及如何给头发和衣服熏香。书中还详细介绍了如何制作按摩油、漱口水和口气清新剂。另外一部存世的伟大的德干香水手册是 *Lakhlakha*，于 19 世纪初写于海德拉巴，以令人难以置信的详细程度描述了龙涎香、樟脑、麝香和芬芳蜡烛的调配方法。See Ali Akbar Hussain, *Scent in the Islamic Garden* (Karachi, 2000), Chapter 5. ——原书注

再往后是金银丝工艺品的商铺，这又通向所有集市中最富裕的场所：珠宝店和钻石市场。从古代到 18 世纪初，戈尔康达的大型钻石矿一直是世界上这种最令人垂涎的宝石的唯一供应地，在 18 世纪初还没有被开采殆尽。那些产出了具有传奇色彩的光之山钻石以及霍普钻石①和皮特钻石②的矿层，在 1785 年仍然多产，所以尼查姆阿里·汗能够将新发现的 101 克拉的黑斯廷斯钻石作为一份小小的国礼送给英王乔治三世。[5] 即使在海德拉巴，这么大的钻石也是非常罕见的，但在戒备森严的工坊里，还是有不少尺寸较小的珍品：闪亮的鸽子血红宝石和蜥蜴绿色的祖母绿；雕工精美的尖晶石和镶嵌珠宝的匕首；镶有珐琅的剑鞘和《古兰经》手抄本，后者的封面上镶嵌着铮亮的黄金和染成紫色的黑檀木。还有其他一些更具颓废感的纨绔气的饰品：镶有珠宝和珐琅的拂尘，以及镶有九种吉祥宝石（包括黄玉和最稀有的金绿猫眼宝石）的臂环。[6]

通往莫卧儿普拉、沙冈吉和伊朗巷的小巷两侧坐落着许多宫殿，有些宫殿气度恢弘，但大多数宫殿的临街那一面都貌似普通，只有获准进入的人才有幸目睹其内部的风采。许多宫殿极其庞大，据一名惊奇的英国旅行者说，"其中一些的长度是

① 霍普钻石是世界上现存最大的蓝色钻石，重 45.52 克拉，产自印度安得拉邦的贡土尔，最早的历史记载出自 1666 年。因为曾被伦敦的银行世家霍普家族拥有，所以叫霍普钻石。现藏于美国自然历史博物馆。
② 皮特钻石，也叫"摄政王钻石"，重 140.64 克拉，产自印度安得拉邦的贡土尔，目前由法国政府拥有，藏于卢浮宫。18 世纪初，英国东印度公司圣乔治堡总督托马斯·皮特获得该钻石。皮特的孙子（老威廉·皮特）和曾孙（小威廉·皮特）都担任过英国首相。1717 年法国摄政王奥尔良公爵菲利普二世购得该钻石，所以它也被称为"摄政王钻石"。

伯林顿府①的三倍"，[7]而且里面有宽敞的花园，在喧嚣的街道背后闹中取静，凉爽而安宁。贯穿整个花园的是波光粼粼的水渠，间或有缓缓流淌的大理石喷泉。花园里种满了"一排排芒果树、椰枣树、椰树、无花果树、香蕉树、橙树、枸橼树，还有一些紫杉树……还有非常精美的圆形蓄水池。蓄水池周围是星星点点的香花盆栽"。[8]

在印度，有富人的地方，也总有穷人。海德拉巴的宫殿和清真寺的宏伟建筑营造了一种秩序井然、辉煌壮丽的表象，掩盖了背后的偷盗、疾病、饥饿和痛苦。几年前，威廉·斯图尔特来到这座城市时，就被这里的贫富悬殊震惊了。直到 20 世纪中叶，来到尼查姆治下地区的旅行者还会注意到这一点。斯图尔特在 1790 年写道："这个宫廷，也许比印度其他地方都更强烈地体现出穷奢极欲和悲惨赤贫的对比。"

> 一方面是尼查姆的奢靡与排场：他的象厩②有四百头大象；几千名骑兵在他的身边，他们领取超过 100 卢比的名义工资，他们的坐骑都是万里挑一的骏马，马具装饰也很华美。他的其他酋长们也极尽奢华之能事。但我观察到，除了酋长们之外，所有人都一贫如洗、可怜兮兮；粮

---

① 伯林顿府位于伦敦的皮卡迪利街，起初是一幢帕拉迪奥风格的私宅，属于伯林顿伯爵。19 世纪中期，英国政府购买伯林顿府并将其扩建。今天，伯林顿府的主楼为皇家艺术研究院所在地。皇家化学学会、伦敦地质学会、伦敦林奈学会、皇家天文学会和伦敦文物学会这五个学术社团也设在伯林顿府。

② 原文为 Sawaree，即象厩，以及与饲养大象相关的全套设施和器材。——原书注

价很少低于 1 卢比 15 锡厄①，在我到来之后也很少低于 1 卢比 12 锡厄，这些可怜人讨生活实在是太艰难了。[9]

从光鲜亮丽的大集市背后延伸出一条条肮脏的小巷和无人打扫的侧街，那里是老鼠、扒手和低级妓女的天下。即使是通往御厩的小路也被称为"撒尿巷"，而从王宫正门出来的道路"只适合马和马车通行"。[10]这条路的两旁坐着成群结队的乞丐、麻风病人、瘸子和盲人。这里聚集着残废的印度兵，还有无地农民和精神病人，他们被苏非派圣所驱逐，因为圣所无法治愈他们，城里著名的驱魔师也无计可施。从王宫到麦加清真寺的大门，这些可怜人排着队坐着，哭着乞讨，向路过的轿子举起缠着绷带的手祈求，如果幸运的话，从轿子里也许会扔出一小把银币。

这些人和其他海德拉巴人一样，有许多节日要过。在查米纳塔门的一侧是喜悦广场（Maidan-i-Dilkusha），每逢开斋节、宰牲节和先知诞辰等节日，地面都会被打扫干净，并由运水工向温暖的大地洒水。在这之后，会搭建雨篷和遮阳篷，免费提供食物给全体民众。精心设计的烟花表演将为夜晚画上圆满的句号。[11]

附近是该城著名的"治疗之家"（Dar ul-Shifa），这是一家拥有四百个床位的教学医院，免费向所有人开放，是最先进

---

① 锡厄（seer）是印度、阿富汗、伊朗、尼泊尔等国的重量或容积单位。20 世纪 60 年代印度政府规定 1 锡厄相当于 1.25 千克，但在各地仍有差异。

的尤那尼医学①和阿育吠陀医学中心之一，闻名遐迩。它旁边有一座宽阔的花园，即穆罕默德·沙花园，这里专门种植草药、芳香植物以及鲜花。人们相信，鲜花的香气具有净化和振作精神的作用，有助于病人的康复。[12]

除了花园的芳香，空气里还弥漫着其他气味，比如，集市上的香料气味和"撒尿巷"散发的令人掩鼻的臭气。从附近的街边小摊上飘来了无处不在的烤肉串的味道，还有另一种海德拉巴特有的味道：慢慢煮熟的香饭的味道。"其实，"一名爱国的德里人暂时放弃了莫卧儿大都市居民的高傲，承认道，"在整个印度，没有任何地方能煮出更好的菜肴。"[13]

雷蒙将军手下的一位法国军官觉得这种气味特别令人难以抗拒。"有一些菜品包含面包［馕］、炖菜、家禽肝和小山羊的肝脏，调味极佳，"他写道，"［但最著名的是］用大量黄油、家禽和小山羊肉以及各种香料熬制的米饭……我们觉得这种米饭非常好吃，让我们精神大振。"[14]

詹姆斯的哥哥威廉·柯克帕特里克在好望角与韦尔斯利的谈话中，直言不讳地描绘了英法在海德拉巴对立的局面：在那里，四面受敌的常驻代表府上空的米字旗勇敢地飘扬着，而四

---

① 原文为 Unani。尤那尼医学是伊奥尼亚（或拜占庭希腊）医学，最初由流亡波斯的拜占庭人传入伊斯兰世界。

面八方都是法国革命党三色旗的浪潮。但当地的实际情况有些不同。

从各种资料中可以清楚地看到，到 18 世纪 90 年代末，无论是雷蒙军团的法国军官，还是驻扎在海德拉巴的英国分遣队的军官，以及英国常驻代表府的工作人员，都已经在不同程度上开始适应海德拉巴的环境和生活方式。

1797 年，当威廉离开海德拉巴时，他的弟弟詹姆斯已经开始穿阿瑟·韦尔斯利所谓的"质地最好的伊斯兰服装"出席所有场合，"除了当他不得不接待［英国军事］分遣队的军官时，或者在某些重大场合，当尼查姆宫廷的礼仪要求英国常驻代表穿着英式服装出现的时候"。[15] 正如一位惊讶的访客在日记中记录的那样，詹姆斯经常抽水烟，蓄着印度式的"小胡子，头发剪得很短，手指上涂着散沫花染剂"。此外，詹姆斯还养成了饭后打嗝以表示赞赏菜肴美味的东方习惯，这有时会让来访者大吃一惊；他还经常"发出其他各种奇怪的声音"，这可能是指他以印度人热情奔放的方式清嗓子（甚至清理鼻孔）。[16] 当时的海德拉巴历史学家古拉姆·伊玛目·汗在他的《胡尔希德·贾赫史》中写道：

> 我必须提到，常驻代表［詹姆斯·柯克帕特里克］非常喜欢这个国家，特别喜欢海德拉巴的人民。他与首相的关系非常密切，也深得尼查姆的宠信，尼查姆常称他为"爱子"。据说，许多英国人经常显得骄傲、自负和势利，而柯克帕特里克完全不同，是一个非常亲切友好的人。凡是和他相处过一段时间的人，都会被他讨人喜欢的举止折服。第一次见面，他就会让人如沐春风、一见如故。他精

通本地的语言，说得极其流利和地道，并遵循德干地区的许多习俗。他在海德拉巴女人的陪伴下度过了太多时间，所以非常熟悉这座城市的风格和习俗，并对其欣然接受。部分要感谢这些女人，他总是快快活活的。[17]

在穆西河另一边的法国兵站，也有类似的情况。雷蒙手下的很多印度兵相信他是穆斯林，不过有些人认为他是印度教徒。他的副手让－皮埃尔·皮龙据说也"想成为穆斯林"，但我们不清楚他有没有皈依。[18]法国军团的医生贝尔纳·方托姆上尉似乎专精于阿育吠陀和尤那尼疗法，并有七个印度妻妾，其中地位最高的是莫卧儿皇子菲鲁兹·沙的女儿。方托姆在宫廷被称为富路坦大人，因为他很有智慧。富路坦是柏拉图的波斯语名字。方托姆后来成为莫卧儿皇帝阿克巴·沙二世的御医。方托姆的子孙当中涌现了许多著名的乌尔都语和波斯语诗人，包括"贾尔吉斯"、"沙伊克"和"苏非"，他们大多是虔诚的穆斯林，他们的玛斯纳维作品被珍藏在勒克瑙和兰浦尔①的王家图书馆。[19]像方托姆一样，大多数法国人和许多英国人都与海德拉巴女人结婚或同居，生儿育女，开枝散叶，在海德拉巴扎根。②[20]威廉·柯克帕特里克的正式报告里说英法两个阵营在海德拉巴针锋相对，但我们仔细观察就会发现，真相比这微妙得多，实际上是两个孤立的欧洲前哨据点慢慢地被它们

---

① 兰浦尔在今天印度北部的北方邦，有著名的图书馆。
② 雷蒙的巧夺天工的水烟袋现由伦敦的私人收藏。它充分体现了当时多元文化的交融：这是一件精美绝伦的比德尔金属工艺品，黑色锌制水罐的周围有精巧的白银镶嵌装饰；但这个非常有莫卧儿特色的器具上面雕着雷蒙的姓名首字母 JR 的组合图案，而它周围的装饰全都是欧洲古典风格的垂花饰和卷轴，更像是法兰西帝国而不是德干的风格。——原书注

周围的环境同化，同时保留英法两国的竞争和其他一些源于欧洲的特点。

在英国常驻代表府，这种出人意料的莫卧儿文化和欧洲文化的混合体特别引人注目。1801 年的一位访客写道："柯克帕特里克少校的驻地的布局风格一半像伊斯灵顿①，一半像印度斯坦。"[21] 常驻代表府像印度斯坦的那一半的风格源自一座古老园林的废墟，常驻代表府就建在这座废墟之中。它的中心是一座大型的莫卧儿风格的巴拉达利亭子②，英国人把它改造成"一间餐厅和公共娱乐场所"，而附近矗立着一座莫卧儿风格的宫殿，那实际上是睡觉用的套房，从那里延伸出去两条柏树夹道的林荫道。从这条轴线延伸出去诸多水渠、喷泉、水池和花坛，所有这些都是这座园林早期作为娱乐场所时留下的。[22]

16 世纪，在海德拉巴的缔造者顾特卜沙希王朝苏丹的统治下，穆西河的这一段河岸已经拥有一长串优雅的莫卧儿风格的花园和乡间别墅、瀑布和伞亭③。这个世外桃源的破败遗迹向北延伸，直至目力所及的最大范围。不过，在 18 世纪初的混乱中，一些花园已经被村民侵占，成了稻田。整个区域的制高点是塔纳·沙④的游乐宫的巨大骨架。据爱德华·斯特雷奇说：

---

① 伊斯灵顿是伦敦的一个区域。

② 原文为 Baradari，字面意思是"十二门"，是一种莫卧儿风格的开放式亭子，每边有三个拱门。——原书注

③ 原文为 Chhatri，是一种由柱子支撑的有穹顶的亭子，通常被用作塔楼和清真寺宣礼塔顶端的装饰。——原书注

④ 塔纳·沙（？~1699）是印度南部的戈尔康达王国（顾特卜沙希王朝）的末代君主。"塔纳·沙"的意思是"仁君"。莫卧儿皇帝奥朗则布在 1687 年攻占戈尔康达。塔纳·沙向奥朗则布投降，并交出了霍普钻石、摄政王钻石等宝物。随后，塔纳·沙被长期囚禁，死于狱中。

常驻代表府附近 1 英里内有一座宫殿和花园的废墟，曾因优雅和华丽而闻名。它现在被称为塔纳·沙花园。塔纳·沙是顾特卜沙希王朝的末代国王。据说有一次他在打猎后将帐篷搭在这个地方，他睡着后在梦中看到了一座美丽的宫殿和花园，还有喷泉和高架渠。他醒来后就下旨，立即开始建造梦中那样的宫殿和花园。[23]

如果说被毁的顾特卜沙希花园的遗迹给了英国常驻代表府"印度斯坦"的特征，那么一系列优雅的新古典风格的平房和马厩则提供了另一种风情，即伊斯灵顿的色彩。这些建筑中最突出的是一栋两层楼的房子，它供常驻代表个人使用。威廉·柯克帕特里克于哈尔达战役期间不在海德拉巴的时候让人建造了这栋房子；但是，因为没有主人的监督，这栋房子建得又快又廉价，所以虽然还不到四年，却已经处于半破败的状态。竣工一年之后，詹姆斯就写信给威廉，请他从加尔各答申请资金来翻修房子。

你为常驻代表府建造的房子的上层现在几乎不能住人，因为它各处都在漏水，所以我不得不对它采取加固措施，以防止它坠落到下层，而下层本身也半壁倾颓。在过去的两三个月里，我一直在修补雨水造成霉变的地方，但这种修补既不耐用，也不舒适，质量也差。总不会有人希望我的住所不舒适、质量差吧？所以我必须寄一份维修的估价单给你。[24]

虽然为常驻代表府的幕僚提供的平房是西式设计的，但它们有一个非常东方化的特点，也许会让韦尔斯利勋爵，或者至少是他在伦敦的上级感到惊讶：每一栋平房都有单独的女眷居住区，供幕僚人员的印度妻子和情妇居住。詹姆斯向一位朋友抱怨说，这些女眷居住区都太小，完全不够深闺的全部人员居住，因为按照当时的习惯，深闺的住户一般包括大群阿熙尔女仆①、宦官、侍女、保姆和乳母。例如，柯克帕特里克的一位英国访客来暂住的时候带了"至少十几名女子"，不过我们不清楚其中有多少是妻妾，有多少是妻妾的家属和仆役。[25]

这些印度妻妾来自印度社会的各阶层，她们与常驻代表府工作人员的关系也各不相同。在最基本的层面上，有一种机制可以为过往的英国旅客从市集上招揽普通的妓女，或者可能是城里以高雅而闻名的名妓。1801 年 8 月，当芒斯图尔特·埃尔芬斯通在前往浦那的途中在海德拉巴常驻代表府逗留时，在日记中写道："我原打算包养的一个娼妇本来要过来让我看看，结果她没来。"（顺便说一句，这可能对那名女子来说也是好事，因为埃尔芬斯通当时患有严重的淋病，花了很多时间用水银和硫黄治疗，不过他在日记里写道："考虑到病情，我的勃起还算正常。"②[26]）

---

① 阿熙尔女仆（Aseel）是女眷居住区的关键人物。她们通常是奴隶出身，在女眷居住区从事一些重要的行政和家务工作，包括担当乳母。在尼查姆的后宫，高级阿熙尔女仆是国家的重要人物。——原书注
② 常驻代表府的所有较年轻的成员似乎都曾受严重性病的折磨。1805 年 6 月，詹姆斯当时的助理亨利·罗素写信给自己的弟弟查尔斯（因为患了痛苦的性病而去海岸休养），告诉他一条新闻，即另一名较年轻的助理"贝利证明了自己，把那种时髦的疾病传染给了他的姑娘……他们现在正用尤尔的精妙［水银］药膏取乐"。一周后，亨利·罗素自己也病倒了，十分痛苦。See Bodleian Library, Russell Correspondence, Ms Eng Letts C155, p. 98, 25 June 1805. ——原书注

但是，在海德拉巴的其他英国官员和军人，与印度社会上层受过教育的女子缔结了更认真的一夫一妻关系。驻海德拉巴的英军指挥官詹姆斯·达尔林普尔中校（他是韦尔斯利勋爵在好望角的东道主安妮·巴纳德的亲戚）娶了默苏利珀德姆的纳瓦布的女儿穆娣公主。这对夫妇同意按性别分担五个孩子的抚养责任，这似乎是他们的婚姻平等的一种体现：男孩们被送到马德拉斯作为基督徒抚养，最终被送回东洛锡安①，加入苏格兰低地乡绅的行列，而他们唯一的女儿努尔·贾赫公主则被作为穆斯林在海德拉巴抚养长大，留在印度，最终嫁给了她父亲麾下的一名印度兵，一个"名叫萨杜·贝格的土著中士②"。[27]

另外一个类似的例子是威廉·林奈·加德纳，他于 1798 年在尼查姆的军队中开始了雇佣兵生涯，他的妻子是坎贝的纳瓦布的女儿玛赫·孟泽尔·妮萨公主，加德纳为了娶她可能皈依了伊斯兰教。两人一年前在苏拉特相识，十四岁的公主在一次宫廷政变期间随母亲逃到那里。加德纳坐在那里进行无休止的条约谈判时，偶然瞥见了这位公主：

在谈判期间，一幅窗帘被轻轻地移到一边，让我看到了世界上最美丽的黑眼睛。我不可能再把注意力集中到条约上；那明亮而敏锐的目光，那美丽的黑眼睛，让我心醉神迷。

我感到受宠若惊，因为像她这样可爱的人儿，像她这样深邃的、充满爱意的黑眼睛，竟然注视着我……在下一

---

① 东洛锡安是苏格兰的三十二个一级行政区之一，地处爱丁堡以东。
② 原文为 Havildar，根据《霍布森-乔布森词典》，"Havildar 是印度兵的士官，相当于中士"。——原书注

次宫廷觐见会上，我的激动和焦虑再次达到了极点，因为我又一次看到了那双明亮的眼睛。它们夜夜萦绕在我的梦中，白天盘旋在我的思绪中。窗帘再次被轻轻挪动，我的命运就这么决定了。

我向公主求婚，她的亲戚起初十分愤怒，干脆地拒绝了……不过，经过深思熟虑，他们还是答应把小公主嫁给我。婚前的准备工作开始了。"记住，"我说，"企图欺骗我是没有用的，我认得那双眼睛，非她不娶。"

结婚那天，我掀开了新娘脸上的面纱，在我们之间的镜子里，看到了那双令我沉醉的明亮眼睛。我笑了，小公主也笑了。[28]

这是一段幸福而长久的婚姻。多年后，加德纳和他的英印家庭一起住在他妻子位于阿格拉附近哈斯冈吉的庄园，他的儿子詹姆斯后来娶了莫卧儿皇帝的侄女。加德纳写信给他的表弟爱德华：

在哈斯冈吉，我预计我们会过得很幸福。我喜欢读书，喜欢我的花园，而且更喜欢和小鬼们玩耍，而不是和世界上最高贵的上流社会成员打交道。我和公主在二十二年的不断接触中，已经磨合得很好，安安稳稳、心满意足地过日子……人总得有个伴儿，我越老越坚信这一点。没有人爱你，没有人养你，没有人照料你的老年生活，一定是很不舒服的。屋子里到处都是调皮的小鬼，一想到他们，他们的蓝眼睛、金色头发或者黑眼睛和鬈发，我就渴望再回到他们身边。[29]

他还说："很少有［男人］比我更有资格为自己的家庭生活感到满意。"[30] 八年后，他还开玩笑说："我结婚三十年，从未娶过其他妻子，这让穆斯林非常惊讶，而女士们都把我看作教育她们老公的榜样：她们不喜欢有三四个竞争对手的婚姻制度，无论男士们对这种习俗多么满意。"[31]

如果说海德拉巴不乏美丽的穆斯林贵族女子，那么地位相当的欧洲女子似乎一直供不应求，而且并不总能让男士们满意。这一时期的海德拉巴并不适合要求苛刻、喜欢时髦或雄心勃勃的欧洲女性。与加尔各答、马德拉斯或孟买不同，海德拉巴没有欧式的女帽商或肖像画家，没有舞蹈教师或骑术教师，没有舞会，没有音乐会，没有化装舞会。寂寞孤单会导致抑郁或放纵，或一百年后吉卜林笔下人物霍克斯比太太和雷弗斯夫人的那种酸溜溜的、苦涩的倦怠。"在世界各国中，我们美丽的英国女性的魅力是无与伦比的，"年轻的亨利·罗素（詹姆斯在常驻代表府的助手之一）在抵达海德拉巴时写道，"但遗憾的是，［在这座城市的］英国女性都是素质最差的……S 太太面目可憎，令人厌恶，仿佛她呼出的空气都是有害的，她踏过的土地都是污秽的。"[32] 她的朋友玛格丽特·达尔林普尔，即詹姆斯·达尔林普尔的堂兄弟塞缪尔的妻子，似乎也没有好到哪里去，她给埃尔芬斯通的印象是"一个矫揉造作、臭脾气、傲慢的婆娘"。

尤尔太太是在哈尔达与威廉·柯克帕特里克一起被围困的乔治·尤尔医生的妻子，她不像上面说的那两位那么讨厌，詹姆斯·柯克帕特里克认为她"非常质朴，从不装腔作势，比我见过的几乎任何一个女人都更质朴"。但她的缺点是胃口极大，而且显然欲壑难填。[33] 她和她那肥胖丈夫的食量，和常驻代表府的其他所有工作人员加起来一样大。"这对年轻夫妇，光是茶叶和糖的消耗量就至少是我的两倍"，柯克帕特里克在他们结婚不久后写道，当时尤尔太太开始成为常驻代表府餐桌上的常客，"管家①告诉我，［尤尔夫妇］经常早餐就要吃两只完整的烤鸡。午餐时，他们要吃两只熬成汤的鸡！结果是不难想象的，这位女士发烧了，根据格林和尤尔的描述，她有生命危险。不过现在她已经退烧了，虽然身体极度虚弱，但管家已经收到指示，每天提供小牛脚果冻，除非收到进一步的命令。你可以根据经验回忆一下，这些小牛脚果冻在海德拉巴是多么昂贵的菜肴……"后来柯克帕特里克报告说，尤尔太太在生病期间抱怨食欲不振，但仍然每天"消灭"了大量"家禽、大米、牛奶、黄油、蔬菜，等等"以及"两个李子饼、一只鹅、一只火鸡和无数鸭子，此外还有别的家禽和羊肉"。[34]

从这份清单来看，常驻代表府的饭菜似乎绝大多数都是欧式的。但尼查姆知道詹姆斯本人更喜欢印度菜，于是定期给他送去用茄子烹饪的海德拉巴特色菜，詹姆斯曾表示特别喜欢这种菜。[35]此外，尽管有欧洲美食，但常驻代表府的厨房管理很严格，不会违反印度人的洁净观念，而是严格执行关于种姓的规定，大概是为了不让印度客人为难。几年后，当亨利·罗素被任命为常驻代表时，他写信给自己的弟弟，说他计划恢复詹姆斯制定的规定。"在各项改进措施当中，"亨利写道，"请特别注意净化常驻代表府的每一个地方，使其免受清洁工、贱民以及其他这类盲流的污染。在这个问题上，我打算和柯克帕特里克

---

① 原文为 khansaman，字面意思是"家庭器具的管理者"，实际上就是管家。但在今天，很遗憾，管家很稀罕了，所以这个词更多被用来指厨师。——原书注

中校一样严格。你们的厨师都不错；但拉基姆·汗告诉我，清洁工仍然被允许去他们不该去的地方，碰他们不该碰的东西。"[36]

常驻代表府员工的娱乐活动也很有意思，混合了乔治时代英国和莫卧儿晚期印度的习俗。这里就像圣詹姆斯广场的绅士俱乐部一样，有大量纸牌游戏和赌博活动：惠斯特牌、邓比牌和"教宗琼"与双陆棋和台球交替进行，将金钱和债务从常驻代表府的一个人转移到另一个人身上，排遣了印度漫长而炎热的夜晚。但除了乔治时代英国的消遣之外，也有莫卧儿人的娱乐：在一个星期六的早晨打完沙鸡之后（埃尔芬斯通写道，"常驻代表是个好射手"）[37]，柯克帕特里克和他那被驯服的猎豹一起去捕猎黑公鹿。爱德华·斯特雷奇写道：

> 猎豹的眼睛被罩着，当他们接近鹿的时候，他们摘下猎豹眼睛上的罩子，然后放猎豹去追击猎物。它们大概跑了两三百码。如果它们在这段时间内没有抓到那只动物（它们从鹿群中挑选的目标），它们就会蹲下，不再尝试捕猎另一只。猎豹第一次失败了，但第二次成功了；它追着一头鹿跑了相当长的一段路，然后猛扑上去。当我们赶上来的时候，它咬着鹿的咽喉，两腿夹着鹿的躯体。猎豹比人们想象的更轻易地把猎物让给主人。猎物被放在大车上，猎豹也在车上，但够不着猎物。[38]

狩猎归来的晚上，柯克帕特里克会邀请海德拉巴著名的舞女到营地表演。在德干舞蹈和音乐方面，海德拉巴常驻代表府的许多成员都成了行家，以至于海德拉巴最著名的舞蹈家和交际花，也是第一位重要的乌尔都语女诗人玛·拉卡·白·昌达，将她的诗集献给了柯克帕特里克的助理之一约翰·马尔科姆上尉。这是个政治上的棘手问题。玛·拉卡·白是米尔·阿拉姆的情人，也可能在不同时期是尼查姆阿里·汗的情人，还可能是阿里斯图·贾赫的情人。因为缺乏史料，我们不知道米尔·阿拉姆如何看待玛·拉卡将她的诗集献给马尔科姆。赠予仪式是在米尔·阿拉姆家的一次私密的歌舞表演期间举行的。[39]

除了舞女之外，另一种印度艺人是小丑或哑剧演员（bhands），当他们在詹姆斯的一次狩猎探险后表演时，埃尔芬斯通特别欣赏他们。"他们扮演了许多角色，如一个女人试图强行进入一处深闺，一个挥霍无度的侄子和他的叔叔，一个愚蠢的骑兵被歌女骗走了钱和衣服。"[40]这样的印度式娱乐活动与更传统的英国式节目交替进行，如"大声朗读德莱顿①的诗歌"和"休伊特太太在晚餐后唱歌"。

柯克帕特里克（无疑还有常驻代表府的其他许多人）也会在晚上拜访老城的朋友，尽管常驻代表府的人员在日落后进城必须得到首相的许可。詹姆斯特别喜欢拜访他的朋友塔贾里·阿里·沙，他是尼查姆的宫廷画家、诗人和历史学家。据詹姆斯说，塔贾里的庭院式豪宅（海德拉巴人称之为 deorhi）是"海德拉巴的咖啡馆"，也是大家交流政治八卦的地方。[41]在塔贾里的帮助下，詹姆斯收藏海德拉巴的细密画，并参加诗歌朗诵会。他还经常参加每个星期二在阿里斯图·贾赫的府邸举行的斗鸡会，在其他时间还拜访首相，下棋、放鸽子。

在詹姆斯的领导下，常驻代表府的人们还参与了海德拉巴

---

① 约翰·德莱顿（1631~1700）是英国诗人、文学批评家、翻译家和剧作家，1668 年被推举为英国的首位桂冠诗人。

的生活和每年的各种节庆活动，参与程度之深，可谓空前绝后。詹姆斯确保让常驻代表府定期向城市的苏非派圣所捐款。他还带着许多人参加节日活动：与尼查姆或首相一起吃开斋饭以庆祝开斋节；在一年一度的毛拉阿里忌日期间，与宫廷一起前往毛拉阿里的什叶派圣所；在穆哈兰姆月，他裹着头巾，来到城市的什叶派哀悼大厅。

在詹姆斯·柯克帕特里克的领导下，常驻代表府的人们对海德拉巴社会和文化生活的参与，带来了许多思想的交流，促进了英国人与宫廷贵族之间友谊的加深，也带来了一些非常实际的政治利益。欧洲人对莫卧儿帝国复杂的礼仪规范的无知，常常在印度宫廷造成意想不到的、灾难性的冒犯：例如，1750年，在尼查姆收到本地治里的法国总督的一封不够恭敬的信后，海德拉巴宫廷断绝了与法国人的关系。当时的海德拉巴首相给本地治里总督写了一封简明扼要的照会，把这封得罪人的信退了回去，并指出："您的信写得很不礼貌。连鲁姆苏丹①都恭恭敬敬地［给尼查姆］写信。您是一个海港的主人，而［尼查姆］是整个德干高原的统治者，两者之间天差地别！因此，您是否应该给予他应得的尊重？"[42]詹姆斯越来越深入地融入莫卧儿社会，这意味着他永远不会犯这种低级的礼仪错误。

同样，他对后宫生活的了解，也意味着他能够避免许多同时代人犯的关键性错误：将穆斯林后宫仅仅视为享乐场所，从而低

---

① 即奥斯曼帝国的皇帝。穆斯林总是把拜占庭人称为"罗马人"（这很正确）。塞尔柱人在 11 世纪征服"罗马"的安纳托利亚之后，就自称"鲁姆的塞尔柱人"。鲁姆就是罗马的意思。奥斯曼人取代塞尔柱人并于1453 年征服君士坦丁堡之后，奥斯曼苏丹就在伊斯兰世界被称为鲁姆苏丹。——原书注

估了尼查姆的女眷在海德拉巴政治秩序中的权力。詹姆斯在为韦尔斯利撰写的第一份报告中，不仅写到了尼查姆及其谋臣，还用了大量篇幅分析尼查姆阿里·汗后宫中的权力分配情况。

> 在尼查姆的妻妾中，有两个人主宰后宫。她们是巴克熙夫人和蒂娜特·妮萨夫人。前者掌管内廷财政，控制后宫的所有款项支出；后者保管家族珠宝，这些珠宝的最低估值为 2000 万卢比。这两位都年事已高……并且被认为对尼查姆拥有很大的影响力，据说她们从来不为不良目的施加这种影响力；她们都备受尊重。在过去的一些年里，巴克熙夫人完全避免干政，将她的全部时间用于慈善活动和祈祷。而蒂娜特·妮萨对国家事务有浓厚的兴趣，擅长利用尼查姆对她的信任，以及她在后宫的地位和分量。她的影响力无处不在①。[43]

詹姆斯的报告表明，他正确地理解了尼查姆后宫中非常精

---

① 后来，蒂娜特·妮萨的影响力会变得极其强大，令人不可抗拒。她原本是巴克熙夫人的女仆，后来得到"尼查姆的临幸"。她能够在后宫崛起，美貌固然是一个因素，但更多是靠她的聪慧和才华。她上了年纪之后变得更加强大和冷酷无情。她也越来越敌视英国人的影响力。詹姆斯后来的助理查尔斯·罗素发现，只要是她反对的事情，他就没法办成。查尔斯写信给加尔各答方面说，她是个"高傲、暴虐、贪婪、狡猾和爱管闲事的女人"。他抱怨说，她干涉海德拉巴政府的每一件工作，无论国家大事还是鸡毛蒜皮的小事。每一位首相和高级贵族都觉得有必要寻求她的支持，否则就没有前途，甚至可能丢掉性命。New Delhi National Archives, Foreign Political Consultations, Charles Russell to Minto, 4 August 1810, FPC 6 September 1810, No. 23. Also Hyderabad Residency Records, Vol. 38, pp. 79‒90. See also Zubaida Yazdani, *Hyderabad During the Residency of Henry Russell 1811‒1820: A Case Study of the Subsidiary Alliance System* (Oxford, 1976), p. 83. ——原书注

确和复杂的等级制度。在后宫，绝经后的老妪拥有相当强的影响力，特别是如果她们的儿子长大成人、成为王公的话。老妪往往比青春年少的对手更具有影响力，这也许有些令人意外。[44]詹姆斯这方面的知识使他能够成功地预测权力斗争和继承纠纷的结果。[①]

柯克帕特里克对莫卧儿社会的深入了解，也让他能够参与海德拉巴的宫廷仪式，而他之前的常驻代表们没有资格这样做，他的后继者们也会觉得不可能做到。因此，在尼查姆有一次病愈后，詹姆斯并没有像当时的其他外交官那样只是去道贺。正如他向加尔各答报告的那样：

> 在向殿下表达我的敬意和对他康复的喜悦之后，我遵照通常的仪式，把一个装有1000卢比的袋子三次绕过殿下的头，然后请殿下收下它，将它视为恭贺他恢复健康的贺礼。我用这种方式明确表达我代表的政府对殿下的福祉是多么关心，受到了在场所有人的高度赞扬，甚至殿下本人也龙颜大悦，尽管他原本处于情绪低落和无精打采的状态。[45]

这只是一个小小的举动，但显然得到了感激。詹姆斯·柯克帕特里克身着伊斯兰服饰，使用莫卧儿帝国的讲话方式，经

---

① 尼查姆最有才干也最得民心的儿子是费里敦·贾赫，但柯克帕特里克认为他不可能继承王位，因为"这个很有前途的年轻王子的母亲可能是一个出身非常微贱的女人，似乎不在尼查姆后宫的妃嫔之列，也就是说，她不被承认是尼查姆的妻妾"。柯克帕特里克正确地预测，继承王位的是不得民心而且为人卑鄙的西坎达尔·贾赫，而不是他那些更有魅力的异母兄弟之一。——原书注

常引用"睿智的谢赫萨迪①"的波斯语格言，接受并使用波斯语头衔，用更广泛的莫卧儿世界的政治语言表达自己的意思。同样重要的是，他愿意服从莫卧儿帝国宫廷礼仪的规矩。赠送仪式性礼物和接受"黑拉特"袍服（具有象征性的宫廷礼服，据说是从尼查姆自己的衣柜里拿出来的），都在莫卧儿帝国宫廷礼仪中具有深刻的政治意义。

由于掌握了宫廷礼仪的微妙之处，并服从了其他一些常驻代表不肯接受的规矩，詹姆斯很快就获得了海德拉巴统治者的信任，这种信任远远超过了其他英国常驻代表能够得到的。所以他能够在外交领域取得很好的成绩。

在威廉·柯克帕特里克前往好望角之后的关键时期，雷蒙将军在宫廷的崛起似乎势不可当，所以英国人非常需要上述小小的外交优势。

到了1797年，雷蒙的个人收入非常可观，他的庄园岁入就达到5万卢比，而且根据一位观察家的说法，"在他的家庭生活中，他收集了在印度的欧洲人能获得的一切奢华和优雅的东西"。[46]雷蒙的军团资金非常充足，他不仅能够出价超过英国人，争取他们最优秀的印度兵的服务，甚至能够贿赂几名英国

---

① 设拉子的萨迪（1210～1291?）是最重要的波斯诗人之一。他不仅在波斯语诸国享有盛誉，在西方国家也闻名遐迩。萨迪作品保存下来的抒情诗有六百多首。他的成名作有《果园》和《蔷薇园》。

高级军官，让他们从驻扎在海德拉巴的两个英国营叛逃，到法国军团服役，以获得更高的薪水。这些叛逃对英国人的士气和在该城的威信都造成了沉重的打击。1797 年 8 月，詹姆斯报告说，又有三名英国人叛逃，所以必须迅速采取措施，消除"法国人在这里日益增长的力量和影响，如果不迅速推翻他们，将给我们造成最严重的祸害……任何有理智的人都不会怀疑，法国人现在将竭尽自己和盟友的全部力量，去动摇我们在印度的权力根基"。[47]

1798 年初，雷蒙说服尼查姆再次扩充他的部队，规模达到一万四千人，还有一整套火炮和专门为其服务的铸炮工厂，五千头牛被用来拖曳这些大炮。除了质量上乘的火炮之外，这支部队还自己生产刀剑、滑膛枪和手枪；甚至还有一支六百人的小规模骑兵部队。对英国人来说更糟糕的是，雷蒙深得海德拉巴宫廷的宠信。地位最高的王子之一西坎达尔·贾赫自从他的兄弟阿里·贾赫反叛并自杀之后，就是两个潜在的王位继承人之一。他非常喜欢这个法国人，发誓的时候喜欢说"以雷蒙的头起誓"。[48]

此外，有令人担忧的迹象表明，雷蒙正在计划对海德拉巴的两个英国营发动先发制人的打击。正如詹姆斯向他的哥哥报告的那样："三天前的晚上，雷蒙在 11~12 点派一名土著士官带着六名印度兵去侦察英军营地；此人照做了，并回去向长官汇报。雷蒙在我们的阵营里安插了一个间谍。我希望很快就能抓到这个间谍。"[49]

詹姆斯有充分的理由相信，雷蒙对法国的忠诚远远超过对尼查姆的忠诚。毕竟，海德拉巴的法国军团是在革命的三色旗下作战，而不是在尼查姆的旗号下作战，而且雷蒙本人也毫不掩饰地表示，他认为他的部队不是海德拉巴军队，而是"受尼查姆雇佣和资助的法国部队"。雷蒙部队使用的所有火炮和军事装备都是他个人的财产，理论上他可以随时带着武器和人员离开海德拉巴。詹姆斯担心，雷蒙很容易利用他的部队对尼查姆发动政变。

"雷蒙正在侦察英国人的营地，并显然在考虑对海德拉巴的英国人发动攻击"的消息证实了韦尔斯利勋爵的所有怀疑。他很快就认为，这些行动的背后有法国人更广泛的阴谋。他写信给詹姆斯说："尼查姆、辛迪亚和蒂普苏丹麾下都有法国军官和法国部队，这些法国势力若是联合起来，也许会在浦那［马拉塔］和德干［海德拉巴］两个国家的废墟之上建立法国在印度的霸权。"[50]

虽然韦尔斯利在这一时期的许多作品都有仇视法国的偏执狂的味道，但新任总督对雷蒙构成的威胁的判断其实是相当正确的。正如最近发现的一批文献显示的那样，雷蒙确实与辛迪亚麾下的德·布瓦涅军团的法国军官以及在塞林伽巴丹为蒂普苏丹效力的法国军官有通信往来，雷蒙本人在十四年前投奔尼查姆之前也曾为蒂普苏丹效力。

雷蒙在18世纪90年代初给本地治里的法国东印度公司大本营写了一系列洋溢着爱国激情的信，说自己对法国和革命事业忠心耿耿。他在给本地治里总督康威伯爵[①]的信中写道："如果我能幸运地得到机会来证明自己对祖国的热爱，我愿意牺牲一切。"后来的一封信更加明确地表示，他希望在印度的

---

① 托马斯·康威（1735～约1800）出生于爱尔兰，幼年随父母移民法国。美国独立战争爆发后，他志愿参加大陆军，成为陆军少将，但与华盛顿发生矛盾，返回法国，成为法属印度总督，后死于法国大革命期间。

几支法国部队能够协同行动："我的部队是［海德拉巴］首都唯一的驻军……我祈求我的同胞能服从您的调遣，以便在第一时间采取行动。然后，我的将军，我组建的机器就可以发挥绵薄之力了。"

在给法兰西岛（今毛里求斯，当时是法国的重要基地）总督弗雷讷骑士的信中，他对自己的意图表达得更清晰："我的将军，我将始终服从您给我的任何命令，因为这是我的第一职责……如果我对法国有用，我愿意再次为法国流血。我的一切辛劳都是为了履行自己的爱国义务并赢得您的好评。"[51]

1797 年夏末，就在时局似乎已经脱离了詹姆斯的掌控时，英国人在海德拉巴日益脆弱的地位却突然稳定下来，因为被囚禁在浦那两年多的前首相阿里斯图·贾赫给尼查姆送来了一些非同寻常的消息：他不仅通过谈判解放了自己，还设法让马拉塔人同意归还在哈尔达战役后海德拉巴割让给他们的几乎所有土地和要塞。他们甚至放弃了尼查姆欠他们的巨额赔款。

这个消息如此令人震惊，阿里斯图·贾赫在禁锢中谈判的成果如此显著，以至于当时的许多人都认为，他只有在巫术的帮助下才能取得这一重大的外交胜利。就连阿卜杜勒·拉蒂夫·舒什塔里，当时最聪明也是最有独立思考能力的穆斯林观察家之一，也认为阿里斯图·贾赫是一位巫术大师，"他对炼金术和魔法的痴迷打破了他心灵的平衡，他能点石成金，还能战胜天使"。[52] 历史学家古拉姆·侯赛因·汗更加直言不讳。他在《阿萨夫史集》一书中写道，阿里斯图·贾赫被囚禁在浦那郊外花园的两年里，被尼查姆的宫廷遗忘，被马拉塔人冷落，最后他决定运用巫术，因为那是他逃脱的唯一希望。

他对着一碗水呼吸，同时开始诵读"宝剑祷文"①，然后把碗里的水泼在一棵干枯的木苹果树上，希望如果二十天后这棵树开始长出绿芽，那么在完成四十天的诵读后，顽固的霉运就会消退，一切会如他所愿。于是，他开始念诵。果然，在二十天后，那棵干枯的木苹果树，枝条枯萎得像多年没有下雨一样，突然长出了绿芽和新叶。这是真主的力量的神奇体现！那些知道阿里斯图·贾赫的誓言的人都赞美真主，并对他的祈愿会得到满足充满希望。然后，阿里斯图·贾赫满怀对真主之仁慈恩典的希望，信心大增，停止吃肉，在不断净化的状态下，以虔诚的诚意念诵祷文，完成了四十天的虔诚礼拜。

据说，就在四十天诵读结束的那一天，在一更时分，一名信使突然送来了消息，说［年轻的马拉塔佩什瓦］马达夫拉奥二世从屋顶上掉下来，死了。他在放风筝时，从护栏上滑落，跌落到下方的喷泉上，喷泉的喷口刺穿了他的肝脏。阿里斯图·贾赫很惊讶，因为他诵读祷文的秘

---

① 指的是《古兰经》第九章第五节："当禁月逝去的时候，你们在哪里发现以物配主者，就在那里杀戮他们，俘虏他们，围攻他们，在各个要隘侦候他们。如果他们悔过自新，谨守拜功，完纳天课，你们就放走他们。真主确是至赦的，确是至慈的。"

密意图是，希望浦那的领导层发生革命，这样他就能获得自由。因为如果不更换统治者，不发生贵族之间的争吵，他就很难重获自由。最神圣的真主有掌管万物的能力，实现了他的愿望，并按照他的祈祷显现了一个奇迹。[53]

在浦那的英国观察者持不同看法。他们相信，年轻的佩什瓦之死既不是意外，也不是黑魔法所致，而是因为马达夫拉奥二世对其监护人——首相纳纳·法德纳维斯对他的限制感到绝望而自杀了。虽然马达夫拉奥二世已经二十一岁，可以亲政，首相却不让他行使任何实权，只准他在镀金笼子般的宫殿里玩耍，他的一举一动都被纳纳的间谍监视着。马达夫拉奥二世的自杀是他对纳纳的终极报复，因为没有了被监护人，纳纳立刻失去了统治的权力。

在他的花园监狱里，阿里斯图·贾赫意识到他的机会来了，于是巧妙地利用了佩什瓦宫廷的混乱，运用他接近天才的搞阴谋和操纵他人的本领，利用浦那不同派别之间的对立来达到自己的目的。马达夫拉奥二世死后的第二天，阿里斯图设法引诱纳纳的年轻对手道拉特·拉奥·辛迪亚来拜访他，送了他一匹著名的种马，辛迪亚曾表示喜爱这匹马。阿里斯图·贾赫知道，纳纳的间谍一定会立刻向他通风报信。果然，纳纳很快就到阿里斯图·贾赫的花园监狱拜访，试图查明辛迪亚来访的目的。他怀疑辛迪亚试图在即将到来的继承斗争中争取海德拉巴的支持。古拉姆·侯赛因·汗记载：

纳纳问阿里斯图·贾赫："这都是怎么回事？道拉特·拉奥为什么来找你？"

阿里斯图·贾赫回答："你的探子也在场，他们肯定听到我们谈到我那匹无与伦比的骏马。他是来取那匹马的，没有别的意思！"

纳纳不肯相信："看在真主的份上，告诉我究竟是怎么回事，这样才能平息我的烦恼！"

无论阿里斯图·贾赫如何否认，纳纳都穷追不舍。最后，阿里斯图·贾赫暗示，辛迪亚正在企图对纳纳不利。纳纳大吃一惊。"阁下是我的朋友，也是这一代人中最聪明的智者，"他说，"请你给我出出主意，我在这个时候应当如何是好？"[54]

于是阿里斯图·贾赫建议纳纳逃到一座偏僻的要塞，以保证自己的安全。纳纳吓坏了，当晚就离开了浦那，带走了看守阿里斯图·贾赫的阿拉伯军队，作为自己的卫队。第二天早上，阿里斯图·贾赫发现无人看守自己，逃跑的良机到了。但他没有逃回海德拉巴，而是留在浦那，继续操控各派系之间的斗争，向每一个派系都承诺尼查姆会支持他们。到了1797年夏天，继承之争终于得到解决，在阿里斯图·贾赫的明确要求下，纳纳恢复了马拉塔首相的职务，而纳纳为了报答阿里斯图·贾赫，成功地说服马拉塔宫廷中的所有派系，废除了对尼查姆来说很屈辱的《哈尔达条约》，解除了尼查姆几乎所有的条约义务。阿里斯图·贾赫载誉离开浦那，凯旋海德拉巴。在那里，他被视为民族英雄，受到热烈欢迎。尼查姆恢复了他的首相职务，并向他慷慨赠送了许多头衔、庄园和珠宝。

阿里斯图·贾赫的获释对柯克帕特里克来说时机正好。

一周前，尼查姆终于屈服于宫廷中亲法派和亲蒂普苏丹派的压力，宣布要将英军从海德拉巴遣散。阿里斯图·贾赫在浦那和海德拉巴之间的半途听到了这个消息，于是发出紧急信息，请求尼查姆收回成命。优柔寡断的尼查姆果然照办了。于是，已经在去往海岸途中的东印度公司部队行军返回海德拉巴的旧营地，英国人在海德拉巴的立足点得以保存。但阿里斯图·贾赫立即让詹姆斯明白，英国人要为此付出代价。公司必须拿准主意，要不要当尼查姆的真正盟友，以及今后是否愿意保卫海德拉巴不受马拉塔人的攻击。只有英国人答应这些条件，阿里斯图·贾赫才能说服尼查姆抛弃雷蒙、解散法国军团。詹姆斯答复了首相的"非常恳切的提议"，说他已经得到总督的授权，可以开始谈判，并不失时机地向首相提交了一份条约草案。

对海德拉巴的其他人来说，阿里斯图·贾赫的获释就不是什么好消息了。雷蒙曾与海德拉巴宫廷的亲法派贵族密谋，要贿赂马拉塔宫廷，以延长阿里斯图·贾赫在浦那的囚禁时间。[55]还有证据表明，阿里斯图·贾赫曾经的门客米尔·阿拉姆也参与其中：毕竟，他是首相不在时的主要受益人之一，接管了首相的许多行政职能。阿里斯图·贾赫从纳纳那里得知了这些人的背叛行为，回到海德拉巴后决心向所有敌人复仇。

首相对米尔·阿拉姆尤为愤怒：米尔·阿拉姆在宫廷的地位完全要感谢阿里斯图·贾赫的提携，但在阿里斯图被囚禁的整个过程中，米尔·阿拉姆没有给他写过一封信。此后，阿里斯图·贾赫在搞阴谋方面的天赋，将被一心一意地用于向米尔·阿拉姆复仇。詹姆斯一点也不知道，自己将在阿里斯图·贾赫为了复仇而布下的陷阱中陷得多深。

从阿里斯图·贾赫回到海德拉巴的那一刻起，事态开始迅速变化。在詹姆斯努力取代雷蒙成为海德拉巴宫廷的影响力中心时，只有从加尔各答送来书信和新条约草案所花费的几周时间，以及严格保密的需要，稍稍拖慢了谈判的进程。

韦尔斯利勋爵于1798年5月在加尔各答新官上任，急于着手他眼中的主要任务，即削弱法国在南亚次大陆的影响力。他给詹姆斯发了一系列冗长的书信，详细规定了詹姆斯的工作的确切权限。当詹姆斯稍微发挥主观能动性，略微偏离总督规定的路线时，总督都不同意。有一次总督写信给新任浦那常驻代表威廉·帕尔默将军："我发现柯克帕特里克上尉大大偏离了我给他的指示。"[56]但随着条约即将签署，尼查姆一个个同意了韦尔斯利的几乎所有条款，詹姆斯逐渐重新得到了暴躁的新上司的好感。到最后，尼查姆只坚持拒绝加尔各答的一项要求：立即解散法国军团。雷蒙很受老爷子的喜爱，尽管首相在催促，但尼查姆还是决心留住雷蒙。他似乎没有意识到，东印度公司的主要目的就是消灭雷蒙。

随着谈判步伐的加快，韦尔斯利和詹姆斯愈加担心前方的局势可能发展过快，会超出他们的计划。主要的担心仍然是法国人可能发动政变，可能还会暗杀年迈的尼查姆，用他的一个比较听话的儿子取而代之。其中一个儿子阿里·贾赫在1795年10月反叛。王族的另一个高级成员达拉·贾赫在次年3月起兵，在据说坚不可摧的赖久尔山地要塞举起了造反的旗帜。4 月 20 日，詹姆斯·达尔林普尔中校将达拉·贾赫从赖久尔赶走并俘虏了他。[57]

然后在 9 月，宫廷揭露了一个阴谋，有人企图用黑魔法除掉尼查姆。此事和之前的两次叛乱一样受到严肃对待。令首相和尼查姆的后宫大为震惊的是，调查发现（詹姆斯向加尔各答报告道）：

> 有人对尼查姆施展了恶毒的巫术……目前仍在调查，以查明对殿下使用巫术的真相。[在王宫里] 挖出了黏土做成的人偶，它们的身体里有玻璃粉和狗毛。自从人偶被发现后，殿下说他感觉好多了，吃得更好，睡得更香。但他们还没有找到巫术的幕后元凶。[58]

英国人当然否认有巫术，认为这纯属无稽之谈，但此事让海德拉巴人更加相信，尼查姆时日无多了。

1798 年的海德拉巴有一种第一次世界大战后的柏林或维也纳的感觉：一座充斥着阴谋诡计的城市，在这里任何人都不可以相信任何人。在城市中央是尼查姆本人，如同盘踞在大网中央的蜘蛛，他掌控着一个非常高效的情报网①。尼查姆阿

---

① 这个情报机构的卷帙浩繁的档案如今保存在安得拉邦档案馆的尼查姆内廷事务部（Daftar-i-Dar ul-Insha）文献中。——原书注

里·汗在其领地内的每一座要塞、村庄和城市，以及重要贵族的宫殿都安插了秘密情报员。他可能也像他的父亲一样，从国内各处苏非派圣地的皮尔①（圣徒）们那里获得信息。[59]在他的领地之外，从莫卧儿帝国的首都德里和浦那的马拉塔宫廷，他每天都会收到一名专业的海德拉巴"新闻撰写人"发送的时事通讯。[60]尼查姆的情报部门的预算相当可观。在阿里斯图·贾赫之后担任首相的拉贾·昌杜·拉尔，仅从加尔各答获取敏感情报就至少要花费"每年 70 万卢比"。[61]

情报部门的工作也不仅仅是获取信息：这一时期印度统治者的间谍经常使用绑架、暗杀和下毒等手段来达到他们的目的。尤其是下毒在印度有悠久的历史，古印度的马基雅维利、伟大的政治哲学家考底利耶②（活跃于约公元前 300 年）曾建议将下毒作为一种重要的治国手段，他在《政事论》中建议，可以让名妓趁着她们的恩客睡着时对其投放慢效毒药，这种办法特别有用。[62]当然，有证据表明，阿里斯图·贾赫准备考虑更具有戏剧性的手段，而不是简单的窥探和窃听。有一次，海德拉巴的两个重要人物从尼查姆的领地逃到浦那，因为阿里斯图·贾赫发现他们正在密谋暗杀他。他采纳了一种非常具有现代情报机构色彩的办法，命令"对这两个阴谋家的行动进行最严格的监视，若有合适的机会，就把他们擒获，用马或骆驼火速押解到海德拉巴"。[63]

---

① 皮尔（Pir）是波斯语，字面意思是"长老"，是对苏非派精神导师的敬称，在阿拉伯语中被称为哈兹拉特或谢赫。

② 考底利耶的原文为 Chanakya 或 Kautilya。为了纪念他，现代新德里的使馆区被命名为考底利耶区（Chankyapuri）。令人糊涂的是，那里还有一条考底利耶路（Kautilya Marg）。——原书注

尼查姆不是唯一在海德拉巴雇用线人的人：好几个不同的团体都有自己的间谍网络。例如，雷蒙成功地在英国军营中安插了一名间谍。詹姆斯·柯克帕特里克虽然通过自己在法国军营中的间谍知道了这个人的存在，但还没有办法将其逮捕。此外，詹姆斯还不知道，蒂普苏丹成功地在常驻代表府安插了一名线人，他在这个时期一直忙于从常驻代表府的办公室抄录敏感文件，并通过"法基尔"将这些文件送到塞林伽巴丹。这个所谓的"法基尔"是尼查姆的侄子，名叫伊姆蒂亚兹·奥姆拉，他是宫廷中亲蒂普苏丹派的首领。[①] 詹姆斯有一次风趣地称"法基尔"为"神学博士"，[64]但他并没有低估伊姆蒂亚兹，认为后者是自己在宫廷内部最可怕的敌人。[65]

詹姆斯知道，秘密在加尔各答和海德拉巴之间的某个地方被泄露出去，但他还没有意识到自己的办公室要为这些泄密事件负责。不过，他采取了预防措施，几乎所有的政治敏感书信都是用密文写的。[②]

詹姆斯采取这种预防措施是对的，因为他不断发现有证据表明，常驻代表府的事务缺乏安全保障。当米尔·阿拉姆的堂兄弟阿卜杜勒·拉蒂夫·舒什塔里告诉詹姆斯，他即将收到来

---

① 伊姆蒂亚兹被称为法基尔是因为"有一次他短暂失宠的时候穿上了法基尔即托钵僧的服装，并且后来继续这么打扮"。关于法基尔，见 James Kirkpatrick, 'A View of the State of the Deccan, 4th June 1798', Wellesley Papers, BL Add Mss 13582, f. 38, pt 11。——原书注

② 不过他不需要像他的前任，即他的哥哥威廉的朋友约翰·肯纳韦做的那么极端。据肯纳韦说，在迈索尔战争期间，为了确保万无一失地避开蒂普苏丹间谍的窥探，海德拉巴常驻代表写的信"都是写在一张可以插入一根羽毛管的纸上的"，然后羽毛管被塞进信使的体内；即便这样，还是不保险。Kennaway Papers, Devon Records Office, Exeter. Kennaway to Lieutenant Colonel Harris, 16 August 1790. ——原书注

自加尔各答的一封信，而这封信还没有实际到达时，詹姆斯感到非常震惊。更令人担忧的是，当时在尼查姆的非正规骑兵部队服役的新兵威廉·加德纳设法在詹姆斯之前发现了韦尔斯利关于新条约细节的一些决定。[66]詹姆斯认为泄密发生在马德拉斯，于是愤怒地写信给他的哥哥威廉，说马德拉斯缺乏安全保障，特别是他对付雷蒙的计划的细节在海德拉巴很快就成为公开的秘密。[①]又过了一年，詹姆斯才意识到自己的幕僚中有内奸。[②][67]

不过，柯克帕特里克在间谍游戏中并不是纯洁的。他在海德拉巴的最早工作之一就是建立自己的线人网络。在尼查姆的宫殿里，他安插了一些间谍，很可能是"布拉伦"（burarun）。正如当时另一位英国情报官员描述的那样，"布拉伦"指的是"女佣或后宫奴仆，每天收集一些并不总是适合向全世界公布的小道消息［往往是丑闻］"。[68]詹姆斯还贿赂王宫的清洁工，让他们传递尼查姆内室的信息和文件。他的信中经常提到"我从王宫内部得到的信息"。[③]

---

① 1798 年 9 月，詹姆斯写信给威廉："考虑到［韦尔斯利］勋爵向哈里斯将军［在马德拉斯的英军指挥官］传递他的计划时是严格保密的，并且哈里斯将军在这个话题上对自己身边的人也一言不发，所以我认为，消息如此完整地泄露的唯一解释，就是哈里斯将军将韦勋爵的信交给［马德拉斯的］办公室的某人来解码，而这个人泄密了。"——原书注

② 一年后，塞林伽巴丹陷落之后，英军在蒂普苏丹的宫里发现了詹姆斯的大量私人信件和公函的抄本。See OIOC, F228/11, p. 192, 5 August 1799. ——原书注

③ 1806 年，詹姆斯的继任者正是依靠尼查姆的一名清洁工从宫殿垃圾箱里拿来的在海德拉巴的东印度公司印度兵写给尼查姆的密信，才得以将一起大规模的阴谋消灭在萌芽状态。New Delhi, National Archives, Hyderabad Residency Records, Vol. 71, from Neil Edmonstone to Thomas Sydenham, 14 October 1806. See also Sarojini Regani, *Nizam - British Relations 1724 - 1857* (New Delhi, 1963), p. 197. Also Delhi National Archives, Secret Consultations, Foreign Dept, 1800, No. 20, p. 1. ——原书注

但从他的书信来看，詹姆斯似乎不太可能愿意使用更阴险、更不择手段的方法。因此，当 1798 年 3 月 25 日上午，年仅四十三岁的雷蒙将军突然死亡且死状可疑，所有的证据都指向某种令人极其痛苦的慢效毒素或毒药时，我们完全有理由相信，詹姆斯和其他人一样感到惊讶。

也许阿里斯图·贾赫并不感到惊讶。他眼睛都不眨一下，就在当晚宣布没收雷蒙的大量地产。

雷蒙被安葬在海德拉巴城外马拉克佩特的一座山顶上，在一座完美的古典希腊风格墓中长眠。这座墓俯瞰着他建立并领导的法国兵站。墓旁立着一座方尖碑。墓和方尖碑都没有任何宗教的标识，只有雷蒙的水烟筒上也有的那个简单的交织字母图案，即构成环形的斜体的 "JR"。①

雷蒙的位置由他的副手让-皮埃尔·皮龙接任。皮龙比自己的老上司更粗暴，也不如他聪明老练。皮龙缺乏雷蒙的魅力，也不善于掩饰自己的情感和野心。他接替雷蒙后的第一个举动，就是给为辛迪亚效力的法国指挥官送去了一棵白银的"共和树"和一顶"自由帽"。在浦那的英国间谍向加尔各答报告此事之后，韦尔斯利就越来越偏执地相信，一个全球性的

---

① 这座墓在 2002 年 3 月被莫名其妙地摧毁了。印度考古学会承诺要重建它。——原书注

共和主义阴谋正在酝酿之中,这促使他加快实施在海德拉巴消灭法国势力的计划。[69]

詹姆斯向加尔各答报告了雷蒙的死讯,并写道,尽管其创始人已死,但法国军团仍然不容小觑。

> 指挥这支人数众多、纪律相对来讲不错、装备精良的步兵队伍的军官们,不仅大部分人本身就是凶暴的共和主义者,甚至还设法把他们对英国人的敌意灌输给他们的部下,其中的许多人,特别是土著军官,都曾是本地治里的印度兵。法国军团通常用的武器肯定不是最好的,但据我得到的消息,仓库里有完整的成套的备用武器,准备在紧急情况下发给他们。[70]

后来发现法国军团的仓库里有足够的装备来武装一万两千人的部队,这也是雷蒙的愿景和野心的体现。[71]不过,詹姆斯很快就意识到,雷蒙的死会使他的工作变得更加轻松。他首先察觉到,在仲夏时节,法军营地的日常工作中悄然出现了懒惰的迹象。六个月后,就在加尔各答终于同意了他的新条约文本之后,他回顾了关于法军营地的情报,在给威廉的信中写道:"自从皮龙接任法国军团的指挥官以来,那里的工作照常进行,每天的执勤细节也没有任何改变。不过,在雷蒙时期,部队的警惕性更高,因为雷蒙总是在军营之外布置间谍,向他通风报信。而皮龙没有雇用一个跑腿或间谍。"

詹姆斯写道,这是好事,因为从海德拉巴以外传来的消息相当令人沮丧:"今天的消息是,法国人在欧洲取得了胜利,已经完全羞辱了英国人,而且蒂普苏丹已经做好了战争准备,有一万两千名法国官兵在他的一个港口登陆。"

这个消息其实是夸大其词。但确实有一些法国士兵和水手来到了蒂普苏丹的国度，蒂普苏丹很快就给法国驻毛里求斯的指挥官写信，要求派遣更多法国军人。

与此同时，阿里斯图·贾赫正在紧锣密鼓地实施自己的计划，帮助将法国军官从海德拉巴赶走。他的计划是建立两个新的由雇佣兵组成的团，由一对冒险家（分别是爱尔兰人和美国人）领导，这两个冒险家以前曾在浦那的花园监狱看守他。他希望在与东印度公司签订条约以及围捕法国军官之后，在适当的时候把雷蒙军团的大部分普通士兵分配到这两个新的说英语的团里。

其中一个团有五千人，由三十六岁的迈克尔·芬格拉斯组建，他是一个爱尔兰雇佣兵，据詹姆斯说，他"没有什么才干，也没有受过什么教育"。但在詹姆斯眼里，芬格拉斯有一个极大的优点，那就是他不是法国人。阿里斯图·贾赫把他从浦那引诱到海德拉巴，给了他一个奇特的不恰当的头衔"猎鹰"（Nawab Khoon Khar Jung①）。[72]詹姆斯同意这一举措，起初他认为芬格拉斯是一个虽然没什么能力但好脾气的人物，后来才推翻了自己认为芬格拉斯"在精神和身体上都极度虚弱"的看法。[73]

芬格拉斯任命年轻的威廉·林奈·加德纳为自己的副手，加

---

① 字面意思是"饮血者"。——原书注

德纳刚刚和坎贝公主结婚。加德纳出生在纽约州的利文斯通庄园（位于卡茨基尔山和哈德逊河之间），是瑞典植物学家林奈的教子，也是英国海军将领尤托克西特男爵艾伦·加德纳的侄子。他十三岁时，"爱国者"打赢了美国独立战争，于是他不得不逃离新大陆。他的父亲在这场战争中为英国政府效力，打得很出色，而且在战争初期非常成功。詹姆斯起初认为威廉·加德纳"是一个既有荣誉感又有能力的年轻人"。他俩有许多共同点，比如，都娶了印度妻子，都热爱莫卧儿文化。但在加德纳开始钻营，企图取代芬格拉斯成为新组建的部队的指挥官之后，他和詹姆斯就不欢而散。到了11月，詹姆斯写道，加德纳策划了一系列"无理的、恶毒的阴谋，目的是吓唬长官［芬格拉斯］，迫使他辞去指挥官的职务，［所以］把整个部队都搞乱了"。[74]到这年年底，加德纳已秘密溜出海德拉巴，到其他地方去碰运气①。[75]

阿里斯图·贾赫的第二个团是由另一位思想独立的美国流亡者组建的，他来自马萨诸塞州纽伯里波特市，名叫约翰·P.博伊德。他脾气暴躁，有时十分暴戾。[76]博伊德组建和训练了一个一千八百人的团，但在1798年7月因为"桀骜不驯、抗命不遵和不通情理"而被阿里斯图·贾赫开除。[77]他立即带着他的团去了浦那，在那里重新投奔了佩什瓦。②

---

① 威廉·林奈·加德纳最终为东印度公司组建了一个非正规骑兵团，即"加德纳骑兵团"，至今印度陆军中仍然有这个番号。——原书注

② 博伊德后来又和佩什瓦闹翻了，最终返回美国，在1812年战争中出了大丑：他率领两千名美军，被九百名英属加拿大士兵打败。他的这次作战被描述为"毫无可圈可点之处"，而他的一名同袍说他的性格"融合了无知、虚荣和暴躁"。他的另一名同袍给出了同样严厉的评价，说他作为副手还是个亲切友好、值得尊敬的人，但"作为肩负重大责任的主官，就极其优柔寡断，愚蠢透顶"。*The Dictionary of American Biography.*——原书注

　　博伊德、芬格拉斯和加德纳都是阿里斯图·贾赫从马拉塔军队搞来的。总的来讲，为马拉塔人效力的雇佣兵和冒险家是一群既不服管教又不可靠的流氓。威廉·加德纳是一个罕见的例外，因为他受过教育。他的大多数同伴都是来自西方社会最边缘的游手好闲之徒，比如，迈克尔·菲洛兹"是一个出身卑贱的那不勒斯人，品格低劣"，曾在亚平宁半岛当过骡夫；或者路易·布尔吉安，他是一个兼职的烟花推销员，以前是法国的糕点师，"他的厨艺比他的军事才干优越得多"。[78]这些冒险家几乎都是来印度寻求发迹机会的，他们随心所欲地更换雇主、更换阵营。正如詹姆斯所说，"为土著朝廷服务的欧洲人培养出了一种流浪的精神"，以至于没有办法追踪他们的下落。其中最著名的一位，风流倜傥的邓德里奈克骑士，在十五年内改换阵营不少于七次。

　　大多数欧洲雇佣兵接受了印度人的生活方式，有几个人皈依了伊斯兰教。① 安东尼·波尔曼上校原籍汉诺威，"过着印度王公的生活，拥有自己的'后宫'，总是骑着大象旅行，由一队莫卧儿卫兵护卫。他们都穿着同样的紫色长袍，并以英国骑兵团的方式以纵队行进"。[79]

　　这些雇佣兵当中有几个人成了杰出的乌尔都语诗人，其

---

　　① 即便那些没有正式皈依伊斯兰教、仍然保留了一些欧洲生活方式的人，最终也在一定程度上融合了欧洲文化与莫卧儿文化。在阿格拉的天主教墓地（很多欧洲雇佣兵最终被埋葬在这里）最能清晰地看到这一点。死者被并排埋葬在这个亚洲最怪异的墓地之一里，墓地里挤满了一排排小型帕拉迪奥风格的"泰姬陵"。有的墓是货真价实的莫卧儿晚期风格，但大多数墓有令人眼花缭乱的混合装饰元素：巴洛克风格的小天使在波斯文碑文周围嬉戏，有格栅的镂空屏风围绕着欧洲古典风格的拱门。在支撑穹顶的柱子基部的四角，如果是真正的莫卧儿陵墓的话，应该有宣礼塔或至少是小型尖塔，但我们看到的是四个欧洲巴洛克风格的双耳瓶。——原书注

中一位的笔名是法拉苏，他的父亲戈特利布·科伊纳是一名德意志犹太人雇佣兵，母亲是一位莫卧儿贵族女子。据当时的一位评论家说，这位诗人出人意料地留下了"需要使用骆驼来搬运的大量诗歌作品"。[80]其他人继续用欧洲母语写作，从他们的信中可以了解他们令人羡慕的自由游荡生活，有时他们甚至像海盗。波尔曼在考虑是否从一位印度王公麾下转投另一位王公时写信给一个雇佣兵朋友："我相信，这个国家的这部分地区将被送给一些王公，如果发生这种情况，我倾向于自愿到克什米尔去效力，那里有最好的、最美丽的女人……一旦我接到返回的命令，我马上就会到你身边，因为寒冷的夜晚正在来临。我敢说，你和我一样，会觉得能搞到一个美丽的克什米尔女人也很好。我真的认为，这会是一种非常宜人的娱乐活动。"[81]

正是这种野性，这种坚决不按规矩办事的态度，使欧洲雇佣兵与东印度公司官员的关系变得非常棘手和复杂。一方面，他们有很多共同点：他们来自同一文化，都学会了迁就对方。另一方面，像詹姆斯这样的常驻代表靠着自己在宫廷的威望生活，不能与雇佣兵们过从甚密，因为那些人往往是逃兵、罪犯和江湖骗子。詹姆斯语气相当生硬地告诉威廉：

> 我一贯的原则，也是我将来要遵守的原则，就是在形形色色的人面前都要维持我的地位和身份。我很少邀请芬格拉斯部队的任何人，将来也会如此，不仅因为我相信这是我身为常驻代表的责任，而且因为他们是海德拉巴朝廷的仆人，而该朝廷不希望我与他们有密切的交往。我有足够的手段，无须经常见到他们中的任何一个人，就能让那

些人维持恰当的秩序。[82]

除了冒险家、罪犯和逃亡者外，与其他地方一样，芬格拉斯部队中相当一部分雇佣兵是英印混血儿。由于康沃利斯在 1786~1795 年颁布了禁止英国军人的混血子女进入东印度公司军队的法律，越来越多的混血儿（母亲是印度人，父亲是英国军人，但是太穷，无法将孩子送回英国）寻求为印度的某个王公效力。英国人对他们的混血后代越来越深的种族偏见和不屑一顾的态度，触动了法国将军伯努瓦·德·布瓦涅[①]，他是最早为辛迪亚招募雇佣兵并将他们训练成具有强大战斗力的部队的人之一。有一次，德·布瓦涅将一名新近成为孤儿的英印混血儿新兵送到他的一名军官手中，这名军官当时是阿格拉的要塞司令。德·布瓦涅观察到，这个男孩没有人举荐，但"看起来有良好的意愿和倾向，你可以试试他……我已经给你送去了许多这样的年轻人，他们都是欧洲军官的儿子。这让我不禁注意到，很少有［英国］父亲在去世前能为他们的［混血］孩子留下点什么。在加尔各答还有几百人希望入伍，但没有朋友推荐他们，也没有其他办法［从加尔各答到阿格拉］"。[83]

有一个相当不寻常的英印混血儿大约在这个时候来到海德拉巴，想在芬格拉斯的团里谋一个职位，他就是年轻的威廉·帕尔默。他是詹姆斯·柯克帕特里克在浦那的同事威廉·帕尔默将军的混血儿子，母亲是将军的莫卧儿爱妻、德里的贵族女

---

① 原文如此。他是萨伏依人。当时的萨伏依公国后来成为统一的意大利的一部分，不过有部分领土（比如，布瓦涅的家乡尚贝里）在今天的法国境内。而且布瓦涅是以法语为母语的，年轻时也曾在法军服役。

子菲兹·巴克什。年轻的威廉会说流利的波斯语和乌尔都语，也精通英语和法语，在印度和英国都接受过教育，曾在英国伍利奇①军事学院就读，在莫卧儿文化和英国文化中同样游刃有余。他能从一种文化切换到另一种，就像把英式外套换成印度长袍一样轻松。他还非常聪明，具有创业和创新的天赋，后来成为首屈一指的大银行家。

当时，由于与法国军团的对抗迫在眉睫，詹姆斯几乎没有注意到帕尔默来到海德拉巴，只记得"他皮肤很黑，但很聪明，很有教养"。[84]但是，在后来，威廉·帕尔默不仅在柯克帕特里克的故事中发挥了重要作用，而且在自己整个大家族的命运中也扮演了重要角色。

尼查姆阿里·汗最终于 1798 年 9 月 1 日与东印度公司签署了《预备条约》。该条约授权东印度公司除了已经驻扎在海德拉巴的两个营之外，还提供六千名正规军供尼查姆调遣。这些部队将由英国军官指挥，但尼查姆既可将其用于维持国内治安和收税，也可在受到第三方侵略时调动这些部队到境外作战。作为回报，尼查姆每年要向公司支付 41710 英镑的补贴，并遣散法国军团，其军官（连同他们手下的英国逃兵）都要被作为战俘押往欧洲。但条约里没有明确规定如何、何时落实这一点。

---

① 伍利奇是英国伦敦东南部格林尼治区的一个郊区，位于泰晤士河右岸。

条约签订之后的一个月里充满了紧张的气氛，公司的四个齐装满员的营（约六千人）和一队炮兵从贡土尔缓慢地北上，行军150英里到海德拉巴。贡土尔是距离海德拉巴国境最近的由公司控制的城镇，韦尔斯利在两个月前就命令这些部队集结于此，准备随时开往海德拉巴去对付法国人。[85]

随着秘密条约已经签署的消息泄露，阿里斯图·贾赫将芬格拉斯的两个由英国军官指挥的营调遣到了常驻代表府隔壁扎营，这样在法国人发动先发制人的攻击时可以提供一些保护。法国人抢先发难的可能性看起来越来越大。

尽管尼查姆已经在条约上签字，但詹姆斯仍然不相信尼查姆会在新的公司军队到达后真的解散法国部队，于是他开始制定紧急预案，预防法国军团武力抵抗。9月26日，他用密文给威廉写信：

> 事情到了紧要关头，我已经做好了应对困难的准备，无论是阿里斯图·贾赫还是其他人制造困难，无论他们这么做是出于恐惧还是出于其他动机。我已经准备好了，要让他们向我交出法国军官，并随时准备用强制手段尽早地、圆满地办好这件微妙的事情。不过，你大可以放心，如果真的发生困难，我会像你希望的那样坚定不移。我一直认为有必要控制尽可能多的法国军官，所以我一直相信，把全部法国人集中在海德拉巴是上策。如果允许他们分散出去，他们就有可能投奔蒂普苏丹和辛迪亚，那样的话他们会不遗余力地报复我们。[86]

为此，詹姆斯要求阿里斯图·贾赫把法军集中在他们位于海德拉巴的兵站，不要派法军出去收税或执行其他任务。

当然，将全部法军集中在一处，是一个危险的策略。如果法军激烈地抵抗，那么解除他们武装的任务会非常困难。

在这个关键时刻，1798 年 10 月 6 日，当英国增援部队距离海德拉巴仅有三天路程的时候，惊人的消息传到了这座城市：拿破仑·波拿巴在埃及登陆，随后夺取了亚历山大港和开罗两地。

拿破仑对自己的目标非常清楚。1788 年之前，在一本关于土耳其战争的书的页边，他潦草地写道："我们将取道埃及入侵印度，我们将重建通过苏伊士的旧路线，抛弃取道好望角的航线。"他相信自己不会遇到很多困难："只需要法国人的利剑轻轻一碰，英国人商业辉煌的根基就会崩溃。"[87]他从开罗写信给蒂普苏丹，答复了他的求援信，并概述了自己的宏伟战略：

> 您已经知道我抵达了红海之滨，我带来了一支兵多将广、战无不胜的军队，渴望将您从英国人的桎梏之中释放和解救出来。我热切希望利用这个机会向您表达，我多么希望您通过马斯喀特①和摩卡②向我告知您所处的政治局

① 马斯喀特是今天阿曼的首都。
② 摩卡是位于也门红海岸边的一座港口城市，近代曾是世界上最大的咖啡贸易中心。

势。我希望您派遣某个聪明可靠的人到苏伊士或开罗，与我商谈。愿上天增强您的力量，消灭您的敌人！

您的……

波拿巴[88]

这正是雷蒙期待已久的、针对英国在东方利益的那种富有想象力的攻势，而这番攻势对他来说仅仅晚了三个月。尽管如此，它立即改变了海德拉巴的复杂局面，让原本在兵站内意志消沉的法国人大为振奋，并给詹姆斯等英国人带来了极大的焦虑。在浦那，为马拉塔服务的法国雇佣兵也做好了援助祖国的准备；他们的共和派新指挥官甚至向波拿巴送去了一份详细的入侵计划。在浦那的法国人、前糕点师路易·布尔吉安在多年后写道：

> 几个法国人讨论了这次远征和给予支持的可行性……波拿巴将军将沿着亚历山大大帝的足迹进入印度，不是作为毁灭性的征服者……而是作为解放者。他将永远把英国人从印度驱逐出去，一个也不留，并剥夺他们在这个辽阔国家的取之不尽的财富，使亚洲、欧洲和整个世界恢复独立、和平与幸福。这些计划并非空想。印度的所有王公都渴望法国的干预，而英国人的劲敌蒂普苏丹还活着……[89]

在海德拉巴的英国人虽然会对上述反英谩骂提出异议，但他们也很清楚，波拿巴的目的完全可能轻易地实现。不仅没有足够强大的英国海军单位守卫马拉巴尔海岸的各港口，而且从埃及沿红海而下的旅程也很容易。正如詹姆斯在写给哥哥威廉

的信中所说，威廉·林奈·加德纳几个月前来到海德拉巴时走
的正是这条路线。詹姆斯写道：

> 我越是想到法国人这次该死的埃及远征，就越是不
> 安，如果法国人不惜一切代价地向我们报复，乘大船沿红
> 海而下，在门格洛尔登陆，我丝毫不会惊讶。据我所知，
> 他们可以在苏伊士弄到几千艘木筏，而且据说可以不费吹
> 灰之力就把小船拖过苏伊士地峡。加德纳上尉自己也曾乘
> 船从红海南下，他告诉我，两艘巡航舰就能封锁曼德海
> 峡①，而且在海峡口有一个周长三四英里的无人居住的
> 岛，是易守难攻的天险，如果再以人工建造防御工事，就
> 会固若金汤。在我看来，在目前的情况下，我们务必尽快
> 占领该岛，并想方设法地加强那里的防御；同时，当务之
> 急是一分钟都不要耽搁，派遣一些战舰到那里。[90]

三天后，即10月9日，新的英国部队终于开进了海德拉
巴。与他们一同前来的还有约翰·马尔科姆上尉，他将成为詹
姆斯的新助理，当晚他与詹姆斯在常驻代表府共进晚餐。马尔
科姆出生于苏格兰农民家庭，兄弟姐妹有十七人。他曾以一篇
寄往加尔各答的政治文章吸引了韦尔斯利的注意，韦尔斯利认
为这篇文章"很有潜力"。马尔科姆与詹姆斯相处融洽，但两
人的政治观点截然不同。马尔科姆是韦尔斯利新的"前进政

① 曼德海峡是连接红海和亚丁湾的海峡，位于红海南端，也门和吉布提之
间，其名在阿拉伯语中意为"泪之门"。苏伊士运河开通后，曼德海峡
随之成为具有战略地位的重要海道。目前，这里是世界最繁忙的海道
之一。

策"的热情无悔的支持者，他认为无论何时何地都要尽可能地扩大英国在印度的统治和影响。詹姆斯对这种做法越来越感到不安。随着他的政治观点的改变，他与马尔科姆的关系也发生了变化。[91]

很快又传来了另一条坏消息，让詹姆斯通过恫吓让海德拉巴的法国人自己乖乖放下武器的希望愈加渺茫。英军兵分两路进入海德拉巴，第一个团于 14 日晚在大雨中渡过了穆西河。但第二天早上，第二个团来到河边时，发现河水一夜之间急剧上涨。他们没有办法和第一个团会合。于是，一个团在常驻代表府这一岸，另一个在海德拉巴城和法军兵站所在的那一岸。与此同时，詹姆斯从他的间谍那里得知，皮龙终于知道了英国与尼查姆条约的全部条款，包括废除他的军团的条款。[92]如果他要对英国人先发制人，现在就是最好的时机。

在这个关键时刻，当他们最脆弱的时候，在海德拉巴的英军却被分割成了两部分。

在接下来气氛高度紧张的一周里，穆西河的水位仍然太高，大炮无法安全运过。不过，法国人显然因犹豫不决而陷入瘫痪，仍然没有尝试攻击被一分为二的英军。

由于宫中尚未出现任何迹象表明尼查姆会命令法国人缴械，詹姆斯决定采取主动，写信给阿里斯图·贾赫，正式要求他履行条约的条款。一连几天，詹姆斯没有收到任何答复。除了尼查姆选择离开海德拉巴、躲进他那更容易防御的戈尔康达要塞之外，没有发生任何事情。16 日，詹姆斯写信给他的哥哥："我焦急地等待首相回复我的最后一封信，我想你会同意，我那封信的语气已经非常强硬。如果它不能取得我期待的成功，我就会马上去见他，在得到满足之前绝不离开。"到了

19 日，首相仍然没有答复。詹姆斯已经相信，这种不作为是故意的，波拿巴在埃及取胜的消息正使尼查姆认真地重新考虑自己与东印度公司签订条约的决定。

詹姆斯知道，现在任何犹豫都可能酿成大祸，于是终于在19 日晚上亲自去了戈尔康达，向一脸焦灼的阿里斯图·贾赫发出了最后通牒：如果尼查姆再犹豫不决，他将别无选择，只能下令进攻法国人的兵站。他还让他的间谍们开始工作，并用密文告诉威廉："我正在动用一切力量，防止法国人顽抗，或使其即使企图抵抗也是徒劳的。"[93] 为此，他安排在 21 日上午在法军营地发动一次小规模的兵变，估计它造成的混乱会打乱任何抵抗的企图。他还有其他计谋。他写信给威廉说："我将在这次行动的前一晚做好安排，使［法军］队伍无法携带火炮去任何方向，因为我已经让人把他们牛车的挽具都弄坏了。"[94]

暴力威胁产生了詹姆斯想要的效果。第二天，即 10 月 20日的夜里大约 10 点钟，尼查姆终于向法国军团的官兵发出正式命令，说他已经解除了他们的欧洲军官的职务，士兵们从此不可以服从这些军官。尼查姆写道，如果士兵们继续服从那些欧洲军官，就会被当作叛徒枪毙。

但詹姆斯没有预料到，皮龙居然那么快就决定谈判投降。当天晚上，皮龙派了两名法国军官到常驻代表府告诉柯克帕特里克，他准备投降，并表示"他深知，虽然一般政策可能要求他们离开德干，但他们［希望］作为个人，可以得到恰当的公正和优越的待遇"。[95] 提出了这个唯一的条件之后，他们恭顺地请求派一名英国军官在第二天早上到法国军营去接管他们的财产。但就在这个时候，出现了严重的问题。

詹姆斯没能及时通知他在法军营地的间谍，皮龙已经决定投降。所以当马尔科姆按照原计划在第二天，即 21 日上午来到法军营地，准备监督收缴法军武器时，却发现詹姆斯安排的兵变已经发生了，但其形式与詹姆斯计划的截然不同。法国军官们正要离开营地向英国人投降的时候，印度兵逮捕并囚禁了他们的上司，现在正试图保卫营地。更糟糕的是，马尔科姆被哗变的印度兵抓住了，和皮龙以及其他所有法国军官一起被关押起来。

在当天余下的时间里，詹姆斯一直在等待，看那些印度兵是否会释放俘虏并投降。到了晚上，没有迹象表明他们打算这样做。于是他做出了一个决定：和平解决的唯一希望，就是由他来掌握主动权，恫吓那些印度兵，让他们放下武器。当约翰·马尔科姆在皮龙和其他几名法国军官的陪同下于午夜时分来到常驻代表府后，詹姆斯坚定了对自己上述想法的信心。马尔科姆和皮龙等人是被一小群印度兵从禁闭中救出来的，这些印度兵是英国军队的逃兵，碰巧曾在马尔科姆手下服役，一直很喜欢这位老上司，所以出手相救。

10 月 22 日破晓之前，穆西河的法军兵站那一岸的英军包围了法军兵站，将大炮部署在法军营地上方的山岭，距离雷蒙的墓地不远。另一半英军（在穆西河的常驻代表府那一侧）把大炮架到了马尔科姆描述的"一处巩固的阵地，在皮龙先生的营地后方约 400 码处，与他之间隔着一条穆西河，那里只能由步兵涉水渡过；但火炮可以从河岸向［法军］主要的弹药库和营地的右侧射击，效果极佳"。[96]

天亮之后，法国军团中的印度兵一觉醒来发现自己被包围得水泄不通。上午 9 点，柯克帕特里克表示，如果他们投降的话，他可以给他们发放之前拖欠的全部军饷，并将他们编入芬格拉斯的部队。他们"只有一刻钟时间堆放自己的武器，然后走到营地右侧约半英里处的一面旗帜下，尼查姆的军官在那里竖起了这面'庇护旗'。如果他们不服从，将立刻遭到攻击"。[97]

印度兵们犹豫了半个钟头。两千名英军骑兵在马尔科姆指挥下集结在法军营地的右翼；另有五百名士兵在左侧等候。中路是英军的四千名步兵。现场一片死寂。9点半刚过，法军当中的印度兵终于送出消息，说他们接受条件。柯克帕特里克如释重负。

英军骑兵迅速冲进营地，夺取了法国人的弹药库、仓库、火药工厂、铸炮工厂和大炮，而法军当中的印度兵逃到表示投降的旗帜下。詹姆斯觉得这是"既光荣又凄凉的景象"。[98]几个钟头之内，印度境内最强大的一支法国部队，超过一万六千人，就这样被兵力不到其三分之一的英军解除了武装。整个过程中未发一弹，无人伤亡。

詹姆斯从英国常驻代表府的屋顶用望远镜观看士兵们在整个下午忙着缴械。当晚，他既精疲力竭又兴奋不已地写信给兄长威廉，说："我累坏了，没办法给你写太长的信……"但他想让威廉知道，"解散雷蒙的那支人数上万的军队，是我一辈子见过的最精彩的景象。今晚我从屋顶用望远镜观看了全过程，清楚得仿佛我就在现场"。

两个小时之后他又写了一段附言，报告了更好的消息：威廉有没有听到刚刚从孟买十万火急地送来的喜讯，即"纳尔逊将军赢得了一次辉煌的海战胜利"？在尼罗河河口战役中，纳尔逊在阿布基尔湾几乎全歼法国舰队，令拿破仑将埃及当作稳固的基地、从那里攻击印度的希望化为泡影。这个事态真是惊人。在过去的两个星期里，突然间印度似乎很有可能成为法国殖民地，现在这种威胁同样突然地完全消除了。正如詹姆斯在给加尔各答的信中写的那样，"仅仅三天前，局势还很不乐观"，而如今已经安全无虞，这着实惊人。[99]

在随后的几个星期里，韦尔斯利写信向詹姆斯道贺，正式任命他接替兄长的位置，担任常驻代表，并推荐他去伦敦领取"王家恩宠的标志"，换句话说就是从男爵的爵位。韦尔斯利欣喜若狂，他也有理由高兴，因为公司授予他每年 500 英镑、为期二十年的津贴，以示嘉奖。他在给詹姆斯的信中写道："我对你的判断力、坚定和谨慎表示赞许。"同时韦尔斯利还授予詹姆斯"总督荣誉副官"的身份，这在当时几乎是独一无二的荣誉。

这个消息在 1798 年圣诞节传来。詹姆斯在给威廉的信中说："请允许我向我尊贵的主公［韦尔斯利］表达感激之情，感谢他给予我的新的赞许，我对此十分自豪。"[100]

就在这个时候，在 1798 年 12 月的某个时间，发生了一件对詹姆斯来说意义更大的事情，这件事后来彻底改变了他的人生轨迹，同时也彻底破坏了他与韦尔斯利新建立的关系。

两年前，当阿里斯图·贾赫还被囚禁在浦那、米尔·阿拉姆接管了尼查姆的对英事务时，米尔任命了他的一位年长的波斯亲属担任英军驻海德拉巴分遣队的出纳主管。此人名叫巴卡尔·阿里·汗，头衔为"阿基勒·道拉"，意思是"国家的第一智者"。这位老人有点耳聋，眼睛也近视，但脾气好、爱开玩笑，很快就受到海德拉巴的英国军官的喜爱。威廉·柯克帕特里克和他成了很好的朋友。在离开海德拉巴之前，威廉曾给默苏利珀德姆的一位朋友描述过巴卡尔·阿里·汗：

> 这位先生当之无愧是所有军官的最爱。出于这个原因，也因为他是米尔·阿拉姆的亲戚，是对我国非常热情的朋友，我恳请你尽量多多关照他。你会发现他是一个非常快活的健谈的人。如果你爱好波斯诗歌的话，他更是一个讨人喜欢的伙伴，因为他精通诗歌，信手拈来，如数家珍。他在晚饭后（秘密地）喝三杯酒，只要没有黑脸的家伙在旁边看；而且在女士们中间，他非常殷勤，非常绅士。简而言之，虽然你去过勒克瑙的宫廷，但我想你在认识他之后会相信，在亚洲人当中很少能遇到他这样的有趣人物。[101]

巴卡尔·阿里·汗有一个女儿，是一个年轻的寡妇，名叫莎拉芙·妮萨，她在丈夫迈赫迪·亚尔·汗去世后，带着两个十几岁的女儿回到了娘家。这在当时是不寻常的事情。[102]和她父亲一样，莎拉芙·妮萨似乎对英国人很有好感，经常邀请公司军官的太太们到她的深闺做客。英国太太们则说，她"极不寻常，没有她的教派的信徒常有的偏见"。[103]

虽然巴卡尔·阿里只是莎拉芙·妮萨两个女儿的外祖父，没有法律义务对她们负责，但老人还是慷慨地承担了为外孙女安排婚姻的责任。① 在印度，这始终是一种代价昂贵的责任。到 1798 年底，巴卡尔·阿里·汗已经为两个姑娘谈妥了婚事，对象都是海德拉巴贵族。两个女孩中年纪较长的娜齐尔·妮萨的婚礼在 12 月的某个时候举行。詹姆斯出席了婚宴。

他对此事的描述非常简短，几乎没有透露任何信息。他只是向威廉偶尔提及此事，说巴卡尔的妻子杜尔达娜夫人曾请求贷款，以帮助支付婚礼的费用。考虑到这个家庭对英国人的忠诚，詹姆斯"给她提供了一笔贷款，作为杜尔达娜夫人的外孙女的嫁妆的一部分。请问，我做错了吗？"[104]

但詹姆斯到了婚礼现场后，几乎肯定产生了别的想法。因为，据莎拉芙·妮萨说，詹姆斯已经从一名公司军官的妻子那里听说了她新订婚的小女儿海尔·妮萨的非凡美貌，那位军官太太曾在海尔·妮萨母亲的深闺见过她。四十年后，已经八十岁的老妇人莎拉芙·妮萨还记得：

> 我父亲是尼查姆政府任命的出纳主管，负责为英国绅士们服务。由于他担任这个职务，一些英国绅士惯于到他家休闲娱乐。有一次，达拉斯上校举行了一次娱乐活动，大约有二十位绅士偕夫人来到我父亲家里。达拉斯上校的太太来到女眷深闺，看望我们这些女士。她非常喜爱我的女儿，说我女儿让她一下子想起了自己的妹妹。达拉斯太太回家后，向哈施玛特·忠格·巴哈杜尔〔即詹姆斯·

---

① 莎拉芙·妮萨在丧夫之后回到了父亲家中的女眷深闺，并且是巴卡尔·阿里·汗而不是她的婆家人（尤其是她亡夫的长兄米尔·阿家杜拉）负责两个姑娘的婚姻大事，这也许说明迈赫迪·亚尔·汗家族与头脑聪明、思想独立的莎拉芙·妮萨发生了某种冲突。——原书注

柯克帕特里克] 称赞了我女儿的美貌。此后柯克帕特里克中校就一心想见我女儿。[105]

只有一张海尔·妮萨当时的画像留存至今，而且是 1806 年的画像，是巴卡尔·阿里·汗为达拉斯上校举办娱乐活动的整整八年之后。然而即使在那时，当她二十岁左右的时候，海尔·妮萨看起来仍然只是一个孩子：优雅、精致、害羞，拥有瓷器般光洁的皮肤、椭圆形的面庞和睁大的深棕色眼睛。她的眉毛又长又弯，有一张饱满、怯生生、富有表现力的嘴，好像马上就要露出笑容。嘴的下方有一个小小的瑕疵，那是真正美丽的标志：一个小小的红色雀斑，略微偏离中心，紧靠着下巴尖端的上方。不过，在这一副天真无邪的表情中却蕴含着一种力量，嘴唇和深邃的目光中透着一种任性，若是在一张不那么文静的脸上，这可能会被理解为反抗的斗志。

一部较晚的海德拉巴史书告诉我们，正是在娜齐尔·妮萨的婚礼上，海尔·妮萨第一次看到了詹姆斯·柯克帕特里克，而且是从一幅帘幕之后看到的：

> 偶然间，常驻代表和 [巴卡尔·阿里·汗较小的外孙女海尔·妮萨] 小姐看到了对方，一见钟情……据一些老人说，柯克帕特里克先生仪表堂堂，而 [海尔·妮萨的] 俊俏妩媚在整个德干地区都很有名……由于宗教信仰不同，他们不可能结婚。根据伊斯兰教法，穆斯林男子可以娶基督徒女子为妻，但穆斯林女子不能嫁给基督徒 [此外，海尔·妮萨已经和别人订婚]。当他们的爱情故事为公众所知之后，引起了普遍的轰动。

海尔·妮萨小姐的亲戚自然非常愤怒，有一段时间，这对恋人的生命处于危险之中，但无论恐惧还是失望，都不能抑制他们对彼此的热情。人们在他们的爱情道路上设置的每一个障碍，似乎都会使他们的激情更加汹涌澎湃……[106]

第四章

波斯古城舒什塔尔位于现代伊朗和伊拉克的边界，在伊朗西南部的荒原之上。舒什塔尔的一侧是通往底格里斯河的沼泽地，另一侧是干旱而崎岖不平的扎格罗斯山脉，紧靠着一座狭窄高原的边缘，就在卡伦河与它的一条支流汇合处附近。

在古典时期，这座城镇非常重要。罗马皇帝瓦勒良在公元260年被波斯皇帝沙普尔一世打败并奴役，他的余生都被囚禁在舒什塔尔，为建造一座巨大的水坝而劳动。这座大坝至今屹立不倒，但该地区已然衰落，曾经富饶的农田早已化为蛮荒。不过，尽管一贫如洗，舒什塔尔还是设法保住了高雅的文化。数百年来，许许多多受过高等教育的戴黑头巾的"赛义德"从这座小镇走向什叶派世界的各地，从卡尔巴拉到勒克瑙和海德拉巴。他们以精通数学、天文学、尤那尼医学、什叶派法学以及其他更为晦涩难懂的深奥学问而著称。他们作为诗人和书法家的才华也闻名遐迩。[1]

大约在1730年，舒什塔尔年轻的穆智台希德①赛义德·礼萨离开舒什塔尔，到莫卧儿帝国打拼。向东的道路历史悠久，有很多人走过：舒什塔尔的清真寺是波斯最古老的清真寺之一，可追溯到公元868年，是用中世纪的舒什塔尔商人从印

度带来的印度黄檀木建造的。在波斯与印度第一次贸易接触后的几个世纪里，一代又一代的波斯人受到印度各伊斯兰宫廷的欢迎，他们在那里被尊为高雅文化的传承者和光辉文学传统的继承者。①

赛义德·礼萨追随这一长串波斯移民（其中有学者、军人，也有江湖骗子）的脚步，来到了德里。在那里，他在莫卧儿皇帝的首相家中服务，这位首相也是波斯流亡者，名叫阿布·曼苏尔·汗·呼罗珊尼，后来他的头衔是萨夫达尔·忠格，他的宏伟陵墓是德里最后一座伟大的莫卧儿纪念建筑。

二十年来，赛义德·礼萨一直在莫卧儿帝都的宫殿里工作。但随着帝国在一连串昏君的统治下分崩离析，随着德里慢慢陷入混乱，赛义德·礼萨决定返回家乡舒什塔尔。因为取道喀布尔和坎大哈的陆路交通被战火阻断，他决定南下德干，希望从那里搭上一艘船，从波斯湾返回波斯。但通过偶然的机会，他在海德拉巴遇到了尼查姆阿里·汗的父亲尼查姆·穆尔克。尼查姆被赛义德·礼萨的学识和正直打动，于是劝说他在尼查姆的庇护下继续留在印度。赛义德·礼萨定居在海德拉巴的伊朗巷，这是一个波斯流亡者的小聚居地，离查米纳塔门不远，藏

---

① 他们还以"提携乡党"和夸大其词地吹嘘自己和自己的出身而闻名。有很多故事说，过了边界进入印度之后，最卑微的盐贩也假扮波斯贵族，从而得到莫卧儿皇帝赏赐的大量地产。Ellison Banks Findly (trans. William Irvine)，*Nur Jehan: Empress of Mughal India* (New Delhi, 1993)，p. 9; Niccolao Manucci, *Storia do Mogor, or Mogul India, 1653 – 1708* (London, 1907)，Vol. 1, p. 171. 阿卜杜勒·拉蒂夫·舒什塔里（赛义德·礼萨的侄子，也是我们了解赛义德·礼萨旅行经历的资料来源）曾被指控在《给世界的馈赠》里夸大了他所在氏族的重要性。See the essay by Ahmad Kasravi, 'Ham dozd ham dorugh' (Not Only a Liar but a Plagiarist), in *Peyman*, Vol. 1, No. 3, 1312AH. ——原书注

在布尔哈集市的狭窄小巷后面。赛义德·礼萨的妻子在那里生下了儿子阿布·卡西姆,历史上他被称为米尔·阿拉姆。

赛义德·礼萨在晚年放弃了世俗的牵挂,专注于祈祷和斋戒。据他的侄子说,这位老人"拒绝了所有的公职。无论尼查姆·穆尔克如何劝他接受海德拉巴政府的职位,甚至是大法官的职位,他都一律谢绝。在他去世前大约十五六年,他越来越渴望退隐,越来越主动地与俗世隔绝。他终日独处于祈祷室,披上苦行僧的斗篷,终生礼拜,寻求真神"。[2]他于1780年去世,葬于神圣的米尔莫明陵园,在伟大的什叶派圣人沙·奇拉格的墓旁长眠。

就在哀悼赛义德·礼萨的四十天里,年轻的米尔·阿拉姆第一次见到了阿里斯图·贾赫。此时阿里斯图·贾赫已经五十多岁,是海德拉巴最有权势的官员;米尔·阿拉姆将近三十岁,是一位德高望重的神学家的儿子,虽然身无分文,但很有才华。首相在哀悼的第三天亲自来参加赛义德·礼萨的追悼仪式,把年轻的米尔·阿拉姆拉到一边,确认他拥有父亲的地产的继承权。米尔·阿拉姆用一句精美的波斯语对句回答,称赞首相的智慧。阿里斯图·贾赫既慧眼识才,又酷爱诗歌,意识到米尔·阿拉姆是个前途无量的年轻人,于是邀请他成为自己的幕僚。不久,他就任命米尔·阿拉姆为私人秘书,让后者负责起草自己的通信和日志。[3]

从体格上看,米尔·阿拉姆是个瘦弱的年轻人,当他站在阿里斯图·贾赫身边时,反差尤其强烈。阿里斯图·贾赫魁梧和粗壮的体型凸显了他的新秘书的清瘦。米尔·阿拉姆的面容显得严肃而聪颖,鼻子长而直,小胡子一丝不苟地涂着蜡。他的肤色白皙得惊人,这是他的波斯血统所致。而他那戒备、警觉的表情最引人注目。他仿佛始终保持警惕，时刻在捕捉机会。见过他的欧洲人大多会得出这样的结论：这是一个聪明绝顶、野心勃勃的年轻人。詹姆斯·柯克帕特里克在他们第一次见面时就被他深深地打动了。詹姆斯在给韦尔斯利的信中写道："作为学者，他无与伦比；而作为实干家，他很少有对手……他的文风以雄健而敏锐，并且十分优雅而著称。因此，当国家的重要文件需要特别谨慎地起草的时候，总会动用他的笔杆子。"[4]

而伊斯兰编年史家特别提到了米尔·阿拉姆那所谓"ferasat"的素质。"Ferasat"有时被译为直觉，但在波斯语中有更丰富的含义，指的是对肢体语言的高度敏感，几乎等同于读心术，这被认为是伊斯兰廷臣必备的素质。在东方的伊斯兰社会和政治生活中，它在今天仍然是一种令人钦佩的素质。[5]

尽管米尔·阿拉姆拥有极佳的直觉、智慧和才干，但是，这个人似乎总显得很怪异，仿佛没有感情，仿佛他心里某处有一种令人心寒的麻木。随着米尔的年纪越来越大，权力越来越大，这种潜在的冷酷无情变得更加明显。詹姆斯的助手亨利·罗素后来与米尔很熟，对他的品质没有任何疑问。罗素写道："他的能力非同一般。"但是，罗素也很清楚，米尔具有不寻常的冷酷。罗素说他"没心没肺"，"没有感情，非常怪异……他既不记得自己的义务，也不忘记自己的对手。虽然他总是渴望受人欢迎，希望得到别人的感激，但他对自己的同胞，无论个人还是集体，都没有丝毫同情或怜悯之心"。[6]

不过，米尔·阿拉姆对自己的朋友和家人十分慷慨。当他在海德拉巴发迹的消息传到他在舒什塔尔的亲戚那里时，好几个亲戚决定从伊朗移民到海德拉巴，为他服务。其中有他的表兄巴卡尔·阿里·汗，他是赛义德·礼萨姐姐的儿子，比米尔·阿拉姆大二十岁左右。巴卡尔·阿里受到米尔·阿拉姆的慷慨接待，被封为"曼萨卜达尔"①，并与海德拉巴的美女杜尔达娜结婚，她出身于该城最有权势的家族之一。[7]后来，巴卡尔·阿里夫妇生了两个孩子，一个是男孩，取名为马哈茂德·阿里·汗；一个是女孩，取名为莎拉芙·妮萨，也就是海尔·妮萨的母亲。

1787年，阿里斯图·贾赫派他的秘书出使加尔各答时，巴卡尔·阿里陪同米尔·阿拉姆去了东印度公司的孟加拉总部，带着一大批骑兵护卫队、七头披挂整齐的战象和七十头骆驼，满载着礼物和物资。在加尔各答，使团受到康沃利斯勋爵的接待，米尔·阿拉姆与总督建立了持久的友谊，总督对他"直率的理智和本能的理解力，以及能言善辩"印象深刻。分别时，康沃利斯向米尔赠送了一根镶有钻石的手杖。[8]

米尔·阿拉姆和他的表兄在加尔各答待了三年，熟悉了英国人的方方面面，并与该城的官员和东方学家们建立了广泛的联系。他们与尼尔·埃德蒙斯通特别亲近，埃德蒙斯通后来成为韦尔斯利的私人秘书和公司情报处的负责人。米尔·阿拉姆和他的表兄出人意料地评价埃德蒙斯通是"优秀的音乐家和数学家"。[9]他们对在威廉堡看到的军火库印象特别深刻："三十万支滑膛枪在这里井井有条地存放着，很容易发放和分配；弹药厂里的人们在忙碌地工作；两三千门火炮已经准备就绪，还有五六千门作为预备，随时可用。"[10]这次访问给米尔·阿拉

---

① 曼萨卜达尔（Mansabdar）是一种莫卧儿官职，他的衔级由他（理论上）可以提供的骑兵数量决定，例如，当尼查姆作战时，两千五百骑级的曼萨卜达尔应当为尼查姆提供两千五百名骑兵。——原书注

姆留下了深刻的印象。在看到这些后，他始终坚信，英国人在印度实际上是不可战胜的；对海德拉巴朝廷和米尔·阿拉姆自己来说，最佳的选择就是尽可能与英国人紧密结盟。

当米尔·阿拉姆和巴卡尔·阿里在加尔各答时，他们听到一个传言，说他们的另一名族人刚从波斯乘一艘英国船抵达。米尔·阿卜杜勒·拉蒂夫·舒什塔里是米尔·阿拉姆的堂兄弟，是赛义德·礼萨的一个兄弟的儿子。他和巴卡尔·阿里·汗一样，从波斯出发，希望投奔米尔·阿拉姆。但与他的表兄弟巴卡尔·阿里不同的是，他留下了一份关于他在印度的旅行和印象的详细而有趣的记录，即《给世界的馈赠》。

他写道：

> 我刚到印度，米尔·阿拉姆一听到这个消息，就花了两三天时间打听我的下落，并找到我。当他在城里时，我大部分时间都是在他的陪伴下度过的：他的兄弟般的友爱弥补了在印度生活的可怕……我的堂兄弟已经成为德干的大埃米尔①之一，有来自阿拉伯世界和波斯世界各地的请愿者向他求助。无论这些人如何紧追不放，他也从不发脾气，总是努力帮他们排忧解难。他的决断力强，思维又敏捷，解决起困难来如同快刀斩乱麻，这一点尤其引人注目。[11]

舒什塔里的《给世界的馈赠》是这一时期留存下来的最有意思的文本之一：这是一个对印度不屑一顾、吹毛求疵而素

---

① 埃米尔是阿拉伯国家的贵族头衔。其最初本意有军事统帅的意思，最早用于哈里发派驻在外的军事统帅及各地总督，亦作为最高级贵族的称号。莫卧儿帝国等非阿拉伯的伊斯兰国家也会用这个头衔。

养很高的移民知识分子对 18 世纪末印度极其直接而生动的描述，有点像 18 世纪波斯版的 V. S. 奈保尔。这本书写于 1802 年，当时舒什塔里在詹姆斯·柯克帕特里克与海尔·妮萨恋爱的丑闻爆发之后立即被软禁，整个舒什塔里家族都处于深深的耻辱之中。阿卜杜勒·拉蒂夫·舒什塔里带着来自高雅波斯文化背景的人的倨傲态度，在这本书里对印度极尽贬低之能事："自从我来到这个国家，我无法叙述我遭遇的所有苦难、欺骗和疾病，也找不到一个我能与之谈话的聪明人……唉，唉，我怎么知道事情会发展到现在这种令人遗憾的田地，而且我还被困在海德拉巴地狱般的恶劣气候里！"

本着这种精神，他把自己的书比作"印度这个黑暗笼子里一只徒劳地哭泣的鸟的飞舞"，并说，"要在海德拉巴生存，你需要四样东西：大量的黄金、无尽的虚伪和嫉妒，以及忍受崇拜偶像的暴发户的能力。那些人搞乱了政府，推翻了历史悠久的名门世家"。不过，尽管有教派偏见和知识分子的傲慢，《给世界的馈赠》仍然是一部观察敏锐、入木三分的作品，它比其他任何现存的文本都更能让海德拉巴宫廷充满阴谋、派系林立的世界跃然纸上。

而且，它还为海尔·妮萨的大家族如何看待她与詹姆斯·柯克帕特里克的恋情提供了最好的资料。

阿卜杜勒·拉蒂夫对南亚次大陆的访问出师不利。抵达印度后，这个爱生气的波斯人记录了他在第一个停靠港默苏利珀德姆目睹的景象。他受到住在那里的一群伊朗奇兹尔巴什①商人的欢迎，他说他"震惊地看到男男女女几乎一丝不挂，街道、市场以及乡间的人们不顾男女之大防，像野兽或昆虫一样厮混在一起。我问东道主，'这到底是什么？''就是当地人而已，'他回答，'他们都是这样的！'这是我在印度的第一步，但我已经后悔来了，自责不已"。[12]

舒什塔里更喜欢加尔各答。他欣赏东印度公司商人美丽的白墙别墅，其中一些别墅"粉刷的颜色像大理石"。他对默苏利珀德姆的脏乱差感到震惊，所以特别赞赏加尔各答的清洁市容。他赞赏地指出："公司安排了七百对牛和大车，每天将街道和市场的垃圾运出城外，然后倒入河中。"

舒什塔里的通篇描述都出人意料地亲英，因为他对欧洲科学很感兴趣，并钦佩英国人的技术成就：《给世界的馈赠》探讨了五花八门的话题，比如，极地探险、重力、磁力、当时正在进行的对人与猴子的科学比较，甚至还讨论了无神论。他对无神论有所触及，但不愿详细讨论，因为他认为这"不适合写在本书里"。[13]他还对这一时期的英国人仍对印度饱学之士深怀敬意感到印象深刻：

---

① 奇兹尔巴什人（Qizilbash），字面意思是"红头"，指的是他们戴着红帽子，而不是说他们的头发是红色的。奇兹尔巴什人是萨非王朝开国君主伊斯玛仪一世的追随者，在16世纪成为什叶派伊朗军队的主力，和萨非王朝的统治一起扩张到阿富汗的赫拉特和坎大哈，在18世纪随纳迪尔沙的军队一起来到北印度。今天的喀布尔、白沙瓦和拉合尔仍然有奇兹尔巴什人的聚居区。在舒什塔里写作的时代，这个词已经不再仅指士兵，还包括商人。——原书注

他们对待白胡子长者和历史悠久的名门世家，无论穆斯林还是印度教徒，都彬彬有礼、十分公平，尊重这个国家的宗教习俗，尊重他们遇到的学者、赛义德、谢赫和德尔维希①……更值得注意的是，他们自己也参加了穆斯林和印度教徒的大部分节日庆典与仪式，与当地人打成一片。在穆哈兰姆月，他们甚至进入哀悼大厅，不过他们不参加哀悼［穆罕默德的外孙侯赛因在公元 680 年卡尔巴拉战役中丧生］。他们对任何教派的有成就的学者都非常尊重。[14]

英国人可能很恭敬，也勤学好问，但据阿卜杜勒·拉蒂夫·舒什塔里说，在个人卫生和高雅文化方面，英国人可以向波斯人学习很多。英国人对他们的头发所做的事情让舒什塔里尤其感到惊恐，因为英国人"把他们的胡子剃光，把头发扭成马尾辫，最糟糕的是，用一种白色粉末使他们的头发看起来很白"。英国人还不满足于这些恶行，"男人和女人都不剃阴毛，让它保持自然状态"。②[15]

舒什塔里认为，欧洲女人特别怪诞、不道德且任性顽固。他指出：

---

① 德尔维希是伊斯兰教苏非派教团的成员。这些神秘主义者强调通过狂喜、舞蹈和旋转表达献身的情感。德尔维希可以集体生活，也可以在俗；云游四方的德尔维希叫作托钵僧，常被视为具有神奇力量的圣人。

② 与西方人发生亲密接触的受过良好教育的穆斯林总是对这一点感到震惊。12 世纪的阿拉伯知识分子乌萨马·伊本·蒙基德抱怨过十字军统治下叙利亚的西方人这种不讨人喜欢的特点。他讲了一个故事，说他去迈阿赖的澡堂时厌恶地注意到一个法兰克人的阴毛"和他的胡子一样长"。See Francesco Gabrieli, *Arab Historians of the Crusades* (London, 1969), p. 78.——原书注

大多数欧洲女子没有体毛，即便有体毛，也是葡萄酒
色的、柔软且极其精细……因为英国女人不戴面纱，而且
男女儿童一起上学，所以他们很容易恋爱。我听说出身高
贵的英国姑娘有时会爱上出身卑贱的年轻男子，因此引发
丑闻，无论威胁还是惩罚都控制不了她们，所以她们的父
亲不得不把她们逐出家门。姑娘们随心所欲地追逐自己心
血来潮的对象，想和谁一起厮混都可以。伦敦大街上到处
是这样出身高贵，如今却坐在马路上的姑娘。英国人的妓
院设有广告，门口挂着妓女的图画，一夜的服务明码标
价，还列出狂欢所需的器具……[16]

舒什塔里认为，这在很大程度上是美国人（或美洲人）
的错。阿卜杜勒·拉蒂夫可以作为第一个怒斥美国的穆斯林作
家而载入史册。在距今一百八十年的时候，他已经把美国视为
大撒旦：

［在西方］没有一个男人能阻止他的妻子与陌生男人
混在一起……但直到征服美洲之后，允许女子在公共场合
抛头露面的可耻习俗才在法国变得普遍，然后传到欧洲其
他地方。同样，在五年前，在美洲之外，烟草、梅毒和烧
灼的性病在世界上都是不为人知的，而这些问题也从美洲
传到了世界其他地方。

不过，印度的恶劣完全可以与美国/美洲的恐怖相提并论。
舒什塔里对南亚次大陆的许多方面都深恶痛绝，但他最讨厌的
是印度的穆斯林。在他看来，他们已经"土著化"，通过与印

度教徒通婚，或者与从印度教皈依伊斯兰教的穆斯林通婚，不仅吸收了土著的习俗，而且接受了他们的非伊斯兰的道德观："他们接受印度教徒手中的水，使用从他们那里买来的油，吃他们的熟食；而他们却逃避与英国人的一切接触。英国人至少在表面上是有经者①，他们尊重宗教和法律。"[17]

唯一比印度男人更让阿卜杜勒·拉蒂夫·舒什塔里震惊的是印度女人（无论印度教徒还是穆斯林）的行为。在他眼里，这些女人过于放纵自由，根本不懂什么是女德。他详细论述了穆尼夫人的情况，她是孟加拉的穆尔希达巴德邦国的实际统治者："她不是现任统治者的母亲，甚至也不是出身于体面的家庭，而是贾法尔［孟加拉统治者阿里·汗］豢养的一个歌姬，他被她迷得神魂颠倒，于是至高无上的真主为她打开了幸运之门。"

舒什塔里对莫卧儿帝国晚期印度女子的权力感到惊讶。这一点非常重要。伊斯兰教从来不是铁板一块，它总是根据社会和地理环境进行调整。印度教对女人的态度，对她们在社会中

---

① 伊斯兰教所说的"有经者"指的是受神启示者，具体常指犹太人和基督徒。有经者的特征包括：信仰唯一神；有共同的先知，如摩西（天主教称梅瑟，伊斯兰教称穆萨）；信世界末日、死后复活、审判、天堂、天使；相信创造说。由于《古兰经》对有经者的态度并不一致，所以穆斯林对犹太人及基督徒的态度时有不同。在伊斯兰国家，有经者属于受保护的次等公民，至于多神教徒与无神论者则不在受保护之列。

的地位、对她们的衣着和性行为的态度，一直与中东伊斯兰教有根本的不同。但是，在印度，印度教徒和穆斯林共存了几个世纪，这两种并存的文化之间发生了许多思想和习俗的交流。因此，印度教采用了一些伊斯兰教的社会习俗，例如，上层种姓的拉杰普特女子在公共场合戴面纱；印度的伊斯兰教也根据它所处的印度教环境进行了调整；再加上印度的穆斯林统治者经常迎娶印度教徒新娘，就大大加快了这一进程。

随着这种情况的发生，莫卧儿印度的宫廷文化和伊朗萨非王朝文化之间的差距越来越大。与印度女性相比，伊朗女性更受限制，在公共领域活动的能力更弱。而印度由于受到印度教的影响，关于女性纯洁的观念，以及关于女性与世隔绝和保护女性的观念不是那么根深蒂固，也不像伊朗那样把这些观念视为男性荣誉观的核心。[18]因此，印度的穆斯林女子在政治上总是比她们在中东的姐妹发挥着更积极的作用。印度社会，无论印度教徒社会还是穆斯林社会，肯定是非常强调父权、等级森严的。但还是有几个非常强大的印度穆斯林女王的例子：13世纪德里的拉齐娅女王；还有 16 世纪比贾布尔的两位武士女王——昌德·比比和迪尔莎德·阿迦，第一位以骑术闻名，第二位是闻名遐迩的女炮手和弓箭手，从自己要塞的城头一箭射中了胆敢犯境的萨夫达尔·汗的眼睛。[①][19]

而且莫卧儿帝国的公主们往往比舒什塔里在伊朗熟悉的那些与世隔绝的伊朗贵妇人更富有，也拥有多得多的资源来提携

---

① 阿拉伯世界也有一些罕见的女王的例子，如 11 世纪也门的阿斯玛·本特·希哈布·苏莱希亚（Asma Bint Shihab al-Sulayhiyya）。见 Fatima Mernissi 引人入胜的研究著作 *The Forgotten Queens of Islam*（Cambridge, 1993）。——原书注

门客。在沙贾汗的莫卧儿帝都德里，有一半最重要的纪念建筑是由女子主持建造的，尤其是沙贾汗最宠爱的女儿嘉罕娜拉，她独立建造了几座豪宅（包括红堡①内的一座，单是它就耗资70万卢比②）、一座花园、一座澡堂和一座宏伟的客栈；她还设计了整个城市的主要商业街"月光集市"③的布局。[20]

莫卧儿贵族女子也往往比伊朗贵族女子受过更好的教育：莫卧儿贵族女子几乎全都识文断字，在家里由年长的男性学者或"学识渊博的妇人"教导；课程包括伦理学、数学、经济学、物理学、逻辑学、历史、医学、神学、法律、诗歌和天文学。[21]因此，有许多受过高等教育的印度穆斯林公主成为著名作家或诗人：莫卧儿帝国第二代皇帝胡马雍的妹妹古尔巴丹为兄长写了传记《胡马雍本纪》，而她兄长的后代嘉罕娜拉写了印度著名的苏非派圣人穆因·丁·契斯提的传记，还创作了几卷诗歌和她自己的墓志铭。[22]奥朗则布的女儿泽布·妮萨更有学者气质。根据《奥朗则布本纪》（*Maasir i-Alamgiri*）的记载，泽布·妮萨熟记《古兰经》，"精通阿拉伯语和波斯语，擅长各种风格的书法艺术。她一心一意地收集、抄录和阅读书籍。最终，她建立了一家藏书量多到史无前例的图书馆；许多神学家、学者、虔诚信徒、诗人、书记员和书法家通过这种方式享受到了这位女学者的恩惠"。[23]

舒什塔里认为，女人读书就已经够危险的了，但更令人震

① 红堡位于印度德里，是莫卧儿帝国的皇宫，也是政治与仪式中心。红堡始建于1639年，属于典型的莫卧儿风格伊斯兰建筑，紧邻亚穆纳河，因整个建筑主体呈红褐色而得名。
② 相当于今天的420万英镑。——原书注
③ 月光集市（Chandni Chowk）是印度旧德里最古老繁忙的集市之一。据说因月光倒映在水渠中而得名。

惊的还是这些受了过度教育、思想独立的印度女子的行为举止。他对自己在旅行中接触到的许多与英国人发生关系，甚至通婚的印度女子感到特别惊恐：

> 不道德的印度教徒和被他们荼毒的穆斯林女子，居然自愿与英国人结为夫妻。而英国人不干涉她们的宗教，也不强迫她们摘掉面纱；这样的异族通婚生出的儿子到四岁后，就被从母亲身边带走，送到英国去受教育。有的女儿被留在母亲身边，由母亲以自己的方式教养，然后再嫁给穆斯林，这个穆斯林女婿会得到一个职位；英国父亲也会给女儿留下一些遗产。当孩子们到了可以自行决定的年龄，他们就可以自己选择宗教。[24]

其实，这种做法并不是什么激进的殖民主义措施，而是印度古老传统的一部分。在印度宫廷，长期以来，为统治者提供妻子或姜室，一直是一种攀升的手段。随着英国人在整个南亚次大陆崛起，将印度王公贵族家族的女子嫁给英国人，在政治上变得越来越合时宜，这样可以将英国人，尤其是英国常驻代表们捆绑在印度的政治体系中，并获取一定程度的机遇和影响力。例如，威廉·林奈·加德纳很坦率地说，他的求婚最终得到了女方家人的同意，是因为他们"经过深思熟虑，认为大使［即加德纳］是一个极有影响力的人，不能拒绝他的请求，于是年轻的公主被许配给他"。[25]

在英国男人和印度女人之间频繁产生的婚恋关系，以及舒什塔里对这种关系的惊恐态度的背后，隐藏的不仅仅是对性别的不同态度，还有印度和伊朗对浪漫爱情与性行为截然不同的态度。在印度，性一直被认为是正当的研究主题，并被视为美学研究的一个重要组成部分：srngararasa，即情欲的滋味（rasa），是构成印度教美学体系的九种"滋味"之一。在印度教徒和穆斯林的宫廷里，人们对性并不感到尴尬，一个突出的表现就是大量细密画和绘画确切地显示如何最充分地享受这种"滋味"。这与中东伊斯兰世界的情况真是天差地别，因为中东伊斯兰教极其严格地禁止以任何形式展示生命体的图像。

从 15 世纪到 18 世纪，印度教徒的许多关于爱情和情色的经典被翻译成波斯文，供印度穆斯林宫廷的王公和公主们阅读。值得注意的是，这种翻译和传播工作的主要场所，正是德干高原的比德尔、比贾布尔和戈尔康达等较为国际化而伊斯兰化不太彻底的宫廷。著名的《爱经》（Kama Sutra）和《性爱之乐的花束》（Srngaramanjari）等情色作品被翻译成波斯语或德干乌尔都语。而印度穆斯林作家则在宫廷图书馆的情色书架上增加了新的作品，如《女子之乐》（Lazat al-Nissa）和《春药之书》（Tadhkirat al-Shahawat），这两本书在整个 18 世纪在德干地区被广泛地阅读和抄录。

还有一些文本建议如何在花园内栽培具有感官刺激功能的植物，作为性诱惑的辅助手段；或者，像《王室九味调香》那样，教导人们如何在宫殿卧室内用某些气味来延长和提升性快感：除了在房间内不同高度的位置摆放晚香玉和其他香味浓郁的花束外，作者还建议点燃用枸橼和茉莉花制成的香枝，并掀开床单，让床单吸收香味，这将"十分诱人、令人振奋、给人带来快乐"。[26]

这也不仅仅是情色理论的问题：从游记提供的证据来看，性行为在印度的日常生活和飞短流长中扮演的角色，比在伊朗要公开得多。前往南亚次大陆的旅行者经常带回莫卧儿帝国宫中的浪漫爱情故事，特别是皇子们的故事。皇子们在孩童时期就在后宫自由活动，成年后进入后宫受到限制，但不会被完全禁止入内。皇子们一般会娶宗室女子，并生活在后宫范围之内。据说，他们会充分利用自己的地位去寻芳猎艳。根据 17 世纪威尼斯的庸医尼科洛·马努奇的说法，"在［皇子］头衔的掩护下，他们在公主们和许多贵妇身上满足了自己的欲望"。[27]

如果说莫卧儿印度总体上是这样的话，那么 18 世纪初至 19 世纪中叶的莫卧儿帝国晚期尤其如此。在奥朗则布和尼查姆·穆尔克强制严格执行宗教律法的时代结束之后，人们的态度完全改变了。尼查姆阿里·汗甚至在他的民政机关中设立了一个部门，即"愉悦之主的官衙"（Daftar Arbab-i-Nishaat），专门负责监督和促进舞蹈、音乐和情色事业。[28]与此同时，无拘无束的情色艺术和文学实验也发生了爆炸性的发展：在德里、勒克瑙和海德拉巴，这一时期的诗人写出了自一千七百年前古典时期结束以来印度最大胆的情色诗歌。

这是交际花的辉煌时代：① 在德里，阿德夫人会赤身裸体地参加派对，但她的人体彩绘如此巧妙，以至于没有人注意到她竟然一丝不挂："她用形似睡衣的美丽图画装饰她的腿，而不是真的穿上睡衣；在袖口的位置，她用墨水画出花朵和花瓣，就像最高档的鲁姆布匹上的图样。"她的对手努尔·白极受追捧，以至于每天晚上莫卧儿达官贵人的大象都会把她家门

---

① 最有名的交际花是勒克瑙的乌姆拉奥·詹·阿达。米尔扎·穆罕默德·哈迪·鲁斯瓦的小说《勒克瑙的交际花》，以及近期穆扎法尔·阿里的电影让她名垂青史。库什万特·辛格（Khuswant Singh）和 M. A. 侯塞尼（M. A. Husaini）近期将鲁斯瓦的小说译为英文，质量相当好。——原书注

外的狭窄小道完全堵死；即便是最高级的贵族也要"送上一大笔钱才能进她的家门……谁要是被她迷住了，就会被吸进她无度索取的旋涡，给他的家族带来毁灭……只有当一个人拥有财富可以馈赠她时，才能享受到与她相伴的乐趣"。[29]

努尔·白在海德拉巴的同行是玛·拉卡·白·昌达，她是米尔·阿拉姆的情妇，也是这个时代最著名的美人。[30]她的智慧和天下无双的舞姿同样闻名于世。据舒什塔里说，年轻的米尔·阿拉姆一见到她，立即"爱上了这个面如皎月的美人儿①，甩掉了学者的庄重矜持。在青春年少、春意盎然的日子里，他的心绪被她诱人的美貌和妖娆的魅力扰乱，以致他只能想着爱情和诗歌，很快就病倒了。他花了三个多月的时间才康复，重新开始学习和教授伊斯兰教课程"。[31]

玛·拉卡·白不仅仅是魅力四射、勾魂摄魄的。她被广泛认为是海德拉巴当时最伟大的诗人，她的作品被远在德里和勒克瑙的鉴赏家收藏。她建立了一家著名的图书馆，里面摆满了艺术和科学方面的书籍，并委托创作了《马哈纳马》（Mahanama），这是一部重要的关于德干高原的新史书。后来她自己也成了文人墨客的重要赞助人。[32]尼查姆对她的智慧极为依赖，所以在海德拉巴的女子中，只有她一个人获得了高级贵族的地位，这样她就可以参加宫廷会议，就国家政策为尼查姆出谋划策。[33]她还身着男装随尼查姆出征，以骑术、弓箭甚至标枪的本领而名声大噪。难怪柯克帕特里克的助手约翰·马尔科姆称她为"非凡的女性"，也难怪海德拉巴的智者卡德拉特·乌拉·卡西姆写道，她是"肉体和

---

① 这是舒什塔里使用的一个比较弱的双关语：玛·拉卡的笔名"昌达"是月亮的意思。——原书注

灵魂的独特组合"。[34]

　　玛·拉卡的诗歌是这一时期大部分诗歌的典型代表，主要谈的是爱情的乐趣。此时，诗人们发展出了一整套全新的乌尔都语和德干语专业词汇和比喻，来表达诗人的欲望：心爱的人的手臂被比喻成莲花茎，她的鼻子被比喻成缅栀花的嫩芽，她的大腿被比喻成香蕉茎，她的辫子被比喻成恒河，而她的"Rumauli"被比作哥达瓦里河。"Rumauli"这个词被创造出来，用来描述从女人肚脐以下延伸出的一条淡淡的绒线。本着这种精神，奥德诗人肖克（1783~1871）写了一整套关于情爱主题的玛斯纳维，题为《爱的诡计》和《爱的春天》，而他的同代人纳西克用这样的墓志铭总结了他一生的创作：

> 我酷爱女人的乳房，
> 它们形似石榴，
> 那么在我的坟墓，除了这些，
> 不要种植别的树木。

　　这种诗歌并不是每个人都喜欢的：伟大的德里诗人米尔①表示，他认为大多数勒克瑙诗人都不会写诗，最好还是"只顾着亲吻和流口水"吧。但是，这种肉体的颓废情绪从诗人的诗歌座谈会传到了其他艺术家的工作室，例如，裁缝们辛勤地制作更加透明和暴露的"乔丽"胸衣，它们都是些奇妙的轻盈织物，名为"织风"（baft hawa）、"流水"（abe-rawan）

---

① 米尔·塔齐·米尔（1725~1810）是莫卧儿印度的乌尔都语诗人，对乌尔都语的发展有很大贡献，常被认为是最伟大的乌尔都语诗人。

和"夜露"（shabnam）。

类似的关注激发了细密画家的创作灵感。在海德拉巴，尼查姆阿里·汗时期的艺术家创作的细密画挖掘了许多前伊斯兰时代印度艺术的古老情色脉络，尤其注重描绘芳香扑鼻、如同人间天堂的德干花园中的审美愉悦。在这些细密画中，艳丽的名妓就像南印度石雕中的裸体药叉女①和飞天女神②一样丰满妖娆，侍奉着浑身珠光宝气的王公，他们仿佛是从附近巴达米的古印度教洞窟雕塑的墙上走下来的。这些女人抽水烟，在长长的花园水池里戏水，饮酒，逗弄鸽子；或者在月光下的雨季夜晚荡秋千，听音乐，在大理石的亭子里嬉戏。莫卧儿帝国高雅艺术中的狩猎和战斗场景都消失了。一位印度艺术史家颇为惊讶地评论道："很难解释它们为何突然从画家的主题清单中消失了，但这表明对艺术赞助人来说，重要的是女人，而不是狩猎或战争。"35

在舒什塔里的波斯，没有任何东西可以与这种追求享乐的精神相比。因为与莫卧儿帝国晚期印度的纵情声色和颓废形成强烈对比的是，中东人对浪漫爱情的态度更接近东方基督教的观念（伊斯兰教早期的许多观念就是在东方基督教的环境里形成的），强调肉体的罪恶、性行为的危险，甚至在极端情况下，将禁欲和守贞理想化。在伊朗文学中，爱情通常被描写成一种有害的、痛苦的和危险的状况。其中一个典型是，在伟大的波斯史诗《蕾莉与马杰农》中，马杰农被他对蕾莉的爱逼

---

① 药叉女（Yakshi）是印度教中主管生育的仙女，往往与圣树和圣池有关联。——原书注

② 飞天女神（apsara）是印度教众神的情人和舞女，天堂的情欲幸福分配者。——原书注

疯了，最后死于憔悴、饥饿和疯狂。[1]

这就是阿卜杜勒·拉蒂夫·舒什塔里赞同的对浪漫爱情的态度。《给世界的馈赠》中包含了对这一主题的讨论，他在其中强调，表示浪漫爱情的波斯语单词"Ishq"的词源是"扼杀人的毒草……医生称 Ishq 为黑胆汁造成的忧郁疾病，唯一的治愈办法是与渴望的对象发生性关系"。[2]

舒什塔里探讨这个问题的时候，他表兄弟的外孙女海尔·妮萨和詹姆斯·柯克帕特里克之间掀起轩然大波的恋情一定在他的脑海里萦绕。在舒什塔里写这部书的时候，这段恋情已经毁掉了他和他大部分家人在印度获得财富、成功与权力的希望。浪漫的爱情和性满足，确实已经变成了一种毒草，拖垮了所有与之纠缠的人。

因此，这段恋情是一个极其敏感、极其骇人听闻的话题，舒什塔里拒绝直接讨论，只说"在本书中详细叙述这个臭名昭著的事件是不合适的。即便是简要地提到它，也会引起读者的恐惧和厌恶"。但他的叙述令人感兴趣的一点是，他显然没有以任何方式指责柯克帕特里克。相反，他用最热情的语言描述他。"公司代表詹姆斯·柯克帕特里克少校是一个品格良好的人，也是我忠实的朋友。他在海德拉巴郊外居住的地方建了

---

[1] 印度教对爱情的态度又不一样了，不将爱情视为痛苦的事情，而是将其视为一种比喻，帮助人类臣服于全知全能的神。——原书注

[2] 然后他讲了一个故事作为例子。他说这个故事的来源是"可靠的，是瓦拉纳西的一个［伊朗］奇兹尔巴什少年，他在我抵达印度的几年前爱上了一个婆罗门姑娘，于是他在人们洗澡的河坛旁用芦苇搭建了一座小屋，观看那姑娘走到河边来。他们成了情人，但很快就被她的父母分开。于是他们相约殉情，在恒河里淹死，他们的尸体似乎短暂地互相拥抱，然后消失在洪流中。虽然很多人游泳和潜水去寻找，但都找不到他们的尸体"。Shushtari, *Kitab Tuhfat al-'Alam*, p. 554. ——原书注

一座花园：那是一座美丽的花园，我偶尔在他的陪同下到那里去，发现他是一个很有直觉和理解力的人，仅次于我的哥哥。"在舒什塔里看来，那段恋情不是詹姆斯主动发起的，所以他无须对发生的事情负责。

舒什塔里在书中一再强调他的赛义德氏族的独特性，强调内婚制对他们的重要性，强调赛义德男人照顾自己的女人和守护自己的美德的核心职责。然而这里有一个反例，一位优秀的舒什塔里氏族的赛义德，也就是他自己的嫡亲表兄弟巴卡尔·阿里·汗，他来到印度，与一个印度穆斯林家庭通婚，所以在舒什塔里眼里沾染了不道德的印度风俗。结果是：巴卡尔的外孙女投怀送抱的男人不仅是一个非赛义德，而且是一个非穆斯林，是西方人。

舒什塔里暗示，是海尔·妮萨那一方主动的，这才是耻辱所在。

1799 年 1 月，在娜齐尔·妮萨婚礼大约一个月之后，巴卡尔·阿里·汗家里围绕他较小的外孙女海尔·妮萨的婚事产生了严重分歧。

巴卡尔·阿里为这个女孩安排了一门婚事，她当时可能不超过十四岁。史料从未提及这个未婚夫的名字，但他出身于海德拉巴最有权势的贵族之一巴赫拉姆·穆尔克的氏族，并且是米尔·阿拉姆的好友和盟友、一个名叫艾哈迈德·阿里·汗的显赫贵族的儿子。[36]

我们不清楚巴卡尔·阿里家里的女人们反对这门婚事的理由，也许是艾哈迈德·阿里·汗的儿子凶暴、酗酒或不可信赖；也许仅仅因为她们不喜欢他，或认为他配不上海尔·妮萨；也许只是因为巴卡尔·阿里·汗在没有征求女眷意见的情况下就安排了这门婚事，而作为外祖父，他没有充分的权利这么做。在海尔·妮萨的父亲迈赫迪·亚尔·汗去世后，对于女儿婚姻大事的法律责任通常会首先落在她的母亲莎拉芙·妮萨肩上，然后落在迈赫迪·亚尔·汗在世的兄长米尔·阿萨杜拉·汗及其男性亲属身上。[①] 按照通常的风俗，巴卡尔·阿里·汗不应当参与这些事。

也许，女眷的不满是上述所有原因加起来的结果。但不管

---

① 根据 *Nagaristan i-Asafiya* 和 *Yadgar i-Makhan Lal*，莎拉芙·妮萨的丈夫迈赫迪·亚尔·汗和他的兄长米尔·阿萨杜拉·汗的父亲是米尔扎·卡西姆·汗，他是邦格伊尔的要塞长官，还是尼查姆·穆尔克的主要敌人穆巴雷兹·汗的重要支持者。尼查姆在 1724 年 10 月 11 日的沙卡尔战役中打败穆雷兹·汗，夺取德干高原，就这样挫败了赛义德兄弟（莫卧儿皇帝穆罕默德·沙·兰吉拉背后的真正实权人物）推翻自己的企图。米尔扎·卡西姆·汗在沙卡尔战役中死亡。但他的家族很快得到尼查姆·穆尔克的谅解，莎拉芙·妮萨的丈夫迈赫迪·亚尔·汗在尼查姆·穆尔克和尼查姆阿里·汗统治下官运亨通，后来在 18 世纪 80 年代或 90 年代去世。但莎拉芙·妮萨肯定比丈夫年轻至少四十岁。她肯定不是迈赫迪·亚尔·汗的唯一一妻子，因为海尔·妮萨有一个同父异母的姐姐，这个姐姐于 1800 年 3 月初死于"多次服用的促进怀孕的药物"。See entries for Bâqar Ali Khan in the *Nagaristan-i-Asafiyya* and *the Yadgar i-Makhan Lal* (no page numbers), and Yusuf Husain, *The First Nizam: The Life of Nizam ul-Mulk Asaf Jah I* (Bombay, 1963), p.137. 关于海尔·妮萨同父异母的姐姐的死亡，见 OIOC, Kirkpatrick Papers, F228/11, p. 338, 9 March 1800, James Kirkpatrick to William Kirkpatrick。也许莎拉芙·妮萨嫁给一个老人的经历，以及这种婚姻生活给她带来的不幸，让她更加同情海尔·妮萨，所以帮助女儿抵制外祖父包办婚姻的企图。——原书注

是什么原因，很明显，她们坚决不同意这门亲事。而且很显然，在 18 世纪的海德拉巴，社会上有一种共识，即贵族家庭的女性，尤其是新娘本人，有权否决别人为她们包办的婚姻。例如，十年前，尼查姆阿里·汗后宫的女人们联合起来拒绝了蒂普苏丹的提议，即安排他的内弟娶尼查姆的一个女儿。她们认为，蒂普苏丹和他的氏族都是出生在印度的平民暴发户，没有高贵的血统，就连蒂普苏丹本人也是一个文盲雇佣军人的儿子；如果和这样的印度农民血统混在一起，会让阿萨夫·贾赫王朝蒙羞，毕竟，蒂普苏丹的父亲曾是尼查姆军队中一名卑微的士兵。尽管与迈索尔结盟可能会给海德拉巴带来政治利益，但尼查姆阿里·汗最终还是同意了后宫女人们的要求，蒂普苏丹的大使两手空空地被送回了塞林伽巴丹。[37]

到 1799 年 1 月底，巴卡尔·阿里·汗家中的女人们似乎已经无法说服这位老人主动取消婚约。某种公开的订婚仪式① 已经举行，"所以，如果解除婚约，必然会给双方带来耻辱"。巴卡尔固执己见，说他拒绝解除婚约，因为那样会使他的家族蒙羞。[38]但女人们不认输。2 月中旬，当巴卡尔和米尔·阿拉姆不得不离开海德拉巴几个月去参战时，她们抓住了一个机会，将主动权掌握在自己手中。

---

① 这可能是所谓的"mangni 仪式"，另一个更有诗意的名字是"lahri bel"（字面意思是绿色攀缘植物）。在该仪式中，双方会交换最初的契约。新郎的母亲在亲友陪同下会拜访女方的家，用许多托盘给新娘及其父母带来礼物，包括服装、饰物、香水和槟榔叶。姑娘会揭去面纱，第一次向访客展示她的面容。对新娘来说，第一次与未来的婆婆见面往往是痛苦的经历。所以也许在海尔眼中，与柯克帕特里克生活的一个主要好处就是她可以成为自己深闺的女主人，而无须屈从于可能会很残酷或令人不快的婆婆。See Zinat Kausar, *Muslim Women in Medieval India* (New Delhi, 1992), pp. 25-7. ——原书注

巴卡尔离开的原因是，尼查姆决定加入英国人针对蒂普苏丹的新战争。这是韦尔斯利勋爵积极进取的宏图大业的下一阶段。他的目标是消灭法国在印度的最后残余势力，并使英国人不仅取而代之，而且在南亚次大陆建立无可争议的霸权。从缴获的书信中，韦尔斯利现在有了确凿的证据，证明了他一直以来的怀疑：蒂普苏丹正在向毛里求斯总督寻求法国军队的支援和补给，并与波拿巴积极策划，企图推翻英国在印度的统治。韦尔斯利决不允许波拿巴或蒂普苏丹有第二次机会。缴获的书信是他开战的借口。迈索尔苏丹和东印度公司已经斗争了四十年，现在韦尔斯利寻求一击制胜。

此时，雷蒙的法国军团已经在海德拉巴被解除了武装，法国舰队在阿布基尔湾战败的消息也传来了，于是韦尔斯利开始做细致的后勤准备，准备向蒂普苏丹戒备森严的河岛都城塞林伽巴丹发动一次大规模的攻击。他亲自写信给蒂普苏丹，以最深刻的讽刺，把纳尔逊在尼罗河河口战役中取得压倒性胜利的消息告诉了他："我相信，因为你我之间的友谊牢不可破，所以这个消息一定会让你真诚地感到喜悦。因此我不敢耽搁，赶紧向你报告这个喜讯。"[39]与此同时，韦尔斯利夙兴夜寐，为消灭蒂普苏丹做好后勤方面的准备工作。

1799 年 2 月 3 日，一切就绪。总司令哈里斯将军奉命动员，"尽快……进入迈索尔境内，着手围攻塞林伽巴丹"。[40]韦尔斯利还向尼查姆发消息，要求他召集军队协助英国盟友，这是他在五个月前签署的《预备条约》中承诺的。

巴卡尔·阿里·汗作为驻海德拉巴英军的出纳主管，必须随军出征，担任英军和海德拉巴人之间的联络员。米尔·阿拉姆也来了，他是海德拉巴大军的总指挥，不过他的弟弟赛义德·扎因·阿比丁·舒什塔里①是蒂普苏丹的私人秘书，也是迈索尔的高级廷臣，因此米尔·阿拉姆对这次战役肯定感到有些矛盾。[41]

有（至少）四千名海德拉巴步兵的态度肯定更为矛盾，因为他们以前一直是雷蒙军团的士兵，直到法国军官投降后才被重新分配到英国军官指挥的步兵团里。很讽刺的是，他们现在由詹姆斯·柯克帕特里克的助理约翰·马尔科姆上尉直接指挥，他在四个月前逼迫这些士兵投降的过程中发挥了重要作用。[42]

蒂普苏丹意识到自己的处境非常危险，于是给尼查姆写了一封绝望的求救信，警示他，英国人"企图消灭所有穆斯林，并以戴帽子的人②取而代之"，并主张，尼查姆和他同为穆斯

---

① 米尔·扎因·阿比丁·舒什塔里和他的兄弟米尔·阿拉姆与堂兄弟米尔·阿卜杜勒·拉蒂夫·舒什塔里一样了不起。和这两位一样，他也是诗人、作家和学者，同时还是成功且显赫的廷臣，曾为蒂普苏丹领导好几个外交使团。他为蒂普苏丹撰写了一部军队手册、一部韵文史书和一部歌颂针对外国异教徒的圣战的史诗 *Zad ul-Mujahedin* 之后，在迈索尔飞黄腾达。See Kate Brittlebank, *Tipu Sultan's Search for Legitimacy: Islam and Kingship in a Hindu Domain* (New Delhi, 1997), pp. 27, 35.——原书注

② 戴帽子的人（topi wallah）是常见的印度说法，指的是欧洲人，尤其是在这个时期经常戴帽子的英国人。印度人自称"戴头巾的人"（pagri wallahs）。半个世纪之前，蒂普苏丹的父亲海德尔·阿里在年轻的时候曾俘获一个名叫斯图尔特的马德拉斯公司职员，强迫他为自己训练步兵。斯图尔特指出，自己是个会计，完全不懂操练部队。海德尔回答，他"从来不怀疑戴帽子的人的军事才干"。From *Mr Stuarts Travels in Coromandel and the Dekan, 1764*, quoted in Kate Brittlebank, *Tipu Sultan's Search for Legitimacy: Islam and Kingship in a Hindu Domain* (New Delhi, 1997), p. 21. 有意思的是，在某些特定情况下，欧洲人也认为帽子代表了他们与印度人的重要区别：约翰·林赛中尉被蒂普苏丹俘虏后，在狱中疯狂地使用从狱卒那里求得的材料制作帽子，以象征他抵制割礼、拒绝改宗的决心（好几个英国战俘被迫接受割礼和改宗）。See Linda Colley, 'Going Native, Telling Tales: Captivity, Collaborations and Empire', in *Past and Present*, No. 168, August 2000, p.179.——原书注

林，应该联合起来抵抗东印度公司。但为时已晚。[43]

　　2 月 19 日，由詹姆斯·达尔林普尔中校指挥的东印度公司在海德拉巴的六个营，以及约翰·马尔科姆麾下四个营的海德拉巴士兵和米尔·阿拉姆指挥的一万多名海德拉巴骑兵，与从韦洛尔出发的哈里斯将军的庞大的公司军队会师。3 月 5 日，这两支军队带着大约三万头羊、大量粮草和十万头拉车的公牛，跨过边境，进入迈索尔。[44]有至少十万名随军人员跟随大军。韦尔斯利南下到马德拉斯为大军送行，相信他的军队是"在印度出动过的最优秀的军队"，但这实际上是一支庞大而笨重的队伍，向塞林伽巴丹行军的速度仅有每天 5 英里，一路如蝗虫过境，吃光了"这个国家能够提供的所有食物"。[45]

　　无论新的战争对海德拉巴意味着什么，莎拉芙·妮萨非常清楚它给她带来的机会，她努力在小女儿的婚姻问题上挫败父亲。在娜齐尔·妮萨的婚礼上，詹姆斯·柯克帕特里克见过海尔·妮萨，他们显然都给对方留下了深刻的印象。现在，深闺里的女人们似乎已经决定，柯克帕特里克是她们的出路，并说服自己，他是比艾哈迈德·阿里·汗那个不讨喜的儿子更适合海尔·妮萨的男人。

　　根据詹姆斯的说法，有鉴于此，"家族的女人们对他百般鼓励。他被带去观看小姐睡觉时的模样，她的母亲或外祖母把他的画像送给了她。她看了画像之后对詹姆斯表示满意，母亲和外祖母就鼓励她这种态度。女士们持续不断地写信请他去巴卡尔家中做客；他有一次生病时每天都会收到小姐的信，她对他嘘寒问暖。她甚至有机会从帘子后面看他，后来还被允许隔着帘子与他交谈。最后，长辈们刻意在夜晚把他俩聚到一起，以便让他们发生最终的联系"。根据鲍泽中校的证词，为了达到上述目的，"巴卡尔家的女眷对常驻代表的女眷进行了两天的拜访"。[46]

关于海尔·妮萨的动机，没有什么争议。詹姆斯·柯克帕特里克肯定相信，这个姑娘爱上了他。他可能是对的，因为她的行为当中肯定没有与这相反的证据。詹姆斯后来在给哥哥威廉的信中写道："这里的各色人等都对巴〔卡尔·阿里·汗〕的外孙女长期以来倾慕于我的故事耳熟能详。"鲍泽在"克莱武报告"中同意詹姆斯的看法：鲍泽在宣誓后说，"据说这位女士爱上了常驻代表"。[47]詹姆斯还声称，海尔·妮萨曾威胁要服毒，除非他帮助她从"可恨的婚姻"中逃脱。[48]

不过，莎拉芙·妮萨和她的母亲杜尔达娜夫人究竟为何如此热衷于撮合海尔·妮萨和詹姆斯，是一个更难回答的问题。当然，可能是因为母亲对饱受相思之苦的爱女的同情，并且母亲希望把女儿从不幸的婚姻中解救出来，免得女儿寻短见。但海尔·妮萨是先知的后裔，是"赛义达"，因此属于一个严格的内婚制氏族。这个氏族从不把自己的女人嫁给非赛义德，氏族的威望和荣誉在很大程度上取决于这一规定是否得到严格遵守。此外，18世纪的印度社会并没有恋爱自由、婚姻自由的传统。其实，在那个时期，即使在西方的贵族家庭里，以爱情为基础的婚姻也是一个相当新颖的概念。然而很显然，莎拉芙·妮萨不仅同意海尔·妮萨引诱柯克帕特里克，她和杜尔达娜夫人还不遗余力地帮助她实现这一目标。如果我们相信詹姆斯的说法，这两个女人或多或少地把年轻姑娘推上了他的床。她们为什么要这么做呢？

最有可能的解释是，她们意识到，这样的关系对她们的家族非常有利。詹姆斯不仅是一位有权势的英国外交官；自1798 年 2 月以来，他也是一位重要的海德拉巴贵族，尼查姆赐给他一连串头衔，如穆塔明·穆尔克（"国家信赖的人"）、哈施玛特·忠格（"战功赫赫"），以及纳瓦布·法赫尔·道拉·巴哈杜尔。他在尼查姆的宫廷拥有很高的地位。

当时与英国常驻代表们结婚的其他印度女子发现，这样的婚姻给她们带来了声望、财富和地位。例如，詹姆斯在马拉塔宫廷的同僚威廉·帕尔默将军娶了一位名叫菲兹·巴克什的德里贵族女子，她后来成了海尔·妮萨最好的朋友。菲兹的父亲是一个伊朗移民，担任骑兵军官，从菲兹的出生地德里搬到了勒克瑙。与威廉·帕尔默结婚后，她被莫卧儿皇帝沙·阿拉姆二世正式认为义女，并获得了很多头衔。今天的印度事务部图书馆还保存着皇帝授予她"萨希布·贝古姆"头衔的精美绝伦的镀金诏书。毫无疑问，菲兹的地位有了很大的提升，因为她原本虽然是受人尊敬的贵族，但毕竟没有皇室成员那么尊贵。[49]

戴维·奥克特洛尼将军的高级妻妾穆巴拉克夫人的地位发生了更戏剧性的提升。虽然据说奥克特洛尼有十三位妻子，但其中一位显然比其他人更有地位。她是来自浦那的婆罗门女奴，皈依了伊斯兰教，[50] 在他的遗嘱中被称为"比比·马哈拉唐·穆巴拉克·妮萨夫人，别名奥克特洛尼夫人，我的年幼子女的母亲"。[51]

她也被称为"将军夫人"。当时的一些书信偶尔提到她，经常指责她装腔作势。她自称"奥克特洛尼夫人"，因而得罪了英国人。有一封信说"奥克特洛尼夫人已经申请了前往麦加朝觐的许可"。她还自封"库德西娅夫人"的头衔,因而得罪了莫卧儿人,因为库德西娅夫人在过去是皇太后的头衔。[①][52]她比奥克特洛尼年轻得多,在与老将军的关系中,她无疑占了上风。一位观察家说,奥克特洛尼的女主人"现在是城墙内所有人的女主人"。[53]

穆巴拉克夫人最终还是玩过火了。在奥克特洛尼死后,她继承了穆巴拉克园,即他在城北建造的英国与莫卧儿混合风格的陵园,她用自己得到的可观遗产的一部分为自己在德里老城的豪兹卡齐地区建造了一座清真寺和一座豪宅。[54]但她在城内非常不受欢迎,再加上她的舞女背景,所以没有任何一位莫卧儿绅士会使用她的建筑。时至今日,老城区仍称其为"婊子的清真寺"(Rundi-ki-Masjid)[②]。

穆巴拉克夫人极端的社会和政治野心,导致她的命运很凄凉。但她的故事生动地说明了,一个女人成为英国常驻代表的妻子或哪怕只是高级妾室之后,可以变得多么有权有势。莎拉芙·妮萨是寡妇,她的父亲向她施压,要她把女儿嫁给一个母女都不认为合适的男人。柯克帕特里克显然代表了一条非常合适的出路。

但对于莎拉芙·妮萨为何愿意纵容女儿,还有一种解释。

---

① 穆巴拉克夫人甚至成为一支重要的势力,并执行自己独立的外交政策:有一次,据说"穆巴拉克夫人,即奥克特洛尼将军夫人,在[德里的]报纸上写满了与[印度]各势力的瓦吉尔[大使]打交道,从他们那里接受礼物和仪式性华服,或者向他们赠送礼物的故事"。如果是真的,她未免也太放肆了。Gardner Papers, National Army Museum, Letter 87, p. 226, 10 August 1821. ——原书注

② 一个很有趣的问题是,印度斯坦语的 rundi(妓女或舞女)与现代英语的 randy(淫荡)是否有词源联系。《牛津英语词典》认为 randy 的词源"不明",说它可能来自荷兰语,但同样可能来自印度语。——原书注

莎拉芙·妮萨的好友是法尔赞德夫人，她是阿里斯图·贾赫的儿媳，也是首相内院里的主导力量。① 在史料中，我们一次又一次地看到莎拉芙·妮萨拜访法尔赞德夫人。莎拉芙·妮萨后来坚称是法尔赞德夫人鼓励她将海尔·妮萨嫁给英国常驻代表。[55] 法尔赞德夫人似乎从一开始就参与了鼓励这段恋情的行动，因为后来有报告说阿里斯图·贾赫从一开始就监督了这件事情，而在莫卧儿社会中，他能做到这一点的唯一途径就是通过他内院里的女人。[56]我们也不清楚阿里斯图·贾赫或法尔赞德夫人是否向莎拉芙·妮萨提供了某种激励，让她把女儿献给柯克帕特里克。但可以肯定的是，在柯克帕特里克与海尔·妮萨结婚后，尼查姆授予莎拉芙·妮萨岁入5万卢比的油水丰厚的地产。[57]

如果这是交易的一部分，是把海尔·妮萨献给英国常驻代表的交换条件，那么柯克帕特里克和海尔·妮萨之间的关系在某种程度上是由阿里斯图·贾赫策划的，或者至少是由他操纵的。他是一个天才的策略家，懂得自己可以在多大程度上利用这种关系为他的政治利益服务。正如后来的事件显示的那样，阿里斯图·贾赫显然也希望，如果他操作得当，这段恋情可能就是他一直在寻找的武器，可以用来报复他强有力的竞争对

---

① 法尔赞德夫人是前任首相鲁肯·道拉的孙女，是阿里斯图·贾赫唯一的儿子马阿里·米安的遗孀。马阿里·米安于1795年在随海德拉巴军队去参加哈尔达战役的途中去世。法尔赞德夫人还是"扎曼·阿里·汗，穆尼尔·穆尔克"的姐妹，他是地位最高的海德拉巴贵族之一，在阿里斯图·贾赫和米尔·阿拉姆之后成为首相。亨利·罗素这样描述扎曼·阿里·汗："拥有理解力很差的人的全部缺点，怯懦，无知，偏执……没有能力与别人构建热情和稳定的关系，从不拒绝最小的贿赂……不能算是文盲。" 'Henry Russell's Report to Lord Moira, reprinted from the Russell Papers in the Bodleian Library', in Indian Archives, 9, 127, p. 143. 法尔赞德夫人显然比她的兄弟拥有更多的魅力和才干。——原书注

手，即海尔·妮萨的亲戚米尔·阿拉姆。如果这是正确的解释（米尔·阿拉姆后来肯定相信是这样的），[58]那么海尔·妮萨被献给柯克帕特里克，就是现代间谍小说里所谓的美人计。

如果是这样，我们应该如何评判莎拉芙·妮萨的行为？我们可不可以说，她为了自己的目的和野心而操控女儿卖身？无论我们在今天如何看待这件事，这肯定不是这个家庭的女人们的看法。在莫卧儿印度，性是女性的重要资产和武器，而巧妙地找到一种方法，把家族的女性献给有权势的统治者和官员，是在宫廷和社会攀升的一种世人皆知的手段。[59]莎拉芙·妮萨所做的，只不过是将这一古老的传统应用于新的半殖民地环境。但这就是她的问题所在。

即便是莫卧儿化程度最高的英国官员也会认为，印度人与英国常驻代表建立婚姻联盟，与印度人和莫卧儿帝国高级廷臣建立婚姻联盟，这二者有很大的区别。巴卡尔家的女人们后来会发现，英国人的想法与她们大相径庭。在莫卧儿帝国的环境里可能被视为正常宫廷行为的事情，却可能被欧洲人误解为拉皮条。并且，在大多数情况下，英国常驻代表会快速地从一个宫廷调往另一个宫廷，然后大多会返回英国。在莫卧儿帝国环境中可以永久存续的联盟，在殖民地环境中往往只是危险的短期联盟。起初，莎拉芙·妮萨通过将女儿嫁给英国常驻代表来获得影响力的策略似乎是可行的。只有时间才会显示出，跨越这种敏感的文化边界是多么困难。

说到底，动机总是难以确定的。但可以肯定的是，由于巴卡尔·阿里·汗随军出征，莎拉芙·妮萨可以自由地执行自己的计划，将女儿和英国常驻代表撮合在一起。她毫不犹豫地立即充分利用了父亲外出的机会。根据米尔·阿拉姆后来的证词，他和巴卡尔·阿里"在战场上与蒂普苏丹交锋不久之后，柯克帕特里克就引诱了这个姑娘"。[60]

几个月后，詹姆斯才向兄长承认他与海尔·妮萨发生了关系。他是在丑闻爆发很久之后才明确承认的，而且威廉早就多次写信给他，询问从海德拉巴传出的越来越离谱的传闻背后到底有怎样的真相。

两兄弟曾经在海德拉巴住得很近，各自都知道对方与至少一名印度女子有长期关系。在妻子玛丽亚返回英国之后的一段时间里，威廉恢复了与杜劳莉·比比的关系，他早先与她生了两个孩子：罗伯特和塞西莉亚。这两个孩子现在都十几岁了，在肯特郡与"英俊上校"一起生活。杜劳莉·比比在威廉成为常驻代表后来到海德拉巴，与他生活在一起。在威廉离开海德拉巴去好望角休养期间，詹姆斯曾写信给威廉，保证威廉的情妇一切都好、很幸福，自己正在照顾她。威廉回到印度后，杜劳莉·比比跟他去了加尔各答。十二年后，当她根据威廉的遗嘱得到一笔可观的遗产时，她还和儿子罗伯特一起住在加尔各答。[61]威廉和杜劳莉·比比之间似乎是一种认真而又充满爱意的关系，并且持续时间很长：因为他们的第一个孩子罗伯特出生于 1777 年，所以两人似乎至少在一起生活了二十三年，除了 1785 年威廉与玛丽亚·波森结婚和 1788 年玛丽亚离开印度返回英国这段短暂的插曲之外。

　　与此同时，詹姆斯还至少与一名印度女子同居，与她生了一个儿子。她的名字和孩子的名字都没有留存下来，对于这个女子我们只知道，她的皮肤比海尔·妮萨黑得多，所以可能是泰米尔族或泰卢固族出身。[62]詹姆斯对待这段关系似乎颇有些漫不经心："克莱武报告"和一些印度史料明确提到詹姆斯的女人不止一个，[63]他在这一时期的情色冒险故事甚至传到了300英里外塞林伽巴丹的阿瑟·韦尔斯利那里。未来的威灵顿公爵向兄长韦尔斯利勋爵报告说："大约三年前，他［詹姆斯］假装是来自伊朗的波斯人，引诱了一个年轻的莫卧儿女人。［据说］他现在把她养在家里。"[64]阿瑟·韦尔斯利还报告说，米尔·阿拉姆告诉他，这种冒险对柯克帕特里克来说稀松平常，如果他（阿瑟·韦尔斯利）来到海德拉巴，"他将听到许多故事，让他为这样一个人居然是英国人而感到羞愧"。这与人们长期以来对詹姆斯的风流父亲"英俊上校"的评价差不多。[65]

　　在海尔·妮萨登场后，"黑姑娘"，以及当时住在常驻代表府内院的其他女人，就从詹姆斯的信中销声匿迹了，"黑姑娘"只被提到一次，被称为"我这里的老住户"。[66]她可能已经去世了，但在詹姆斯的遗嘱中，她肯定没有得到任何遗产，也未被提及。詹姆斯对这个姑娘明显的冷漠似乎波及她的孩子。即便是从来没有把养育孩子看得很重的"英俊上校"，也对詹姆斯对自己的"印度斯坦儿子"明显缺乏兴趣感到有些震惊，并写信告诫詹姆斯，"在他看来，父母对自己的婚生子女和非婚生子女应当承担的责任是没有区别的"。[67]1804年夏天，这孩子不幸发烧，死在"英俊上校"的怀里。詹姆斯写了一封虽然符合礼数但略显冷淡的信，谈到"那个令人惋惜的孩子"。他写道："所有认识我死去儿子的人，特别是他［"英俊上校"〕对我儿子的高度评价和关爱，是这孩子能得到的最高褒奖。毕竟我父亲〔"英俊上校"〕目光敏锐，而且阅历丰富，所以完全有资格给出公正的评判。"[68]

这与詹姆斯对海尔·妮萨和他俩的孩子使用的那种深情款款的语言截然不同，也许反映了英国人带到印度的那种根深蒂固的由阶级和种族决定的道德观：对来自下层阶级的情妇，应该有一种行为方式；而对来自社会上层的受过教育的姑娘，不论其肤色或国籍，则有另一套规则。[69]

当然，正是因为海尔·妮萨的贵族出身和社会关系，詹姆斯才在这个问题上对威廉三缄其口。引诱米尔·阿拉姆的亲戚显然会有政治影响，所以起初詹姆斯对威廉提出的有关这段关系的问题只是回避，否认他有与海尔结婚的打算。他坚持说，这只不过是威廉听到的"荒谬的流言"。[70]但威廉看出，他提出的问题并没有得到坦诚的回答，于是在一封信中不断向詹姆斯施加压力：传闻是真的吗，詹姆斯到底有没有勾引那个姑娘？詹姆斯最终被迫做出了回应，向威廉完整交代了他第一次与"巴卡尔的外孙女"同床的具体情形和地点。在这封信中，他试图为自己洗清主动"勾引"那姑娘的罪名。他坚持认为，是海尔·妮萨主动来拜访他，带着她的母亲和外祖母一起来到他的内院，表面上是来拜访他的女眷的。他写道：

> 我最亲爱的威尔，
>
> 我在前一封信中毫无保留地向你讲述了我和 B 的外孙女之间发生的事情，我之所以对你开诚布公，是因为对你，我从来不知道什么是隐瞒。不过，在目前的情况下，我在多大程度上有**权利**坦白（即使是对你坦白），可能是

一个值得商榷的问题。不过，现在回忆过去的事情已经太迟了，而且我最信任你的谨慎和对我的爱，所以我将毫无保留地回答你急切想知道的问题。

首先，不妨指出，我确实安全地经受了一次严酷的考验，与这封信要谈的魅力十足的主角进行了一次长时间的幽会。就是在这次幽会期间，我全面而仔细地观察了这个妙人儿。我们聊了大半夜。这次幽会显然是由她的外祖母和母亲策划的，她们对她百般宠溺，允许她满足自己的渴望，因为这关系到她们的生存。这次幽会是在我家中进行的，我努力克制自己，不去享用我显然受邀去享用的诱人盛宴。虽然上帝知道我没有能力克制自己，但我还是努力说服这位浪漫的年轻女性，请她摆脱激情的掌控。我承认，我自己也产生了这样的激情。她一次又一次地向我示爱，说她已经不可逆转地爱上我一段时间了，她的命运与我的命运紧密交织，只要能与我朝夕相伴，她愿意当最卑贱的婢女……你可能会把这些话当作一个精神错乱的人的胡言乱语，但当我有时间把整个动人的故事告诉你时，你至少会承认，她的行为与她的告白完全吻合。

在上述时间之前（可能是在我前一封信[71]中所说的幽会的两周或三周之前），这位年轻女士的身体是神圣不可侵犯的，但人类的天性能够抵挡得住如此热烈的诱惑吗？也许你的回答是否定的，但你可能会问，为什么要把自己暴露在这种诱惑面前？我的回答只能是，因为人类的感情，或者说人类的弱点。因为我是个软弱的凡夫俗子，听了这位有趣的年轻姑娘的动人故事之后，听了她的外祖母的恳求之后，我忍不住要去解救她。

但我采取行动的前提是，我已经对情况有了完整的、明确的掌握，了解了许多相关情况和真实信息。我知道，姑娘的外祖母和母亲（虽然她们在这个场合保持沉默）私下里知道此次幽会。我可以向你郑重地保证，外祖母再清楚不过地暗示了这次会面的目的，而外孙女则怯生生地、断断续续地暗示，她即将为我做出的牺牲，是避免一场可恶婚姻的唯一办法（她深情地劝说自己相信这一点）。我想你不能不承认，如果我还能抵挡得住诱惑，就要么是圣人，要么禽兽不如。我和任何男人一样，对女人勾引男人的行为嗤之以鼻。我在这个艰难场合的行为或许会被指责为轻率（谁能做到始终明智呢？），或者如果用严格的道德规则来审视我的行为，它可能是不正当的，但我无论如何也不能忍受别人说它是不光彩或不厚道的……

关于上述话题，我还可以说很多，［但是］我必须恳求你，我亲爱的威尔，如果可能的话，请不要再让我讨论这些问题。

永远是你忠实的弟弟，JAK[72]

虽然与海尔·妮萨的风流韵事主导了詹姆斯的私生活，但他在公务时间里完全专注于协调韦尔斯利勋爵与蒂普苏丹的战争的海德拉巴方面。

詹姆斯的任务是持续不断地为庞大的公司军队提供羊、粮食、马匹和拉车的公牛。现在蒂普苏丹已经采取焦土战术，希望能用饥饿迫使前进中的英军撤退，所以后勤补给是特别重要的环节。詹姆斯还尽量鼓励阿里斯图·贾赫送来更多的现金，用于支付军饷，以及进一步向前线增援。在后勤任务上，詹姆斯取得了一些成功。但现金和援军都没有到位，他越是向狡猾的首相施压，"执拗"的阿里斯图·贾赫就越是推脱，常常很快就把话题转移到自己最热衷的斗鸡上。[73]到了4月，詹姆斯似乎已经得出结论，要想从首相那里得到什么，最有希望的办法就是送上一些上等的英国斗鸡，只要阿里斯图·贾赫愿意将他的一些精锐白嘉骑兵部队投入战争。"首相酷爱斗鸡，而且非常希望得到一些真正的英国品种的斗鸡，"在海德拉巴军队踏上前往迈索尔的道路一个月后，他紧急写信给威廉，"在马德拉斯有这样的斗鸡吗?"[74]

来自前线的消息表明，战役即将进入高潮。到4月初，哈里斯将军已经攻占了几座重要的要塞，蒂普苏丹被迫撤退到塞林伽巴丹的宏伟城墙之后。他的兵力只有三万七千人，比联军少很多，但他仍然是一个难对付的对手。在之前的三次英国-迈索尔战争期间，蒂普苏丹的军队经常打败东印度公司军队。本次作战期间公司军队最优秀的两名指挥官——戴维·贝尔德爵士和他的亲戚詹姆斯·达尔林普尔，都曾在1780年的波利鲁尔战役中惨败（"英国军队在印度遭遇过的最严重的灾难"）并被俘，成为蒂普苏丹的阶下囚。[①][75]

在战术上，迈索尔军队完全可以与东印度公司的部队媲美。

①　戴维·贝尔德爵士的母亲（苏格兰人）听说她的儿子在1780年的波利鲁尔战役中被蒂普苏丹俘虏了，而且战俘两人一组戴着手铐，她说："我怜悯那个和我们的戴维铐在一起的人。"引自 Denys Forrest in *Tiger of Mysore: The Life and Death of Tipu Sultan*, London, 1970, p.48。詹姆斯·达尔林普尔写给父亲威廉·达尔林普尔爵士的信被偷偷带出塞林伽巴丹的监狱，现存于印度事务部。根据詹姆斯的孙子（英印混血儿）G. 威姆斯·达尔林普尔写的一封短信："那封信被卷起来，塞进一支羽毛管，然后塞进一名土著体内，就这样带出监狱。他用同一支笔写信，用的是非常耐用的印度墨水，然后由那名土著用上述方法带出监狱。"BL, OIOC, Eur Mss, E 330.——原书注

蒂普苏丹的士兵受过法国军官的良好训练，素质和东印度公司的士兵一样高；迈索尔步兵钢铁般严明的纪律让许多英国观察者感到惊讶和担忧。[76]此外，迈索尔步兵的来复枪和加农炮是根据法国的最新设计制造的，并且迈索尔的大炮的口径和射程超过了东印度公司军队拥有的任何一种武器。其实，在许多方面，迈索尔军队比东印度公司军队更有创新精神，技术上也更先进。例如，在英国陆军采用威廉·康格里夫研制的火箭炮很久以前，迈索尔军队就已经掌握了用骆驼骑兵发射火箭来打乱敌军骑兵队形的战术。[77]更让韦尔斯利担心的是，塞林伽巴丹的防御工事是由法国工程师根据最新的科学理念设计的，吸收了塞巴斯蒂安·德·沃邦①对足以抵御炮击的要塞设计的研究，以及蒙塔朗贝尔侯爵②在《垂直要塞》中阐述的改良方法。③ 这是 18 世纪最先进的防御工事，并且考虑到了近期大炮、炸弹和地雷威力的增强，以及强攻和围攻要塞的最新战术革新。[78]

到 4 月中旬，对塞林伽巴丹的围攻已经开始。蒂普苏丹顽强抵抗，表现出他一贯的足智多谋和不屈不挠。一位英国观察者写道，蒂普苏丹"毫不示弱地反击我们……〔夜间的战斗〕打得极其凶悍……不久之后战况就变得非常激烈；重得不寻常的炮弹和

---

① 塞巴斯蒂安·德·沃邦（1633~1707），沃邦侯爵，是路易十四时期的法国军事工程师，著有《论要塞的攻击与防御》《筑城论文集》等，是西方军事史上的重要人物。他确立的筑城理论体系在随后将近一百年里得到普遍应用。

② 指马克·勒内（1714~1800），法国的军事工程师，以关于筑城术的著作闻名。

③ 《危险关系》的作者肖德洛·德·拉克洛曾在蒙塔朗贝尔侯爵的指导下学习筑城术，于 1793 年获得法属印度殖民地总督的职位。但拉克洛没来得及上任就被捕了。如果他抵达了本地治里，不知他会对塞林伽巴丹的防御工事和印度文学产生怎样的影响。See Jean‐Marie Lafont, *Indika: Essays in Indo‐French Relations 1630-1976* (New Delhi, 2000), p. 186 and p. 200 n57. ——原书注

火箭弹从西南面一刻不停地向我们倾泻，要塞北面的敌人用 14 磅炮和葡萄弹轰击我们的堑壕；我军的炮兵阵地经常着火，那里的火光……就是老虎兵〔蒂普苏丹的精锐部队，穿着带虎纹的制服〕前进的信号，他们用滑膛枪向我们猛烈射击"。[79]到 5 月 3 日，尼查姆的炮兵推进到了距离城墙最薄弱角落仅有 350 码的地方，在城墙上打开了相当大的缺口。哈里斯决定在次日发动总攻。[80]

下午 1 点，也就是全天最热的时候，蒂普苏丹的大多数士兵都在午休。而在东印度公司的堑壕里，曾在蒂普苏丹的地牢里度过四十四个月的戴维·贝尔德振作起来，给部队发放了"烈酒和饼干"，然后抽出剑，跳出堑壕，率领突击队（包括米尔·阿拉姆手下两百名最优秀的海德拉巴士兵）跳进高韦里河，冲向突破口。他的两个纵队爬过城墙前的斜堤，冲进了城，沿着城墙左右散开，与敌人展开激烈的白刃战。

几个钟头之后，整座城市被英军占领。当天日落之后，贝尔德被蒂普苏丹的一名廷臣带去查看苏丹的尸体。苏丹的尸体躺在一大堆死者与伤员之中，身上有三处刺刀伤，头部中了一弹。蒂普苏丹双目圆睁，尸体还很温暖，所以贝尔德在火把的光照之下不禁怀疑他是不是还活着；但摸了脉搏之后，贝尔德宣布他确实死了。[①]

---

① 有些二手资料错误地说是阿瑟·韦尔斯利发现了蒂普苏丹的尸体。贝尔德给哈里斯将军的信清楚地表明是贝尔德发现了蒂普苏丹的尸体。这封信见 Montgomery Martin（ed.），*The Despatches, Minutes and Correspondence of Marquis Wellesley*, Vol. I, 1836, pp. 687-9。有些历史学家夸大了阿瑟·韦尔斯利在塞林伽巴丹攻城战中发挥的作用，因为他们考虑到他后来在欧洲取得的诸多胜利，就夸大了他在这场战役中的重要性。当时的人们认为，贝尔德和哈里斯才是打败了蒂普苏丹的两位最高级军官。——原书注

此役中迈索尔方面的伤亡数字远远超过联军：蒂普苏丹的军队有约九千人死亡，东印度公司和海德拉巴军队仅有约三百五十人死亡。当夜，拥有十万人口的塞林伽巴丹惨遭肆无忌惮的烧杀抢掠。阿瑟·韦尔斯利告诉他的母亲：

> 城里几乎没有一座房屋没有被洗劫一空。我知道在军营里，我们的英国兵、印度兵和随军人员在兜售大量价值连城的珠宝首饰、金条等。我在5日上午前来接管部队，费了很大力气，绞死一些人，鞭笞了另外一些人，才在那天恢复了秩序……[81]

英军的"战利品分配委员会"开始搜集蒂普苏丹留下的财产与他的宝库内的金银财宝。英军最后一共搜罗到价值大约110万英镑的财物，包括黄金餐具、珠宝首饰、华丽轿子、苏丹的纯金老虎宝座、兵器甲胄、丝绸与披肩。"权力能够获取的，金钱能够购买的，全都在这里。"[82]

将近两个星期之后，5月17日，詹姆斯的一名信使①终于带着大捷的喜讯飞奔到海德拉巴。詹姆斯的亲信孟希（私人秘书）阿齐兹·乌拉已经在路上了。

> 他要在宰牲节之际前往宫廷，向首相和殿下致敬。当他把捷报献给尼查姆和所罗门［詹姆斯对阿里斯图·贾赫的戏称］后，尼查姆立即把自己的一串珍珠项链戴在

---

① 原文为Harkarra，字面意思是"百事通"。他们是传令兵、信使、新闻撰写人或间谍。——原书注

了孟希的脖子上，首相则起身搂住了他。阿齐兹·乌拉好
不容易才说服他们推迟举行鸣枪庆祝，等我正式向他们宣
布这件喜事。感谢上帝！我现在已经能够向他们正式报
喜……［尼查姆］情绪高涨。［我进入老城的途中］……
海德拉巴城墙和戈尔康达要塞的城墙上礼炮齐鸣，长达一
个小时。[83]

这是一个伟大的时刻，詹姆斯辛辛苦苦建立的英国-海德
拉巴同盟的价值得到了证明。但是，在辉煌胜利和得胜军队缴
获的大量财富之中，埋藏着未来许多异议的种子，不仅在英国
人和尼查姆之间，在阿里斯图·贾赫和他的凯旋将军米尔·阿
拉姆之间，而且在韦尔斯利和他在伦敦的上司之间，以及间接
地在詹姆斯·柯克帕特里克和所有这些人之间，都会产生
不和。

威尔基·柯林斯那部精彩的维多利亚时代侦探小说《月
亮宝石》的开端就是塞林伽巴丹的陷落，叙述者的亲戚约
翰·赫恩卡斯尔夺得了"黄色钻石……它是印度土著历史上
的一枚著名宝石，曾经镶嵌在代表月亮的有四只手的印度神明
的前额"。为了夺取这块宝石，赫恩卡斯尔"一手拿着火把，
另一手拿着滴血的匕首"，谋杀了月亮宝石的三位守护者，其
中最后一位临死前告诉他，月亮宝石的诅咒会一直纠缠赫恩卡
斯尔到死："月亮宝石会向你和你的亲人复仇！"在小说中，
这枚钻石给与它接触过的几乎所有人都带来死亡与噩运，最后
被神秘的印度教徒守护者夺回。[84]

这个故事是柯林斯虚构的，没有事实依据。不过，奇怪的
是，对塞林伽巴丹的掠夺确实像诅咒一样作用于许多主要的参

与者。而且，值得注意的是，从蒂普苏丹的国库缴获的一大堆钻石，确实从那一刻起对米尔·阿拉姆的事业产生了致命的影响。①

整整五个月后，得胜的海德拉巴军队才班师戈尔康达，以英雄的姿态受到了热烈欢迎。据当时在人群中迎接堂兄弟的阿卜杜勒·拉蒂夫·舒什塔里说，10 月 11 日，"米尔·阿拉姆回到了海德拉巴，尼查姆送去了自己的大象，让他乘大象凯旋

---

① "被诅咒"的宝石的传说在印度非常流行，光之山钻石是最有名的例子，传说它会给每一位拥有它的男性带来灾难。波斯冒险家纳迪尔沙将它从莫卧儿帝国掳走，纳迪尔沙在夺得这块钻石的不到十年后就遇刺身亡。随后四年里相继有四位君主继承纳迪尔沙的宝座，其中最后一位，沙鲁克·米尔扎，因为光之山钻石而被戳瞎双目、遭受酷刑折磨。随后连续好几位统治者被推翻和囚禁，钻石最终被从拉合尔的宝库拿走，于 1850 年被献给维多利亚女王，不久之后阿尔伯特亲王就去世了。旅行家理查德·伯顿得知光之山钻石被献给女王时大感惊恐，引用了他的一位海德拉巴朋友的话。这位朋友问："他们真的要把那该死的东西送给女王吗？但愿她会拒绝！所有土著听到它的名字后都会吐唾沫。"维多利亚女王似乎也相信这个传说，因此命令只有女人可以佩戴这块钻石。它目前在已故的英国王太后的王冠上。另一块戈尔康达钻石，112.5 克拉的紫罗兰色霍普钻石，甚至引发了更多的死亡、疾病、处决、宫廷政变、革命、精神崩溃和交通事故，不过它当前的主人——华盛顿的史密森尼学会似乎没有经历太多的死亡事件。See Omar Khalidi, *Romance of the Golconda Diamonds* (Ahmedabad, 1999). ——原书注

入城。尼查姆甚至命令贵族们出城两三里格①迎接他"。② 其他
的海德拉巴史料也证实了这一情况。"当米尔·阿拉姆从塞林
伽巴丹返回时,"古拉姆·侯赛因·汗写道,"他的名望如日
中天。"[85]但在表象的背后,米尔·阿拉姆在战胜蒂普苏丹之后
的行为已经开始引起许多人的嫉恨。正如舒什塔里所言:"这
个胜利的时刻也是他垮台的开始,廷臣们妒火中烧,开始谋划
赶他下台。"[86]

从塞林伽巴丹回来的米尔·阿拉姆与九个月前出征时相比
仿佛换了个人。他的身体更加虚弱。他在马德拉斯病得很重,
以至于不得不推迟与韦尔斯利勋爵的正式会面,有人甚至认为
他快死了。[87]这次严重的疾病是他感染麻风病的第一个迹象,
麻风病将在接下来的十年里慢慢侵蚀他的躯体。尽管健康状况
不佳,米尔却有了一种新的自信,甚至是一种张扬的傲慢。打
败蒂普苏丹的惊人胜利、他与英国高级将领建立的亲密友谊以
及他与韦尔斯利勋爵的会面,都让他有了一种新的感觉,那就
是他的迅速崛起得到了东印度公司的坚定支持。很快就有谣言
开始传播,说他企图推翻他的老主子阿里斯图·贾赫,而阿里
斯图·贾赫在向迈索尔前线输送援军和资金的时候故意慢吞吞
的,这让加尔各答的公司官员很恼火。当然,詹姆斯注意到米
尔·阿拉姆前恭后倨,很快就给威廉写信说:"回到海德拉巴

---

① 里格是一个古老的长度单位,在英语世界通常定义为 3 英里(约 4.828
公里,适用于陆地上),即大约一个人步行 1 小时的距离,或定义为 3 海
里(约 5.556 公里,适用于海上)。

② 米尔·阿拉姆把他的兄弟扎因·阿比丁·舒什塔里的遗孤也带来了。我
们不知道米尔·阿拉姆的兄弟是在塞林伽巴丹攻城战期间还是那不久之
前去世的,但米尔·阿拉姆在那之后就把他的迈索尔侄子侄女带到了自
己家中。——原书注

之后，米尔·阿拉姆的行为有太多前后矛盾和不妥之处，我真的相信总督大人对他的隆重接待让他得意忘形了。"[88]

詹姆斯并不是唯一对米尔的行为感到恼火的人。甚至在米尔·阿拉姆凯旋之前，詹姆斯就于 9 月 14 日报告说，尼查姆"对米尔·阿拉姆极度不满，甚至可以说是雷霆大怒。我相信米尔·阿拉姆在后宫的敌人比朋友多"。[89]这是一个不祥的事态，因为正如詹姆斯了解的那样，尼查姆的女眷，尤其是两位地位最高的妻子——巴克熙夫人和蒂娜特·妮萨夫人，对尼查姆的谋士和大臣能够任职多久有很强的影响力。如果她们反对米尔·阿拉姆，那么他就有理由担忧了。但他似乎沉浸在成功的喜悦中，根本没有注意到自己的行为产生了什么样的影响。

尼查姆和阿里斯图·贾赫的确都有充分的理由对米尔·阿拉姆感到气愤。首先，他们对 5 月的胜利之后英国人切分蒂普苏丹领土的方式深感不满。英国人担心，如果尼查姆和英国人简单地瓜分蒂普苏丹的广袤领土，从而大大增加他们双方的势力和资源，就显然对马拉塔人不利，所以马拉塔人会非常不满。之前马拉塔人拒绝参加战役，所以无权分享战利品。因此，一个包括威廉·柯克帕特里克在内的委员会想出了一个巧妙的（虽然显然是不光彩的）分割迈索尔的办法，既不激怒马拉塔人，也不把过多的土地和权力交给尼查姆。

负责分割迈索尔的英国委员会最终决定，不对迈索尔进行简单的双向分割，而是将相对较少的土地分给英国人和尼查姆，而将大部分土地分给古老的瓦迪亚尔王朝，即迈索尔曾经的印度教统治者，蒂普苏丹的父亲曾征服该王朝的土地，并将其王公赶走。但英国人确保新复辟的迈索尔王公将完全听命于赐给他土地的英国人，于是英国人表面上将土地归还其合法的前主人，实际上却牢牢地间接控制了这片土地。韦尔斯利勋爵认为这是一个绝妙的解决方案。但尼查姆感到震惊，他合情合理地认为，既然他提供了击败蒂普苏丹的一半军队，那么理应得到一半的战利品。当他发现米尔·阿拉姆软弱地同意了英国人的分割方案，并在分割条约上盖了自己的印章，而不是将条约送给尼查姆正式批准时，尤其感到气愤。[90]当尼查姆发现米尔同时接受了韦尔斯利提供的"非常丰厚的津贴"时，对他就更愤怒了。尼查姆和阿里斯图·贾赫怀疑这每月的津贴与其说是对米尔·阿拉姆在战役中提供的帮助的酬劳，不如说是对他软弱无力地默许这项可疑的分割条约的奖励。[91]

对米尔·阿拉姆来说更严重的是，尼查姆不赞成对缴获的蒂普苏丹财宝的处理方式。欧洲人的传统是不仅向指挥官，也向普通士兵分配战利品。印度没有这样的传统。当詹姆斯听说哈里斯授权战利品分配委员会以这种方式赏赐普通印度兵时，他立刻意识到尼查姆朝廷会不满："当尼查姆和首相得知蒂普苏丹的全部财宝……已全部分给将士时，我相信他们一定会悲从中来、大失所望。"詹姆斯还写道："我会努力让首相逐渐做好思想准备，去接受这个消息。如果一下子把消息告诉他，那就太猛烈了，我怕他吃不消。"[92]

对米尔来说更糟糕的是，在海德拉巴流传着未经证实的谣言，说他在劫掠塞林伽巴丹的过程中得到了蒂普苏丹最精美的珠宝，包括一条非同寻常的珍珠项链，每粒珍珠都有鸡蛋那么大。[93]的确，他在回国时向尼查姆献上了价值高达 110 万卢比的精美珠宝；但不断有传言说，与他私吞的宝物相比，这只是九牛一毛。[94]还有一些传言说米尔贪污了他在战争期间携带的大部分公款。阿里斯图·贾赫对所有这一切都感到恼火，同时也对米尔·阿拉姆在战役期间与阿瑟·韦尔斯利等有影响的英国指挥官建立的密切关系感到忧心忡忡。米尔并没有努力向其竞争对手隐瞒他与英国高级将领的友好关系。

米尔·阿拉姆也不是舒什塔里氏族中唯一招致尼查姆不满的人。在米尔回国的两个星期之前，发生了一件耐人寻味的事。在塞林伽巴丹沦陷后，巴卡尔·阿里·汗陪同米尔·阿拉姆和约翰·马尔科姆前往马德拉斯，他们被传召到那里去拜见韦尔斯利勋爵。但不知什么原因，巴卡尔·阿里突然找了个借口，离开了军队，提前两个星期回了海德拉巴。当他开小差的消息传到宫廷后，巴卡尔·阿里擅离职守的行为受到阿里斯图·贾赫的严厉批评。起初巴卡尔·阿里还“被禁止入城”。更加不妙的是，他请求宽恕的请愿书被首相原封不动地退回。[95]这场争执僵持了一段时间。据詹姆斯说：“老先生对受到这种待遇很受伤，愤怒之下给首相写了一份请愿书，请求允许他去麦加［即暂时遁世，成为朝圣者］。请愿书没有得到任何答复，这让他非常恼火，于是坚决禁止他的妻子和家人继续拜访首相家。直到布夫人［阿里斯图·贾赫的妻子之一］反复写信和说情，首相才允许巴卡尔·阿里返回海德拉巴。布夫人和巴卡尔家的关系极好。”[96]巴卡尔·阿里·汗的这种行为非常反常，非常不明智，不像是他一贯的作风。詹姆斯的书信是此事件的唯一史料，其中自然没有提到对巴卡尔·阿里行为的最显而易见的解释：他不知从哪里听到消息，说他家的深闺里出了事，家里的女眷很需要他的管教。

尽管局势日益紧张，但民众的心情仍然是欢欣鼓舞的，他们组织了一轮盛大的公共娱乐活动来庆祝蒂普苏丹的败亡。第一场派对于 10 月 18 日，即军队凯旋一周后，在米尔·阿拉姆家中举行，是一场盛大的歌舞表演。在表演期间，米尔的情妇玛·拉卡·白·昌达为观众献艺，并向约翰·马尔科姆赠送了一本她的诗集。[97] 马尔科姆在塞林伽巴丹战役期间与舒什塔里氏族建立了密切的联系，他还应邀参加了在巴卡尔·阿里的豪宅举行的一次聚会，在那里拜会了该家族的女眷。这是一种前所未有的荣誉，根据当时的礼节，相当于宣布他为巴卡尔·阿里的义兄弟。这体现了巴卡尔家族的自由化原则，正如一位观察家所说，"与他们教派通常的狭隘偏见相去甚远"。[98]

在这一时期的海德拉巴，和在德里和勒克瑙一样，歌舞表演和诗歌朗诵会往往是在晚上，在大型宫殿的灯火通明的花园式庭院内举行的。法尔赞德夫人的外祖父达尔嘉·库里·汗对这种聚会进行了十分诱人的描述。他写道：

> 晚上，庭院被打扫干净，洒了水，五彩缤纷的地毯被铺在高台上。然后，有名望的诗人开始朗诵加扎勒①……〔有时〕搭起了"沙米亚纳"帐篷……舞者为人们献艺，莺莺燕燕聚集在一起，数量之多，观众仅仅是看到她们就能满足食欲，尽管对于好色之徒来说，光饱眼福还不够。灯和蜡烛的照明类似于突尔山谷②的光。达官贵人占据了单独的一翼，这里装饰着华美的地毯。侍者彬彬有礼地向

---

① 加扎勒是伊斯兰教创立之前阿拉伯人的一种诗歌形式，12 世纪传入南亚，形式固定，常讲述离别、爱情等主题。鲁米和哈菲兹等著名诗人都用过这种体裁。由于歌德的影响，加扎勒在 19 世纪德意志也一度流行。

② 突尔（Tur）是《古兰经》对西奈山的称呼。——原书注

他们提供水果和其他美食以及香水。想喝葡萄酒的人也能遂愿……萨朗吉琴的弦被弹拨发出的声音，如同利箭刺穿心脏……音乐使人们狂喜而沉醉，空中回荡着喝彩声……[99]

詹姆斯很喜欢这样的娱乐活动，通常会待到最后。他在11 月写给加尔各答的信中充满了对工作滞后的歉意，因为这样的娱乐活动花费了他许多时间。在阿里斯图·贾赫府邸享乐到深夜之后，他为自己开脱，理由是"为了给首相面子，我直到很晚才告辞……〔其实〕我已承诺在节庆活动的剩余时间里每晚定期出席活动。我希望阁下能够原谅，参加这么多活动导致的疲劳让我没能早些给阁下写信"。[100]

就在这一轮庆祝派对即将结束的时候，尼查姆的儿子兼继承人西坎达尔·贾赫和阿里斯图·贾赫的孙女贾涵·帕瓦尔小姐①即将结婚的消息又引发了新一轮的娱乐活动。这也为詹姆斯提供了一个重要的外交机会。在令海德拉巴朝廷厌恶的《迈索尔分割条约》公布后，尼查姆宫廷和常驻代表府之间的关系明显降温，这让詹姆斯感到非常担忧。他说他"预计尼查姆的不悦会带来严重的麻烦"，"如果不以某种方式加以安抚，麻烦将会增加"。[101]

到目前为止，詹姆斯一直对韦尔斯利勋爵崇拜得五体投地。在给兄长的信中，詹姆斯有时用接近英雄崇拜的措辞来表达他对总督的崇敬。在 1799 年 2 月的某一天，他写信给威廉：

---

① 贾涵·帕瓦尔小姐是莎拉芙·妮萨的好友法尔赞德夫人的女儿。贾涵·帕瓦尔小姐的父亲是阿里斯图·贾赫的儿子马阿里·米安，他在前往哈尔达战场的途中去世。在那之后，贾涵·帕瓦尔小姐和母亲法尔赞德夫人继续在首相的内院中生活。——原书注

"如果可能的话，我是多么渴望拜倒在勋爵大人的脚下，向他表达［我对］他对我的所有恩情的深深感激。我真诚地相信，在勋爵大人返回孟加拉之前，我会有机会拜见他。我真的认为，我对那位伟大而高尚的贵族的崇敬和依恋，仅次于我对亲爱的父母的感情，以及我对你的爱和尊敬。"[102]

不过，詹姆斯的观点开始改变。《迈索尔分割条约》第一次促使他重新审视了韦尔斯利对印度王公居高临下、盛气凌人的态度。尼查姆毫不动摇地坚持了他在 1798 年《预备条约》中的承诺，并在很短的时间内提供了一支庞大的军队，在塞林伽巴丹与英国人并肩作战。海德拉巴人得到的回报，却是在瓜分战利品时拿不到他们应得的完整份额。詹姆斯对此很恼火，而且他与海德拉巴宫廷精心培养的关系也受到了损害。他现在写信给他的朋友、浦那常驻代表威廉·帕尔默将军，公开批评总督的政策："我完全同意你对我们近期的专横跋扈的反思。在我看来，我们的成功确实让我们有些忘乎所以了。"[103] 在接下来的几个月里，詹姆斯将越来越强烈地坚持这一观点。

为了弥补《迈索尔分割条约》造成的损害，他现在写信给加尔各答，请求允许他为阿里斯图·贾赫和尼查姆举办一次盛大的"嘉欣"（jashn，这个词的本义是"聚会"，但在这里指的是婚礼后的宴会），在这次宴会上，可以向尼查姆和首相的所有家庭成员，包括两家主要的女眷，赠送丰厚的礼物，从而缓和紧张的气氛。[104]

詹姆斯意识到，要让生性多疑的韦尔斯利勋爵批准大额开支并不容易，因为韦尔斯利绝不会喜欢在"土著"身上花那么多钱，更不用说向后宫女眷、舞女剧团和一系列海德拉巴苏非派圣地赠款了。因此，詹姆斯在信中承认，从加尔各答的角度来看，"这个国家对我们是友好还是敌视，已经不像过去那样具有关键意义；除非发生一些反常的变故，它的微笑或皱眉对我们都不会产生重大影响。不过，您无疑会同意我的看法，即在结盟的国家之间，和谐与谅解在任何时候都是可取的；如果可能的话，通过和解的行动来保持我们在这方面的地位和影响，比通过其他任何手段都更好"。[105]

詹姆斯最初估计，办一次漂漂亮亮的嘉欣的开支将会超过30 万卢比。韦尔斯利勋爵拒绝接受这么高的成本估算，但他最终授权詹姆斯举办一场较为朴素的派对，费用为 10 万卢比。按照惯例，日期定在西坎达尔·贾赫结婚五个月之后，1800 年 4 月的某一天。

王储大婚将近，阿里斯图·贾赫和米尔·阿拉姆之间的冲突越来越多地破坏了宫廷的气氛。詹姆斯在 11 月 1 日写道："米尔·阿拉姆和所罗门最近吵得很厉害。米尔·阿拉姆派他的儿子米尔·道朗两次来找我，请求我在这个场合提供建议或干预……他同时坦率地承认，如果我公开宣布愿意在必要的范围内支持他，很可能有助于他坚持［与阿里斯图·贾赫］争论的观点。"[106]当詹姆斯礼貌地拒绝干预时，米尔·阿拉姆公开表示，他认为这是对他个人的侮辱。这让詹姆斯感到惊讶，也略微有些警觉。

不过，真正的危机发生在两天后的 11 月 3 日，在婚礼庆祝活动期间。阿里斯图·贾赫在普拉尼府①举办婚宴，这是他

---

① 普拉尼府（Purani Haveli），也叫玛萨拉特宫（Masarrat Mahal），是海德拉巴的尼查姆的正式官邸，由尼查姆阿里·汗（阿萨夫·贾赫二世）营造。宫殿的主体部分是典型的 19 世纪欧洲风格。普拉尼府在今天是当地警察机关的办公场所，也有尼查姆博物馆。

刚刚作为嫁妆的一部分赠送给孙女的住宅之一。詹姆斯与常驻代表府的高级幕僚和一些由詹姆斯·达尔林普尔率领的高级军官一同赴宴，带来了"为新娘的主要男女亲属准备的装有华服和珠宝的托盘"。他们将"用托盘装的各种食品和大量糖果送入女眷居室，分给她们"，他们自己也"按照这种场合的惯例，愉快地享用了冰冻果子露"。此外，每位英国军官还获赠一件贵重的装饰头巾的珠宝。阿里斯图·贾赫虽然身形伟岸，但在宴会上大部分时间都在流泪，"因为孙女是他的掌上明珠，现在要和她分别，让他十分悲伤"。[107]

当夜的晚些时候，当着齐聚一堂的海德拉巴贵族的面，泪流满面的阿里斯图·贾赫向米尔·阿拉姆提出质疑，询问蒂普苏丹的贵重珠宝的下落。米尔·阿拉姆矢口否认自己知道这些珠宝的下落。在一阵沉默和极度尴尬之后，庆祝活动继续进行。但所有人都意识到，海德拉巴两位最有权势的官员之间的关系已经到了临界点。

即便如此，当米尔·阿拉姆几天后离开海德拉巴，到新征服的迈索尔的瑞德罗格地区担任总督时，很少有人能猜到阿里斯图·贾赫的报复会是多么迅速、彻底和巧妙。

米尔·阿拉姆是尼查姆派驻东印度公司的正式瓦吉尔，实际上就是尼查姆的英国事务大臣。自从 1787 年起与巴卡尔·阿里·汗一起在加尔各答逗留了三年之后，米尔与加尔各答的公司高层一直有很好的关系。阿里斯图·贾赫意识到，如果要搞垮米尔·阿拉姆，首先要让他与他的英国支持者疏远。他现在开始利用詹姆斯和海尔·妮萨，把他们当作自己复仇的棋子，尽管他俩对此一无所知。阿里斯图·贾赫的计划既聪明又简单。

米尔·阿拉姆已经听到了关于詹姆斯迷恋他的亲戚海尔·妮萨的传闻。据詹姆斯说，在米尔·阿拉姆于12月底再次离开海德拉巴之前，他曾就这个问题善意地逗弄詹姆斯。[108]不过，米尔显然不知道双方的关系发展到了什么程度。于是，在米尔·阿拉姆于1800年1月到任新职不久之后，阿里斯图·贾赫就打起了一种简单而巧妙的算盘。他将詹姆斯和海尔·妮萨的事情透露给海德拉巴的一位新闻撰写人，但故意夸大其词。

由此产生的两份新闻通讯指控詹姆斯不仅与海尔·妮萨同床，还强奸了她，并利用自己的地位，强迫她的母亲和外祖父将姑娘交给他淫乐。此外，新闻通讯还包括了詹姆斯以前在海德拉巴狂欢的一些小道消息，其中有一个冗长而复杂的故事：詹姆斯"睡了一个铜匠的妻子"，导致这个被戴绿帽子的丈夫试图在海德拉巴最公开的地方自杀，地点就在查米纳塔门的正前方。这个故事背后有一点点真相：确实有一个铜匠的妻子，她确实曾投奔在常驻代表府工作的母亲，试图躲避虐待她的丈夫。但詹姆斯从未见过她，当这个女人被传唤到海德拉巴宫廷时，大家看到她姿色平平，于是立刻相信詹姆斯是无辜的。[109]

不过，通讯中还有一项更严重的指控。莎拉芙·妮萨的兄弟，即海尔·妮萨的舅舅马哈茂德·阿里·汗，在米尔·阿拉姆前往瑞德罗格不久之后死了，死因是他正在摆弄的一支枪（从塞林伽巴丹缴获的战利品）突然在他面前爆炸了。[110]巴卡尔·阿里·汗曾做证说，"枪在他［马哈茂德］放枪时意外爆炸……他还保持着知觉，一直到晚上 9 点还能说话。他自己也提到，他自幼喜欢玩烟花爆竹，如今自食恶果"。[111]但据那篇恶意诽谤的通讯说，真相比这黑暗得多：这位舅舅曾强烈反对海尔·妮萨与詹姆斯的关系，所以在常驻代表的命令下被悄悄暗杀，以消除常驻代表达到其邪恶目的的最后一个障碍。正如詹姆斯向威廉报告的那样，新闻通讯里坚持说"我杀了他，或雇人杀了他，因为他是我对他外甥女的不良企图的障碍；或者像其他［小道消息］说的那样，我把一件致命的武器送给了他，它的质量极差，我早就预料到他会被枪害死"。[112]

除了詹姆斯曾与海尔·妮萨同床这一不可否认的核心事实外，上述指控都没有事实依据。但米尔·阿拉姆原本就因为詹姆斯没有站在他那边去反对阿里斯图·贾赫而对詹姆斯十分愤怒，所以他现在相信了这些指控。根据历史学家古拉姆·侯赛因·汗在同时代的著作《阿萨夫史集》，这些指控发表之后，"阿里斯图·贾赫［在一封匿名信中］写下了这一事件的所有细节，将其寄给了在克拉帕的米尔·阿拉姆……于是，他［米尔·阿拉姆］写信给加尔各答的巴哈杜尔［韦尔斯利］勋爵，要求惩罚哈施玛特·忠格［柯克帕特里克］，以儆效尤。米尔·阿拉姆写了一封怒气冲冲的信，要求处决哈施玛特·忠格"。[113]

就这样，米尔·阿拉姆直接落入了阿里斯图·贾赫的圈套。正如阿里斯图·贾赫猜测的那样，韦尔斯利对米尔·阿拉姆的信做出了反应，立即写信给尼查姆和阿里斯图·贾赫，询问米尔·阿拉姆提出的指控的真相。

韦尔斯利把这封信发给詹姆斯，请他转交给尼查姆和阿里

斯图·贾赫。1800 年 3 月 7 日上午，詹姆斯收到了可能是他
从韦尔斯利手中收到的最可怕的一封信函。信中没有他习惯的
寒暄或问候。相反，这封信既粗暴又充满威胁。信中指示：

> ［詹姆斯］阅读［所附］文件［即新闻通讯的副本］
> 之后，立刻将其呈送给殿下和阿齐姆·奥姆拉［阿里斯
> 图·贾赫］。请你以我的名义请殿下和首相在文件的空白
> 处写下他们对文件所载指控的意见。我请求殿下和首相在
> 他们各自的意见上签字盖章。请你在文件中加入必要的解
> 释，在这些文件的严重指控面前，为你的人格辩护。与此
> 同时，我对这些指控暂不给出评判，有关事项将严格
> 保密。[114]

这时，根据通常非常可靠的《阿萨夫史集》的说法，阿
里斯图·贾赫传召了詹姆斯。"在观赏了一番斗鸡之后"，首
相清楚地说明了指控的严重性，指出詹姆斯的命运掌握在他的
手中，并概述了如果自己证实米尔·阿拉姆的指控，詹姆斯的
命运将会如何。[115]然后，首相提出要做一笔交易。如果詹姆斯
设法撤掉米尔·阿拉姆作为海德拉巴驻东印度公司瓦吉尔的职
务，并愿意为了海德拉巴的利益与阿里斯图·贾赫合作，那
么，作为回报，首相将确保詹姆斯被完全洗脱罪名。首相会亲
自劝说尼查姆给韦尔斯利写信，告诉他，那些指控是米尔·阿
拉姆的恶意诽谤。《阿萨夫史集》中詹姆斯的话大概是作者虚
构的，但对话的内容听起来很真实，与其他所有证据也吻合。

柯克帕特里克去找阿里斯图·贾赫私下面谈，为自己

的生命和地位衷求。他说："是那个姑娘爱上了我。我什么也没做，是她主动向我投怀送抱。我没有对她用强。如果您这么告诉巴哈杜尔大人，我的生命就安全了。为了感谢您的大力帮助，只要我还在这里担任常驻代表，我就不会忘记您的恩情，我将为您的政府争取最大的利益，并服从您的所有命令。"

阿里斯图·贾赫回答："如果我尽我所能地保全你的性命，我不知道你是否愿意或能够报答我？"

哈施玛特·忠格［柯克帕特里克］问："什么样的报答？"

阿里斯图·贾赫让哈施玛特·忠格发誓严守秘密，然后说："解除米尔·阿拉姆为英国常驻代表服务的职务，我可以接替他的职务，那样的话尼查姆的首相和英国的政治代理人就会合二为一。你是否能说服加尔各答方面如此这般地告知尼查姆？"

哈施玛特·忠格全心全意地接受了，并发誓信守承诺。

然后，阿里斯图·贾赫去拜见尼查姆，按照哈施玛特·忠格的说法陈述了情况，说他是完全无辜的……［而米尔·阿拉姆对清白无辜的英国常驻代表提出毫无根据的指控，就是故意破坏朝廷与英国人的关系。］他们按照这个意思写了一封信，寄到加尔各答。英国的权贵们经过适当的考虑，写道："如果哈施玛特·忠格没有罪，如果尼查姆的政府愿意让他继续担任常驻代表，那就让他保留这个职位吧。我们只关心如何确保尼查姆政府对此事满意。"

此外，关于免去米尔·阿拉姆的职务，英国人补充道："尼查姆是他的仆人的主人，可以自由选择和任命他想要的人。我们乐于尊重他的选择。但是，如果任命阿里斯图·贾赫，确实极好，条件是米尔·阿拉姆的生命、荣誉以及财产都得到保障！"

这封令人满意的信送到海德拉巴之后，哈施玛特·忠格来到宫廷拜见尼查姆，米尔·阿拉姆被解除了派驻英国人那里的瓦吉尔职务，也被解除了管理新征服领土的油水丰厚的职务。他被单独监禁在鲁德鲁尔堡，无权与任何人见面。[116]

对上述说法，我们能当真吗？阿里斯图·贾赫是否真的成功地利用海尔·妮萨，不仅摆平了日益危险的对手米尔·阿拉姆，而且"策反"了柯克帕特里克？而柯克帕特里克承诺的"为您的政府争取最大的利益，并服从您的所有命令"到底是什么意思？他是否真的背叛了祖国，成为双重间谍，仿佛他是 18 世纪末的费尔比、伯吉斯或麦克林①？或者，他是在表达一种更普遍的对海德拉巴的同情和好感，并说为了感谢阿里斯图·贾赫的援助，他将永远愿意尽可能地帮助首相？

以现有的证据，在事件发生这么久之后，上述问题几乎完

---

① 吉姆·费尔比（英国军情六处官员）、盖伊·伯吉斯（英国情报人员和外交官）和唐纳德·麦克林（英国外交官）是第二次世界大战期间向苏联传递情报的英国人，战后逃往苏联。他们都属于所谓"剑桥五人组"的间谍网。"剑桥五人组"的另外两人是安东尼·布朗特（军情五处的军官，也是英国女王的艺术顾问）和约翰·凯恩克洛斯（内阁大臣的秘书、军情六处官员）。他们都在剑桥大学读书时被苏联招募。

全无法回答。当然，詹姆斯一直都很同情海德拉巴，而且在城里待的时间越久，就越是如此。他也越来越感到愤怒，因为他认为韦尔斯利使用了完全不可接受的威胁和侵略手段，不仅对他的海德拉巴盟友施加压力，而且对其他几个独立的印度王公施加压力，迫使他们与英国人签订越来越多的不平等条约。而且即便签了条约，韦尔斯利还是会食言，拒不履行条约义务，这也让詹姆斯感到震惊。不过，现在我们很难知道，这在多大程度上是由于他自己日益反对帝国主义和他对海德拉巴的长期喜爱，在多大程度上是由于阿里斯图·贾赫现在有了一个可以对詹姆斯施压的把柄。因为，詹姆斯极力向总督否认米尔·阿拉姆的指控，即他强奸了海尔·妮萨并谋杀了她的舅舅，从而把这样一个事实糊弄过去了：这些故事背后的丑闻是有真实依据的，他确实与米尔·阿拉姆的少女亲戚发生了关系。詹姆斯没有对总督公然撒谎，但他也没有完全坦白。这是一个灰色地带，使詹姆斯的地位变得十分脆弱，容易被狡猾的首相进一步操纵。

至于证据是否可靠，这个问题比较容易回答。也许《阿萨夫史集》本身不一定有多大的分量，尽管总的来说它是对这一时期的异常准确和消息灵通的记录。但另外两部独立的海德拉巴史书，《阿萨夫·贾赫王朝史》和稍晚的《尼查姆史》，也记载了同样的故事。[117]另外，在詹姆斯去世后，常驻代表府派人对此事进行了调查，结论是，詹姆斯"讨好阿里斯图·贾赫，并且通过承诺在首相的所有困境中与他站在一起，成功地实现了自己的愿望"。[118]

更重要的是，米尔·阿拉姆本人显然认为，阿里斯图·贾赫成功地勒索了詹姆斯，两人合谋要毁掉自己。他在六个月后，即 1800 年 9 月，向阿瑟·韦尔斯利讲述了这个故事。当时米尔刚刚获释，但仍深陷耻辱之中，被禁止返回海德拉巴城。阿瑟·韦尔斯利立即写信给他的兄长即总督，把米尔·阿拉姆告诉他的事情转述给兄长。阿瑟·韦尔斯利给出的证据非常重要，因为这是故事最早和最直接的版本，后来《阿萨夫史集》给出了它的更完整版本。

我们不清楚阿瑟·韦尔斯利是否见过詹姆斯。但从阿瑟·韦尔斯利的文字中可以很明显地看出，他认识威廉·柯克帕特里克，非常不喜欢他。他听到的关于詹姆斯的任何事情都无法改变他对柯克帕特里克兄弟根深蒂固的偏见。此外，阿瑟·韦尔斯利还渐渐地变得相当钦佩办事高效、聪明、沉着冷静的米尔·阿拉姆。在针对蒂普苏丹的战役中，阿瑟·韦尔斯利曾与他密切合作。1800 年 9 月，在卡纳塔克地区的乡村，刚刚获释、准备在国内流亡的米尔·阿拉姆和他的追随者偶然遇见未来的威灵顿公爵和他的部队时，阿瑟很乐意认真考虑米尔的说法。

9 月 21 日，也就是他们邂逅的第二天，米尔·阿拉姆在科普帕尔要塞附近的一座花园为韦尔斯利和他的军官们举办了一场歌舞表演。科普帕尔就在伟大的印度教帝国毗奢耶那伽罗的首都（今天的亨比）废墟的西北方。几天后，阿瑟在给韦尔斯利勋爵写的正式报告所附的备忘录中写道："在歌舞表演的喧闹中，米尔·阿拉姆趁机与 W 上校［即阿瑟自己］谈了他的流放和受辱。他首先说，正义之泉已不再向他流动；正义之泉在孟加拉被威廉·柯克帕特里克和他在海德拉巴的弟弟堵住了，他［米尔·阿拉姆］完全依靠 W 上校向总督陈述他的情况。"[119]

米尔·阿拉姆随后把整个故事告诉了阿瑟：阿里斯图·贾赫早就想搞垮他，最终利用柯克帕特里克达到了自己的目的；柯克帕特里克邪恶地诱奸了海尔·妮萨；阿里斯图·贾赫"从一开始就知道这件事"，并试图让艾哈迈德·阿里·汗的家人打消他们的儿子与海尔·妮萨结婚的念头；起初，没有人敢把事情告诉米尔·阿拉姆，他后来得知柯克帕特里克的可耻行为后，立即写信给总督，报告真相；但总督不知道阿里斯图·贾赫与这件事有密切的关系。

> 所以［总督］认为应当由尼查姆政府来调查此事，并将其提交给尼查姆……［于是，阿里斯图·贾赫］报告说，没有任何理由指控柯克帕特里克；整个故事纯属子虚乌有……他［米尔·阿拉姆］随后争辩说，整个事件是阿齐姆·奥姆拉［阿里斯图·贾赫］为了搞垮米尔·阿拉姆而策划的。他知道，只要米尔·阿拉姆得到柯克帕特里克的支持，就不可能搞垮米尔·阿拉姆，但是，一旦米尔·阿拉姆失去柯克帕特里克的支持，米尔就会一蹶不振；阿里斯图·贾赫利用哈施玛特·忠格［柯克帕特里克］的激情，使米尔·阿拉姆不可能再与他在政治上有联系。[120]

其他所有提到柯克帕特里克接受海德拉巴服装和习俗的海德拉巴史料，都说到了海德拉巴人对他如此喜爱他们的文化感到很高兴，甚至受宠若惊，但这一次，米尔"大骂柯克帕特里克［，并说］……他［米尔·阿拉姆］长期以来一直敬重英国人的稳重，敬重他们在私生活中坚持自己的礼节和习俗，敬重他们在任何场合都尊重印度斯坦的礼节和习俗，特别是与女性有关的礼节和习俗……但柯克帕特里克穿上本地人的服装，采用他们的风俗习惯，使自己变得荒唐可笑，并因为纠缠本地女子而受到憎恨。他［米尔·阿拉姆］说，如果 W 上校不相信他的话，他就请求上校派一名信使到海德拉巴去，带来关于哈施玛特·忠格的消息……"[121]

米尔·阿拉姆说詹姆斯采纳当地风俗的做法被海德拉巴人视为"荒唐可笑"的，这种说法不值得采信，因为米尔·阿拉姆正为了被免职和受辱而满腹怨恨。并且，在唯一存世的柯克帕特里克穿着海德拉巴服装的肖像细密画的背面，有柯克帕特里克写的一段文字，说画中他穿的衣服实际上是米尔·阿拉姆送给他的，以便他能穿着这套衣服参加 1799 年 11 月米尔·阿拉姆的儿子米尔·道朗的婚礼。[①] 而且米尔·阿拉姆的说法（海德拉巴人觉得詹姆斯穿当地服装是"荒唐可笑"的行为）与历史学家古拉姆·伊玛目·汗等人的观点形成了有趣的对照。古拉姆·伊玛目·汗在《胡尔希德·贾赫史》中多次强调，詹姆斯采用海德拉巴的礼仪使他在该城特别受欢迎。米尔·阿拉姆的上述言论反映了海德拉巴人的普遍看法，还是仅仅反映了他因为丢掉官职而感到的愤怒和怨恨，是一个令人感兴趣的问题。[122]不过他那番话确实凸显了詹姆斯跨越文化边界

---

① 这幅细密画目前由柯克帕特里克的后人收藏。画背面由他亲手写的全文是："这幅画是我穿着米尔·阿拉姆送给我的印度斯坦服装的素描肖像的复制品，我应他的要求，特地穿了这套衣服参加他的儿子米尔·道朗的婚礼。这幅复制品与老塔贾里·阿里·沙创作的原件的区别是，原件把我画得更好看，而且看过原件的人说，原件更真实；原件中我是坐着的，我当时穿的彩色服装也更合适。"画正面写着一行波斯文："穆塔明·穆尔克，纳瓦布·法赫尔·道拉·巴哈杜尔，哈施玛特·忠格。"——原书注

的矛盾性和局限性：他可以穿上印度服饰，有一个印度情人，接受印度习俗；但至少在他的政敌眼中，他仍然是一个外来干涉者和外国势力的官方代表。

米尔·阿拉姆最后请求阿瑟·韦尔斯利"向总督陈述他的情况，以便将柯克帕特里克赶走"，并"允许他［米尔·阿拉姆］回到自己家中，与家人团聚"。他还警告说，柯克帕特里克现在"被首相操控在手掌心里，可以预计他［柯克帕特里克］将更多地关注尼查姆宫廷的目标，而不是他自己政府的目标"。[123] 正如阿瑟在给兄长的备忘录中指出的那样，"如果首相真的撒了谎来保住柯克帕特里克，使其免受耻辱，那么柯克帕特里克一定是对尼查姆政府来说特别方便好用的一个常驻代表"。

欣赏歌舞表演的次日，阿瑟·韦尔斯利写信给他的朋友巴里·克洛斯上校："我认为我们不可能为米尔·阿拉姆做任何事情。他之所以被免职，是因为阿里斯图·贾赫非要把他弄走不可……［而］哈施玛特·忠格因自己的激情落到了阿里斯图·贾赫的手中，束手无策……"阿瑟用他特有的轻描淡写的语气补充道："这真是一个奇怪的故事。"[124]

在随后的几个月里，米尔·阿拉姆没有英国人的保护，又经历了一连串的不幸。

阿里斯图·贾赫的间谍证实了关于米尔在洗劫塞林伽巴丹时秘密获得了一套珍贵宝石的传言。米尔被捕了，首相决心查明他把宝石都藏在哪里。他讯问了米尔·阿拉姆的儿子米尔·道朗和他的姐夫穆斯塔基姆·道拉。两人都说对宝石一无所知。于是，阿里斯图·贾赫派了一队士兵来到米尔·阿拉姆的府邸，将其洗劫一空。他们还拷打了他的管家。这些措施都没有效果，于是他们把管家的房子烧了。[125]

与此同时，海尔·妮萨的外祖父巴卡尔·阿里·汗的所有亲属都对他避之不及。他们认为他对米尔·阿拉姆的受辱负有间接责任。随着詹姆斯的恋情传开，巴卡尔·阿里"在街上受到嘲笑，［并被指控］将自己的外孙女卖给常驻代表"。有一次，查米纳塔门周围贴满了骂他的"侮辱性的招贴画"。[126]

6 月的某个时候，詹姆斯·达尔林普尔中校（现在是海德拉巴地位最高的英国军人）正和鲍泽中校一起外出狩猎，离城市有一天的路程，这时，"巴卡尔·阿里的一个仆人送来了消息，说我们是他结交最久、关系最好的朋友，请我们第二天早上去拜访他，他要与我们商量一件重要的事情"。达尔林普尔酷爱狩猎，他的遗嘱中对他心爱的"阿拉伯马、那匹叫玛木拉的小马和我所有的猎犬"的处置都有详细的说明。但他意识到有重要的事情要发生，于是立即转身回城。[127]

詹姆斯·达尔林普尔成为巴卡尔·阿里的挚友至少有五年了，在 1796 年尼查姆的女婿达拉·贾赫的叛乱中，两人曾在夺取赖久尔时并肩作战。[①][128]如今，在达尔林普尔看来，詹姆斯恶意利用了巴卡尔·阿里·汗的友好和好客，导致巴卡尔几乎被其氏族抛弃。达尔林普尔第二天一大早就去见巴卡尔·阿里，发现老人的情绪相当激动。

---

① 在这次作战之后，达尔林普尔安排全体军官写了一封联名信给刚刚接替其兄长成为常驻代表的詹姆斯·柯克帕特里克，证明巴卡尔·阿里的勇敢和善良："我们必须公正地认可，没有人比他对我们的事业更热情和忠诚，也没有人比他更绅士地宽容我们的风俗习惯。" OIOC, Kirkpatrick Papers, Mss Eur F228/83, f. 1, Camp at Rachore, 1 May 1796, James Dalrymple et al to James Kirkpatrick. ——原书注

四个月前,也就是 3 月的时候,巴卡尔·阿里曾帮助柯克帕特里克摆脱困境,给韦尔斯利写了一份署名的声明,说丑闻通讯中的说法是无稽之谈:詹姆斯既没有强奸他的外孙女,也没有谋杀他的儿子,这些指控是"彻头彻尾的谎言和纯粹的诽谤中伤",他对詹姆斯只有"感激"。[129]不过,在那之后,老人显然又听到了许多把柯克帕特里克和他的外孙女联系在一起的传闻,他需要达尔林普尔帮助他制止这一切。[130]此外,海尔·妮萨仍然坚决拒绝与艾哈迈德·阿里·汗的儿子结婚,她对那个青年"仍然明确表示厌恶"。[131]巴卡尔·阿里似乎是最后一个发现海尔·妮萨喜欢柯克帕特里克的人,而且显然还不知道他们的关系发展到了什么程度。但他知道(尽管是很晚才知道),正如世人的辱骂和招贴画表明的那样,有很多流言蜚语把他俩联系在一起。海尔·妮萨与艾哈迈德·阿里·汗的儿子的婚约还没有正式解除,但巴卡尔意识到,如果再有任何与她有关的丑闻,男方可能退婚。巴卡尔说,他想让达尔林普尔去找柯克帕特里克谈谈,并坚决要求他远离海尔·妮萨。

[他的外孙女]得到了一位德高望重的穆斯林的求婚,他[巴卡尔]很想缔结这门亲事。但是,常驻代表一直在想方设法地阻挠这门婚姻,并为此给[巴卡尔]家族的女眷多次写信……[巴卡尔]对常驻代表的这种做法给其家族荣誉带来的侮辱表示了近乎疯狂的愤慨,他宣布他打算前往麦加清真寺(该城的主要清真寺),向聚集在那里的穆斯林说明这一事实。他说:"我将率领广大穆斯林向你们的常驻代表复仇,我倒要看看他的卫队如何

应对整个穆斯林社会的激愤。"[132]

局势确实非常糟糕。海德拉巴是英国人的重要盟友和关键的战略资产。此时在埃及还有一支法国军队在自由活动，而马拉塔人在海德拉巴的边境上还有一支军队，他们完全可能与心怀不满的海德拉巴联合起来，一起把英国人彻底赶出印度。现在看来，柯克帕特里克的风流危及了大局，很可能在德干高原激发一场反英大起义。面对这一潜在的灾难性转折，达尔林普尔向詹姆斯发出了郑重警告："〔达尔林普尔〕中校向常驻代表阐述道，如果他继续坚持这样的不当行为，不仅对他自己的人身安全，而且对公共利益也将产生致命的后果。"[133]简而言之，达尔林普尔要求詹姆斯停止与海尔·妮萨来往。①

詹姆斯被迫同意与这个姑娘保持距离，至少在丑闻平息之前要保持距离。毕竟，他自己的地位远未稳固。他因为这件事差点丢了官职。他意识到自己绝对不可以对巴卡尔·阿里和达尔林普尔的明确意愿置之不理。他没有向韦尔斯利勋爵彻底坦白海尔·妮萨的事情，这使他非常容易受到流言蜚语的影响，特别是来自海德拉巴的英国军人的流言蜚语，而他对这些军人的权力是有限的；而且他有充分的理由相信，韦尔斯利已经原谅了他一次，如果再有人抱怨詹姆斯追逐女性，韦尔斯利不会再对他网开一面了；如果詹姆斯的风流引发了反英起义，总督更不会坐视不理。所以詹姆斯别无选择。他给了达尔林普尔

---

① 詹姆斯·达尔林普尔自己娶了默苏利珀德姆的纳瓦布的女儿，与她生了五个儿女，所以他很懂得处置这样的跨种族婚恋的微妙之处。Scottish Records Office, Edinburgh, GD135/2086, The Will of Lieutenant Colonel James Dalrymple, Hussein Sagar, 8 December 1800. ——原书注

"一个庄严的承诺……他不会再与巴卡尔的家人有任何交往"。

因此，到了 1800 年仲夏时节，詹姆斯与海尔·妮萨之间掀起了许多波澜的短暂恋情似乎已经结束。或者至少在柯克帕特里克、达尔林普尔和巴卡尔·阿里·汗看来是这样。

他们谁也想不到，真正的麻烦才刚刚开始。因为这三个男人都不知道，而巴卡尔·阿里家的女人们却非常清楚，三个月前，海尔·妮萨已经怀上了詹姆斯·柯克帕特里克的孩子。

第五章

1800 年将近 11 月底，詹姆斯写信到加尔各答，报告说："一年一度的毛拉阿里节快到了，我打算去过节，并在我的帐篷里住上几天，享受新鲜空气和休闲消遣。"[1]

不是只有詹姆斯一个人打算离开城市去参加庆祝活动。海德拉巴的许多居民利用这个机会，在十天时间里暂时打破他们的生活常规，向北行进 20 英里，进行一次短暂的朝圣之旅。其吸引力在于，既能有虔诚的满足感，又能体验一些新奇的乐趣，并换个环境，休闲一下。这既是一次朝圣，也是一次盛会；既是一个神圣的节日，也是詹姆斯在一封信中所说的"野营度假"。[2]

这个节日是为了纪念先知的女婿阿里在两百年前给顾特卜沙希宫廷中一个名叫雅库特（意思是"红宝石"）的高级宦官带来的幻象。一天晚上，太监"红宝石"正在睡觉，在梦中有一个绿衣男子向他走来，说毛拉阿里①要见他。毛拉阿里就是先知的女儿法蒂玛的丈夫阿里，是什叶派中最受尊崇的人物。"红宝石"跟着神秘的绿衣人来到一个地方，只见毛拉阿里坐在山顶上，右手放在一块石头上。"红宝石"在阿里面前跪倒，但还没来得及说什么，他就醒了。第二天早上，"红宝石"坐着轿子从戈尔康达出发，上了山顶，在那里发现了毛

---

① 这个语境里"毛拉"的意思是"我主"。——原书注

拉阿里的手印，就刻在梦中的那块石头上。"红宝石"命人将手印从石头上凿出来，放在他在原地建造的一座大拱门里。

这块石头成了特别受苏非派、神秘主义者和苦修者欢迎的礼拜中心。在一位戈尔康达公主上山隐居之后，什叶派的顾特卜沙希王朝的苏丹们开始每年在"红宝石"幻象的周年纪念日带领人们到这里朝圣。1687 年逊尼派莫卧儿人征服海德拉巴后，该节日暂时走向衰落，直到 18 世纪 80 年代尼查姆家族开始赞助毛拉阿里节，朝圣活动才再次发展成为阿萨夫·贾赫王朝统治下海德拉巴的两大民族节日之一。尼查姆的女眷似乎特别高兴有机会离开城市几天。尼查姆的两位最有影响的妻子之一蒂娜特·妮萨夫人大力赞助毛拉阿里节，在离圣所不远的地方建造了一个园林建筑群，将其命名为蒂娜特讷格尔。她和尼查姆在这里过节，并偶尔进行冬季狩猎。[3]海德拉巴市民中流传着一个故事，说毛拉阿里本人会在他生日那天在圣所周围闲逛。毛拉阿里节大受民众欢迎，以至于它不再像顾特卜沙希王朝时代那样只在一天庆祝，而是逐渐延长："来来往往的游客络绎不绝，毛拉阿里节也相应地延长了，城里所有的达官显贵都出城休息和娱乐，并留下来享受长夜里的狂欢。"[4]

从查米纳塔门到毛拉阿里的圣所科沙里夫，道路两旁灯火通明。路上尘土飞扬，城里的许多人，乃至周围城镇和村庄的人，无论信仰什么，都会步行、坐牛车、乘轿、骑大象，来到苍翠欲滴的乡间田野。这里被穆西河的一个弯道包围着，边缘有三座光滑的火山，其中一座较大，两座稍小。到 1800 年，这个节日从阿里的生日，即赖哲卜月①十三日，延续到十七日

---

① 这是伊斯兰历的第七个月。——原书注

的幻象周年纪念日。许多人，从摊贩到大贵族，在这一地区会停留十天之久。[5]在汗味、香料味、大象粪便味和路边小摊的烟火气中，德干地位最高的官员们与卖饰品的小贩、马夫、士兵、钻石商、高级廷臣，特别是交际花们密切接触。

在这一时期的印度，许多地方都存在宗教与卖淫之间的奇怪联系，既有印度教大神庙的德瓦达斯[①]，也有经常在苏非派重要圣所接客的穆斯林名妓[②]。所以毛拉阿里节是一个与"塔瓦伊夫"（tawaif）有特别联系的节日。"塔瓦伊夫"是有教养、有风度的舞女，是莫卧儿帝国晚期社会的一个核心特色。在整个印度，在这个国家近代史上最自由放纵的时刻，在鼓乐喧天、人人精神高涨、男女不受限制地混杂的环境里，这样的节日成为特别适合与情人幽会的场合。一个年轻的海德拉巴人对当时的场面描述如下：

> 各式各样的吊灯都挂在［圣所内］，工匠把灯摆成树形，点亮后连柏树都会自愧不如。这里灯火通明的时候，就像阳光一样耀眼，遮住了月亮……手牵手的恋人在［圣所］周围的街道上游荡，而那些放荡不羁的醉汉，不顾［警察的］阻拦，沉浸在各种变态的行为中。目光所及，到处是美丽的面孔。妓女和帅气的小伙子引诱着越来越多的人投入淫乱的气氛。在［圣所］的每一个角落都

---

① 德瓦达斯（devadasi）字面意思是"诸神的女奴"，是神庙里的舞女、妓女和交际花，通常在婴儿时期就被他们的父母送给印度教的一些大神庙。——原书注

② 把德里的苏非派圣地当作情人幽会和寻花问柳的场所的例子，见 Dargah Quli Khan（trans. Chander Shekhar），in *The Muraqqa' e-Dehli*（New Delhi, 1989），e. g. p.7。——原书注

可以看到贵族，而"卡瓦力歌手"、其他歌手和乞丐的数量甚至超过了苍蝇和蚊子。总之，无论贵族还是平民，都在这里满足他们的饥渴欲望。[6]

由于德干最伟大的"塔瓦伊夫"玛·拉卡·白·昌达的影响，塔瓦伊夫与毛拉阿里节之间的联系尤为紧密。她的母亲拉吉·坎瓦尔·白也是一位著名的交际花。1764 年春天，在怀孕六个月的时候，拉吉·坎瓦尔·白与詹姆斯的朋友、尼查姆的宫廷史官和画家塔贾里·阿里·沙一起虔诚地去圣所郊游。就在他们接近科沙里夫的时候，拉吉·坎瓦尔·白开始见红，似乎流产了。塔贾里·阿里·沙带着她直奔神庙，在那里他们买了一些圣线（rakhi）系在拉吉·坎瓦尔的腰间，并吃了圣地管理者给他们的"供奉甜食"①。拉吉·坎瓦尔·白奇迹般地康复了，三个月后生下了一个美丽健康的孩子，也就是玛·拉卡。[7]

为了表示感谢，这个家族成了科沙里夫圣所的重要捐赠者，由于他们的影响力和声望，尼查姆和他的家人也开始参加毛拉阿里节的庆祝活动。玛·拉卡的姨父，被刺杀的首相鲁肯·道拉②，就葬在这个圣所的地下。1800 年，詹姆斯第一次

---

① 原文为 prasad，是神庙发给信徒以换取供奉的甜食；本是印度教的传统，很多苏非派圣地也采取这种做法。——原书注

② 根据玛·拉卡请人撰写的传记《玛·拉卡传》，首相米尔·穆萨·汗（头衔为鲁肯·道拉）在晚年娶了他的交际花情人玛赫塔布·坎瓦尔，她是拉吉·坎瓦尔·白的姊妹，也就是玛·拉卡的姨母。玛赫塔布·坎瓦尔似乎也曾是阿里斯图·贾赫的情人。Ghulam Samdani Gohar, *Hyat-e-Mah-e-laqa* (Hyderabad, n. d.), and Rahat Azmi, *Mah-e-laqa* (Hyderabad, 1998). 这些信息的来源是一本由玛·拉卡请人撰写的书，所以我们要对它存疑。交际花正式嫁入贵族豪门是非常稀罕的事情（她们一般只是与贵族维持婚外情），不过玛·拉卡的家族确实在几乎所有方面都不寻常。——原书注

参加毛拉阿里节庆祝活动的那一年，玛·拉卡刚刚开始在圣所脚下建造一座宏伟的墓园，她将母亲安葬在那里，后来她自己也被埋葬在那里。她墓碑上的波斯语碑文写道，她是"优雅之花园中的柏树，风流妩媚之树林中的玫瑰树"。[8]

其他塔瓦伊夫和与她们一起工作的音乐家捐款为朝圣者建造了客栈、清真寺、仪式性拱门和鼓楼，以及附近乡村的一些水池、喷泉和园林。古拉姆·侯赛因·汗记载："在科沙里夫较高的山坡上，有许多由交际花出资建造的建筑。这是她们在毛拉阿里节期间聚集的地方。在那里，她们提供美味的食物，以及烟花和照明，给'拉格'这种音乐增添了更多的乐趣。"在毛拉阿里节期间，在这些张灯结彩的花园里，舞女们的舞蹈表演持续到深夜，大概还会提供其他一些服务，正是那些服务让海德拉巴贵族对她们如此痴迷。[9]

除了是一个受欢迎的休假借口之外，毛拉阿里节还发挥了重要的政治功能，使尼查姆能够跨越海德拉巴贵族当中的教派鸿沟，这种鸿沟使王国的贵族分裂成了两大阵营。旧的顾特卜沙希王朝的精英，以及来自奥郎加巴德和比德尔等城镇的其他德干名门世家，几乎全是什叶派。由于包括阿里斯图·贾赫和米尔·阿拉姆在内的一连串什叶派首相欢迎大群波斯什叶派移民到海德拉巴，什叶派贵族的数量大大增加。[10]不过，历代尼查姆都是坚定的逊尼派，精英中的白嘉贵族和大多数从德里移民到德干、投奔尼查姆的莫卧儿军人和廷臣也都是逊尼派。① 什叶派和逊尼派两个群体相互猜忌，正如

---

① 尼查姆·穆尔克曾是德里的莫卧儿宫廷里外来派系的领导者，曾与他同呼吸共命运的几乎所有逊尼派贵族都陪他去了海德拉巴。——原书注

278 / 白莫卧儿人：爱情、战争与18世纪的印度

詹姆斯的助手亨利·罗素后来写的那样，"两个教派之间存在相当程度的嫉妒，很少通婚"。[11]不过，尽管毛拉阿里节原本是什叶派的节日，但逊尼派和什叶派以同样的热情庆祝它。此外，作为毛拉阿里节核心的对圣物的虔敬，也为海德拉巴的印度教徒（无论高低贵贱）所接受。这样一处圣所若是在其他国家，就完全可能变成纯粹的什叶派礼拜中心；而在印度，当时和今天一样，参拜这样的圣所的印度教徒的人数往往超过穆斯林。

海德拉巴人民，不管信奉什么宗教或教派，都为他们的毛拉阿里节感到骄傲。德干的历史学家孟希哈德尔·汗·比德里在他的《阿萨夫·贾赫王朝史》中充满爱国主义情怀地夸耀道："在毛拉阿里节期间，这个地方人山人海。睿智的长者都认为，在德里的任何地方，或者实际上在印度的其他任何地方和任何场合，都没有如此庞大的人群。"[12]中东的什叶派教徒会暗示，纳杰夫、卡尔巴拉以及伊拉克的其他一些与作为历史人物的阿里有联系的圣地，比海德拉巴本地的什叶派圣地更货真价实、更有影响力。海德拉巴人当然不喜欢听到这些。说到这一点，米尔·阿拉姆讲过一个故事，提到一个来自阿富汗的什叶派蒙古哈扎拉人①。

> 他不久前从伊朗来到我家，当时我正准备去科沙里夫举行一次还愿野餐。我邀请这个蒙古人和我一起进行这次虔诚的访问。他回答说："恐怕你得原谅我，我已经去过

---

① 哈扎拉人以波斯语族哈扎拉吉语为母语，主要居住地是阿富汗中部、伊朗东北部和巴基斯坦西北部（主要是在奎达）。哈扎拉族大多信奉伊斯兰教什叶派，是阿富汗人口第三多的民族。

纳杰夫［位于伊拉克境内的什叶派的主要朝圣地］很多次了，所以我觉得没有必要参拜你们这里的小圣地！"

最后，我说服他坐上我家的牛车，一起去科沙里夫。当我们停下来时，他从牛车上下来，由于不习惯这样的交通工具，他的腿滑到了车轮的辐条之间。牛的突然移动使车轮转动，导致他的胫骨折断。他惨叫和哀号起来，然后昏了过去，我只好把他抬回牛车上，继续往山顶走，同时派仆人去请医生。蒙古人苏醒了，大叫道："我从来没有，也永远不会把我的腿交给外科医生，绝不，绝不！正如真主（赞美真主！）在这山顶上打断了我的腿，他也会把它治好的！"

于是，蒙古人整整一夜没有吃药，也没有做手术，哭着在床单上翻来覆去地喊叫："我的主啊，阿里，我的主啊，阿里！"最后，在天亮前的最后一更，他终于入睡了。他梦见显迹尊者［毛拉阿里］亲切地出现并走近他。他把手放在蒙古人的断腿上，喊道："起来走吧！"

蒙古人醒来后，已经不觉得疼痛了。他把腿伸了出来，又缩了回去，再伸了出来，坐起来，站起来，走了几步，又坐回去，没有看到骨折的迹象。于是他匍匐在地，感恩祈祷，并点名叫他的每一个眷属来，让他们看看他那条奇迹般痊愈的腿。他进入圣所，念诵"开端章"①，并绕着神圣的石头印迹转了七圈。

只要还留在海德拉巴，这个蒙古人每个星期四都会去

___
① "开端章"（Al-Fatiha）是《古兰经》的开篇第一章，仪式性的祈祷需要念诵"开端章"，各种仪式期间也要念诵它。——原书注

参拜圣所，他坚信这个神圣的地方是毛拉阿里特别认可的。[13]

对詹姆斯来说，毛拉阿里节为他提供了再好不过的时机。他非常需要休息一下，因为这几个月令他心力交瘁，是他成为常驻代表以来最糟糕的一段时间。他的神经已经疲惫不堪，健康状况也是一塌糊涂。他有时担心自己已经接近身体完全垮掉的状态。

几个星期以来，他一直被迫在床上工作。其他时候，他的信是在"温水浴"中写的，这是常驻代表府的庸医乔治·尤尔命令他做的，他认为这是治疗詹姆斯越来越经常出现的严重头痛的最好办法。[14]有时詹姆斯的症状似乎更接近痢疾。在一个特别尴尬的时刻，他不得不把自己当作卫生间的帐篷搬进尼查姆的宫殿，因为他说自己患有"非常严重的肠胃疾病，或者说，我认为是人体所有疾病的并发症。我在拜访首相的过程中没有出差池，但我还是容易腹泻，所以不得不带着一个卫生间帐篷去宫廷"。[15]

无论在公务中还是在私人生活中，他现在都面临着压力。詹姆斯为庆祝西坎达尔·贾赫与阿里斯图·贾赫的孙女结婚而举办的"嘉欣"宴会很顺利，把《迈索尔分治条约》造成的不愉快气氛一扫而空。有一段时间他还报告说："我已经成为首相的宠儿。"[16]但加尔各答一直在向他施压，让他劝说尼查姆签订进一步的同盟条约。根据该条约，英国在海德拉巴的军事代表团（被称为附属部队）的规模将会扩大，从而为尼查姆提供强有力的保护，以抵御任何可能的入侵，但条件是尼查姆必须向公司割让大片领土。

这当然对公司有利，因为公司仍然保留对借给尼查姆的部队的最终控制权，而且如果尼查姆不如往常那么恭顺的话，公司还可以利用这些部队向海德拉巴施加温和的压力，同时也拥有一种有利可图的手段来给公司自己的部队筹措军费。对海德拉巴宫廷来说，这笔交易的好处不是那么明显，尤其是现在马拉塔人进攻的威胁似乎已经消退。正如詹姆斯在谈判期间一个特别艰难的时刻告诉威廉的那样："虽然所罗门［阿里斯图·贾赫］倾向于对我们做出很大的让步，但我开始怀疑他是否会满足我们的全部要求，除非他被浦那吓坏了。"[17]不过，韦尔斯利不会容忍他规定的条件被弱化，因为这些条件对公司是非常有利的。他命令詹姆斯不惜一切代价让海德拉巴人签字。

韦尔斯利在这个时期的心情特别恶劣，所以不肯妥协。在征服了塞林伽巴丹和"驯虎"（这是他对杀死蒂普苏丹的委婉说法）之后，他曾以为自己会得到伦敦主子们的丰厚奖赏，并写信给他的法国妻子亚森特："除了这样的功绩之外，怕是没有什么能配得上荣耀。如果英国有什么公正可言的话，他们一定会派遣特使给我送来嘉德勋位……除了嘉德勋位，我不在乎任何荣誉。"[18]但他得到的只是一个爱尔兰的侯爵爵位，而这个爵位甚至没有给他进入伦敦上议院的权利。韦尔斯利几乎精神崩溃。他在床上躺了十天，吃不下饭，夜不能寐，对他自认为受到的侮辱（按照他自己的说法，这个侯爵爵位是"双层镀金的土豆"）怒火中烧，把自己搞得"浑身起了巨大的疖子，疼痛难忍"。

加尔各答也没有任何东西可以让他高兴起来，或者引诱他走出卧室。韦尔斯利认为，加尔各答的上流社会十分庸俗无聊："男人们是愚蠢的纨绔子弟，不通文墨；女人们是婊子，衣品极差，沉闷无趣。"他还向亚森特怒斥他负责管理和控制的公司商人们的"愚蠢和没教养的放肆行为"。"他们是如此低俗、无知、粗鲁、放肆和愚蠢，令人作呕，令人无法忍受；尤其是女士们，顺便说一句，这里甚至没有一个女人长得像样点。"[19]

备受煎熬、精神高度紧张的韦尔斯利给亚森特写信说："我已形销骨立，面色蜡黄，浑身颤抖，虚弱得不能在房间里走动……在我的脑海里，我遭受着殉道的痛苦……我在这里被毁了，每个人都能感觉到我的屈辱。"[20]亚森特和他在加尔各答的幕僚一样，对他近乎精神病的虚荣和自负大感困惑，尤其是他对英国荣誉制度中最玄妙的等级差别的执迷程度让她不解。她不理解他的行为，在给丈夫的信中轻声细气地指出，这是一件多么荒诞的事情："亚洲所有的统治者都在你面前战栗，而你〔躺〕在床上，被愤怒吞噬，没有足够的良好心态和勇气去平心静气地看待荣誉和勋章……亲爱的，亲爱的灵魂，你不是一个孩童，你那可恶的脑袋摧毁了你的身体。"[21]

当然，这一切都不会使韦尔斯利变得更加达观。在他满腹怨恨、咬牙切齿的时候，如果他的下属敢于对他的命令提出异议，或者辜负了总督的期望，简直就是找死。威廉·柯克帕特里克赶紧写信给詹姆斯，告诉他，如果他还想保住自己的地位，务必竭尽全力，使谈判圆满结束。威廉说，韦尔斯利已经在嘀咕着要用自己的弟弟阿瑟取代詹姆斯了。①

令詹姆斯的处境更加困难的是，他那位能干而勤奋的助手约翰·马尔科姆于1799年夏天离开海德拉巴，出使波斯。他的位置由马尔科姆的门客，一个名叫利思的上了年纪的苏格兰上尉接替。詹姆斯从一开始就对利思的能力产生了怀疑，一针见血地向威廉指出："马尔科姆，像一个真正优秀的苏格兰人一样，［总］能够体现出在特威德河②以北出生的人的特殊优点。"²²利思到海德拉巴上任的时间被推迟了，主要是由于健康状况不佳，他当时患上了痢疾。三个月过去了，利思仍未从马德拉斯动身，詹姆斯有些恼怒地写道："如果利思上尉不尽快来我这里，我要开始相信他没有肠子了。"²³当利思终于到达海德拉巴之后，事实证明他更多是给上司添麻烦，而不是帮忙。詹姆斯在1800年1月给威廉的信中说："新助手是个灾难。他几乎完全不能读或说印度斯坦语，他的印度斯坦语或者波斯语让人几乎完全听不懂。即便有阿曼·乌拉［詹姆斯非常能干的孟希③的弟弟］一直在他身边帮助，他还是花了三天时间才翻译了一封信。"²⁴

接下来的一个月，大约在西坎达尔·贾赫的婚礼期间，詹姆斯自己的健康开始出状况。然而，在这个关键时刻，利思却

① 如果韦尔斯利坚持执行了这个计划，把阿瑟（后来的威灵顿公爵）调离军队，让他成为东印度公司的外交官，不知道后来欧洲历史的走向会是什么样。——原书注
② 特威德河在历史上是英格兰和苏格兰的边界，它的北面就是苏格兰。
③ 孟希（Munshi）是受过良好教育、专门帮助欧洲人克服语言困难的印度助理。有时孟希仅仅是语言教师，但在英国的各个常驻代表府，孟希的地位通常很高，往往成为英国高官的亲信谋士和私人秘书。有的孟希，如这里的孟希阿齐兹·乌拉，还要执行非常重要而敏感的任务，比如，参加条约谈判和向宫廷的重要人物行贿。——原书注

无法提供任何帮助。詹姆斯写道："这一个星期以来，我被胆汁折磨得异常难受，它最终造成了发烧和疟疾。此刻我正受着煎熬。祈求上天，让尤尔刚才给我的药能让我的病情缓解一些吧！因为我清楚地看到，我当前的助手［利思］还需要很长时间才能帮得上我的忙。他的迟钝超出了我的想象……他几乎又聋又瞎，以烛光会灼伤他的眼睛为由，请求我原谅他不去尼查姆宫廷……"[25]

在这一年里，随着条约的谈判在接二连三的草案、提案和反提案中无休止地徘徊，利思以各种借口从办公室消失，一走就是好几个星期。"我对马尔科姆推荐的这个奇怪的助手几乎束手无策，"詹姆斯在 2 月写道，"这两个星期我都没有看到他，他的脚上长满了虫子，而且因为试图用水银杀死虫子而汞中毒。如果他的手指疼痛，他就会觉得自己生了大病，说他不能上班。不过他迄今为止的工作都很差，所以他不来我也没有损失。我必须像以前一样，处理和承担常驻代表府的所有琐碎事务，这些事情原本应当由助理帮助上司解决才对。尤尔说利思经常异想天开，有疑病症倾向。"[26]利思上尉最终被海德拉巴对他脆弱的健康造成的危险吓坏了，在当年晚些时候逃回了他在马德拉斯的团。[27]

于是，詹姆斯只得亲自处理整个条约谈判的工作，只有那位出生于德里、聪明绝顶而精明狡黠的孟希阿齐兹·乌拉帮助他。[28]为了引诱海德拉巴人更紧密地依附于东印度公司，詹姆斯和阿齐兹·乌拉绞尽脑汁。阿齐兹·乌拉在阿里斯图·贾赫的宅邸待了很长时间，试图找到让首相更顺从的方法。他日复一日地坐在首相花园的凉亭里，和他一起抽水烟，或者放鸽子，或者看斗鸡。有一次，这位严肃的孟希甚至在他的正式记录中报告说，阿里斯图·贾赫邀请他到首相的私人土耳其浴室里继续他们的谈话，他们可以在那里谈话而不被人听到。[29]

根据阿齐兹·乌拉的建议，詹姆斯试图讨好阿里斯图·贾赫，派人去马德拉斯买了"一两件类似于发条装置的奇特机械"，他相信这"将对敲定条约有很大的帮助"。[30]尼查姆同样被大量礼物淹没，包括一套新的冬季羊毛衫，帮助他抵御12月的严寒。[31]詹姆斯还斥巨资贿赂阿里斯图·贾赫和尼查姆的女眷。他用密文写信给威廉，说他已经答应阿里斯图·贾赫，如果他能让尼查姆同意签约，就给他每月1000卢比的津贴。詹姆斯还说，或许可以用"黄金炮弹的准确射击"来攻破"谈判的堡垒"。[32]

后来，当威廉问及细节时，詹姆斯又用密文写信，透露他是如何完成贿赂首相这一艰难使命的。

> 只是在其他所有手段似乎都失败的情况下，我才想到贿赂他。但如果不是你一再提醒我注意这种解决难题的办法，我可能不会采用这种方式，或者至少不会做到这种程度……贿赂达到了目的，即消除所罗门和尼查姆对［条约中］某些条款的反对。在这样的宫廷里，受贿的人有多少并不重要，即使传到主事人的耳朵里，也很少会造成损害，除非是在与当前的局势非常不同的情况下。我在尼查姆的后宫行贿的主要渠道是菲赫姆·白，她是一个贪得无厌的女人……[33]

经过近一年的谈判，1800年的《附属条约》（被称为《永久同盟》）终于在10月12日签署。东印度公司同意向驻扎海德拉巴的英军增派两千名步兵和一千名骑兵；作为回报，尼查姆将他在十八个月前攻陷塞林伽巴丹后获得的几个迈索尔省份交给英国人。当然，这些省份的价值是维持几千名印度兵所需实际费用的许多倍。

在外交上，这又是一次胜利，韦尔斯利写信向詹姆斯表示热烈祝贺。当总督在次年请罗伯特·霍姆[①]为他画像时，要求画家将他表现为手按《附属条约》，总督似乎认为这是他迄今为止在印度取得的最大成就。[34]尼查姆似乎也很高兴，赐给詹姆斯"爱子"的头衔，还赏赐他一个镶有巨大宝石的金戒指。詹姆斯在条约签署的那天写道：

> 所罗门［阿里斯图·贾赫］在过去的一段时间里曾向孟希阿齐兹·乌拉暗示，会给我安排些什么东西，所罗门认为我会非常喜欢，但不肯明确地告诉孟希究竟是什么……但在前天，殿下要求我把我的一枚戒指送去给他，以测量我手指的尺寸，所以我能够部分地猜测他的意图；今天早晨我到达宫廷时，所罗门向我表示，殿下打算把我视为他的儿子!!! 这是迄今为止除了他自己［阿里斯图·贾赫］之外，从未授予任何人的荣誉。我拼命谢绝如此崇高的荣誉，因为它远远超出了我的功绩，也是我想都不敢想的……这是一枚非常漂亮的戒指，上面的钻石相当大。年轻的西德纳姆［常驻代表府的一位下级幕僚］认为它可能价值 1500～2000 宝塔币。如果让我猜的话，

---

① 罗伯特·霍姆（1752~1834）是英国的油画画家，1791 年到印度，创作历史画和风景画等。

我估计值 1000 英镑……[35]

　　不过，《附属条约》的整个谈判让柯克帕特里克十分厌恶和不适。他对自己为了达到目的而不得不威逼和贿赂尼查姆宫廷尤其感到厌恶。私下里他更是怀疑，该条约根本不符合海德拉巴的利益。他写信给他在浦那的朋友威廉·帕尔默将军，表示完全同意帕尔默的观点，即东印度公司正变得欲壑难填、得意忘形，这是非常危险的。[36]当詹姆斯最终写信给兄长，告诉他即将取得的成功时，信中完全没有为了胜利而洋洋得意的情绪。相反，他透露了他对韦尔斯利追求目标时的冷酷无情感到日益不安。他告诉威廉，阿里斯图·贾赫曾告诉孟希阿齐兹·乌拉，"我们［英国人］的贪婪没有界限，我们什么都要攫为己有，永远不肯让步。总之，我们似乎下定决心要让所有事情都遂自己的心愿"。詹姆斯补充道："我现在心乱如麻，即使我有时间，也无法回答你信中提到的私事。"他只是问兄长："我是否应该辞职，因为那样对我自己、对公众才是公正的。"[37]

　　威廉在信中提到的"私事"，同时也是詹姆斯考虑辞职的原因，自然就是海尔·妮萨的事情。

　　这段恋情现在给詹姆斯带来了持续的痛苦和担忧。关于他引诱一位赛义达的传言在海德拉巴造成了愈演愈烈的骚动。5

月，终于发生了一起戏剧性事件。有一天，詹姆斯照例在清晨沿着穆西河岸骑马时，遭到伏击。"曾经的法国军团的两名印度兵在距离 20 码处向我开了两枪，我险些中弹，侥幸逃脱，"他在次日向威廉报告，"其中一发子弹离我的头很近。我好不容易才压制住随行卫兵的愤慨。但不久之后，所罗门就把罪犯五花大绑地送到我这里来，要求我把他们绞死。不过，我只是讯问他们有没有幕后指使。他们坚决否认，随后我仅仅告诫他们以后不要开枪，除非是瞄准国家的敌人。"[38]海德拉巴的流言蜚语当然立即把这次枪击事件与詹姆斯的恋情引起的日益严重的不安联系起来。

但真正让詹姆斯担心的，不是老城的流言蜚语和愤怒的迹象。他现在知道海尔·妮萨怀孕了。他还知道她的家人正试图强迫她打掉孩子。

我们对当时印度和伊斯兰世界的堕胎情况知之甚少，但这种做法显然司空见惯。伊斯兰法学家很早就裁定，在怀孕早期的堕胎并不属于"哈拉姆"（被伊斯兰教法禁止的事情）。他们规定，在与母亲健康有关的特殊医疗情况下允许堕胎，直到怀孕第四个月，此时胎儿被认为已经完全"有灵魂"，因此是一个人。尼科洛·马努奇曾在奥朗则布在德里的莫卧儿后宫侍奉，他说堕胎在那里很常见。而且中世纪的伊斯兰教典籍收入了许多关于草药和药物的不寻常建议，这些草药和药物可以避孕，或使意外怀上的胎儿流产。

伊斯兰世界的避孕方法千差万别，有大量文献记载了各种技术，从体外排精避孕法到更奇怪的解决方案，如含有兔凝乳酶的栓剂、"糖芥和蜂蜜煮成的汤"和"一团羊毛中塞着垂柳叶"（中世纪早期波斯的一种流行选择）。不过，避孕不仅仅是女人的事。男性避孕方法包括"交媾时喝水薄荷汁",将洋葱汁或石盐溶液涂抹在阴茎末端,或者更令人震惊的是,用焦油涂抹整个阴茎。① 伊斯兰家庭控制生育的其他神秘方法包括"用大象的粪便熏蒸",更奇怪的是,"向后跳"。②

关于堕胎这个一向敏感的话题,我们知道的就少得多了,但伟大的医学权威伊本·西那(西方人称他为阿维森纳),在11世纪初的布哈拉写的《医典》中提出了以下方法,所有这些方法听起来都相当令人不快,而且(人们应当很容易想到)对母亲的健康也有很大的风险:

> 堕胎可通过运动或药物进行。药物的作用是杀死胎儿,使经血流动……运动包括抽血[放血]、饥饿、[身体]运动、频繁跳跃、搬运重物和大声打喷嚏。
>
> 一种好办法是将一张卷好的纸、一根羽毛,或将莎草、芸香、仙客来或鳞毛蕨剪成羽毛大小的棍子,插入子宫口。这样肯定会有效果,特别是如果抹上堕胎药,如焦油、苦西瓜浆水或其他堕胎药。

在中世纪的伊斯兰世界,其他广泛使用的堕胎药还包括"羽扇豆水浸泡的没药、胡椒、月桂籽、肉桂、茜草、苦艾汁、小豆蔻、水薄荷、甜罗勒的根、胡萝卜和醋浸泡的丝瓜籽"。在使用这些方法的同时,还可以用牛的胆囊摩擦肚脐、

---

① 史料里没有说焦油应当是什么样的温度。我们估计,如果用热焦油,那么的确是非常有效的避孕手段。——原书注
② 与这些手段相比,梵蒂冈支持的安全期避孕法就显得非常靠谱和先进了。——原书注

用仙客来的根部熏蒸、使用含有野胡萝卜根部和"喷瓜汁"的栓剂。

我们不知道莫卧儿帝国晚期的产婆喜欢用什么方法来堕胎，更不知道海德拉巴常见的方法是什么，但海尔·妮萨的家庭和柯克帕特里克显然都认为产婆是有办法的。正如整个中东地区都认为印度女人在爱情艺术方面特别本领高超一样，她们也被认为在避孕的艺术方面特别娴熟，如果其他所有手段都失败了，她们还能帮助分娩。[39]

不过，堕胎是很危险的手术。除了希望保住自己的孩子之外，海尔·妮萨一定对终止妊娠涉及的巨大风险感到警惕。毕竟，她同父异母的姐姐在 1800 年 3 月，也就是几个月前，经历了一次危险性比堕胎小得多的、旨在帮助她怀孕的手术之后去世了。[40]

不足为奇的是，詹姆斯觉得无法向哥哥倾诉这件不愉快的事情。他其实对威廉总是尽量闭口不谈他的海德拉巴情人的事情，甚至避免向他透露她已经怀孕的消息。但"克莱武报告"曾简要提到堕胎的企图，当时鲍泽中校做证说，他曾听柯克帕特里克亲口讲述事情经过。

> 这位年轻的女士怀孕了，为了掩盖她的耻辱，他们［她的家人］希望把她嫁给前面提到的穆斯林［艾哈迈德·阿里·汗的儿子］，但这位女士本人明确拒绝了，威胁说如果他们逼迫她，她就自杀，并宣布她非哈施玛特·忠格（柯克帕特里克少校）不嫁。他们无法说服她，就想给她吃药堕胎，但他（常驻代表）已派人去找城里的产婆，阻止了他们的企图。他最后宣布，无论调查的最终

结果如何，他决心永远不会抛弃这位女士或她的后代。[41]

詹姆斯可能决心不抛弃海尔·妮萨，但这是长远打算。在短期内，由于她的外祖父巴卡尔·阿里·汗的警惕，更重要的是为了他自己的安全以及他前不久对詹姆斯·达尔林普尔的承诺，他无法与她见面，甚至无法定期回信。他不得不无助地坐在常驻代表府，望着穆西河对岸海尔·妮萨居住的老城，却不能与她联系，也不能给她写信。他用密文给威廉写道："我早就不与巴卡尔·阿里家的女人们来往了……［但是］世人皆知，这个年轻的姑娘正痛苦地思念着我，她的父母为了抚慰她痛苦的心灵，决定不把她嫁给任何人。"[42]

然后，他第一次向兄长暗示，他对这段恋情的态度比他以前表现出来的要认真得多。到目前为止，他勉强向威廉承认他和海尔·妮萨上过床，但否认打算和她结婚，或者说他认为这段关系不过是他令人遗憾地失去了自制。然而，现在他明确表示，他与她的关系远比这深得多。他大谈荣誉和责任，从而让兄长不是那么坚决地反对他的打算。但詹姆斯还在假装这段关系是被强加于他的。不过他的意图很明确了：他宁愿辞职、放弃他在东印度公司的整个前程，也不愿放弃这个姑娘。他在 8 月 17 日写道：

> 我估计他们［海尔·妮萨的家人］迟早会恳求我以自己的方式恢复与她的关系。不过，我将以我迄今为止一贯的开诚布公的态度告诉你，在这种困境中，我很可能会如何行事。我首先会想尽一切办法拒绝那样的提议；但如果我发现这样做会遇到不止一种危险，我就会向尼查姆和

所罗门试探；如果他们不反对，我就把这件事提交给 W 勋爵，因为他从我对这件事的公开陈述中，很清楚这位年轻姑娘对我的感情。

[但] 如果勋爵大人出于政治上的权宜之计或其他考虑，不同意做任何安排，我的感情很可能迫使我辞职，从而更自由地追寻我自己的心愿。各种考虑无疑会使这一选择成为最痛苦的选择，但这将是我的唯一选择，让我能够体面地从这种极端残酷的困境中解脱出来……[43]

如果詹姆斯希望在前往毛拉阿里圣所的过程中，能够摆脱这件事的阴影，那么他就错了。

他于 12 月 1 日启程北上，并带着接替利思担任常驻代表助理的人，才华横溢、虚荣自大的年轻东方学者亨利·罗素。罗素能说一口流利的印度斯坦语，不过他的波斯语还不够好，所以他之所以能得到这份工作，可能部分是靠关系。他的父亲亨利·罗素爵士是孟加拉的首席大法官，是一个正派、聪明但粗俗的人，他那种暴发户气质让非常势利的韦尔斯利勋爵感到震惊。"我不知道你在哪里捡到了亨利·罗素爵士，"韦尔斯利在第一次听说亨利爵士可能被任命为大法官时，写信给身在伦敦的东印度公司控制理事会主席亨利·邓达斯，"他是个粗俗、缺乏教养、凶暴而傲慢的畜生，所有人都厌恶他。我希望你永远不要让他担任首席大法官……无论如何，绝不要把这个畜生安排在他的举止和行为都配不上的职位上。"[44]

但是，韦尔斯利勋爵虽然讨厌亨利爵士，却很欣赏他的儿子小亨利，认为小亨利是他认识的"最前途无量的青年"。[45]詹姆斯同意这一点，在给威廉的信中写道："我相信，罗素在各方面都会对我很有帮助。目前他的波斯语还没有什么进步，但他是个说得过去的印度斯坦语学者，在翻译工作中对我会很有帮助，在这过程中也会逐渐熟悉这种语言。"[46]而且詹姆斯也很喜欢小亨利的为人，觉得他活泼、聪慧而讨人喜欢，在终日顾影自怜、沉闷无趣的利思之后让常驻代表府的气氛为之一新。

当柯克帕特里克、罗素和常驻代表府的幕僚到达科沙里夫时，那里已经熙熙攘攘。在山脚下的棕榈林中，一排排巨大的丝绸帐篷已经搭建起来。朝圣者摩肩接踵，在临时集市上购物，品尝美味佳肴，喝着由玛·拉卡·白出资搭建并维护的巨大厨房免费提供给大家的果子露。[47]印度教徒带着椰子来给圣所当祭品，穆斯林带着羊来宰杀，乞丐排队等候施舍。古拉姆·侯赛因·汗记载：

真主的所有子民都去了，从尼查姆和他的首相到穷人、士兵和艺人，就连九十岁或一百岁的老妪也去了，她们几乎没有力气走路，却仍然拖着身子去参加庆典。大约有五十万人聚集于此，有穆斯林和印度教徒、毗湿奴①和湿婆②的信徒、婆罗门和印度教苦修者、马尔瓦尔人③，以及来自伊朗和中亚、奥斯曼土耳其和叙利亚的外国人，

① 毗湿奴是印度教的三主神之一。梵天主管"创造"，湿婆主掌"毁灭"，而毗湿奴是"维护"之神，在印度教中被视为众生的保护之神。他性格温和，对信仰虔诚的信徒施予恩惠，常化身成各种形象拯救危难的世界。
② 湿婆是印度教崇奉的主神，集多种神威于一身，是复杂而矛盾的神话人物。他既是毁灭者，又是起死回生者；既是大苦行者，又是色欲的象征；既有牧养众生的慈心，又有复仇的凶念。他在湿婆教中也是主神。
③ 马尔瓦尔地区也叫焦特布尔地区，在今天印度西北部拉贾斯坦邦的西南部。

有阿拉伯人和非阿拉伯人，甚至还有英国人。他们都来参加这个没有人愿意错过的节日的庆祝活动。他们搭起无数帐篷，而那些已经建好住所的人用地毯和蜡烛来装饰……每一个有头有脸的贵族都出资建造了以他们的名字命名的豪宅。①

这里有大约三千头大象，以及大约五万匹马和负重的骆驼，还有卖新鲜水果和干果、衣服和精美的帕什米纳山羊绒披肩的摊位。放眼望去，人山人海，有买家和卖家，有骑手和舞者，有金碧辉煌的帐篷和如小山般巨大的大象。从穆西河到科沙里夫，路两边连续竖立起宏伟的建筑，挂满了丝绸，装饰着吊灯……

美丽的舞者，妆容各不相同、争奇斗艳，珠光宝气，穿着五彩缤纷的衣服，为欢乐的观众献艺，用她们令人陶醉的音乐让听众为之叫绝；烟花燃放，各种美食和饮料数不胜数。当尼查姆殿下驾到时，庆祝活动和灯光表演开始了……48

庆祝活动的核心（名义上是什叶派穆斯林的仪式，但融合了印度教的元素）在赖哲卜月十六日的午夜，圣洁的檀香木托盘被隆重地放在一头骆驼的背上，从塔基亚·兰·阿里·沙的墓地运来；此后，第二块檀香木从旁贾·沙运来，第三块从马尔卡杰吉里②运来。朝圣者涌上山顶。据古拉姆·侯赛

---

① 在毛拉阿里圣所的地基附近，今天仍然有许多半壁倾颓的宅邸，可以追溯到 1800 年前后。这可能是整个海德拉巴变化最少的地方，柯克帕特里克如果穿越到今天的话，应当最能认出这里。——原书注
② 马尔卡杰吉里在今天是海德拉巴的一个郊区。

因·汗记载:"人潮如涌,所以很难到达圣所。在身后强壮的年轻人的反复推搡下,人们才终于汗流浃背地走进了圣所。"在这里,他们在两百多年前太监"红宝石"发现的神圣手印前鞠躬或跪拜。

不过,詹姆斯发现,即便在这里,在蜂拥而至的庞大人群中,他仍然无法逃避迅速笼罩他的丑闻。无论他走到哪里,去圣所、去打猎、去看舞蹈表演,他都发现自己被米尔·阿卜杜勒·拉蒂夫·舒什塔里和他的堂侄米尔·道朗跟踪着。米尔·道朗是米尔·阿拉姆的儿子,不到二十岁,肥胖、娇生惯养、相貌丑陋。[①] 这两人都想劝说詹姆斯为他们被羞辱和流放的亲人米尔·阿拉姆求情。米尔·阿拉姆现在正从鲁德鲁尔前往他自己选择的国内流放地,即他位于贝拉尔(在海德拉巴城东北 100 英里处)的庄园,现在快走到海德拉巴了。詹姆斯再三表示自己没有办法替米尔·阿拉姆说情,但两人都拒绝相信。两人提出做一笔交易:如果他们帮助他得到海尔·妮萨,他能不能帮忙让米尔·阿拉姆回家?听了这话,詹姆斯特别恼火。他在给威廉的信中写道:

> 阿卜杜勒·拉蒂夫经常和我在一起,而且看起来非常坦诚,极其健谈。他的殷勤确实是无边无际的,因为他像米尔·道朗一样,毫不犹豫地表示愿意在某一方面毫无保

---

① 一些较晚的海德拉巴史料认为米尔·阿拉姆曾考虑让米尔·道朗迎娶他的亲戚海尔·妮萨,所以这个计划受阻后,米尔·阿拉姆就更不喜欢詹姆斯了。但当时的史料都没有提到这一点,而且米尔·阿拉姆成功地安排儿子娶了比巴卡尔·阿里·汗有权有势得多的海德拉巴贵族巴赫拉姆·穆尔克的女儿。——原书注

留地帮助我。他向我保证，可以让我轻松地达成自己的所有心愿，无论它们是什么。你可以很容易地想象，我是如何应对这种卑鄙无礼的态度的……我怀疑他［米尔·道朗］一直在老巴卡尔［海尔的外祖父巴卡尔·阿里·汗］那里捣鬼，而且他一直在套老巴卡尔的话，正如老人家毫无保留地告诉我的那样。①[49]

詹姆斯很清楚，现在海尔·妮萨已经怀孕七个月了，显然不可能和艾哈迈德·阿里·汗的儿子结婚。所以，对詹姆斯来说，主要的问题不在于巴卡尔·阿里和舒什塔里家族，而在于达尔林普尔中校。因为达尔林普尔仍然有办法给柯克帕特里克下绊子，尤其是达尔林普尔可以向加尔各答报告说，詹姆斯违背了他的庄严承诺，仍然在与海尔·妮萨交往，尽管这给英国在海德拉巴的地位造成了明显的危险。

因此，当12月9日，就在毛拉阿里节结束三天后，常驻代表府收到消息，达尔林普尔中校突然发烧，死在了自己的帐篷里，此时詹姆斯的心情一定非常复杂。达尔林普尔是他的熟人，詹姆斯曾热情地赞扬他"温和、和蔼可亲的态度"，赞扬他的谦逊，并说"我那极有才干的朋友的去世，让我们蒙受

---

① 詹姆斯特别生气，因为这是米尔·道朗第二次企图用不诚实的手段把詹姆斯拉到米尔·阿拉姆那边。八个月前，在3月的时候，米尔·道朗赤裸裸地企图向詹姆斯行贿。詹姆斯告诉威廉："他以他父亲的名义向我行贿价值10万卢比的珠宝和10万卢比现金，我轻蔑地拒绝了。他竟然卑鄙无耻地向我明确表示，只要我愿意帮助他父亲，那么他很愿意帮助我在某方面的努力，双方互利互惠。我忍不住答复他，尽管我没有一下子明白他指的是哪方面，但我绝不会以不恰当的方式让他帮助。"OIOC, Kirkpatrick Papers, Mss Eur F228/11, p. 338, 9 March 1800, James to William Kirkpatrick. ——原书注

了沉重的损失"。[50]他还亲自主持了在英军新兵站旁的阅兵场公墓举行的葬礼，并在致悼词时表现得十分沉痛。但他的内心一定有一部分在窃喜。因为根据巴卡尔·阿里·汗后来的证词，在达尔林普尔死后不到两天，詹姆斯又开始秘密拜访海尔·妮萨，"比以往更加热切"。[51]

仅仅两个多星期之后，一名神秘的信使来到阿里斯图·贾赫的宏伟豪宅。他走进首相的内廷，当着聚集于此的人群的面，以哈施玛特·忠格·柯克帕特里克的名义，大声要求立即将海尔·妮萨交给英国常驻代表。人们还没来得及询问，这个信使就溜到了拥挤的大街上。[52]

当晚，莎拉芙·妮萨在她母亲杜尔达娜夫人的陪同下，哭哭啼啼地走进父亲巴卡尔·阿里·汗的住处。老人独自坐在那里，看到女儿这副模样，焦急地问怎么了。莎拉芙·妮萨声称，在过去的两个星期里，她受到了来自首相家的一连串威胁。她说，前两条信息来自阿里斯图·贾赫的儿媳法尔赞德夫人。然后，"基督诞辰节的第二天"，第三条信息来自法尔赞德夫人的女仆萨拉哈嬷嬷。萨拉哈嬷嬷告诉她："因为英国常驻代表在过去的六个月里成了真正的穆斯林，所以她［莎拉芙·妮萨］应该把女儿交出来；如果她不照做，她的父亲和他的家庭都不会有好下场。"

莎拉芙·妮萨说，她对这些威胁置之不理，但就在3小时之前，"努蒂姆嬷嬷，首相的另一个阿熙尔女仆，带来了法尔赞德夫人的书信，其大意是'英国常驻代表对我［莎拉芙·妮萨］的女儿充满渴望，所以如果我不立即将女儿交给他，他将剪掉自己的头发，来到巴卡尔·阿里·汗的门前坐下'"。[53]很自然地，巴卡尔·阿里·汗对这些威胁感到震惊，杜尔达娜夫人也是如此，"她撕开衣服，把一件丧服披在自己肩上，说：'现在我是个法基尔，要远离红尘。'""然后她又给了他一件丧服，说：'拿着这个，走到［英国］军队面前，把它披到你的肩膀上，在全体英国绅士面前宣布，你要当法基尔，弃绝这个世界。'"在她看来，要让家族既不受上述威胁，又不蒙受无法洗雪的耻辱，出家当托钵僧是唯一可靠的出路。[54]

第二天，即 12 月 28 日的清晨，巴卡尔·阿里·汗确实去了英国人的军营，但不是去宣布出家当法基尔。他拜访了有可能接替达尔林普尔担任附属部队指挥官的鲍泽中校，急切地恳求他的帮助和保护，以对抗柯克帕特里克和首相。巴卡尔·阿里·汗进门时，鲍泽正在吃早饭。他既不会说波斯语，也不会说印度斯坦语，但他意识到事情的重要性，于是同意巴卡尔·阿里的意见，去找部队里会说流利波斯语的医生。肯尼迪医生正在家中。三人闭门聚首后，巴卡尔·阿里解释了他来和他们讨论的"微妙"问题。

在过去很长一段时间里，常驻代表在首相的支持下，一直企图占有他的外孙女。但他一直拒绝他们的所有请求，并得到了已故的达尔林普尔中校的支持。达尔林普尔要求常驻代表以荣誉的名义庄严声明，今后他将停止此类企图。不过，在达尔林普尔中校去世仅两天后，这些企图又重新开始了……而且最近还伴随着来自首相的威胁，说如果他［巴卡尔·阿里］不服从，就要毁了他和他的整个家庭。巴卡尔·阿里·汗说，对于每一次无理要求和威胁，他的回答都是，他决心永不屈服；他们可以剥夺他的地产、他的年金，甚至他的生命，但他永远不会容许自己的家庭荣誉受到玷污。

巴卡尔·阿里·汗继续说，他们现在把他逼得很紧，所以他认为除了请求鲍泽中校保护之外，没有别的办法来挽救他的荣誉。为了引起大家的重视，他将立即退隐，并给鲍泽中校写一封［正式的］［控诉］信。

随后，巴卡尔·阿里·汗出去了，不久就带着一封信回来，立刻亲手把信交给了鲍泽中校。

在例行的寒暄套话之后，这封信写道："自从达尔林普尔中校去世，我就受到了压迫，如果我再留在海德拉巴，我的人格和名誉就会被毁掉。因此，我请求您在英国军营为我分配若干住所，让我和我所有的家属暂住那里。如果做不到这一点，就请您就给我一支由印度兵组成的卫队，护送我和我的家属进入公司的领地。"[55]

随着巴卡尔·阿里发出这份正式的公开控诉，骰子被掷出了。[①] 从这时起，公司显然必须对此事进行恰当的调查。在此之前一直非常私密的事情，现在突然变得非常公开。

---

① "骰子已掷出"（Iacta alea est）是恺撒渡过卢比孔河、向共和国元老院开战时的名言。意思是这是一场赌博，前途难料。

当天晚上，鲍泽给詹姆斯发了一封短信，告诉他，巴卡尔·阿里对他提出了非常严重的指控。鲍泽建议，争端各方于两天后，即 30 日上午在常驻代表府进行面对面的会谈，从而查明指控的真相，并以尽可能文明的方式解决问题。

　　詹姆斯同意了这次会面。同时，在第二天，也就是 29 日早上，他派孟希阿齐兹·乌拉直接去阿里斯图·贾赫的府邸，告诉他发生了什么事，并给他看了鲍泽的短信。詹姆斯特别想让阿齐兹·乌拉搞清楚，首相的儿媳法尔赞德夫人是否果真如老人说的那样，一直在给巴卡尔的女眷发威胁的信息。

　　凑巧的是，孟希阿齐兹·乌拉抵达的五分钟之前，米尔·阿卜杜勒·拉蒂夫·舒什塔里也到了首相家中，希望在首相面前为他正在流亡的堂兄弟米尔·阿拉姆说情。阿齐兹·乌拉和舒什塔里是朋友，舒什塔里在回忆录中热情地谈到阿齐兹·乌拉，说这位孟希是多么出色的乌尔都语诗人和富有同情心的伙伴。[56]舒什塔里完整地记录了当时的情况：

　　　　这天，舍尔邦月①十三日 ［12 月 29 日］，我恰好去拜见首相，刚落座片刻，孟希阿齐兹·乌拉就来了，立刻

————————

　　① 舍尔邦月是伊斯兰历的第八个月，意为"分离月"，上古时阿拉伯人常因寻找水源而在当月分散到各地。

给了首相一封短信。首相看着看着脸色就发生了许多变化，两三次大叫道："我向真主起誓，这是假的！"读完之后，他转身来对我说："真主是我的见证，这是极端放肆的诽谤！"[57]

阿里斯图·贾赫随后将详细说明巴卡尔指控的短信交给舒什塔里阅读，并嘟囔着说，巴卡尔·阿里·汗竟敢散布这种事关重大、明显不真实的诽谤，应该割掉他的鼻子。在舒什塔里读信时，阿里斯图·贾赫派人到女眷居住区传唤他的儿媳法尔赞德夫人和巴卡尔所说的威胁莎拉芙·妮萨的两个阿熙尔女仆。她们一个接一个地被带到舒什塔里和孟希面前接受问话。据舒什塔里说，"她们各自发誓赌咒，严正声明她们完全不知道这件事，这是对她们的诽谤"。[58]

这就更让人糊涂了：她们到底有没有威胁过莎拉芙·妮萨？詹姆斯认为，法尔赞德夫人等人的声明足以证明他的清白。他知道自己没有威胁过任何人；他认为，巴卡尔·阿里并不像他所说的那样，完全不知道是他的妻子和女儿一致试图将海尔·妮萨和詹姆斯撮合到一起。因此，他认为巴卡尔·阿里另有企图，并怀疑这可能与米尔·阿拉姆的流亡和舒什塔里氏族为使其亲属重新掌权而采取的行动有关。

米尔·阿拉姆此刻扎营在海德拉巴以北仅 30 英里的地方。在他流亡到贝拉尔并从此遁世之前，他在做最后一次绝望的尝试，企图东山再起。他甚至写信给詹姆斯，试图与他和解，说："有关阿基德·道拉［巴卡尔·阿里·汗］家族的愚蠢传闻，现在完全从我的脑海中抹去了，因为我发现它们都是假的……朋友之间不能互相怀有恶意，就像一滴雨不能留在水面上一样。"[59] 米尔·阿拉姆也给尼查姆写了信，声称自己病入膏肓，恳求尼查姆怜悯他。不过阿卜杜勒·拉蒂夫·舒什塔里"很坦率地〔私下里向詹姆斯〕承认，米尔·阿拉姆的话更多是一种借口，因为如果他真的病得很重，怎么可能带着五十五个妻妾旅行呢，并且据说他每天或每晚都与其中一人享乐"。[60]虽然这使詹姆斯对阿卜杜勒·拉蒂夫产生了好感，开始喜欢甚至信任他，但也使他对巴卡尔·阿里的动机更加怀疑。

因此，次日，即 1800 年 12 月 30 日的上午，当鲍泽中校、肯尼迪医生和鲍泽的波斯语译员奥尔上尉按照约定骑马进入常驻代表府花园时，他们发现詹姆斯怒气冲冲、疑神疑鬼，并且无意妥协。军官们在从兵站到常驻代表府的 7 英里路上，已经仔细研究了巴卡尔·阿里的说法，得出的结论是，"双方之间存在某种严重的错误或欺骗"。但詹姆斯确信，巴卡尔的荒谬故事另有隐情。

> 〔詹姆斯相信〕巴卡尔·阿里·汗为了某种险恶的目的，故意歪曲事实。他的这一观点是基于这样一种信念，即巴卡尔·阿里·汗抱怨的来自首相家庭的书信，其实从来没有从首相家中发出过（首相在得知所谓的威胁信时，对如此赤裸裸的断言表示极度震惊和愤怒）；还因为他〔詹姆斯〕确信〔巴卡尔·阿里·〕汗的家庭绝不是像他说的那样痛苦至极。
>
> 他之所以这么认为，是因为该家族的女性过于频繁地给他写信。从这个渠道，他确信巴卡尔·阿里·汗一家并没有痛不欲生；〔关于女眷如何〕呼天抢地的故事，〔拿着〕丧服要出家的说法，都是骗人的。从这些考虑来看，

常驻代表似乎毫不怀疑，他能够向我们证明，所有冤情都是虚构的，都是为了某种阴险的目的而捏造的，而他似乎相信巴卡尔·阿里·汗是知情的。[61]

不久之后，巴卡尔·阿里·汗来到了常驻代表府的花园。他刚下马，被带进常驻代表府，詹姆斯就怒气冲冲地质问他，自己"怎么会牵扯进这样的事情，并要求他拿出证据。对此，巴卡尔·阿里·汗的回答是，他抱怨的那些［威胁］信确实是由首相的家人发出的，并补充道：'如果不是因为你，怎么可能有那样的信？'"[62] 然后，詹姆斯叫来了孟希阿齐兹·乌拉，他一字不差地讲述了前一天在阿里斯图·贾赫家发生的事情，说法尔赞德夫人和她的阿熙尔女仆都否认曾向巴卡尔·阿里·汗家发送过任何威胁或书信。这让大家更加糊涂了。鲍泽后来在会议报告中写道：

> 巴卡尔·阿里·汗坚持相信确实有这样的威胁信，并申明他家庭的所有痛苦都是由这些信造成的。迄今为止，似乎没有任何东西能让我们搞清楚这个问题，每一方都坚信对方是错的。于是我们重新去审视巴卡尔·阿里·汗家族因为那些威胁信而陷入的痛苦是否真实，并希望找到办法来查明，他们家的人是不是真的像巴卡尔·阿里·汗说的那样曾经穿上丧服，或者他们处于通常的平静状态（除了家庭内部的争吵之外），而只是对巴卡尔·阿里·汗自己的行为感到震惊……[63]

他们还在争论不休，这时有人敲门，"一个人出现在门口。常驻代表看到他后说，一定是有人带来了［莎拉芙·妮萨］夫人的消息。他立即出去，回来后说，他刚收到一条与巴卡尔·阿里·汗的说法截然不同的消息"。

这时，三名英国军官一致认为，解开谜团的办法只有一个：他们必须派人到莎拉芙·妮萨的深闺去询问她，查明她对此事的说法。问题是派谁去？巴卡尔·阿里建议派尤尔医生那位身材丰满的太太，"她会说印度斯坦语，也许能搞清楚女眷的立场"。但这个建议被鲍泽中校否决了，他说这件事太微妙了，不能让一个欧洲女人参与。随后有人建议让三名军官都和巴卡尔·阿里一起去，但被否决了，理由是这样做会使场面过于公开，而且正如詹姆斯指出的那样，"如果巴卡尔·阿里·汗也在场的话，女人们可能不敢表态，甚至会不得不说出他希望她们说的话。巴卡尔·阿里·汗反对奥尔上尉或肯尼迪医生去他家的深闺，除非他本人和他们在一起；肯尼迪医生说，如果巴卡尔·阿里·汗不同意，他［肯尼迪］不会单独去深闺，而巴卡尔果然不同意"。

在僵局中，他们都想到要询问刚才从莎拉芙·妮萨那里送来消息的信使。但信使刚离开，于是大家派了一个男孩去叫他回来。在等待的时候，他们去常驻代表府的餐厅吃饭。据鲍泽说，"在那里，大家越来越清楚地认识到，必须搞清楚这件事情的来龙去脉。因此，有人提议，肯尼迪作为医生，不太容易引起注意，所以他应当［单独］拜访莎拉芙·妮萨夫人，询问［威胁］信和［法基尔的］丧服的事情是不是真的"。

这似乎是一个特别合适的解决方法，因为肯尼迪医生曾经去过莎拉芙·妮萨的宅邸。一年前，海尔·妮萨染上了一种似乎是天花的疾病，她母亲惊恐万状地说服巴卡尔·阿里去请一位英国医生。肯尼迪拜访了莎拉芙·妮萨家的宅邸，之后海尔·妮萨完全康复了。[64]巴卡尔·阿里最终同意让肯尼迪医生去见他的女眷，并向阿里斯图·贾赫发出了一封短信，请求允许医生进城。

[在他们等待的时候，] 常驻代表站在阳台上，肯尼迪医生趁机 [小心翼翼地] 问巴卡尔·阿里·汗采取了什么措施来确定他家的女眷没有欺骗他。巴卡尔说，他已经……向他的妻子和女儿说明了这件事，并恳请她们开诚布公；同时告诉她们，如果她们支持他决不同意的那件事 [即把他的外孙女嫁给柯克帕特里克]，她们只需表明自己的立场，他就会把这件事完全留给她们处理；但他也决意把耻辱留给她们，自己退隐到故国 [波斯]，或者出家当法基尔。女人们表示，她们没有这样的想法 [即把海尔·妮萨嫁给柯克帕特里克]，而是决心与他同甘共苦，也出家当法基尔。然后，他向我们指出，他提出的建议表明了他的极大克制，因为在类似的情况下，他的族人通常会采取更严厉的措施。

[这时] 我们得知，夫人的信使回来了，就在后面的平房里候命。我们去了那里，肯尼迪医生认出那人是巴卡尔·阿里·汗的一个老仆人。[他送来的] 信的大意是，"夫人希望通知常驻代表，巴卡尔·阿里·汗在家里闹得天翻地覆，还去了常驻代表府，显然要搬弄是非；她希望常驻代表让他闭嘴"。[65]

巴卡尔·阿里对此既生气又震惊，但同意，现在唯一的解决办法是让肯尼迪医生继续执行他的使命，直接询问莎拉芙·妮萨。肯尼迪在从阿里斯图·贾赫那里得到进入老城的许可后立即出发了。

他按照约定，乘坐一顶有帘子遮挡的轿子前去，以便尽可能地不引起外界注意。虽然没有人可以看到轿子里面，但这也意味着肯尼迪无法看到外面，而且孤立无援。因为他在轿子的格栅之后，他不知道自己其实正被跟踪，不是被一个人跟踪，而是被两个阴暗但完全独立的身影跟踪，而这两个人自己显然也不知道，螳螂捕蝉黄雀在后。[66]

在 12 月，如果骑马或骑象的话，通常可以在紧邻常驻代表府的浅滩蹚水走过穆西河。但轿夫为了避免弄湿自己的脚，可能改为从上游 1 英里处的古老而低矮的顾特卜沙希桥过河。走这条路线的话，他们会经过河岸上的一整排莫卧儿风格的流水花园，然后经过熙熙攘攘的城市河坛，"那里总有一幅激动人心的景象，无数人在那里洗澡、洗衣服，或从沙子中挖坑取水；象夫在那里用水或沙子清洗大象，这对它们来说显然是一种享受"。[67]从那里，肯尼迪和他的轿夫会从大班佳拉门进入老城。

虽然常驻代表府的工作人员定期访问老城，但他们很少离开主路。一般来说，英国人只是短暂访问宫廷，或在主要的珠宝集市购物，或带游客参观查米纳塔门和麦加清真寺。因此，深入老城的西方观察者常常对远眺之下城市的辉煌壮丽和走近之后小巷的腌臜污秽之间的鲜明对照感到震惊。正如海德拉巴的一位英国居民描述的那样，从常驻代表府北面不远的班佳拉山上瞥见这座城市的第一眼总是令人难以忘怀。毕竟，那是"德干的首要城市"。

>……在我面前，在平缓的山坡上，矗立着一群白色的联排房屋，在阳光下闪闪发光。从远处看，那些房屋几乎就在一片树林之中。查米纳塔门和麦加清真寺骄傲地矗立在它们周围的建筑群中；间或有一座白色的圆顶，带着明亮的镀金尖顶，标志着一些最受人喜爱的圣人的坟墓；还有许多较小的清真寺，我估计有几百座，以其纤细的白色宣礼塔而闻名。
>
>……这座城市看起来规模宏伟。但我从树木的数量上看，觉得它主要是由花园和围墙组成的。后来当我进入城市时，发现它的街道上挤满了房屋，整个城市的人口如此稠密，我感到非常惊讶……这是一个最可爱的场景：早晨的清爽，空气的纯净，城市及其建筑的闪光效果，在我的记忆中留下了不可磨灭的印象。

不过，当旅行者穿过城门，离开主要的仪式大道时，总会有大失所望的感觉。

>今年雨季来得较晚，街道又窄又脏，城市的内部与我们在远方和城市之外形成的美好印象大相径庭。不过从大象的数量上来看，这肯定是一座富庶的城市。在大象的背

上，在配有华盖的象轿里，坐着一些贵族或绅士，由他们的武装侍从前呼后拥。众多衣冠楚楚的人士在街上行走……我们尽可能地在人群中穿行，我们的随从常常不得不为我们开辟一条通道……①[68]

我们不知道巴卡尔·阿里·汗的宅邸在哪里，但很有可能就在他的表弟米尔·阿拉姆和伊朗巷的其他波斯移民的住宅旁边。这里离查米纳塔什有半英里，在布尔哈集市后面错综复杂的小巷里。海德拉巴的女子都到布尔哈集市去买衣服和手镯。

这一时期的贵族宅邸往往是非常庞大的建筑群。可以从粉刷成白色的鼓楼的双层大门进入。在鼓楼的一楼，乐师敲打着鼓点，并吹奏大喇叭，宣布贵宾驾临。里面是一连串庭院，有许多缓缓流淌的喷泉和莫卧儿风格的小型四重花园（charbagh）。然后是一系列低矮、敞开的巴拉达利亭子，这种亭子有华丽的莫卧儿风格尖顶拱门；以及一些更大型的两层的莫卧儿联排住宅，配有格子窗和精美的木雕阳台。

深闺通常是一个独立的区域，是女眷的专属居住区，位于宅邸建筑群的后部。在巴卡尔·阿里·汗那座显然非常庞大的宅邸中，深闺包含两个完全独立的宅院，一个是莎拉芙·妮萨和她的女儿们的，另一个是她母亲杜尔达娜夫人的。[69]深闺与外界的出入口是单独的一座门房，在这个时期的海德拉巴，深

---

① 1800 年 12 月的街道似乎格外地泥泞和臭气熏天：詹姆斯·达尔林普尔的侄子诺斯·达尔林普尔在他的叔父躺在帐篷里奄奄一息的同一天抵达海德拉巴，在叔父的葬礼之后参观了老城，发现那里的街巷"特别狭窄、满是泥巴，所以绅士们不得不骑马或者骑大象"。Scottish Record Office, Edinburgh, GD135/2904, pp.30-6, 'Diary of North Dalrymple of the 22nd Dragoons'. ——原书注

闺的门房通常由一小队武装的阿熙尔女仆看守，当时的一个英国人居高临下地将其描述为"低种姓女人，她们有武器装备，有纪律，就像我们的印度兵。她们的样子很可笑"。[70]

肯尼迪医生走进这样的院子，经过这样的卫兵，然后才下了轿子，求见莎拉芙·妮萨。这种访问的礼节是有严格规定的。在一个亲信仆人的监视下，来访者会通过格栅屏风或一卷芦苇帘子与女眷交谈。即使是在给女眷看病时（肯尼迪这次来的借口就是问诊），面对面的接触也是不被允许的，不过在特殊的紧急情况下，医生可以将手伸进格栅，给病人把脉。[①]

这次也不例外。当莎拉芙·妮萨在一名女仆的陪同下终于出现时，她"在谈话期间坐在一扇门内，门前挂着一张竹帘"。[71]根据肯尼迪医生对这次会面的记载，他"首先告诉她，我是她父亲的朋友，来找她是为了确定某些可疑的说法的真实性，这是非常要紧的事情。她让我继续说出是哪些说法需要验明真伪，她保证会实话实说"。

坐在莎拉芙·妮萨的亭子的露台上，肯尼迪医生接着转述了他们上午在常驻代表府讨论的各种令人头晕目眩的指控和猜疑：她的父亲说法尔赞德夫人和她的家人正在向她〔莎拉

---

① 如此具有诱惑力的接触，产生了大量情色故事，都是欧洲医生讲的，不过我们没办法知道这些故事是真的还是想象的。意大利庸医和江湖骗子尼科洛·马努奇有时会给奥朗则布后宫的贵妇们看病，他说："有些〔女人〕不时地装病，就是为了有机会与医生谈话，让医生给她们把脉。医生把手伸进帘幕，她们抓住医生的手，亲吻它，轻轻地咬它。有些女人出于好奇，将医生的手按在自己胸前……" Niccolao Manucci（trans. William Irvine），*Storia do Mogor, or Mogul India, 1653－1708*（London, 1907, 2 vols），Vol. 2, p. 353.——原书注

芙·妮萨］施压，要她把海尔·妮萨嫁给柯克帕特里克；她的父亲怀疑常驻代表是这些信息和威胁的幕后指使。肯尼迪讲完了自己的故事，问帘子背后的暗影，她对这一切有什么看法。沉默了一会儿，然后那个身影开始说话。她说的话改变了一切。因为莎拉芙·妮萨决定彻底坦白，并毫无保留地承认，实际上"她从未收到过威胁信；自苦难月［两个月前］以来，她没有就这一问题与首相的家人进行过交流；大约在那个时期，或者在那之前，法尔赞德夫人曾传召她，讨论过这一问题。但她［莎拉芙］既不同意，也不允许按照法尔赞德夫人的建议将此事交给她女儿［海尔·妮萨］自行决定"。

肯尼迪医生随后指出，巴卡尔·阿里·汗认为，最近首相的家人发出了一连串的威胁，"如果所谓的威胁信并不存在，怎么会引起如此多的不安，这似乎很奇怪"。但是，莎拉芙·妮萨非常清楚和明确地表示：

> 她说，是她自己给阿基勒·道拉发的信，而且她这样做时，她自己并没有收到任何书信；她自己是所谓威胁信的设计者，为了某种目的而无中生有。我问她的意图是什么，因为她的父亲似乎很痛苦，并且他说，他的妻子和女儿都同样痛苦。她接着说，由于哈施玛特·忠格和她女儿之间发生的事情，在世人的眼中她女儿的清誉已经全毁了。但已经发生的事情毕竟无法挽回，而且已经犯下了过错①，她不能罪上加罪，不能把女儿嫁给别人，因此希望

---

① 原文为 gonah，更常见的拼法为 gunah，意思实际上是罪孽，而不是过错。——原书注

把她嫁给哈施玛特·忠格。她本着这样的想法，捏造了所谓的威胁信。

肯尼迪接着问，女眷是否真的穿上了"法基尔的衣服"，如果是，为什么？莎拉芙·妮萨回答道，"威胁信在家中引发了大量讨论和愤怒。她向父亲表达了刚刚告诉我的想法［即把海尔·妮萨嫁给詹姆斯］，他勃然大怒，动手打她，并拔出剑对着她，打算杀了她。她的母亲赶紧出面，让他的怒气稍稍平息，并威胁要在尼查姆面前指控他谋杀，才阻止了他［杀女儿］"。

莎拉芙·妮萨说，在这一关键时刻，她的母亲命令女仆送来被称为"卡凡"（kafan，或肯尼迪拼写的 cuffuny）的丧服，以分散老人的注意力。丧服送来之后，老妇人立即穿上，表示厌恶当前的局面，她打算出家当苦行僧。莎拉芙·妮萨害怕她的父亲仍然会试图杀死她，于是也穿上了丧服，"我被恐惧和忧虑冲昏了头脑，［为了］安抚我的父亲而穿上丧服，不是出于别的原因"。她还告诉肯尼迪医生，她现在没有穿法基尔的衣服。据肯尼迪说：

　　然后，莎拉芙·妮萨强烈而尖锐地否认她曾经指控哈施玛特·忠格［柯克帕特里克］欺压她们家，或对她的女儿用强。柯克帕特里克从来没有强迫过她们，她也从来没有这样说过。她说，一年来，她一直反对把女儿送到哈施玛特·忠格那里，但最近五六天她改变了看法，现在希望哈施玛特·忠格把她带走。"我希望他把她带走，"她重复道，"就像穆萨［摩西］、尔撒［耶稣］和穆罕默德的教义的区别为世人所知之前那样，自由地与她的女儿长相厮守。"

我说，既然事情已经发展到如此地步，而且如此公开，那么阿基勒·道拉［巴卡尔］对这些事情一无所知就显得很奇怪；而如果他知道这些事情，那就更令人难以理解，为什么他现在对这个问题如此苦恼。她回答说，这都是她自己和她母亲的过错，必须归咎于她们。我说，向巴卡尔隐瞒真相造成了太多麻烦，所以最好还是立刻告诉他真相。她说，她也相信坦白会更好，但他对家族的荣誉问题非常看重，所以她们不敢让他知道真相，但非常希望他的一些英国朋友能把真相告诉他。她补充说，我们［英国人］也可以向他保证，他的好名声不应该受到影响，因为无论有什么过错，都是她自己和她母亲的过错，他是完全不知情和清白无辜的。她还说，在如何安排她女儿的问题上，她应该比阿基勒·道拉［巴卡尔］有更多的发言权，因为他只是女孩的外祖父。[72]

听到这里，肯尼迪医生向帘子背后的人致谢，行礼告辞，然后向后退去，却发现"有一个人，我知道是阿基勒·道拉的童仆，已经进来了，之前在偷听我们的谈话"。肯尼迪担心如果莎拉芙·妮萨的话被直接转告给巴卡尔·阿里，三位女士可能有危险，于是他赶紧上了轿子，回到拥挤的街道上。

思考着刚刚的谈话是多么不寻常，多么出乎意料，我开始觉得，如果我转述这个故事的话，恐怕没人会相信我；

我最好还是百分之百地确定，在帘子背后与我谈话的人究竟是谁。于是我原路返回，被带到同一个地方，然后通知夫人，由于阿基勒·道拉［巴卡尔］被蒙在鼓里，他很可能不相信我对他的转述；虽然我完全相信我一直在与阿基勒·道拉的女儿交谈，但他仍然可以说我被欺骗了，与我交谈的只不过是某个假冒莎拉芙·妮萨的女人。因此我希望她能给我一枚戒指或其他任何阿基勒·道拉知道属于她的饰品，以证明我转述的确实是莎拉芙·妮萨的原话。然而她拒绝了，于是我提议把我的某样东西留给她，让她的父亲看到，让他相信是他自己的女儿从我手中得到了那东西。

她同意了，于是我从我的表链上取下一枚用波斯文写着我名字的印章，交给她，让她交给她的父亲。[73]

这一次，当肯尼迪医生后退告辞时，发现除了巴卡尔·阿里的童仆在偷听外，他的谈话还被"常驻代表的一个仆人"听到了，这个仆人显然是尾随他到巴卡尔·阿里的宅邸去的，并且设法与他的轿子同时溜进宅院。肯尼迪写道，这两个偷听者"听到了所有的事情"。

对巴卡尔·阿里·汗来说，这绝对是最坏的结果，是彻底的崩溃、完全的羞辱。他被自家的女人们骗了，被她们要得团团转。她们把局势掌握在自己手中，不仅成功地抵制了他强加给她们的、遭到他的外孙女"明确反对"的亲事，而且愚弄了他，让他以为她们打算出家当法基尔。她们就这样成功地保护了自己，避免他在愤怒之下伤害她们。她们自己向巴卡尔·阿里发出威胁信，声称是詹姆斯发来的，并编造了首相府的阿熙尔女仆多次到访并发出恫吓的故事。她们希望诱使巴卡尔·阿里悄悄地退让，乖乖地将海尔·妮萨交给詹姆斯。这个计划出了问题，巴卡尔·阿里向他在附属部队中的英国朋友告状。不过，虽然她们的种种计谋已经大白于天下，但女人们最终还是"得逞"了。

两天后（1801 年 1 月 1 日）的上午，莎拉芙·妮萨和她的母亲杜尔达娜夫人被传召到阿里斯图·贾赫的宅邸。在那里，首相要求她们证实她们之前告诉肯尼迪医生的话。她们照做了。首相警告道，尽管巴卡尔对她们拔刀相向，她们是为了保命而被迫编造这些故事的，但她们的行为很不光彩。但首相真正的愤怒是针对巴卡尔·阿里的。他告诉詹姆斯的孟希阿齐兹·乌拉，巴卡尔的头衔错了，他的头衔不应当是阿基勒·道拉（Akil ud-Daula，国家的第一智者），他应该改名为阿穆克·道拉（Ahmuk ud-Daula，国家的傻瓜）。首相还说，应该放逐或监禁这个老人。阿齐兹·乌拉回答说，巴卡尔的当众受辱可能已经是足够的惩罚了。[74]

同一天下午 3 点，一脸严肃和尴尬的巴卡尔·阿里来到常驻代表府，求见詹姆斯。他为了错误地指控詹姆斯发出秘密威胁而道歉，并说他显然不能再阻拦詹姆斯。如果詹姆斯仍然希望与他的外孙女结婚，只要海尔·妮萨的伯父米尔·阿萨杜拉也按照法律要求表示同意，他（巴卡尔）就收回所有的反对意见；但他不打算出席"尼卡罕"（结婚仪式）。"为了不当仪

式的见证人，他将离开这座城市，在离城 10 考斯或 12 考斯①
的地方居住；但他会把自己的印章留在家中，以便他们以他的
名义做他们喜欢的事情，并使用他的印章。"说完之后，他乘一
顶有帘子遮挡的轿子向北出发，去他的表弟米尔·阿拉姆临时
扎营的地方。詹姆斯后来写道，他认为老人"应当得到的更多
是同情，而不是责备"，并补充说，巴卡尔·阿里"视力有缺
陷，听力也不好，［所以］女人们可能［很容易］欺骗他"。75

在海尔·妮萨和詹姆斯之间曾经有两个人反对他们的婚
事：其中一个，达尔林普尔中校，现在已经死了；而另一个，
巴卡尔·阿里，已经正式撤回了他的反对意见。但詹姆斯的婚
事还有一个障碍。尽管他穿着海德拉巴的服装，接受了海德拉
巴的风俗，在海德拉巴被广泛认为是穆斯林，但严格来讲，他
仍然是基督徒，所以伊斯兰教法严格禁止他与穆斯林女子结
婚。只有一个办法：他必须接受割礼，然后正式皈依伊斯
兰教。

根据常驻代表府的一名孟希后来在与海尔·妮萨家人协商
后撰写的一份报告，"由于不信奉伊斯兰教就不能结婚，他
［詹姆斯］承诺在结婚时皈依伊斯兰教……于是哈施玛特·忠
格在一名什叶派穆智台希德［神职人员］面前秘密皈依伊斯
兰教，并将他的皈依证明书交给海尔·妮萨小姐，她将证明书
交给她的母亲"。76

由于柯克帕特里克自己的书信从未提及皈依一事，我们很
难猜测他对采取这一重大且不可逆转的决定的感受。这仅仅是
名义上的皈依，只是为了让他能与怀孕的情人团聚？还是他对

①　1 考斯相当于 2 英里多一点。——原书注

伊斯兰文化的"偏爱"延伸到了宗教本身？隔了这么多年，根据现有史料是不可能说清楚这一点的。但可以肯定的是，如果他真的皈依了伊斯兰教，那么似乎是海尔·妮萨促成了他的皈依。

詹姆斯出示了他的皈依证明书，双方同意结婚，"因此，上述什叶派穆智台希德主持了婚礼，所有仪式都按照穆罕默德信徒的通行习俗进行"。[77]正如莎拉芙·妮萨在很久以后写的一封信中表明的那样，仪式确实是在最隐秘的情况下进行的，[①]没有举行公开的婚宴。[②] 原因之一显然是海尔·妮萨已经身怀六甲。根据莎拉芙的说法：

> 詹姆斯·柯克帕特里克中校向尼查姆阿里·汗和阿里斯图·贾赫请求与我的女儿结婚。尼查姆阿里·汗和阿里斯图·贾赫向我父亲转达了这一请求，我父亲经过反复推辞，终于同意举行婚礼，并表示希望按照我们部落的习俗来举行仪式。
>
> 尼查姆阿里·汗也同意这样做，他还认詹姆斯·柯克帕特里克中校为义子。殿下还希望，他能以父亲的身份参加詹姆斯·柯克帕特里克中校的婚礼，并希望阿里斯图·贾赫代替我女儿 [已故] 的父亲参加婚礼……由于一些

---

① 就连亨利·罗素（此时正逐渐成为詹姆斯在常驻代表府最亲密的朋友）后来也在 1848 年 3 月 30 日的一封信中说，他从来没有听詹姆斯提及他的婚姻，不过海尔·妮萨和莎拉芙·妮萨都向罗素证实，詹姆斯确实和海尔·妮萨结婚了。——原书注

② 穆斯林的婚礼通常由两部分组成："尼卡罕"（nikah）和"沙迪"（shadi）。举行"尼卡罕"之后，婚姻就合法了。"沙迪"是公开的仪式性的庆祝活动，但不是婚姻合法的必备条件。——原书注

干扰［即巴卡尔·阿里的抱怨和由此引发的丑闻］，虽然婚姻契约是按照伊斯兰教的仪式签订的，但婚礼没有以通常的方式进行。为了证明这一点，一位名叫米尔·艾哈迈德·阿里·汗[78]的学识渊博的人士代表阿里斯图·贾赫出席了婚礼，阿里斯图·贾赫的两个心腹仆人也以见证人的身份出席了婚礼。赛义德·道拉[79]担任我的代表，当时他们都聚集在我家，只举行了签署婚姻契约的仪式。[80]

在伊斯兰法律中，婚姻契约要确定新娘的嫁妆和假如离婚男方应当返还给她的金额。海尔·妮萨的嫁妆显然是一笔巨款，因为詹姆斯在遗嘱中提到了他妻子的私人财产，并说他不需要为她提供资金，因为她"有足够的地产和其他财产，包括世袭的和后来获得的，不包括她的个人财产和珠宝，价值不少于5万卢比"，这确实是一个非常大的数目，以今天的货币计算可能相当于30万英镑。[81]海尔·妮萨的地产大概是阿里斯图·贾赫的礼物，这意味着他不仅在仪式中代替她已故的父亲，还像父亲一样为她提供了丰厚的嫁妆。换句话说，这门婚姻不仅给了詹姆斯幸福，还让他成为非常富有的人。①

如果我们这样解读莎拉芙·妮萨对这门婚姻的描述，就可以认为，至少在尼查姆和阿里斯图·贾赫眼中，这是一场政治

---

① 所有这些细节似乎都证明这是一门"永久性"而不是"临时性"的婚姻。根据伊斯兰教法，"临时性"的婚姻也是合法的。一些海德拉巴学者告诉我，如果柯克帕特里克愿意选择"临时性"的婚姻，他是可以那么做的。但詹姆斯对海尔·妮萨忠贞不贰，没有任何证据表明他企图在结婚不久之后与妻子离婚。事实恰恰相反。他娶了海尔·妮萨，就要承担相当大的政治风险。他与她结婚的唯一原因，就是他愿在她的家人眼中将这段关系永久性地合法化。——原书注

婚姻，也是宫廷里传统的缔结联盟的方式：首先签署一项条约，然后缔结一门婚事，以巩固双方的联盟。海尔·妮萨当然不是阿萨夫·贾赫王朝的公主，但为了这场婚姻，她成了首相的养女，而詹姆斯现在是尼查姆的义子。阿里斯图·贾赫认为，通过这种方式，他终于成功地通过婚姻将英国常驻代表捆绑在海德拉巴，使其永远服从和感激尼查姆。难怪尼查姆和阿里斯图·贾赫对巴卡尔·阿里企图破坏如此有益的同盟关系十分恼火。这门婚姻使尼查姆和阿里斯图·贾赫对东印度公司派来监视他们的常驻代表有了很大程度的影响力。

对詹姆斯来说，长达十八个月的经常令他绝望的日子终于结束了，终于有了幸福圆满的结局。他可能会感到解脱和欣喜，但他没有记录下他在结婚时的感受。尽管海德拉巴所有需要同意这门婚事的人现在都已经点头了，詹姆斯却继续向兄长威廉以及加尔各答的其他人假装他与海尔·妮萨的恋情已经结束。[82]1801 年 1 月 16 日，他给威廉写了一封信，这封信比他写过的任何一封信都更偏离事实。他在信中告诉威廉，尽管海尔的家人不断恳求他娶她，但他拒绝接收他们的任何书信。[83]詹姆斯现在清楚地相信，随着他皈依伊斯兰教，他已经走到了一个永远无法向威廉解释的地步；因此，他没有说实话，而是开始炮制许多谎言和半真半假的陈述。这些谎言被揭穿之后，会在接下来的几年里时不时地回来纠缠他。詹姆斯也认为（大概是为了安全起见），暂时还是让海尔·妮萨继续住在老城的家里比较好，至少要等到丑闻被世人淡忘。因此，在不到两个月后，海尔·妮萨就在娘家的宅邸（位于海德拉巴老城的地标建筑查米纳塔门附近）生下了他们的第一个孩子，那是个男孩。

詹姆斯当时在这座宅子里等待孩子降生。他当晚写的一张很小的字条，至今仍保存在他后人的私人档案中。它的内容如下：

1801 年 3 月 4 日，星期三，

相当于伊斯兰历

一二一五年闪瓦鲁月十日，

大约凌晨 4 点

我的儿子在

海德拉巴城

出生了。

他的母亲根据

她的

一个

梦，希望

给他取名为米尔·

古拉姆·阿里，[①]

我决定加上萨希布·

阿拉姆 [世界之主]。

[①] 也就是说，她梦见了毛拉阿里。——原书注

约克郡的特许会计师约翰·伍姆韦尔在勒克瑙的一处露台上抽水烟，戈默蒂河在他背后流淌，约 1790 年。

上：戴维·奥克特洛尼爵士在德里的常驻代表府与舞女们一起休闲，约 1820 年。

下：安托万·波利耶在勒克瑙欣赏他的剧团的表演，比上图大约早三十年，背景中有烟花在燃放。

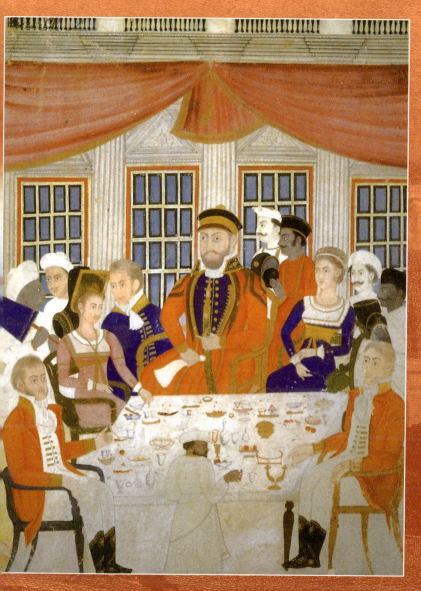

勒克瑙的一次晚宴，约 1820 年。桌首的绅士在抽水烟，英国军服外披着勒克瑙长袍，头戴某种苏格兰军帽。

上左：孟加拉的印度女子，1787 年，弗朗切斯科·里纳尔迪作。

上右：布隆娜·埃莉斯，克洛德·马丁的印度情人。"她对我不离不弃……我们之间从来没有拌过嘴，也没有生过气。"

下：杰姆达妮，威廉·希基的伴侣，1787 年，托马斯·希基作。两年后，杰姆达妮死于难产，生下了"一个可爱的小威廉先生"。孩子活了下来，得到希基无微不至的照料，但在一个月后夭折。

海尔·妮萨留下的唯一肖像，1806~1807 年作于加尔各答。这幅肖像一直被认为令人失望。亨利·罗素在肖像完成不久后写道："她比这幅画里的美多了。"

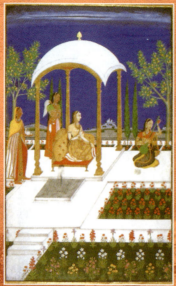

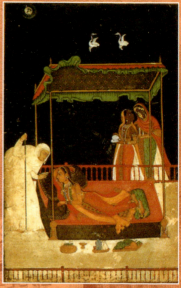

上左：午后的音乐演奏。一位贵妇在花园的伞亭下听音乐，她的侍女在一旁看着。海德拉巴，约1760年。

上右：一位饱受相思之苦的海德拉巴贵妇在月光下等待恋人时，与阿熙尔女仆商量着什么，约1750年。

下：德干的公主放鹰打猎。骑马的是具有传奇色彩的昌达·比比（卒于1599年），她是比贾布尔的"圣女贞德"。出自亨利·罗素的收藏，作于海德拉巴，约1800年。

上：一位德干王公和他的女眷。一名女子在奏乐，另一位在投喂宠物鹿，第三名女子穿着英王詹姆斯一世时期的丝绸灯笼裤，戴着饰有羽毛的宽边帽，用欧式酒杯为王公斟酒。她的脚下是一条印度版本的查理王小猎犬。出自比贾布尔，约1680年，拉希姆·德干尼作。

下：尼查姆阿里·汗从海德拉巴穿过堤道，前往他的戈尔康达要塞，约1775年。尼查姆的配有黄色披挂的大象的一侧，有女人在穆西河里沐浴，另一侧有苏非派信徒和苦行僧在观看。

上："英俊上校"与乔治和詹姆斯在冬青谷，约1769年。图中右侧的是詹姆斯，面带调皮的表情。詹姆斯的哥哥，"可敬的乔治"，虽然年仅七岁，却已经很严肃了，后来他严肃了一辈子。

下：1799年底，威廉·柯克帕特里克在马德拉斯担任韦尔斯利的私人秘书，当时英国人刚打败蒂普苏丹不久。威廉的左手边是他的波斯文孟希和印度教徒助理，还有两名孟加拉印度兵。

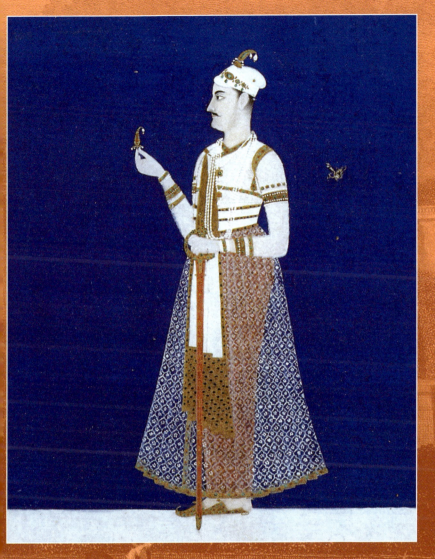

詹姆斯·阿基利斯·柯克帕特里克，英国驻海德拉巴常驻代表，1799 年。画的背面由他亲手写的文字全文是："这幅画是我穿着米尔·阿拉姆送给我的印度斯坦服装的素描肖像的复制品，我应他的要求特地穿了这套衣服参加他的儿子米尔·道朗的婚礼。这幅复制品与老塔贾里·阿里·沙创作的原作的区别是，原作把我画得更好看，而且看过原作的人说，原作更真实；原作中我是坐着的，我当时穿的彩色服装也更合适。"画正面写着一行波斯文："穆塔明·穆尔克，纳瓦布·法赫尔·道拉·巴哈杜尔，哈施玛特·忠格。"

尼查姆和他的宫廷人员出游狩猎，约1790年，文卡特查拉姆作。在图的右侧，尼查姆坐在大象上，手腕上站着一只猎鹰。阿里斯图·贾赫坐在他背后，手持孔雀羽毛的扇子。右上角是诗人兼交际花玛·拉卡·白·昌达，她乘着镀金的轿子，带着狩猎用的猎豹。最左侧是雷蒙的法国军团中身着红衣的前卫士兵，后面跟着戴黑色宽边帽的雷蒙将军。尼查姆的大象的几乎正前方是年轻的米尔·阿拉姆，他回头看着尼查姆。画家把自己画到了左下角，他骑着马，拿着画笔，旁边有很小的波斯文文字：「拉伊·文卡特查拉姆，画家。」

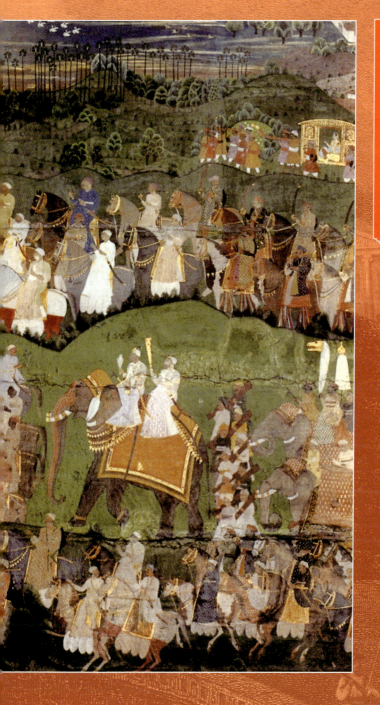

处于权力巅峰时期的阿里斯图·贾赫，约 1800 年。他的黄金水烟筒几乎时刻不离手。当时的海德拉巴编年史记载，首相一秒钟也不放下水烟筒，"他那带香味的烟草气味"是他的宫廷的一大特色。

左：亨利·罗素，约 1805 年。

右：尼查姆两个年龄最小的儿子，苏莱曼·贾赫王子和凯万·贾赫王子，约 1802 年。阿里斯图·贾赫的儿子马阿里·米安在哈尔达战役期间死亡后，尼查姆将凯万·贾赫过继给阿里斯图·贾赫。（出自詹姆斯的细密画藏品）

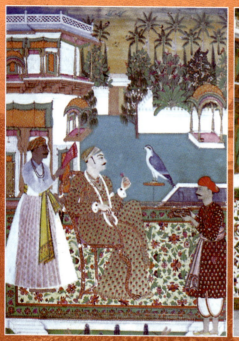

左：马阿里·米安，阿里斯图·贾赫的长子、法尔赞德夫人的丈夫，坐在他花园中的长尾小鹦鹉和喷泉之间，嗅着一朵花，欣赏着一串珍珠和他的猎鹰。

右：尼查姆阿里·汗与阿里斯图·贾赫，以及尼查姆的儿子兼继承人西坎达尔·贾赫商议，约 1800 年。（出自詹姆斯的细密画藏品）

左：年轻的马拉塔佩什瓦马达夫拉奥二世与他的监护人和实际上的狱卒，后者是才华横溢但冷酷无情的马拉塔大臣纳纳·法德纳维斯。詹姆斯·威尔士作，1792 年。

右：蒂普苏丹，迈索尔之虎，约 1790 年。

理查德·科利·韦尔斯利，第一代韦尔斯利侯爵，约翰·菲利普·戴维斯作，约1815年。一位观察者认为："他很聪明，但软弱[且]骄傲……他会……得敬畏，而不是爱戴。"

米尔·阿拉姆，海尔·妮萨的亲戚，阿里斯图·贾赫的门客和后来的继任者。

詹姆斯·阿基利斯·柯克帕特里克肖像，约1805年，据说为乔治·钱纳利所作。

晚年的威廉·帕尔默将军，约1810年。

上：威廉·帕尔默将军、菲兹·帕尔默与他们年幼的子女在勒克瑙，1785 年，佐法尼的名画。创作时间为 1785 年 4 月至 7 月。年幼的威廉·帕尔默（后来的海德拉巴银行家）从他自己的左侧望向右边。菲兹坐在画面中间偏左的位置，穿着红色"安吉亚"短胸衣和"佩什瓦兹"长袍。将军在中央位置，满脸爱慕地看着她。画面右侧的两个衣着光鲜的女子估计是菲兹的姊妹。一般认为，跪在帕尔默将军旁边的女子是努尔，她后来嫁给了伯努瓦·德·布瓦涅将军。

右：詹姆斯和海尔的子女萨希布·阿拉姆和萨希布·贝古姆，乔治·钱纳利的名画。这幅画于 1805 年 8 月完成后不久，两个孩子就被送到"霍克斯伯里勋爵"号上，准备前往英国，他们的名字被改为威廉·乔治·柯克帕特里克和凯瑟琳·奥萝拉·柯克帕特里克。他们余生都会使用这样的英国名字。

最后的白莫卧儿人之一，雇佣兵亚历山大·加德纳，穿着苏格兰花呢格纹的纱丽克米兹服装。根据他的自传，他拍这张照片的时候，"从头到脚穿着第79团的苏格兰花呢格纹制服，不过是请一位土著裁缝根据他自己的设计来制作的。就连他的头巾也是苏格兰花呢格纹的，饰有白鹭羽毛，这是只有地位高贵的人才能用的"。

上：米歇尔·若阿基姆·雷蒙之墓。这个地点一直是奇特的多种宗教融合的礼拜场所，直到它于 2002 年被不知名的人破坏。

下：毛拉阿里山。照片中央的鼓楼是诗人兼交际花玛·拉卡·白·昌达出资建造的。

刽子手。

左：药师。

右：后宫女侍卫和乐队成员。

法兰西帝国风格与德干风格的融合：雷蒙的比德尔金属水烟筒。

威廉·柯克帕特里克。

威廉·林奈·加德纳："我结婚三十年，从未娶过其他妻子，这让穆斯林非常惊讶，而女士们都把我看作教育她们老公的榜样：她们不喜欢有三四个竞争对手的婚姻制度，无论先生们对这种习俗多么满意。"

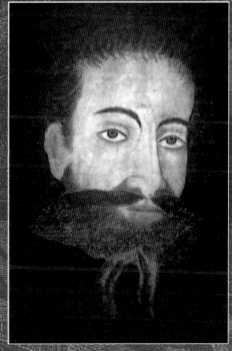

威廉·弗雷泽："既像基督徒，也像印度教徒。"

左：年轻时的詹姆斯·阿基利斯·柯克帕特里克。

右：海德拉巴银行家威廉·帕尔默，已经是一个失意的老人了。

左：托马斯·卡莱尔。

右：返回英国时的亨利·罗素。

基蒂·柯克帕特里克："一位肤色奇特的年轻女士，她有柔和的棕色眼睛和潮水般泛着古铜色的红发，真是一位青春靓丽、笑容可掬、温和可亲、光彩照人的美人，尽管显得十分陌生和奇异。"

上：海德拉巴常驻代表府的南面，1805 年，从穆西河向北望。

下：现在的海德拉巴常驻代表府南面。

现在的海德拉巴常驻代表府北面。

进入海尔·妮萨深闺的鼓楼大门。詹姆斯为海尔建造的美丽的彩宫（"一个非常优雅、完成度很高的印度斯坦建筑的样本"）就只剩这些了。1860年，几乎整座建筑都被一位常驻代表拆毁，因为他认为这座建筑意味着"土著的道德沦丧"。

查米纳塔门，19 世纪 90 年代，海德拉巴老城区的象征性中心和主要地标。

第六章

1800 年夏天，大约在海尔·妮萨怀孕的时期，詹姆斯的朋友和最亲密的政治盟友，信奉自由主义、富有同情心的英国驻马拉塔宫廷（浦那）常驻代表威廉·帕尔默将军，发现自己成了韦尔斯利勋爵领导下新的、更严酷的政治秩序的牺牲品。

6 月下旬，帕尔默收到了总督的一封信，说将在适当的时候免去帕尔默的重要而"艰巨的公职"，表面上的理由是帕尔默"健康不佳且年事已高"。帕尔默立即意识到，他被撤职的真正原因是，他正是韦尔斯利最厌恶的那种宽容的、爱印度的"白莫卧儿人"的代表，韦尔斯利决心要把这样的人从东印度公司扫地出门。[1]

帕尔默将军娶了来自德里的美丽的莫卧儿贵族女子菲兹·巴克什。他是一个温柔、体贴、聪明绝顶的男人，公开地同情印度人，理解他们的恐惧和愿景。阿卜杜勒·拉蒂夫·舒什塔里曾与帕尔默夫妇一起住在浦那常驻代表府，说帕尔默"善良得几乎像天使"。[2]此外，帕尔默将军是一个有坚定原则的人，曾向加尔各答公开表示，他拒绝做"任何与佩什瓦［马拉塔领导人］敌对的事情，因为这样的事情违背了诚信……［也违背了］开诚布公和正派的原则，而这些原则对各国交往中的信任与和谐至关重要"。换句话说，他坚决拒绝听从加尔各答的命令，拒绝通过欺压、贿赂和威逼来迫使马拉塔宫廷签订可能使他们屈服于东印度公司的条约，而马拉塔人自己当然丝毫不愿意签署这样的条约。[3]所以，在韦尔斯利统治下的印度，帕尔默这样的人是没有前途的。

公司高层宣布，帕尔默的位置将由威廉·柯克帕特里克接替。韦尔斯利知道柯克帕特里克将会以更强硬和更坚定的态度来处理英国与浦那的关系。纳纳·法德纳维斯，马拉塔的伟大首相和阿里斯图·贾赫的老对手，在三个月前去世了。没有他的支撑，马拉塔邦联开始迅速瓦解，许多互相竞争的酋长和军阀开始争权夺利。韦尔斯利知道，与帕尔默不同，威廉·柯克帕特里克非常乐意充分利用总督所谓的"马拉塔帝国每时每刻都变得更加有趣的危急事态"。韦尔斯利补充说："很可能出现［英国对马拉塔邦联施加干预］的机会。"这对马拉塔人来说是不祥之兆。[4]

韦尔斯利将帕尔默免职的借口是他身体不好，但韦尔斯利指定的继任者威廉·柯克帕特里克的健康状况比帕尔默的更差：帕尔默虽然年过花甲，但身体健康、精神矍铄；而柯克帕特里克虽然比帕尔默年轻十四岁，却是一个病夫。他在好望角的"疗养"时间很短，而在加尔各答的大部分时间里都因为严重的风湿病和膀胱疾病而卧病在床，试图用剂量越来越大的鸦片来减轻病痛。不过，至少在公开场合，帕尔默还是优雅地接受了自己的强制"退休"，回复韦尔斯利说："我完全明白，大人，艰苦的公职带来的忧虑和疲惫，都需要人拥有精神和身体的强大力量，而我不能指望仍然拥有这样的力量。"[5]

不过，私下里，帕尔默对自己为公司兢兢业业地建功立业一辈子之后被"毫无理由地扫地出门"感到十分愤怒。[6]按理说，他在常驻代表的职位上还能干许多年才会退休，除非他自己主动要求提前退休。例如，二十年后，德里常驻代表戴维·奥克特洛尼爵士在他于六十七岁去世前不久仍在忙碌地工作。帕尔默写信给他的老朋友和恩主、此时已经退休到格洛斯特郡乡村的沃伦·黑斯廷斯。在信中，帕尔默坚持表示："我在担任常驻代表期间，与［马拉塔］宫廷保持了极好的谅解，比我的任何一位前任都更加得到佩什瓦及其主要大臣的关注和友谊……也许我的性格被认为不适合管理我们的事务。如果［如今］联盟需要通过威胁和恐吓而不是通过争论、说服和调解来获得，那么可以肯定的是，很容易找到比我更合适的人选。"[7]

帕尔默是老一辈东印度公司学者型官员的最后幸存者之一。他的事业在黑斯廷斯的领导下蓬勃发展，而黑斯廷斯也和他一样，对印度的一切事物充满了热爱和兴趣。1776 年至 1785 年的九年间，帕尔默在加尔各答担任黑斯廷斯的军事秘书，之后被派往内陆，在奢侈逸乐的勒克瑙宫廷担任黑斯廷斯的代表。

在履行外交职责的同时，帕尔默在闲暇时间忙于四处搜寻有趣的梵文和莫卧儿手抄本，经常是为黑斯廷斯搜寻的。他给黑斯廷斯写了一长串热情洋溢、学术性很强的书信，记述他的探索。帕尔默自己还收藏了大量印度古钱币，并对 18 世纪军事冒险家的传统产生了学术兴趣。[①][8]

---

① "我以你的名义向沙［·阿拉姆二世，盲眼的莫卧儿皇帝］申请抄写他收藏的那个版本的《摩诃婆罗多》，"帕尔默有一次写道，"皇帝对我说，如果那本书还在他手中，他一定会欣然同意，但他的藏书被那个恶棍古拉姆·卡迪尔·汗［此人用自己的拇指戳瞎了皇帝的双目］掳掠一空或者毁坏了。他［沙·阿拉姆二世］还颇为愤怒地补充道，他的部分藏书被勒克瑙人买走了，也就是说被维齐尔［即奥德的纳瓦布］买走了。打听一番之后，我发现果然是这样，因为［纳瓦布］殿下将其中一些书拿给英国绅士看，吹嘘说它们属于'国王'。其中有两卷配有精美插图的书，他出价 1 万卢比。"这指的可能是最美丽的一套莫卧儿手抄本，《沙贾汗皇帝本纪》，奥德的纳瓦布在不久之后将它送到伦敦，赠给乔治三世。Hastings Papers, BL Add Mss 29, 172, Vol. XLI, 1790, p.184, 21 November 1790, Agra.《沙贾汗皇帝本纪》如今是温莎城堡图书馆的主要珍藏之一。——原书注

带着这些兴趣和热情，将军很快就喜欢上了勒克瑙这座文化气息浓厚的城市。18 世纪末，莫卧儿帝都德里不断衰落，而勒克瑙正处于黄金时代的巅峰，并已取代莫卧儿帝国的伟大都城，无可争议地成为前殖民时代北印度最大、最繁荣、最文明的城市。这座城市的宫廷式的乌尔都语辞藻和繁复的礼仪规范，被誉为印度斯坦①最美妙和最精致的。它的舞者被誉为最高水准的舞者，得到钦慕。它的美食被誉为最华丽、最具巴洛克风格的佳肴。根据一位历史学家的说法，这座享乐主义的城市就像印度版的"［革命前的］德黑兰、蒙特卡洛和拉斯维加斯，还有一点格林德伯恩②的味道"。⁹正是在这里，在这种纵情享乐的氛围中，帕尔默遇到了他的终生挚爱菲兹·巴克什，她后来成为海尔·妮萨的闺蜜。

其实，帕尔默在遇到菲兹时已经结婚了。年轻时，他曾被派往西印度群岛，在第 70 步兵团服役。在那里，1761年，他在圣基茨岛娶了克里奥尔美女萨拉·黑兹尔，与她生了三男两女。¹⁰但当帕尔默六年后被派往印度时，萨拉选择和女儿们一起留在圣基茨，而她的丈夫和三个儿子则搭船前往印度。男孩们继续给母亲写信。¹¹在她离开加勒比海、搬到格林尼治后，长期经济拮据的帕尔默试图说服他在英国的

---

① 此时的"印度斯坦"是一个在地理上很含糊的术语，包括恒河和亚穆纳河周边、构成德里与阿格拉腹地的那一块北印度土地，相当于今天北方邦的西半部分再加上哈里亚纳邦。——原书注

② 格林德伯恩是英格兰东南部东萨塞克斯郡的一座乡村大宅，那里有一座歌剧院。

朋友给她寄钱。①但似乎萨拉从来没有打算到勒克瑙与他团圆，威廉也没有计划返回英国看望她和两个女儿。[12]我们只能猜测，这段婚姻在帕尔默尚处西印度群岛的时候就已经名存实亡，或者至少夫妻互相厌倦，已经同意分居，不过没有正式离婚，帕尔默也继续称萨拉为他的"妻子"。不管具体是怎么回事，帕尔默在1779年与菲兹相识，根据伊斯兰法律结婚。[13]次年，这对夫妇有了他们的第一个孩子，这个孩子被命名为威廉·帕尔默，与自己的父亲同名。多年后，这个孩子的命运将与詹姆斯·柯克帕特里克、海尔·妮萨和她母亲的命运紧密而又悲惨地交织在一起。

帕尔默的年轻妻子出生于莫卧儿帝都德里，是"一位波斯骑兵军官"的女儿，这位军官曾为沙·阿拉姆二世皇帝服

---

① 威廉相当不明智地请求他的苏格兰朋友戴维·安德森帮忙供养萨拉，在1792年3月写信给安德森："我经受的惨重损失和失意，迫使我诉诸你的友谊和慷慨。我已经有一段时间完全没有办法给母亲和妻子寄钱了，所以，如果这对你不是特别不便的话，可否请你出200英镑给她们当生活费？可将钱交给我的朋友、格林尼治医院的库克先生。我就不为自己的放肆道歉了，因为我坚信，你会感谢我把如此敏感的事情托付给你，因为这体现了我对你的信任。"安德森是个小心谨慎并且对钱很看重的苏格兰人，对威廉的无理要求感到非常恼火，从爱丁堡写信，明确告诉他的朋友，威廉必须学会更好地管理自己的经济，并且他自己（安德森）前不久为了节约而不得不放弃他钟爱的小猎犬群。不过安德森还是寄了钱过去，后来写信给自己的兄弟："我对我的朋友帕尔默的粗枝大叶几乎感到愤怒……但他信赖我，让我借钱供养他的妻子和母亲，所以不管这对我造成多大的麻烦，我都绝对不可以让他的希望落空……与此同时，我必须请你告诉帕尔默，他不可以再次向我提出同样的要求。"British Library, Anderson Papers, Add Mss 45, 427. p. 203, March 1792. 安德森的气愤很有道理：帕尔默虽然债台高筑，但拥有22000英镑的极高年薪，如果折算成今天的货币，他差不多算得上百万富翁（不过他在常驻代表府的全部开销要从这笔年薪里出）。如安德森所说，帕尔默长期手头拮据不是因为没有财源，而是因为生活方式过于奢侈。——原书注

务，后来移民到勒克瑙。在那里，他在纳瓦布麾下崭露头角，后来娶了菲兹的母亲，她是勒克瑙人。[14]菲兹还有一个妹妹叫努尔[15]，她小时候就嫁给了德里以西的普恩德里的纳瓦布，十五岁就成了寡妇（但一直没有圆房），此后她似乎一直住在菲兹在勒克瑙的家中。在接下来的几年里，菲兹几乎每年都会生一个孩子，努尔就是孩子们的少女姨妈。帕尔默夫妇在短短八年内生下了六个孩子，四男两女。

帕尔默的信中经常提到菲兹和她的孩子们。他在 1781 年写给戴维·安德森的信中说："你的小朋友菲兹向你致以许多良好的祝愿，祝你平安。你离开勒克瑙不久之后，她就给我生了一个小男孩，去年又给我生了一个小男孩，但孩子一出生就死了。我预计四个月后还会有一个孩子。"[16]1783 年 5 月，威廉在勒克瑙郊外，由于他的孩子们染上了传染病，他无法回家。他写道："我打算在我的小家庭能动身之后，就立刻前往常驻代表府。"[17]一年后，"可怜的菲兹"又怀孕了，"这个月来，她的身体一直很笨重，以至于［不能到他们二楼的卧室去，］不得不睡在底楼"。[18]

1785 年 4 月至 7 月间由艺术家约翰·佐法尼①创作的一幅帕尔默家庭肖像如今保存在伦敦的印度事务部图书馆。[19]这是整个印英互动时期留存至今的最迷人的家庭群像之一。菲兹位于画面中央，赤足，身着勒克瑙宫廷服装：在"安吉亚"短胸衣

---

① 佐法尼（1734~1810）出生于法兰克福，在勒克瑙生活了两年半，大部分时间住在克洛德·马丁家。佐法尼于 18 世纪 50 年代定居英国，在返回英国的途中遭遇海难，流落到安达曼群岛。海难的幸存者饥肠辘辘，于是抽签决定吃掉他们当中的哪一位。一名年轻水手中签，被吃掉了。我们可以相当确定地说，佐法尼是第一个也是最后一个食人的英国皇家学会成员。——原书注

之上披着华丽的橘黄色"佩什瓦兹"长袍和披肩。[20]她席地而坐，周围簇拥着她的孩子们和他们的保姆及乳母。图中的菲兹是一位宁静、安详、美丽的年轻女性，年龄不到二十岁，端庄娴静，洋溢着母性光辉，但身上戴着精美绝伦的莫卧儿珠宝：闪闪发光的钻石耳环、几串珍珠项链和银色的脚链。她慈爱地怀抱一个熟睡的新生婴儿。这是她的第三个儿子，后来受洗的名字是黑斯廷斯·帕尔默，这时还在襁褓中，头上戴着刺绣的穆斯林小圆帽。黑斯廷斯的哥哥威廉和姐姐玛丽当时分别为五岁和三岁，他们穿着飘逸的勒克瑙长袍，从画面的两边望去，十分迷人。

在菲兹的左边，坐在欧式椅子上、身穿红色的英国军服的就是她的丈夫，一个四十出头的黑瘦但依然英俊的男人。他用一种既仰慕又带有保护欲的目光长久地凝视着菲兹。在他的左边是菲兹的妹妹努尔，跪坐在他的脚下，面庞对着姐姐。当时努尔是一个十六岁左右的漂亮姑娘，披着薄薄的白纱。菲兹的另一个姊妹在画的右侧。[21]

18 世纪 80 年代末的某个时候，努尔嫁给了威廉的朋友，出生于萨伏依、为马拉塔人效力的名将伯努瓦·德·布瓦涅，和他一起生活在阿格拉附近的阿里格尔。两位连襟之间的书信被保存在尚贝里①的德·布瓦涅家族档案中，其中有许多深情提及两姐妹的句子。"菲兹向她的巴海涅［妹妹］致以亲切的问候，我也加上我的问候，"帕尔默有一次写道，"请代我向夫人致敬。"1792 年 2 月，他又写道："代我向夫人问候，并亲吻年轻的男爵。"两个月后，他比较出人意料地写道："向

---

① 尚贝里在今天法国的东部，在中世纪中后期曾为萨伏依公国的首府。

我的妹妹即您的夫人①献上我的深情礼赞。她将如何忍受一位
与她竞争的公主?"[22]

　　竞争者指的是德·布瓦涅的另外两个姿室，米尔·妮萨和
齐娜特，② 她们都是被作为战利品送给德·布瓦涅的，尽管他
发誓赌咒说，对于其中一位，"我从来没碰过她"。③ 当德·布
瓦涅于 1796 年 11 月带着努尔返回欧洲时，他把应当发放给他
的另外两个女人（米尔·妮萨和齐娜特）的生活费交给菲兹
掌控。尚贝里档案中包含了一份有趣的波斯文请愿书，是菲兹
亲笔写的，请求她的妹夫德·布瓦涅增加那两个姬妾的生活
费。这是深闺内的女人们精诚团结的一个有趣例子。毕竟，米
尔·妮萨和齐娜特在其他情况下可能会被认为是菲兹妹妹的竞
争对手，因此很难得到她的支持。这份请愿书的抬头非常郑重
其事:

---

① "我的妹妹"的说法也能证明帕尔默与菲兹举行了某种形式的婚礼。如果
　　菲兹只是一个不受承认的小妾，他不大可能说努尔是他的"妹妹"。
　　——原书注
② "Zeenut"和"Mihr un-Nissa"在今天可能被音译为"Zeenat"和"Mehr
　　un-Nissa"，但我在这里保留了史料中的写法。——原书注
③ 德·布瓦涅的书信中说米尔·妮萨是有权有势的莫卧儿将军纳杰夫·汗
　　及其妻子莫娣夫人的养女。德·布瓦涅攻占莫娣夫人防守的一座要塞之
　　后保障了米尔·妮萨的安全，于是莫娣夫人将她送给德·布瓦涅。但事
　　实证明这并非慷慨的馈赠。德·布瓦涅后来写道："我得到这个姑娘的时
　　候，［双方的共识是］她将以比较低的身份与我一起生活，因为她只是
　　这位莫娣夫人的养女。但这个姑娘相貌丑陋，而且性子暴烈，又没受过
　　像样的教育，所以我想让她去德里与她的母亲一起生活，但老太太也不
　　想要这个脾气暴躁的女儿。"德·布瓦涅离开印度时留下指示，说米尔·
　　妮萨"可以按照自己的心愿嫁人或独居"。See Desmond Young, *Fountain
　　of Elephants* (London, 1959), p. 146, and the de Boigne archives, Chambéry,
　　passim. ——原书注

菲兹·妮萨夫人

给伟大领主伯努瓦·德·布瓦涅先生的请愿书

向大人问安！

真主和世人是我的见证，从我离开您的那一天起，我一直在思念您，我希望您不要忘记我。您托我送给莫娣［米尔·妮萨的养母］的钱，她拒绝了。她说，算了，这钱太少了，没有什么意义。我们必须考虑一下。大人，她是个有影响力的人；如果钱的数额与她的地位相称，她一定会接受的；［但她没有接受，所以］我向您退还了钱包和那笔钱。祈求您不要因为我把钱退还而产生丝毫的不快。您是一位伟人，而她同样也是非常尊贵的人。也许我们应该一起商量一下该给她多少钱。我把钱包寄给您，只是为了提醒您。不要忘了我。[23]

菲兹和帕尔默居住的勒克瑙和他们的婚姻一样，都是多元文化融合的产物。勒克瑙在许多方面开创了一种白莫卧儿人的常驻代表府文化，詹姆斯·柯克帕特里克后来在海德拉巴继续发展了这种文化。如果说奥德的纳瓦布有时会以英国海军将领，甚至英国圣公会牧师的打扮出现在外国游客面前，让他们大吃一惊，那么勒克瑙的欧洲人也经常打扮成莫卧儿人，作为回敬。[24] 18世纪后期勒克瑙的一幅又一幅细密画显示，当时的欧洲人穿着白色的奥德长袍，仰躺在地毯上，抽着水烟，观赏舞女的表演。有些欧洲人甚至与纳瓦布家族通婚，比如，威廉·林奈·加德纳的混血儿子詹姆斯娶了纳瓦布的小姨子穆尔卡①公主。[25]

---

① Mulka 在今天可能会被音译为 Malika，但我在这里保留了史料中的写法。——原书注

　　性方面的好奇也不是单向的：至少有两个英国女人（或者可能是英印混血儿）进了奥德的后宫，纳瓦布为其中一人（沃尔特斯小姐）建造的清真寺屹立至今。[26]另一位英国女子在这个时期嫁给了一位显赫的勒克瑙穆斯林贵族，她写了一本了不起的书，书名有些烦琐，叫《对印度穆斯林的观察，描述他们的风俗习惯和宗教观念，作者在他们当中生活了十二年》，她以米尔·哈桑·阿里夫人的名字出版该书。[27]回到英国后，米尔·哈桑·阿里夫人的最后一个身份有点奇怪，她"以某种身份附属于奥古斯塔公主［乔治三世的姐姐］的内廷"。①[28]

　　同样融入勒克瑙生活的，还有帕尔默最好的朋友之一，瑞士-法国工程师、商人、间谍兼学者安托万·波利耶上校。在他靠近阿格拉的庄园或位于勒克瑙的豪宅内，波利耶完全像一个莫卧儿贵族那样生活，他的大量波斯文书信（现藏于巴黎国家图书馆）颇能显示这一点。某一天，他可能会在信中吩咐下属给他寻找槟榔叶容器、水烟筒和豪华的轿子；第二天，他会派人去找伟大的勒克瑙画家米尔·昌德，请这位画家为他

---

① 比较开明的欧洲人和勒克瑙的学者与诗人之间，似乎也有相当程度的智识层面的交流。今天英国规模最大的东方手抄本藏品（如今是印度事务部藏品的核心）是由当时的勒克瑙常驻代表助理查德·约翰逊收集起来的。他在奥德期间结交勒克瑙的诗人、学者和书法家，与他们切磋梵文和波斯文文学，与其中很多人缔结了长期的友谊。其中一位学者，阿布·塔利布·塔法祖尔，是帕尔默夫妇的老友，也是海尔·妮萨的亲戚阿卜杜勒·拉蒂夫·舒什塔里的老友，可能还是舒什塔里在印度最钦佩的人。舒什塔里在《给世界的馈赠》中这样描述塔法祖尔："一位虔诚的什叶派教徒，他除了波斯文和阿拉伯文外，还懂英语和他们称为拉丁语的罗马语言。拉丁语是欧洲人用来撰写学术著作的学术语言，在欧洲人当中的地位就像阿拉伯语在非阿拉伯穆斯林当中一样。塔法祖尔甚至还懂希腊文，并将欧洲学者的好几部书翻译成阿拉伯文，（转下页注）

的妻子和舞女创作一整本细密画；第三天，他可能会派人去找
他最喜欢的腌青芒果或某种特殊的香味烟草。他有两个印度妻
子（地位一高一低，两人争风吃醋，争吵不休）和一大群半
印度血统的孩子（其中一个叫乔治，后来到苏塞克斯郡与帕
尔默的妻妹努尔一起生活），[29]还有大量珍贵的莫卧儿手抄本藏
品（这些手抄本最后大多辗转到了巴黎）。[①][30]

帕尔默从这个宽容和享乐主义的绿洲写信给黑斯廷斯，信
中既有对他的勒克瑙生活的欣喜，也有比较黯淡的段落，记录
了他对 18 世纪 90 年代末以来加尔各答的东印度公司政府日益
增长的傲慢和赤裸裸的种族主义的惊恐。当韦尔斯利于 1798
年到任后，情况迅速恶化。帕尔默的书信显示，他从一开始就
非常不喜欢这位新任总督。他在给黑斯廷斯的信中敏锐地指
出，韦尔斯利"过分地喜欢浮华，虚荣得几乎超出了想象"。

（接上页注）自己也写了几部关于代数和法学的著作。印度应当为拥有这样
    一位学者而感到自豪……不管他的地位给了他多少荣华富贵，他始终没
    有改变对待穷人和弱者的礼貌而悲悯的态度。" Seyyed Abd al-Latif
    Shushtari, *Kitab Tuhfat al-'Alam* (written Hyderabad, 1802; lithographed
    Bombay, 1847), p. 450. 约翰逊和帕尔默也非常仰慕塔法祖尔，曾在家中
    招待他，与他探讨数学、天文学、英语和希腊语。帕尔默甚至带塔法祖尔
    去帮助他与戈哈德王公谈一项条约，并说服塔法祖尔帮他起草给马拉塔酋
    长们的书信。Toby Falk and Mildred Archer, *Indian Miniatures in the India
    House Library* (London, 1981), pp.14-20. 关于塔法祖尔，见 Gulfishan Khan,
    Indian Muslim Perceptions of the West During the Eighteenth Century (Karachi,
    1998)。帕尔默在给沃伦·黑斯廷斯（他也喜欢塔法祖尔）的信中赞扬塔
    法祖尔是 "穆斯林当中所有睿智、渊博和善良的品质的集大成者"。
    Hastings Papers, BL Add Mss 19, 178, Vol. XLVII, 1801-02, 10 July 1801,
    pp. 61-3, William Palmer to Hastings. ——原书注
① 波利耶为自己是否应当留在印度痛苦思考了多年，最终决定返回法国，
    并在 1788 年买了一座庄园。这个时间真是太不巧了。他在阿维尼翁附近
    定居，于 1795 年 2 月 9 日在法国大革命中遭到私刑折磨，最终被刺
    死。——原书注

他同样入木三分地补充道："［韦尔斯利］是一流的人才，却有这样的弱点，真是令人由衷惋惜。"几年后，帕尔默坚信，韦尔斯利的政策给印度带来了灾难，使印度人与英国人永久地疏远了。"我不认为韦尔斯利勋爵的爱国主义是第一流的。"他在一次加尔各答之行后写信给黑斯廷斯。

对名声的渴望，是主宰他的激情，这种激情是贪得无厌的，而且常常是荒谬的。他的座右铭和皮特先生①的那些莽撞的格言是一样的，即为了达到目的可以不择手段，只要自己方便，怎么样都可以……韦尔斯利勋爵很少或根本不重视［你的朋友们］，即土著朝廷的瓦吉尔［大使］。他们每年能够拜见他的机会不超过两三次，我认为这既不礼貌，也显得没教养……

我非常关切地注意到现政府采纳的压迫他们［土著］的制度，几乎每个欧洲人都在模仿这种制度。土著被排除在所有受人尊敬或薪水丰厚的职位之外，在社会上受到令人羞愧的傲慢和矜持的对待。现在土著与我们几乎没有任何社会交往。治安官和法官的职务由既不懂该国法律又不懂该国语言的欧洲人担任，而且这给公司带来了巨额开支。每个法庭的法官都依赖土著师爷，必须根据他提供的信息和解释做出决定，而他的月薪只有 50 卢比。我相信

---

① 即小威廉·皮特（1759~1806），英国托利党政治家，于 1783 年年仅二十四岁时成为英国史上最年轻的首相。他的父亲老威廉·皮特也曾担任首相。小皮特担任首相期间，正赶上法国大革命与拿破仑战争，他是反法战争的重要领导人。在英国最困难的时期，他领导国家渡过了难关，个人品质也很优秀，被认为是英国最伟大的首相之一。

这还是土著在公司能够得到的最值得信赖和最有利可图的工作之一。我们这样让土著在自己的家乡挨饿，他们会有什么样的感觉？[31]

几个月后，帕尔默的心情更加沉重。"我们的软弱、傲慢和不公，一定会招致统一的印度的报复，"他极具预言性地写道，"现在已经发生了一些叛乱……"[32]在英国人越来越不可一世的背景下，帕尔默感到越来越茕茕孑立，因为他看到英国新一代官员对他的印度朋友们表现得越来越傲慢。他很快意识到，詹姆斯·柯克帕特里克与他志趣相投、立场相似。1798年，帕尔默一到浦那，就立即想方设法地与边境另一边的海德拉巴同事（柯克帕特里克）交好。

在一系列越来越热情的书信中，帕尔默将军尽最大努力与詹姆斯建立了亲密的友谊，尽管他们素未谋面。在通信过程中，他们发现双方有许多共同的爱好，包括酷爱芒果。詹姆斯在较早的一封信中写道："今年的芒果季节虽然晚了，但产量相当丰富，味道也不差。"于是帕尔默提出要给他的果园送去一些精选的芒果树苗。两人很快就讨论了他们最喜欢的品种。他们一致认为，阿方索品种可能是最好的（这个选择很明智）。当米尔·阿拉姆向加尔各答抱怨詹姆斯时，帕尔默很快就出手支持詹姆斯；而当阿里斯图·贾赫设法罢免和逮捕米尔之后，帕尔默给詹姆斯写了一封关于米尔的入木三分的信：

我承认，我对米尔·阿拉姆毫无同情心。他对你的恶意和忘恩负义，应该受到比现在更严厉的惩罚。他的思想

如此污秽，使他不值得信任和尊敬。他对我们事业的所有
热情，都是因为他相信这是他获得名誉和财富的最快捷道
路。我毫不怀疑，如果这些目标可以通过反对我们的利
益，甚至通过消灭我们来获得，他也会毫不犹豫。当然
了，他是个坚定而有才干的人，谁要是得到他的帮助都会
如虎添翼。但为了留住他，必须满足他的无限贪欲……他
很清楚，阿里斯图·贾赫永远不会原谅他，因为阿里斯图
在这里［浦那］被囚禁时，米尔·阿拉姆曾拼命攻击他。
而米尔·阿拉姆借助那些诽谤你的愚蠢故事，企图伤害
你，更是招致你的敌意，这表明他的恨意已经完全压倒了
他的理性。[33]

其他书信表达了帕尔默和詹姆斯对韦尔斯利越来越深的失
望，在这一点上，帕尔默带头直抒胸臆，鼓励年轻同事公开表
达对这位虚荣且咄咄逼人的总督的真实看法。帕尔默一封信接
一封信地公开表达了詹姆斯迄今为止只向他的哥哥试探性地表
达过的"异端邪说"：韦尔斯利个人的傲慢、他对自己的同事
和印度统治者及大使的粗暴无礼、他那极其严重的过度开支，
以及他不召集议事会商量就独断专行的习惯（他的所有前任
都会把自己的决定提交议事会投票来最终决定），都令人无法
忍受。[34]

整个 1801 年 6 月，詹姆斯越来越厌恶韦尔斯利对印度统
治者的欺凌。这时，加尔各答传来命令，要求他重新谈韦尔斯
利和尼查姆在前一年才签订的庄严的《附属条约》。根据该条
约，尼查姆在塞林伽巴丹陷落后赢得的蒂普苏丹领土已被拱手
让给东印度公司，以换取英国人同意增派大量部队，从而扩充

驻海德拉巴的附属部队的规模。额外的部队还没有到达，甚至还没有离开马德拉斯，但当韦尔斯利发现海德拉巴移交给公司的领土的财政收入远远低于他的预期时，就写信给詹姆斯，要求他让尼查姆补足缺口，尽管条约明确禁止这样做。[35]韦尔斯利的要求没有任何道理：他显然在欺压一个重要的友好盟邦，在没有任何合法理由的情况下向盟邦敲诈大笔现金，而且直接违反了他自己在八个月前签订的条约。除了数量有限的火炮之外，新的部队还没有到达海德拉巴，这使韦尔斯利的立场更像无理取闹。

帕尔默很清楚，这对英国与海德拉巴的关系意味着什么：由于这些"苛刻的要求……我担心我们与海德拉巴宫廷的融洽关系将完全中断"。[36]詹姆斯对韦尔斯利的"残酷"指示更是感到匪夷所思，在极度沮丧的情况下私下里给兄长写信："我亲爱的威尔，我越是思考这些秘密命令，就越是感到遗憾、震惊和警觉……［它们］明显违反了我们与海德拉巴在前不久签订的对我们有利的条约，而海德拉巴对我们来说是非常有价值的老盟友。［如果韦尔斯利的指示］泄露出去，世界上没有任何东西可以使勋爵大人免于［在英国］受到弹劾。"[37]

这对詹姆斯来说是一个转折点。他在给威廉的信中写道，从这一刻起，"我再也无法像以前那样敬佩［韦尔斯利的］政治智慧和人品了"。[38]1801 年 11 月，当总督派他最小的弟弟亨利到勒克瑙向倒霉的纳瓦布索取大量领土时，詹姆斯更加坚信，韦尔斯利是个贪得无厌的小人。通过欺凌和威胁，亨利·韦尔斯利强迫奥德的纳瓦布萨达特·阿里·汗将其一半以上的领地割让给了公司，包括富饶肥沃的河间地区①的大部分，那片土地每年的财政收入超过 1300 万卢比。随后亨利·韦尔斯利被任命为这片新领土的管理者。[39]

詹姆斯不敢相信发生的这一切，因为它们没有任何法律依据。他给帕尔默写信说，他又在考虑辞职，因为他不愿继续为这样的上司服务。

> 我亲爱的先生，私下里跟你说，我非常厌恶不得不目睹这种可耻的行径，所以我觉得，[当帕尔默的继任者到达浦那时，]我可以陪你一起走一段路程，你去加尔各答，我去马德拉斯[詹姆斯可以在那里搭船去英国]。[亨利·]韦尔斯利先生[对奥德的纳瓦布]发出的那些非同寻常的威胁，真是令人难以置信。据我所知，[亨利·]韦尔斯利将得到高官厚禄，享受他的劳动成果，掌控从合法主人手中夺取的土地。[40]

与此同时，詹姆斯必须决定如何应对韦尔斯利勋爵要求重谈《附属条约》的指示。他绝望地写信给帕尔默说："总督的指示让我简直要发疯。在上一次的谈判过程中，我向所罗门[阿里斯图·贾赫]做了种种保证。如今我怎么有脸向他提出这些新的无理要求呢？而他，可怜的人，又怎么能向他的主公报告这些情况呢？"[41]最后，詹姆斯鼓起勇气给韦尔斯利勋爵回信，告诉他，坦率地说，他认为自己接到的命令是不合理的，

---

① 河间地区（Doab）指的是两条河之间的土地，通常非常肥沃，是令人眼红的优质农田。最有名的就是恒河河间地区（这里指的就是），即恒河和亚穆纳河之间的肥沃三角洲。

而且明显违背了韦尔斯利自己在不到一年前签订的条约。至少就詹姆斯的前程而言，这是一个重大的错误。韦尔斯利从来不会轻易接受批评，他对詹姆斯的态度，以及他信中的措辞，从这时起逐渐变得更加充满敌意。

不过，詹姆斯写给帕尔默的信的内容远远不止他们共同的政治信仰、希望和恐惧。两人还讨论了一个不那么令人不安也更私密的话题，即帕尔默的混血子女，这些孩子都在英国受了教育，现在回到印度讨生活。1799 年，詹姆斯为菲兹的长子威廉在尼查姆的非正规骑兵部队里找到了一份工作，现在詹姆斯还表示，等帕尔默和菲兹的女儿玛丽从英国返回印度之后，在她从马德拉斯到浦那的路上照顾她（这个提议最终没有被接受，因为玛丽选择投奔她同父异母的哥哥约翰·帕尔默[①]，他是一位成功的加尔各答银行家，被称为"商人帝王"，所以玛丽没有途经詹姆斯的常驻代表府）。不过菲兹和将军都很感激詹姆斯的自告奋勇：在英国人对混血儿的偏见日益严重的时候，帕尔默夫妇觉得他们可以相信詹姆斯会善待他们心爱的女儿。

不久之后，帕尔默就给詹姆斯写信说，他打算离职之后立

---

① 约翰·帕尔默是帕尔默将军与其第一任妻子萨拉·黑兹尔所生的最小的孩子。约翰于 1783 年离开海军之后，到加尔各答的伯格与巴伯尔贸易代理公司工作。在 18 世纪 90 年代中叶，他成为该公司（更名为帕尔默公司）的唯一经理人。根据《英国人与军事纪事报》上的讣告，在那不久之前，他使用自己积攒的全部资本来挽救囊中羞涩的父亲，使其免于因为坏账而入狱："……在约翰的职业生涯的开端，他的父亲帕尔默将军，一个花钱如流水的人，因为负债而被捕，完全没有办法偿还债务。他的儿子约翰此时刚刚准备开一家公司，募集了刚刚好的资本。他立刻牺牲了这些钱来挽救父亲。他这么做得到了普遍的尊重和信任，因此对他后来的前景非常有好处。" *Englishman and Military Chronicle*, 23 January 1836, p. 157. ——原书注

刻亲自去海德拉巴。他计划途经海德拉巴和默苏利珀德姆返回加尔各答，所以他问，是否可以在詹姆斯的常驻代表府暂住？[42] 詹姆斯回信说，他很乐意接待帕尔默。"我准备了一座大平房，我想可以容纳你和你的整个家庭，"他写道，"平房还附有一个女眷居住区，不过比较小。"[43] 但他们很快就发现，这座平房远远不够帕尔默全家居住。正如詹姆斯在不久后的一封信中所写的那样，将军的"随行人员相当多，包括至少十几个女人"。[44]

帕尔默一家显然在旅行时也喜欢隆重的排场，菲兹尤其如此。她现在被尊为莫卧儿皇帝的"养女"，以"萨希布·贝古姆"的头衔为人所知。[45]

在 1801 年那个漫长而炎热的夏天，詹姆斯也发现自己宅邸的女眷居住区太小，不能满足他的需要。在 8 月下旬的某个时候，他决定不顾一切，正式接海尔·妮萨和他们的小宝宝萨希布·阿拉姆（看来还有詹姆斯的岳母莎拉芙·妮萨）住到他的常驻代表府的女眷居住区。她们显然要把詹姆斯现有的姬妾从女眷居住区排挤出去。

他后来解释说，自己做出这一冒险决定的理由是，他"听从了自然的声音。自然以一个无助而无辜的婴儿的身份，发出了雄辩的恳求"，这话或许有一部分是真的。[46] 每个见到那孩子的人都觉得他是"一个最可爱的婴儿"，詹姆斯的"女性朋友认为，这是一个特别甜美可爱的小宝贝"。[47]詹姆斯还说：
"有一点使我对这个孩子感到特别亲切和喜爱，那就是他与我
亲爱的父亲［'英俊上校'］有着惊人的相似。所有看过我房
间里挂着的［'英俊上校'］画像的女仆都说过这一点，而尤
尔和他的妻子（他们是［常驻代表府里］唯一见过'英俊上
校'的欧洲人）也说婴儿确实酷似他的爷爷。他确实在各方
面都是一个最可爱的婴儿。尤尔和他善良的妻子甚至说，他是
他们一辈子见过的最可爱的婴儿。"[48]

后来，詹姆斯与兄长威廉讨论了效法帕尔默将军、将孩子
送到英国读书的遥远未来。詹姆斯承认："与孩子分开会让我
的灵魂极其痛苦，更不用说我可能会在另一个方面遇到阻力
了。"[49]但很显然，这位自豪的父亲终于接家人来到常驻代表
府，不仅仅是因为他爱上了自己的宝贝儿子，他也非常想念海
尔·妮萨。他知道，当他还没有向加尔各答承认他们之间的恋
情的时候，当这段恋情已经让他得罪了上司的时候，允许他的
穆斯林贵族妻子进入常驻代表府，是在拿他的全部身家冒险。
他心甘情愿地接受这种风险，就像他已经冒过其他许多风险一
样，这足以表明他对年轻妻子的承诺是多么真挚。

现在，他把所有的精力都用于为海尔建造一座能满足
她的期望和要求的宫殿式深闺。当月，他开始建造莫卧儿
风格的"印度斯坦之屋"或"彩宫"，它后来被描述为
"一个非常优雅、完成度很高的印度斯坦建筑典范"。[50]詹姆
斯从未在信中描述过这座建筑，但据一位对其印象深刻的
访客说，自己在1809年获准参观它，看到它是"按照当地
的风格建造的，而且我得到保证，没有一个印度王公拥有
如此优雅的深闺。它若是在欧洲，一定会被认为是最美丽

的一套住房。它坐落在一座花园里。庭院内有花坛。沿着庭院的内边有一条长廊，长廊的墙壁和天花板上的粉刷和镀金都很美观，很有品位。主卧比亚洲人习惯的要大。更衣室和浴室是他们喜欢的尺寸"。[51] 主庭院的中心有一个大的大理石水盆，许多喷泉向其注水，两旁是庄严的柏树。环绕庭院的拱廊和露台金碧辉煌，装饰丰富，有格子状的屏风和鸟、花、兽的绘画。海尔会在这里招待女客，柯克帕特里克则在常驻代表府主楼接待男宾。[52]

　　七十年后①，几乎整座建筑都被维多利亚时代的一位常驻代表摧毁并夷为平地，因为他认为它有"土著的道德沦丧"的味道。② 如今只剩下雕梁画栋的门楼，以及建筑内部的一些残破遗迹，包括海尔的鸽舍。这些杂草丛生的残垣断壁位于一个仍被称为"夫人花园"的空间的后部，其相当出色的完成度和美丽的建筑风格让我们能够体会到，詹姆斯为他心爱的海尔·妮萨和他们的儿子萨希布·阿拉姆（小"世界之主"）建造的宫殿是多么美轮美奂。

　　韦尔斯利曾通知帕尔默，他将在 1800 年 6 月被替换，但

---

① 依照前文 1801 年海尔·妮萨搬入常驻代表府后，詹姆斯开始建造"彩宫"计算，此处似乎应为"近六十年后"。

② 乔治·尤尔爵士于 1860 年拆毁了"彩宫"。See *Bengal Past and Present*, Vol. 27, January-June 1924, No. 53, p.120. ——原书注

一年后，由于继任者威廉·柯克帕特里克的病情不断加重，帕尔默仍然在位。

威廉直到 1801 年 3 月才从加尔各答出发，他原指望自己的身体会在旅途中有所好转，但事与愿违，他的病情反而迅速恶化。他到达马德拉斯时，"身体状况非常糟糕"，膀胱炎十分严重，令他痛苦不堪。詹姆斯立即派尤尔医生去马德拉斯，为他的哥哥治疗。毕竟，在威廉担任海德拉巴常驻代表期间，一直是尤尔在照顾他，尤其是他的身体在哈尔达围城战期间垮掉之后。这一次，尤尔的治疗似乎有效。

1801 年 4 月 5 日，詹姆斯写信说，他刚刚听说威廉的病情有所好转："因此，我可能很快就能在海德拉巴拥抱你了。"但他接着告诉威廉，尤尔已经明确表示，如果他的病情再次恶化，"你应该立刻回家，下次有机会从马德拉斯出发的时候就走，看在老天的分上，不要为了［经济方面的］考虑而耽搁"。[53]

十二天后，当威廉·柯克帕特里克和小说家萨克雷的叔叔威廉·萨克雷一起在马德拉斯停留时，他的健康再次出了问题。马德拉斯的医生让他喝下"苛性剂"，试图疏通他的尿道，却造成了剧烈的痛苦。"我很高兴你没有试图向我描述你承受的痛苦，因为我对它感同身受，已经超出了我能描述的范围，"詹姆斯写道，"上天保佑我最亲爱的兄长永远不要再遭受那样的痛苦……我完全同意你的观点，即在你身体的不适有所缓解之前，不应该使用苛性剂。我真诚地相信，你会暂时拒绝接受任何进一步的手术，直到你的体力和身体状况使你能够承受这些手术。"詹姆斯还答应在海德拉巴为萨克雷的儿子和侄子们购置一些礼物，以报答他对威廉的关照。"我会马上为萨克雷的孩子们准备玩具，"詹姆斯在 17 日写道，"如果他能让我心爱的威廉再次充分享受健康（我现在已经乐观地期待你会痊愈），只要在我的财力和能力范围之内，我有什么不愿意向他［萨克雷］献上呢?"①54

威廉的健康状况时好时坏，但他仍然病得太重，无法继续往浦那方向走。随着威廉的病情越来越不乐观，詹姆斯开始鼓励他认真考虑退居英国，尽管他只有四十六岁。"我最亲爱的威尔，你现在必须优先考虑你自己的生命，以及你家庭的福祉，而不是其他方面，"詹姆斯在 4 月底写道，"在我看来，你有必要早日回国。"55 他还明确表示，他将把供养退休的兄长视为自己的责任："你很清楚，我也经常告诉你，我的钱包是完全为你服务的，你可以把它理解为自己的钱包。"56

5 月初，当威廉的健康状况突然再次下滑时，尤尔送来了一些新的"药糖剂"，而詹姆斯在德干到处寻找一些"上乘的新鲜无花果和梅子"，以便尤尔能"配制出无论味道还是效果都让你满意的药糖剂。不过，尤尔坚决主张，你现在绝不可以接受任何手术，必须先等体力完全恢复"。57

事与愿违。威廉的病情越来越严重，痛苦让他几乎难以忍受。② 到了 6 月初，他被迫接受了他在印度的事业已经落幕

---

① 玩具倒是买好了，但直到这一年 9 月中旬才送到萨克雷手中，因为在运输过程中出了差错，"送给萨克雷的孩子的一箱玩具与克莱武勋爵收藏的一箱兵器与甲胄［准备放在波伊斯城堡，今天还在那里］搞混了，所以克莱武勋爵打开箱子时看到里面是玩具，不禁大吃一惊。OIOC, Kirkpatrick Papers, F228/13, p. 164, 16 September 1801.《名利场》的作者在穿尿布的时候说不定就是玩着詹姆斯·柯克帕特里克和海尔·妮萨从海德拉巴集市买到的莫卧儿摇铃长大的。——原书注

② 威廉的有些症状听起来很像是严重的汞中毒，这无疑会加剧他的痛苦和膀胱炎的严重程度。——原书注

（至少是告一段落）的事实。他写信给加尔各答，请求允许他以健康状况为由离开印度，并在月底收到韦尔斯利的简短批复，允许他"前往好望角。如果你的健康状况使你有必要前往欧洲的话，你可以休假，前往欧洲"。[①][58]

现在威廉需要找一艘船带他回家。詹姆斯写道："我仍然坚持要你选一艘东印度公司的船，船上要有一个好的外科医生。你知道，这是我衷心赞成你回国的必要条件。如果你在马德拉斯找不到这样的船，那不妨去孟加拉找。"[59]

当威廉在马德拉斯的萨克雷家卧床不起的时候，陪同他从加尔各答来的两个年轻助理被告知，他们应当途经迈索尔和海德拉巴前往浦那，一旦上级任命了一个人接替威廉，他们就与新任常驻代表会合。

詹姆斯认为，这两个年轻助理，爱德华·斯特雷奇和蒙斯图尔特·埃尔芬斯通，是"两个非常优秀的年轻人"。[60]这句话的一语双关完全是有意为之。[②] 斯特雷奇二十六岁，埃尔芬斯

---

① 与这份通知一起来的是官方证明，签署日期也是 1801 年 6 月 20 日，其中计算了威廉在印度服务的时长。证明显示，他于 1771 年 9 月 26 日成为军官学员，1783 年 12 月 18 日辞职；1785 年 7 月 25 日再次入役，所以他在印度一共待了二十九年八个月二十四天，公司会根据这个时长来计算他的退休金。OIOC, Kirkpatrick Papers, F227/25, p. 30, 20 June 1801, Lord Wellesley to William Kirkpatrick. ——原书注

② 原文 superior 可以理解为"优秀的"，也可以理解为"有优越感、傲慢自负的"。

通还不到二十一岁。两人都非常聪明能干，但他们都几乎毫不掩饰自己的优越感，毫不掩饰他们的信念，即他们注定是要成就一番大事业的。

他们没有必要急着去浦那上任，所以他们就优哉游哉，几乎在整个印度蜿蜒曲折地走了一圈，花了将近一年的时间。他们带着浩浩荡荡的队伍，有八头大象、十一头骆驼、四匹马和十头公牛，更不用说仆人的马匹和矮种马了，数量有一百五十匹到两百匹，还有二十名印度兵护卫，后来还加上了埃尔芬斯通所说的"三十名到四十名马拉塔雇佣兵"。其中一头大象完全是用来运载他们的书籍的，包括爱德华的父亲亨利·斯特雷奇撰写的孟加拉兵变史、波斯诗人的著作、《贝奥武甫》，以及荷马、贺拉斯、赫西俄德、希罗多德、忒奥克里托斯①、萨福、柏拉图、马基雅维利、伏尔泰、霍勒斯·沃波尔②、德莱顿、培根、鲍斯威尔和托马斯·杰斐逊的著作。当他们在印度各地公费旅游时，他们为对方朗读，画素描，练习波斯语和马拉地语语法，打猎，在月光下吹笛子。他们还写日记。[61]

日记，尤其是旅行日记，一方面描绘地点或人物，另一方面也能揭示作者本身的情况。法国珠宝商塔韦尼耶在他的海德拉巴之行中，主要注意了集市上的黄金和钻石，而一位匿名的法国军人兼美食家在 1750 年写了一篇关于海德拉巴的记述，他陶醉于这座城市的美味佳肴，尤其是著名的海德拉巴香饭。

---

① 忒奥克里托斯（约前 310~前 250），古希腊著名诗人和学者，西方田园诗派的创始人。

② 霍勒斯·沃波尔（1717~1797），第四代奥福德伯爵，是英国作家、艺术史学家和辉格党政治家。他在伦敦西南方建造的草莓山庄复兴了哥特式建筑风格。他的《奥特兰托堡》是文学史上的第一部哥特小说。他的父亲罗伯特·沃波尔（第一代奥福德伯爵）是英国历史上第一位首相。

爱德华·斯特雷奇是在欧洲人酷爱旖旎风光的时代长大成人的，他在海德拉巴看到的是一座废墟之城。同时，埃尔芬斯通极其傲慢的态度让他错过了许多有趣的东西，但他也以犀利敏锐的文笔记录了许多东西。

1801 年 8 月 22 日晚，这两个年轻的英国人抵达海德拉巴郊外。正如斯特雷奇所言：

> 在城市附近，地面比其他地方更加光秃秃，更加崎岖不平……海德拉巴被一道石墙环绕，据说这道石墙的全长有将近 7 英里。这道防线足以阻挡骑兵的掠夺性入侵，但面对我们的炮兵，却经不起一个小时的考验。从远处[你可以越过城墙看到]……许多白色的房屋隐藏在树丛中，上面还有一些高耸的建筑和宣礼塔……现在的景象则是悲惨的、破败的，墙体开裂、朽坏，檐角断裂，建筑的各部分长满杂草。我很容易想象，在更好的时代，这座城市一定非常辉煌和壮观……[62]

这两本日记详细记录了他们在海德拉巴的三个月，构成了关于 19 世纪初海德拉巴最形象、最直接的史料之一。从他们的评论来看，斯特雷奇和埃尔芬斯通显然认为他们是在记录一个许多世纪都没有变化的永恒的印度。但实际上，这两本日记是正在经历巨大而迅速变化的海德拉巴的重要观察记录。斯特雷奇如此深情地描述的废墟，在莫卧儿人入侵前不久、当塔韦尼耶经过这座城市时，还是灌溉良好的园林；而几年后，这些废墟将被柯克帕特里克常驻代表府周围迅速发展起来的繁华商业区吞噬。

　　同样，埃尔芬斯通在抵达那里的一个月后对他们访问海德拉巴宫廷的记载，并不是像他和斯特雷奇认为的那样，记录了中世纪的延续性或恒久不变的"东方专制主义"，而是对一个转型时期的宫廷的有趣描摹。此时，海德拉巴宫廷从德里红堡的莫卧儿皇帝那里照搬的旧习俗正慢慢与从欧洲进口的新形式混合在一起。埃尔芬斯通记录道：

　　　　柯［克帕特里克］少校盛装前往［宫廷］时，用了几头大象、一顶豪华轿子、若干前驱骑兵、旗帜、带流苏的长杆，并由十个步兵连和一个骑兵连前呼后拥……我们穿过几座庭院去见殿下，大门由武装人员拱卫，其中一些人留着胡子，一两个人戴着钢帽［即头盔］和铁手套，一些人看上去十分养眼……在最后一个庭院，首相阿齐姆·奥姆拉［阿里斯图·贾赫］会见并拥抱了我们。他带着我们穿过一个庭院，来到尼查姆所在的御座厅。我走到他面前，献上礼物。柯少校的孟希［阿齐兹·乌拉］教我如何拿着它，一个仆人把我按到恰当的鞠躬姿势；殿下微笑着接过我的礼物。我退了出来，低头行了个礼。

　　　　尼查姆身着锦缎。他的右臂瘫痪了，藏在袍子里。他戴着一顶帽子，上面缠绕着一条丝巾。整个头饰的形状像圆锥体。他是个相貌堂堂的老人［……］戴着许多光辉璀璨的珠宝。御座厅里还有许多人，有的坐着，有的站着。站着的人当中有几个女卫兵，穿得像马德拉斯的印度兵。在门前有更多的人守卫，大约有二三十个女人立在［警卫室］前。许多女子坐在我们所在房间的后部。

　　　　尼查姆向我们展示了许多钟表和奇特的机械装置，其中一些非常淫秽……我没有听到他说过一句话，他大部分时间都在自娱自乐，笑着摆弄这些钟表等小机械……柯少校表现得像个土著，非常得体。尼查姆对每一件礼物都回赠［我们］一件头巾珠宝。最后，我们低头鞠了一躬，退到通道一侧的一个房间里。

［在这里］我们停下来与首相［阿里斯图·贾赫］交谈……他看起来比尼查姆年轻得多，穿着朴素。他唯一的饰品是一条金腰带，上有钻石带扣，配着一把匕首。他亲切地和得宠的老阿熙尔女仆巴伦嬷嬷聊着……[63]

［后来］常驻代表向我们讲述了刚刚发生的一件事，这件事强有力地表明了尼查姆政府的性质。近日该城接连发生劫案。尼查姆宣称，如果再发生劫案，他将严惩若干罪犯，杀鸡儆猴。一天早上，警察总长带着三个人来到尼查姆面前，说他在深夜的大街上抓到了这些醉汉。尼查姆命令将他们"炮决"①。判决刚执行完毕，宫廷的一位主要的贵族进来说，那些人是他的忠厚仆人，在一次欢乐的聚会上喝醉了。首相［阿里斯图·贾赫］对警察总长处以 3 万卢比的罚款，因为他的粗心大意导致三个无辜的人被处死。[64]

这是一个非常有意思的时刻：尽管东印度公司的权力不断增长，而且大量新鲜的欧洲小玩意儿，如"非常淫秽"的机械装置（在这方面，尼查姆的品位和后来维多利亚时代的印度大君们的口味相似），输入了海德拉巴宫廷，但古老的莫卧

---

① "炮决"（Blowing from a gun）是一种处决方法，受刑者通常被绑在加农炮口，然后被炮弹打死。早在 16 世纪，莫卧儿帝国就使用这种行刑方法。在印度的英国殖民者经常用"炮决"来处死反叛者。

儿仪式（赠予和接受礼物）以及火速"主持公道"的传统仍然存在。这段描述的另一个有趣之处是，它显示了这一时期女性在海德拉巴宫廷出人意料的权力和地位，巴伦嬷嬷（两位高级阿熙尔女仆之一，曾是王室的乳母，在五年前的哈尔达围城战期间担任女兵团的指挥官）现在担任主要的司仪，而尼查姆的保镖是女兵。①

但斯特雷奇和埃尔芬斯在对海德拉巴的描述中记录的最大和最重要的变化，也是以前的旅行者都没有描述过的东西，是新的英国兵站。兵站位于老城北面 10 英里处，就在班佳拉山的另一侧。

当时的兵站是由帐篷组成的庞大城市，安顿着詹姆斯与尼查姆签订两项条约后抵达该地区的兵力相当强的英国部队。斯特雷奇记载道，这些兵站"已经延伸了近 2 英里（我猜），而

---

① 亨利·罗素的画册（现存于印度事务部，OIOC, Add Or. 1946, 1947）中有巴伦嬷嬷和她那位令人生畏的同事昌巴嬷嬷的画像。她们除了指挥女兵团并在宫廷担任司仪之外，还负责一些与女性有关的敏感的国家大事，比如，在后宫搜寻失窃的珠宝和调查铜匠指控詹姆斯·柯克帕特里克劫持他的妻子的丑闻。在画像中，巴伦嬷嬷和昌巴嬷嬷穿着同样的宫廷制服：镀金边的飘逸长袍，粉红色的"乔丽"胸衣，戴着许多串珍珠。但她俩的形象差别极大。画家几乎用讽刺漫画般的笔法突出了她们的区别。昌巴嬷嬷身材高挑、丰乳肥臀，将近六十岁，双手粗大强健如男子，表情特别威严。巴伦嬷嬷年纪稍大一些，弯腰驼背，容形憔悴，脸上有麻子。但她看上去很睿智和精明，长着鹰钩鼻，嘴角似有笑意。她一手拿着一条方巾，另一手拿着一枝水仙，头上戴着松散的头巾。两个女人都没有戴面纱。根据 *Tarikh i-Yadgar i-Makhan Lal* 记载："昌巴嬷嬷是宫里买来的女奴。她曾是殿下的保姆。因为她非常聪明，所以光荣的殿下把许多要务托付给她。她的月薪原本是 12 卢比，后来增加到 40 卢比，她还得到一顶轿子。殿下还把昌普佩特的土地赏赐给她。殿下安排她与海德拉巴的斗象总管弗吉达尔·汗结婚。弗吉达尔·汗还成为已故殿下 [尼查姆阿里·汗] 的军事指挥官。昌巴嬷嬷于伊斯兰历一二三七年即公历 1821 年去世。"——原书注

且形成了一座相当大的城镇，由部队和随军人员的小屋构成。兵站的地势很高，通风极好，居高临下地俯瞰侯赛因湖［老城以北的大型人工湖］"。[65]埃尔芬斯通补充说，这座帐篷城市"非常整洁"。他还暗示，从某种程度上说，兵站代表着纯正的英国色彩对印度环境的入侵，而常驻代表府从来不是这样，毕竟它位于一座有围墙环绕的园林内的古代顾特卜沙希王朝风格的巴拉达利亭子内。在兵站，两个年轻人去了一家"欧式商店"（一家只卖欧洲进口奢侈品的专营店），咨询了一位欧洲医生（以治疗埃尔芬斯通的严重淋病），还去一个临时的露天剧院看了一场英国滑稽剧。他们去打猎（虽然只打中了一只猫头鹰），参加团里的舞会，赌博，在军官餐厅里玩惠斯特牌、台球和双陆棋。[66]兵站当时的规模还不大，但很快就会发展为一座新的城市，即塞康德拉巴德。它是海德拉巴的孪生城市，在今天是和海德拉巴一样大的大城市。并且，兵站的发展也非常迅速：仅十八个月后，到1804年秋天，兵站已经"像一个大的正规城镇，其面积估计与［北印度的大兵站］坎普尔相当"。[67]

兵站不仅是与尼查姆及其宫廷竞争的另一个权力中心，也是詹姆斯和常驻代表府的竞争对手。詹姆斯在兵站没有多少权力。詹姆斯当然相信，也有理由相信他是海德拉巴的英国社区的首领；但他的权威受到了他的旧同袍静悄悄的抵制。毕竟，詹姆斯还只是一个小小的少校，而附属部队的指挥官是中校军衔。此外，附属部队中还有不少詹姆斯以前的同事，他们对他迅速攀升到公司外交官的高级职位感到怨恨，因为他们记得他在八年前还只是一个相当不起眼的少尉。他从一个默默无闻的部落要塞的指挥官迅速攀升到公司最有利可图的职位之一，与其说是靠他自己的功绩，不如说是由于他位高权重的同父异母兄长威廉的提携。此外，詹姆斯的穆斯林穿着，以及流传甚广的关于他偏爱海德拉巴习俗的故事，也不会让他的旧同袍对他产生好感，尤其是因为他们当中的一些人，如已故的詹姆斯·达尔林普尔中校，曾是蒂普苏丹的阶下囚，并曾目睹一些同袍皈依伊斯兰教，穿上德干穆斯林的服装、戴上头巾、蓄起小胡子，以换取更舒适的生活条件。有几个俘虏甚至同意帮助操练蒂普苏丹的部队，向其传授现代欧洲军事技术，以换取迈索尔女人和蒂普苏丹军队中军官和操练士官的职位。[68] 因此，兵站的英国军人往往把所有改信伊斯兰教的和亲近伊斯兰教的英国人都视为叛徒，并对彻底融入当地社会的詹姆斯满腹猜忌。

斯特雷奇和埃尔芬斯通在前往海德拉巴的途中，在阿瑟·韦尔斯利及其驻扎在塞林伽巴丹的军队那里暂住的时候，变得像他们一样，对詹姆斯既不喜欢也不信任。根据他们的日记，韦尔斯利曾"取笑哈施玛特·忠格"，而埃尔芬斯通到了海德拉巴的时候肯定对詹姆斯已经有了极深的偏见。詹姆斯派了一名信使，到他们来海德拉巴的路上迎接，慷慨地提议把他们安顿在常驻代表府，埃尔芬斯通记录在日记中的第一个念头却是："烦！谁会想和哈施玛特·忠格住在一起？"[69] 抵达海德拉巴之后，埃尔芬斯通显然对自己受到"非常客气"的接待感到惊讶，并发现"在大多数方面"，詹姆斯"就像一个英国人"。[70] 直到詹姆斯对这两个客人盛情款待了几个星期之后，埃尔芬斯通才开始热情地写下对主人的好评。不过让这个二十一岁的年轻人印象最深刻的，似乎是詹姆斯的枪法。"柯少校是个好射手"，埃尔芬斯通在一次于班佳拉山捕猎沙鸡的狩猎后钦佩地写道。[71]

1801 年 8 月，当斯特雷奇和埃尔芬斯通抵达海德拉巴时，附属部队和常驻代表府之间刚刚产生的紧张气氛是显而易见的，尽管双方还没有撕破脸皮。在两人于三个月后离开这座城市之前，下一场撼动柯克帕特里克的大风暴，就是从这些看似无害的官兵营帐中开始的。

对詹姆斯的不满之声，因古城在穆哈兰姆月发生的事件而公开化了。而从很多方面来看，正是詹姆斯本人把风暴召唤到了自己身上。

古拉姆·侯赛因·汗在他的海德拉巴史书《阿萨夫史集》中写道："当神圣的穆哈兰姆月的新月出现在城市上空时，首相就会把侯赛因的大旗、受过祝福的马蹄铁和数不胜数的花环送到王宫，以确保尼查姆统治千年、国泰民安。"

一项古老的习俗是，当花环在夜里二更到达时，在尼查姆的卫兵都在场的情况下，已经沐浴更衣、洒了香水、身着绿衣，戴着许多宝石、头发抹了油的尼查姆毕恭毕敬地将盛放花环的容器摆在自己头顶，光着脚，在人群中一步一步地前进，将容器连同盛在高脚杯里的冰冻果子露和供奉食物的大锅，一起送到伟大的侯赛因·阿拉姆圣所中竖立大旗的地方。在那里，他［在大旗上］系上花环，同时诵读"开端章"［《古兰经》的第一篇］。[72]

一年一度、为期十天的伟大节日"穆哈兰姆节"就这样开始了。毛拉阿里节是海德拉巴每年的两大庆祝活动之一，另一个就是穆哈兰姆节。尽管两者表面上都是什叶派的庆祝活动，但性质截然不同。如果说毛拉阿里节本质上是一个愉快的节日，是对海德拉巴老城熙熙攘攘小巷的逃避，那么穆哈兰姆节则是对城市本身的致敬，特别是对其内部的多元文化和多样性的致敬。

穆哈兰姆月的庆祝活动，就像锡耶纳赛马节或中世纪约克的神秘剧一样，是由城市中互相竞争的不同城区组织的，它们都争相安排规模最大、排场最隆重的游行队伍。苏非派、法基尔和苦行僧尤其喜欢在庆祝活动中明争暗斗，"在每个城区的太阳旗帜下集结"，随时准备捍卫自己城区的荣誉和威望，对抗其邻居。因此，"他们都从自己的城区赶来，根据习俗，成群结队地加入游行队伍。如果他们试图进入神圣习俗规定的位置以外的任何地方，就会发生争吵和斗殴，捣乱者将被逮捕。过去有许多人死在这样的乱斗中，直到尼查姆发布严令，禁止携带武器、禁止伤人"。[73]

穆哈兰姆月按理说应该是哀悼的时期。它是伊玛目①侯赛因（毛拉阿里的儿子，先知的外孙）在公元 680 年穆哈兰姆月十日的卡尔巴拉战役中战败身亡的周年纪念。那些大旗

---

① 伊玛目是伊斯兰教社会的重要人物。在逊尼派中，伊玛目等同于哈里发，是穆罕默德的指定政治继承人。逊尼派认为伊玛目也可能犯错误，但假如他坚持伊斯兰教的仪式，仍要服从他。在什叶派中，伊玛目是拥有绝对宗教权力的人物，只有伊玛目才能明晓和解释《古兰经》的奥秘含义，他是真主选定的，不会犯错。伊玛目也可能是一种荣誉称号，是主持礼拜的德高望重的穆斯林。

（被称为"阿拉姆旗"[1]）象征着公元 680 年侯赛因在卡尔巴拉携带的军旗。人们吟唱的优美的"马尔西雅"（marsiyas）哀歌描述了侯赛因及其身边的妇孺的干渴，以及他们在倭马亚王朝哈里发叶齐德一世手中遭受的苦难。什叶派认为这是历史上最悲惨的殉道事件。

在穆哈兰姆月，人们穿黑色的衣服，严禁吃肉、抽烟、同房和嚼槟榔，而平时睁一只眼闭一只眼的禁酒令也被更认真地执行。男人光着脚在街上走。女人解开发髻，摘下手镯，穿上丧服。编织床被从女眷居住区搬走，所以即使是最尊贵的贵妇人，也不得不像仆人一样坐在地上度过穆哈兰姆月。日复一日，虔诚的什叶派男子组成游行队伍，为他们眼中的先知合法继承人侯赛因遭受的苦难而捶打和鞭笞自己："观众的悲痛上升到令人难以忍受的程度，女人们尖叫、哀号，仿佛世界末日降临了。她们哭喊着：真主啊，救救我们！真主啊，救救我们吧！"

"马尔西雅"哀歌的歌手和朗诵者接二连三地来到那些有自己私人的哀悼大厅（ashur khana）的宅邸周围，相互竞争，

---

① 阿拉姆旗（Alam）通常是泪珠形或手掌形的，往往做工精巧、十分华美，最好的一些阿拉姆旗可以算是中世纪印度金属工艺品的伟大杰作。编年史家提到过镶嵌珠宝的阿拉姆旗，但大多数存世的阿拉姆旗是用青铜或白银铸造的。已故的马克·泽布洛夫斯基是研究德干高原的艺术史学家当中最擅长表达的。据他说，"［阿拉姆旗］最有意思的一点是，它们对观众投下的神秘与奇迹的魔咒。伊斯兰教憎恶偶像，但这些旗帜是顶礼膜拜的对象。阿拉姆旗上有具有保护众生的意义的手，或者与蛇一般的阿拉伯文字缠绕的群蛇。阿拉姆旗的力量极强……足以让最坚强的人怆然涕下……它们让人想起大斋节期间天主教教堂里盖上紫色布匹的圣像和十字架，只有到了复活节即耶稣复活的那一天才能揭开布匹。阿拉姆旗是痛苦、死亡与重生的象征"。See Mark Zebrowski, *Gold, Silver and Bronze from Mughal India* (London, 2000). ——原书注

使听众流泪，或使他们的虔诚达到歇斯底里的程度，以至于他们会号啕大哭和捶胸顿足。在有些人家里，女人们会组织自己的集会，女歌手坐在灯火通明的深闺庭院的地毯上，唱着虔诚的哀歌；有时贵族女子甚至会演唱自己的作品。[74]

阿里斯图·贾赫和米尔·阿拉姆都想成为海德拉巴最有教养的埃米尔，他们特别热衷于提携和赞助最有才华的海德拉巴年轻诗人，让他们在"马尔西雅"哀歌艺术方面取得杰出的成就。每年，詹姆斯和他的助理都会去这两个竞争对手的哀悼大厅，聆听他们委托诗人创作的作品。正如一位历史学家所说的那样：

> [阿里斯图·贾赫] 非常热衷于这种聚会，他组织了许多这样的聚会，大多在晚上。[在阿里斯图·贾赫的哀悼大厅献艺的诗人声名远扬，以至于] 其他朗诵者和歌手会偷偷来听最流行的吟诵，并熟记于心，然后在自己的聚会上表演。这样的偷师行为不可避免地导致了城内诗人之间的许多争吵和仇隙。由于尼查姆和他的首相对这些朗诵会表现出了极大的热情，贵族们也竞相从德里和勒克瑙等地请来诗人和朗诵者，这成为一种时尚。这些艺术家都忙得不可开交。有一年，阿里斯图·贾赫组织了十七次这样的晚会，尼查姆组织了二十次。即使是地位较低的埃米尔，也分别组织了两三次这样的活动。[75]

最宏伟、最壮观的哀悼大厅是尼查姆阿里·汗使用的古老的巴德沙希哀悼大厅，尼查姆最近对它进行了翻修和扩建。奥朗则布曾将其用作马厩，以此故意羞辱被征服的海德拉巴什叶派。这座美丽的萨非王朝风格的哀悼大厅，即便是在伊斯法罕市中心也不会显得格格不入。这里铺满了印度最精致的瓷砖：大块的图案复杂而引人注目的鹦鹉蓝、金丝雀黄和鹭白，包含了令人眼花缭乱的漩涡图形，形似咆哮的巨龙和火焰般的云朵。[76] 在这里，每年的穆哈兰姆月，尼查姆家族都会给十四面铜或银的阿拉姆旗帜（代表先知、他的女儿法蒂玛、阿里及其后的十二位伊玛目）"穿上"金色的锦缎，锦缎上织有《古兰经》的经文。和基督教一样，伊斯兰教什叶派的核心也是无辜者遭受不公正待遇和苦难的故事。正如神圣遗物，特别是真十字架的碎片，是中世纪基督徒冥想的焦点一样，阿拉姆旗帜对什叶派穆斯林来说也是如此。

巴德沙希哀悼大厅及其前院的墙壁上有许多拱形的凹槽。在穆哈兰姆月的第一个夜晚，最下面的一千排凹槽会摆上点燃的小陶灯，上面的几排在随后几个晚上陆续点亮，直到穆哈兰姆月的第十个夜晚，每面墙都被一万盏灯的光芒照亮，正如一位诗人所说，"阿里的火焰花园"，"被一万颗燃烧着的悲伤的心照亮"。此外，人们在前院中央挖了一个圆形的坑，里面插满了香枝。这样，当一长串吟诵哀歌、高举阿拉姆旗帜的黑衣哀悼者绕着建筑群转圈时，一股巨大的香云会从前院袅袅升起。[77]

尽管穆哈兰姆节充溢着悲哀的气氛，并且它纪念的是一出悲剧，但这个节日还是有狂欢的元素。每天晚上都有烟花表演。房屋张灯结彩，就像印度教的排灯节①一样。在印度，特

---

① 排灯节（Diwali）是每年秋季的印度教节日，为期五天，庆祝光明驱走黑暗、善良战胜邪恶。届时人们在屋顶、室外和窗口点灯。耆那教、锡克教和佛教某些派别也庆祝排灯节。

别是在德干高原，伊斯兰教经常在不知不觉中被周围具有压倒性优势的印度教环境吸收、改造和同化。印度的穆哈兰姆月游行有一个独一无二之处，就是卡尔巴拉的侯赛因陵墓的大型木制模型，它被称为"塔奇亚"（ta'ziya），会由信徒抬着穿过街道。在海德拉巴，有时有多达两百个"塔奇亚"被抬着穿街过巷。我们几乎可以肯定，这种做法是以印度教传统的神庙战车为蓝本的，比如，奥里萨的普里城著名的贾格纳战车①。[78]更具有印度教色彩的一种做法是"在'塔奇亚'上放置少量玉米、大米、面包、水果、鲜花、水杯等"，供奉给侯赛因。这种做法来自印度教的给亡魂供奉面团（pinda）的习俗。[79]

当然，阿卜杜勒·拉蒂夫·舒什塔里在 1801 年 9 月见证的海德拉巴穆哈兰姆节庆祝活动，与他在伊朗纯粹的什叶派环境中长大成人时见证的节日几乎没有任何相似之处。海德拉巴的穆哈兰姆节已经变成了一种印度教-伊斯兰教混合的狂欢，它不怎么像他在家乡熟悉的纯伊斯兰式的穆哈兰姆节，反倒有点像印度教的河流节日（如大壶节）。震惊的舒什塔里在《给世界的馈赠》中写道：

> 我亲眼看到印度的穆斯林如何复制印度教风格的哀悼、斋戒和在哀悼大厅跪拜的习俗，这两群人竞相自残，弄伤自己的胸口，鞭打自己，直到血如泉涌、昏迷不醒……更怪诞的是，社会下层的人乔装打扮，穿着兽皮到处走动，有的扮成骆驼，有的扮成狮子，等等，做着千奇

---

① 现代英语中的 juggernaut 一词就源自贾格纳（Jagannath）战车，不过喷吐黑烟的大卡车怎么能与普里城那种雕工精美的战车相提并论呢？——原书注

百怪的姿态，在十字路口和通道上竖起［他们区的］旗帜，在旗帜下点起熊熊大火。在那里，男人、女人和这些奇怪的幽灵都在拍打胸脯和跳舞，但他们从不给饥饿的人食物，也不给口渴的人喝水！①[80]

古拉姆·侯赛因·汗也描述了这种奇怪的、几乎是万物有灵论的传统，即在穆哈兰姆月穿上动物皮，并补充说：

> ［一些扮作狮子的人］掐住羊的喉咙，咬破羊的颈静脉，使鲜血喷涌而出，使他们的形象更像浑身是血的凶猛狮子。在城市和王后集市②［紧挨着海尔·妮萨的市内宅邸］……有不少于两百只这样的"狮子"。
>
> 在［十日，即侯赛因的］殉难日，他们大多聚集在

---

① 舒什塔里此处的说法并不完全准确。有一项传统就是尼查姆会在穆哈兰姆月第五日向穷人施舍馕和哈尔瓦酥糖，第十日演唱本年度最后的"马尔西雅"哀歌之后也会布施。在这两天，海德拉巴的妇女会搭建摊点，分发牛奶、冰冻果子露和有香味的水，而男人们施舍金钱和衣服。并且，在整个穆哈兰姆月，侯赛因·阿拉姆圣所都会有免费饮食，这要感谢一位顾特卜沙希王朝的王后。她的儿子在穆哈兰姆月庆祝活动期间被发疯的大象带走，于是她发誓，只要儿子能安全回来，她就为全城的穷人提供饮食。两百年后，人们仍然在遵照她的意愿，免费发放饭食。古拉姆·侯赛因·汗甚至说，"一连九天，人们什么都不做，光是从一处饭食点跑向另一处。所有旁观者，无论贫富，无论印度教徒还是穆斯林，都放弃了他们的世俗追求，沉浸于哀悼和免费吃饭"。不过，在舒什塔里眼里，在海德拉巴，人们不像伊朗人那样看重施舍饭食和金钱。——原书注

② 王后集市（Begum Bazaar）是海德拉巴最大的集市，建于顾特卜沙希王朝时期。尼查姆阿里·汗（阿萨夫·贾赫二世）的夫人将集市所在的土地赠给海德拉巴商人群体，所以它被称为王后集市。

老桥[①]下。有人疯疯癫癫地戴着配五彩纸幡的大帽子，有人像信使一样，把铃铛围在腰间。当他们敲着手鼓在城里四处游荡时，他们之间就会发生争吵和打斗，如果不是政府派人管理，这些争吵和打斗就有可能变成严重的骚乱。

这时，有两个埃塞俄比亚人，年纪轻轻，身材魁梧，全身贴满金箔，只戴着头巾，带着另外二十五个全副武装的埃塞俄比亚人和阿拉伯人冲上街头。其他所有的"狮子"都变成了胆小的狐狸，不敢和这两个人对抗。如果有人胆敢反抗，他们就砍掉他的木制尾巴……

穆斯林和印度教徒会一起参加这些庆祝活动。在第十天，也就是真正的殉难日，人们抬着所有的阿拉姆旗帜、"塔奇亚"以及真人大小的带翼神兽布拉克的木雕[②]，沿着侯赛因阿拉姆大街走到穆西河，一路上大象旗帜迎风招展，鼓乐喧天，还有阿拉伯人和受过西式训练的印度兵护卫游行队伍……成千上万的印度教徒和穆斯林，都光头赤脚，拍着胸脯喊着："侯赛因！侯赛因！"特别是印度教徒满怀敬意地参与其中，亲手将花环系在阿拉姆旗帜上……不分贫富贵贱，尽可能多的人从老桥门涌出来。托钵僧在他们两个对立的头领的带领下，排成两支队伍；德

---

① 老桥（Purana Pul）是海德拉巴城内穆西河上的桥梁，始建于 1578 年，将戈尔康达和海德拉巴连接起来。

② 带翼神兽布拉克的艺术形象可以追溯到古代亚述与波斯的飞马和飞牛。布拉克在伊斯兰教中是神圣的，因为先知穆罕默德曾乘坐布拉克"夜行登霄"，即从耶路撒冷的圆顶清真寺飞往七重天又返回。布拉克的形象通常是头戴冠冕的女人，长着鹿蹄，胸部和尾巴像孔雀。在一幅描绘这个时期巴特那的穆哈兰姆月游行的图画（现存于印度事务部）中，成对的巨大的布拉克承载着塔奇亚神龛，布拉克本身则被成群的信徒用长杆扛在肩头。这些信徒在这一天就成了志愿的轿夫。——原书注

尔维希、打扮成跑腿小厮的疯子、"狮子"等，都跑到河边，高呼着对阿里的赞美，在那里过夜。人数有五万之多，更不用说大象了，有的大象还带着香水在人群中喷洒，马匹也数不胜数。能带帐篷的人都带着帐篷，在岸边搭起来。整个海德拉巴没有比这更美妙的景象了！

在古拉姆·侯赛因·汗的描述中，在这种狂热气氛中维持秩序的困难是一个永恒的主题。他强调了在过去的冲突中死了许多人，特别是当城市不同地区的法基尔队伍发生冲突时，冲突通常发生于他们聚集在穆西河的河坛上时，他们会去那里用河水清洗阿拉姆旗帜。这与每十二年一次的大壶节仪式很相似，印度教苦行僧的不同派别会在河边清洗自己的旗帜并为其戴上花环，结果也是同样血腥的。"不幸的是，"古拉姆·侯赛因·汗补充道，"当成千上万的人在河坛的沙地上你拥我挤时，有许多人在推搡和斗殴中受伤……"

在这个充满神秘色彩的狂欢节期间维持一定的秩序，也是詹姆斯·柯克帕特里克在整个1801年的穆哈兰姆月庆祝活动中最执着的想法。

有一天夜间，在两个敌对城区的狂热哀悼者之间发生了一起特别严重的暴力事件，于是尼查姆把詹姆斯传召到王宫，问是否可以用附属部队来恢复秩序，詹姆斯同意了。命令被送到了兵站，但兵站只派来了一小队人马。正如詹姆斯在十天后写给威廉的信中所说："上一个穆哈兰姆月节庆期间，根据尼查姆的申请，我需要派一个强大的营进城，因此希望维格斯上校［附属部队的新指挥官］给我派一个最强的［营］，他却只派来一个只有七百八十名燧发枪兵的营！我还得知，如果明天需要附属部队行动的话，我可以指望的兵力不会超过上述数字。"[81]

詹姆斯做了一些调查。一天后，他的第一个怀疑得到了证实，让他感到无比震惊：兵站里似乎发生了一起重大的欺诈事件。他写信给仍在马德拉斯卧床不起的威廉，报告说："我越是考虑这件事，就越是相信部队里一定产生了严重的舞弊问题，必须尽快予以阻止……"

詹姆斯一度怀疑，附属部队的英国军官把尼查姆给他们用于购置武器、装备、帐篷和马车的经费大部分塞进了自己的腰包。部队里不仅枪和炮不够，而且帐篷奇缺。[82]

随后几天的进一步调查显示，情况比詹姆斯担心的还要糟糕。他的调查表明，"如果我得到的信息是正确的"，附属部队的实际枪支数量不可能超过四千支，而根据条约，应该有七千两百支。换句话说，实际数量只有"［尼查姆］为其买单的一半多一点"。詹姆斯意识到，这使他陷入了一个极度尴尬的境地，因为：

> ［他］必然要将［腐败］公之于众……一定有大量不诚实的贪腐和欺瞒正在发生，因为［根据正式的记录］，附属部队应当是齐装满员的才对。这样看来，在附属部队正在发生多么可怕的滥权行为啊！我们自己的政府和这个

国家［海德拉巴］受了多少欺骗！如果有一天世人发现我曾经知道，或者怀疑到正在发生严重的欺骗行为，却不采取任何措施加以补救，那么我岂不是要成为千古罪人？

我很遗憾地说，维格斯上校的身体和智力似乎都在迅速衰败，而且他似乎有一种相当严重的缺陷。这种缺陷，是所有在我们的军队里通过逐级晋升而达到他的军衔的人或多或少都有的，即对滥权的恶行睁一只眼闭一只眼。他们可能意识到，他们自己在类似的情况下也会做出类似的坏事。我担心，附属部队的组织工作也是非常潦草和凌乱的。

我们差不多可以肯定，詹姆斯的情报来源之一是菲兹的儿子——年轻的威廉·帕尔默上尉，他现在隶属于尼查姆的非正规骑兵部队，因此很容易进入英军的兵站，同时又与正规军有所分别。詹姆斯的线人们告诉他，在阅兵式上，为了夸大花名册上的人数，一些印度兵的儿子也被拉来参加阅兵式。[83]

但是，詹姆斯又一次发现自己陷入了无奈的困境，困在自己的良心和责任感之间，夹在英国人和海德拉巴人之间。他不知道自己是要坚持对军队老同事所剩不多的忠诚，对他们明显的腐败行为"睁一只眼闭一只眼"，还是要履行自己签署的条约中对尼查姆的承诺。詹姆斯意识到，如果他揭露英军的腐败，他会成为不受英国人欢迎、备受他们憎恶的人。但他最终还是给威廉写信说，经过许多犹豫，他看清了自己的职责所在，打算铲除这些弊端。

他在写这封信时不知道的是，他的调查已经被兵站方面注意到了。当威廉·柯克帕特里克写信给兵站司令官，要求提供详细的花名册和可用装备的登记表时，高级军官们的怀疑得到了证实。詹姆斯在信中说，他收到了一封来自海德拉巴某人的令人担忧的信。"他们［现在］知道他们正在被监视。"詹姆斯在 10 月初给威廉写道。[84]他也不知道附属部队的高级军官们已经采取了自卫行动，手段就是把矛头转回他身上。

将近 9 月底的某个时候，有人从海德拉巴寄了一封匿名信给总督，详述了关于海尔·妮萨和她的孩子以及他们搬到常驻代表府的所有事实，而詹姆斯迄今一直设法对加尔各答方面隐瞒这些事实。这封信在月底就送到了韦尔斯利手中，当时他在巴特那。仅仅一个星期后，总督首先向陪同他旅行的约翰·马尔科姆（詹姆斯的前助理）核实了事实，然后给威廉·柯克帕特里克写了一封语气阴森的信，内容如下：

> 私人信函，保密
>
> 1801 年 10 月 7 日，于巴特那
>
> 我亲爱的先生，
>
> 我怀着极大的痛苦和悲伤告诉你，我从各方面得到的情报使我毫不怀疑，你的兄弟，即海德拉巴常驻代表，以罪恶的方式滥用我的信任，在他对巴卡尔·阿里外孙女的行为的问题上欺骗了我，也欺骗了你。他的罪行极其严重。
>
> 起初，我收到的指控是针对常驻代表的，指控他利用自己的职权，迫使这位不幸女子的家人将她嫁给他。这项指控惊动了尼查姆本人……我原认为，从尼查姆殿下的回复以及当时在海德拉巴的一些受人尊敬的绅士的报告来看，你的兄弟已经证明自己是无罪的。但现在看来，很显然，不管柯克帕特里克是否曾经试图通过强迫手段缔结婚姻，他都已经引诱了巴卡尔·阿里的外孙女。他与这个女

人生了一个孩子，而且现在和她同居。

　　此事在海德拉巴的影响极端恶劣，这也在所难免，因为这是对社会规范的严重侵犯，也是对穆斯林最神圣思想的侵犯。我无须向你强调这桩罪行是多么可怕，因为我太了解你的正义感、荣誉感和纯洁的思想了，所以我知道，无论于公于私，你都会明白此事的严重性。因此，我只想补充一下我对本案的决定。

　　虽然我对柯克帕特里克少校受到的大部分指控深信不疑，但我暂不打算采取极端手段，直到这些指控被主管部门按照程序取证核实为止。当我根据正规程序掌握了全部事实之后，我将把常驻代表调离岗位，并给他最充分的机会为自己辩护，使他免受更严厉的惩罚。在我看来，这种做法是最公正、最有利的。如今的指控，一旦得到可信和值得尊重的证据的佐证，就要求我立即将在海德拉巴代表我的人撤职。

信的下文越来越严厉。韦尔斯利表示，他认为詹姆斯犯了严重的欺骗罪，然后说，威廉如果想挽救自己的名誉，就必须与弟弟割席并公开谴责他：

　　现在，我亲爱的先生，我想提醒你注意，柯克帕特里克少校对我和对国家的犯罪，也会对你的人格和荣誉造成影响（我知道你把它们看得比生命更重要）。我知道，你的兄弟对你的欺骗，甚至比他对我和政府的欺骗还要明目张胆，但世人对这一事实一无所知，国内的董事会和政府肯定也不知道，所以除非你采取一些有效的方式向世界表明，你和我同样受到了这件坏事的伤害，否则世人可能会对你有误解。

因此，我最诚恳地向你表示，在对你弟弟的行为的整个调查结束之前，你绝对有必要留在印度，直到你有机会向我提交证据，以保护你的人格的光泽，使其不受玷污。

你将收到有关柯克帕特里克少校所有行动的全部信息。与此同时，我希望你在收到我的进一步通知之前，不要向他提起此事。他杰出的公共服务和他与你的关系，使我迟迟不愿相信对他的指控，直到事实变得如此明了，让我没有理由再犹豫不决。因此，我必须着手执行我的公共职责中最令我痛苦的部分。但我将冷静和慎重地履行自己的职责。

亲爱的先生，请相信我，我永远是你忠实的朋友和仆人。

此致

敬礼

韦尔斯利[85]

当威廉收到这封信时，总督的命令已经传到了海德拉巴，让鲍泽中校和奥尔少校直奔马德拉斯，向克莱武勋爵报告一件极为机密和重要的事情。詹姆斯不知道，他对附属部队的调查，使他自己的生命和在印度的事业受到了最严重的威胁。

当他在 11 月底意识到事情不对劲的时候，针对他的调查工作已经开始了。

第七章

1801 年 12 月底，德干高原一年中最美的时节，阳光柔和，夜晚清凉，影子长长。威廉和菲兹·帕尔默终于收拾好家当，最后一次离开浦那的常驻代表府，沿着戈尔康达古道向海德拉巴进发。

他们的车队缓缓驶过当时林木葱茏的西高止山麓，进入平原上开阔的农田。肥沃、灌溉充足的黑土地上，牛犁着平坦的田地，田边是棕榈林和芒果园。帕尔默夫妇行程顺利，于 1802 年 1 月 4 日到达尘土飞扬的棉花种植重镇图尔贾普尔，它就在马拉塔国度与尼查姆领地的边境上。詹姆斯在那里迎接他们，但海尔·妮萨留在了海德拉巴常驻代表府新落成的女眷居住区。这是有原因的：詹姆斯还没有告诉任何人，海尔已经怀上他们的第二个孩子五个月了。[1]

帕尔默夫妇在浦那生活了四年。位于穆塔河和穆拉河交汇处的雅致的英国驻浦那常驻代表府（对面的河坛时常发生寡妇自焚殉夫的事情）里摆满了他们在勒克瑙、德里、阿格拉和浦那一起生活期间积累的珍宝。不过，即使按照当时的标准，帕尔默一家旅行时携带的行李也是非常庞杂的。詹姆斯对马拉塔-海德拉巴边境出现的牛车、运输用牛、大象、搬运行李的骆驼、马夫、印度兵、轿夫和菲兹的"一打女人"（大概是她的女仆）的数量感到惊愕。[2]

帕尔默夫妇原打算只在海德拉巴休息一周左右，然后沿着新竣工的沿东海岸而建的军用公路，从陆路继续前往加尔各答。但是，两家人相处得非常融洽，男女老少都相见恨晚，所以詹姆斯试图说服客人留下来。他说，他们不必在东高止山上缓慢地跋涉；如果等到春天，他们就可以从默苏利珀德姆搭上一艘快船，快速地到达加尔各答，而且省力得多。将军欣然同意。他和菲兹直到 4 月才再次上路，随之而来的是炎热的夏季。[3]

菲兹和海尔·妮萨尽管年龄相差十五岁，但在三个月的朝夕相伴中，建立了亲密的友谊。她们每天都在对方的陪伴下度过，也与莎拉芙·妮萨相伴，与海尔的儿子萨希布·阿拉姆一起玩耍。这个小男孩一岁了，按照詹姆斯的说法，"开始牙牙学语，十分可爱"。[4]菲兹向海尔·妮萨介绍她二十二岁的儿子威廉，詹姆斯为他在尼查姆的非正规骑兵部队找到了一份工作。海尔则把菲兹介绍给首相和尼查姆的女眷们。与帕尔默夫妇一同前来的还有菲兹的养女范妮·哈努姆，她很可能是帕尔默将军与一个小妾生的。按照当时东西方都有的习俗，菲兹收养了这个姑娘。[①]

在访问期间，范妮应该是十岁左右，她和尼查姆九岁的儿子苏莱曼·贾赫王子玩得很开心。[②] 在帕尔默夫妇前往加尔各答之后，詹姆斯写信给威廉·帕尔默："请不要忘记向菲兹和

---

① 范妮后来被送到英国读书，所以我们几乎可以肯定她有英国血统，所以她很可能是威廉·帕尔默的女儿。詹姆斯称她为"你的亲爱的小范妮"，这似乎也能佐证这一点。OIOC, Kirkpatrick Papers, F228/58, p.73, 10 December 1802, James Kirkpatrick to William Palmer.——原书注

② "米尔·贾汉吉尔·阿里·汗，莱斯-穆尔克，苏莱曼·贾赫"生于1793年，卒于1862年。他是尼查姆的第七个儿子，下面还有一个弟弟（尼查姆阿里·汗还有十二个女儿）。——原书注

她的养女表达我最美好的思念。小苏莱曼·贾赫王子[5]对她很着迷，他恳求我家的女眷为他美言。她们都一同向菲兹送上美好的祝愿……"[6]后来，詹姆斯谈到范妮时，说她"是小苏莱曼·贾赫王子想要娶的新娘。顺便说一句，她给王子留下的印象比我们想象的更深，因为他一直在询问她的情况"。[7]4月底，范妮大病初愈后，詹姆斯向帕尔默将军承诺，海尔会把范妮康复的消息转告阿里斯图·贾赫的女眷，并向将军保证，"当我的家人偶尔到首相家拜访时，提到她［范妮］的迅速康复，会让她年轻的王子恋人兴高采烈"。[8]

海德拉巴宫廷艺术家文卡特查拉姆为年轻的苏莱曼·贾赫和他的弟弟凯万·贾赫创作的一幅细密画，至今仍由詹姆斯和海尔的后人收藏。图中可见两个男孩，大约七岁和八岁，坐在侯赛因湖之滨大理石露台上精美绝伦、珠光宝气的椅子上，由赤脚的仆人为他们扇风。苏莱曼·贾赫穿着一套儿童的玩具盔甲。阿里斯图·贾赫的独生子于1795年去世后，尼查姆阿里·汗把自己最小的儿子凯万·贾赫过继给了阿里斯图·贾赫。① 图中的凯万·贾赫穿着橙色的睡衣，身上挂着珍珠，拿着一个头巾珠宝。据推测，苏莱曼·贾赫经常被带到首相的女眷居住区与弟弟凯万玩耍，毫无疑问，范妮和菲兹就是在那里第一次见到了这位小王子。②

海尔和菲兹之间的友谊确实非常深厚。她们有许多共同

---

① 在印度的各个土著邦国，过继和领养是很常见的做法，没有继承人的统治者经常会领养一个孩子。但统治者把自己的儿子过继给非王室成员的情况就很罕见了，足以证明尼查姆对他最资深、最亲近的谋臣阿里斯图·贾赫是多么信任和宠爱。——原书注

② 柯克帕特里克的后人还拥有文卡特查拉姆的另一幅作品，显示小王子苏莱曼带着一群随从出行，可能是去打猎。——原书注

点：两人都是波斯人的后裔，第一语言是波斯语；两人都是印度的第二代移民，父亲都在印度什叶派朝廷的军队中担任高级职务，母亲都是印度人。此外，两人面临着同样的挑战，她们都和来自截然不同的世界的英国人相爱，并最终结婚。菲兹或许充当了海尔·妮萨的年长而睿智的顾问，她显然是喜欢海尔的，就像海尔喜欢她一样。从帕尔默夫妇离开海德拉巴的那天起，书信和包裹就在这两个女人之间传递。她们都通晓文墨、喜欢写信。[9]虽然她们的书信未能存世，或者说海尔·妮萨的书信显然被故意销毁了，[10]但从她们丈夫写的信（大部分保存至今）中可以看出她们的书信的一些内容。

菲兹和帕尔默将军动身前往海岸两天后，詹姆斯在信中写道："我的小男孩的母亲和外祖母带着深情和挚爱，感谢夫人［菲兹］印在她们的婴儿身上的吻，我也对她表示最诚挚的思念。"[11]第二天早上，海尔·妮萨在詹姆斯和她母亲莎拉芙·妮萨的照料下，大概也在尤尔医生的帮助下，生下了一个女婴。詹姆斯把确切的日期和时间记录在一张小纸片上，然后把这张纸片放在十三个月前记录萨希布·阿拉姆出生的纸片旁边。

公元 1802 年

4 月 9 日（星期五）

相当于

伊斯兰历一二一六年

都尔黑哲月①五日

---

① 都尔黑哲月意为"朝圣月"，是伊斯兰历的第十二个月，是第四个圣月，也是向麦加朝圣的月份。都尔黑哲月十日是古尔邦节。

上午 8 点至 9 点之间，

在我位于（海德拉巴）常驻代表府的

住所，

我的女儿

出生了，

她的母亲和外祖母给她取名为

努尔·妮萨·

萨希布·贝古姆[12]

　　努尔·妮萨的意思是"女子之光"；萨希布·贝古姆的意思是"高贵的女士"，指的是孩子的教母菲兹。① 不久之后，詹姆斯在给帕尔默将军的信的结尾写道："我家的女人们都和我一起，向菲兹致以良好的祝愿，包括与她同名的小萨希布·贝古姆，她每天都在茁壮成长。"[13] 几天后，詹姆斯告诉威廉·帕尔默："我在这里的家人，无论大小，一切都好，都向菲兹致以最亲切的问候。海尔为她做了一套手镯，我打算给我的小养女［范妮·哈努姆］做一套较小的手镯，然后给你一起寄过去。"

　　到了 4 月底，海尔还为她的朋友做了更多的手镯。詹姆斯写信给威廉·帕尔默："我发现，为菲兹和你的小宝贝做的手镯不可以通过驿站②寄送，所以我将把它们委托给［约翰·］马尔科姆负责，并请你向夫人转达我最美好的问候，并告诉

---

① 萨希布·贝古姆（Sahib Begum）是莫卧儿皇帝沙·阿拉姆二世赐给菲兹的头衔。——原书注
② 原文为 dawke，通常的拼法是 dak，是印度的驿站系统，英国人从莫卧儿人那里接管了这个系统。它由一大群信使和马匹的网络构成。——原书注

她，如果有需要的话，我随时愿意为她提供更多的手镯。① 有四套给她，两套给范妮·哈努姆。"[14]

海尔·妮萨与菲兹的关系非常牢固，也比她与詹姆斯的婚姻更长久。多年后，当海尔奄奄一息时，菲兹就在她床边，握着她的手。据詹姆斯的助手亨利·罗素说，海尔死后六周，菲兹仍然"伤心欲绝……她说，她失去了她唯一真正的朋友；根据我对她的性格和习惯的了解，我估计此言不虚……"[15]

詹姆斯和帕尔默将军的关系也和两人希望和预料的一样融洽，甚至更好。他们一起拜访海德拉巴宫廷，一起放鹰打猎，并在长夜里谈论他们对韦尔斯利领导下公司的发展方向感到的绝望。当将军最终离开海德拉巴时，詹姆斯给他写了一封深情的信，说自将军离开后，他就陷入了"阴郁和空虚"，而他们的友谊给他带来了"感激和欣喜"。[16]

詹姆斯还给帕尔默写了一封信，公开承认两人都已经高度印度化了。在帕尔默离开后不久，詹姆斯写信建议他："关于你最终打算去英国的问题……我说不准，对你抱有善意的人，也就是那些希望你长寿和幸福的人，会不会对这样的决定感到高兴，因为你在印度闷热的气候中已经生活了大半辈子。"[17]在

---

① 约翰·马尔科姆曾是詹姆斯的助理，后来被册封为爵士，不过在这个时期他通常被称为"男孩"马尔科姆。此时他担任英印总督的私人秘书，在前往孟买的途中经过海德拉巴。我们不知道他接到运送莫卧儿女人的首饰的命令之后是怎么想的。不过他完成此次任务之后仍然与菲兹很友好。多年后的 1818 年，他访问海德拉巴时记载道："我拜访了已故帕尔默将军那位著名的夫人，菲兹夫人，得到了东方式的盛大欢迎。"See J. W. Kaye, *The Life and Correspondence of Sir John Malcolm GCB* (2 vols, London, 1856), Vol. 2, p. 163. ——原书注

这个阶段，他没有暗示他对将军的担心到底是什么。但在后来的一封信中，他详谈了这一点。"我很高兴听到你亲爱的小范妮·哈努姆将被送往英国，"他在年底写道，"但我不完全同意你陪她一起去的打算。我不知道，我是否应该建议你在印度找一个安逸的闲差，留在这里，毕竟你已经在这个国家度过了你生命的大部分时光。我亲爱的朋友，你很久之前还在怀疑自己能不能忍受英国夏天的严酷，那么你怎么会想去忍受英国的冬天呢?"[18]

看来，詹姆斯坚信不疑，帕尔默将军已经不再真正属于英国了，现在印度才是他真正的家。詹姆斯认为，如果帕尔默回到西方，只会遇到麻烦和严重的健康问题。这与19世纪末的英国老爷们一边梦见唐桥井①的蒙蒙细雨，一边抱怨印度该死的糟糕气候的态度截然不同。在詹姆斯看来，帕尔默有理由畏惧英国隆冬的寒风。印度使詹姆斯和他年迈的将军朋友都发生了变化。孩子们回欧洲接受良好的教育是一回事，他或帕尔默在英国退休是另一回事。[19]可能詹姆斯也想保护这位古怪的老将军，不让他这样的白莫卧儿人在人头攒动的皮卡迪利大街受到指指点点。

詹姆斯写给帕尔默的信显示了他对朋友的挚爱、尊重和关心，而这些感情显然也得到了将军的投桃报李。帕尔默夫妇是在詹姆斯压力特别大、心情特别烦躁的时候来海德拉巴暂住的，他们的到访在他最低谷的时候让他平静下来、振作起来。1801年10月底，威廉·柯克帕特里克用密文给詹姆斯发来一

---

① 唐桥井是英格兰肯特郡西部的一座大型城镇，在伦敦市中心东南方约40英里处。

封语气焦急的短信，詹姆斯才第一次知道，自己又一次受到了加尔各答方面的怀疑和敌视。威廉曾向韦尔斯利保证，他不会把即将在马德拉斯开展的秘密调查告诉詹姆斯，但他的短信旨在提醒弟弟出大事了，但没有明确提到克莱武的调查。信中没有威廉惯常的闲言碎语，而是直奔主题。信中写道：

> 我亲爱的詹姆斯，
>
> 我前不久向你提出关于你与某位女性的交际情况的问题时，你回答说，我在这个问题上大可以放心。这虽然不是一个明确的回答，但我把它理解为我希望的那样。
>
> 我相信，我这次并没有自欺欺人。不过，如果能明确地知道那个女人现在和过去任何时候都没有和你住在一起，我会感到非常欣慰。
>
> 我对这个问题的关心并非空穴来风。你有许多敌人。他们是谁，只有天知道；但他们在哪里，不难猜到［即在附属部队的兵站］。我必须亲自叮嘱你，不管在书面还是在谈话中，不管在什么问题上，你在当下都要特别保持警惕、缄默和克制，以及沉着冷静。当我建议你保持缄默的时候，我特别是指要提防你身边的那些人。①

---

① 詹姆斯开始怀疑，他的两名幕僚——托马斯·西德纳姆和威廉·亨明上尉（詹姆斯的卫队指挥官）并不像他们嘴上说的那样忠诚。事实证明，詹姆斯的怀疑是有道理的。他的哥哥威廉在这封信里说的"你身边的那些人"似乎就是指西德纳姆和亨明。1801 年 12 月 17 日，詹姆斯用密文写信给威廉："连续发生的一系列事情，让我不得不怀疑西德纳姆对我表达的忠心是否真诚。不管怎么说，这个年轻人很有能力，很独立，并且野心勃勃……我的好朋友布伦顿很久以前就提醒我要提防他，我真希望我当初认真听了布伦顿的善意提醒……" OIOC, Kirkpatrick Papers, F228/13, p. 292. ——原书注

也许，对于我上面所说的那些敌人，我们应当称之为无聊的八卦之徒。但无论他们是敌人还是无聊之辈，你都必须保持谨慎和缄默。[20]

一天后，詹姆斯又收到加尔各答一位匿名朋友的更明确的警告：他与海尔·妮萨的关系再次受到详细调查，这已经是第三次了。但这一次，詹姆斯不被允许在调查中发挥任何作用：上峰已发出指示，要对他保密。

这当然让詹姆斯大为惊慌，但也使他十分恼火。他相信韦尔斯利是在利用这件事作为解除他职务的借口，就像之前解除帕尔默的职务一样，"因为我在最近的一个事件中，没有像他[韦尔斯利]认为自己有权期望的那样，顺从他的不负责任的政治观点"。到了 12 月初，詹姆斯又在考虑辞职，用密文给威廉写道："我私下里告诉你，我对韦尔斯利勋爵从头到尾对我的行为非常厌恶，所以我很想辞职算了。如果不是因为这会使一些阴险恶毒的人得逞，而且可能会让人说我这么做是因为害怕经受调查，我早就辞职了。"[21]最后，如他告诉威廉的那样，他决定"以坚信自己除了些许不谨慎之外没有任何罪过的人的坚定和淡然的态度，等待敌人的攻击"。[22]

詹姆斯对约翰·马尔科姆在最近这次干预他婚姻的事件中扮演的角色感到特别恼火。两人在海德拉巴时相处得很好，五年前，詹姆斯曾要求调马尔科姆来海德拉巴担任常驻代表助理，从而帮助他的仕途快速起飞。这个年轻的苏格兰人才华横溢、雄心勃勃，自从 1799 年离开詹姆斯身边后，表现非常出色。一年前，他升任韦尔斯利的私人秘书。很快，人们就发现，如果调查对詹姆斯不利，马尔科姆就是取代詹姆斯、担任海德拉巴常驻代表的头号人选。随着这样的谣言开始传播，马尔科姆给威廉·柯克帕特里克写了一系列的信，解释了他在这种"微妙和令人痛苦"的局面中的尴尬，因为局势迫使他在自己的利益和对老朋友的忠诚之间做出选择。马尔科姆坚持表示，他从来不希望大家认为他在利用詹姆斯的窘境，并向威廉保证，升任海德拉巴常驻代表的事情，"无论我的希望有多大，在这种情况下，这样的前景对我都没有任何吸引力……因为在这种情况下，我的晋升可能建立在一位朋友［詹姆斯］的身败名裂和另一位朋友［威廉］的痛苦与不幸的基础之上，而我对前者欠下了千千万万的恩情，后者则是我的头号恩人"。[23]

不过，在詹姆斯看来，马尔科姆继续佯装完全不知道发生了什么事，没有给他任何暗示或警报。这使詹姆斯对马尔科姆的友谊和意图越来越怀疑。"我刚刚收到马尔科姆的［一封信］，"他在 1801 年底写信给威廉，"他肯定知道我即将面临什么样的事情，说他不知道就让人难以置信了。他对待我的态度很奇怪。"[24]

除了詹姆斯的忧虑和日益增长的孤立感之外，他与附属部队的关系也跌到了谷底。在兵站里，詹姆斯被视为敌人：一个喜欢伊斯兰教的叛徒，穿着"可笑的土著服装"，而且胆敢质疑他的同袍的诚实和正直。附属部队指挥官维格斯上校在 10 月底写信给詹姆斯，就他的调查提出质疑："听说你收到了关于附属部队效率低下的报告，我认为我有责任对部队进行独立的检查，这样对指挥部队的军官们也更公平。现在我满意地向你保证，部队已经达到了最高的期望，不仅在有效兵员的数量上……而且在着装的统一性和纪律的严格性上也令人满意。"[25]

维格斯适时地邀请詹姆斯视察部队，詹姆斯立即接受了这一提议；但这次视察搞得一团糟。詹姆斯没有像往常一样得到十七响礼炮的欢迎，没有仪仗队来迎接他，也没有升起英国国旗。[26]更糟糕的是，他来视察的部队的军官们对他不屑一顾。回到常驻代表府后，他写了一份正式的申诉，并抄送加尔各答。他还提笔向威廉讲述了发生的事情：

> ［维格斯的］贪婪是最极端、最肮脏的那一种，他对金钱的狂热无人能及。最近，我要求他每月给我发一份财务报告，从而为他的巨大的、不正当的集市收益①设定一些界限。我毫不怀疑，正是我对他贪欲的抑制，激起了他最近对我表现出的敌意。虽然这一切已经够糟了，但与他做的其他事情相比就不值一提了：他毫无保留地向所有愿意听他说话的人透露我最近［写给他的私密］书信的主题，他吹嘘自己对我的信给出了多么强硬的答复，还谈论了与我们的局势相关的许多问题……上校肯定对我撒了弥天大谎。[27]

到了第二年春天，情况并没有好转。在帕尔默夫妇离开海德拉巴不久之后，又发生了一件不愉快的事情。詹姆斯报告说，附属部队的一些军官夸口说，他们将"拒绝参加某次［团部］舞会，如果我也得到邀请的话"。此外，詹姆斯的信中继续频繁地提到他在兵站中的敌人，他们"一直在忙着诽

---

① 换句话说，维格斯在集市上低价购买物资，然后向尼查姆申请报销时开出更高的价码，从而大大增加了尼查姆的开支，也增加了维格斯的个人收益。——原书注

谤我、歪曲我的言论"。他也意识到，"若不是因为世人皆知我已经蒙羞并且即将被撤职，我想他们不敢像［他们现在］那样放肆"。[28]

詹姆斯与帕尔默将军在浦那的继任者巴里·克洛斯上校的关系也出了问题。克洛斯上校是阿瑟·韦尔斯利的盎格鲁-爱尔兰朋友，他在对待印度人，特别是印度王公的态度上，非常赞同韦尔斯利的路线。当克洛斯在没有任何官方指示或文书的情况下来到浦那接替他时，帕尔默感到非常惊讶，因为克洛斯这么做，打破了所有最基本的外交礼节。"如果佩什瓦有一丝骨气，就不会接见他［克洛斯］，"12 月，就在前往海德拉巴之前，帕尔默将军给詹姆斯写了一封信，"尽管他（佩什瓦）可能是感情麻木的人，但他一定会感觉到，公司任命一名大使到他的宫廷，这名大使却没有介绍信，这意味着对佩什瓦朝廷的蔑视。"[29]

但是，克洛斯蔑视的不仅仅是佩什瓦。到了 1802 年春天，由于詹姆斯的前途仍然不明朗，克洛斯发送报告到加尔各答时开始将信密封，而不是敞开。这些报告都要途经海德拉巴，密封之后詹姆斯就无法阅读报告的内容。这与现有的制度和惯例相比是一个重大变化，因为现有的制度和惯例允许海德拉巴常驻代表阅读途经他那里的文书，从而了解边境另一边马拉塔国度的情况。

克洛斯的行为显然表明，他认为詹姆斯在某种程度上是不可靠的，或者是不可信的，或者干脆就是一个风险因素。1799年，在蒂普苏丹位于塞林伽巴丹的王宫文书官衙中发现了数百封詹姆斯的常驻代表府的书信之后，克洛斯有充分的理由怀疑海德拉巴的保密工作并不理想。[30]但造成这些泄密的"内鬼"，常驻代表府的"情报人员"拉克西米·纳拉扬，早在三年前就被揭发并解雇了。这显然意味着，克洛斯对詹姆斯本人的可靠性产生了怀疑。毕竟，克洛斯已经知道了米尔·阿拉姆告诉阿瑟·韦尔斯利的詹姆斯与阿里斯图·贾赫的所谓交易（或通融）；克洛斯也知道海尔·妮萨的情况，可能会觉得她是不可信赖的人，詹姆斯的枕边话可能会很容易地传到海德拉巴的其他深闺。无论克洛斯的保留意见是什么，这些保留意见没有公开表达出来。即使詹姆斯正式写信给克洛斯提出抗议，他的抗议也没有任何效果。浦那的邮件抵达海德拉巴时，仍然牢牢地贴着封条。[31]

最后，是威廉·柯克帕特里克把詹姆斯从这个进退维谷的长期窘境中拯救出来，并挽救了他的事业，就像九年前威廉帮助詹姆斯的事业起飞一样。尽管根据正式的说法，威廉只是去好望角疗养，但他现在很清楚，他的病情太重了，不是在矿泉浴场待几个星期就能治愈的。他内心深处知道，他的职业生涯已经结束了，如果继续留在印度，他很可能会死。因此，他决定尽其所能挽救同父异母弟弟的事业，即使这意味着要牺牲自己在韦尔斯利那里的地位。

从约翰·马尔科姆的信里，威廉知道詹姆斯已经洗脱了强奸海尔·妮萨的罪名，也洗脱了使用武力或威胁逼迫她的家人交出她的罪名：克莱武调查组已经认定，尽管这很不寻常，但似乎是海尔·妮萨家的女人主动引诱常驻代表，而不是反过来。

只有一项严重的政治指控仍未解决：欺瞒上级。总督很愿意原谅詹姆斯在与海尔·妮萨上床时的道德失误，甚至愿意忽略他的判断失误。在韦尔斯利眼中，詹姆斯通过这门婚姻，让自己陷入了一个容易被海德拉巴宫廷操纵的境地。马尔科姆曾写信给威廉说，韦尔斯利认为，"考虑到他［詹姆斯］的地位，他在土著宫廷与这种身份的女人搞风流韵事，是非常严重的罪过"。[32]不过，虽然詹姆斯可能是有罪的，但马尔科姆也暗示，他的罪行并非不可饶恕的，当然也不足以让詹姆斯丢官。但韦尔斯利不能忍受的是（这也算合情合理），他属下的高级官员故意对他隐瞒关键的政治信息。在克莱武调查结束时，指控仍然是詹姆斯明知故犯地对上级隐瞒了关于他恋情的重要细节，而他在这个问题上的报告和提交的文件故意误导了上级。

这些指控其实是无法辩解的。关于他与海尔·妮萨的纠葛程度，詹姆斯确实对几乎所有人，包括兄长，都赤裸裸地撒了谎。但威廉还是拿自己花了二十年时间建立起来的声誉冒险，写信给约翰·马尔科姆，说詹姆斯不愿在公开报告中解释这种微妙的事情是合情合理的；不过詹姆斯在私人书信中向威廉做了全面的忏悔，希望威廉能谨慎地把真相传递给总督。但威廉迟迟没有这样做，因为"我不认为自己有权利，也不认为有必要背叛［詹姆斯］在这个场合对我的信任"。[33]换句话说，是威廉的错误，而不是詹姆斯的错误，造成了误会。

严格说来，这种说法并不属实，但它为詹姆斯提供了完美的掩护，将未能披露全部真相的责任彻底推给了他的哥哥。正如约翰·马尔科姆最终写给威廉的信中所说："由于你的来信，［韦尔斯利勋爵最终］宣布你弟弟无罪，撤销针对他的不正当隐瞒真相的指控，［因此］决定让他继续担任他的职务，他在那个位置上劳苦功高。"[34]这里颇有些出人意料的赞扬，部分是指詹姆斯刚刚说服尼查姆与公司签署了第三份条约，这次与商贸有关。① 这又一次表明，詹姆斯在尼查姆那里的影响力非同寻常，所以他对公司仍然是有价值的。

在经历了五个月的彷徨和三次调查之后，詹姆斯又一次得到了原谅。他的恋情一次又一次差点毁了他的事业和名誉。但这只是短暂的喘息。韦尔斯利刚决定原谅詹姆斯，就有一封匿名信送到了加尔各答。这次是一封支持詹姆斯的信，但这封信的破坏力比任何批评信都要大得多。

这封信不仅用总督认为"非常凶暴、咄咄逼人和无礼"以及具有诽谤性的措辞攻击韦尔斯利，而且写信人对案件的内情了如指掌，说明写信人是柯克帕特里克的一位密友或同事。此外，信上的邮戳显示，这封信是在常驻代表府投递的，因此，肯定是极少数能够进入常驻代表府邮件收发室的人写的。韦尔斯利把这封信转发给詹姆斯，并附上自己的指示，要求詹姆斯立即追查并揭发那封信的作者"菲洛西提斯"。按照韦尔斯利的说法，这封辱骂信的作者"违反了关于尊重和服从的律法，以专横霸道的方式侮辱了印度的最高权威"。[35]

这又是一桩丑闻，而且正是在詹姆斯最不希望的时候爆发的。更糟糕的是，詹姆斯一打开包裹就一定会发现，那封信的作者不是别人，正是他最亲密的挚友和同盟者帕尔默将军和菲兹的儿子。

"菲洛西提斯"显然就是尼查姆非正规骑兵部队的军官，年轻的威廉·帕尔默上尉。[36]

---

① 1802 年 4 月的《商贸条约》规定，东印度公司领地与尼查姆领地之间一切商品均可自由通行，废除全部地方关税，对于进入双方领土的全部商品均只征收 5% 的一次性税费。——原书注

威廉·帕尔默于 1780 年出生在勒克瑙，也就是菲兹与将军开始同居的一年之后。

　　在佐法尼那幅著名的家庭画像中，五岁的威廉身穿白色的奥德长袍。他的早年是在勒克瑙的大都市环境里度过的，当时勒克瑙正处于它的黄金时代，是北印度宫廷文化的中心。后来威廉被送到英国读书，毕业于伍利奇①的皇家军事学院，该学院的建筑是范布勒②设计的。③ 1798 年，十八岁的威廉回到印度，短暂地居住在同父异母哥哥约翰·帕尔默家中，约翰当时

---

① 伍利奇是英国伦敦东南部格林尼治区的一个郊区，位于泰晤士河右岸。

② 约翰·范布勒爵士（1664～1726）是英国建筑师和戏剧家，是布伦海姆宫和霍华德城堡的设计者。

③ 我们不知道威廉在伍利奇之前在哪里读书，但他的表亲，即他的姨母努尔（菲兹的妹妹）的混血孩子们不久之后抵达伦敦，就读于两家小型私立学校：女孩们就读于汉默史密斯的伊莉莎·巴克小姐的学校，男孩们就读于克拉克先生的学校。所以威廉很可能也是在克拉克先生学校读书的，而努尔是听了姐姐菲兹的建议才把自己的儿子查尔斯送到了这家学校。此时，帕尔默将军的母亲、他的第一任妻子萨拉以及他与萨拉所生的两个女儿都生活在格林尼治，断断续续地从将军那里收到生活费。伍利奇距离格林尼治很近，所以她们很可能在小威廉在伦敦期间照料过他，就像"英俊上校"接纳了所有来自印度的孙辈（不管他们是婚生的还是非婚生的，是英国血统还是英印混血）一样。如果真是这样，不知道帕尔默将军的第一任妻子萨拉（克里奥尔人）会如何对待他的第二任妻子菲兹（印度人）的儿子。伍利奇的皇家军事学院于 1721 年在伍利奇皇家兵工厂内创办。范布勒的著名穹顶一度被认为是英式建筑的典范，但近期有人证明它们受到了苏拉特的（为印度化的东印度公司职员建造的）穆斯林陵墓的莫卧儿风格穹顶的影响。

（转下页注）

是一位成功的加尔各答银行家。威廉的英语和波斯语同等流利，他在英国贵族和莫卧儿贵族的圈子里同样如鱼得水。[37]

到了 19 世纪初，许多英印混血儿开始发现，他们的混杂血统是一个重大的障碍。例如，威廉·帕尔默的同时代人、斯金纳骑兵团的詹姆斯·斯金纳上校①认为，他的混血"就像一把双刃剑，从两面都能伤害他"。[38]但与斯金纳不同的是（也与大多数英印混血儿不同），威廉出生于英国和莫卧儿社会的上层，他的父亲想方设法为他提供各种资源，使他可以利用自己种族身份的两面性。所以威廉发现自己的混血是一种恩惠和祝福，而不是像其他许多混血儿那样，发现自己的血统是难以克服的障碍。威廉在结束英式教育后乘船前往印度时，帕尔默将军自豪地写信给他的老友沃伦·黑斯廷斯，夸耀他的孩子们的成就，以及他们现在都得到了很好的安排。[39]

（接上页注③）范布勒年轻时曾在苏拉特工作两年之久，在闲暇时给当地的陵墓和宫殿建筑画素描。关于克拉克先生的学校，见 the box ' London Receipts' in the de Boigne archive, Chambéry。关于萨拉在格林尼治，以及威廉试图让戴维·安德森给她寄钱的事情，见 Anderson Papers, BL Add Mss 45,427, p. 203, March 1792, Gualiar。关于伍利奇的皇家军事学院和皇家兵工厂，见 Ben Weinreb and Christopher Hibbert (eds), *The London Encyclopaedia* (London, 1983)。关于范布勒在苏拉特，见 Christopher Ridgeway and Robert Williams (eds), *Sir John Vanbrugh and Landscape Architecture in Baroque England* (London, 1999)。——原书注

① 詹姆斯·斯金纳上校（1778~1841）是一位英印混血军事冒险家，他最有名的事迹为英国组建了两个骑兵团，它们至今仍然是印度军队的一部分。他的父亲是东印度公司的英国军官，母亲是一位拉杰普特公主。因为是混血儿，他不能为东印度公司服务，于是加入马拉塔军队，得到伯努瓦·德·布瓦涅、皮埃尔·屈耶-佩龙等欧洲军官的提携。第二次英国-马拉塔战争（1803~1805）爆发后，斯金纳离开了马拉塔军队，加入东印度公司的孟加拉军团。斯金纳熟悉印度土著邦国，历任英印总督都高度重视他的意见。他还精通波斯语，用波斯语写过几本书，包括若干土著统治家族的历史。

詹姆斯·柯克帕特里克为年轻的威廉·帕尔默安排的第一个职位在尼查姆军队的芬格拉斯旅。[①] 威廉加入该旅时，正好赶上了 1799 年 5 月强攻塞林伽巴丹的行动。随后他从部队基层迅速晋升，没过多久就当上了营长，并负责在海德拉巴的好几个地区征税。[40] 当他的父母于 1802 年 1 月到达海德拉巴时，他的情况就是这样。

不过，从军并不是威廉一生的志业。他在尼查姆部队期间，曾在贝拉尔这个满目疮痍但土地肥沃、发展前景很好的地区服役，该地区因为莫卧儿人和马拉塔人之间近一个世纪断断续续的战争而伤痕累累。但是，贝拉尔灌溉充足的土壤显然有很大的潜力。当威廉骑着马四处收税时，也许是受到了同父异母哥哥约翰的创业的启发，梦想着以某种方式重新开发贝拉尔地区，将其开放，并种植棉花、靛蓝和鸦片。他意识到，这个想法很有可行性，因为如果沃尔塔河和哥达瓦里河能通航，收获的作物可以很容易地运到海岸。

威廉在访问海德拉巴时，会听到詹姆斯谈论其他一些计划，这些计划是试探性地提出的，目的是开发尼查姆领地的大量未开发的资源。其中一个计划似乎给威廉留下了深刻的印象：一个名叫埃比尼泽·罗巴克的私营商人提出，可以砍伐哥达瓦里河上游偏远地区人迹罕至、疟疾蔓延的丛林里的柚木及

---

① 迈克尔·芬格拉斯（见第三章）是个无能的爱尔兰佣军人，阿里斯图·贾赫把他从浦那带回海德拉巴，让他在那里组建一个欧洲步兵旅，和雷蒙的部队抗衡。芬格拉斯旅由一群来自欧洲和美国的流氓兵痞、游手好闲之徒以及数量不少的英印混血儿组成。据詹姆斯说，芬格拉斯本人"几乎毫无才干，也没有受过教育"，但阿里斯图·贾赫喜欢芬格拉斯，赐给他一个不恰当的头衔："猎鹰"（Nawab Khoon Khar Jung）。芬格拉斯卒于 1800 年 7 月 7 日。——原书注

其他木材。这个计划从未实现，但在威廉在场的时候，也就是1802年3月威廉的父母来访期间，它在常驻代表府引发了大量讨论和通信。[41]

当然，这个想法一定引发了威廉的思考，因为他后来筹集了相当多的资金（其中一部分是从他在加尔各答的同父异母兄长约翰那里筹集的，当时约翰作为"商人帝王"的声誉达到了顶峰），用于大规模的伐木和造船计划，以开发尼查姆广袤国度的荒野和丛林中丰富的矿物、木材与农业资源。

此外，在某个时候，威廉似乎意识到，他与其他商人相比有一个很大的优势，他可以利用这个优势收到极好的成效。由于他出生在印度，母亲是印度人，所以他被东印度公司的官僚机构归类为"东印度人"，而不是英国公民。因此，他有权在尼查姆的领地内从事银行业务，而根据詹姆斯签署的各种条约，英国公民被严格禁止这么做。威廉还可以自由地按照自己的想法收取利息，而不像英治印度的银行家，因为法律规定他们收取的利息不得超过12%。威廉不受东印度公司规章制度的约束，在几年内就制订了雄心勃勃的计划，开设了一家商行，从事"银行和代理交易"，同时还"采伐哥达瓦里河畔的森林，提供木材，用于造船；这些森林盛产尺寸和质量都优良的木材。我们怀着最乐观的期望，希望我们能够在一年中的四个月里，在那条河和沃尔塔河上开通一条400英里的航道。这条航道的开通也将促进贝拉尔［的腹地］与海岸之间的商贸往来"。[42]

威廉·帕尔默的雄心壮志与约瑟夫·康拉德的世界遥相呼应，康拉德的世界里有蒸汽船、内陆伐木站、象牙猎人、未知的疟疾肆虐的森林和内河航船。在一种近乎狂热的能量的推动下，帕尔默的计划很快就得以实现：到 1815 年，威廉·帕尔默公司已经发展成为南亚次大陆英国控制范围以外最富裕和最重要的企业；它最终还为尼查姆提供资金，并"压倒了首相的势力，使他屈从于他们的意志"。[43]

在许多方面，威廉·帕尔默可以说是把 19 世纪的西方企业资本主义带到了莫卧儿帝国晚期的德干世界。但值得注意的是，他这样做的方式并不完全是西方的，而且肯定是完全独立于东印度公司的。他利用当地的银行家，而且主要是利用当地的资金，并且似乎至少部分地按照印度传统的商业模式来运作。此外，他还利用莫卧儿帝国历史悠久的送礼和向其母亲在尼查姆后宫的朋友求助的手段，来寻求影响力和获得赞助。据后来的一位英国常驻代表说，如果威廉的计划遇到任何阻挠，"宫里的女人们都会支持他"。[44]

在 1802 年，上述成功故事都还是遥远的未来。但威廉在海德拉巴立足期间，一直过着英国-莫卧儿混合的生活，这也是他父母家的显著标志。他在海德拉巴的住宅逐渐成为英国人和海德拉巴人平等聚会的著名场所。一个匿名的英国旅行者在 1810 年前后拜访了他，对他家的情况进行了详尽的描述：

> 有一天早上，我路过这里，和一位著名的英国商人共进午餐。他每天上午都主持一种奇特的接待会。在那里，你可以看到放债人和商人、官员和贵族前来乞求、借贷或交易；所有这些都是按照土著习俗进行的。帕先生在与他的机构有关联的所有事务当中，都遵照土著习俗；甚至独自一人时，他也坐在地板上，按照土著的风俗用晚餐；与他的摩尔人妻子们一起阅读《一千零一夜》；主持舞女表

演；并欣喜地聆听土著筒鼓的乐声（真是萝卜青菜各有所爱）。

他是一个具有非凡才能并且消息灵通的人，当然在土著当中非常受欢迎，在英国人当中也是如此，因为他慷慨大方，彬彬有礼，对所有人都无限热情，对穷人也非常慷慨。选择东方的生活方式对他来说并非完全不自然的，因为他的母亲是土著，是德里的贵族女子。[45]

威廉·帕尔默接受了基督教的洗礼，但菲兹一直保持着穆斯林的文化和宗教身份。威廉自然而然地在印度穆斯林女性而非英国女性当中寻找爱情和伴侣。他在两个世界里同样如鱼得水。他还找到了一个完美的舞台，那就是詹姆斯·柯克帕特里克的海德拉巴常驻代表府，威廉可以在那里尽情发挥沟通莫卧儿社会和英国社会的才华。

和帕尔默家的其他成员一样，威廉显然对詹姆斯有一种明显的亲近感和温情。詹姆斯的家庭情况和他自己的家庭非常相似。威廉也对詹姆斯非常感激，因为詹姆斯帮助他在军旅生涯和商业活动两方面顺利起步。[①] 我们对詹姆斯和威廉·帕尔默在这一时期的确切关系尚不清楚，但詹姆斯确实以各种方式帮助了这个年轻人。到 1805 年，如果不是更早的话，詹姆斯已经允许威廉使用常驻代表府的一些房屋，作为他新公司的办公

---

① 詹姆斯还不遗余力地帮助威廉不断晋升。例如，在 1802 年 12 月 10 日，詹姆斯写信给帕尔默将军："你的儿子威廉目前在某处担任指挥官。我相信他很快就会回来，到那时我会不遗余力地帮助他在［王储］西坎达尔·贾赫身边得到一个职位。" OIOC, Kirkpatrick Papers, F228/58, p. 73, James Kirkpatrick to William Palmer. ——原书注

室；这不仅给威廉提供了一个有用的基地，而且使威廉的商业活动貌似得到了东印度公司的背书，而实际上根本不是这样的。[46]作为回报，威廉为詹姆斯办了一些差事和"机密工作"，包括查清兵站的军火和腐败丑闻的细节。

出于所有这些原因，当威廉看到他的恩公遭到敌人攻击时，就立刻挺身而出为詹姆斯辩护。但威廉采取的手段与他的目的简直是南辕北辙，对詹姆斯造成了极大的伤害，尽管这绝对不是威廉的本意。他用"菲洛西提斯"的假名写的信是一篇非同寻常的作品。这是一篇长达十五页的狂言，文笔夸张，满是不恰当的用典，不仅激情洋溢地为詹姆斯辩护，而且为英国官员与印度女子结婚和同居的权利辩护，并在抨击的高潮处说，作者"不记得有任何制度剥夺了常驻代表在东方王公的宫廷享受女性陪伴的权利，也没有任何先例可以将这种行为视为犯罪"。[47]

尽管用词浮夸，但这封信很有意思，因为它能让我们了解当时兵站方面对詹姆斯的看法。"在海德拉巴的兵站，"菲洛西提斯写道，"有一个派系，他们的言论就是歹意的源泉。"他说，这个派系对詹姆斯的平步青云妒火中烧："在柯克帕特里克上尉被提升为〔韦尔斯利〕勋爵大人在德干宫廷的代表时，他年轻时的同伴们在常驻代表府表示祝贺。但是，勋爵大人，他们的祝贺当中夹杂着嫉妒，他们的献礼被偏见扰乱。"柯克帕特里克以前的同伴是如此嫉妒他，以至于当"菲洛西提斯"第一次来到海德拉巴时，"我的耳朵经常被关于哈施玛特·忠格的个人怪癖的逸事淹没"。不过，当他真正见到柯克帕特里克时，"天哪！他是多么亲切、礼貌、好客。我一下子看清了真相，不再被谣言蒙蔽"。

菲洛西提斯称，不是只有他一个人被詹姆斯"迷人的谈吐和令人倾慕的举止"所打动。他说，詹姆斯在海德拉巴宫廷特别受欢迎，就连海尔·妮萨的亲戚阿卜杜勒·拉蒂夫·舒什塔里（"一位受人尊敬的穆斯林，对他的名字和情况，阁下并不陌生"）也认为詹姆斯在与海尔的关系的问题上是完全无辜的。

> 我非常满意地了解到，柯克帕特里克少校与该家族的一位女性的关系，是源于她心中对他的最热烈的爱慕之情。而他的慷慨行为更是增强了她对他的爱慕。他从来没有想要引诱她，也从来没有寻求非法地占有她。她一心想要满足自己最美好的愿望。如果她的愿望落空了，她的生命就会结束。大人，无论从什么角度看，柯克帕特里克少校都绝对没有犯罪，他只是偏离了只有在更高雅的欧洲社会才适用的严苛的道德准则。

菲洛西提斯补充说，附属部队的官兵不知道这一点的唯一原因是，"在整个海德拉巴兵站，没有一个人拥有足够的德干语或波斯语知识，能够进行准确可靠的对话"。只有詹姆斯能正确地讲这些语言，而韦尔斯利应该意识到，"海德拉巴常驻代表理应得到阁下的无限信任"。然后，菲洛西提斯建议韦尔斯利向"上一任浦那常驻代表［即帕尔默将军，威廉的父亲］"寻求对这一切的证实，"他会为您提供全部信息。几天后他就会抵达加尔各答"。

所有这一切，虽然表达得很奇怪，有时也很笨拙，但其本身对詹姆斯并无害处。但是，"菲洛西提斯"犯了一个大错，那就是他用一种被韦尔斯利认为具有威胁性、实际上包含着勒索意味的方式质问道，总督本人是否有权批评这种风流韵事。"对于这样的指责，阁下的品格是无懈可击的吗？您的秘密居室的奥秘经得起好奇地探寻吗？在您心灵的最深处，您所有行为的动机是否都经得起公开的检查和审视？"

答案当然是否定的。尽管韦尔斯利对詹姆斯的行为明显感到愤慨，但他自己并不是清心寡欲的人。恰恰相反，他是出了名的性欲旺盛。他在伦敦时就告诉妻子亚森特，如果她不和他一起去加尔各答，他将无法保持忠诚，因为"我向你保证，那种气候会使人的性欲极度旺盛"。后来，他又重复了同样的观点，同时承认他确实没有保持对妻子的忠贞，而是沉溺于各种恶习之中："至于性，在这种气候里，人实在离不开它……我至少要做十次！！！！！！"①

最温和的批评往往也会让总督勃然大怒。像"菲洛西提斯"写的那封信，在韦尔斯利眼里是无礼、无知和咄咄逼人的，难免让他暴跳如雷。他在同一天口述给他那位长期饱受折磨的秘书尼尔·埃德蒙斯通的答复，回荡着总督的狂怒。韦尔斯利虽然承认，詹姆斯对其匿名支持者所写的内容不必负任何责任，却蛮不讲理地继续以这封信为借口，抨击詹姆斯的外交

---

① 韦尔斯利似乎在抵达印度之前就开始寻花问柳了。他在好望角停留的时候似乎引诱了安妮·巴纳德的亲戚"美丽的安妮·伊丽莎白"。在他返回伦敦之后，他旺盛的性欲就成了一个严重问题，他与娼妓的关系造成了一系列半公开的风波。与亚森特离婚后，他雇用了一个住家的产科男医生，这位医生为他的姬妾提供"有价值的"服务。部分是因为这类传闻，韦尔斯利始终未能成为首相。他的弟弟阿瑟坚信不疑，韦尔斯利的"通奸而不是懒散，让他未能获得首相的位置……我希望韦尔斯利被阉割；或者像其他人一样照管好自己的事情"。See Iris Butler, *The Eldest Brother* (London, 1973), pp. 157, 230, 386. ——原书注

业绩，声称"这封信以如此可笑的浮夸语气，为你僭取了那种高高在上的地位。你远远没有资格获得这样的地位。你在执行命令时的行为经常需要加尔各答的直接干预，而且是在最重要的场合"。他还提醒詹姆斯："你之所以能在目前的岗位上继续工作，并在那里获得荣誉，都要感谢勋爵大人〔韦尔斯利〕对你的容忍，感谢他愿意宽恕偶尔的过失，也要感谢他对正义的热爱。"[48]

韦尔斯利在这番怒斥的末尾表示，詹姆斯能重获他信任的唯一办法，就是立即"尽你最大的努力，查明这封匿名诽谤信作者的身份……勋爵大人相信，你对公共服务的热忱，加上你对自己性格的认识，会促使你竭尽全力去查明诽谤者的身份，让勋爵大人能够将这个需要法律严惩的罪犯绳之以法"。

詹姆斯立刻意识到，他永远做不到这一点。他给韦尔斯利的答复很有分寸，也很有尊严。他为自己担任常驻代表的绝佳成绩辩护，只说"我的外交服务的细节，以及韦尔斯利勋爵对这些服务的意见，早已记录在案"。但他随后写道，尽管他对这封信引起的不安和信中的侮辱感到非常遗憾，但总督绝不能指望他发动一场猎巫运动来调查"菲洛西提斯"的身份；总督也不能指望詹姆斯"在这样一个人的受辱和垮台中发挥作用。虽然此人无疑值得勋爵大人最强烈的愤慨，但全世界都会认为，他之所以受辱和毁灭，仅仅是因为他的热情和对我的事业的依恋，无论这种热情和依恋是多么可悲和错误"。[49]

这个彬彬有礼、不卑不亢的答复，远远不能让韦尔斯利满意。到了5月初，也就是在"克莱武报告"对詹姆斯的指控被撤销不到一个月之后，在经受了东印度公司对其雇员的私生活进行的有史以来最彻底的调查之后，詹姆斯发现他再次成为总督憎恨的对象。

但这一次，詹姆斯对这一切感到疲惫和厌恶，根本不在乎了。詹姆斯对自己的事业和公共生活感到沮丧，但他相信韦尔斯利不可能因为他拒绝追查匿名信作者而解雇他，于是他退回到家庭生活之中，享受天伦之乐。他在精神上退出政治舞台，基本上无视韦尔斯利勋爵受伤的自尊心，开始专注于妻子和"我亲爱的小家伙们"，正如他对兄长威廉反复描述的那样。

虽然詹姆斯继续担任常驻代表，但他的书信显示，取悦加尔各答的上司对他来说越来越不重要。通过与尼查姆和海德拉巴宫廷的谅解与友谊，他促成了一系列互惠互利的条约，使海德拉巴和东印度公司之间的关系建立在永久和可持续的基础上。詹姆斯认为，如果韦尔斯利出于贪婪、骄傲和彻头彻尾的好战而破坏这一切，那么，这是韦尔斯利的问题。

就像后来许多人在同样的情况下做的那样，詹姆斯·柯克帕特里克实际上远离了政治，"以便花更多的时间陪伴家人"。他甚至开始从事家居装修和园艺。不过，他的这些努力的规模，与大多数像他一样退隐江湖的同时代人完全不同。他开始建造约翰·马尔科姆后来描述的梦幻宫殿，"在辉煌和宏伟程度上，只有加尔各答的政府大楼①才能超越它……［马德拉斯

---

① 加尔各答的政府大楼（Raj Bhavan）于 1803 年在当时的印度总督理查德·韦尔斯利侯爵主持下建成。此前的印度总督官邸是从土著王公那里租借的，韦尔斯利侯爵认为应当建造自己的豪华官邸，以彰显帝国的权威。19 世纪初的加尔各答被称为东方的圣彼得堡，是印度最富裕和优雅的殖民城市。1858 年东印度公司解散、建立英属印度之后，加尔各答的政府大楼是印度副王的官邸。1911 年印度首都迁往德里之后，这里又变成西孟加拉副总督的官邸。加尔各答的政府大楼当初设计的时候参考了寇松家族宅邸的风格，巧合的是，后来有一位寇松家族成员成为印度副王，居住在这里。

的总督府〕甚至无法与之相提并论"。

正如詹姆斯当时认识到的那样，他规划的宫殿式常驻代表府，是英国和莫卧儿品位的完美结合，并且由尼查姆出资建造，所以这不仅是对他自己的纪念，也是对英国和海德拉巴之间密切关系的纪念。这种关系是他辛辛苦苦建立起来的，如今却面临着被永久性毁坏的危险。[50]

正如芒斯图尔特·埃尔芬斯通在 1801 年令人难忘地指出的那样，詹姆斯从兄长威廉手中接过的海德拉巴英国常驻代表府，"布局风格一半像伊斯灵顿，一半像印度斯坦"。[51]

自 1779 年第一任英国驻海德拉巴常驻代表约翰·霍兰抵达海德拉巴后，英国人就租下了一座美丽但半壁倾颓的顾特卜沙希风格的河畔花园，其中坐落着"一位土著绅士的宅邸，周围有小花园和喷泉，令人心旷神怡"。[52]这座宅邸是位于花园建筑群中心的开放式巴拉达利亭子，后来被改造成常驻代表府的主要餐厅和接待区。在它的周围，建起了一系列新古典风格的平房和豪宅，为常驻代表府的工作人员提供住所，其中许多可以越过低矮的花园围墙俯瞰穆西河的波光，还可以眺望更远处雄伟城市的诸多圆顶和宣礼塔。①

---

① 在当时亲印度的欧洲人当中，采用这种设计的例子并不罕见：锡克人领袖兰吉特·辛格的主要将领克洛德·奥古斯特·库尔将他的住宅建在拉合尔城郊拉维河畔的一座有围墙的布局规则的花园内， （转下页注）

　　海德拉巴常驻代表府或许以建筑的形式，奇妙地展现了其中居民的文化混杂性；但从实际情况来看，在 1800 年，它只是一个相当破旧的建筑群。詹姆斯的平房漏水，他虽然努力修补，但未能阻止潮湿和腐烂。1800 年 8 月，詹姆斯写信给威廉说，平房的上半部分"几乎不能居住"。[53]经过雨季的两个潮湿月份，建筑几乎倒塌，詹姆斯被迫写信到加尔各答申请资金，因为常驻代表府的几栋建筑"现在完全无法居住。它们的状况无可救药，我们费了好大力气才让它们没有立刻倒塌，所以现在绝对需要将其完全拆除"。

　　腐烂不是唯一的问题。随着常驻代表府住户不断增多，以及大量英国军人来到海德拉巴居住，作为花园中心的顾特卜沙希风格的亭子已经远远不能满足举办派对的需要。正如詹姆斯在给加尔各答的信中所说：

（接上页注）阿萨夫·汗的陵墓就在这座花园内［这座住宅的图像见 Jean-Marie Lafont, *Maharaja Ranjit Singh: Lord of the Five Rivers*（New Delhi, 2002), p. 99］。在同一时期的德里城外，戴维·奥克特洛尼爵士在建造一套非常类似的新古典风格平房，地点就在沙贾汗美丽的沙利马尔花园里的潺潺流水之间，奥朗则布于 1657 年在沙利马尔花园成为莫卧儿皇帝。奥克特洛尼在晚年还开始在这座莫卧儿园林中为他的正妻穆巴拉克夫人建造一座非同寻常的花园陵墓，陵墓距离沙利马尔花园不远。奥克特洛尼的陵墓是一座融合多种元素的建筑，它的中央穹顶参考了德里的圣詹姆斯教堂，上有十字架，侧翼被大量小型宣礼塔环绕。这种建筑形式很好地体现了奥克特洛尼在他的婚姻中实现的多宗教融合。但最终，奥克特洛尼并非在德里去世，而是被葬在密拉特。他的空陵墓在印度大兵变期间被毁，因为穆巴拉克夫人当时嫁给了一位莫卧儿贵族，在兵变期间站在莫卧儿人那边。这是建筑史上一个非同寻常、被完全遗忘的时刻：最后一座伟大的莫卧儿风格陵园（该传统的最佳典范是泰姬陵）不是由最后一批莫卧儿人，而是由一位苏格兰-美国裔将军建造的。这座陵墓的图像见 Emily Bayley, *The Golden Calm: An English Lady's Life in Moghul Delhi*（London, 1980), p. 181。——原书注

一直被用作餐厅和公共娱乐场所的伊斯兰建筑极不舒适，也不方便，因为它是开放的，南面暴露在风吹日晒之下，而且它的屋顶是由哥特式的大柱子支撑的，柱子占据了房间中央相当大的空间。所以，在举办公共活动的特定日子里，我发现它不可能如我所愿地容纳众多客人，而附属部队的规模一再增加，这要求我接待越来越多的客人。

詹姆斯筹划的第一项改良措施是"在［亭子的］南面即敞开的一面，增加一个宽敞的大厅或饭厅，并与［亭子］紧紧相连"。他还请求批准建造"一套居室，包括一间用于接待偶尔来访者的起居室、一间卧房和两个较小的房间，作为办公室或临时卧室。整套居室在最容易受天气影响的两边有游廊遮挡"。[54]

詹姆斯突然对重建常驻代表府感兴趣，还有一个原因。1800年夏天，大约在他与尼查姆谈判《附属条约》的时候，他的房东，一位名叫纳瓦布·沙姆谢尔·忠格的德高望重的海德拉巴埃米尔，因年迈去世。詹姆斯意识到这是一个机会，于是向尼查姆索要常驻代表府大院和紧邻大院的一些田地，将其与根据条约移交给英国人的其他土地一起交付。[55]尼查姆同意了，而詹姆斯要求加尔各答提供资金以开始重建的信是在条约签署四天之后写的。詹姆斯不再是租户，他现在是常驻代表府的实际业主。虽然他必须等待加尔各答的批准才能重建房屋，但没有什么能阻止他立即改善和重新规划周围的花园。

由于帕尔默将军从浦那送来的树木，詹姆斯已经有了一座绝妙的芒果园的雏形。现在，他请哥哥威廉帮忙采购了一些上好的桃树，稍晚又采购了足够的橙树，以营造一座像样的橙子

398 / 白莫卧儿人：爱情、战争与 18 世纪的印度

园。詹姆斯提的要求十分细致，表明他在这些领域已经成为行家。他写信告诉正准备搭船回国的威廉：

> 我希望你能努力［在英国］采购一些生长良好的橙树，要保证会结出最好的果实，并请一些细心的、可信赖的朋友或熟人将其运送给我。我想，最好的橙子是葡萄牙的。马耳他的橙子确实被认为是欧洲最可口的水果，它的果汁是红色的，所以应该是石榴的嫁接。① 要搞到马耳他橙树也许会很困难，甚至是绝对不可能的……
>
> 你一定知道，我最近变成了一个了不起的园丁。我听说葡萄牙橙比这个国家的任何橙子都要优越，所以我有一个很好的想法，我可以改良本地的水果，手段就是嫁接一些欧洲品种的果树。我听说马丁将军②在勒克瑙有一棵欧洲橙树，它的果实比那里种植的其他任何一棵橙树的都要美味得多（勒克瑙人对他们的水果的美味十分自傲），以至于使勒克瑙最好的橙子都相形见绌。

他补充道："通过从我们的朋友［帕尔默将军］那里得到的几株阿方索和马萨贡品种的芒果树，我希望在几年内能把这里的芒果改良得很好……"[56] 一年后，詹姆斯仍在寻找更多的芒果品种。他告诉他在孟买的代理人，他"希望，如果可行

---

① 血橙实际上和石榴没有任何关系。——原书注
② 克洛德·马丁将军（1735~1800）是帕尔默将军在勒克瑙时的老朋友，也是勒克瑙、加尔各答和里昂的"马丁学校"的创办者。See Rosie Llewellyn-Jones, *A Very Ingenious Man: Claude Martin in Early Colonial India* (New Delhi, 1992). ——原书注

的话，能立即拥有一座果园，种植这些美味的水果。我的花园里现在有一条由许多生长了六年的树木组成的林荫道。我想，如果我能嫁接成熟的果树的话，这些树木在下一季都会结出果实"。[57]

在詹姆斯与韦尔斯利因为"菲洛西提斯"的信而闹翻之后的几个月里，詹姆斯的书信内容越来越多地集中于他计划在常驻代表府进行的"改良"。他对外交和公司的野心备感失望，看到这些野心有可能摧毁他热爱的世界和文明，于是专注于为他的小家庭筑巢，并与妻儿一起享受生活。他们的生活方式融合了莫卧儿品位和乔治时代英国绅士"改良"自己庄园的雄心壮志。

有一天，他给他在马德拉斯的代理人写信，要求"买一座漂亮的室内钟"、一些质量上乘的"轮子给我的马车用"、"三桶最好的马德拉酒和十二打上好的马姆齐酒"。接下来，他寻找符合他的印度化口味的莫卧儿商品：他从勒克瑙订购了一套质量最好的蛇形水烟筒、一大包带香味的勒克瑙烟叶和一些传统的北印度冷水壶，他相信这些东西的质量比海德拉巴制造的要好得多。[58]

詹姆斯一直在担心的一件事情是没有像样的瓷器和桌布来招待宾客。多年来，他一直在给他的代理人写信，要求他们采购"优质的餐具，我认为这些东西是我从事的工作必需的，但自我担任负责人以来，这个常驻代表府肯定没有什么值得夸耀的餐具。我的桌布和餐巾是用这里的集市上能买到的布做的，非常轻薄易坏，而且很贵；我的瓷器是从偶尔的拍卖会上买来的杂七杂八的东西"。[①][59]

欣欣向荣的菜园，是詹姆斯另一个坚持不懈的目标。他向加尔各答的一位朋友索要豌豆、豆角、莴苣、菊苣和芹菜的种子，"还可以加上一点精选的卷心菜和花椰菜种子"。[60]作为回报，他能提供的只有茄子的种子。茄子似乎是18世纪末海德拉巴人的首选蔬菜。詹姆斯特别渴望得到"充足的土豆供应，我很喜欢土豆，但这两年多来都没有吃过"。这很有意思，因为在这一时期，只有三个管辖区城镇，即加尔各答、孟买和马德拉斯附近有人种植土豆，尽管在今天很难想象印度菜里没有土豆。[61]

詹姆斯甚至试图用"果树外交"来打破他与帕尔默将军在浦那的继任者、拒绝沟通的巴里·克洛斯上校之间的僵局。在两人一次交换大象的过程中，詹姆斯接受了这位咋咋呼呼的军人提出的关于从帕尔默将军的老桃树上取一些树苗的建议。詹姆斯写道：

---

① 在整个19世纪，在印度的英国人似乎一直为缺少优质瓷器而抱怨。在英属印度时期，较偏远的基地习惯于邀请客人"以军营的方式"用餐，也就是说客人不仅要自带仆人和椅子，还要自带餐盘、餐刀和酒杯。1868年，一位匿名的陆军军官在《乡村生活》中写道："这三个漂亮姑娘是本地一个偏远地区的一位靛青种植园主的女儿。看到她们用容量3品脱的白镴杯子喝香槟，真是令人忍俊不禁。她们带来这些器皿，因为觉得它们比玻璃杯安全。她们显然已经习惯了军营的用餐方式。"——原书注

锡兰大象将在几天内送到你那里，我很乐意利用这个机会，接受你的好意，从你那里获取几株桃树。我的花园里现在有……三棵非常好的未嫁接的中国桃树，是罗克斯堡博士①从［加尔各答］植物园送给我的，他还送了其他几种中国果树。如果这些中国果树能够茁壮成长（其中许多还很健康），我将能够为你在浦那增添三四种非常好的水果。你非常客气地答应提供一小批桃子，即使不能立刻享用，也是非常好的，至少过段时间可以成为美味②。[62]

在两年内，詹姆斯把所有这些果树安排在一座庞大的果园兼菜园里，这座园子"周长约半英里，完全被围墙环绕，盛产最美味的葡萄、芒果（来自孟买）、桃子、苹果、橘子、菠萝、草莓、覆盆子，还有印度花园特有的，或最近几年从欧洲引进的所有最好的园艺产品"。[63]

他还努力招募有着不同园艺传统的园丁。1802 年 5 月，他向他在马德拉斯的代理人发出请求，试图寻找一名优秀的英国园丁；五个月后，他写信到孟买，试图从中国寻找一名园丁，因为他听说在孟买可以找到中国园丁，而且他们特别擅长种植蔬菜。为了娱乐，他还希望购买"一大堆各式各样的彩灯，用于照明，我听说在中国想买多少这样的灯都买得到，而且价格公道……［灯有］两种，一种是大灯，可以挂在树上；

---

① 威廉·罗克斯堡博士（1751～1815）是苏格兰爱丁堡人，在安得拉海岸开始他的职业生涯，在海德拉巴附近生活的时候出版了《科罗曼德尔海岸的植物》。1793 年，他被任命为东印度公司的首席植物学家和加尔各答植物园的首任园长。他是第一位尝试系统性地描述印度植物的植物学家，他的著作《印度植物》在他去世后出版。——原书注

② 桃子送到的时候可能已经腐烂了，但桃核可用于种植。——原书注

另一种是小的球形灯，用于一般的照明，可以巧妙地排列和布置成具有象征意义的图案和文字。第一种灯要几百盏，或者一百盏就足够了；但第二种，我想对于照明或任何规模宏大的景致来说，需要成千上万个。这些东西的价格我完全不了解……但如果能以适中的价格买到，那也不会让我破产。如果你能从中国为我提供这样一批灯，我会特别感激"。[64]

詹姆斯的内心深处似乎对英国有一种淡淡的思乡之情。当然，他希望在自己的土地上与"印度斯坦花园"的莫卧儿水渠相对的另一边，在他从1800年条约中获得的农田里，修建那种温文尔雅、闲情逸致的英式花园，① 就是他年轻时威廉·肯特②、"能力"·布朗③和汉弗莱·雷普顿④创造的那种园林风格。这种风格已经成为英国人的安宁、文明、精致的理念的核心，就像清凉的潺潺流水和阔叶树荫对莫卧儿人至关重要一样。为此，他找了几组园艺师，在莫卧儿亭台楼阁的主轴线上布置了"游乐场和一个方圆近1英里的养鹿场"。[65]为了给鹿寻找伙伴，

---

① 詹姆斯不久之后写信给兄长的老朋友（也是詹姆斯曾经的恩公）约翰·肯纳韦爵士，描述了如何在原花园的周界之外建造园林："这些地方在您在的时候都还是稻田，如今已经开发了一部分，还有一部分建造了美观的平房，以及我的卫队的印度兵的兵营、马厩和农场。我在一个恰当的中心位置竖立了高耸的旗杆，它给人以安全感和恢复感。" OIOC, Kirkpatrick Papers, F228/59, p. 31, 24 October 1804, James Kirkpatrick to Kennaway. ——原书注

② 威廉·肯特（约1685~1748）是英国著名的建筑师、景观设计师、画家和家具设计师。通过建造奇西克庄园，他把帕拉迪奥式建筑引入了英格兰，也创建了现代意义上的英格兰风景园林。

③ 兰斯洛特·"能力"·布朗（1716~1783）是18世纪英国最重要的园林设计师之一。他之所以获得"能力"的绰号，是因为他总是告诉客户，他们的地产还有提升和改善的"能力"。

④ 汉弗莱·雷普顿（1752~1818）是英国伟大的园林景观设计师，常被认为是"能力"·布朗的继承者。

他从孟买订购了一些麋鹿和一群"阿比西尼亚羊"。[66]

不过，在印度中部建造一座广阔的仿英式园林并不是没有问题的，到了这年的年底，詹姆斯不得不派人到孟买去找"一辆或甚至两辆消防车，给我的树木和游乐场浇水"，以防止草在德干的高温下枯萎。[67]

但是，参观常驻代表府的游客清楚地表示，詹姆斯的庞大园林的整体风格主要是印度式的。例如，根据马尔科姆的说法，它们"更多是按照东方风格而不是欧洲风格布置的"。此外，詹姆斯告诉肯纳韦，"印度斯坦花园"仍然是他记忆中的样子，他刻意保持了它的旧貌。这座"印度斯坦花园"似乎是一座典型的莫卧儿风格的有流水灌溉的四重花园，有潺潺溪流、茂密的果树和流动的喷泉；它位于海尔·妮萨的"彩宫"旁边的院子的角落。

考虑到詹姆斯对印度式花园①的喜爱，我们不禁要问，他与尼查姆、阿里斯图·贾赫和他在海德拉巴宫廷的朋友们讨论了多少园艺问题。因为正如尼查姆阿里·汗对文化的高度重视使海德拉巴恢复了德干文学和艺术中心的地位，尼查姆对园林艺术的兴趣也促成了德干的印度-伊斯兰园艺伟大传统的一次复兴。

从18世纪90年代起，尼查姆阿里·汗统治时期的宫廷编年史突然大量记载了尼查姆对园林的参观，以及在海德拉巴周围营造新园林的情况。例如，阿里斯图贾赫的正妻萨瓦尔·

---

① 英语 paradise（天堂）一词源自有围墙的东方花园或有围墙的猎场，词源是波斯语 pairi（围绕）和 daeza（墙）。英语里的这个词是从希腊语 paradeisoi 借鉴而来的。See Elizabeth B. Moynihan, *Paradise as a Garden in Persia and Mughal India* (New York, 1979). ——原书注

阿芙扎夫人建造了一座庞大的新四重花园，命名为苏鲁尔纳加尔花园，首相经常去那里休闲。她在苏鲁尔纳加尔花园旁边建了一座鹿园，阿里斯图·贾赫、尼查姆和他们家族的人都会在那里猎取黑公鹿。[68] 米尔·阿拉姆也是一个热情的园林爱好者，为自己修建的园林感到骄傲，所以在他的晚年，他会于春季向公众开放他的四重花园。根据《阿萨夫史集》的记载，人们会蜂拥而至，在那里休闲和放风筝。[69] 这一时期的海德拉巴细密画，尤其是宫廷艺术家文卡特查拉姆的细密画，特别关注休闲园林的田园风光。园林的喷泉和排列整齐的雪松，成为当时所有海德拉巴肖像画的标准背景。[70] 例如，在文卡特查拉姆为阿里斯图·贾赫的儿子马阿里·米安画的那幅著名肖像中，主人公坐在花园里，嗅着花香，欣赏一只驯服的鹰，他脚下有玫瑰和蜻蜓，还有五股小喷泉，云朵般的成群的玫瑰色长尾小鹦鹉飞到香蕉树和棕榈树上栖息。[71]

此外，正是在尼查姆阿里·汗在位期间，大量园艺书籍得到撰写、翻译和复制，一部题为《关于园艺的书信》（*Risala i-Baghbani*）的特别有影响力的手册于 1762 年尼查姆阿里·汗即位之初在戈尔康达撰写完成。这些书中包含了给海德拉巴园丁的精彩建议，其中混合了科学与伪科学：有些建议基于观察，很有价值；也有些建议比较怪异，可能不是那么有用，或许只不过是民间传说和老妪奇谭。例如，《关于园艺的书信》建议，如果在种植前将西瓜的种子存放在新鲜玫瑰花瓣堆中，并将蜂蜜、枣、牛奶和切碎的甘草放入西瓜藤蔓的根部，那么长出来的西瓜会变得特别甜美。同时，"如果用一根铁棒蘸着热气腾腾的动物粪便"去灼烧香蕉树，可以让香蕉变得像象牙一样长而结实。[72]

《秋与春》（*Khazan wa-Bahar*）是当时的另一部德干园艺著作，包含大量详细信息，詹姆斯应该会感兴趣，尤其是关于果树种植的部分。该书建议，如果园丁希望促进果实而非树木本身生长，就应该在月光下种植。为了防止病害，应该用鸽子粪和橄榄叶提取物施肥，同时在树基周围种植野洋葱。该书的匿名作者还对那些像詹姆斯一样在让芒果树结果时遇到问题的人提出了建议：如果拿着斧头大声威胁一棵不结果的树，或者在树枝上绑上适当的《古兰经》经文，这棵树就会突然焕发生机。[73] 如果詹姆斯读过《秋与春》，他就会知道，可以通过在葡萄树根部涂抹麝香和鸦片来生产无籽葡萄；用铁棍压住下部的枝条，可以获得鲜红的苹果；在桃树根部插入松树或柳树的枝条，可以刺激桃树结果。他还会了解到一些有趣的在生态方面无害的病虫害防治方法：在花园入口处种植黑嚏根草和芥菜，可以防止蛇闯入；而在菜地里种满芜菁、卷心菜、萝卜和蚕豆，可以防蚊。

詹姆斯在海德拉巴的园艺鉴赏家们那里会见识到另一种可爱的理念，那就是夜间花园。白天，"太阳之花"可供人观赏；太阳落山后，"夜晚之花"就成为大家瞩目的对象，人们可以享受它们的芬芳，或欣赏叶子在月光下的光芒。在这些特别规划的区域，大理石的亭子里会摆放垫枕和地毯，供人们在夜晚饮酒、听音乐、吟诗和与佳丽相伴，周围都是精心挑选的夜花的花圃。在这里，晚香玉的醉人馥郁与月亮花的芳香融合在一起，据说月亮花在月光皎洁的夜晚会散发出最甜美的芳香。气味的重要性是伊斯兰思想的一大核心概念，这一概念出自先知的圣训："气味是灵魂的食物，而灵魂是人的官能的载体。"[74]

现在已经说不清楚詹姆斯是否熟悉德干园林美学的精髓，

以及他是否试图根据这些传统来维护他的常驻代表府四重花园。不过，考虑到他对海德拉巴美食、建筑、服装、诗歌和女人的喜爱，考虑到他对植物和园艺的感情，如果他不熟悉上述的德干园林美学，那就太奇怪了。当然，有两个明显的迹象表明，他确实如我们想象的那样，对海德拉巴园林设计的最新时尚了如指掌。第一个迹象是他不拘一格地为常驻代表府选择了多个品种的树木，其中许多树木在今天仍然活着。他选择的品种与玛·拉卡·白·昌达于同一时期在毛拉阿里山下为她母亲的坟墓建造的阴凉花园选择的树木品种非常相似，特别是大量栽培相对罕见的香榄①。

第二个迹象是常驻代表府的鸽塔，以及至今仍存留在海尔·妮萨深闺废墟中的鸽子食盆。养鸽从来都不是乔治时代英国绅士家宅的特色，在英治印度也没有其他例子。但在莫卧儿贵族的社会生活中，养鸽是高雅的标志，放飞鸽子被视为绅士花园中高雅享受的一个重要部分。在海德拉巴似乎尤其如此，比如《秋与春》用了整整一章的篇幅来讨论鸽子，以及其在高雅的海德拉巴埃米尔的花园中的地位。

人们不仅认为鸽子可以驱蛇，而且相信鸽粪是种植果树的理想肥料。鸽子的嗓音，或者说它们的叫声和咕咕声，被认为可以刺激人类的智力发育。《秋与春》的匿名作者建议读者焚香，并在鸽子的饮水里掺入洋乳香或圆柄黄连木的树脂和蜂蜜，这样可以让鸽子在花园里感到满足和快乐。[75]

我们相信，詹姆斯和海尔·妮萨也严格遵循了这个建议。

---

① 香榄（mulsarry，梵文为 maulshree）在德干高原不常见，不过莫卧儿人在德里和阿格拉大量种植香榄，因为它的整齐树冠很适合修剪成规则的图案。（我要感谢普拉迪普·克里香帮助我了解这种有趣的树。）——原书注

在 1802 年 4 月帕尔默夫妇离开后，我们对詹姆斯的两个孩子和他们的年轻母亲的日常生活和作息的细节就知之甚少了。仿佛他们从菲兹和将军来访激起的突如其来的光柱中退了出去，又消失在阴影中。我们知道海尔·妮萨和她的孩子们仍然住在常驻代表府，而且很显然，詹姆斯越来越多地与他们相伴。但我们对他们的情况只有偶尔一星半点儿的了解。有一天，海尔和萨希布·阿拉姆向菲兹和范妮·帕尔默送去了问候和更多的手镯；在另一天，两个孩子被送到尤尔医生那里接种天花疫苗，或者可能是霍乱疫苗。正如詹姆斯在 1802 年 10 月给将军的信中所写："在这里的两个小家伙都接种了疫苗，他们的健康和精神都很好……顺便说一句，我已经说服了尼查姆和所罗门，让他们的家人接种，从而普及疫苗接种。"[76]

不过，只要仔细阅读书信的一字一句，我们就可以拼凑出一些相当详细的信息，从中可以了解詹姆斯的家庭生活，以及他为了抚育儿女做了哪些选择。例如，很明显，孩子们是在几乎纯粹的海德拉巴环境中，由海尔和她的母亲，在一大群侍女、阿熙尔女仆和乳母的协助下抚养长大的。孩子们被当作穆斯林抚养，有莫卧儿人的名字，第一语言是波斯语（或可能是德干的乌尔都语，因为海尔·妮萨不会说英语），[77] 穿典型的海德拉巴贵族服饰。孩子们似乎没有被介绍给常驻代表府的欧洲人，[78] 而且考虑到他们的贵族身份，他们可能不被鼓励与府邸的其他英印混血儿童一起玩耍，例如，亨利·罗素与他的无名（因此可能是非贵族）情妇所生的孩子。[79] 所有的迹象都表明，常驻代表府的女眷居住区就像海德拉巴老城分离出来的一个碎片，被丢进了半英国化的常驻代表府世界的中心；詹姆斯的孩子主要与其他海德拉巴贵族的孩子交往，尤其是与住在阿里斯图·贾赫的豪宅里的人交往。[80]

在海德拉巴莫卧儿人的文化和宗教环境里，詹姆斯的孩子们肯定经历了与他们的衔级与地位相似的德干穆斯林儿童都会经历的一系列仪式。出生本身就是这趟仪式之旅的第一站。在分娩当天，差不多在婴儿被清洗和裹上襁褓之后，人们就会立刻对着婴儿的右耳念诵呼唤祈祷的宣礼，然后对着左耳念诵"清真言"。这样做的目的是，在孩子刚睁开眼睛的时候，就将圣言引入孩子的耳朵。然后将盘安分发给热切等待的亲朋。随后，将一位德高望重的学者或法官咀嚼过的一小块干枣塞进孩子的嘴里，不久之后，用一块干净的软布过滤一点蜂蜜水，滴入婴儿口中。干枣是中东的习俗，蜂蜜水是印度教的习俗，两者都被吸收到德干莫卧儿文化中，成为其组成部分。随后，孩子第一次接受哺乳。按照莫卧儿贵族女子的习惯，海尔·妮萨并不亲自给孩子喂奶，而是把孩子交给乳母。在一些莫卧儿人的女眷居住区，乳母可能给孩子喂奶到三岁甚至四岁。[81]

挑选乳母是一个非常重要的环节，因为人们认为，她的奶水可以传递她的一些精神和道德品质。诚实、虔诚、脾气好、声誉无可挑剔的女子，特别是出身于豪门或赛义德家庭却因某种原因而陷入贫困的女子，是格外受欢迎的乳母。乳母完成哺乳使命之后，她们和她们自己的孩子会被带到大宅中生活，成为家庭中受人尊敬的成员。①82萨希布·阿拉姆和萨希布·贝古姆的乳母乌玛特·法蒂玛和玛哈姆·阿鲁派姆［?］②的家庭背景无从知晓，但她们和她们的儿女一起继续住在莎拉芙·妮萨家。四十年后，当莎拉芙·妮萨向她的两个心爱的孙辈送去两位老乳母的问候时，她们显然还在莎拉芙·妮萨家。83

给女孩喂奶两三天后，又会举行一次小小的仪式。在印度，一直以来都有这样的习俗（虽然这种做法在西方完全不为人知），即挤压哺乳期婴儿的乳头，让小"奶珠"冒出来。人们认为这种习俗有很大的医学价值，据说可以确保乳房未来的健康。在莫卧儿人的家庭中，女婴的哥哥被要求吮吸这样产生的"奶珠"；人们认为这在兄妹之间建立了深厚的爱的纽带，正如贾汉吉尔皇帝在他的日记中记录的那样。他写道：

> ［他的妹妹莎卡尔·妮萨公主］性格善良，天生对所有人都有同情心。从婴幼儿时期开始，她就对我极为喜爱，兄妹之间这样亲密的关系可谓少之又少。第一次，按照习俗按压孩子的乳房时，可以觉察到一滴奶水，他们按压我妹妹的乳房，出现一滴奶水时，我尊敬的父亲［阿

① 在莫卧儿帝国宫廷，皇帝的乳母往往成为朝廷的重要人物：阿克巴的乳母玛哈姆·阿娜嘉是16世纪印度最有权势的人物之一，她的长子，即阿克巴的"奶兄弟"阿扎姆·汗是个残酷无情而缺乏原则的人，后来变得权势极大、桀骜不驯，对帝国的稳定构成了严重的威胁。阿扎姆·汗最终变得完全不受驾驭，在1561年杀害了帝国首相阿塔加·汗。阿克巴得知此事后勃然大怒，把阿扎姆·汗打倒在地，然后把他从皇宫二楼窗户扔了下去。阿克巴后来十分懊悔，进行了忏悔，为阿扎姆·汗建造了一座宏伟的陵墓，它至今雄踞于德里南部的顾特卜建筑群和红堡的围墙之上。See Abu'l Fazl, *Ain i-Akbari* (Calcutta, 1873 – 94), Vol. 2, pp. 269 – 71. ——原书注

② 这个名字在史料原件中几乎完全无法辨识。——原书注

克巴皇帝] 对我说："孩子！喝下这乳汁，那样的话，这个妹妹可以像母亲一样对你。"知晓一切秘密的真主知道，从那天起，我喝下那滴奶后，我对妹妹的爱就像孩子对母亲的爱一样……[84]

今天，这一习俗在许多印度家庭（无论印度教徒还是穆斯林）中仍然存在。詹姆斯·柯克帕特里克所处时代的莫卧儿家庭中肯定有这种习俗，而海尔·妮萨的深闺里的女人们无疑会期望萨希布·阿拉姆以这种方式品尝他妹妹的"乳汁"。[①][85]

在孩子出生后的第六天、第七天或第九天，莫卧儿家庭通常会举行庆祝活动，届时母亲和孩子会沐浴，然后穿上昂贵的新衣服。这是莫卧儿人对印度教传统的另一种借鉴。同一天，将用银制剃刀为孩子第一次理发；用藏红花擦拭剃过的头，并献祭山羊（如果是男孩就献祭两只，如果是女孩就献祭一只），以净化家庭和驱邪。然后向穷人施舍。

在庆祝活动的晚上，传统上要求清扫房屋，张灯结彩，用烟花、歌手和舞女为客人提供娱乐，并以山珍海味招待客人。客人们会赠送婴儿的衣服，如刺绣的长衫和小圆帽，母亲那边的亲戚还会送上一箱箱礼物，包括珠宝、玩具和甜食。最后，在庆祝活动的高潮，孩子的母亲和她的女性朋友会把婴儿抱到

---

① 现代印度的医生不赞成这种习俗，因为它可能导致乳房脓肿。足月的新生儿，不分男女，都有明显的乳腺；婴儿出生三天后可能发生乳房肿胀，分泌一种类似于乳汁的液体，现代医生称之为"巫乳"（Witch's milk）。这是因为婴儿不再受到母体荷尔蒙的影响。（感谢普利塔·特里汉医生为我解释这一点。）——原书注

一个空旷的院子里，然后，第一次观星，即让孩子看夜空中的星星。莫卧儿人相信，这么做的时候，孩子的命运就会被天使写下来，天使的职责就是记录一个人的命运。[86]

我们可以推测，海尔·妮萨会坚持为她的孩子们举行所有这些基本的传统仪式：根据萨希布·阿拉姆的出生记录，海尔在梦见先知的女婿后给她的儿子取名为阿里，这似乎表明她特别虔诚。詹姆斯应当不会反对他的孩子们被当作穆斯林抚养。毕竟他为了娶海尔，愿意举行正式的皈依仪式。虽然没有明确的证据表明他经常实践他的新信仰，或认为自己是一个积极的穆斯林，但生活在他家中的岳母显然相信他是穆斯林，他的孟希阿齐兹·乌拉也相信。①

我们可以确定的是，詹姆斯尊重伊斯兰教，并让常驻代表府向海德拉巴的苏非派圣地捐款。但他对伊斯兰信仰的兴趣很可能既是宗教上的，也是文化上的。他在写给欧洲人的信中，故意用模糊的、自然神论的术语来称呼神，例如，他在某一个阶段用的说法是"慷慨的上苍"，[87]而不是用"基督"或"真主"等更具体的教派术语。这种对宗教界限的模糊态度似乎很符合印度人普遍的信念，而这种信念是德干文化的核心，受

---

① 莎拉芙·妮萨在提供给肯尼迪医生的证词（见"克莱武报告"）中说詹姆斯是穆斯林，并说："常驻代表在六个月前成了真正的穆斯林。"孟希阿齐兹·乌拉证实了这一点，他在詹姆斯去世后写给莎拉芙·妮萨的一封波斯文书信中为他的灵魂祈祷时用了一种只能用于真正穆斯林的说法："愿安拉照耀他的尘土，赐予他在天堂的居所。"Letter from Munshis Aziz Ullah and Aman Ullah to Sharaf un-Nissa, 25 August 1810. 这封信在罗素的波斯文通信当中，现存于博德利图书馆。这些书信不知为何，与罗素那些编目清楚的英文通信脱离了，放在图书馆的波斯文部门的一个箱子里，未得到编目。我非常感谢多丽丝·尼科尔森找到了至关重要的一卷书信。——原书注

到苏非派和巴克提派①的强烈影响，即认为所有信仰其实都是一个整体，殊途同归。毕竟海德拉巴的主要节日是什叶派的，但逊尼派穆斯林、基督徒和印度教徒都会参加。在欧洲人的宗教观念里，不同宗教之间的边界是清晰、坚固、严防死守的，这样泾渭分明的观念对海德拉巴文化来说是相当陌生的。在这种流动的、多孔的环境中，詹姆斯对宗教信仰采取的宽泛的自然神论立场，既能轻易地与那些接受了18世纪启蒙思想的欧洲人契合，也能与他周围的海德拉巴人的普遍观念相通。②

即便如此，我们还是很想知道，詹姆斯是否有足够的自信，当着他那些思想不那么开放的同事的面，在常驻代表府为他的妻子和孩子举行如此大型和公开的非基督教仪式，如穆斯林新生儿的庆祝仪式。如果他没有足够的自信，那么他可能会在巴卡尔·阿里·汗位于老城的豪宅举行这些仪式吗？很明显，海尔和莎拉芙·妮萨一直在使用她们的宅邸，经常去看望

---

① 巴克提（Bhakti）的字面意思是分享、参与、依恋、皈依、虔信、奉献、忠诚、崇敬等。在印度教思想里，巴克提是指对三相神（一般是梵天、毗湿奴和湿婆）的虔诚信仰、尊敬供养的传统。印度教历史上的巴克提运动（也译为奉爱运动）发源于8世纪的南印度，15世纪席卷北印度，可以理解为印度教内部的一次改革运动。

② 不管詹姆斯自己的立场如何，他（无论在给父亲的信中还是在遗嘱中）都非常明确地要求，让他的儿女"抵达英国后立刻"受洗。帕尔默将军在威廉接受英式教育之前也让他受洗。这两位父亲担心，他们的孩子如果不受洗的话，在英国永远得不到社会的接受。这种担忧也许是正确的。See OIOC, F228/84, 'The Last Will and Testament of James Achilles Kirkpatrick', and Kirkpatrick Papers. 另见一封有趣的信，（F228/59, p. 27）of 24 October 1804, James to William Kirkpatrick，詹姆斯在其中似乎暗示，不能在孩子们去马德拉斯的途中为他们举行洗礼，因为海尔·妮萨会在他们身边（也就是说，她要么不会允许孩子们受洗，要么他不希望当着她的面举行洗礼，因为那样可能会伤害她的感情）。——原书注

莎拉芙的母亲杜尔达娜夫人（她仍然住在那里），但主要居住
在常驻代表府的女眷居住区。有趣的是，我们还知道，詹姆斯
曾经在那里存放了"三四套［备用的］莫卧儿长袍、束腰和
头巾"，包括几件贵族在宫廷通常使用的质量特别好的长袍。[88]
那么，常驻代表府的女眷居住区是他最有可能举行新生儿庆祝
仪式的地方，海尔的亲戚可以更容易到达那里并感到轻松自
如。不过，对海德拉巴人来说，仪式无疑会显得有些奇怪，因
为与普通莫卧儿家庭不同，詹姆斯身边没有女性亲戚来主持女
眷居住区的庆祝活动。

在詹姆斯的孩子们出生后的几个星期和几个月里，将继
续举行一系列仪式和典礼，以纪念婴儿的健康成长和蹒跚学
步。这些仪式大多在女眷居住区举行，只有女性受邀参加，
旨在纪念孩子生命中的各个重要里程碑：纪念孩子诞生四十
天和母亲结束"坐月子"的"奇拉"仪式[①]；理发师第一次
为女孩穿耳洞、给她戴耳环的仪式[②]；小女孩第一次梳辫子
的时刻[③]。所有这些仪式之后都有小型的庆祝活动，向大家
分发糖果。

幼儿期的最后一个仪式是"开蒙"，这时儿童开始接受教
育，通常是在三岁或（更通常是）四岁的时候。[④] 女孩被打扮

---

① 根据习俗，它也标志着可以将孩子放入摇篮（gahwarah）的时刻。——原书注
② 称为 kanchhedan 仪式。萨希布·贝古姆在 1805 年 7 月（她三岁时）之前已经穿了耳洞，因为乔治·钱纳利在 1805 年 7 月为她画的肖像中，她戴着一对大珍珠耳坠。——原书注
③ 称为 bal gunthan。——原书注
④ 某些家庭的传统是在孩子四岁那年的四月初四举行开蒙仪式。——原书注

成新娘，大人在她身上涂抹特殊的香粉；男孩被打扮成新郎。然后，在客人的见证下，孩子被带到老师面前。之后，他们按照老师的指示，背诵《古兰经》第九十六章的全部内容，即"血块"章。此后，他们将开始学习阿拉伯字母。

在海尔·妮萨的孩子们的童年，我们对这位母亲的了解不多。

虽然她是詹姆斯家庭生活中的核心人物，而且显然是一个文静却坚强的人，但她的书信没能存世，所以我们只能通过她的情人、丈夫、母亲和孩子的视角间接地了解她。她自己的话只有很少的例子被记录在案，而且是被拐弯抹角地记录下来。不过，通过她家人的印象和她自己的行动，她的形象能够比较清晰地浮现出来。

海尔显然是一个虔诚、冲动、情绪化的女人，在有必要的时候，她也是一个非常勇敢和坚定的女人。一旦她下定决心，就很少有人（尤其是她的母亲、外祖母或丈夫）愿意或能够阻止她。① 她知书达理，识文断字，经常写信。她也慷慨大方，经常给朋友们送去衣服和珠宝，而且擅长赢得别人的友谊，经常被朋友们簇拥着。[89] 她的孩子们记得她是一位温柔慈

① 对海尔来说，嫁给詹姆斯的一个主要好处就是她无须屈从于婆婆的意志。如果她嫁给海德拉巴人的话，几乎一定会被婆婆压制。嫁给詹姆斯之后，十六岁的她就成了自己的女眷居住区的女主人。——原书注

爱的母亲，比詹姆斯温和得多。萨希布·阿拉姆回忆说，詹姆斯是一位略显严厉的父亲，至少在最初是这样。这也许令人惊讶。许多年后，他写信给妹妹，说他发现了一些詹姆斯写给"英俊上校"的旧信的副本，从中可以清楚地看出："因为父亲［詹姆斯］发现了过度严厉对我的不良影响，他说他后来的所有善意都难以抚平我对这种严厉的恐惧，所以他对你［萨希布·贝古姆］比较宽纵。"[90]

我们偶尔可以了解到海尔·妮萨的爱好和消遣。在她的宫殿里有鸽子食盆，这似乎表明她像海德拉巴的其他许多贵妇人一样，喜欢放鸽子。从鸽子作为当时海德拉巴绘画主题出现的频率来看，养鸽是贵妇们的一大爱好。她还很有创造力，自娱自乐地制作（或至少设计）珠宝和手镯。她和詹姆斯都对宝石感兴趣。在写给威廉的一封信的附言中，詹姆斯说，他和海尔"在这里偶然发现，在热风中变得不透明的蛋白石，在水中浸泡后，会完全恢复其透明度和颜色，所需时间长短取决于蛋白石的大小和不透明程度。因此，必须将蛋白石归类于水蛋白石类宝石"。[91]这真是一幅可爱的景象：海尔·妮萨忙着制作首饰；詹姆斯在一旁观看，这位乔治时代的业余宝石学家在蛋白石变色的过程中抓耳挠腮，试图搞清楚这一地质学分类难题。

海尔将她制作的一套首饰作为礼物送给她的侄女，即威廉·柯克帕特里克的女儿。多年后，这批首饰中的一条项链又回到了萨希布·贝古姆手中，她将其作为去世多年的母亲的珍贵纪念品珍藏起来。她在给莎拉芙·妮萨的信中写道："我拥有一条项链或者说手链，那是我母亲用小珍珠串成的，由我母亲寄给我的一个堂姊妹。因为它经过了我母亲的手，所以它是我最珍惜的财产。"[92]海尔还制作（或至少设计）衣服，作为礼物送给亲朋好友。刺绣是莫卧儿贵族女子的传统手艺之一，努尔·贾汉①（以及其他许多皇室公主，如奥朗则布的女儿泽布·妮萨）在这方面的技能尤其出色。成年后，萨希布·贝古姆对她在海德拉巴的童年最深刻的记忆之一，就是"裁缝工作的地方［大概就在女眷居住区之外］"。[93]

至于海尔和孩子们一起玩的游戏和玩具，萨希布·贝古姆后来记得，在女眷居住区的平顶上有某种滑梯；我们知道，詹姆斯让他的代理人从英国寄来"几个穿着高级宫廷服装的欧洲玩偶"，供孩子们玩耍，也许是为了让他们熟悉欧洲人的服饰和肤色。

詹姆斯为计划中的新常驻代表府制作了一个 4 英尺高的模型，作为玩偶的家。这个模型现在仍然在海尔·妮萨的女眷居住区的遗迹后面和旧的围墙内，不过如今已经残破不堪。后来常驻代表府的传统说法是，模型是为海尔制作的，因为海尔居于深闺，无法绕到府邸的前面去看它的样子。这个故事虽然至今仍在海德拉巴流行，但显然没有现实依据，因为有充分的证据表明，海尔经常自由地在海德拉巴周围旅行，拜访亲友。对于居住在深闺的莫卧儿贵族女子来说，从自己的府邸出去野餐、朝圣、参观圣所和狩猎也很正常。[94]所以这个模型更有可能是詹姆斯为他心爱的孩子（也许是两个孩子之一，也许是

---

① 努尔·贾汉（1577~1645）是莫卧儿皇帝贾汉吉尔的最后一位妻子，权力和影响力极大，几乎可以算是贾汉吉尔的执政伙伴。皇帝娶她的时候，她是寡妇，所以他们的婚姻在当时引发了争议。

给他们俩）制作的玩偶屋，可能是作为生日礼物。[1]

詹姆斯向加尔各答申请资金来维修和重建半壁倾颓的常驻代表府，过了一段时间才收到答复。资金申请得到了批准，但远远达不到詹姆斯的要求：加尔各答方面规定，支出的上限为2.5万卢比[2]。

这个提议出自韦尔斯利之口，尤其显得小气，因为他刚刚拨出一笔巨款，在加尔各答为自己建造一座宏伟的新政府大楼。他说，这是为了让他免受加尔各答上流社会的"愚蠢和没教养的放肆"的影响。四年后，这座由孟加拉工兵部队的查尔斯·怀亚特中尉设计、仿照德比郡的凯德尔斯顿厅[3]建造的大楼共耗资63291英镑[4]。参观者当然很欣赏它。瓦伦西亚勋爵有句名言："在一座宫殿里统治印度，胜过在公司办公室

---

① 文保工作者艾尔布伦·基梅尔曼和她的学生团队独立地得出了相同的结论，即这个模型曾经是玩偶屋。2001 年夏季，他们开始修复这个模型，部分通过与尺寸类似的其他 18 世纪玩偶屋做比较，得出了他们的结论。柯克帕特里克在制作模型的同时从欧洲订购了玩偶（基梅尔曼不知道这一点），可以视为他们的结论的有力证据。有意思的是，在《王公的宫殿》（Palaces of the Raj）中，马克·本斯-琼斯（Mark Bence-Jones）写道："配有柱廊和栏杆的微型宫殿，是'夫人花园'的一个特色，深受后来许多代生活在常驻代表府的儿童的喜爱，不过大人不允许他们玩它，因为里面有蛇和昆虫。"模型的制成时间显然比真实建筑要早，从二者的许多区别就可以看出来。模型上的一些小的建筑特征始终没有反映到真实的常驻代表府当中。基梅尔曼对玩偶屋的修复，使得整个常驻代表府建筑群成功入选世界纪念性建筑基金会的 2001 年"百座濒危建筑"名录。——原书注

② 相当于今天的 15 万英镑。——原书注

③ 凯德尔斯顿厅位于英格兰德比郡，是著名的豪门世家寇松家族的庄园，是英国乡村大宅的代表作，建筑和园林都有很高的艺术价值。凯德尔斯顿厅的主体建筑是著名建筑师罗伯特·亚当在 18 世纪设计的。今天凯德尔斯顿厅属于英国国民信托（National Trust）。

④ 相当于今天的 380 万英镑。——原书注

里统治。"但韦尔斯利对公司资金越来越挥霍无度，这就引起了董事们的不满，让他们第一次开始讨论将他召回，并最终于1805 年将他召回英国。[95]

到了 1803 年初，公司董事们已经开始向韦尔斯利发难，并猛烈抨击克莱武勋爵在马德拉斯营造的建筑，尽管它远没有韦尔斯利的政府大楼那么宏伟。董事们明确表示："我们绝不会认为，我们在印度的政府有必要像土著政府那样大搞奢侈的排场和张扬炫耀。这样的体制造成的靡费，必然会严重损害我们的商业利益。"[96]但在伦敦，似乎没有人对韦尔斯利开展的建筑工程的规模有丝毫的了解。当账单送到位于利德贺街的公司总部时，董事们对"这项规模和宏伟程度无与伦比的工程……在没有事先沟通或定期与我们交流的情况下进行"感到震惊。[97]

我们不清楚詹姆斯是否向阿里斯图·贾赫暗示了常驻代表府的财政困难，还是首相通过自己的直接观察了解到常驻代表府建筑的糟糕状况。无论真相如何，在 1802 年的某个时候，他向詹姆斯建议，在没有公司资金的情况下，他可以向尼查姆申请资金。詹姆斯立即接受了这一建议。根据后来约翰·马尔科姆转述詹姆斯的说法：

[他] 请驻扎在海德拉巴的英国部队的工程师对该地进行精确的勘测。当勘测完成后，用一张大纸将勘测结果送到宫廷，在那里向尼查姆展示，请求他给英国政府提供该地。尼查姆在认真审视了图纸后，说他很遗憾不能满足这个要求。

常驻代表退下之后，对自己看似微不足道的请求遭到拒绝颇感不满。首相[98]笑着对他说："不要恼怒，你给尼查姆看的图纸太大，吓坏了他。你的田地几乎和他见过的王国地图一样大，难怪他不喜欢做这样的割让。你在缩小的比例尺上绘图，困难就会消失。"常驻代表很难相信会这么简单。他下一次觐见尼查姆时，在一张小卡片上给出同样的图纸，尼查姆欣然恩准，所以常驻代表确信［首相］对上一次失败的原因的猜测是完全正确的。[99]

尼查姆阿里·汗在年轻时凭借冷酷无情和个人魅力为自己赢得了王位，他也是一位卓越的演说家。[①] 但到 1802 年，这位曾经令人胆寒的勇士已是六十八岁的无牙老人，最近经历了两次中风，虚弱无力，无精打采，身体部分瘫痪。他现在成天喝着骆驼奶（他的尤那尼医生推荐的治疗他瘫痪的右臂和右腿的方法），在王宫的水池里钓家养的鲤鱼，有时会邀请詹姆斯加入。他的其他爱好是放鸽子、晚间欣赏音乐和诗歌，以及拆解欧洲钟表。

在海德拉巴的这些年，詹姆斯对尼查姆非常爱戴，不仅满

---

① 例如，在 1761 年，他率领海德拉巴军队迎战兵力比他多得多的马拉塔军队时，向将士们发表了演讲："人生就像一个泡沫，随时会破碎，就像花香随时会消失。如果留下怯懦的臭名，就会损害荣誉。谁不怕死，愿意牺牲自己的生命，就和我肩并肩，迎接刀剑的挑战吧。谁要是怕死，我允许他离开……"随后海德拉巴人赢得了他们历史上最辉煌的胜利之一。See *Tarikh i-Asaf Jahi*, pp. 121-34. ——原书注

足了他所有心血来潮的愿望，还想方设法地讨好"这位老先生"（詹姆斯在信中通常这样称呼尼查姆）。詹姆斯曾参加那次深夜的音乐晚会，当时尼查姆在欣赏玛·拉卡·白·昌达的舞蹈时因为过度兴奋而第一次中风。后来，詹姆斯不辞辛苦地为尼查姆找到一对"美妙的"香料岛鸽子，"每只都有鹅那么大"，以增补尼查姆的鸽子收藏；詹姆斯还为尼查姆的动物园找到一头小母狮。赠送这些礼物不仅是因为詹姆斯天性慷慨，也是因为这是有用的策略。詹姆斯私下里认为，如果不是他给尼查姆找到了他特别要求的三样东西，他可能永远也不会成功签下1800年的《附属条约》。这三样东西是：一座特别复杂的钟，"用可动的玻璃代表瀑布和喷泉"；"一只人工制作的唱歌的鸟……它是一台自动机器，镶嵌着珠宝……代表羽毛；一件毛皮斗篷……来自尼泊尔……对这位老先生来说是一件极好的礼物。即使在如此炎热的天气里，他也总是裹着一件毛皮大衣或披肩"。[100]

詹姆斯还尽力保护尼查姆不受那些可疑的魔法师、信仰治疗师和德尔维希庸医的影响。这些人在阿里斯图·贾赫的命令下，往往聚集在尼查姆的病床周围（据詹姆斯说，阿里斯图·贾赫"对占星术和巫术十分痴迷"[101]）。詹姆斯还逮捕了一些混入尼查姆宫廷的英国江湖骗子，例如，在1802年5月，他从海德拉巴驱逐了"一个在尼查姆和首相面前自称是著名炼金术士的冒牌货"。[102]但詹姆斯对海德拉巴本地的信仰治疗师和医生的影响力较小，尤其是一位"巫师"开始给"老先生"喂食大量水银，让詹姆斯非常担心。詹姆斯告诉威廉：

我必须告诉你，尼查姆虽然在我最近一次觐见时看起来好了很多，但他已经决定尝试一种药物，如果他继续服用（据我所知，他打算这样做）相当长的时间，根据我了解到的情况，他肯定会在十二个月或更短的时间内丢掉性命。这种药实际上是一个野心勃勃的庸医向他推荐的水银混合物，庸医说它能治疗中风，保证见效……尼查姆好心地让所罗门［阿里斯图·贾赫］和巴克熙夫人［尼查姆的正妻］也使用这种疗法，我最近一次觐见时看到所罗门和尼查姆一起服用这种药物。[103]

六个月后，詹姆斯惊讶地发现，尼查姆仍在服用水银，却很少表现出受到它的不良影响的迹象。不过，詹姆斯希望尼查姆开始厌倦那个给他喂水银的"巫师"。詹姆斯写道：

正如帕尔默上校观察到的那样，殿下肯定像猫一样有九条命，否则像这样年迈、体虚、生活放荡又受到庸医蒙骗的人，早该去见他的祖先了。他现在又在巫师的指导下服用水银（他曾经差一点就被水银害死了），这个巫师是由魔法师所罗门介绍给他的，所罗门仍然对他的魔鬼般的医疗技能有很大的信心。不过，巫师本人并不承认包治百病。如果我从私人渠道获得的信息可靠的话，巫师正在准备逃跑，可能是因为害怕东窗事发。他已经埋好伏笔，说当与他交谈的恶鬼或精灵拿着一根棍子到他的手里时，会一眨眼就把他抓住，并运到地球的另一端。[104]

詹姆斯对性情日益古怪的尼查姆的关切得到了丰厚的回报。尼查姆习惯称他为"爱子"，而且当常驻代表府的图纸被缩小到一张卡片的大小之后，尼查姆不仅欣然同意让出相邻的田地，还慷慨地表示愿意承担重建的费用。

尼查姆同意支付工程费用之后，詹姆斯就着手规划一座比他向加尔各答申请资金时设想的更大、更有规模的常驻代表府。宏伟的海德拉巴常驻代表府在传统上被认为是塞缪尔·罗素的功劳。毫无疑问，罗素监督了该建筑的最后一部分的完成，并可能对最终的计划进行了补充或改良。但从詹姆斯的书信中可以清楚地看出，最初的计划和施工的开始，是由詹姆斯本人在一位匿名的印度米斯特里建筑师①的帮助下进行的，这位建筑师显然先学习了莫卧儿人的建筑艺术，然后才从英国人那里学习了当代新古典主义形式的基本要素。詹姆斯的书信揭示了在帕拉迪奥风格的海德拉巴常驻代表府建筑看似完美的欧洲古典形式的背后，隐藏着一位受过莫卧儿风格训练的建筑师。就像东印度公司生活的许多特征一样，在表面的英国外衣之下，我们会发现更复杂的、英国-莫卧儿混合的现实。

1802 年 10 月，也就是"菲洛西提斯"书信引发风波的大约六个月之后，詹姆斯写信给身在马德拉斯的朋友詹姆斯·布伦顿，给出了一套详细的指示，要求他开始收集需要的人员和材料，以开启这项大工程。对于这一时期东印度公司建筑的细节，我们知之甚少，因为当时的公司建筑往往是由军队工程师以临时凑合的方式建造的，而不是由训练有素的建筑师主持建造的。三个英国管辖区城镇的大多数建筑，都是英国建筑的复制品，是根据罗伯特·亚当的《建筑作品》或科林·坎贝尔

---

① 原文为 Maistry（现代印地语：mistri），意思是技艺高超的工头或工匠大师。根据《霍布森-乔布森词典》，这个词"是葡萄牙语 mestre 的变形，已经传播到印度各地的方言中，被英国-印度人经常使用"。——原书注

的《不列颠的维特鲁威》等书中的图样建造的，尽管它们被赋予了一些表面上的东方特色，如百叶窗和游廊，但这些都是当地的气候要求的。很少有原始的图纸或书信留存至今，能够表明这些建筑背后的想法、理念和雄心。在这一点上，就像在其他许多领域一样，詹姆斯的书信特别有启发性，值得全文引用。他在 1802 年 10 月 6 日写给布伦顿的信中说：

> 我正准备在这个常驻代表府建造一座新的豪宅，我希望它既有品位，也经久耐用，所以我希望得到一位马德拉斯土著建筑师的意见和援助，还需要一些工匠，如米斯特里砖匠、铁匠和木匠。因此请你立即开始调研，并为我找来一名土著建筑师、两名或三名砖匠，以及铁匠和木匠各一名。要特别注意，他们每个人都应当是各自行当的专家，而且月薪应当尽可能在合理的水平。
>
> 我愿意支付他们的旅费，并在他们这种类型的匠人在马德拉斯赚取的工资基础上增加一些你认为慷慨的补助；也许还能给他们足够的激励，让他们挣到比在自己国家多一半或多三分之二的工资。雇用期至少一年。
>
> 我所说的土著建筑师，就是这里所说的"鲁阿兹"或一个精通欧洲建筑不同形式的专家级泥瓦匠。我要求的米斯特里砖匠必须精通砖和灰泥的操作，能够为在他们手下工作的海德拉巴本地砖匠示范，并且应当是运用精美抛光石灰石膏的艺术大师。米斯特里铁匠和木匠也必须是手工艺专家，并熟悉房屋木工，如天花板、地板、门窗的制作；而这里的铁匠和木匠只是粗工。[105]

在最后那典型詹姆斯式的经过深思熟虑的附言中，詹姆斯说，他很乐意安排将部分工资直接支付给工人在马德拉斯的亲属。

在几个月内，布伦顿就找到了泥瓦匠和建筑师，将他们派往海德拉巴。1803 年初夏，一百多年来德干高原上最宏伟的建筑之一的地基已经打好了。詹姆斯现在最关心的是如何在他的岗位上坚持足够长的时间来完成这项工程。在这一点上，他有充分的理由担心。

他不仅彻底地、无可挽回地失去了韦尔斯利勋爵的青睐，而且他的健康状况也很不妙。1802 年，他的风湿病越来越严重；到了年底，他又患上了严重的肝病，不得不卧床一个月，在 1803 年整个第一季度都非常虚弱。他一直没有完全康复，肝病在他的余生都在间歇性地发作。尤尔医生第一次开始嘀咕，建议詹姆斯考虑跟随同父异母的哥哥威廉回欧洲。

詹姆斯已经不再把英国视为自己真正的家乡了。他出生在印度，一生中除了十一年之外，其余时间都在印度度过。和帕尔默将军一样，他在印度如鱼得水，返回英国是他最不愿意做的事情。但随着他的健康状况不断恶化，他不得不越来越多地考虑回国，将其作为不得已而为之的最后选择。

第八章

1803 年 8 月 6 日，尼查姆阿里·汗在睡梦中去世，享年六十九岁。同一天，韦尔斯利勋爵向马拉塔邦联宣战，并派他的弟弟阿瑟出征。詹姆斯早就预料到这两件事，并对两件事情的前景都感到恐惧。

多年来，他一直在担心尼查姆的死亡和可能随之而来的大动荡。他有充分的理由担忧，因为几乎每一位莫卧儿皇帝都是在兄弟相残的流血冲突中上台的，同样的模式在莫卧儿帝国的卫星国海德拉巴也有浮出水面的迹象：当尼查姆阿里·汗的父亲尼查姆·穆尔克于 1748 年去世后，由于尼查姆的六个儿子争夺王位，海德拉巴陷入了长达十四年的灾难性内战。此外，尼查姆阿里·汗自己的后代已经表现出互相残杀的倾向：1795 年和 1796 年，尼查姆的长子阿里·贾赫和尼查姆野心勃勃的女婿达拉·贾赫分别发动了叛乱。虽然这两次叛乱很快就被镇压了（阿里·贾赫在米尔·阿拉姆的看押下自杀身亡，但可能不是真的自杀），但詹姆斯因为害怕尼查姆会突然死亡，在之前两年的大部分时间里都待在海德拉巴或其附近。这也是他不能去马德拉斯送哥哥威廉回英国的原因，尽管两人都知道这可能是他们最后一次见面。①

① 威廉最终于 1802 年 2 月 19 日从马德拉斯启程去英国，他之后再也没有见到詹姆斯。——原书注

不过，出乎大多数观察家的意料，海德拉巴的权力交接十分顺利。1803 年 6 月初，尼查姆又一次中风，随后詹姆斯向加尔各答悲痛地报告道："他的整个外貌现在［突然］憔悴至极，视力极差，昏昏欲睡，面容枯槁，说话虚弱无力，口齿不清，简而言之，他的身体机能受到了极大的损害。"[1]一个月后，"老尼查姆"的病情进一步恶化。詹姆斯报告说："尼查姆的状况仍然非常危险，几乎没有康复的希望。瘫痪已经蔓延到他的身体左侧，几乎剥夺了他的左手和左腿的功能……"[2]当老人显然行将就木时，詹姆斯和阿里斯图·贾赫都能够做出细致的安排，确保权力的和平交接。阿里斯图·贾赫是王储西坎达尔·贾赫的妻子的祖父，因此，像詹姆斯一样，坚定地致力于帮助王储顺利登基。

8 月 6 日清晨，尼查姆在乔穆哈拉宫去世，当晚被安葬在海德拉巴麦加清真寺宏伟的大理石前院，与母亲相伴。① 第二天，詹姆斯向阿瑟·韦尔斯利报告："到目前为止，除了首都发生了一些此种情况下通常会发生的骚动之外，一切平安无事。我毫不怀疑，我在明天能够向您报告，西坎达尔·贾赫王子和平地继承了王位。"[3]

果然如此。难能可贵的是，三十一岁的西坎达尔·贾赫能够在没有一个人利刃出鞘的情况下安安稳稳地接过统治权。第二天晚上，詹姆斯撰写了报告："我刚刚见证并协助西坎达

① 尼查姆那位严厉的父亲尼查姆·穆尔克为自己选择的安葬地是谢赫布尔汉丁·加里卜的契斯提苏非派圣所，位于德干高原另一端的奥郎加巴德附近的库尔达巴德，在那里他能在自己的偶像奥朗则布附近长眠。但后来的历代尼查姆都遵循尼查姆阿里·汗的做法，选择被安葬在海德拉巴，长眠在麦加清真寺前院内一排排出人意料地朴素和不起眼的墓碑下。——原书注

尔·贾赫殿下登上德干空出的王位。仪式是以适当的形式进行的，但因为上一任君主刚刚去世，所以没有什么隆重的仪式和排场。"为了庆祝西坎达尔·贾赫的登基，英国兵站、城墙上和戈尔康达的城堞上都燃放了礼炮。另外，詹姆斯严肃地报告说，作为庆祝活动的一部分，附属部队的欧洲人领到了"额外的黄油"（这种庆祝方式颇为怪异）；但除此之外，"城内和城外都十分安宁，我认为不可能发生哪怕是最轻微的干扰"。[4]

只有在精心筹谋的继承大业顺利完成之后，詹姆斯才意识到他是多么想念他的老朋友，那位古怪但善良的尼查姆。"我会永远怀念他，"詹姆斯在尼查姆驾崩一周后写信给威廉，"他的儿子西坎达尔·贾赫王子于 8 日在人民的欢呼声中登上了宝座。我一直向总督［韦尔斯利］保证，这次王位继承将是和平的。果然是这样，所以我觉得自己特别幸运。我有理由相信，其他方面有人对此表示怀疑，因此，如果我的预言没有成真的话，我毫无疑问会遭到相当严厉的指责，如果不是更糟的话……"[5]

不过，私下里，詹姆斯对尼查姆阿里·汗的继任者不抱幻想。五年前，他在从海德拉巴发出的第一份重要报告中，曾向韦尔斯利提到西坎达尔·贾赫的"不受欢迎和可耻的贪婪"，并说他"没有才华，缺乏判断力"。但詹姆斯也说："虽然［西坎达尔］身材肥胖，但还有几分优雅……他的举止平易近人，在他平和而英俊的面容上，温和、谦虚和善良的本性，都有明显的表现。"[6]但事实很快就证明，这只是詹姆斯的一厢情愿：没过多久就有消息开始流传，说新任尼查姆公然踢打他的妻妾，甚至企图用丝帕吊死他的多名亲属。很快就有人嘀咕，说他患上了精神病。据詹姆斯的助手亨利·罗素说：

[西坎达尔·贾赫的] 表情沉闷、抑郁而忧心忡忡……而且他看起来比实际年龄老得多。人们认为他在某种程度上是疯了，当然 [他的行为] 也助长了这种怀疑……他既受到自己的恐惧和嫉妒造成的错觉的影响，也受到他周围那些低级愚蠢的佞臣的有害影响……

尼查姆过着几乎完全与世隔绝的生活。他几乎从不公开露面，甚至很少接见大臣。他与他们的少量交往有时是通过短信，但一般是通过女仆传递信息。他的时间要么是在他的私人居室里度过，在那里他完全是一个人坐着；要么是和几个生性放荡、品格低下的近侍一起度过，这些侍从溜须拍马，助长他的偏见，进献谗言，污蔑大臣们欺君罔上，从而毒害他的心灵。他甚至与他最亲近的男性亲属也没有任何交往。他的兄弟和他的儿子们未获准拜访他，除非是在重大的节日。即使这样，他们也是在公共场合得到接见的。在这种情况下，他一般会接受他们的仪式性礼物，然后不和他们说话，就把他们直接打发走……[7]

很显然，已经不再有一位友好而富有同情心的海德拉巴君主可以让詹姆斯依赖了。

在尼查姆的领地经历了意想不到的宁静的同时，海德拉巴以北和以西的马拉塔人领地却爆发了一场极其残酷的战争。

马拉塔人是印度最后一支真正能够与英国人抗衡的强大军事力量。如今，韦尔斯利分化和征服马拉塔人的错综复杂的策略快要奏效了。正如帕尔默将军所说，随着伟大的首相纳纳·法德纳维斯去世，"马拉塔政府的所有智慧与克制都烟消云散了"，韦尔斯利只需要稳坐加尔各答，坐山观虎斗，看着伟大的马拉塔邦联自己垮台。[8]纳纳死后，互相竞争的马拉塔军阀们互不信任，搞起了形形色色的阴谋诡计。

事实证明，年轻的佩什瓦，巴吉·拉奥二世，完全没有能力把构成他的权力基础的不同派系团结起来。最严重的是，他疏远了强大的哈尔卡尔王朝，居然兴高采烈地看着哈尔卡尔王朝的一位高级男性成员在他的命令下被大象踩死。死者的弟弟亚什万特·拉奥·哈尔卡尔后来进攻浦那，通过奇袭占领了浦那城。[①] 亚什万特·拉奥在城内大肆纵火，并蹂躏附近地区，使浦那城"方圆150英里范围内全被夷为平地"。[9]为逃避敌人的报复，佩什瓦不得不流亡到英国控制范围内的巴塞因。这是孟买以北不远处的一个地方，满是凋敝的耶稣会教堂和多明我会修道院。

在巴塞因，韦尔斯利做到了帕尔默将军不愿意做的事情，迫使丧家之犬般的佩什瓦签署了屈辱的《附属条约》。这份被

---

① 亚什万特·拉奥此时的麾下将领包括雇佣军人威廉·林奈·加德纳，他是坎贝的公主玛赫·曼泽尔·妮萨的丈夫，曾经是詹姆斯和帕尔默将军的朋友。加德纳于1799年离开海德拉巴的芬格拉斯营，投奔亚什万特·拉奥。他在芬格拉斯营的位置被新到的威廉·帕尔默上尉接替。占领浦那不久之后，加德纳被亚什万特·拉奥诬陷与英国人合作，被判处炮决。但他逃走了，把妻儿带到了斋浦尔，在那里短暂地担任斋浦尔大君的非正规骑兵部队的指挥官，后来辞职，组建了自己的部队，即加德纳骑兵团，为东印度公司效力。——原书注

432 / 白莫卧儿人：爱情、战争与18世纪的印度

称为《巴塞因条约》的文件于 1802 年 12 月 31 日获得批准。韦尔斯利认为，有了这份条约，他终于成功地将马拉塔人变成了英国人的附庸。根据条约的规定，英国在浦那派驻了一支庞大的军队，监视佩什瓦的宫殿。英国还将出兵帮助佩什瓦复位。

詹姆斯一听到这份条约的细节，就知道这是不可能成功的，于是他鼓足勇气说了出来。在 1803 年 3 月的一份正式报告中，他警示道，佩什瓦领地内真正掌握权力的人是马拉塔军阀们，他们当中没有一个人会放任英国人控制巴吉·拉奥二世，把他当作傀儡。詹姆斯还预言，韦尔斯利的行动不但不会带来和平，反而会让马拉塔人团结起来（巴吉·拉奥二世自己都做不到这一点），马拉塔各邦的军队现在会"组成敌对我们的联盟"，来对抗东印度公司。

韦尔斯利收到詹姆斯的报告，觉得他很放肆，不禁大发雷霆。韦尔斯利写了一封语气激烈的回信到海德拉巴，说马拉塔人现在"绝对不可能"联合起来反抗，并说柯克帕特里克敢于唱反调就是"无知、愚蠢和奸诈"。但詹姆斯坚持自己的看法，答复说，他的情报来源表明，"这样的反英联盟是极有可能出现的"，亚什万特·拉奥正在去重新占领浦那的路上，而另一位主要的马拉塔酋长（贝拉尔王公）计划在那里与他会合。詹姆斯还为自己向阿瑟·韦尔斯利和克洛斯上校发送情报的行为辩护，说他的明确职责是"让人们对突然发生的事件做好思想准备，因为这种事件可能会引起暂时的恐慌和不便"。在信的末尾，詹姆斯向韦尔斯利发出挑战，说如果他错了，就请解雇他：

如果我在这里提出的解释没有达到预期的效果，而阁下对我的性格和行为的不良印象又不幸没有消除，那么就请阁下来决定，在这种情况下应当采取怎样的恰当步骤。无论阁下采取什么措施，我相信我都会以顺从和坚韧的态度来接受它们，因为我自信良心坦荡。[10]

詹姆斯在发送了这份报告之后，就坐下来等待自己被免职，他认为这已经是板上钉钉的事了。不过，当他对马拉塔人的所有预测被证明完全正确的时候，他的职位又侥幸保住了。在指责詹姆斯是无能的傻瓜的十一天后，韦尔斯利让秘书再次写信给他，这一次（詹姆斯后来告诉威廉）"通知我，总督认为我特别有资格执行这个任务，即立刻率领一支使团去贝拉尔王公的营地，阻止马拉塔人组成反英大联盟，尽管总督大人在几天前还说这样的联盟是绝对不可能的，而我被指控为愚蠢无知或者甚至更差的人，因为我认为马拉塔人可能组成反英大联盟"。[11]

然而，现在要想挽回韦尔斯利的侵略政策造成的损失，已经太晚了。8月，战争爆发了，五支英军部队从不同的方向向庞大的、现在已经联合起来的马拉塔邦联汇聚。在为期五个月的血腥战役中，阿瑟·韦尔斯利（后来被册封为威灵顿公爵）取得一连串辉煌的胜利，连续击败马拉塔人。其中一次，即阿萨耶战役，被他自己认为是他整个军事生涯中最精彩的胜利。但英国人也付出了巨大的代价。仅在阿萨耶战役中，阿瑟·韦尔斯利的军队就有四分之一的将士阵亡；他的一名高级军官不久之后写信给他："我希望您再也不会需要用如此高昂的代价换取胜利。"[12]

詹姆斯·柯克帕特里克认为，这场战争是不必要的，也是错误的。他更尖锐地指出："在他［韦尔斯利勋爵］所谓的全面平定计划中，我们浪费了大量鲜血和财富，而这个计划［实际上］只是全面征服［印度］的幌子……我们似乎离完成这个计划还很遥远，但［它］在其他所有印度王公当中激起了恐惧和对我们的敌意。"[13]

对詹姆斯来说，这场战争只会增加他对韦尔斯利总督的强烈不满。他写信给兄长威廉（已经与女儿们在英国团聚，并在巴斯"泡温泉"），表达他对总督的"蔑视和憎恶"。[14]他还一反常态地对他深爱的兄长表示愤怒："我很担心你对某人［即韦尔斯利勋爵］的公共原则和行为还保留着以前的好感，因为这至少会引起你我之间政治观点的分歧，而这种分歧似乎没有调和的前景。"[15]

他还告诉威廉，韦尔斯利勋爵麻木不仁地违背了他对帕尔默将军的所有庄严承诺。韦尔斯利曾经答应给帕尔默一笔丰厚的年金，并让他在加尔各答、在总督身边拥有一个显赫地位，然后把老将军从他在浦那的常驻代表府调离了。但帕尔默到了孟加拉之后，韦尔斯利就对帕尔默不理不睬。他不仅没有兑现诺言（给帕尔默一个职位），也没有给他任何形式的经济补偿，而且在马拉塔战争期间，连一次也没有召见帕尔默进行磋商，尽管在加尔各答乃至印度其他任何地方都没有一个英国人像帕尔默那样熟悉佩什瓦及其军阀的心思。这是对帕尔默的侮辱。正如帕尔默无奈地给他的老恩公沃伦·黑斯廷斯写的那样："韦勋爵已经完全停止了他的接待会，由于他不邀请我赴宴，我没有办法接近他。"[16]

在马拉塔战争的整个过程中，詹姆斯的信中充满了对帕尔默将军受到的"残酷待遇"和"持续的轻视和虐待"的担忧，并说，"坦率地讲，这让我痛苦不堪，但并不吃惊"。[17]

对詹姆斯来说，七个月后，天空变得更加黑暗。因为在1804年5月9日，詹姆斯在海德拉巴的另一位挚友和同盟者——首相阿里斯图·贾赫去世了，并于同一天被安葬在他自己的苏鲁尔纳加尔花园。

与大家早有预料的尼查姆之死不同，阿里斯图·贾赫的死完全出人意料。虽然他与尼查姆阿里·汗年龄相仿，但首相看起来总是更强壮、更活跃、更健康；到了六十五六岁，他还经常锻炼身体，特别是每天骑着他细心照料的良种阿拉伯骏马驰骋。4月底，他发烧了，病情在一周里似乎很严重，但十天后，他似乎挺过来了。詹姆斯向加尔各答报告称：

> 在昨天被医生宣布脱离危险之后，[阿里斯图·贾赫的]病情在快到傍晚时复发了，他在整个夜间持续发烧和谵妄，今晨与世长辞。他的遗体刚刚被相当隆重地安葬在距离城市约1英里的家族墓地，宫廷的绝大多数主要贵族和大批市民参加了送葬。[18]

对詹姆斯来说，更糟糕的是，当他尚未从痛失好友的震惊中恢复过来的时候，几天之后局势就明朗了：尼查姆西坎达尔·贾赫青睐的接替阿里斯图·贾赫担任首相的人选不是别人，正是詹姆斯的宿敌米尔·阿拉姆。此外，很快詹姆斯就知道了，米尔·阿拉姆的候选人资格得到了韦尔斯利的全力支持。

力劝韦尔斯利支持米尔·阿拉姆重新掌权的人是亨利·罗素。罗素从 1801 年底开始就一直是詹姆斯在海德拉巴的助手，最近在詹姆斯的推荐下，年仅二十一岁的他被提拔为常驻代表府首席秘书。在居留海德拉巴的英国人当中，他也成为詹姆斯的主要朋友和同盟者。詹姆斯写信给威廉说，"年轻的亨利·罗素继续像以往一样服从我"，他是"我最宝贵的年轻朋友"。[19]

尽管他们之间有十九岁的年龄差距，但两人有很多共同点。詹姆斯认为罗素是一个活泼有趣的伙伴。此外，和詹姆斯一样，罗素也很欣赏海德拉巴文化，还有一个印度情人，罗素与她生了一个与萨希布·贝古姆年龄相仿的孩子。[20]一名印度细密画师在这一时期为罗素画的一幅肖像在今天由私人收藏。画中可见一个机警、整洁、英俊的年轻人，头发剪得很短，留着长长的络腮胡，与韦尔斯利勋爵当时的胡子风格酷似。他穿着一件东西混合风格的制服，黑色刺绣夹克隐约是英式的剪裁，但下面穿着令人凉爽的白色印度裤子和印度斯坦拖鞋。[21]

罗素有一个很大的缺陷，虽然詹姆斯从来没有提到它，但从罗素自己的书信，而不是别人对他的评论中，我们能够清楚地看到这一点。他极其虚荣，自视甚高，对自己的相貌和头脑都很有自信。罗素兄弟姐妹十人，他排行老大。他父亲对他无比宠爱，视他为神童。在成长过程中，罗素对弟弟查尔斯抱着居高临下的态度，后来对自己的员工、同事、情人和妻子也是抱着这种傲慢态度。他最早一批写给查尔斯的信是在他十八岁时写的，那时他才刚到海德拉巴，却像一个世故练达的老江湖

（这显然是他对自己的评价）那样对弟弟谆谆教导，帮助弟弟了解成年人的奥秘。

1802 年，查尔斯刚到加尔各答时，亨利提笔劝他："我无须把你的注意力引向女士们。跟着我的脚步走，你就会成为一个受女士们欢迎的人；女性的陪伴和绅士的风度一样能提升人的心灵，但要避免成为那种令人讨厌的或者说是消极的、可鄙的'登徒子'。"他又写道："我在一个可爱的女性小朋友的陪伴下度过了一天的大部分时间，关于她的名字和描述，我请你参阅我最近从乔林基①写的信……你没有从欧洲给我带什么东西来吗？甚至连一件时髦的衣服也没有？"

一个月后，亨利责备弟弟没有掌握奉承加尔各答女子的艺术。"奉承只能通过第三人的媒介来进行，"他建议道，"如果你赞扬某个女人美貌，她无疑会相信你，但她不会留下你很真诚的好印象。无论你是否拥有［真诚］这种美德，你都必须让女人相信你拥有。但是，如果另一个男人告诉她，他听到你对她的美貌和理解力（女性最在意的两个方面）都给予了高度评价，她就会像喜欢自己一样对你产生好感……"这个建议似乎对查尔斯没有什么用，因为一个月后，亨利又气愤地写道："像你这样一位不凡的绅士，真的找不到一个朋友，通过他来奉承女人吗？"[22]

虽然罗素现在常驻海德拉巴，但当阿里斯图·贾赫的死讯传到孟加拉时，他正好在加尔各答探望父亲和继母。他立即被韦尔斯利传召到政府大楼，因为韦尔斯利要征询他的意见，看看英方应该推荐谁来接替阿里斯图·贾赫。罗素无法抗拒这种

---

① 乔林基是加尔各答市中心的一个繁华地带。

红地毯式的礼遇，迅速给总督写了一份简短的报告，其中提到米尔·阿拉姆（罗素从未见过他）可能是宫廷贵族中最亲英的人。韦尔斯利抓住了这句话，并利用它推翻了詹姆斯·柯克帕特里克在关于这个问题的报告中提出的各种详细建议。米尔·阿拉姆是韦尔斯利唯一见过的海德拉巴贵族，于是韦尔斯利在一瞬间做了决定。在罗素报告的空白处，他批示道："这份文件极好地体现了罗素先生的判断力、勤奋和对海德拉巴宫廷事务的精通。米尔·阿拉姆是唯一有资格担任这一职务或愿意（根据我们掌握的信息）按照亲英精神履行这一职责的人。因此，我们必须推荐他。"[23]

此后，在新任尼查姆和韦尔斯利的支持下，米尔·阿拉姆的任命得到了保证。这个决定被做出时，米尔仍被软禁在他的乡间庄园，因为他被阿里斯图·贾赫放逐，尚未返回海德拉巴城。

不过，有一个重大问题是谁也没有预料到的。米尔·阿拉姆已经在国内流亡了四年，其间没有在海德拉巴露过一次面。海德拉巴（或加尔各答）城里没有人知道的是，在那段时间里，米尔病得很重。1799 年，他身上首次出现麻风病的症状，此时已经发展到了很严重的程度。到了海德拉巴后，米尔不仅满腹怨恨、心态扭曲、一心想要复仇，而且他的身体也差不多垮了。在第一次去迎接归来的米尔时，詹姆斯惊恐万分，后来给威廉写信说："这个人的头脑几乎与他的身体同步腐烂，他的身体加上他那塌陷的鼻子，现在是人们见过的最恐怖的腐败和畸形的形象。"[24]

也不是只有詹姆斯一个人在看到米尔时感到震惊。《阿萨夫·贾赫王朝史》写道：

[返回海德拉巴时]，米尔·阿拉姆已经患上了可怕的麻风病，身体里渗出分泌物。许多印度医生和英国医生试图治愈他，但徒劳无功。最后［在一位阿育吠陀医生的建议下］找来了一条非常危险而愤怒的蛇，放在他的床上，因为据说如果蛇咬麻风病人，他就会痊愈。但蛇并没有咬他。它只看了米尔一眼，就唯恐避之不及地溜走了。[25]

不过，木已成舟。米尔·阿拉姆在 1804 年 7 月 13 日的仪式上被确认为尼查姆西坎达尔·贾赫的首相。不久之后，他就着手报复那些（在他眼中）于四年前欺骗和羞辱他的人。10 月 20 日，詹姆斯惊恐地听说，当天清晨，女兵团的女兵们包围了阿里斯图·贾赫的遗孀萨瓦尔·阿芙扎夫人的宅邸，将那里洗劫一空。詹姆斯向加尔各答报告：

> 米尔·阿拉姆为了获得殿下的好感，告诉他，［阿里斯图·贾赫］私吞了价值 120 万卢比的珠宝［这些珠宝理应属于政府］。他说这些珠宝都在萨瓦尔·阿芙扎［的住所］，并说应该将其充公。殿下派了五名女卫兵和他的一些阿熙尔女仆到萨瓦尔·阿芙扎夫人的家。她们大肆施暴，把夫人拖到院子里，挖开地板，取出珠宝，并把珠宝清单交给殿下。她们发现了属于夫人的估计价值 120 万卢比的珠宝和一个［价值］10 万卢比的珍珠臂环，还查抄了 35000 印章金币[①]、5 万宝塔币、70 万另加 92000 卢比、

---

① 印章金币（Mohur）是英属印度、印度若干土著邦国、莫卧儿帝国、尼泊尔、阿富汗等国家发行过的金币，一般相当于 15 个银卢比。

大量金器，金器包括一个［珠光宝气的］象轿，上有珍珠，估计价值 10 万［卢比］……[26]

萨瓦尔·阿芙扎夫人苦苦哀求，但新任尼查姆没有伸出援手，尽管她是尼查姆的正妻的祖母。相反，为了加重她的痛苦，尼查姆公开羞辱自己的妻子贾涵·帕瓦尔夫人，即阿里斯图·贾赫最疼爱的孙女，老首相曾在她的婚礼上哭泣。自从阿里斯图·贾赫去世后，贾涵·帕瓦尔夫人就受到尼查姆的嫌弃，得不到保护，开始像西坎达尔·贾赫的其他妻妾一样受到侮辱。当米尔·阿拉姆依次洗劫阿里斯图·贾赫最亲密的政治伙伴（首当其冲的是老首相的副手拉贾·拉戈蒂姆·拉伊[①]）的住宅和其他私产时，新任尼查姆也无动于衷。

到 1804 年中期，詹姆斯的地位似乎比以往任何时候都要脆弱。他不仅在加尔各答仍然是不受欢迎的人，而且在过去十二个月的时间里失去了海德拉巴的两位最亲密的朋友和同盟者。取而代之的是偏执狂、虐待狂和间歇性精神错乱的西坎达尔·贾赫，以及詹姆斯的死敌，满腹怨恨而恶毒的米尔·阿拉姆。不过，詹姆斯的地位其实比他想象的要稳固得多。

---

① 詹姆斯在给威廉的信中经常提到拉贾·拉戈蒂姆·拉伊，通常戏称他为"衣衫褴褛的蒂姆"。——原书注

他不知道，在伦敦的公司董事会越来越认同他的观点，认为韦尔斯利的侵略政策是不必要的、浪费资源的，尽管董事会更多关注的是总督不断发动战争的高昂代价，而不是出于伦理或道德的考虑。虽然韦尔斯利征服的土地比拿破仑同期在欧洲吞并的全部领土加起来更广阔，但这只是增加了东印度公司的赤字。此时公司的年度赤字猛增到大约 200 万英镑①。在韦尔斯利到印度上任时，公司的总债务为 1700 万英镑，而如今猛增到 3150 万英镑。韦尔斯利勋爵在加尔各答兴建规模宏大的新政府大楼的开支，是压垮董事们的最后一根稻草。董事们宣称，在韦尔斯利的领导下，东印度公司对印度的统治"变成了暴政"。

压力越来越大，到了 1804 年秋天，最后的决定已经做出。韦尔斯利将被召回，康沃利斯勋爵被派往印度，第二次担任总督，此时他已经是六十七岁高龄。[27]康沃利斯在 1804 年底离开了英国，不过直到 1805 年 5 月，韦尔斯利才收到来自伦敦的消息：他已经被解职。

连韦尔斯利的支持者都承认，他治下出现的一个主要问题是，现在没有人敢惹总督。正如他的弟弟阿瑟对在印度的另一个兄弟亨利·韦尔斯利说的那样："谁会向总督开诚布公呢？自从你和［约翰·］马尔科姆离开他以后，他身边就没有人有能力理解这些问题，没有人有胆量和他讨论这些问题，没有人敢在他犯错误的时候反对他。"[28]

在韦尔斯利的高级官员中，只有一个人敢于站出来反对他。在康沃利斯到达加尔各答之前，这位新任总督就已经充分

---

① 相当于今天的 1.2 亿英镑。——原书注

了解詹姆斯·柯克帕特里克的原则立场，即反对韦尔斯利的扩张主义政策。康沃利斯指示助手尽快安排自己与这位勇敢而理智的海德拉巴常驻代表面谈。康沃利斯还表示，他希望见到帕尔默老将军；他在第一次担任印度总督时对帕尔默印象很深，而且他有理由相信帕尔默在马拉塔问题上也曾站出来反对韦尔斯利。[29]

经过五年的调查、敌意和孤立，詹姆斯的英印共存思想和他致力于英印和解的态度，突然被人用新的眼光看待。诚然，康沃利斯不是自由主义者，他对印度人和混血儿的社会和经济地位下降负有责任，而在韦尔斯利的总督任期内，这一进程大大加速。尽管如此，康沃利斯侯爵并不相信威胁和武力是施行政策的好手段，他认为没有必要采纳韦尔斯利强加的那种赤裸裸的帝国主义；此外，他对韦尔斯利的做法造成的无谓的流血和开支感到震惊。在康沃利斯看来，他的工作是"避免战争［并］建立［印度王公］对英国人的公正与温和的信心"。这正是詹姆斯成为海德拉巴常驻代表后奉行的政策。[30]

虽然詹姆斯此时还不知道，但他的前途其实一片光明。

当詹姆斯的新常驻代表府的玩具屋模型在女眷居住区完成时，真正的府邸正开始从北边不远处的地基上缓缓升起。在整个 1802 年，詹姆斯每个月都与他在马德拉斯的朋友詹姆斯·布伦顿频繁通信，为建造新宅所需的工人做最后的安排。11

月初，仍然没有工人的踪迹，于是詹姆斯写信给布伦顿，询问工人的消息，因为他"非常焦急地等待建筑师和工人到位"。[31] 11月底，第一批建筑工人开始出现在从默苏利珀德姆港口到海德拉巴的道路上，但更熟练的工匠仍然不见踪影。詹姆斯在一封信中恳求布伦顿："立即派人到这里来，我要一个领头的米斯特里砖匠、一个木匠和一个铁匠……他们的工资当然很高，但我随后发现，他们每个人都是各自行业的大师，而领头的米斯特里砖匠是一个说得过去的建筑师。"[32]

熟练的米斯特里工匠们一个接一个地就位。到1803年初，他们已经开始打地基了。在一年的时间里，从错综复杂的脚手架和詹姆斯花园平房周围堆放的生石块中，一层层的石质结构开始慢慢崛起。在常驻代表府四重花园的鹩哥和长尾小鹦鹉的鸣叫中，传来了更急促的凿子与石头的撞击声、劳工和他们的妻子沿着狭窄的木质走道摇摆前行时的呼喊声，以及拉风箱的男孩和锻工的吆喝声，他们试图让自己的噪音盖过锻炉的轰鸣。

当常驻代表府门廊的柱子慢慢地从女眷居住区和莫卧儿花园的水渠之上竖起时，当雕塑家们在适当的时候开始在俯瞰新鹿园（豢养着许多驼鹿和黑色雄鹿）的大三角山墙上雕刻东印度公司的纹章时，詹姆斯目睹这一切，越来越心满意足。从他的书信中可以看出，新的常驻代表府是令他感到非常自豪的成就。不过，他始终对已故的两位"导师"——尼查姆阿里·汗和阿里斯图·贾赫心存感激。在一封给老恩公约翰·肯纳韦爵士的信中，他写道，他在阿里斯图·贾赫的帮助下，从老尼查姆那里获得了这块土地，"然后，若不是他们更加慷慨大方地欣然承担了所有随后进行的改良工程的开支，我仍然无法将他们慷慨捐赠的土地转化为永久的、辉煌的建筑。我相信，这些改良工程将成为他们的慷慨精神的永久纪念碑。很遗憾，如今接替他们的那两个人，与其前任的品性截然相反，十分吝啬，一毛不拔"。[33]

詹姆斯为肯纳韦写下了对常驻代表府"改良工程"的最完整描述。詹姆斯似乎已经接受他的哥哥威廉不是美学家，不会欣赏他为了把"海德拉巴最沉闷的地方之一变成整个德干最令人心旷神怡的所在"而做的努力。[34]在给威廉的信中，詹姆斯很少描述他的"改良工程"，就像他过去很少向威廉介绍自己的恋情进展一样。但约翰·肯纳韦爵士是个有品位的人，他很懂得如何建造乡间大宅，这一点在他返回英国时就已经体现出来了：他用自己在印度积累的财富买下了位于埃克塞特附近埃斯科特的由伊尼戈·琼斯①设计的豪宅，并对其进行了精心的扩建和美化。[35]詹姆斯知道这件事，他和肯纳韦交流的时候可以坦然地表达他对自己的创造物感到的喜悦和自豪："你会很难认出你曾经居住的地方。现在所有看到它的人，都无法抑制惊讶和钦佩之情。"1804 年 10 月，当建筑即将竣工时，詹姆斯自豪地写道：

旧的设计方案里，除了印度斯坦花园，现在什么都没有留下。花园得到了大规模的改建，我兄长在任期间残酷地砍伐的柏树也恢复了生机，如今这里一派欣欣向荣的景

---

① 伊尼戈·琼斯（1573~1652）是英国重要的建筑师，是第一位在建筑中运用维特鲁威比例和对称规则的建筑师，也是第一位将罗马和意大利文艺复兴时期的古典建筑引进英国的建筑师。他设计的建筑遍布全伦敦。他在舞台设计方面也做出了重大贡献。

象。你过去用餐的巴拉达利亭子，连同它后面的广场喷泉（如今是八角形的）另一侧的宫殿或居室，都被夷为平地。取而代之的是一座大型宅邸，根据最朴素的建筑规则建造起来，高两层，在古老的宫殿遗址上傲然挺立。宅邸的前面、东面和西面，都被游乐场环绕，还有一座饲养着鹿的围场，周长近1英里。

关于这座宏伟的新常驻代表府，他在给约翰爵士的信中写道：

我只想告诉你，上一任首相为我建造的房子，有一个带走廊和彩绘天花板的大沙龙，北面有一个几乎相同尺寸的门廊，南面有一条长廊，有两段富丽堂皇的公共楼梯，还有十二个私人套房，全部装修和家具都与建筑结构的华丽和王室捐赠者的身份相称。除了上述套房，还有一个拱形的底层，底层的一些套房在刮热风期间特别凉爽和舒适。①

在房子的北立面的前方，有一个宽阔的椭圆形的水池，它经常蓄满了水。水池的周围有一条宽阔的碎石步道，在适当的距离安设了路灯，步道的终点是一段令人肃然起敬的花岗岩楼梯，楼梯通向门廊。

作为对这份描述的补充，或者说作为对它的缺点的纠正，我可以顺便给你提供常驻代表府所有主要建筑和场地

---

① 换句话说，詹姆斯在他的乔治风格豪宅的地下室里建了一座莫卧儿风格的 tykhana，即避暑的地下室。——原书注

的图画。那位非常干练地协助我设计常驻代表府的先生①，正在绘制相应的图画。[36]

这座宫殿将成为詹姆斯的家，他试图说服威廉把他的长女伊莎贝拉（现年十六岁）送到他那里去，这样詹姆斯就可以带她"一起回到常驻代表府。到那时，那里也许会成为印度最令人愉快的地方之一。我想，伊莎贝拉自己看过一次之后也会同意的。我相信，你最终会发现，如果你认为她在我这里找不到合适的对象，那你就大错特错了。不过不管怎么说，尝试一下总没有坏处"。詹姆斯还坚持表示，他将支付伊莎贝拉在印度生活的费用，无论她是来海德拉巴见他，还是直接去加尔各答加入"渔船队"，即每年都乘船到印度寻找合适的丈夫人选的大批英国姑娘。② "你知道，伊莎贝拉是我的养女，因此我请求你将她完全交给我照料。承担她的开销是我的义务，也

---

① 可能指的是塞缪尔·罗素。很重要的一点是，与传统的说法不同，詹姆斯说罗素仅仅"协助我设计"，所以罗素并非主要的建筑师。——原书注
② "渔船队"当中的失败者在印度没有找到对象，返回英国的时候还是单身，这些姑娘被（相当残酷地）称为"返回的空船"。"渔船队"很多成员的命运似乎都是这样："印度教徒斯图尔特"在他那不寻常的著作《淑女宝鉴》中引用了他在加尔各答一次宴会上的谈话，宴会客人中就有一群"返回的空船"，她们抱怨说在印度的英国男人都更喜欢印度女人，而不是欧洲女人；很少有英国男人愿意娶白人姑娘，每一个英国男人都更愿意和印度情人厮守。"其中一位女士说，她们当初应当留在国内才对；如今结婚已经变得不时髦了；男人们的品位太差，所以无须引进更多外国美女，或者至少要等到曾经缺乏的新鲜感让先生们更喜欢本国女同胞，让他们想换换口味的时候。"斯图尔特相信，一个主要问题是当时英国女人穿着难看的胸衣和紧身褡。他建议，英国女人若想和印度女人竞争，不妨穿纱丽。他显然认为，纱丽是能想象得到的最性感的服装（为了推广纱丽，他口述了数千字）。19 世纪 30~40 年代福音派的兴起导致道德观发生变化，（转下页注）

是我的荣幸……"[37]

随着常驻代表府逐渐成形，离真正搬进去的日子越来越近，詹姆斯开始考虑如何布置他庞大的新宅邸。他首先订购了一块长60英尺、宽30英尺的巨大地毯，用于主接待厅。[38]他还买了一盏巨大的吊灯，这盏吊灯是东印度公司从一向囊中羞涩的威尔士亲王那里买来的，曾经挂在布莱顿的英王阁①。同时，考虑到他可以在宅子里举办的娱乐活动，詹姆斯让他的马德拉斯代理人设法给他找一个乐队指挥和"十二个来自孤儿学校的小伙子"，让他们接受培训，成为乐师。[39]他还搞到了形形色色的大量乐谱和乐器，还有二十车他日思夜想的土豆，"几个武装警卫在路上保护它们"。这就是他买来的比较奇怪的一批货物。[40]

与此同时，詹姆斯继续向欧洲发订单，购买其他更稀有、更贵重的物品，以实现他的伟大梦想，即把莫卧儿王公的生活方式、乔治时代英国绅士的乡村娱乐和文艺复兴时期才子的兴趣结合起来。在1803年和1804年，他对科学产生了越来越浓厚的兴趣。詹姆斯的信中突然写满了对"一台优质的电气设

（接上页注②）这似乎极大地提高了"渔船队"的成功率，因为英国男人与印度女人的婚恋变得越来越不可接受。见"印度教徒斯图尔特"的匿名文章 A LADIES' MONITOR Being a series of letters first published in Bengal on the subject of FEMALE APPAREL Tending to favour a regulated adoption of Indian Costume; and a rejection of SUPERFLUOUS VESTURE By the ladies of this country: with Incidental remarks on Hindoo beauty; whale bone stays; iron busks; Indian corsets; man-milliners; idle bachelors, hair powder, side saddles, waiting-maids; and footmen. By the author of A VINDICATION OF THE HINDOOS, Calcutta, 1809, pp. 16, 21。

① 英王阁（Royal Pavilion）是位于英国海滨旅游胜地布莱顿的豪华宫殿，为威尔士亲王乔治（后来的英王乔治四世）所建。建筑风格类似于莫卧儿建筑。

备和一台奇特的仪器的要求，希望能让宫廷的贵族们惊喜"，他还订购了"化学制剂的盒子"。电气设备显然在运输过程中丢失了，但"化学箱"及时送达了。①

不过，詹姆斯对化学的兴趣似乎很快就被他对天文学日益增长的兴趣取代了。他制订了一个雄心勃勃的计划，要在常驻代表府的屋顶建一座天文台。在1804年底，他要求威廉给他送去"一台用于天文观测的高质量望远镜……我的新房子的阳台是一个极好的天文台，这里有一位绅士，他激发了我对天文学这门崇高科学的热爱和仰慕"。[41]

这位绅士正是詹姆斯的老朋友和如今的姻亲，海尔的亲戚阿卜杜勒·拉蒂夫·舒什塔里。1804年底，舒什塔里趁着阿里斯图·贾赫去世和米尔·阿拉姆重新掌权的机会，从孟买（他曾在那里短暂地从事纺织品贸易[42]）回到海德拉巴，写完了他的伟大回忆录《给世界的馈赠》。天文学，就像哲学和法学一样，是阿卜杜勒·拉蒂夫所在的博学多才的舒什塔里赛义德氏族的传统研究领域之一。在来印度之前，他花了几年时间在他的诸多学识渊博的亲戚之一赛义德·阿里·舒什塔里门下研究星辰。赛义德·阿里和该氏族的很多成员一样，是杰出的学者，曾在巴格达担任首席天文学家。阿卜杜勒·拉蒂夫年轻

---

① 詹姆斯认为这个"化学箱""很奇特和有趣，但尺寸太小，并且因为瓶内药品的糟糕状况，毛病非常严重"。问题的根源似乎是邮购的不安全性，詹姆斯费了好大力气才把他面前的箱子与使用说明书匹配起来："28号与配套的实验说明书里的清单［不匹配］，因此需要1~28号瓶之外药品的实验都没法做。所以我拜托你尽快给我送一套类似的化学器材，但尺寸要大一些。最重要的是，瓶内药品与实验说明书里的清单要正确地匹配起来。特别是要有尽可能多的固态和液态磷。"之所以需要磷，也许是要用化学荧光的壮观景象给海德拉巴贵族留下深刻印象。——原书注

时就寻求过他的指导。①

舒什塔里开始认识到,不仅英国人在一些天文学问题上比波斯人更有见地,而且,令他惊讶的是,印度人的天文学也很先进:"哥白尼在天文学观测方面比传统的伊斯兰天文学家更精确,所以穆斯林的天文算书和我们的天文学家的预测不太可靠。在旁观者看来是太阳的运动,实际上是地球的运动……此外,英国人还拒绝接受星相影响人的命运的观念……甚至印度人在一些天文学和数学问题上也比我们懂得更多。"对于在其他方面仇视印度人的阿卜杜勒·拉蒂夫来说,这几乎是前所未有的服输。⁴³

不过,在某些问题上,伊斯兰天文学仍然遥遥领先于欧洲。一些在印度的英国业余天文学家惊讶地了解到这一点。1780年,在沃伦·黑斯廷斯与菲利普·弗朗西斯②的著名决斗中充当黑斯廷斯助手的托马斯·迪恩·皮尔斯,在18世纪70年

---

① 最令年轻的旅行者阿卜杜勒·拉蒂夫肃然起敬的一点是,赛义德·阿里既是诗人也是天文学家,夜间观星,而"每天下午在家中举行诗人的聚会〔majlis〕,大家各自朗诵自己的新作品。笔者〔阿卜杜勒·拉蒂夫〕曾在他们下学习天文学,直到他去世"。多年来,舒什塔里对天文学越来越感兴趣。与此同时,部分是由于他在印度期间受了英国人的影响,他似乎对通过观星来预测未来的传统思想越来越怀疑:他在《给世界的馈赠》中写道,他后来认为自己在中东学习占星术的岁月是浪费了,因为过了一段时间之后"我不再相信星宿对人的命运的影响,也不相信用占星术能够预测未来。但在那段岁月,我花了很多时间来计算和占星"。See *Kitab Tuhfat al-Alam*, p. 145. ——原书注

② 菲利普·弗朗西斯(1740~1818)是出生于爱尔兰的政治家,也是爱搞阴谋诡计的论战文章作者。他是沃伦·黑斯廷斯的主要对手和政敌。他错误地相信黑斯廷斯是孟加拉的腐败之源;并且他野心勃勃,企图取代黑斯廷斯成为印度总督,因此从1774年到去世一直对黑斯廷斯穷追猛打。在一次决斗中,弗朗西斯未能杀死黑斯廷斯,自己的肋骨反倒中了一发手枪子弹,随后回到伦敦。他的指控导致黑斯廷斯和大法官伊莱贾·英庇遭到弹劾,但他俩最终都被无罪开释。

代末对天文学产生了兴趣，定期将他的观测结果寄给格林尼治的皇家天文学家内维尔·马斯基林①。1783 年 9 月，与"一位博学的穆斯林"的谈话让皮尔斯注意到了波斯文著作《创造的奇迹》，其中显示土星（皮尔斯在当月 22 日的一封长信中兴奋地写给皇家学会的秘书）"拥有直到最近我们还完全不知道的东西，即它的卫星或土星环。迄今为止，欧洲人只观察到了土星的五颗卫星，[但在这部著作中] 土星被描述为拥有七颗卫星……我倾向于相信 [中世纪的阿拉伯人] 拥有比我们更好的仪器"。土星的第七颗卫星直到 1789 年才被天文学家威廉·赫歇尔爵士（1738~1822）正式"发现"，也就是在这封信的六年之后。⁴⁴在接下来的几年里，皮尔斯的信中不时提到他与专家和"博学的穆斯林"就天文学问题进行的对话。②

詹姆斯和阿卜杜勒·拉蒂夫·舒什塔里似乎也经常探讨天

---

① 内维尔·马斯基林（1732~1811）就是达娃·索贝尔的畅销书《经度》中的反面人物。皮尔斯应当会赞同该书对马斯基林的描述，因为皮尔斯后来停止将自己的观测结果发给格林尼治，并相信"马斯基林扣留了我所有的天文学观测结果，并且不懂礼貌，根本不回我的信"。——原书注

② 托马斯·迪恩·皮尔斯（1738~1789）不仅和詹姆斯一样对天文学兴趣盎然，而且生活方式也与詹姆斯类似。从皮尔斯的遗嘱来看，他早就秘密地与"印度斯坦的土著女子普娜·普利结婚，她在婚后的名字是普娜·普利·皮尔斯。我坚信不疑，尽管我们的婚姻多年来是保密的，但方方面面都是合法的。如果不是合法的，那么我一定会想方设法地将其合法化。我和妻子普娜·普利·皮尔斯只有一个儿子，他名叫托马斯·迪恩·穆罕默德·皮尔斯"。出人意料的是，皮尔斯夫妇把儿子送到了哈罗公学。我们不知道汤米·穆罕默德·皮尔斯有没有和他的英国公学同学们谈过他的印度母亲。我们也不知道，他有没有告诉过同学们，他父亲的印度教徒情人穆尔蒂就住在他们家中，帮助抚养他长大。并且，普娜·普利和穆尔蒂似乎都很富有，所以可能出身于精英阶层，因为皮尔斯在遗嘱里向两位偿还了大笔金钱。他说自己从她们那里借钱在乔林基买了地。从遗嘱中还可以清楚地看到，他的妻子普娜·普利拥有自己的莫卧儿花园，这座花园叫作普利花园。（转下页注）

文学问题，尽管很遗憾，相关的细节都没有留存至今。他们似乎经常在常驻代表府的屋顶上度过夜晚，忙着探讨和研究，看看如何将印度、伊斯兰世界和欧洲的天文学体系协调起来，以及他们可以从对方那里学到什么。詹姆斯在 1804~1805 年的书信里经常索要"一台完整的天象仪，有地球运行仪和月球运行仪，全部用黄铜制成，完全通过齿轮装置来显示天体运动，装在一个便携的红木箱子里"，以及"一对 18 英寸的地球仪和天球仪"。但他的信一次又一次地回到了望远镜的话题上，他一再告诉威廉，应该不惜一切代价搞到合适的望远镜，并嘱咐威廉在运输时要非常小心：

> 在［望远镜的］包装上确实应该不遗余力，因为望远镜的价值完全取决于包装它的镜片时采用的技巧和审慎的程度。如果镜片因潮湿或其他任何原因受到最细微的损坏，

（接上页注②）皮尔斯的遗嘱是在普利花园写下的，是一份极不寻常的文件，他在其中将自己的财产分给在哈罗公学就读的儿子、他的孟加拉穆斯林妻子和他的印度教徒小妾，但将他的化学和天文学仪器赠给格林尼治的皇家天文台。沃伦·黑斯廷斯的档案中还有普娜·皮尔斯写给黑斯廷斯的两封信。她在其中谈到丈夫去世后她遇到的困难，请黑斯廷斯运用他的影响力，帮助她获得丈夫遗产中属于她的份额，因为遗嘱执行人似乎没有足额支付给她。她写道，皮尔斯的全部财产如今"都在格雷斯上尉手中，但他不肯遵照皮尔斯上校的遗嘱，而是削减了给我的份额，以致我无法维持生计。您就像是我的保护者，所以我将此事告诉您"。最后她请求黑斯廷斯提携她的儿子（当时在英国）："我恳求您提携汤米先生。"因为没有相关的文献记载，我们不知道黑斯廷斯有没有回信，也不知道普娜的恳求有没有结果。托马斯·迪恩·皮尔斯的遗嘱见 Bengal Wills for 1787–1790, 1789, OIOC, L/AG/34/29/6, No. 26, The Will of Col. Thomas Deane Pearse。普娜·皮尔斯给沃伦·黑斯廷斯的信，见 Hastings Papers, BL Add Mss 29, 172, Vol. XLI, 1790, pp. 317, 410。——原书注

那么这台仪器将毫无用处，当然也一文不值……特别重要的是，［望远镜的］包裹应该存放在船上某个非常干燥和宽敞的地方，例如，下级军官食堂的某个舒适的角落。请仔细注意这一点，如果可能的话，建议将这些包裹托付给船长或大副，或者请他们两个人一起照管和负责……［如果包装得当的话，望远镜将］让我能够清楚地看到太阳上的斑点，以及月球上的山峰，甚至火山、木星环和土星环，就像你看圣保罗大教堂顶上的十字架一样清楚……[45]

詹姆斯似乎已经下定决心，不仅要让常驻代表府成为英国人和莫卧儿人对于文明与高雅的理念融合的地方，而且要让两个民族的智识生活在这里交会，并相互丰富，使双方都受益和互相欣赏。当然，这种交会是以典型的启蒙时代的文化与科技业余爱好者的方式进行的。

大约在这个时候，詹姆斯向约翰·肯纳韦爵士吐露心迹：尽管他对韦尔斯利领导下的印度的发展方向感到担忧，尽管他在事业上遇到了困难，但在审视自己设计的新建筑和他在海德拉巴为自己创造的生活时，他感到十分"快乐和舒适"。在一封罕见的写给哥哥乔治·柯克帕特里克（詹姆斯与乔治

很少联络①) 的信中, 他表达了自己强烈的幸福感和满足感,
并在信的末尾写道:

> 我只想说, 我的健康状况虽然不是很好, 但在这种气候
> 下生活了将近二十五年后, 总的来说还是不错的; 我的境况
> (感谢慷慨的上苍②) 比我最乐观的期望还要好; 我的两个
> 孩子的身心每天都在进步; 我的幸福几乎完美, 只缺那些
> 不在身边的朋友和远方的挚爱的亲戚的陪伴……[46]

不过, 在伊甸园般的田园风光的背后, 在宏伟的新常驻代表
府及其天文台、麋鹿和吃草的阿比西尼亚羊、与保姆一起嬉笑玩
耍的孩子们、花园和园林、有壁画的彩宫和流水潺潺的喷泉的背
后, 在这一切的背后, 总是隐藏着巨大的不可言喻的悲哀: 他知道
这些美妙的创造物如蛋壳般脆弱, 并日益意识到, 它们不可能持久。

---

① 乔治是詹姆斯的亲兄弟, 并且也在印度生活, 但他们的关系始终很冷淡, 彼
　此间只是偶尔联络。威廉·柯克帕特里克与乔治的接触甚至更少。乔治似乎
　是个不讨人喜欢的人物: 呆板、虔诚、缺乏想象力和魅力。尽管詹姆斯和威
　廉想方设法帮忙, 乔治在印度的事业也始终没能起飞。他于 1803 年最终回国
　时连船票都买不起。詹姆斯在这一年 6 月给威廉的一封信中写道: "我必须要
　谈谈可怜的乔治的糟糕状况。他乘'特莱弗斯'号回国了。为公司的民政部
　门服务了二十年之后, 他仍然很穷。他的代理人写信给我, 让我支付他的船
　票钱。我把他从加尔各答写给我的信附上, 你看了就会明白, 这个极好的高
　尚的人的处境是多么凄凉。但只要上帝让我还有能力, 我就一定会帮助他得
　到舒适便利的生活条件。"OIOC, Kirkpatrick Papers, F228/59, 11 June 1803,
　James Kirkpatrick to William Kirkpatrick。——原书注
② 这是詹姆斯用的一个有趣的、很典型的、不专属于任何宗教派别的自然
　神论的说法, 这种说法在基督教和伊斯兰教的语境里都适用。出于类似
　的原因, 今天很多生活在西方的穆斯林有时会用"全能的神"之类的说
　法, 而不是更有伊斯兰特色的"安拉"(不过阿拉伯基督徒也用"安拉"
　来指基督教上帝)。——原书注

1805 年 1 月底，詹姆斯的健康状况突然急剧恶化。7 月，尤尔医生为詹姆斯写了一份医疗证明，让他寄往加尔各答。上面写道：

> 特此证明，德干总督①殿下宫廷的常驻代表柯克帕特里克中校，在过去十八个月里，一直受到严重的肝病和风湿病的困扰。虽然用水银疗法到目前为止还能控制肝病，但最近的发作非常频繁（几乎每两个月一次），而且比以前更难治疗，所以我郑重声明，根据我的判断，他要想康复，必须换个环境。因此我建议准许他到海边去，若有必要，在他到达海边后，乘船离开印度。
>
> 乔治·尤尔
> 海德拉巴常驻代表府的外科医生
> 1805 年 7 月 13 日于海德拉巴[47]

詹姆斯希望一次快速的海上航行能使他恢复健康，但他比较务实地担心，"除了在一定程度上修补我的身体"外，这样的航行不太可能有更多的作用。[48]他忧愁地立了遗嘱，将他相当可观的财产分给他的孩子们、几个侄女和"优秀的、受人尊敬的……海尔·妮萨夫人"。[49]此外，他还意识到，如果这次航行未能治愈他，那么从长远来看，他只有两个选择，要么（不久之后）死在印度，要么退休去英国。他的精神在印度可能会如鱼得水，但他那可悲的身体不是那么有可塑性，似乎需要去英国疗养。

他想知道，在那种情况下，他心爱的海尔·妮萨会怎么样？在英国人服役期满、离开南亚次大陆时，他们的印度妻子和伴侣

---

① 指海德拉巴的尼查姆。

大多不会随丈夫回英国，尽管没有法律阻止她们这么做。莫卧儿游记作家米尔扎·阿布·塔利布·汗大约在这个时候访问伦敦，他描述道，他遇到了几位完全英国化的印度女子，她们与丈夫和孩子一起到了英国。其中有一位杜卡洛尔太太给他留下了特别深刻的印象。"她非常白皙，"他写道，"而且精通所有的英国礼仪和语言，以至于我在和她相处了一段时间之后才确信她是印度人。"他还写道："这位女士向我介绍了她的两三个孩子，年龄从十六岁到十九岁，他们的外表和欧洲人一模一样。"[50]

但是，其他人想把印度妻子带回英国的尝试却遇到了灾难性的问题。米尔扎·阿布·塔利布·汗在伦敦遇到并欣赏的另一位印度女子是菲兹·帕尔默的妹妹，来自勒克瑙的努尔。"陪同德·布瓦涅将军从印度来的努尔夫人……穿着英国人的服装，看上去一切都好，"他写道，"她对我的来访非常高兴，并请我给她住在勒克瑙的母亲捎一封信。"[51]但米尔扎·阿布·塔利布·汗在这里很谨慎，因为他没有说出詹姆斯和海尔很清楚、他（米尔扎）自己一定也知道的事情：努尔的婚姻在她和丈夫一起去英国之后就破裂了；她或许"看上去一切都好"，但她的生活已经毁了。

在1797年5月德·布瓦涅将军抵达英国的几个月后，努尔就被甩到了伦敦郊外的小村恩菲尔德，带着她的两个孩子——安妮和查尔斯。她还自愿承担抚养安托万·波利耶有一半印度血统的孤儿的额外负担。安托万·波利耶是帕尔默将军在勒克瑙的"白莫卧儿人"朋友，两年前他从印度回法国后不久，就在法国大革命中被杀害了。与此同时，德·布瓦涅迷上了美丽而热情奔放的年轻的法国流亡贵族女子阿黛尔·德·奥斯蒙（虽然他后来发现她是一个完全没有底线的"捞女"，但为时已晚）。1798年6月，也就是他与努尔到达英国的十三个月后，德·布瓦涅与阿黛尔结婚了。

努尔的家庭账目现存于尚贝里的德·布瓦涅家庭档案中，令人辛酸："努尔夫人"（账目中这样称呼她）每年要靠 200 英镑的生活费维持生计，她要用这些资金维持生活，支付房租、孩子的学费和其他所有费用；与此同时，德·布瓦涅在英国四处玩乐，一个周末就花了 78 英镑，为他的新婚娇妻购买项链、搭扣、手链和耳环。菲兹和帕尔默将军听到努尔的遭遇后深感沮丧，把这事告诉了詹姆斯。[①] 这肯定让他更加担心，

---

① 努尔仔细地记了账，以下是一个典型的例子：

18 次要零花钱……3.0 ［？ 先令］
一副手套……3.0
一把小刀……1.0
吉奥·波利耶的一件大衣：1.1
AB 小姐的一把银勺子：14.6
25 次马车送 AB 小姐上学：10.613
AB 小姐的饼干：1.0
GP 的 25 个橘子：1.0
AB 小姐的祈祷书和基督教教义书：1.6
《道德之花》，石板和拼写书……8.3

与此同时，德·布瓦涅斥巨资装修了他位于伦敦波特兰坊 47 号的住处：73 英镑支付给干活的木匠，39 英镑给粉刷匠，32 英镑给泥水匠，28 英镑给修马厩烟囱的砌砖匠，还有其他一些费用，共计 254 英镑，其中光是拆旧费就有 42 镑 19 先令。1798 年 9 月，德·布瓦涅花 169 英镑买了一辆轻便马车；1799 年 2 月，他花了 82 镑 5 先令请 J. 哈切特御用马车公司给他的马车上油漆。他在新伯爵夫人身上也花了一大笔钱：1801 年 7 月 14 日，他去找爱丁堡珠宝商"南桥的约翰·怀特"，花了 20 镑 13 先令给夫人买耳环、项链和一支金胸针。这显然还不够；次日，他回到同一家店，买了更多项链、搭扣、手镯和耳环，又花了 58 镑。十年后，德·布瓦涅要求把他的孩子们送到法国，到他身边。在那之后，努尔女士独自生活在萨塞克斯郡的霍舍姆，了却残生。她皈依了基督教，更名为海伦娜·本内特，并且给雪莱带来过启迪。雪莱曾看见这个被当地人称为"黑公主"的女人孤独而凄凉地在圣伦纳德森林周围游荡。

（转下页注）

如果他不得不返回英国，海尔的日子该怎么过？

詹姆斯并不是完全没有希望恢复健康；但他身边还弥漫着另一种更大的悲伤，似乎让人无法逃脱。几乎从孩子们出生的那天起，海尔·妮萨就知道，当萨希布·阿拉姆五岁的时候，他们就会被从她身边带走，并被送过黑水①去英国。孩子们将在远离她的地方度过童年的剩余时光，并接受英式教育。她本能地强烈反对这个计划。詹姆斯和她一样恐惧地等待着孩子们离去的日子，但认为非这样不可。1801 年，萨希布·阿拉姆出生后不久，詹姆斯给威廉写信说："我一定会尽快努力把我的小海德拉巴人送到英国去：与孩子分开会让我的灵魂极其痛苦，更不用说我可能会在另一个方面遇到阻挠了。"[52]

詹姆斯让他的海德拉巴穆斯林孩子在没有父母陪伴的情况下被送到英国，这（至少在他自己的眼里）并不是一种残酷的行为。相反，他认为自己为孩子做出了相当大的牺牲。当时人们普遍相信（并且这种信念也许是正确的），英印混血儿童要想有好的前途，唯一途径就是接受真正的英国公学的教育。在此时的印度，英国人对"土著出身"的英印混血儿童的种

（接上页注）她于 1853 年 12 月 27 日去世，享年八十二岁。她曾经的女管家巴金太太记得她"面色发黄，黑色的眼睛怪怪的。她有时直到正午才起床，就是起来了也还戴着睡帽。她对穿什么衣服满不在乎，但戴着珠光宝气的戒指。她抽长长的烟斗［可能是水烟筒］，动不动就发脾气，对什么都不耐烦"。她在霍舍姆的天主教教堂做弥撒，但她的墓地的布局和公墓里的其他墓地大不相同。这也许说明她在死前"两面下注"，试图按照穆斯林的规矩安排自己的墓地。见 Rosie Llewellyn-Jones, *Engaging Scoundrels: True Tales of Old Lucknow* (New Delhi, 2000), pp. 88–93 中关于努尔/海伦娜的令人伤心和着迷的片段。——原书注

① 这是印度人对大海的说法。根据传统，印度教徒如果"渡过黑水"就会失去自己的种姓。——原书注

族歧视变得十分恶毒，所以把孩子送到英国读书变得非常必要。如果不这么做，混血儿的人生选择就会受到极大的限制，他们就会遭到英国和印度社会两方面的排斥和嫌弃，被驱赶到社会边缘。

这方面最催人泪下的证明之一，就是陆军将领戴维·奥克特洛尼爵士关于他和穆巴拉克夫人的两个女儿的信。这些信大约写于 1803 年，他在信中讨论了这样一个问题：是把这两个女孩作为英印基督徒抚养长大，并试图让她们融入英国社会，还是把她们作为纯粹的印度穆斯林教育，并尽可能地把她们推向莫卧儿帝国晚期的印度社会。"我的孩子们的肤色不寻常地白皙，"奥克特洛尼写道，"但如果她们［在印度］以欧洲人的方式接受教育，不管她们的肤色多么白皙，她们都要背负这样的包袱，即她们会被称为'奥克特洛尼与一个土著女子的私生女'。这么一句话里浓缩了所有的恶毒和狭隘，你在这个国家居住期间一定看到了无数这样的例子。"[53]

奥克特洛尼指出，如果他让女儿们接受基督教并与英国人一起生活，她们的"黑色血统"将不断遭到嘲笑。但他犹豫不决，不想把她们当作穆斯林抚养、将来安排她们嫁入莫卧儿贵族家庭，因为"我承认，我不能忍受我的孩子成为诸多妻妾之一，[①] 即便我确信这么做没有别的坏处。何况世人必然会指责我作为父亲失职了，竟然用伊斯兰的信条来教导自己的孩子，尽管这样的指责对孩子们很不公平"。在给另一位处于类

---

① 这话从奥克特洛尼嘴里说出来就很讽刺，因为据说他有十三个妻妾，每天晚上所有妻妾每人乘坐一头大象跟着这位常驻代表在德里兜风。——原书注

似境地的苏格兰人休·萨瑟兰少校①（他最终选择将自己的孩子培养成穆斯林）的信中，奥克特洛尼在信的结尾相当感人地写道："简而言之，我亲爱的少校，自从我们分开以来，我一直在琢磨这个问题，但我还没能做出明确的决定。"[54]

詹姆斯也面临着类似的困境。在萨希布·阿拉姆出生六个月后，詹姆斯写信给他在马德拉斯的兄长，请威廉在抵达英国后，特别照顾詹姆斯的另一个"印度斯坦"儿子（我们不知道这个孩子的名字）。在信中，詹姆斯痛苦地反思了当时在印度的英国人当中盛行的种族主义。他清楚地知道，种族歧视对混血儿特别严酷。他还写道，这让他为自己年幼子女的未来感到担忧。② 起初，他相信这个问题的解决办法就是把萨希布·

---

① 萨瑟兰（1766~1835）来自因弗内斯郡的泰恩，是马拉塔人在阿格拉的要塞司令（不久之后与奥克特洛尼兵戎相见）。萨瑟兰晚年和他的印度妻子一起返回英国，定居在斯托克韦尔格林。萨瑟兰于 1835 年去世，但他的妻子（最终皈依基督教，而她的女儿们仍然是穆斯林）活到八十岁高龄，于 1853 年去世。萨瑟兰的两个亲戚也娶了印度女人或英印混血儿：约翰·萨瑟兰中校（1793~1838）曾短暂地指挥过尼查姆的非正规骑兵部队，娶了乌斯拉特·侯塞尼，"一位波斯公主，结婚地点是珀勒德布尔的大清真寺"；萨瑟兰家族的另一个游手好闲之徒是罗伯特·萨瑟兰（约 1768~1804），他被公司军队开除，加入了伯努瓦·德·布瓦涅指挥的为辛迪亚王朝效力的雇佣军。在那里他被称为"萨特莱杰大人"，娶了乔治·赫辛（也是为马拉塔人效力的欧洲雇佣军人）的混血女儿，生了一大群后来成为雇佣军人的混血儿。他和他的许多子女（以及他的赫辛姻亲的子女）被埋葬在阿格拉的罗马天主教公墓的有穹顶的莫卧儿风格墓地中。——原书注

② 詹姆斯在早期的书信中有时也会贬低英印混血儿。他对混血儿的态度，就像他对英印关系的其他许多方面的态度一样，在他爱上并娶了海尔·妮萨之后发生了极大的变化。他写到自己与她的两个孩子的时候，笔调与他过去谈到自己的第一个"印度斯坦"儿子时截然不同，比以前带着更多的温情。当然，不仅是种族原因，这可能与阶级也有关系：在印度和在英国一样，出身下层阶级的情妇生的私生子和贵族女子的孩子（不管是婚生子还是非婚生子）的地位肯定是大不相同的。——原书注

阿拉姆送到英国，与堂亲们一起生活，因为英国本土的种族歧视仍然远远没有在印度的东印度公司雇员当中那样严重。他在1801 年 9 月写信给威廉：

> 我仍然坚守着之前向父亲表达的观点，即对于［我的印度斯坦儿子］未来的幸福，或许还有人生的成功，最好的保障是尽可能让他留在他目前所在的国家［英国］，而不是在他的家乡［印度］。这么做是出于同样的原因，即［在印度的英国人］对土著母亲所生的混血孩子抱有不公正的偏见，无论他们的肤色多么白皙，行为多么端正，精神多么不屈不挠。

> 在肤色方面，我在这里的小儿子与他在英国的哥哥相比有很大的优势。他的肤色非常白皙，仿佛他是欧洲女性的后代。但是［詹姆斯在这里删掉了他原本想表达的话］我毫不怀疑，如果他不得不在生他的国家谋求生计，他将会受到同样的不公平待遇和侮辱。有一点使我对这个孩子感到特别亲切和喜爱，那就是他与我亲爱的父亲有着惊人的相似。他确实在各方面都是一个最可爱的婴儿……[55]

然而随着时间的推移，有了英印混血的威廉·帕尔默上尉在海德拉巴日益强大和成功的例子，詹姆斯似乎重新考虑了他的想法，即他的孩子的未来必然在英国。如果没有英式的精英教育，以及由此带来的卓越成就，英印混血儿童几乎肯定会像詹姆斯担心的那样，遭遇来自两个种族的最可怕的偏见；但如果受过英式的精英教育，正如帕尔默的职业生涯似乎表明的那样，詹姆斯的孩子们也许有可能利用他们在种族方面的两面性，在两个世界里同样如鱼得水。换句话说，如果准备充分，孩子们的未来很可能在印度。

为此，到了 1804 年初，詹姆斯开始给"英俊上校"写信，想知道老人家的身体是否健康，是否还有足够的精力照料两个孙辈。詹姆斯还详细解释了他对孩子们的教育的期望和想法。他在 1804 年 10 月给父亲写信：

> 关于女孩的教育问题，目前我只想表达一个愿望，那就是希望她接受私立教育，即不送她去寄宿学校。但是，那个男孩，我很高兴在他稚嫩面庞的轮廓中追寻你的模样，我觉得他的外貌与你酷似。也许应当尽早把他送到公学去。如果他在那里能效仿他的亲戚，即你在信中向我介绍的那个年轻的陌生人，我会非常高兴。[56]

这里的"年轻的陌生人"似乎是指"英俊上校"的许多私生子中的最后一个。如果我们的理解正确的话，这孩子出生于老登徒子七十多岁的时候。在同一封信中，詹姆斯解释说，当他把孩子们送到英国时，"由于我长期以来的健康状况需要至少暂时地换个环境，我提议，如果我能请到假，我将在 12 月或明年 1 月亲自陪他们到管辖区，在看到他们安全上船后，我再出海巡游。这是最有可能让我充分恢复健康、返回岗位的手段"。[57]

八个月后，到了 1805 年 6 月，詹姆斯的计划已经敲定，并且订好了船票。尤尔医生和詹姆斯一样，决定送自己两岁的儿子去英国。但不同的是，尤尔太太要和孩子一起旅行。詹姆斯意识到，这是一个极好的机会，让他的孩子们有一个他们认识并且会说乌尔都语的女人陪伴。正如他在写给威廉的信中所说的：

如果一切顺利，他们将于 8 月初离开这里，前往马德拉斯，然后搭乘东印度公司的"霍克斯伯里勋爵"号前往英国，预计该船将于 9 月初与舰队的其他舰船一同起航。孩子们将由尤尔太太直接负责，我已经和她一起包下了［船的］艉楼甲板室［船上最舒适和最宽敞的舱位］的大约一半。还将有一个名叫佩里的非常仔细周到的欧洲女人照料孩子们，她是我的乐队的一名乐师的妻子，我已经聘请她参加这次去英国的旅行。假设舰队在 9 月起航，他们大概在明年 3 月可以抵达，也就是（我估计）在你收到这封信的三四个月之后。[58]

原本的计划是让詹姆斯和海尔·妮萨护送孩子们去马德拉斯，正如詹姆斯向"英俊上校"解释的那样，"孩子们的可敬和蔼的母亲坚持要陪他们去那里"。[59]与孩子们告别后，詹姆斯和海尔将一同前往加尔各答，参加威廉的长女伊莎贝拉的婚礼。伊莎贝拉并没有像她父亲担心的那样"空手而归"，而是几乎在她离开舷梯下船之前，就被雄心勃勃的东印度公司年轻职员查尔斯·布勒抢走了。[①] 布勒刚刚被任命为财政理事会秘书，位高权重。婚礼定在 8 月 26 日，肯定会非常盛大。

但在最后关头，出现了一个麻烦。詹姆斯似乎染上了某种热病，此外，他的肝炎似乎也复发了。两种病症加在一起，使

---

① 伊莎贝拉是威廉·柯克帕特里克的女儿们当中最美的一个，她那摄人心魄的蓝眼睛和优雅的举止很快就在加尔各答闻名遐迩。根据 1899 年 4 月的《加尔各答评论》，"就连约翰·莱登这样挑剔的天才也为她写诗，她在胡格利河之滨被称为'缇坦妮雅'。她庄严大气的美貌让人将她比作雷加米埃夫人"。——原书注

他卧床不起、不良于行。此外，当时海德拉巴正酝酿着一场政治危机，因为韦尔斯利的马拉塔战争造成的破坏在德干高原引发了饥荒。在病床上，詹姆斯决心为救灾做一些力所能及的工作，正如他在8月初给一位童年老友信中所写的那样：

> 除了战争带来的磨难和灾祸之外，我们现在还要与恐怖的饥荒做斗争。饥荒已经使德干的大部分地区荒芜，现在正迅速向首都推进。在那里，过去一段时间的粮食短缺已经相当严重，几乎演化成了彻头彻尾的匮乏和饥饿。虽然这种灾难令人震惊，但它们当然不会对社会的上层阶级产生实质性的影响。但是，当救济几乎徒劳无功时，谁要是目睹这种惨景而不对它们造成的痛苦和悲哀感同身受，那他一定是铁石心肠。
>
> 虽然每天都有成千上万的人从我的餐桌上分得食物，并在我的命令下获得金钱救济，但每当我外出时，我仍然被大群形销骨立、哀哭怒号的灾民包围，他们不分男女老少，什么样的人都有。你可以想象那是多么凄惨的景象……[60]

作为赈灾计划的一部分，尼查姆和米尔·阿拉姆根据詹姆斯的建议，开始了一项规模浩大的公共工程和建设项目，从而为涌入海德拉巴的饥荒难民提供就业机会和工资。詹姆斯向威廉解释道：

> 我在常驻代表府的改良工程得到了许多赞赏，因此唤醒了米尔·阿拉姆和西坎达尔·贾赫对建筑改良的热情。

我已经说服他们，从他们囤积的巨额资金中拿出一些，投入公共和私人工程，城内的和城外的都有……［这些工程都有］相当大的规模和一定的品位。这些工程既能改善海德拉巴城的市容，也能给成千上万的穷人提供口粮，否则他们会在这个可怕的匮乏时期饿死。

除了朝廷主导的工程，一些穆斯林和印度教徒富豪纷纷效仿，也开展了一些规模较小的工程。其中，米尔·阿拉姆在工程师罗素中尉[1]的指导下开凿了一条运河，为整个城市供水，并即将修复侯赛因湖的湖岸，恢复从河中引水到侯赛因湖的古运河。他还即将在自己的豪宅前方建成一座拥有大量整齐房屋的广场，广场中央有一座石制蓄水池，一面是清真寺、土耳其浴室和伊斯兰学校，另一面是又宽又长的商业街，店铺的楼上是公寓，这条商业街通向上述广场，其整体效果相当引人注目。[2]

西坎达尔·贾赫在他的旧居周围也开始了类似的工程。此外，他还在林格阿姆帕尔莱[3]的一座古老花园的遗址上建造了一座大型花园别墅，部分是欧洲风格，部分是亚洲风格。最后，我还会努力劝他在靠近常驻代表府的城市那一端建一座桥，它将与海德拉巴西端的桥遥相呼应。[61]

---

① 这是詹姆斯在信中第一次也是唯一一次明确提到塞缪尔·罗素中尉。一般认为海德拉巴常驻代表府是他设计的。但我不同意。从詹姆斯的书信来看，罗素的贡献似乎仅限于工程末期的收尾，而且也许是在詹姆斯去世之后的事情。——原书注

② 这座广场至今仍然被称为米尔·阿拉姆广场，就在海德拉巴老城区，不过已经严重破败和荒废了。——原书注

③ 林格阿姆帕尔莱是海德拉巴郊区的一个地方，也叫塞里林格阿姆帕尔莱。

在整个初夏，饥荒危机和自身脆弱的健康状况使詹姆斯无法按计划离开，最后海尔·妮萨也选择留在海德拉巴，照顾生病的丈夫。不过，詹姆斯仍然希望自己的身体能充分恢复，在8月末孩子们预定的登船日前几天赶到海岸，和孩子们在马德拉斯会合。

因此，在6月末，詹姆斯和海尔·妮萨开始伤心地给孩子们收拾行李，为他们从海德拉巴出发做准备。当时这两个孩子分别只有五岁和三岁。他们与海尔·妮萨的分离是一件催人泪下的事情。她很清楚，她再见到他们的机会是多么渺茫；如果她再见到他们，他们会有多大的改变，无论他们的行为和态度，还是他们对她的爱，都会发生极大的变化。孩子们现在已经足够大，能够理解他们很快就会被带走，离开他们熟悉的一切，所以分别对他们来说更为痛苦。四十年后，萨希布·贝古姆仍能回忆起分离的每一个细节：

> 我最爱的人就是我的母亲，她在这方面从来没有任何竞争对手。我可以清楚地回忆起我们离开她时她的哭声，我现在可以在脑海中清楚地看到我们分别时她坐的地方，看到她撕扯自己的长发①。如今，如果能拥有一绺她的美丽头发（我多么爱她的头发！），我愿意付出任何代价。自从我当了母亲，我常常想到，眼睁睁看着我们被迫离开她时，她承受了多么可怕的痛苦……[62]

---

① 这是莫卧儿社会一种表达悲痛的仪式，也是海尔·妮萨能够做出的最极端的表达悲痛的姿态。——原书注

在马德拉斯，詹姆斯安排孩子们住在他的姨父和姨妈[①]威廉·皮特里夫妇那里，威廉刚被任命为马德拉斯市议会的高级议员。詹姆斯没有告诉海尔，孩子们住在皮特里夫妇家的时候，他还安排了另一个人去拜访皮特里夫妇。那就是盎格鲁-爱尔兰画家乔治·钱纳利。

钱纳利后来成为大英帝国最伟大的艺术家之一，他在马德拉斯待了两年半，这时接受了詹姆斯的委托，画一幅真人大小的儿童肖像，留给海尔做个念想。这是钱纳利到当时为止得到的最重要的一次委托：该画可能是他来到马德拉斯与他的兄弟住在一起后创作的第一幅全身肖像，当然也是他作品中尺寸最大的一幅。钱纳利是一个性格古怪、喜怒无常的人，时而兴致勃勃，时而低沉抑郁。某种情绪的脆弱似乎是他家族的特点：他的兄弟在马德拉斯的一家疯人院了却残生。[②] 部分要感谢他从詹姆斯那里得到的委托，钱纳利在次年得到机会为亨利·罗素的父亲老亨利·罗素爵士（身材肥胖、戴着假发的孟加拉大法官）画像。当钱纳利为老亨利爵士画像的时候，受到了亨利爵士的律师、日记家威廉·希基的密切关注。希基以敏锐的笔触描述了这位画家工作时的模样：

[①] 原文为 maternal uncle and aunt。詹姆斯的母亲姓门罗，所以威廉·皮特里应当不是詹姆斯的舅舅，大概是詹姆斯的姨父。东印度公司有一位著名的威廉·皮特里（1747～1816），曾任槟榔屿总督，是业余天文学家，但似乎没有合法妻室，只有一个姓瓦朗的混血儿伴侣，故存疑。

[②] 负责马德拉斯疯人院的医生证明，约翰·钱纳利"已经完全丧失……判断力，他的记忆严重受损，以至于认不得自己的近亲。他实际上处于最悲惨的白痴状态"。See Patrick Conner, *George Chinnery 1774–1852: Artist of India and the China Coast* (London, 1993), p. 87. ——原书注

钱纳利先生和其他许多有非凡才能的人一样，极其古怪，脾气怪异，以至于有时我觉得他精神错乱。他的健康状况当然不好；他有强烈的疑病症倾向，这使他的胡思乱想显得滑稽可笑。不过，尽管他的精神和身体有缺陷，他个人的虚荣心却以各种方式表现出来。当没有受到抑郁的影响时，他是一个开朗、讨喜的同伴，但如果疑神疑鬼地觉得自己身体有病，就极其忧郁和沮丧。[63]

詹姆斯的儿女在马德拉斯逗留的时间不可能超过三个星期，而且为儿童画像总是很困难的。但钱纳利的这幅画是印度的英国绘画的伟大杰作之一。钱纳利用最丰富、最绚丽的色彩展现了两个身着海德拉巴宫廷服饰的小孩子，他们站在被庞大的黑色帷幕笼罩的阶梯的顶端。萨希布·阿拉姆，一个格外美丽、稳重、有深色眼睛的孩子，身穿镶有镀金锦缎的猩红色长袍，以及与之相配的镀金束腰带；他头上戴着闪闪发光的小圆帽，脚穿脚尖翘起如月牙的拖鞋。他的脖子上挂着一串巨大的珍珠项链。他的小妹妹站在他上面的一级阶梯上，胳膊搭在哥哥的肩膀上，皮肤明显更白皙一些，她的小圆帽下露出一丝红发，在未来的岁月里，她的红发会让人非常倾慕。

不过，当萨希布·阿拉姆以一种近乎早熟的自信和笃定直视观众时，萨希布·贝古姆却低着头，脸上是无限的悲伤和脆弱，她的小眼睛哭得又黑又肿。钱纳利清楚地了解这个家庭正在经历的生死离别造成的强烈悲伤：六个月前，钱纳利的亲哥哥把三个年幼的孩子送回了英国，所以他很理解哥哥家中取代了孩子们哭声和笑声的那种空荡荡的悲恸与沉默。[64]

就在孩子们于 7 月末到达皮特里家住下之后，詹姆斯才得知，加尔各答的新政府突然间出乎意料地对他表示了欢迎。

7 月中旬，新任总督康沃利斯勋爵在马德拉斯登陆。在那里，皮特里向他简要介绍了印度的政治状况，特别是詹姆斯单枪匹马地抵抗韦尔斯利激进政策的情况，尤其谈到韦尔斯利一手炮制了马拉塔危机，随后又对其处置不当。皮特里后来告诉詹姆斯，他曾向康沃利斯禀报，说韦尔斯利的高级官员当中没有一个人有勇气质疑总督的政策，但"不偏不倚的正义感和对真理的热爱，迫使我破例赞扬驻海德拉巴的常驻代表，他是所有外交官当中唯一敢于就韦尔斯利侯爵的政治体制对马拉塔人造成的后果直言不讳的人"。[65]

康沃利斯于 1805 年 7 月 30 日在加尔各答登陆，接替韦尔斯利。新官上任，他立即明确表示，他不想要韦尔斯利认为理所当然的帝王式的辉煌排场。据当时在人群中迎接康沃利斯的威廉·希基说，当康沃利斯登陆时，这位耿直刚烈的老军人"对迎接他的庞大队伍感到惊讶和恼火"，因为有太多的马车、卫队、乐队、参谋军官、副官和仆人。"人太多了，"康沃利斯说，"我不要他们，一个都不要。我的腿还能走路，对吧？谢天谢地，我还能走，走得很好，嘿！"

他果然是自己走的。据希基说，第二天晚上，"当我出去透气的时候，我见到了韦尔斯利勋爵，他坐着六匹马拉的大马车，前面是一队龙骑兵和一些开道的骑兵。大约 10 分钟后，我见到了我们的新任总督康沃利斯侯爵，他自己赶着一辆四轮敞篷轻便马车，拉车的是两匹缓步慢行的老马，陪同他的只有秘书罗宾逊先生，除此之外没有其他随从"。[66]

不到一周后，在韦尔斯利溜回英国后不久，[①] 詹姆斯就收到了这位罗宾逊先生的一封短信，邀请詹姆斯到加尔各答面见新任总督，并向总督进行全面的汇报。这封短信的语气与詹姆斯已经习惯从韦尔斯利的孟加拉幕僚那里收到的那种书信截然不同。罗宾逊向詹姆斯保证：

> 勋爵大人……非常希望利用你的丰富经验，因为你很了解尼查姆对两国关系的真实想法，也很熟悉他的首相和主要谋臣的性情……皮特里先生向勋爵大人高度评价了你对公共福祉的热情，所以勋爵大人希望继续得到你这种热情的帮助。他有充分的理由相信，你在长期担任当前的重要职务期间，一直秉承着为公共福祉服务的精神。[67]

罗宾逊暗示，康沃利斯打算彻底改变韦尔斯利那种咄咄逼人的对外政策。他说，新任总督的主要目标是在印度王公当中

① 还有更多的私人、政治和经济层面的失意，在英国等待着韦尔斯利勋爵。尽管他后来成为外交大臣（任职时间为 1809～1812 年）和爱尔兰总督（任职时间为 1821～1828 年、1833～1834 年），但他在早年表现出的潜力始终没有完全发挥出来。他返回英国不久后婚姻就破裂了，后来他还不得不眼睁睁看着弟弟阿瑟成为政治家和民族英雄，风头远远盖过了他。他于 1842 年 9 月 26 日心灰意冷、满腹恨意地去世。See Iris Butler, *The Eldest Brother: The Marquess Wellesley 1760-1842* (London, 1973), passim. ——原书注

"建立起对英国人的公正与温和的完全信任"，因为"和解与仁慈是使他们［印度王公］产生这种印象的最有效手段"。他希望"避免战争"和"提供一切可能的便利"，使印度恢复和平。有鉴于此，他计划在可行的情况下尽快离开加尔各答，亲自去视察那些刚刚再度爆发针对马拉塔人的战争的地方。这是东印度公司与马拉塔人剩余的领袖中最强大的亚什万特·拉奥·哈尔卡尔之间的新一轮战争。哈尔卡尔于 1804 年 8 月底在今天的拉贾斯坦邦与古吉拉特邦的边界上伏击并歼灭了一支撤退的英军。[①] 康沃利斯希望会见的其他人中，还有帕尔默将军，他最近被贬到孟加拉恒河岸边的蒙格埃尔，担任一支驻军的指挥官，薪水很低，无人问津。[68]

罗宾逊把这封信的副本寄给了皮特里，皮特里给詹姆斯写了一封十万火急的信，建议他不要拖延。他暗示，这是詹姆斯的大好机会。詹姆斯说，皮特里把他所有的"密信和备忘录都给了康沃利斯勋爵，这些是我［皮特里］在过去三年里接管的……在那份详细的叙述中，特别提到了你［詹姆斯］……侯爵在这次会见中，比以前更殷切地希望你来加尔各答，并［说］如果他离开了这个地方，你就应该跟他到北方去……我非常自信地告诉你，将会发生很大的变化……"[69]

詹姆斯仍然病得很重，肯尼迪医生[②]建议他卧床休息。但詹姆斯很清楚，他的责任，无论政治责任还是身为父亲的责任，

---

① 哈尔卡尔最终与英国人议和，但不久之后发了疯。根据一种权威说法，"由于悔恨，他开始酗酒，喝了大量樱桃白兰地和覆盆子白兰地，在 1808 年疯了"。从那时起，他就被用绳子捆起来，靠人喂牛奶维生，于 1811 年去世。See Sir Penderel Moon, *The British Conquest and Dominion of India* (London, 1989), p. 347. ——原书注
② 尤尔医生已经在两周前带着妻子去了加尔各答。——原书注

都要求他尽快赶到马德拉斯。他离开海德拉巴前的最后一项工作，就是与米尔·阿拉姆达成某种形式的和解。他写的那封和解信没能存世，但米尔在 8 月 20 日的回信中承认，詹姆斯"在所有场合，在逆境中，在危难之时"都支持了他。正因为如此，米尔·阿拉姆承诺："我发誓……在我的余生，无论在你面前，还是在你不在的时候，我都会始终……愿意帮助和支持你……我决不采取任何可能影响你我的友好关系或者不符合你的愿望的行动。"[70]米尔还请詹姆斯帮个忙，希望詹姆斯在马德拉斯时能帮自己购买属于阿尔果德的纳瓦布的一处地产，因为米尔·阿拉姆想把这处地产收为己用。詹姆斯答应了。

一个星期后，詹姆斯吻别了夫人，鼓足了劲，从海德拉巴飞驰而去，希望能在孩子们起航前赶到马德拉斯。

从海德拉巴到默苏利珀德姆港的道路是德干高原最美的道路之一。

从常驻代表府出发，这条道路经过了班佳拉山丘的巨大圆形巨石，向附属部队兵站的帐篷营地延伸。在那里，道路沿着阅兵场公墓闪闪发光的新方尖碑和金字塔蜿蜒而行，五年前柯克帕特里克在那里安葬了他的朋友詹姆斯·达尔林普尔。

从那里开始，地势开始降低，道路沿着穆西河（在 8 月，穆西河是一股汹涌的、褐色的、翻腾的洪流，刚刚被雨季的雨水填满）平缓地朝海岸而去，离开海德拉巴周围尘土飞扬的棉田，朝海岸边更湿润、更葱翠、更闷热的大片稻田延伸。这是一种奇特的、超凡脱俗的景观，将德干高原与科罗曼德尔海岸联系在一起。起初，詹姆斯穿过了平坦的、新收割的棉田，那里点缀着椰子树和棕榈树。在那里，土地会突然毫无征兆地隆起，变成低矮的岩脊，凌乱巨石构成的山脊像驼峰一样从平原上升起。

夜雨之后的清晨，路边树上飘来缅栀花香，詹姆斯会发现，薄薄的雾气仿佛一条细密的披肩，遮住了地面，遮住了前方泥泞的道路，却让人看得见一片影影绰绰的棕榈树干，它们从雾气中升起，遮住了半裸着身子爬上树干收集汁液的人。路边的客栈在雾蒙蒙的棕榈树之后，显得格外坚固和宏伟，空荡荡的，只看得见从路上飞奔而来的猴群。

詹姆斯已经将近三年没有离开过海德拉巴。当他向海岸驰骋时，他的眼睛和耳朵会敏锐地感受到此地与他长期居住的城市和以穆斯林为主的世界的鲜明对比。在开满翠鸟羽毛般碧蓝的莲花的湖泊旁，他会看到一座伞亭的顶部，或者是一座破败的娑提纪念碑，标志着某个死去已久的葛萨拉①武士的妻子的自焚之地。偶尔他也会遇到一个头发上插着花的印度教徒女子，或者是一队皮肤黝黑的村民，他们短小的笼吉卷到膝盖以上。所有这些都提醒着人们，海德拉巴是多么脆弱和孤立的伊斯兰岛屿。因为这里就是特伦甘纳地区，是在穆斯林入侵之前就存在的印度教农村世界的一个碎片。在这些比较偏远的前哨，一切似乎都没有被五百年的穆斯林统治改变，也没有受到任何影响。

---

① 葛萨拉王朝（或葛萨拉帝国）是 10~14 世纪印度南部的一个政权，被毗奢耶那伽罗王朝灭亡，有许多神庙建筑存世。

起初，尽管下着雨、道路泥泞，但旅途还算顺利。克里希纳河是第一个主要障碍，因为在雨季，渡河有时会很危险；但詹姆斯顺利地过了河。9月9日，在詹姆斯出发一周后，留在海德拉巴常驻代表府主持工作的亨利·罗素报告了来自海德拉巴的消息。他写道：

> 艾迪生［常驻代表府的下级幕僚之一］前天抵达这里。我很高兴地从他那里听到，你已经快到克里希纳河了，并且没有因为疲劳而感到严重的不适。
>
> 努尔·奥姆拉［也］给我寄来了一份长篇报告，他从他在尼尔贡达的经理那里得知了你行进的情况。这是我们收到的第一条消息，确认你已经渡过了克里希纳河。
>
> 我不知道是不是应当希望这封信到达马德拉斯时，你还在那里。如果舰队还没有驶往英国，你能和小家伙们一起度过几天，那将是一件令人高兴的事；但如果你没有赶上舰队起航，我认为你最好能尽快前往加尔各答。
>
> 我刚刚派人到你的女眷居住区，去说我正在给你写信，并问夫人有无消息要捎给你。她的答复是，让我向你转达她的问候；让我向你保证，她一切都好，并急切地希望听到你安全到达马德拉斯的消息。[71]

这是詹姆斯和他的夫人之间的最后一次交流。目前还不清楚他渡过克里希纳河后到底发生了什么，但他到达马德拉斯的时间比预期要晚得多，比舰队起航晚了三天，他的健康状况也是一塌糊涂。9月12日，当马德拉斯城终于出现在詹姆斯的视野中时，他却没有看到他希望看到的比要塞城墙和圣马利亚教堂尖顶高出许多的雄伟的桅杆丛。"霍克斯伯里勋爵"号已经于 9 月 9 日和舰队的其他船只一起启程前往英国。根据一周后《加尔各答公报》公布的乘客名单，船上有尤尔太太和约翰·尤尔少爷、凯瑟琳·柯克帕特里克小姐和威廉·乔治·柯克帕特里克少爷。这是詹姆斯的孩子们第一次被冠以新的基督教名字，他们将终生使用这些名字。他们再也不会被称为萨希布·阿拉姆和萨希布·贝古姆了。"血统高贵的女士"和小小的"世界之主"已经彻底褪去了穆斯林的身份，就像蛇蜕去了第一层皮。[72]

詹姆斯很想念他心爱的孩子们，他的身体也因为旅途劳顿而严重衰弱。他出发得太晚了，加上道路泥泞，雨季末期秋雨连绵，克里希纳河涨水涨得厉害，所以他错过了告别的机会。

他在马德拉斯待了两个星期，试图恢复体力，但没有什么效果。看来再等下去也没有意义了，于是他在 9 月 22 日去见了阿尔果德的纳瓦布，并按照他的承诺完成了米尔·阿拉姆托付的使命。[73]尽管他的身体日渐衰弱，但他还是加紧赶往孟加拉，去拜见康沃利斯勋爵。9 月 25 日，他搭上了前往加尔各答的"梅特卡夫"号。[74]这艘船在默苏利珀德姆靠岸取水时，詹姆斯·阿基利斯·柯克帕特里克已经病入膏肓。

然后，很突然地，什么消息都没有了。

本书的故事是通过一系列异常详细而富有启示性的史料

（包括书信、日记、报告、公函）来推动的。支撑本书的电流竟然突然地闪烁起来，然后消失了。没有更多的书信了。史料陷入沉默，詹姆斯病危，神志不清，在船上发烧。灯光熄灭了，我们被留在黑暗中。

时不时有一个微小的电流涌动，灯泡短暂地重新闪烁起来。报纸上有一条消息：根据 10 月 10 日《加尔各答公报》公布的乘客名单，尤尔医生与詹姆斯一起上了船。在与自己的妻儿告别后，尤尔一定是在马德拉斯遇到了詹姆斯，看到他的状态糟糕，便自告奋勇要陪他去加尔各答。船上还有塞缪尔·达尔林普尔上尉和夫人，不过他们可能不太受詹姆斯欢迎。塞缪尔是柯克帕特里克已故的朋友詹姆斯·达尔林普尔中校的堂兄弟。四年前，在没有牧师在场的情况下，詹姆斯在海德拉巴为这对夫妇举行了婚礼。但作为附属部队的高级军官，达尔林普尔上尉可能对詹姆斯并不那么友好，他的妻子玛格丽特是海德拉巴有名的悍妇之一。芒斯图尔特·埃尔芬斯通认为她是"一个矫揉造作、臭脾气、傲慢的女人"。[75] 不过在这趟旅途中，她可能忙于照顾丈夫，没有过多地犯嫌，因为塞缪尔·达尔林普尔也病了，和詹姆斯一样"带着病假证明前往孟加拉"。[76]

"梅特卡夫"号于 10 月 7 日星期一傍晚到达加尔各答，詹姆斯被抬上岸，显然已经奄奄一息。他被带到侄女伊莎贝拉家，他此前可能从未见过她。在海德拉巴的最后一刻延误，意味着他不仅错过了孩子们的启程，也错过了伊莎贝拉与查尔斯·布勒不久前在圣约翰教堂举行的盛大婚礼。

在侄女和尤尔医生的照料下，詹姆斯又坚持了一个星期，得知了一条苦涩消息：他的最后一次旅行竟然是白费功夫。原来，康沃利斯在向孟加拉内陆挺进的过程中，身体也垮了。他

病入膏肓，在见到帕尔默将军几个小时之后就去世了。在印度
的生活仿佛是赌博，可以让人飞黄腾达，也可以让人客死他
乡，康沃利斯成了输家。正如帕尔默将军在给沃伦·黑斯廷斯
的信中写的那样：

> 可怜的侯爵希望我在河边与他见面，以便他能与我交
> 谈一天。我从蒙格埃尔前往鲍格尔波尔，在那里见到了
> 他。但他心力交瘁，让罗宾逊告诉我，他无法与我交谈，
> 并希望我们不要看到他痛苦不堪的样子……他被抬上岸，
> 在那里他每天都变得更加虚弱。在过去的两天里，他一直
> 处于完全昏迷的状态……因此，我们从迫在眉睫的毁灭中
> 获救的美好前景，以及恢复我国的公正、诚信和温和的声
> 誉的希望，都被扼杀在萌芽状态。[77]

当帕尔默在第二天，即10月5日写完这封信时，康沃利
斯已经与世长辞。詹姆斯根本不需要费心离开海德拉巴，他的
整个旅程都是徒劳的。10月14日，詹姆斯恢复了足够的体
力，在自己的遗嘱中添加了一些附录。由于担心自己随时可能
有不测，他把这些附录偷偷地带在身上。[78]当晚，他就陷入了
昏迷。第二天清晨，即1805年10月15日，他就去世了，年
仅四十一岁。

当天晚上，按照孟加拉的习俗（因为天气炎热，遗体很
快就会腐烂），詹姆斯·阿基利斯·柯克帕特里克被安葬在加
尔各答公园街公墓的方尖碑和陵墓群中。这是一场虽匆忙但正
式的葬礼，以全套军礼举行。棺材由英国陆军第67步兵团护
送，陆军少将尤恩·贝利爵士致悼词，赞扬了詹姆斯"值得

颂扬的公众形象"和他为东印度公司做出的"重大贡献"。

但这不可能是一场感情洋溢的葬礼。因为詹姆斯是死在陌生人中间的,远离他爱的每一个人,远离每一个爱他的人。他心爱的妻子、他的两个孩子、他的两个兄长、他的朋友和他的父亲都不在他身边。当他被安葬在雨季的泥泞土地里时,他们甚至没有一个人知道他已经死了。无人为他落泪,有的只是冰冷的军礼。棺材被放入墓穴,坟墓的泥土被填平。

就这样结束了。加尔各答对死亡已经习以为常。正如一位公司雇员所说:"我们知道发生过这样的事情:[在中午]与一位先生共进午餐,在晚餐前被邀请参加他的葬礼。"在其他任何地方,死亡都不会如此毫无反响。俗话说,在孟加拉的欧洲人的平均寿命是两个雨季;有一年,在总计 1200 人的欧洲居民当中,有三分之一以上的人死于 8 月至 12 月底之间。每年 10 月季风结束时,幸存者都会举行感恩宴会,庆祝自己幸免于难。一位新来的公司雇员的妻子在 1826 年的日记中写道:"这里的人今天死了,第二天就被埋了。他们的家具在第三天被卖掉。他们第四天就被遗忘……"[79]

詹姆斯的家具没有被卖掉,但奇怪的是,他的一台"电气设备"成了拍卖商品。两年前,他曾订购它来取悦海德拉巴宫廷的贵族。它不知为何在邮递过程中丢失了,并消失在中国沿海。在詹姆斯去世的那一周,它突然又出现在加尔各答港的码头上。10 月 28 日,在一则讣告之前,《加尔各答公报》刊登了一则大幅广告:

将于下个星期六在公开拍卖会上出售属于已故詹姆斯·阿基利斯·柯克帕特里克中校遗产的一套大型、全新、贵重的电磁和魔法实验设备。

但我们不知道它卖出了什么样的价钱，也不知道买家是谁。[80]

十八天后，詹姆斯的死讯才传到海德拉巴。根据亨利·罗素的正式报告，得知这个消息后，整个宫廷陷入了"普遍的忧郁"。没有人记载海尔·妮萨失去丈夫后的反应，但我们很容易想象。她毕竟还只有十九岁，詹姆斯的死意味着她很可能再也见不到她的儿女了。他们现在将远离她，变成英国儿童。她失去了自己曾经为之努力的一切，曾经梦想的一切。她的未来一片黑暗，她得不到任何安慰。

她丈夫的最后一封情书，至少是最后一封存世的情书，实际上是詹姆斯的遗嘱。在其中，他明确表示，海尔不需要他的钱，因为"我的两个孩子的优秀而受人尊敬的母亲，名叫海尔·妮萨，拥有足够的地产和其他财产，包括世袭的和后来获得的，不包括她的个人财产和珠宝，价值不少于 5 万卢比，所以我认为没有必要特别为她提供金钱"。但是，詹姆斯暗示，海尔或他们的子女或他的亲戚可能误解这句话的意思。因此，他又明确宣示了对她的爱："不过，为了证明我对她的无尽的爱和感情，并作为我对她的敬意和思念的最后标志，我死后，请立即从我的资金中拿出 1 万海德拉巴卢比支付给她。"

如果在支付孩子们应得的部分后，遗产还有剩余，还将再分给海尔·妮萨1万卢比。但海尔不需要金钱来证明丈夫对她的爱。詹姆斯一次又一次为她冒了极大的风险，拿自己的一切孤注一掷。生活中的大多数关系，都可以在没有受到任何真正关键的、根本性的考验的情况下存续（也许有的关系不受到任何考验也不能存续）。但詹姆斯的命运是，他的爱情不是一次，而是四次受到考验。他和海尔的恋情受到了四次完全独立的调查。在每一个阶段，他本都可以轻松地与他的少女情人撇清关系。但每一次他都选择了对她忠贞不渝。

这足以证明他对妻子的爱，而无须什么遗嘱。

故事似乎就要这样突兀而悲惨地结束了。

在过去两百多年里关于这段恋情的各种短篇记述中，对于海尔·妮萨的最终命运，人们做出了许多猜测。有人说，她因为悲痛而渐渐香消玉殒。另一种说法是，她试图去英国寻找孩子们，但在斯里兰卡沿海淹死。还有一种说法是她搬到了加尔各答或马德拉斯。这些猜测似乎都不是基于任何确凿的文献证据的。

本书的研究工作进行了四年之后，我对海尔的遭遇仍然一无所知。詹姆斯去世后，在伦敦印度事务部图书馆中构成"柯克帕特里克档案"的数百箱文献中，没有一处提到她。这似乎令人惊讶，因为威廉·柯克帕特里克在1805年之后的文件相当多。但是，尽管我花了几周时间追寻和查阅他的档案中的每一张纸片，仍然没有找到一丝关于海尔命运的线索。詹姆斯的墓志铭也没有提供任何线索，他的墓志铭是由悲痛的"英俊上校"下令镌刻在加尔各答圣约翰教堂的南墙上的（至今仍在那里），文字浮夸而很不恰当，因此显得怪异。① 肯纳韦和帕尔默档案同样对这个问题保持沉默。讨论这段恋情的各种海德拉巴编年史和史书也缄口不言。就连阿卜杜勒·拉蒂夫·舒什塔里也对他亲戚的遭遇只字未提。詹姆斯死后，海尔·妮萨似乎就消失了，从史海中消失得无影无踪。

但我后来发现，有一件史料我忘了查。2001 年夏天，我驱车前往牛津的博德利图书馆，快速查看罗素档案。这套卷帙浩繁的手稿是由亨利·罗素的孙子阿瑟·罗素爵士捐赠给图书馆的，时间是第二次世界大战之后英国人不得不靠罐头肉和定量配给维持生活的艰难岁月，当时罗素家族也不得不卖掉豪宅。

---

① 墓志铭的文字为：

> 超凡的艺术：唯有它的魔力才能使
> 岩石软化，给石头注入生命力。
> 用符号来标记心脏，反映头部，
> 从冥界复苏一个活的形象！
> 停止这些劳作，把凿子的恩典
> 借给寻求你拥抱的孝德。
> 这些讲述了他的骄傲、他的狂喜和解脱。
> 用悲伤纪念，一位父亲的眼泪。
> 当他们亲切的光泽欢呼的时候，他的胸膛也发出了
> 一束光，指向幸福的长眠。
> 希望建立在信仰之上，情感是抚慰和治愈
> 神圣地低语"他们必然得到报偿"。

——原书注

　　起初，罗素的文件让人略感失望。虽然不乏厚厚的文献，都是用蓝色皮革装订的精美书卷，但在 1805 年 6 月至 1806 年 1 月这一重要时期，这里也有一个莫名其妙的空白，只有 11 月的一封信填补了这一空白。这是加尔各答的亨利·罗素爵士给他在海德拉巴的儿子查尔斯·罗素的信，信中顺便提到柯克帕特里克的死，说那是"最近发生的令人忧郁的事件"。但这里同样没有提到海尔·妮萨。[81]

　　然后，我发现了一段关于 1806 年 4 月亨利·罗素去加尔各答旅行的文字，这趟旅行与他作为詹姆斯遗嘱执行人的职责有关。罗素当时心情不好。"自从来到这里后，我就一直被疖子困扰，"他在给弟弟查尔斯的信中写道，而且像往常一样虚荣地补充道，"因此〔我〕出去的时间不多。"但在对面的一页上，有一段话说得很清楚："他们带着可怜的夫人和孟希，比我晚几天离开了克塔克①，大概会在 25 日左右到达这里。"

　　我仿佛找到了救命稻草。经过四年的苦苦搜寻，终于有了线索。海尔·妮萨在 1806 年 4 月还活着，而且正和孟希阿齐兹·乌拉一起前往加尔各答。但她要做什么呢？我尽可能快速地阅读罗素那褪色且难以辨认的圆形草体字。

　　1805 年 9 月詹姆斯离开马德拉斯之后，史料仿佛被黑影笼罩，让我们的故事在最关键的时刻陷入黑暗。有了上述的罗素档案，这些黑影又迅速散去了。在詹姆斯去世之前，史料的细节一直很清晰，而且可以得到多个不同角度的信息来源的佐证；对于詹姆斯去世之后的情况，罗素档案的记载没那么清

---

　　① 克塔克在今天印度东部的奥里萨邦。

晰，而且仍然有很多问题没有得到解答。但我在博德利图书馆待了一个月之后，一个非同寻常的故事的轮廓就相当清晰了。此外，我们对海尔·妮萨本人也有了更清楚的了解，而詹姆斯那些措辞审慎的书信始终让我们无法如此清晰地观察海尔·妮萨。

詹姆斯去世后的那一年仍然是一片空白。但从 1806 年秋天开始，海尔·妮萨重新出现在舞台的中央。她到此时为止从未离开过海德拉巴，所以她正在进行的旅途对她来说一定是一次史诗般的朝圣之旅：在一年中天气最恶劣的时节，行程 1000 英里，前往印度的另一端，到丈夫的墓前哀悼。这是她对詹姆斯忠贞不渝的明确标志，也是最好的证明（如果需要证明的话），证明了她和他的交往并不只是她母亲和阿里斯图·贾赫精心设计的诱骗常驻代表的政治阴谋。她是真的爱他。

罗素的书信告诉我们，海尔显然不是一个人在进行这次远行。除了孟希，莎拉芙·妮萨也来了，不过她的母亲杜尔达娜夫人（此时大概已经七十岁甚至八十岁了）留在海德拉巴老城的家族宅邸。幸运的是，罗素当时也在加尔各答，并在信中记录了一切。他与海尔·妮萨分开旅行，要处理与她不同的事务，但计划在加尔各答与两位夫人会面：他曾在这两位女士身边生活，也曾传递她们的短信和消息，但从未见过她们的面。

另一个计划也在进行当中。菲兹和帕尔默将军也打算在加尔各答与两位夫人会面。詹姆斯的侄女伊莎贝拉·布勒也会到加尔各答，海尔曾给她送去蛋白石首饰，但两人从未谋面。听起来，这次远行对海尔来说就像是某种重生，让她能逃离常驻代表府深闺的空笼子，逃离那里的所有记忆。这趟旅行也许能够帮助她解开心结。

罗素语调欢快的书信记录了他们的进展。在这个阶段，当然没有什么迹象表明，整个故事中最悲伤和最悲惨的部分还在后面。

第九章

19 世纪初，当威廉·亨特第一次乘船驶入加尔各答，准备在东印度公司担任初级职员时，他给家里写了一封信："想象一下，把自然界所有最光辉的东西和建筑界所有最美丽的东西融合起来，大概就能理解加尔各答是什么样子。"如此不吝溢美之词，不仅仅因为（正如一位尖刻的评论家所言）亨特恋爱了，而且因为他刚从佩卡姆①来。[1]

1806 年，加尔各答正处于其黄金时代的巅峰，被称为"宫殿之城"或"东方的圣彼得堡"。作为英国在孟加拉的桥头堡，加尔各答无疑是印度最富有、规模最大、最雅致的殖民地城市。在这里，像菲利普·弗朗西斯那样在印度发财的英国富翁，可以在 17 世纪 70 年代夸耀自己是"孟加拉最好的房子的主人，拥有一百个仆人、一座乡间别墅、宽敞的花园、马匹和马车"。从现存于印度事务部图书馆的弗朗西斯的"酒册"，可以了解这些人的生活方式。在我们随机挑选的一个典型月份里，弗朗西斯、他的家人和客人喝了 75 瓶马德拉酒、99 瓶波尔多红葡萄酒、74 瓶波尔图葡萄酒、16 瓶朗姆酒、3 瓶白兰地和 1 瓶樱桃白兰地，总共喝了大约 268 瓶酒。不过，如此豪饮的部分原因是加尔各答饮用水的质量不佳，以及人们普遍相信应该通过添加酒精，尤其是添加一点白兰地，来"净化"

①　佩卡姆是今天伦敦的一部分。

饮用水。[2]

也不是只有英国人在这里过着纸醉金迷的生活：孟加拉的许多印度商人世家同样春风得意。例如，穆利克家族在全城各地拥有多座庞大的巴洛克风格宫殿，并习惯乘坐一辆用两匹斑马拉的豪华马车在城内兜风。

如果说加尔各答给从乔治时代的伦敦出发的英国人留下了深刻的印象和惊喜，那么它则让莫卧儿和波斯的旅行者惊愕。对他们来说，加尔各答让宏伟的规模与欧式城市管理和帕拉迪奥建筑等新奇概念水乳交融。[①] 海尔·妮萨的亲戚阿卜杜勒·拉蒂夫·舒什塔里在 1789 年第一次看到加尔各答时简直不敢相信自己的眼睛。他写道：

> 这座城市现在有大约五千座气势恢宏的两层或三层砖石或灰泥楼房，大多数是白色的，但也有一些粉刷得貌似大理石。公司派了七百辆牛车，每天将街道和市场的垃圾运出城外，然后倒入河中。所有的人行道都有排水沟，把雨水排到河里，而且人行道是砖砌的，这样可以吸水，防止形成泥浆。楼房紧邻街道，过路人看得见屋里的动静。夜间，上下层的房间都燃起樟脑蜡烛，这真是美妙的景观。粮米丰富，价格便宜……

① 不过即便在它的巅峰时期，加尔各答的城市规划也不理想：早在 1768 年，杰迈玛·金德斯利太太就觉得这座城市看上去"极其粗笨，奇形怪状，仿佛所有的房子都被抛向空中，然后凭着运气坠落到了如今所在的地方：人们不断地建造新房屋；任何人只要能买得起盖房子的土地，都按照自己的品位和方便来施工，丝毫不考虑城市的美观或整齐"。Mrs Jemima Kindersley, *Letters from the East Indies* (London, 1777), p. 17.——原书注

在这里不必害怕盗匪，没有人拦住你，质问你从何处来、往何处去；时常有大船从欧洲、中国和新大陆抵达，满载精美布匹和其他贵重商品，所以天鹅绒、缎子、瓷器和玻璃器皿在这里都不稀奇。在加尔各答港口，通常停泊着超过一千艘或大或小的船，船长们在抵达或起航时都鸣炮宣示……³

加尔各答是一座商贸城市，也是一个挥霍无度的地方，它以放荡不羁而闻名世界。四十年前，罗伯特·克莱武写道："腐败、放荡和缺乏原则似乎占据了所有公务员的头脑。"他是根据自己的亲身经验这么说的。英治加尔各答是一个独特的内向、自恋和自私自利的社会，俨然英国的一处飞地，与真正的印度联系极少。例如，菲利普·弗朗西斯在南亚次大陆的十年间，从未离开过加尔各答城外一两英里的范围；而直到1793年，艺术家威廉·霍奇斯沿着恒河和亚穆纳河旅行时，还能表示："一个与我们联系如此紧密的国家竟然如此鲜为人知，这真令人惊讶。关于这个国家的面貌、它的艺术和手工艺，至今还鲜有人知。"⁴

每年抵达加尔各答的数百名东印度公司雇员和军人，通常是英国外省地主家庭囊中羞涩的幼子、在1745年詹姆斯党叛乱①中失去土地或者财富或者两者都失去了的苏格兰人、从伦敦东区招募来的新兵、潦倒不堪的盎格鲁-爱尔兰地主和牧师子弟。他们都愿意拿自己的生命冒险，长途跋涉数千英里，来

① 1745年詹姆斯党叛乱：查尔斯·爱德华·斯图亚特（1720～1788，斯图亚特王朝被推翻时的国王詹姆斯二世的孙子，绰号小僭王、英俊王子查理）发动叛乱，败于卡洛登战役，从此詹姆斯党一蹶不振。

到孟加拉的沼泽地和酷热难当的丛林，忍受令人难耐的恶劣气候，随时都可能早逝。他们愿意这么做，是出于一个原因：只要能在印度活下去，那么世界上没有比这里更容易发财的地方。

比起生活在印度其他地方的英国人，加尔各答的英国居民更清楚、更明确地表明，他们来到东方，就是为了在最短的时间内积累财富。对于东印度公司里的政治野心家来说，加尔各答也是个好地方：在这里，在总督身边，你有机会扬名立万，很快就能升官发财，如果一切顺利的话，就可以带着总督的身份和荣誉回国，使你能与继承了家族头衔的兄长媲美。在加尔各答，似乎很少有人对他们忙着劫掠的国家的风俗习惯，或者对他们本国的社会礼节有什么兴趣。

1806年的时候，威廉·希基是一名律师，为亨利·罗素的父亲、孟加拉的首席大法官工作。希基在加尔各答已经待了三十年，但每天在城市的酒馆和饭厅里看到的过激行为还是让他感到震惊。在他那本著名的日记中，他描绘了一个贪得无厌、麻木不仁、俗不可耐的世界。在那里，无聊而有钱的公司职员会在加尔各答的潘趣酒馆①里，把吃了一半的鸡隔着桌子互扔取乐。他们的女人们往往只扔面包和糕点（而且是在喝了一点樱桃白兰地之后），她们认为这种克制是最高的"机智与教养"的表现。更糟糕的是：

---

① 潘趣酒（Punch）当然是一个印度词，源自印度斯坦语的"panch"（意思是"五"），指的是这种酒有五种成分。根据《霍布森-乔布森词典》，五种成分一般是亚力酒、糖、酸橙汁、香料和水。——原书注

那种野蛮的［加尔各答］习俗，即投掷像药丸一样的小面包球［来击打就餐的同伴］，甚至连女性也遵从。丹尼尔·巴威尔先生是该领域的高手，他能在远处把一根蜡烛打灭，而且是连续打灭好几次。这种适合野蛮人而不适合高雅社会的奇怪把戏，引起了许多争吵……莫里森上尉曾多次表示对这种弹丸游戏深恶痛绝，并说如果有人用弹丸打他，他就会认为那是一种侮辱，并因此而憎恨对方。在他这么说之后的几分钟内，他的脸部遭到了一记精准的打击，虽然是桌子下面的一只手打的，但他可以通过手臂的运动来追踪弹丸是从哪里来的。他看到，投掷弹丸的是一个他最近才认识的人。

于是，他毫不犹豫地拿起面前一个盛着一条羊腿的盘子，把盘子朝对方扔去，而且瞄得极准，击中了对方的头部，把对方从椅子上打翻下来，那人的太阳穴上留下一道深深的伤口。双方后来进行了决斗，那个倒霉的投掷弹丸的人被子弹射穿了身体，躺在床上好几个月，一直没有完全康复。[5]

加尔各答有四千个欧洲男人，却只有二百五十个欧洲女人，而且能消费的地方不多，所以公司职员往往在加尔各答的大街上游荡，在城里著名的妓院里嫖娼，在酒馆里胡闹。就连原本很欣赏加尔各答的舒什塔里也对后街林立的妓院的数量以及由此造成的健康问题感到恐惧：

妓院门口设有广告，上有妓女的肖像……淋病在各阶层当中流行。这是一种严重的性病，会导致阴囊和睾丸肿胀。因为太多妓女聚集在一起，疾病从一个人传播到另一个人身上，在这个地区即便穆斯林也是这样！[6]

舒什塔里在其他地方承认，甚至他自己的亲戚也在加尔各答染上了这种病，"这是一种孟加拉常见的皮肤瘙痒病……这种病蔓延到他的全身，瘙痒使他无法休息，因此他不得不雇用四个仆人不停地给他抓痒和擦洗；他们的动作太猛烈，以至于他经常晕倒；他再也吃不下饭，睡不着觉"。[7]这种社会病之所以猖獗，至少有部分原因是加尔各答欧洲人上流社会的礼仪和道德有很多不足之处，至少在舒什塔里那样的波斯人眼里是这样。让他担心的不仅仅是严重酗酒的现象："不管晚上还是白天，没有人在自家吃饭，互相认识的人都会去别人家一起放荡……没有人能够阻止自己的妻子与陌生的男人混在一起。因为女人不戴面纱，谈恋爱是很正常的事情……"[8]

从某种程度上说，这一切都不足为奇。在加尔各答的大部分东印度公司雇员不过是些青葱少年，有的人早在十五岁就从英国来到了印度。经过六个月沉闷而又不舒服的航行，他们被从船舱里释放出来，第一次发现没有人管束他们。一名旅行者评论道，"养赛马、奢侈的派对和娱乐活动，通常会使公司职员在很年轻的时候就陷入困难和尴尬"；而另一位观察家说，"公司职员宿舍楼昂贵的香槟晚宴很有名，旧墙内久久回荡着欢快的歌声和响亮的号子"。

这里的欢乐歌声显然不可能很高雅，因为加尔各答英国人的音乐界整体而言就很粗陋。1784 年，一位丹麦单簧管（这种乐器刚发明不久）演奏家来到这座城市，寻求工作。约瑟夫·福克被认为是比较有教养的市民之一，他也对单簧管感到震惊。"单簧管［是］一种粗糙的乐器，"他在日记中写道，"在我听来，比猪叫还糟糕。"至于这位单簧管演奏家从欧洲带来的海顿的新音乐，福克很清楚，它不适合公开演奏。"［这］嘈杂的现代音乐……"他写道，"［海顿是］傻瓜之王。"福克是一个非常保守的英国人，从他的方头鞋就可以看出这一点。他继续写道："时尚主宰着音乐界，就像它主宰着服装一样。很少有人根据真理与理智的永恒原则来管理自己的品位。"[9]

加尔各答的神职人员肯定不是根据真理与理智的永恒原则来管理自己的品位的。据希基说，随军牧师布朗特先生"是个不可理喻的年轻人，他喝得酩酊大醉，并将这种可耻的状态暴露在士兵和水手面前，说着各种下流和荒唐的话，唱着最低俗和最不雅的歌曲，使自己成为众人的笑柄"。[①] 就连加尔各答的警察，也远非美德的典范：在 18 世纪 80 年代，W. C. 布拉基埃是令人惊愕的"娘娘腔"警官，他是出名的变装者，

---

① 布朗特是很典型的那种在本国混不下去然后去印度发展的形迹可疑的英国牧师，像他这样的人有很多。例如，1666 年马德拉斯的牧师被称为"酒鬼"，而二十年后加尔各答的牧师是"一个非常下流、贪杯、满嘴脏话的家伙，纵情酒色，并且对威廉国王和现政府恨之入骨"。18 世纪 40 年代马德拉斯管辖区的牧师弗朗西斯·福代斯原本是圣赫勒拿岛的牧师，后来强奸了一位种植园主的女儿之后逃走。在马德拉斯，他混得也不怎么样，和克莱武吵架，被传唤到议事会面前为自己辩护。他拒绝出庭，但有人说他曾发誓赌咒，说他愿意"随时为了给自己主持公道而脱掉牧师的法衣"。See Henry Dodwell, *The Nabobs of Madras* (London, 1926), pp. 19-20. ——原书注

一有机会就换上女装。①

　　韦尔斯利为改变这些放荡的社会风气做过一些努力。他的一个颇有远见卓识的举措是创办了威廉堡学院，试图向比较聪明的职员教授印度诸语言，使他们将来有能力去管理南亚次大陆。但是，19 世纪 30 年代才开始确立的社会改良和更严格的维多利亚时代道德观还很遥远。1806 年，当海尔·妮萨第一次来到加尔各答时，这里还是一个浮夸的浪荡享乐之城，仿佛出自贺加斯②的画笔。

　　1806 年 5 月初的某个时候，一小群来自海德拉巴的什叶派穆斯林搭乘的小船停靠在加尔各答港。两位蒙着面纱的贵妇人由她们的侍女和另一个家庭的蒙面贵妇陪同。引领这些女眷

---

①　布拉基埃相貌俊俏，所以佐法尼为加尔各答的圣约翰教堂祭坛创作一幅达·芬奇风格的《最后晚餐》时，选择布拉基埃为使徒约翰的模特，因为传说约翰（"耶稣所爱的门徒"）看上去略带女人气。佐法尼笔下的约翰的长长金发落到耶稣胸前。耶稣的原型是"德高望重的希腊教士，帕西尼奥神父"。根据米尔德丽德·阿彻的说法，佐法尼笔下的犹大的原型是拍卖商威廉·塔罗（就是他处置了詹姆斯·柯克帕特里克的电气设备），他对自己的角色"很不满意"。佐法尼的作品肯定是对一个熟悉场景的不寻常改编。当时的一位批评家指出，"彼得的剑挂在墙上的一根钉子上，是一把常见的印度弯刀；桌旁的大口水壶模仿的是印度斯坦的痰盂；旁边还有一个印度式的水囊"。See Mildred Archer, *India and British Portraiture 1770–1825* (London, 1979), p. 158. ——原书注

②　威廉·贺加斯（1679~1764）是英国著名的版画家、讽刺画家和欧洲连环漫画的先驱。他的许多作品讽刺和嘲笑当时的政治和风俗。

的是一对风度翩翩、学识渊博的兄弟，他们来自德里。① 孟希阿齐兹·乌拉和他的弟弟阿曼·乌拉以及他们的家人都到过加尔各答，知道那里是什么样的。但对海尔·妮萨和她的母亲来说，这一切都是新的、陌生的，令人大开眼界。

此时并非航海季节：4 月和 5 月的风，以及不可预测的沿海潮汐，让航行太不安全。因此，这支队伍从默苏利珀德姆出发，骑着大象绕过东高止山麓，然后沿着东海岸北上，一直来到奥里萨的河港克塔克。在那里，他们让象夫带着大象返回海德拉巴，然后乘小舟下到海岸，再穿过孟加拉湾到加尔各答。

在经历了相对干燥、温和的海德拉巴气候之后，孟加拉 5 月（一年中最热、最潮湿的时候）的天气对两位贵妇人来说是相当新鲜的。她们的亲戚阿卜杜勒·拉蒂夫肯定曾对加尔各答腹地的湿润肥沃感到惊讶，因为那里的植被与波斯或德干高原尘土飞扬的灌木丛截然不同。他写道：

> 雨季持续四个月之久，在这段时间里，人和牲畜都很难通行，田野和平原都被淹没了，较富裕的市民因为住所被淹没，都在船上度日。[在加尔各答周围的田地里] 雨量大的时候，水稻一夜之间就能生长一掌的高度……这里的农业欣欣向荣，井井有条，赏心悦目，的确是世界第一。周围的乡村四季都是一片葱翠欲滴：在山上找不到一

---

① 两位贵妇人带了至少一名女奴，她名叫佐拉。亨利·罗素的信中写道，佐拉在加尔各答的时候怀孕了，留在那里生下孩子，次年才回到两位贵妇人身边。从现存书信很难判断孩子的父亲是谁，不过罗素的儿媳康斯坦丝（是她装订、编辑和审查了罗素的档案）显然相信可能就是罗素。See Bodleian Library, Russell Papers, Ms Eng Letts C155, p. 219, 26 January 1807.——原书注

块石头，在平原上找不到一捧土，所有地方都是翠绿的……[10]

海德拉巴来客的队伍最终在旧海关大楼旁边的比比·约翰逊河坛登陆，然后前往时髦的乔林基区一处租来的房屋，一路上也许乘坐了封闭的马车或有帘幕遮挡的轿子。[11]

对两位贵妇人来说，这座城市与她们自己的城市，甚至与她们见过的其他任何城市都截然不同，充满了令人惊叹的景象。就像二十年前她们的亲戚阿卜杜勒·拉蒂夫·舒什塔里一样，她们第一次瞥见欧式城市时也会大吃一惊：在她们抵达城市之前，就看到胡格利河岸边一排排高大的拥有白色门廊的宫殿；花园区的豪宅有柔软的草坪与经过精心设计和打理的繁盛园林，一直通向雨季浑浊的棕色河水；河边花园的花坛里开满了让她们感到陌生的英国进口花卉；威廉堡有星形的堡垒，港口处停泊着一百艘舰船；宽阔整洁的街道通向市中心，滨海大道上的双轮单马轻便马车和大马车颠簸地行进；城里的男人戴着大礼帽，穿着燕尾服；女人穿着紧身胸衣，打着遮阳伞，还带着（在穆斯林眼里显得莫名其妙的）小宠物狗；总督的卫兵戴着配有羽饰的毛皮高顶军帽，身穿"鲜艳的制服"；无处不在的鹳鸟栖息在韦尔斯利的新政府大楼屋顶上，建筑上可见闪闪发光的灰泥。

从罗素 5 月的书信中，我们搞不清楚他或两位贵妇人究竟住在乔林基的什么地方，也不清楚他和两位孟希的家人是否与两位贵妇人租住在同一座住宅里。但很明显，他们都离得很近，似乎大部分时间都在彼此的陪伴下度过。所以，所有这些来自海德拉巴常驻代表府的旅客很有可能在乔林基租下一栋大房子，并在几家人之间分配不同的楼层，就像几年前希基、他的情人杰姆达妮和他们的朋友一起合伙在城外租下一栋花园别墅一样。

在亨利·罗素从加尔各答寄出的书信（时间跨度为1806年5月至11月，共七个月）中，他告诉在海德拉巴的弟弟查尔斯，两位贵妇人和两位孟希从来没有远离他。在一封信中，他写道，孟希"阿齐兹·乌拉和他的兄弟向你问好"；在另一封信中，"阿曼·乌拉，他就在我身边"，希望向查尔斯致意。至于海尔·妮萨，在加尔各答的头一两个月的大部分时间，她显然都在丈夫的墓前哀悼。[12]她在泥潭和水坑、滴水的方尖碑和公园街饱受阵雨敲打的陵墓之间哭泣，为自己的命运哀号，也许是精疲力竭了，所以也返回乔林基的房子，回到罗素身边。大约一个月后，她除去面纱，第一次向罗素显露自己的容颜。[①]罗素在一封信中明确提到这一点，其中写道，"你的信送到时，［海尔·妮萨］夫人正和我坐在一起，请人为她画像"。[13]

在描述这群人的活动时，罗素总是把自己也写进去，并总是使用第一人称复数，即"我们"。例如，当他得知海德拉巴有人造谣说海尔·妮萨已不在人世时，就请弟弟"立刻将所

① 这是极大的荣誉，因为深闺中的穆斯林女子只会向家族最尊重的友人自由地显露容颜，例如，贾汉吉尔皇帝曾宣布，他与岳父伊特玛德·道拉已经成为"密友"，所以"后宫贵妇们在他面前不必蒙面纱"。See *Tuzuk i-Jahangiri*, Vol. 1, p. 351. 绕过深闺规矩的一个办法是，女子可以正式接受某男子为"兄弟"。1799年塞林伽巴丹陷落后，蒂普苏丹的寡妇们就这样接纳了在韦洛尔负责照料她们的军官。有证据表明海尔也是这样对待罗素兄弟的：5月29日，也就是两位贵妇人抵达加尔各答的一个月后，亨利指示弟弟查尔斯，在写信给海尔时，"你必须称她为姐姐"。Bodleian Library, Russell Papers, Ms Eng Letts C155, p. 138. ——原书注

附的［海尔写的］书信交给老夫人［杜尔达娜夫人］，并且你见到她时要告诉她，看到这样毫无根据的谣言扰乱了老夫人的心绪，我们是多么难过"。后来他还问："我们从老夫人那里收到的信这么少，是什么原因？"[14]

两位贵妇人和罗素家之间的关系是如此友好，以至于亨利在 8 月写道，海尔同意接待他的弟弟查尔斯，并在他面前露出真容。"两位夫人都非常感谢你无微不至的关怀，"罗素告诉查尔斯，"她们经常以极大的热情和兴趣谈论你。海尔·妮萨说，只要有机会，她就会见你，与你相识……"[15]

罗素谈到海尔时的口吻仿佛他是一位毕恭毕敬的廷臣；仿佛他自视为海尔·妮萨的私人秘书或助理。11 月，海尔再次承诺接见查尔斯，罗素就像一个忠实的宫廷侍从，以一种与宫廷通告相差无几的方式正式传达这个消息："夫人向你问候。她说，如果不是她自己打算留着原件，她不会反对我把她的肖像寄给你；而且，她的真人比肖像好看得多，所以她希望你来见她。"[16]

海尔·妮萨的新肖像并不是房子里唯一的画像。这位哀悼亡夫的贵妇人从海德拉巴一路骑着大象，带来了她两个心爱孩子的巨大的、真人大小的肖像（钱纳利的作品），这是她的婚姻和她以前的生活所剩不多的纪念物，所以她死死守着它们。

很快，这幅美妙的肖像的名声开始传播，不久，就有陌生人登门拜访，求看这幅画。正如罗素在写给弟弟的信中所说的："钱纳利为中校的孩子们画的肖像得到了普遍的赞赏，并在这里为他赢得了极高的名望。"[17]

这群来自海德拉巴的奇异而多元化的旅人，是由贵妇、孟希、英国高级外交官和他们各自的奴隶和下属组成的混合体。他们的共同点不仅仅是生活在地理上接近的地方。在不同程度上，他们都是逃离海德拉巴常驻代表府新政治的流亡者。

　　托马斯·西德纳姆是韦尔斯利的追随者，在詹姆斯去世不久之后被任命为常驻代表。他立即着手清除詹姆斯处理英国与海德拉巴关系的特殊方式的所有痕迹，在抵达宫廷后的几天内就与尼查姆西坎达尔·贾赫争吵，并让《胡尔希德·贾赫史》的作者古拉姆·伊玛目·汗相信，西德纳姆打算"停止哈施玛特·忠格的所有工作，因为他不喜欢他的做法"。[18]同时，海尔也收到了搬出彩宫的通知，尽管西德纳姆的妻子是英国人，因此他并不需要彩宫。常驻代表府厨房里关于种姓纯洁性的严格规定（遵守这些规定，大概是为了让印度客人放心）被取消了，常驻代表府的运作方式发生了根本性的变化。[19]

　　西德纳姆似乎在方方面面都要和詹姆斯·柯克帕特里克对着干。① 当西德纳姆买下詹姆斯收藏的、曾属于蒂普苏丹的父

---

　① 西德纳姆曾在海德拉巴短暂地在詹姆斯领导下工作，后来被调到浦那。詹姆斯在信中把西德纳姆称为"最高大祭司"，对他一直有疑心，推测可能就是西德纳姆泄露了詹姆斯与海尔·妮萨生了孩子的消息。这条消息通过附属部队传到加尔各答之后，引发了1801年的克莱武调查。——原书注

亲海德尔·阿里的两套银象轿时，他觉得有必要向加尔各答发一份报告，解释他无意走柯克帕特里克的路，尽管这次购买可能会给人留下那样的印象。他写道："英国代表的尊严和体面，应该建立在更坚实的基础上，而不是借用亚洲土著的风俗来维持辉煌的排场，这些风俗在很大程度上不符合我们的民族特性。"[20]

也有人暗示，西德纳姆相信，詹姆斯·柯克帕特里克间接卷入了某种财务丑闻。具体细节尚不清楚，但西德纳姆认定孟希阿齐兹·乌拉负有责任，甚至在启动恰当的调查之前，就已经当场将其辞退。这种草率的处理方式，让亨利·罗素感到震惊和厌恶。他非常尊重这位孟希，钦佩他的谈判技巧，也知道詹姆斯签署三项条约时的许多细节都要感谢他。亨利向弟弟查尔斯描述了这位孟希，说"他具有不寻常的品格和能力。他为公司做的贡献，比任何一个欧洲人单独凭自身能做的贡献都要大，他的自豪感是他的正派人格的证据和保障……他［詹姆斯·柯克帕特里克］采纳的所有重要措施，说到底都要感谢阿齐兹·乌拉；［事实上］除了詹姆斯，没有人能够得到阿齐兹·乌拉忠心耿耿的服务"。[①][21]

罗素认为，上述丑闻是威廉·亨明上尉一手炮制的，他是

---

① 詹姆斯很清楚这一点。柯克帕特里克档案中随处可见他对阿齐兹·乌拉的敬佩与好感。詹姆斯担任常驻代表期间经常写信给加尔各答方面，为他的孟希索要年金、加薪和奖掖。詹姆斯也在遗嘱里给阿齐兹·乌拉留下了一笔特别慷慨的财产："对我的孟希，米尔·阿齐兹·乌拉，为了表达我对他的热忱、忠诚、才华以及久经考验的友谊的珍视，我赠给他 1 万卢比，以及德里国王赠给我的绿宝石戒指，上面用波斯文刻着我的头衔。对他的优秀的兄弟阿曼·乌拉，我馈赠 2000 卢比，以表达我对他的高效而忠诚的服务的赞许。" （转下页注）

詹姆斯的卫队指挥官，罗素和詹姆斯长期以来一直不喜欢且不信任亨明。此外，罗素认为，亨明一直在试图抹黑詹姆斯，炮制上述丑闻只是亨明的恶行之一：

> 如果有理由认为海德拉巴常驻代表府的财政部门存在滥用职权的情况，那么开展调查无疑是明智之举。但无论结果如何，我深信柯克帕特里克中校的品格是无可指责的。我对阿齐兹·乌拉的正直几乎同样放心……我听到的针对柯克帕特里克中校或孟希的每一项指控，以及我心中对他俩曾经有过的每一丝怀疑，都是亨明告诉我的，这真是不寻常。而最无情和最恶毒的攻击，也无法证明中校和孟希有什么不当行为，这对他俩来说无疑是光荣的……我相信，我们能够用简单明了的事实打败敌人对可怜的中校

（接上页注）当时的 1 万卢比相当于今天的 6 万英镑。詹姆斯的遗嘱，见 OIOC, Kirkpatrick Papers, F228/84。詹姆斯为了嘉奖孟希阿齐兹·乌拉在条约谈判中取得极大成功而为他索取年金和加薪的书信，见 OIOC, Kirkpatrick Papers, F228/12, pp. 74, 168, 183, 216 and finally p. 259。詹姆斯在 1800 年 11 月 14 日终于大发雷霆，因为加尔各答方面一直忽视他的孟希。詹姆斯写信给哥哥威廉："竟然是这样！阿齐兹·乌拉做了那么多非常重要的工作。为了报答他，也是因为你自己的明确意见，我希望为他争取一些嘉奖。结果呢，［单单］为了他谈成的第一项条约，他就理应得到每个月 500 卢比的年金，而实际上他的年薪却只增加了 100 卢比！！！他还要在办公室里继续劳作到死。这是不是美好的前景！如果上峰真的把这当作奖赏的话，我相信阿齐兹·乌拉一定会谦卑地恳求允许自己拒绝接受，而我曾经多次明确地向他保证，他一定会得到丰厚的奖赏。所以我觉得自己肩负神圣的义务，要自掏腰包来给他完整的报偿，免得他因为上述怠慢而大失所望……对于这个极有价值的人，我建议给他丰厚的奖赏，而你对我的建议的回应实在不寻常；我必须说我对你的回应方式毫无预料——你的回应既不明智，也不体面。"詹姆斯在信中经常表现出对印度幕僚的福祉的关注，这是他最讨人喜欢的地方之一，始终能展现出他最慷慨和正直的一面。——原书注

施加的所有敌意。[22]

罗素个人不喜欢亨明和西德纳姆。他此次来到加尔各答，表面上是离开常驻代表府休一个短假并整理柯克帕特里克的遗嘱，但实际上他的主要目的之一是在印度其他地方找到更合适的工作。为此，他在加尔各答的时间里，在许多夜晚远离了海德拉巴的朋友们，接连参加了政府大楼的各种聚会和晚宴，试图找到一个合适的工作机会。[23]

罗素固然有他的缺点，但我们不能指责他不忠诚。在他的余生，他始终坚定不移地忠于詹姆斯。每当詹姆斯的行事方式或业绩遭到攻击时，罗素就高声疾呼地维护他。在加尔各答期间，他不断向在海德拉巴的弟弟查尔斯打听人们对詹姆斯的评价，想知道詹姆斯的其他老朋友是否忠诚如旧。例如，在一封信中，他询问了"工程师"（建筑师塞缪尔·罗素①）的情况：

> 工程师的行为如何？他在有关中校的讨论中又扮演了什么角色？他理应对中校心怀感激，但他也许太软弱了，不敢坚持表达这种感激。但是，如果想到在可怜的中校曾善待的许多人中，只有你和我两个人对他的恩情念念不忘，我会感到很痛苦……[24]

---

① 马德拉斯工兵部队的塞缪尔·罗素中尉是英国皇家艺术研究院院士约翰·罗素的儿子，与亨利·罗素和查尔斯·罗素兄弟没有亲戚关系（这有点奇怪）。此时，塞缪尔·罗素正忙着给詹姆斯的海德拉巴常驻代表府工程收尾。——原书注

当查尔斯回信说，工程师加入了敌对詹姆斯的浪潮，并取笑詹姆斯时，亨利怒不可遏：

> 你对工程师行为的描述极好。你的话给我带来的是痛苦，而不是惊讶。也许我可能太过乐观了，但我不禁沉浸在一种希望之中，希望有朝一日我能成为海德拉巴的常驻代表。如果那一天到来，他［工程师］将会有充分的理由后悔，因为他可以放心，我的复仇必然降临在他身上，而且我会让他明白，没有什么罪行比忘恩负义更让我痛恨了。[25]

五年后，罗素果然成为海德拉巴的常驻代表。他特意恢复了詹姆斯在任时的许多规矩，包括在厨房维护严格的种姓规则，并信守承诺，拒绝雇用曾以任何方式不忠于他的老友兼恩公的人。[26]

到 1806 年 5 月底，来自海德拉巴的一行人在位于乔林基的房子安顿下来后，就开始接待客人。

菲兹和帕尔默将军是最早登门拜访的人。两人现在年纪越来越大，也能感到自己在衰老。将军也很沮丧，既因为韦尔斯利给他的职业生涯带来的失意，也因为他的薪水锐减，给他带来了经济上的困难。纵观帕尔默的一生，他总是负债累累，正如他忧心忡忡的儿子约翰写的那样，尽管"他知道自己的收入没有保障，却没有想过节约和积蓄；而他在领取不稳定的养老金的时候，也同样对自家的财务漫不经心：每一个铜板都不知怎么就消失了，也不知去了哪里"。[27]

帕尔默的财务状况比约翰担心的还要糟糕。越来越明显的是，老将军已经没有收入来偿还债务和支付账单，正如他在这段时间给沃伦·黑斯廷斯的信中写的："我诚恳地指责自己忽视了对家人的供养和对我自己晚年的安排。"[28]这自然也让他的家人感到担忧，而将军和他的妻子拒绝改变他们的宫廷生活方式以适应他们新近缩减的财力，这更让家人们感到焦虑。威廉是菲兹的长子，所以悄悄地给菲兹留出了养老的钱（因为她比将军小二十岁，威廉自然预计将军会比她先辞世），因为他深知父亲永远不会有足够的资金为妻子的晚年做安排。这一点，他同父异母的兄弟约翰也认为是非常必要的。约翰在给威廉的信中写道：

> [我非常]赞同你提出的计划，即为你母亲的生活提供一笔钱……[也许]她应该[现在]放弃从将军那里得到的700卢比或更多的津贴。她需要的其他所有款项也都是从将军那里获得的……不过，我承认，我对[将军的]明智和节制不抱希望，对你母亲能不能勤俭节约也不抱希望[菲兹总被认为是"辉煌灿烂"的，意思是喜欢享受]。我担心你的好心肠会被滥用，而不会给我父亲带来最轻微的宽慰……

不过，约翰报告说，"老夫人"和她丈夫的身体都很好。

不过，我很高兴地向你保证，他的身体没有任何损伤，而且即便是比他年轻十五岁的人的生命力也没有他那么旺盛。他的睡眠和饮食都很好，虽然偶尔会受到严重耳鸣的影响，但持续时间很短，而且在更短的时间内就能恢复活力和健康。[29]

菲兹和将军住的地方距离海德拉巴旅人的下榻处不远，就在约翰·帕尔默位于劳尔集市的豪宅（顺便说一句，这里的蚊子臭名昭著，晚餐时，女宾不得不用厚厚的长袜裹住腿）。[①]这对老夫妇经常过来看望海尔，不过罗素在信中告诉弟弟查尔斯，菲兹对他自己很不满，因为他忘了从她在海德拉巴的儿子那里带来"一包彩色刺绣和其他东西。我记得威廉告诉我，他打算让我捎一份这样的礼物；但我怎么找都找不到，而且我相信是他忘了给我送去。你问问他，看他怎么说"。[30]

另一个经常登门拜访的人是威廉·柯克帕特里克的漂亮女儿伊莎贝拉·布勒，詹姆斯前一年就在她家里去世。伊莎贝拉

---

① 据约翰·帕尔默的朋友威廉·普林塞普说，帕尔默"被称为商人帝王，因为他出手慷慨大方、和蔼可亲并且富可敌国。他娶了一个非常美丽的女人，她的面貌像亚美尼亚人……他总是笑迎天下客，总是摆着一张可坐二十人的餐桌，并且那桌子旁几乎总是坐满了人。第一次到加尔各答的人一定会去他家做客，把这当作理所当然的事情……"但普林塞普补充道，到帕尔默家吃宴席的客人若只穿了丝袜，就永远不会忘记蚊子"在桌底下对他们的折磨"。并不是所有人都喜欢帕尔默的风格，生性古板的纽金特夫人惊愕地发现，宴会结束后，女客们都离开男宾，然后开始闹哄哄地吸水烟，"有的水烟筒声音低沉，有的是咕嘟咕嘟的高音"。最后帕尔默太太说服纽金特夫人也尝试一下，"她向我保证，它只是由多种香料构成的，但我抽得很笨拙，吸进许多烟，结果咳嗽了一整夜"。See OIOC, Mss Eur D1160/1, 'Memoirs of William Prinsep', pp. 251–3. Also Lady Maria Nugent, *Journal of a Residence in India 1811–15* (2 vols, London, 1839). ——原书注

现在正怀着她的第一个孩子，她和海尔·妮萨一见面就建立了深厚的友谊。"自从海尔·妮萨夫人来到加尔各答后，布勒太太一直非常客气地拜访她，并给予她力所能及的照料，"罗素在6月写道，"因此〔海尔〕想表达对这种善意的感激。布勒太太想要一些漂亮的土著服饰，而海尔在海德拉巴的外祖母那里留下了五套非常华丽的套装。她认为把它们转送到加尔各答，比在这里花钱制作新衣服要好得多。"31

罗素又重新当起了海尔·妮萨的私人秘书（这个职务是他自封的），他继续给弟弟下达了关于托运的更具体的指示：

> 所附的给老夫人〔杜尔达娜夫人〕的信说明了海尔·妮萨夫人希望寄送的东西，并希望将这些东西仔细包装好，立即寄给你。拜托你亲自把信交给老夫人，并请她立刻满足外孙女的愿望，不要耽误时间，因为能通过海路寄送东西的季节已经快结束了。还要注意包装好；如果你认为夫人建议的预防措施还不够，就以我的名义出钱打理，保证衣服不仅不受潮，而且不受海风的影响，因为海风容易使银饰变色。你拿到衣服后，尽快把它们送到亚历山大〔东印度公司在默苏利珀德姆的代表〕手中，并确保他用驶往加尔各答港的第一艘船把它们托运给我。32

很快，亨利还会拜托查尔斯给海尔·妮萨做更多差事。例如，一周后，在伊莎贝拉·布勒生下一个小女孩后，亨利写信给海德拉巴，要求查尔斯寄来"两件手镯，一件给布勒太太，另一件用来搭配海尔·妮萨夫人为亲爱的小罗丝〔伊莎贝拉的小女儿〕准备的披肩"。33

在这些信中，有一点体现得非常清楚，那就是这些女人之间的纽带是多么牢固：菲兹、伊莎贝拉·布勒和海尔之间情深义厚，但更牢固和更重要的是海尔、她的母亲和她的外祖母之间的纽带。在加尔各答的两位贵妇人不断地给身在海德拉巴的杜尔达娜夫人写信，通过罗素两兄弟在海德拉巴和加尔各答之间、在东海岸上下传递消息和物品，有一次甚至寄送了一大批"哈尔瓦酥糖"①（胡萝卜布丁）。[34]海尔去世的谣传，又让双方写了一连串心急如焚的书信。亨利在 6 月写道："我向海尔·妮萨夫人提到了关于她病情的不实消息给她家人带来的焦虑。"

> 但她的母亲是如此坐立不安，担心老夫人可能着急，所以我不愿意向她［莎拉芙·妮萨］讲述此事。在这之前，老夫人一定收到了那么多的信，了解了真实情况，心态会变得平和；但海尔·妮萨夫人和我都认为，为了谨慎起见，应该向她的外祖母表示歉意，因为不实消息给老夫人造成了困扰。

于是，罗素和海尔"一起商量之后"，策划了一个小小的家庭"密谋"，伪造了一封莎拉芙·妮萨写给她母亲的信。罗素告诉查尔斯，这很容易实现，因为"老太太［莎拉芙·妮

---

① 哈尔瓦酥糖（halva，halvah 等，词源是阿拉伯语，意为"甜食"）是中东、南亚、中亚、西亚、北非、非洲之角、巴尔干半岛、东欧、马耳他等地以及犹太人社群的多种甜点的通称。主要分为两类：一类以面粉为主，一般用粗粒麦粉制成，主要成分为酥油、面粉和糖；另一类以坚果酱为主，这种哈尔瓦酥糖比较酥脆，主要成分为坚果酱和糖。哈尔瓦酥糖也可以用其他食材来做，包括各种豆类、胡萝卜、南瓜、山药等。

萨］总是让我帮助写信，所以要实现我们的愿望［即伪造一封信］没有太大的困难"。① 他继续写道："请立即把所附的信送给老夫人［杜尔达娜夫人］……你也可以放心地向她保证，她的女儿和外孙女的健康状况都极好。这个季节的天气非常有利于健康，非常温和……"[35]

从这些信中，我们可以越来越清楚地看到，海尔似乎是这些女人中的主导力量。写信的是她，而不是她的母亲；② 而且总是海尔从海德拉巴索要各种物件。海尔·妮萨绝对不是一个无权无势的丧夫的小妾。她是一位美丽、魅力十足的莫卧儿贵妇人，她的举止符合她的地位，有两位英国高官为她奔走办事。在她守寡的时候，她显然还拥有一种磁力，能够毫不费力地"降服"所有被拉入她的轨道的人，让他们心甘情愿地为她效劳。亨利·罗素对她既保护又极为尊重，就像她的母亲、外祖母或亡夫一样，很难也不愿拒绝她的要求。有时海尔似乎把罗素当作女帽商的小助手，对他呼来唤去，滔滔不绝地向他口述大量详细的要求，而他毫无怨言地把这些要求传达给在常驻代表府的弟弟：

所附的一块服装料子是海尔·妮萨夫人给我的，她要

① 罗素不擅长用波斯文书写，这意味着两位年纪较大的夫人是用海德拉巴本地的语言，即德干乌尔都语（有时称为德干语）与他通信的。德干乌尔都语是印度斯坦语的近亲，罗素很擅长这种语言。但海尔·妮萨似乎只会书写波斯文，所以后来罗素在马德拉斯想给她写信却找不到值得信赖的波斯文写信人的时候就很头疼。不过罗素能够用印度斯坦语或德干乌尔都语写信。——原书注

② 与海尔不同，莎拉芙·妮萨似乎不识字，所以不得不请人代写信，这次请的是亨利·罗素。——原书注

求我给她找一些同样图案的面料。拜托你就这个问题请教老夫人。我知道她能给你提供有用的帮助。她的一个女仆叫贾谷玛，特别擅长采购服装面料。海尔·妮萨夫人目前只需要做一件衣服，需要六码料子……辛苦你了，尽快把这事办妥，把料子仔细地包装好，寄给我。[36]

接下来是满满几页的详情，具体规定了倒霉的查尔斯应该搞定的尺寸、图案、颜色和镶边饰物，以及他应该和贾谷玛一起去哪里采购它们。

在所有的时代、所有的家庭中，弟弟都很少受到兄长的尊重。不过，很少有人会像查尔斯·罗素那样，受到如此颐指气使的对待。他现在是海德拉巴常驻代表府的助理秘书，因此他自己也是有一定地位和资历的外交官，[①] 但在这个阶段，他似乎花了大量工作时间为两位夫人跑腿，忙碌于常驻代表府、杜尔达娜夫人在伊朗巷的宅邸，以及海德拉巴老城的各个纺织品集市之间，还要一路小跑去取海尔·妮萨在离家前忘记打包的其他个人物品，比如，她用来吃盘安的用具。亨利有一次问道："我为海尔·妮萨夫人订购的小豆蔻怎么样啦？" 又有一次，亨利写道："请把附上的信送给老夫人。信中说希望她能

---

① 查尔斯·罗素的仕途从一开始就不如兄长。亨利爵士虽然花了很大力气，但还是没能给查尔斯搞到一个公司职员的位置，所以他只能继续在军队里当少尉。1803 年，他晋升中尉，以这样的衔级到海德拉巴，在亨利身边工作。但即便在这里，查尔斯也仅仅做到代理助理秘书。Bodleian Library, Russell Papers, Ms Eng Letts C152, 31 July 1803, Henry Russell to Charles Russell. See also Peter Wood, ' Vassal State in the Shadow of Empire' (unpublished Ph. D. , University of Wisconsin–Madison, 1981), p. 103. ——原书注

510 / 白莫卧儿人：爱情、战争与 18 世纪的印度

给你一小盒药，她女儿有服用这种药的习惯，而她在加尔各答
买不到。药盒的尺寸非常小，因此，我恳请你用邮政包裹把它
寄给我……"[37]

耐人寻味的是，在女人们的所有通信中，从来没有提到巴
卡尔·阿里·汗，也没有提到海尔的兄弟或叔伯，肯定也没有
提到海尔曾经给他们写信。很明显，深闺之内的纽带是最牢固
的。不过，当然也可能是因为巴卡尔和家族的男人们与他家特
别有主见和难以管束的女眷断绝了关系。[1]

但渐渐地，或许是在所难免地，产生了一种新的纽带，那就
是罗素和海尔之间的纽带。海尔已经在哀悼中度过了十八个月。
她失去了两个孩子。没有任何迹象表明威廉·柯克帕特里克鼓励
那两个孩子给她写信，尽管她大概能通过威廉的女儿伊莎贝拉·
布勒得到孩子们的消息。她也失去了丈夫。在经历了她与詹姆斯
的恋爱丑闻，以及米尔·阿拉姆因此遭受的耻辱之后，她现在非
常容易遭到米尔的报复，而且完全没有办法保护自己。此外，她
当时只有二十岁，仍然是一位大美人，而且伊斯兰教并没有反
对寡妇再婚的规定。[2] 其实，穆斯林的传统是鼓励寡妇再婚
的，并认为亡夫的兄弟通常是理想的第二任丈夫。

詹姆斯的两个兄弟如今在英国，所以不可能供海尔考虑。
但詹姆斯最亲密的朋友和助手就在眼前，并且似乎很愿意与
"可怜的夫人"更加亲密一些。

---

① 或者，巴卡尔也许已经去世了。我们不确定他的去世时间，可能是 1808
年，当时围绕他的土地发生了纠纷，政府企图将其收归国有。——原书注
② 另一位因为个性很强而闻名的莫卧儿美人成功再婚，得到了极大的好处。
她就是努尔·贾汉。人们经常忘记，贾汉吉尔是她的第二任丈夫。See
Ellison Banks Findly, *Nur Jehan: Empress of Mughal India* (New Delhi,
1993). ——原书注

从一开始，甚至在他到达加尔各答之前，亨利·罗素就一直对海尔·妮萨无比殷勤、关怀备至。

在去加尔各答的路上，亨利给查尔斯写的一封信，表示担心由于尤尔和其他遗嘱执行人从柯克帕特里克的财产中抽取了很大比例的佣金，海尔·妮萨不太可能得到她应得的全部遗产。因此，他决定索要自己的那份佣金，然后将其交给海尔，"既是为了补偿她应得遗产的损失，也因为这是最公平、最体面的处理方式。若不是因为尤尔那么卑鄙和贪婪，我不会从遗产中索取这笔钱"。①

亨利还主动去找海德拉巴的新财政大臣②拉贾·昌杜·拉尔，要求将海尔·妮萨地产的应得收入全部支付给她；同时，亨利自掏腰包垫付詹姆斯的遗嘱规定给她的那份遗产，"以免

---

① 尤尔的做法实际上是完全合法的，不过通常情况下是职业律师而不是死者的亲密朋友，在担任遗嘱执行人的时候抽取佣金。何况尤尔和孟希一样，得到了柯克帕特里克丰厚的遗赠："我留给常驻代表府的医生乔治·尤尔先生 50 英镑，以表达我的敬仰和尊重……我另外给我的医生乔治·尤尔先生留下 5000 卢比，作为他经常为我提供的诊治，以及我有时给他带来的麻烦的报偿。"（OIOC, Kirkpatrick Papers, F228/84.）这两笔钱加起来，相当于今天的 33000 英镑。罗素向查尔斯表达了自己对尤尔医生抽取佣金的看法："当一个人指定一位私人朋友为遗嘱执行人的时候，并且甚至给这位朋友遗赠了一笔钱……我认为，如果这个执行人再索要佣金，就确实是卑鄙和贪婪的行为……我非常坦率地把自己的看法告诉了尤尔，但他似乎决心要行使自己的权利。"——原书注

② 原文为 diwan，相当于首相（米尔·阿拉姆）手下的财政大臣。——原书注

夫人遭受任何经济上的尴尬"。[38]

海尔在罗素面前除去面纱，是两人变得亲密的第一个迹象。到了 7 月，他们显然在讨论更私密的事情了。这个月的中旬，亨利从海德拉巴收到一封信，得知他在海德拉巴的小妾（他与她有一个儿子）又怀孕了。似乎没有任何迹象表明孩子的父亲不是他，[①] 然而他还是给查尔斯写了一封略带寒意的回信，说："你对我的姑娘的行为的描述让我很痛苦。听说她怀了孩子，我非常不满意。"他又写道："她没有什么资格向我提要求，但夫人非常热情地为她求情；应她的特别请求，我已同意重新开始支付这姑娘原来从我这里得到的每月 30 卢比的生活费。因此，请你今后付给她这笔钱，并告诉她，我期望她对夫人以及对我心存感激，将来的表现要更好才行。"[39]

他在这里没有说，但（显然非常想念自己孩子的）海尔·妮萨自告奋勇要抚养这个孩子。[②] 无论在莫卧儿帝国还是乔治时代的英国，这通常意味着长期忍受丈夫不忠的妻子不得不接受丈夫与别的女人的私生子。毕竟这不是关系较远的朋友或熟人愿意做的事情。但是，如果查尔斯·罗素在读到这些信时，对他哥哥与海尔·妮萨的关系越来越怀疑，那么他似乎并

---

① 孩子出生后，罗素明确称她为"我的小姑娘"。如果孩子确实是他的，那么他发火的原因不是那个女人可能对他不忠，而是她没有恰当地使用避孕措施（印度的妓女和交际花因为擅长避孕而出名）。See B. F. Musallam, *Sex and Society in Islam* (Cambridge, 1983), p. 94. ——原书注

② 这是个女婴，出生后的第二年就夭折了。罗素得知消息后写道："如果那女孩还活着，海尔·妮萨夫人应当会把她抚养长大。"Bodleian Library, Russell Papers, Ms Eng Letts C155, p. 213, 27 April 1807. 罗素的儿媳康斯坦丝·罗素夫人（家史研究者）给这封信附了一条注释，在其中潦草地写道："亨利·罗素爵士提到他小女儿的死，并说他会把那个男孩［他与印度情人之前的孩子］带到海德拉巴。
（转下注）

没有表达出来。因此，直到 11 月，当整个北印度进入冬季时，亨利才把这件事说了出来。他首先告诉查尔斯，他已经改了主意，现在已经决定要回到查尔斯身边，也就是回到常驻代表府工作。他写道：

> 你听到我已经决定回到海德拉巴，一定会感到震惊。做出这一决定的动机，在我看来是如此审慎和明智，既考虑到你的利益，也考虑到我自己的利益，我相信你不会不同意……我在加尔各答这段时间的经历使我相信，在这里找不到适合我的工作。而乔治·巴洛爵士① ［在康沃利斯突然去世后担任代理总督］是世界上最不可能为我安排一个职位的人……的确，西德纳姆上尉既穷又年轻，因此，他可能会长期占据常驻代表的职位，不值得我等待……［但］痛苦的经验告诉我，在考虑当前这样的问

（接上页注②）这些孩子显然是海尔·妮萨夫人的女奴佐拉生的。"果真如此吗？几乎肯定不是。罗素的印度情人可能确实与海尔·妮萨有某种关系，因为我们知道海尔曾在这个姑娘第一次怀孕时帮助她，但佐拉和海尔·妮萨一起去了加尔各答，在那里怀孕（见上文），而罗素的印度情人似乎一直留在海德拉巴。不过罗素的印度情人完全可能原本是海尔·妮萨的女奴，后来才进了罗素的"后宫"。如果是这样的话，因为她已经给罗素生了一个儿子，所以她一定是在詹姆斯在世的时候由海尔·妮萨送给罗素的。这很有意思，但没法说得清。——原书注

① 巴洛（1762~1847）是韦尔斯利的议事会的资深成员，热情洋溢地支持韦尔斯利的对外侵略政策，曾写道："决不允许任何独立自主的土著邦国继续在印度存在，所有邦国必须要么由英国权力来支撑，要么在政治上接受英国的绝对控制。"彭德雷尔·穆恩爵士描述巴洛"天生就是随波逐流之人""视野狭窄"。*The British Conquest and Dominion of India*, p. 347. ——原书注

题时，不应排除死亡的可能性……①

在试图解释自己突然改变计划的所谓原因后，罗素又尽可能谨慎地抛出了一个重磅的暗示，即他与海尔·妮萨的关系发生了变化。

> 夫人已经完成了为可怜的中校扫墓的计划。没有惯常的亲友陪伴，她感到忧郁和孤独，所以很高兴利用我的队伍的保护，返回海德拉巴。她在我们中间住了这么久，而且自从可怜的中校死后，她就习惯于完全仰仗我的保护和支持，所以除了在城里的家宅外，她还希望在我附近有一栋房子。
>
> 因此，我为她购买了阿齐兹·乌拉的一套房子，就是他在即将离开海德拉巴时送给侄子易卜拉欣的女眷居住区，加上大磨坊附近的那块地，以及其他办公室和仆人的宿舍。我相信，这些房子中的一些或全部，都被西德纳姆上尉的盂希或他的朋友占据着。告诉他们，我很抱歉给他们带来不便，他们完全可以继续住在我买的那些房子里，直到我快要到海德拉巴的时候。当然，到那时，就必须把房子打扫干净，修理好，以迎接夫人入住。

罗素在信中轻描淡写地透露了，他在自己位于常驻代表府的平房旁，给海尔·妮萨买了女眷居住区。接着他又透露，

---

① 换句话说，罗素希望西德纳姆像詹姆斯一样早死（凑巧的是，西德纳姆的英国妻子在这个月去世了），从而为罗素让出常驻代表的位置。——原书注

海尔·妮萨对她在米尔·阿拉姆手下的财产安全非常焦虑。她与詹姆斯的恋情毕竟在六年前导致了米尔的倒台和受辱，而米尔在凶暴地虐待阿里斯图·贾赫的遗孀和前首相的亲密政治盟友时，已经显示出他对曾经给他带来流亡和耻辱的人的报复欲望。因此，海尔完全有理由担心，在詹姆斯去世后，她很容易受到米尔·阿拉姆复仇计划的波及。至少可以预料到，她结婚时阿里斯图·贾赫赠予她的地产，现在可能被他的继任者没收。为此，在先前的一封信中，她似乎曾劝说罗素，请西德纳姆利用他作为常驻代表的影响力来保障她的地产和收入。西德纳姆已经同意这么做。现在，罗素在信的末尾告诉查尔斯：

> 我已将你上月 22 日信中的那部分内容转告夫人，即西德纳姆上尉慷慨而令人满意地承诺要保护她的地产和财产。她和我一样，很感谢他的善意；她请你向他表示感谢，并向他保证，她永远不会滥用他的善意，不会烦扰他。她［现在］似乎并不担心她的地产和财产会被尼查姆的朝廷没收；不管怎么说，只有当她的这些财产遇到被侵占的危险时，她才会请求西德纳姆上尉干预……[40]

对这封信的回应很快就来了。尽管罗素措辞谨慎，但在海德拉巴没有人对罗素给予海尔·妮萨的"保护"的性质有任何怀疑，西德纳姆尤其不会有疑问。常驻代表也非常清楚，罗素为什么想把海尔安顿在距离他的平房很近的女眷居住区。在这两个方面，事实证明西德纳姆的怀疑是完全正确的：尽管罗素还不肯公开承认，但詹姆斯的死让他和海尔·妮萨在加尔各答走到了一起，他们已经成为情人。

三个星期后，当西德纳姆的回信送达时，罗素还没有从加尔各答出发，仍在为返回海德拉巴的陆路旅行做准备。准备工作没能按计划进行，他被迫推迟了出发的时间，因为他要努力完成安排全套帐篷、大象、拉车公牛和武装护卫队的艰巨而庞杂的任务。他不可能对西德纳姆信中的内容感到非常惊讶，但他和海尔一定都大失所望。

在给罗素的回信中，西德纳姆明确表示，他"坚决反对"海尔·妮萨返回常驻代表府，因为这可能造成政治影响。[①] 他还说，罗素的计划不是满足海尔·妮萨需求的好办法，因为"她曾在彩宫生活了那么久，长期享受着相当富裕和奢华的生活，而现在要她住到孟希的房子里，距离自己曾经享受的一切那么近，却可望而不可即，这对她的感情一定是很大的伤害"。换句话说，海尔·妮萨的生活条件会大幅下降：从庄园的女主人变成了西德纳姆眼中类似于仆人的存在。为了缓和这一打击，新任常驻代表又写道：

> 同时，我恳请您向她保证，如果她决定返回海德拉巴，我会将她置于英国常驻代表府的保护之下，我会给予她力所能及的一切照料和尊重。她可以依靠我最充分的援助和支持，确保她免受一切可能的不便和危险。如果她需要米尔·阿拉姆和他的家族提供任何保证，我会很乐意帮助她获得这些保证，而且我会小心翼翼地确保他们履行承

---

① 这封信的第一部分被用剪刀剪掉了，似乎是被有意识地审查了。审查者要么是罗素自己，要么是他的儿媳康斯坦丝。——原书注

诺。她只需指出我怎样才能对她有帮助，她就可以依靠我最热心的努力。[41]

这是一个重要的保证，西德纳姆出人意料地、非常明确地表示要充分保护她，这一定会让海尔感到欣慰。不过，西德纳姆似乎立即将这些书信抄送，或至少将其内容转发给加尔各答的代理总督和海德拉巴的米尔·阿拉姆。就在这一阶段，海尔·妮萨的爱情生活又曝出了另一桩大丑闻。

乔治·巴洛爵士是第一个做出反应的人。他就这一问题写给罗素的信已经散佚，但很明显，他对新的事态发展感到震惊。他担心海尔·妮萨可能会再次破坏英国与海德拉巴的关系，所以试图禁止她返回海德拉巴。在写给西德纳姆的信中，他谈及最近在韦洛尔发生的兵变，并声称，"海岸上的军队已经提出，土著女子与欧洲军官的关系是引发不满的原因之一，所以现在向他们提醒柯克帕特里克中校与海尔·妮萨夫人这种身份和背景的女性的关系，可能造成危险"。[42]这是一个非常可疑的说法，甚至连西德纳姆都认为是不可信的。[①] 但海尔仍然被禁止离开加尔各答。

心急如焚的亨利·罗素被迫前往政府大楼，为海尔·妮萨向巴洛的私人秘书尼尔·埃德蒙斯通求情。埃德蒙斯通本人是

---

① 1806 年的韦洛尔兵变的原因实际上是马德拉斯的印度兵怀疑英国人要强迫他们皈依基督教。军队的一套新的规章制度又刺激了他们，让他们更加忧虑。这些新规定实际上是企图统一士兵的外表，要求他们剃掉大胡子，修剪小胡子，不戴耳环，额头上不要画印迹。他们还被要求戴一种新类型的头巾，这种头巾看上去很像欧式帽子，而在印度人眼中，帽子是与欧洲人以及皈依基督教的印度人紧密联系的。 （转下页注）

一位波斯文学者，而且（私下里）与一位印度女子建立了小家庭。罗素指出："海尔·妮萨夫人被扣留在加尔各答，将陷入痛苦和残酷的境地，而且她今后在任何时候都很难回到家人身边。"[43]这个论点对埃德蒙斯通的影响不大。正如罗素在后来写给弟弟的信中所说："所有这些他都承认，但他仍然说，乔治·巴洛爵士的反对意见是公共性质的，他［埃德蒙斯通］不会因为个人的困难而反对它。"罗素于是发了脾气，愤怒地指出，海尔是海德拉巴的尼查姆的臣民，所以巴洛对她没有管

（接上页注）韦洛尔兵变很快被镇压下去，马德拉斯当局为了掩盖自己的错误，提出了一种理论，说此次兵变是普遍的"穆斯林阴谋"的一部分，目的是驱逐英国人。事实证明这种说法纯属捏造（部分原因是，兵变参与者绝大多数是印度教徒）。但由于这种阴谋论造成的混乱，新的规章制度始终没有被撤销，类似的命令传到公司全军。公司的印度兵害怕被强迫皈依基督教，是 1857 年大兵变（印度人称之为第一次独立战争）的主要原因之一。另外，这些新规章制度刺激了"印度教徒斯图尔特"，他第一次行动起来，捍卫印度兵在脸上画表示种姓的鲜艳印迹、蓄着完整的拉杰普特大胡子出现在操练场上的权利。1798 年，他发表了一篇文章，呼吁在印度的所有公司官兵，无论英国人还是印度人，都采纳头巾、莫卧儿长袍和弯刀为制服的一部分，并蓄起大胡子："我还不敢建议我们的军官也蓄起小胡子，尽管它肯定能给人一种雄赳赳的男子气概，但因为小胡子如今在军中变得非常流行，所以我相信，要不了多久就能看到军人的上唇蓄起胡须。我乘轿子的时候，常有乞丐向我乞讨时呼喊'夫人'，因为我脸上没有蓄须。"这个问题后来一直闹到了军队总司令那里，他批评了斯图尔特的"奇思怪想"，还批评他允许自己的部下"荒唐地蓄起过分浓密的大胡子和上唇的小胡子"。总司令认为，蓄胡子会损害军纪，并增加印度兵的宗教偏见，而他们的宗教偏见"已经够多了，已经够让当局尴尬了"。见"印度教徒斯图尔特"发表在 Observations and Remarks on the Dress, Discipline, &C. of The Military By a Bengal Officer (Calcutta, 1798) 的匿名文章，关于总司令对他的指责，见 OIOC, IOR/P/ Ben/Sec/253, Fort William, 17 December 1813, No. 39, Re. Regimental Orders By Lt. Col. Stuart, Futtyghur, 2 July 1813。关于韦洛尔兵变，见 Sir Penderel Moon, The British Conquest and Dominion of India, pp. 359-61。——原书注

辖权，没有权力把她留在加尔各答。埃德蒙斯通冷静地回答，他将把罗素的论点转告总督。1806 年圣诞节前夕，罗素收到了一封来自政府大楼的简短而不客气的公函，说明了巴洛对此事的结论：

> 亲爱的先生，考虑到本案的所有情况，总督撤回了对这位女士前往海德拉巴的反对意见。但他认为，出于政治上的原因，不应认为她得到英国政府的直接保护。她可以回海德拉巴，在自己家人的保护下生活。英国政府的任何表示要保护她的承诺，最终都可能造成严重的尴尬局面。我已接到指示，就此事写信给西德纳姆上尉。
>
> 亲爱的先生，我永远是
> 您最真诚的朋友
> 尼尔·埃德蒙斯通[44]

当晚，罗素完成了出发的准备工作，并给西德纳姆写了最后一封致力于和解的短信：

> 向您保证，我和海尔·妮萨夫人都不会向您提出任何要求，因为根据埃德蒙斯通先生给您的信，您可能会认为我们的要求是不合适的。她希望尽可能安宁地与她的母亲和外祖母一起生活，而且她似乎并不担心来自任何方面的危险。如果您明确地向米尔·阿拉姆声明，她不会得到您的保护，那么也许他确实会给她制造一些困难和不安。但在任何情况下，这种声明都是没有必要的，而且我相信，仅仅是您的善意和对柯克帕特里克中校的怀念，就足以使

您不做出这种声明。[45]

海尔和亨利向阿齐兹·乌拉和阿曼·乌拉这两位孟希告别，他们正准备在瓦拉纳西的恒河岸边过退休生活。第二天早上，这对恋人紧张地踏上了前往海德拉巴的旅程。

但他们永远没有办法抵达目的地。

在三个多月的时间里，罗素和海尔在莎拉芙·妮萨和仆役的陪同下，沿着他们此时已经熟悉的东高止山的山脊，在山上的柚木林和孟加拉湾的白色碎浪之间缓缓前行。

由于对返回海德拉巴没有什么期待，他们在旅途中并不着急。1 月底的某个时候，他们在路上收到了来自西德纳姆的快件，于是他们更加放慢脚步。常驻代表收到了巴洛的命令，并解释说，很遗憾，他现在不得不撤回保护海尔的提议。他表示，他对罗素能够让总督撤销"对夫人返回此地的反对意见"感到"欣喜"，并补充说："单纯从政策上讲，我当然更希望夫人留在公司的某处领地；但由于她对这一计划非常反感，我预计她回到海德拉巴不会有任何不愉快的后果，只要她在自己家人和朋友的保护下留在城里……我听说夫人的母亲和外祖母的房子都修葺得很好，而且很方便；我想其中的一栋房子将是夫人的合适住所。"但西德纳姆随后又给罗素的返回增加了一个新的条件，进一步让罗素和海尔失望。

我希望你准备好，在夫人进城后放弃与她的一切私交。我知道米尔·阿拉姆会希望她不要见你。如果考虑到穆斯林对其女性的习俗和偏见，他的反对是很自然的。我已经告诉过你，城里的人对你对夫人的保护的性质有误解。毫无疑问，你如果继续与她交往，就会证实他们的想法。[46]

拥有强烈的英国人气质的西德纳姆相当生硬地在信的附言中加了一句："又及：如果这样的消息不失礼节，我恳请您代我向夫人致意。"然后指出："H. 罗素爵士〔亨利的父亲，大法官〕曾慷慨地赠给我一罐他的上等鼻烟。你可否说服他再做一次这样的牺牲？"

仿佛为了在罗素的伤口上撒盐，很快又来了第二封快信，这次是他的老冤家亨明上尉寄来的。信很短，也很直接。亨明写道，他刚和海尔·妮萨夫人的兄弟达斯蒂·阿里·汗[①]吃过早餐，他想向罗素说明几件事："我不是出于无礼的好奇心才问你，你是否准备在到达的那天就离开夫人，并且可能再也见不到她。我并不是说她住在城里会有生命危险。但我相信，你们之间的一切交往都会被米尔·阿拉姆禁止……"[47]

这对恋人现在清楚地知道，一旦他们到达目的地，他们的恋情就必须结束，因此他们进一步放慢了行进的速度。传递快件的信使可以在两周内完成从加尔各答到默苏利珀德姆的旅程

---

① 其他史料没有提过达斯蒂·阿里·汗，*Nagaristan i-Asafiya* 明确地说莎拉芙·妮萨只有两个女儿。所以他可能是海尔·妮萨的同父异母兄弟，换句话说，就是迈赫迪·亚尔·汗与另一位妻子或小妾生的儿子。——原书注

（这让阿卜杜勒·拉蒂夫·舒什塔里感到惊奇，他将其比作苏非派关于圣人可以随意从印度的一端飞到另一端的古老传说①），但在这次旅程中，罗素和海尔却花了超过十二个星期。他们显然不急于分道扬镳。

3 月底，两人经过了默苏利珀德姆，距离海德拉巴只有一周的路程，这时他们停了三天，让海尔·妮萨一行人和罗素自己的穆斯林仆人庆祝穆哈兰姆月。他们的帐篷还在克里希纳河岸边搭着的时候，又一名信使骑马跑进了营地，带来了又一封紧急书信，这次是查尔斯·罗素的。信中又是一个坏消息。米尔·阿拉姆终于对亨利"保护"他的亲戚海尔·妮萨做出了反应。新任首相在与西德纳姆的一次谈话中，寒气逼人地明确表示，海尔·妮萨是她家族的耻辱，海德拉巴不欢迎她回来。米尔说这句话时的激烈语气，很明显地表明了他的坚决态度。海尔回家并不安全。如果她回去，她的生命就会有危险。

这当然是最坏的消息，但似乎没有办法避开。现在加尔各答方面已经禁止西德纳姆向海尔·妮萨提供保护，所以她不得不做出一个简单的选择：要么返回并冒着遭受米尔·阿拉姆报

---

① 舒什塔里曾通过英印政府的驿站系统走这趟路，感到很惊愕："总督为了表示尊重，安排我通过政府的驿站系统从加尔各答去玛奇里班达尔。每走 2 里格就有十四名护送人员就位：八人负责抬轿子，跑起来比快步小跑的马还快；两人搬运口粮；两人拿着火把，天黑之后就点燃；一人是向导；一人是鼓手。我从加尔各答到玛奇里班达尔花了十五天，如果不是通过驿站系统的话，这趟路需要两个半月。说真的，书里说的苏非派的瞬间全球旅行的奇迹，在这里已经实现了，用的就是这种方法！我们主要是在夜间行进，但在白天也不停，所以我对经过的乡村没有什么观察。鼓声响起，我们才停下来野餐，但轿夫的动作让我的肠胃很不舒服，所以我没有胃口，尤其是不想吃肉或其他熟食。我们每抵达一处，无论白天黑夜，都有公司的仆人准备就绪，欢迎我们，安排我们休息。"Abdul Lateef Shushtari, *Tuhfat al-'Alam*, pp. 564-70. ——原书注

复的风险，要么到其他地方定居。正如罗素给弟弟的回信中所说，他原以为，只要他离开海尔·妮萨，她就"可以与家人安安静静地一起生活，不必害怕米尔·阿拉姆。但我从你信中的部分内容推断，你担心米尔对夫人的恶意和报复想法仍然很活跃，以至于他会采取严厉的措施，而西德纳姆上尉受制于总督对他的约束，没有办法保护她……如果我准确理解了你的意思，而你仍然认为你的忧虑是有根据的，那么我就绝对有必要采取我唯一还能采取的手段来保护夫人，建议她留在公司的某处领土"。

然后，他向查尔斯提出迟来的道歉，因为他没有对弟弟更坦诚地解释他与海尔的关系："你责备我在离开加尔各答之前没有向你通报有关夫人的事情，你的责备是很有道理的……我想，在我到达海德拉巴之前，你很可能不会听到事情的任何进展，所以我应该有机会亲自与你谈一谈这件事。"[48]

一连三个星期，罗素和海尔在他们的临时营地一直没有动静，显然在犹豫不决。罗素写信给西德纳姆和查尔斯，试图找到一些打破僵局的办法。不过，最终他清楚地认识到，已经没有选择了。在 4 月的第二个星期，查尔斯再次给亨利写信。关于海尔·妮萨与他发生关系的传闻是压垮骆驼的最后一根稻草。局面已经无可挽回了。米尔·阿拉姆心意已决。海尔不能回家了。她必须在尼查姆的领地之外，另找地方定居。

最糟糕的事情发生了。米尔·阿拉姆正式决定将海尔·妮萨驱逐出海德拉巴。她在十九岁时成了寡妇，二十岁时又成了流亡者和难民。

1807 年 4 月 14 日，亨利给弟弟回信，告知了他和海尔最终做出的决定："你的信让我确信［海尔·妮萨］在海德拉巴将面临巨大的危险。"亨利解释说，他向两位夫人朗读了查尔斯的信，尽管她们"都希望回到海德拉巴，而且她们一直不愿意留在公司的领地，但她们都在未经我建议或劝说的情况下，决定放弃原来的计划，至少短期内在默苏利珀德姆定居"。他补充道："她们在那里或公司其他领地的居住是永久性的，还是只在米尔·阿拉姆在世期间暂住，这取决于今后的事态发展。不管怎么说，她们在默苏利珀德姆是安全的；安全是最重要的考虑，为了它，只能牺牲生活的舒适。"[49]

罗素接着说，他已经给公司在默苏利珀德姆的代表亚历山大少校写了一封信，"指示他为接待夫人准备一所最好的房子，我将亲自陪她去默苏利珀德姆。我将只在那里停留几天，看她舒适地安顿下来，并为她的生活起居做好必要的安排，然后尽快前往海德拉巴……我希望在 5 月的第一个星期到达［那里］"。

他还详细地指示弟弟，如何在不过度惊扰杜尔达娜夫人的情况下把这个消息告诉她。

所附的信将向老夫人告知她的女儿和外孙女对其计划所做的更改；但如果把她们的真正动机告诉她，就很不合适了。因此，我们说，她们暂不回海德拉巴的原因是可怜的年轻夫人的心血来潮。我会把信敞开，不封印，好让你了解其中的内容。你看完之后，把它封印，交给老夫人。你也必须向西德纳姆上尉进行必要的通报。我毫不怀疑，你和他都会赞同夫人的决定。

正是在这一阶段，罗素的信中出现了含糊不清的内容。到目前为止，他似乎像之前的詹姆斯一样，准备冒着损害自己前程的风险来挽救他与海尔的关系。毕竟，他曾坚决地对抗尼尔·埃德蒙斯通，让总督改变了关于海尔·妮萨应该继续流亡加尔各答的决定。但亨利·罗素的秉性与詹姆斯·柯克帕特里克的截然不同。他显然对海尔·妮萨对他的关注感到受宠若惊，也许对自己与前上司的妻子同床共枕也感到意外。但他愿意在多大程度上让爱情妨碍他的前程，就很难说了。

罗素的自负似乎让他认识不到，他对毁掉海尔的未来负有多大的罪责：他远远没有认真思考自己造成的糟糕局面（她的清誉最终被毁、她被放逐和被迫流亡），而是写信给弟弟，自吹自擂地说："我很高兴地看到，我将海尔·妮萨夫人置于危险范围之外，而我自己也无须向西德纳姆上尉求助。我现在感到完全独立于他。我相信，正是我从来不曾向他索求恩惠这一点，让我能够安稳地与他维持友好的关系。"

很显然，罗素最关心的不是"可怜的年轻夫人"，而是自己的安逸和名誉。正如他向查尔斯解释的那样："为了我们两个人［即罗素兄弟］的利益，我们应该采取在我们的能力范围内最果断的措施，反驳那些似乎在海德拉巴流行的传闻，不管那些传闻是无聊八卦还是恶意中伤。"[50]

一周后，罗素、海尔和他们的随从回到了炎热潮湿的港口城市默苏利珀德姆。

　　默苏利珀德姆曾经是科罗曼德尔海岸的主要贸易站，在17世纪发展为具有国际重要性的港口，与处于权势和影响力巅峰的戈尔康达王国的丰饶集市相连。它也是英国东印度公司和荷兰东印度公司最早的前哨之一。[①] 但它早已被马德拉斯和维沙卡帕特南超越。默苏利珀德姆在1661年被奥朗则布洗劫并烧毁，然后在18世纪中叶被马拉塔人袭掠后，它的命运就注定了。它最终被一场灾难性的气旋摧毁，这场气旋在罗素和海尔抵达的仅仅七年前，即1800年的雨季席卷了它的海墙。

　　因此，到了1807年，这个曾经熙熙攘攘的港口已经萎缩成了破败的穷乡僻壤，那里有一座半壁倾颓的堡垒、一座刚刚重建的英国教堂和一片墓地。墓地很快就被当地肆虐的疟蚊的

---

① 所以默苏利珀德姆也是英国人在印度最早也最疯狂的一些放荡恶行的发生地。例如，1619年12月，威廉·梅斯沃尔德从默苏利珀德姆报告称，一些公司员工闯进了一系列卖棕榈酒的小酒馆和港口妓院，"胡作非为，如同野蛮的不法之徒。我担心，我们国家虽然在过去的名声还不错，现在会因为这些家伙令人难以容忍的恶行而陷入永久的丑闻"。七年后，梅斯沃尔德的继任者霍利也觉得默苏利珀德姆是个很棘手的地方，所以呼吁当地的贸易站雇用"懂礼貌、不喝酒的人"，并下令"开除渎职或生性放荡之人或酒鬼"。See William Foster（ed.），*The English Factories in India*（13 vols, London, 1906~27），Vol. 1, p. 153. ——原书注

受害者填满了，这些受害者都是城镇西边没有排水的盐沼的居民。[1] 向南 3 英里，从英国人聚居区穿过堤道，港口的深水码头正在慢慢淤积，现在它的贸易已经衰败，但捕鱼船队还很活跃，所以它被当地人称为玛奇里帕特纳姆，即"鱼城"。这个名字之所以变得有名，[2] 部分原因无疑是每天早晨港口的小型木质双体独木舟船队带来的大量渔获物产生的浓烈腥臭，以及被留在沙滩上晒干的小鱼弥散的令人掩鼻的恶臭。

这里的渔民都属于最底层的种姓，是黑皮肤的贱民；此地的英国人社区很小；也没有什么莫卧儿社交圈可言。[3] 连镇上的纳瓦布，即詹姆斯·达尔林普尔的妻弟，也离开了这里，到南边 100 英里外气氛更热闹的马德拉斯定居。[51] 大约在这个时候，一位荷兰访客记载道，除了无处不在的鱼腥味之外，城墙外的沼泽地在干燥的天气里也发出令人难以忍受的恶臭，而炎热的天气让人"无法忍受，既不能读书，也不能写字，更不能思考"。[52] 简而言之，默苏利珀德姆不是海尔或她的母亲会主

---

① 默苏利珀德姆一直因为瘟疫而臭名昭著，当地早期贸易站职员的记录里经常写到刚来不久的新人几周后就病死。例如，"这个地方太不卫生，我们很少同时全都处于健康状态"，或者"议事会考虑到此地的不卫生以及人生无常，命令健康状况良好的人代替患病的人维持日常工作"。See Dodwell, *Nabobs of Madras*, p. 109.——原书注

② 默苏利珀德姆今天的官方名字是玛奇里帕特纳姆（Machlipatnam），至少从 18 世纪开始当地人就管它叫这个名字（有时还用 Machlibandar）。——原书注

③ 当时那里有一些莫卧儿和波斯商人，一般是在默苏利珀德姆生活了几个世纪的历史悠久的商人世家的后裔，他们还做从海德拉巴去朝觐的客人的生意，并与杰达和几个波斯港口做纺织品生意。See Sinnappah Arasaratnam and Aniruddha Ray, *Masulipatam and cambay: A History of Two Port Towns 1500-1800*（New Delhi, 1994），p. 116. Also Shah Mazur Alam, 'Masulipatam: A Metropolitan Port in the Seventeenth Century', in Mohamed Taher（ed.），*Muslim Rule in the Deccan*（New Delhi, 1997），pp. 145-63.——原书注

动选择的地方，这大概表明，母女俩在这个阶段都认为她们的流亡时间会很短。

抵达默苏利珀德姆之后，海尔和罗素把帐篷搭在一个属于亚历山大少校的花园内，就在他的两层豪宅旁边。亚历山大是东印度公司在此地的代表，上了年纪，喜欢吹毛求疵（罗素在信中称他为"老母亲亚历山大"）。在亚历山大的帮助下，他们着手为海尔寻找临时住处。他们拒绝了纳瓦布的房子，因为它"太大"，而是选择了一座比较朴素的平房。"我希望明天就能解决房子的所有问题，"罗素写道，"并在本月 1 日之前把房子打扫干净，准备好迎接夫人入住。无论如何，她都可能得到一个舒适的住所；也许比她在公司领地的任何其他地方都要舒适……"

不过，罗素的语气似乎又在某种程度上与当时的绝望情况不契合。他的信中没有任何遗憾、痛苦或忏悔的语调，而只是一带而过地评论道："据我所知，这里的社交界不是很好。人们主要是自顾自地生活。"这话说得太轻描淡写了：在默苏利珀德姆，没有一个人是两位夫人可能与之结交的。这里无事可做，也没什么可看。天气炎热，气味难闻。罗素本人似乎急于离开这座城市。至少在他的信中，他几乎没有花时间去担心海尔在这样一个不愉快的穷乡僻壤的生活。

他对查尔斯说的话更加麻木不仁。查尔斯刚刚通过邮件告诉他，亨利在海德拉巴的情人早产了，生下一个女婴，这个孩子看起来不太可能活下来。罗素的反应令人不寒而栗。"我为你关于我的小女儿可能死亡的描述感到遗憾，"他写道，"但如果假装此事让我痛不欲生，那就很虚伪了。即使是我们亲眼见过的婴儿的死亡，我们也只是根据我们对其母亲的爱的程度来哀悼；我从来没有见过这个孩子，而且她的母亲也从来没有成为我的依恋对象，因此，我不能把这件事情看作非常严重的不幸。"然后他几乎没有停顿地继续说下去，显然已经把自己的情人、垂死的女婴和海尔从脑海中排除了。"从这里到海德拉巴，我在轿子里没有一本书可读。马上给我寄一本来，如果你找不到更好的书，就给我送来《欧洲夫人》。"这封信揭示了罗素心中的那一小块寒冰，它是自我中心、自负和麻木不仁的复合体，这些特征在接下来的几个月里会越来越明显。

一周后，罗素显然已经把海尔·妮萨安置在她的新房子里，从那里可以眺望科罗曼德尔海岸的棕榈树、渔船和波涛。但他在给查尔斯的信中唯一明确提到她的句子是："如果可以，我将在这里处理我的一些牛。夫人的行李不多，许多牛没有东西可拉，而如果在这里和海德拉巴之间喂养所有的牛，那将是一笔不必要的开支。"[53]

第二天，他就走了，以轿夫能够抬着轿子行进的最快速度回到了海德拉巴。他将哭泣的海尔·妮萨抛在身后。她背井离乡，居住在一个陌生的城镇，只有母亲为伴。海尔·妮萨做过的一个梦让她坚信，她和罗素再也不会见面了。[54]

在这之后，罗素的通信出现了整整八个月的空白。没有文献能说明海尔·妮萨是如何度过这段时间的，以及她的感受、心情、希望或恐惧是怎么样的。但我们不难想象。

当通信恢复时，已是 1808 年 1 月，亨利·罗素又回到默苏利珀德姆，进行了两个星期的访问。此时他正在从海德拉巴赶往马德拉斯，到那里接受一个新职位。海尔欣喜若狂地热情接待他，让他感到受宠若惊、心满意足。他告诉查尔斯：

> 亲爱的海尔对我嘘寒问暖、关怀备至，看上去非常高兴见到我，就像我非常高兴见到她一样；她真是欢天喜地。她对我被任命到马德拉斯感到高兴，因为这给我们提供了见面的机会；而且由于我们在分离后见过一次面，她似乎已经摆脱了以前迷信的恐惧，即我们不会再见面了。因此，我希望她对我去马德拉斯的感觉，不会像对我去海德拉巴的感觉那样强烈；她会相信，曾经使我们相聚的那份好运，会使我们再次相聚。

他接着描述了两位夫人的情况：

> 我发现海尔·妮萨夫人和她的母亲都很好。她们的身体似乎很好，老夫人也许比她刚来时更好；她们的心情也很好。我离开后她们搬进的房子，比她们最初住的那栋房子好得多。她们只住房子的上层，这样比较私密和安宁，并给她们带来新鲜的空气和良好的视野；下层居室全部用于存放行李和安顿仆人；她们有一个班的卫兵，这也许是不必要的，但却非常有用，能让她们有安全感。[55]

罗素的信还无意中透露了他不得不离开海德拉巴的原因。

在默苏利珀德姆，他与一位以前是附属部队成员的军人老友住在一起，他与主人共进晚餐，后来前往驻军的要塞赴宴。他很高兴，显然也很惊讶地发现，"每一位女士似乎都想方设法地对我献殷勤；而且非常令人满意的是，据我观察，我在这里没有成为丑闻的主角"。显然，与海德拉巴相比，这是一个可喜的变化。在海德拉巴，他在常驻代表府的地位已经变得岌岌可危，因为在该城和英国人的社区流传着关于他与海尔·妮萨关系的传闻。

他说，如今他在马德拉斯要的就是"尽可能地保持低调，虽然我不能使诽谤的舌头安静下来，但我不会刺激它。如果我在海德拉巴的朋友编造或散发的任何传闻涉及我与海尔·妮萨夫人的关系，可能损害我的名誉，你觉得我有必要知道的话，就请你告诉我，否则就什么都不要说。这些传闻只会让我生气和烦恼，没有任何好处"。同时，他很高兴地发现，在默苏利珀德姆，"每一位女士似乎都对海尔·妮萨夫人感兴趣，并以最大的尊重和理解来谈论她"。[56]

至于海尔本人，罗素的信中透露，她对还能从自己的地产得到收入感到欣慰，并且她只有一个深切的愿望：拿回她的孩子们的画像，乔治·钱纳利似乎在加尔各答把画像借走了。尽管她一再恳求，但钱纳利显然不愿意把画像送还。罗素要求弟弟写信给他们的父亲，即首席大法官（当时正在请钱纳利为他画像），并告诉父亲，"海尔·妮萨夫人非常急切地想要收到画像，并已就这个问题给你写了非常紧急的信"。没有任何迹象表明，自她的孩子们两年半前启程去英国以来，海尔收到过他们的消息。这幅肖像仍然是她与已经失去的孩子们的唯一联系。

罗素从默苏利珀德姆寄来的其余书信里满是计划和打算。莎拉芙·妮萨想在穆哈兰姆月访问海德拉巴，代表她的女儿，在一年中最吉祥的时刻向米尔·阿拉姆请愿。罗素要求弟弟做必要的安排，派人护送莎拉芙·妮萨："她将乘自己的轿子旅行，只有一组轿夫；由于只有几天的路程，她除了两三辆马拉大车之外，不会携带帐篷或行李。"

最后，他请查尔斯帮助他与海尔·妮萨保持联系。罗素预计在马德拉斯这个高度英国化的地方很难找到一个好的波斯语孟希，当然也找不到一个值得信赖的人，可以把给海尔·妮萨寄送情书这个微妙的任务放心地托付给他。罗素也很想避免在马德拉斯引发丑闻，因此请弟弟帮个忙：万一他没有办法给海尔写信，查尔斯现在是否可以开始给她写信，传递他的消息？他很担心海尔，为她的心情担心，尤其是一旦她的母亲离开，留下她一个人的时候。

[如果查尔斯能写信，]我可以通过你向夫人保证，我的状况很好。我不写信给她，不是因为任何可能让她不安的原因。

从所有这些方面来看，最好是请你从现在开始，像我一样继续定期与海尔·妮萨夫人通信；虽然严格守时地定期写信有时可能会给你带来麻烦，但我相信，为了让夫人从中得到安慰和满足，你一定会服从。我每隔两天给她写信，绝不允许间断。如果我很忙，我就写一行字说一声，她会觉得这就足够了；如果我在写信的日子要出去一整天，我就在夜间写几行字，让邮差照常送去。

我恳求你，我最亲爱的查尔斯，请坚持我这个习惯；请相信，持续不断、持之以恒地有规律地通信，是你能给予一个不在身边的朋友的最大祝福。许多人如果很忙，就根本忽略了写信，因为他们认为非写一封长信不可；但这是一个非常错误的想法。在固定的日子里，写上一行情真意切的句子，说自己很忙，不能再写了，其价值要比晚一些的长信大得多。请记住这一点，并记住，夫人是这样的心态，处于这样的处境，以至于在全世界所有人当中，这个原则对她来说是最适用的。

亨利建议，如果查尔斯有任何问题，可以咨询阿齐兹·乌拉的老助手卡齐，他又回到常驻代表府工作了，并且他"对我的通信习惯了如指掌，所以他总能告诉你，我在特定场合下习惯做什么。他也完全熟悉你应该使用的术语和称呼方式。我已经向夫人解释了我写给你的关于这个问题的所有内容，她希望我只是补上她的一个请求，即每当我写给她的信从马德拉斯到达你手中时，你都要在第一时间把它寄到默苏利珀德姆，而不要把它暂留下来，等到你自己准备好一封信……"

这是海尔·妮萨身上我们以前从未见过的一面。我们已经看到了她的力量和坚韧，以及她的热情和魅力；但她从未如此脆弱，如此需要安全感，如此需要爱。

就这样，罗素又走了。对于随后三个月里他和海尔·妮萨的情况，我们一无所知，仿佛一道大幕在舞台上降下了。

当我们再一次看到罗素的时候，他正处于一个截然不同的世界之中。

　　1808 年的马德拉斯与加尔各答相比，至少在权力和贸易方面是一个档次较低的地方。但马德拉斯仍然因为自己是一座更彬彬有礼、更优雅、更精致的城市而自豪，对它那个粗鲁、放荡的孟加拉竞争对手颇为轻蔑。马德拉斯的布局与印度的其他英治城市截然不同，它分布在一个广阔得多的区域。在要塞和圣托马斯山之间的平原上，在数英里的范围分布着许多低矮、白色、古典风格的花园洋房。正如一位游客几年后记述的那样，很少有英国人住在马德拉斯的市区，他们更喜欢"散布在内陆数英里范围内的乡间别墅。即使是商店店主，只要负担得起，也为他们的家人建造了独立的平房"。城市的中心在要塞周围，也是一幅奇特的景象。三十年前，当艺术家威廉·霍奇斯在乔治堡下方的海浪中登陆时，他写道，这座城市的"长长的柱廊、敞开的门廊和平坦的屋顶，看上去类似亚历山大时代希腊城市的外观。晴朗、湛蓝、无云的天空，光洁的白色建筑，明亮的沙滩和深绿色的大海，对英国人的眼睛来说是一种全新的组合"。

　　到了 1808 年，马德拉斯的社交生活已经闻名遐迩，尤其有名的一点是，欧洲女子与男子的比例在这里似乎比在加尔各答大得多。总督府有一座庞大的新宴会厅，内部空间非常大，以至于瓦伦西亚勋爵认为他和其他客人在旋转和跳华尔兹时"看起来像侏儒"。这里有马德拉斯狩猎协会和山下的年度赛马；有许多优秀的学校，包括"仿照奇西克街①的平克顿小姐学校的女校"，在那里，教室中坐满了学习"阅读、写作、算术、历史、地球仪的使用、法语、希腊语和拉丁语"的年轻英国姑娘（未来的"太太"们）。就连城里的啤酒馆也相对体面，有伦敦老酒馆和国王纹章酒馆这样地地道道的英国名字。在离圣马利亚教堂（17世纪建造的要塞教堂）优雅的尖顶不远的地方，有著名的要塞酒馆，它"每天早上供应汤，可在很短的时间内提供正餐和最好的葡萄酒"。这与威廉·希基熟悉的客人互相投掷面包团的加尔各答粗野酒馆可谓天差地别。②[57]

在过去的几年里，亨利·罗素一直沉浸在海德拉巴的莫卧儿社会中。现在，他发现自己喜欢上了马德拉斯这样繁忙的、英国味道浓郁的管辖区城市能够提供的乐趣。他毕竟是个聪明、英俊、富有的人，总之是个非常理想的单身汉。这一点他自己也很清楚。"我看到马德拉斯的人们已经把我视为一个很好的结婚对象，"他在抵达这里的几个星期后写道，"他们相当细致地观察我的注意力主要指向谁；但我完全保持警惕，并始终注意平等地分配我的关注。"[58]

3月，亨利寄宿在詹姆斯·柯克帕特里克的姨父和姨妈皮

---

① 奇西克街是伦敦泰晤士河北岸的一条沿河的街道。

② 不过马德拉斯肯定不完全是纯洁的地方。它也有一些比较黑暗的角落，如狮鹫客栈（"狮鹫"是18世纪俚语，指的是刚到印度的新人），那里只需三个铜板就能买"一杯格罗格酒"，一碗潘趣酒只需要五个铜板。马德拉斯报界经常抱怨狮鹫客栈的"馊啤酒、酸红酒和烂火腿"。See Dodwell, *Nabobs of Madras*, pp. 217-20.——原书注

特里夫妇家，同时漫不经心地为自己寻找一套房子。他的信中现在满是关于晚宴、赛马和马匹的内容。他在一封信中告诉查尔斯："麦克道尔的'巴克科斯'赢了马德拉斯赛马会的冠军。这是他从阿卜杜勒·拉蒂夫那里得到的一匹红棕色小马。"然后他有些自豪地补充道："除了皮特里夫人在家里举办的三次宴会外，自从我来到这里，我每天晚上都在外面吃饭，而且经常在一天之内收到三四份邀请。这里的宴会一般都相当不错。每个人都显得很急切，尽量表现得文明而殷勤……"[59]

在这个热闹的社交圈子里，罗素很快就交到了朋友，并且特别喜欢令人厌恶的塞缪尔·达尔林普尔太太，这有点出人意料。她曾陪同詹姆斯最后一次乘船去加尔各答。"达尔林普尔太太是我最喜欢的人，"罗素告诉弟弟，"但我偶尔会把手帕扔向另一个目标……"随着时间的推移，他越来越投入地参加派对和舞会。4 月中旬，他写信给查尔斯说，他从来没有像现在这样快乐过，也没有像现在这样觉得自己深得别人的欣赏。① 他从小受到父亲的溺爱，所以觉得自己得到大家关注和尊重是理所当然的事情，而他现在终于得到了这种关注和尊重。他写道：

> 我对马德拉斯一天比一天满意，我对这里的上流社会和人们看得越多，就越喜欢他们。我的身份和我的人脉（要不要加上我的举止和外表？）自然而然地使我得到亲

---

① 罗素最高兴的一点是，他注意到自己的舞技有很大提高："我觉得，我的舞技似乎和我的风度一样有很大提升（尽管我自己这么说似乎不太好），我相信我和其他所有人一样，对我的表现感到惊讶。很多女士对我大加赞赏，说我参加她们的派对是给她们增光，所以古尔德和达尔太太提议管我叫'增光罗素'。"Bodleian Library, Russell Papers, Ms Eng Letts C156, p. 21, 21 April 1808. ——原书注

切和普遍的欢迎……在这样丰富多彩的社交圈里，我从来没有像如今在马德拉斯这样享受过。当我发现自己在欢笑，在调情，在全身心地投入所有的乐趣时，我几乎忘记了身为秘书应有的矜持和稳重。达尔林普尔夫妇和我所有的老朋友都告诉我，我是世界上变化最大的人。古尔德说，他在孟加拉时听说我是个闷闷不乐、沉默寡言的政客，而如今看到我，发现我完全不是那个样子。我现在会跳舞，会喝酒，会笑，会打扮，会讲笑话……

然后，他在几个星期内第一次提到了海尔·妮萨：

      不过，为了避免你产生忧虑，担心这里的生活会把我从调情的道路引向爱情的殿堂，我不妨向你保证，我在那个问题［他与海尔·妮萨的关系］上的谨慎和小心有增无减，我在这一点上如果变心，就太令人遗憾了。我相信，我的感情不是很容易投入的；而一旦固定下来，就会很稳定；从目前固定下来的地方来看，我想我的感情不大可能，或者说是完全不可能转移到别的方面。[60]

自从他们分别，海尔一直收到来自亨利的零星书信。但随着时间的推移，他发给默苏利珀德姆的信越来越不规律。很快，海尔开始了一连串的抱怨，说她被冷落了、被遗忘了。罗素按照他的秉性，回避这些抱怨，把责任推给他的弟弟和莎拉芙·妮萨。他告诉查尔斯：

      在你给夫人的所有书信中，也要特别提到我，你下次

写信给她时，就说我很遗憾，从最近收到的她的信中，我
发现她把我的沉默归咎于遗忘。她应该知道并相信，这是
不可能的，她那么说只会让我痛苦。我通过你向她传递消
息，说我一切都好，岂不比委托这里的随便哪个普通人
［即专业的用波斯文代人写信的人］写信给她，更能令她
满意？而且她应当很容易想象，我在这里很难迅速找到一
个值得信赖的人来帮我写机密的书信。

他接着说，海尔的母亲去了海德拉巴，不在女儿身边，所
以海尔显然很孤独。他还说，查尔斯应该告诉莎拉芙·妮萨，
让她赶紧回到默苏利珀德姆，回到女儿身边："她［莎拉芙·
妮萨］答应我只在海德拉巴待一个月，你必须坚持让她在 4
月初离开［海德拉巴］。无论如何都不要允许她超过这个时
间，即使她明确表示想继续在海德拉巴待下去。"[61]

不管罗素如何发誓赌咒说自己矢志不渝，但毫无疑问，海
尔确实开始从罗素的世界中心淡出了。这不仅仅表现在她越来
越少出现在他的书信中，罗素还有意识地与她撇清关系。查尔
斯写信告诉哥哥，发生了一起关于没收巴卡尔·阿里·汗财产
的纠纷（大概是在老人去世后，米尔·阿拉姆的政府没收了
他的财产），亨利劝他不要插手："我最强烈地坚持要求你，
绝对不要为了任何考虑、在任何场合代表她家庭的任何成员加
以干预。你如果施加干预，就会被指控行为不当。"[62]

当查尔斯和莎拉芙·妮萨都写信告诉他，莎拉芙·妮萨未
能说服米尔·阿拉姆撤销对海尔的放逐时，亨利也没有做出适
当的同情的反应。这对母女俩来说都是一个令人心碎的时刻，
她们担心的一切都成真了。但罗素满不在乎地轻松接受了这一

切。提到莎拉芙的消息，他只是说：

> 她的信写得非常好。看来她受到了所有她重视的人的友好接待。由于米尔对她的冷淡和不关心似乎没有给她带来任何痛苦，我很高兴她得到了一个如此强有力的实际证据，证明阻止她女儿返回海德拉巴的障碍是不可逾越的。我希望你能借此机会向她强调，并促使她相信，米尔仍然对她和她的女儿抱有极大的恶意和怨恨，所以如果她们永久性居住到海德拉巴，她俩都会遇到极大的危险。[63]

在后来的一封信中，当莎拉芙·妮萨已经回到默苏利珀德姆并将米尔·阿拉姆的决定告诉海尔之后，罗素只是评论道："我很高兴莎拉芙·妮萨夫人已经回到默苏利珀德姆。米尔·阿拉姆对她的待遇是前后一致的，因此并不令人惊讶……[这还证实了] [海尔] 留在默苏利珀德姆的必要性……我认为 [事先] 就能看出，米尔会以一贯的态度来对待她。"[64]

说着说着，罗素话锋一转，又去描述他在马德拉斯的社交生活。随着一轮轮莺歌燕舞的派对继续进行，有一个人物在他的书信中取代了海尔的位置：一位英葡商人的美丽而富有的女儿，她的名字叫简·卡萨梅杰。

简第一次被提到，是作为托马斯·西德纳姆的弟弟乔治的朋友。"如果乔治·西德纳姆到了［海德拉巴］，"亨利在1808年3月写信给查尔斯，"请告诉他，简·卡萨梅杰的病情确实令人紧张；虽然今天有所好转，但还没有脱离危险。"[65]

当她康复后，罗素去看望她："昨天我到卡萨梅杰家登门拜访，为了简的康复祝贺他们……［她］看起来很脆弱，身子很虚……［而且］确实病得很重……我相信，几天来她的医护人员认为她能不能保住性命都难说。"[66]简最终完全康复了。到了4月，她在亨利的信中占据的篇幅越来越大。他向查尔斯保证，"她是个极好的姑娘，她家是马德拉斯最好的一户人家"，但他很快补充道：

> 他们的武器都没有锋利到足以擦伤我的心脏表面……我提高了警惕，总是小心翼翼地平均分配我的关注，以防止他们怀疑我对任何人有明显的偏爱……前几天晚上在奥克斯太太家的一次非常愉快的舞会上，我把自己分给了达尔［林普尔］太太和简。当我和达尔太太在一起时，似乎没有人特别注意我。但当我去找简，和她调情一个小时后，把她交给塔珀时，我看到有许多人对我投来狡猾的询问的目光。第二天，有许多人故意问我，是不是觉得简·卡萨梅杰是个很有魅力的姑娘。[67]

这是一场化装舞会。为了参加这场舞会，罗素让查尔斯给他送来了一些詹姆斯·柯克帕特里克的旧莫卧儿长袍。詹姆斯把它们保存在老城的海尔·妮萨家，他似乎在去那里休闲的时候穿过，在宫廷的非正式场合也穿过这些长袍。[68]罗素也许曾和詹姆斯一起跨越文化的鸿沟，但说到底他的秉性与老上司截然不同。此外，关键的一点是，罗素这代人与詹姆斯那一代也是完全不同的。詹姆斯是最后一批在印度可以真正跨越文化鸿沟的英国官员之一。韦尔斯利从英国输入的新的帝国主义思想（亨利·罗素刚到加尔各答时就吸收了这些思想），使英国人从英国到印度、从乔治时代英国社会到莫卧儿社会、从基督教到伊斯兰教的跨越越来越困难。英国人不再张开双臂拥抱印度，不再接受印度对他们的改造；对英国人来说，印度变成了征服和改造的对象。罗素在 1800 年的加尔各答吸收的英国人对印度人和印度文化的傲慢态度，一直伴随着他。即使是他来到海德拉巴、来到詹姆斯身边的时候，也从来没有完全摆脱那种态度。詹姆斯在常驻代表府的日常生活中会穿莫卧儿服装，在老城的海尔·妮萨宅邸过另一种生活的时候也会穿莫卧儿服装。而现在，罗素只是把它们当作化装舞会的特殊服装来穿。詹姆斯和罗素的年龄相差没有那么大，但罗素已经跨越了一条重要的历史界线。

舞会结束后不久，罗素写信说，他已经有将近一个星期没有去看望简了："自从我上个星期日去了那里，除了晚上在山路上见过一次外，就再也没有见过简。今天是星期五。我的自制力是不是很强？不过，也许我明天早上会去拜访她家。那里肯定是马德拉斯最舒适的家……"[69]

到了 5 月中旬，关于罗素和简的传闻已经传到了海德拉巴的查尔斯那里，他写信给哥哥，询问这些流言是否有现实根据。亨利吓坏了，要求查尔斯提供更多关于这些流言的细节。他写道："我现在陷入了一个极其残酷和令人痛苦的困境。如果她的感情和自尊心有我的一半那么强，我相信她一定和我一样［为了这些传言而］痛苦。"他接着否

认自己曾让简有任何理由相信他会娶她，并说查尔斯听到
的传闻完全不正确。

> 你在信里写道，你听说，无论我在哪里赴宴，简·卡
> 萨梅杰都会得到邀请；无论我在哪里跳舞，她都是我的舞
> 伴；总之，我们几乎在所有场合都形影不离……我很容易
> 就能让你相信［这些故事都是没有根据的］……但是，
> 你会说，如果真的是这样，那么，关于我对简产生了感情
> 的传闻怎么会流传得如此广泛？这还不简单！我的青春、
> 我的背景、我的经济状况以及我的身份，（你别笑）都一
> 致表明我是这个地方条件最好的单身汉。人们自然而然地
> 认为，如果我欣赏任何一位女士，我当然要欣赏一般说来
> 大家最欣赏的那位姑娘……对于像简这样的姑娘，她有本
> 地第一美女的名声（不管她有没有资格得到这样的名
> 声），我只要稍微殷勤一点，就足以让这个地方骚动起
> 来，让大家都说我和她很般配。[70]

仅仅过了一个星期，罗素的语气就大不相同了，他终于承
认了几个月来马德拉斯所有人都一清二楚的事情。在一封给查
尔斯的信中，他突然热情洋溢地写道："简！亲爱的简！我该
怎么说她呢？我觉得我的危险一天比一天迫在眉睫，求爱者如
果犹豫不决就全完了。当我不在她身边的时候，我觉得只要立
刻永久地与她分离，就最终会消除我对她的任何感情；但在她
面前，我感受到一种完全无法抗拒的魅力的影响。对于这样的
分离，我看不到前景。"他向弟弟讲述了前一天晚上的一次晚
宴："我的舌头没有说过任何可以表达爱情的话语；但我担

心，我的眼神和举止超出了我的控制，它们可能会向任何愿意花心思观察的人出卖我的真情实感。我远不是对我的女伴的魅力无动于衷……真相是，我坠入了爱河……"

至于海尔·妮萨，亨利显然已经下了决心。"如果这次[与简的]调情有什么结果，"他轻描淡写地告诉查尔斯，"我会请求你在来这里的时候，顺便去一趟默苏利珀德姆。在那之前，我会就这个问题给你写信，详细谈谈。你要履行的职责，恐怕会是令人非常痛苦和不安的。但我相信，为了我的缘故，你会义不容辞。"[71]

海尔·妮萨当然会很痛苦、很难受，但对亨利·罗素来说就不一样了。次日的夜晚，也就是他第一次见到简·卡萨梅杰的不到两个月之后，他向她求婚了。

一个月后，大约在 1808 年 6 月 20 日，查尔斯·罗素从海德拉巴出发，为他的兄长再办一件差事。在过去的两年里，他一直断断续续地为哥哥办事，比如，收取海德拉巴女装并将其打包。但这一次，他手头的任务需要他做更远的旅行，也比以往的任务更令人不安。他现在的使命是去默苏利珀德姆，去见海尔·妮萨，把亨利要和简结婚的消息告诉她。查尔斯与海尔·妮萨素未谋面，但自当年 1 月以来，他（也是应哥哥的要求）每隔三天左右就与她通信一次。

查尔斯在早些时候收到了亨利的一封长信。亨利在信中告诉弟弟，他的求婚当然已被简接受，并详细指示查尔斯如何执行一项微妙的任务，即告知海尔，她已被抛弃："你要执行的任务将是艰巨而令人痛苦的；对你来说是最艰巨的，对我来说也是最痛苦的。但非这样不可。"[72] 查尔斯还是一如既往地听话，在两天后启程前往默苏利珀德姆，打算在完成哥哥的嘱托后，前往马德拉斯与未来的嫂子见面。

当查尔斯沿着通往海岸的道路疾驰时，他并不知道，在马德拉斯，亨利的计划遇到了重大的阻碍。很出人意料（至少对罗素来说是这样）的是，十天前，也就是 6 月 10 日，简·卡萨梅杰把他叫到家里，告诉他要取消婚约。她没有给出任何理由。亨利回到家里，对居然有人拒绝他感到震惊。直到第二天将近中午，他才想起，弟弟现在很可能正在去默苏利珀德姆的路上，去传递一个消息，而这个消息对海尔·妮萨来说只能是沉重的打击。

他冲到办公桌前，迅速写出两封短信。他把一封寄往海德拉巴，另一封直接寄给默苏利珀德姆的亚历山大少校，并紧急命令他，查尔斯·罗素先生一到城里，就把这封信交给他。然后亨利就坐下来等待会发生什么。

给默苏利珀德姆的快信的内容如下：

> 我亲爱的查尔斯，
>
> 我今天给你写了一封长信，发往海德拉巴，根据我自己的理解，尽可能向你解释了突然发生的情况。我相信，甚至希望，这些突发事件不可挽回地断绝了我和简·卡萨梅杰之间的关系。
>
> 谨慎起见，我把这封短信寄给亚历山大，我希望他

在你到达默苏利珀德姆后立即把这封短信交给你，以防止你向海尔·妮萨夫人告知我昨天长信的内容。总之，你不要对她说任何有关我的事情，除了说我一切都好，以及你要来和我一起度过一个月。你要让她相信，尽管我没能给她写信，但我仍然继续用以前的善意和感情去思念她。

我的婚约居然被取消了，这让我很烦恼，而我对这段感情的投入太多了，超过了谨慎的范围，尽管也许没有我最初想象的那么多。如果能避免向海尔·妮萨夫人转达我昨天给你的信的内容，避免给她造成痛苦，对我就是一种极大的安慰。当然，现在对她采取任何措施都是完全多余的。她不需要，也不应该知道或怀疑我的感情曾经偏离原来的方向；而且，考虑到我们现在的处境，最好还是继续保持我们迄今为止所处的状态。[73]

寄往海德拉巴的信更长，节奏更慢，也更有自知之明。亨利向查尔斯承认，"无论对你还是对我自己，我都无法掩饰，我对任何女人的拒绝都感到不安和恼火；但是，除了我的自尊心，或者说我的虚荣心受到伤害之外，我对自己与这样一个女人分离时的冷漠和无动于衷的程度真的感到非常吃惊，毕竟我原本已经与她山盟海誓，要共度余生……尽管如此，我的虚荣肯定比我的心受到的伤害更深"。[74]

他继续推测，简为什么要拒绝像他这样优秀的青年。在这段话里，他揭示了为什么他与海尔·妮萨的关系从来没有发展成婚姻，尽管她（至少在最初）显然希望与他结婚。罗素向查尔斯解释说，简之所以这么做，最有可能的原因是，他拒绝告诉自己的父亲，他即将与简结婚，这让简感到惊恐。罗素不肯告诉父亲的原因是，父亲几乎肯定不会同意。而这是因为简的曾祖母是马来人，而亨利爵士是一个野心勃勃的暴发户，他仔细地策划着每一个儿女的事业，并早已向他们明确表示，他永远不会同意他们中的任何一个人与"被黑色血统污染的人"结婚。[75]亨利·罗素对他的父亲深感敬畏，显然他的父亲是一个非常强势的人物。如果他连自己与简·卡萨梅杰相对没有争议的婚事都不敢告诉父亲，那么他做梦也不可能娶海尔·妮萨。

去海德拉巴的信到得太晚了，没能赶上查尔斯；他已经出发去默苏利珀德姆向海尔·妮萨透露亨利订婚的消息了。但寄给亚历山大的快信到的时间正好。经过一个星期的旅程，一向听话的查尔斯看完信后，甚至没有礼节性地拜访海尔·妮萨，就直接转身回海德拉巴了。

但这只是暂时推迟了不可避免的事情。五个月后，查尔斯又回来了，负责执行同样的任务。简·卡萨梅杰改了主意。她最终于 1808 年 10 月 20 日在马德拉斯的圣马利亚教堂与亨利·罗素结婚。亨利给弟弟写道："亲爱的简，我比以前更爱她十倍……"[76]

罗素已经向弟弟充分介绍了将要告诉海尔·妮萨的说法，其中涉及他所说的"无辜的欺骗"。话术也许是这样的：他是被父亲强迫结婚的，除了屈服别无选择。不管是什么样的谎言，都无法减轻它对海尔·妮萨的打击，因为这个消息击碎了海尔·妮萨本已脆弱的镇定和自信。查尔斯在给亨利的信中将这次相遇一笔带过，这让亨利很高兴。"你对你和海尔·妮萨夫人见面和交谈的描述非常充分，令人满意，而且没有详细到让我无法忍受的地步。这是一个令人痛苦的问题，因此少说为妙。"但他还是想知道一个细节："你说你在离开默苏利珀德姆的那天又去见了海尔·妮萨夫人。你见到她了吗？她是否更冷静，更愿意接受你前一天告诉她的事情？"[77]

查尔斯的回答没有留存下来。但正如海尔·妮萨后来的故事显示的那样，这些问题的答案是很清楚的。

这是我们知道的海尔·妮萨参与的最后一次谈话。随后大幕又在舞台上降下，但这次不是一个月，也不是一年，甚至不是两年，而是五年。在这段时间里，罗素写了数千封信，但几乎没有一封提到海尔·妮萨。而随着他的目光转向其他地方，她又一次从史海中消失了。

在他抛弃海尔·妮萨之后，罗素自己的生活也陷入了悲剧。简·卡萨梅杰在他们结婚仅两个月后就突然患热病去世了。这一次，罗素真的动了感情，悲痛欲绝。他给弟弟查尔斯写信说："可怜的简，你可怜的嫂子，我的妻子，我的安慰，我的挚爱，我的一切，走了。今天上午 10 点钟，她那甜美的、天使般的灵魂，离开了它居住的那间脆弱但可爱的房舍。她在一个更好的地方享福，但我们所有的希望现在都破灭了。我感觉到了她脉搏的最后一次跳动，我听到了她呼吸的最后一次微弱的颤动；她死在了我的怀中。"[78]

他试图在马德拉斯继续工作，但放弃了，回到英国待了一年，大部分时间都在为亡妻写诗，并没完没了地起草她的墓志铭。1809 年返回印度后，他被短暂地任命为浦那常驻代表；然后在 1810 年，终于实现了他的夙愿，成为海德拉巴的常驻代表。

罗素上任之后的第一件事，就是把正在瓦拉纳西过退休生活的阿曼·乌拉召唤回来，并给他提供了常驻代表府的一个荣誉位置（他的哥哥阿齐兹·乌拉年事已高，不能再工作了）。这位老孟希立即接受了，但在赴任途中，在距离海德拉巴仅十天路程的地方去世。[1]

米尔·阿拉姆于 1809 年 1 月 4 日死于麻风病。似乎就在这之后，海尔·妮萨和她的母亲从默苏利珀德姆回到了海德拉巴，并试图在家族的宅邸恢复以前的生活。菲兹·帕尔默也在这个时候回到海德拉巴，和她的儿子威廉（大概还有海尔）一起住在帕尔默家新的大宅子里，也就是所谓的帕尔默豪宅，它正对着常驻代表府的大门。

在两位夫人返回海德拉巴之后，莎拉芙·妮萨偶尔会在

---

① 阿曼·乌拉的去世让罗素很伤心。他写信给弟弟查尔斯，提到"可怜的阿曼·乌拉突然而悲惨的去世……我以前从不觉得他身体不好，一直觉得他会很长寿。可怜的人！他是个忠诚、诚实、和善、谦逊的人，我相信他对我忠心耿耿，并且还有其他许多优秀的品质。我不知道如何填补他留下的空缺，所以我觉得也许不选拔任何人来填补空缺才是最好的办法……你立刻写信给阿齐兹·乌拉并参加他兄弟的葬礼，这很好。我几天后也会写信给阿齐兹·乌拉"。罗素最后写道，他很高兴自己没有再见到阿曼·乌拉一面，"因为如果见了我忠实的老朋友之后，我会比如今更加深切地为他的去世而悲恸；我的神经已经受了极大的震撼，所以我害怕任何可能会再次扰乱我的神经的事情"。Bodleian Library, Russell Papers, Ms Eng Letts D152, p. 72, October 1810. 阿曼·乌拉在从瓦拉纳西前往海德拉巴途中写给罗素的波斯文书信，见博德利图书馆的波斯文部，未编目。——原书注

罗素的信中短暂露面。比如有一次，他收到了尼查姆阿里·汗的遗孀之一皮莉夫人的请愿书。收到请愿书后，他告诉查尔斯："皮莉夫人的信，如果有必要的话，我会在我到达海德拉巴后回复……她是老夫人［莎拉芙·妮萨］特别喜欢的人，所以……我不想因为对她的宠儿表现出轻视而得罪她。"[79]另一次，莎拉芙·妮萨给亨利送来一块破表和一个有缺口的小盒，里面装着詹姆斯·柯克帕特里克的一绺头发。罗素修好了手表，但弄丢了这个珍贵的小盒。他有些不近人情地告诉老夫人，"如果她再送来一些头发，他就请人再做一个盒子"。[80]也有文献提到，亨利终于从加尔各答收到了孩子们的钱纳利肖像，并答应把它送给老夫人。尽管莎拉芙·妮萨似乎断断续续地与罗素保持着联系，但她的女儿很显然没有这么做。

直到 1813 年夏末，海尔才短暂地重新进入罗素的生活。当时有一个来自苏格兰刘易斯岛的贵族女子来访，她被称为玛丽·胡德夫人，是个顽皮的假小子。玛丽·胡德暂时抛下了她富有而年迈的丈夫（一位海军将领），独自一人周游印度，一路上让许多外交官为她倾倒：芒斯图尔特·埃尔芬斯通、威廉·弗雷泽和亨利·罗素似乎都不同程度地爱上了她。在海德拉巴逗留期间，玛丽曾问罗素，是否可以引见一些"海德拉巴的有身份的女人"，于是他请海尔和菲兹到常驻代表府见玛丽。不过在他们之间发生了那么多事情之后，他是否参加了这次会面，并真正见了海尔的面，我们就不清楚了。

不管怎么说，胡德夫人都被"可怜的海尔·妮萨夫人"

的悲伤、美丽和智慧所吸引，① 而海尔似乎也很喜欢胡德夫人，答应给她做一条裙子。在接下来的三个星期里，罗素的书信中经常谈及这条裙子：最初它太小了，胡德夫人让罗素代替自己"向夫人问候和致敬，并告诉她，如果她允许的话，我〔胡德夫人〕会在马德拉斯做一件适合我体型的衣服，并把它送到她那里去修剪，因为她好心为我做的那条裙子对一位苏格兰公主来说还不够大"。[81]但在所有这些书信中，没有任何迹象表明海尔·妮萨像以前那样活跃地参与社交。她像一只受伤的蝴蝶，伤痕累累，时间的流逝也无法助她痊愈。

在她最脆弱的时候，她敞开了心扉，却被引诱、被放逐，然后遭到背叛。她被罗素抛弃后，已经过去了五年。她虽然美丽和富有，却一直没有再婚。

有史料记载的海尔最后的一个举动，发生在 1813 年 9 月底，她给自己曾经的情人发了一封短信（这是她五年来的第一封短信），简单地告诉罗素，她快死了。

罗素这一次的反应倒还有点人情味。也许是被悔恨打动

---

① 胡德夫人写了一封长信给芒斯图尔特·埃尔芬斯通，描述她与海尔·妮萨夫人见面的情形。但遗憾的是，在平达里战争期间，浦那常驻代表府被焚毁，胡德夫人的这封信与埃尔芬斯通的很多书信一起被烧毁了。不过埃尔芬斯通的回信保存在爱丁堡，在胡德夫人的书信收藏当中，我们从中可以推测她在信里写了什么。她似乎暗示，海尔·妮萨不仅给她留下了极深的印象，而且据说曾让她的亡夫詹姆斯·柯克帕特里克神魂颠倒。埃尔芬斯通以他一贯的居高临下的口吻写道："你对海尔·妮萨夫人的描述非常有趣，即便我也觉得很新鲜。不过她皮肤白皙是因为她有波斯血统。所有的土著女人都多多少少是懂礼貌的，据说有些还非常机智，并且非常有吸引力。但她们全都没有英国女人的尊严，我估计她们也极少有头脑，所以我听到一个土著女人完全主宰了一个英国男人时，不禁感到震惊。" Scottish Record Office, Edinburgh, GD46/17/42, The Letters of Mountstuart Elphinstone to Lady Hood, 1813–14, p. 8, 1813. ——原书注

了，他邀请海尔·妮萨回到彩宫，在她曾经幸福生活的地方结束她的生命。到了 1813 年，那些幸福的日子对她来说一定很遥远：毕竟，她已经守寡八年，先是和孩子们吻别，然后又和丈夫吻别。

于是，渐渐消瘦的海尔·妮萨被抬进了彩宫，她曾经生下女儿的那张沙发现在成了她的病床。我们不清楚她的确切病情，她似乎不明不白地就那么离开了人世。重回常驻代表府一定带来了潮水般的回忆，这太痛苦了。在这里，她的身体没有恢复。在两个星期的时间里，她越来越虚弱，脉搏也越来越微弱。她终于在 1813 年 9 月 22 日毫无痛苦地走了，终年只有二十七岁。菲兹·帕尔默和莎拉芙·妮萨在她身边，握着她的手，直到最后一刻。

第二天早上，显然感到震惊的罗素提笔向胡德夫人透露了这个消息。他写道：

> 我相信你听到海尔·妮萨夫人于昨天早上去世的消息，一定会非常关心，她的病症究竟是什么，他［医生］现在也很难知道。第一天，她就写信给我，说她不舒服，她的手又冷又湿，她的脉搏非常弱，以至于柯里先生［新的常驻代表府医生］① 没办法数清脉搏。她什么都吃不下，一直说她的感觉让她相信自己不会康复。她［于两周后］在印度斯坦房屋［彩宫］去世。
>
> 她的母亲和她所有的亲友都陪伴在她临终的床前。根

---

① 尤尔医生于 1807 年 1 月去世。尤尔太太将儿子送到英国入学之后返回印度，却发现丈夫已经入土为安，她成了寡妇。于是她搭乘下一班船返回英国。——原书注

据穆斯林的习俗，他们必须留在她去世的房子里，直到他们在第四十天举行一些特殊的仪式。

你无法想象老夫人的处境有多么令人痛心。我从未见过如此真挚或庄重的悲痛。她全身心地爱着女儿，似乎觉得自己活着的唯一目的被夺走了，然而她的冷静和沉着实在令人钦佩。我一直认为她是一个心智超群的女人。海尔·妮萨夫人被安葬在她父亲的身边，地点是与常驻代表府相对的城市另一端属于她家族的一个花园。当地每一个有身份的人都参加了她的葬礼。[82]

六个星期后，罗素报告说，菲兹（他用她的莫卧儿头衔"萨希布·贝古姆"称呼她）仍然"伤心欲绝。自从海尔·妮萨夫人死后，她就把自己完全封闭起来，闭门谢客。她周围的人都不敢告诉她，大约两个星期前她的另一个亲戚也去世了。她也还没有鼓起勇气去见老夫人［莎拉芙·妮萨］。我希望，为了她们俩好，她们的第一次见面能早点结束，毕竟长痛不如短痛。她说她失去了唯一真正的朋友；根据我对她的性格和习惯的了解，我估计此言不虚"。

莎拉芙·妮萨也痛不欲生。罗素告诉胡德夫人，他已经把胡德夫人写给他的关于海尔的信给她母亲看了：

她很受打动，但也很满意。她泪流满面地让我告诉你，她深深地感受到你对她女儿的关怀和友谊……我相信，如果你看到老夫人的模样，你会像我一样高度评价她。我从没见过谁的感觉更敏锐，也没见过谁更努力地表现得镇定。她是一个思想崇高的女人，她的心胸和理解力确实是一流的。她和她的女儿，是我唯一有机会亲身认识的土著贵族女子。无论身处哪个国家和哪个阶层，她们都会是不平凡的人；印度贵族女子比欧洲人一般想象的要优秀得多。但我想，如果有谁能与她们平起平坐，那也是少之又少。我从不记得在海德拉巴发生的哪一次死亡引起了如此普遍的关注，或引起了如此显著和普遍的敬意……[83]

这是我们听到的关于海尔·妮萨的最后一句话，她是最优秀的女性，是詹姆斯·阿基利斯·柯克帕特里克的爱妻，也是亨利·罗素抛弃的情人。她的命运极其悲惨。在那样一个时代，在那样一个社会，当女性很少有选择的权利，几乎无法控制自己的生活时，海尔不顾传统，以自杀相威胁，冒着一切危险，与她爱的男人在一起，并最终与他喜结连理，尽管他来自不同的文化背景、不同的种族，而且（在最初）宗教信仰也不同。她的恋情使她的家庭四分五裂，使她、她的母亲、她的外祖母和她的丈夫濒临毁灭。就在她似乎克服了种种困难，终于成功地实现了自己的梦想时，她的丈夫和孩子们都被永远地从她身边夺走了。在她守寡期间，她先是蒙羞，然后被放逐，最后被抛弃。这个充满激情和热忱的美丽女人，或许死于疾病，但她同时既是死于心碎，也是死于冷落和悲伤。

没有证据表明，海尔·妮萨在两个孩子于 1805 年离开后收到过他们的音讯。不过有记载显示，她和她的母亲都曾绝望地写信到英国，恳求将孩子们送回她身边。[84] 很讽刺的是，在她去世六周后，这些信才首次得到回复。1813 年 11 月，她的孩子们的一封信和一对画像终于寄到了海德拉巴。对海尔来说当然已经太晚了，但罗素记载了莎拉芙·妮萨看到"可怜的海尔·妮萨夫人"的儿女的肖像后的反应。他在给胡德夫人的信中写道：

> 我很喜欢这些肖像，我们都觉得画得很像，尽管孩子们已经离开我们八年了。女孩很俊俏，似乎越来越像她的母亲。这里每个记得她母亲小时候模样的人，都说她很像母亲。男孩非常英俊，很像他的父亲。老夫人很喜欢这幅画，我相信从她拿到画的第一天，她的眼睛就没有离开过画 5 分钟……她似乎相信，孩子们长大后会回来继承他们的财产［他们从母亲那里继承的地产］。如果把她生命中唯一的亮点弄得暗淡无光，那就太残忍了……那个男孩显然是外祖母的最爱。我承认，我没有勇气告诉她，我认为她再见到他的希望极其渺茫……[85]

不过，即使到了这里，故事也没有完全结束。因为在时隔三十多年之后，故事还有一个最后的、不寻常的结尾。

第十章

在马德拉斯被带进"霍克斯伯里勋爵"号的艉楼甲板室后，萨希布·阿拉姆和萨希布·贝古姆，或者用他们现在的名字，凯瑟琳·奥萝拉和威廉·乔治·柯克帕特里克，在船上忍受了长达六个月的航行，大部分时间看不到陆地。

在航行期间，他们处于四个大人的监护之下：母亲般的尤尔太太；一个同样丰满但相当年轻的印度保姆（我们不知道她的名字）；詹姆斯的一名乐师的妻子，上了年纪的佩里太太；以及詹姆斯的另一个忠实的海德拉巴男仆，孩子们在常驻代表府时就认识他。当他们绕过好望角，越过赤道，驶向北方的温带气候时，当归国的英国乘客开始享受大西洋凉爽气候的熟悉感觉时，孩子们一定慢慢意识到，他们要前往的是一个阴冷而完全陌生的北方世界。

对于在印度生活了多年的东印度公司雇员来说，英国寒冬的荒凉往往是一个意想不到的冲击。在东方生活了十年之后，对想象中的伊甸园般美丽的英国憧憬了几个月之后，苏格兰艺术家詹姆斯·贝利·弗雷泽惊恐地发现，"冬天的棕色笼罩着一切，阴沉沉地欢迎归来的游子……周围的一切，似乎像废弃的城市一般荒凉"。[1]那些在印度的光明、温暖和五光十色中长大的人，从来没有感受过英国的寒冷，也没有见过厚厚的无法穿透的英国浓雾，对他们来说，2月的昏暗光线更令人不寒而栗，拒人于千里之外。

在"离朴次茅斯四五英里"的上岸地点，这群旅人得到的接待很可能加剧了这种失落和绝望的感觉。据碰巧同船回家的略显高傲的第 12 步兵团上尉乔治·埃勒斯说：

> 可怜的尤尔太太有自己的婴儿要照料，还要照料柯克帕特里克中校的孩子们，身边有一个忠实的黑皮肤老人（他非常喜欢他们）、一个黑皮肤的保姆和一个英国女仆。尤尔太太觉得自己处于非常无助和脆弱的状态。她说，她携带的披肩、珠宝和其他贵重物品的价值有 2000 多英镑（而海关官员随时会上船），所有这些财产都可能被没收。[①] 我们只被允许每人带一个行李箱上岸。她开始哭泣和唉声叹气，于是我安慰她，保证不会离开她，直到看到她和她的朋友们平安无事地到达伦敦；如果可能的话，我会保住她所有的财产，但她必须把全部财产连同钥匙一起交给我保管。
>
> 我的钱包里只有 20 几尼[②]，要用这笔钱当旅费去伦敦。我问她是否有足够的钱来支付去伦敦的费用，因为我需要很多钱来贿赂海关官员，这样才能让她的行李箱通过。她告诉我，她有很多钱，并求我为她安排好一切。我就找了一条较大的小艇，把我的这群白人和黑人旅伴都安全地送上了小艇……
>
> 当小艇在朴次茅斯的海滩上搁浅时，我跳上了岸。海关官员扣押了我们的行李箱，把它们推到了海关大楼。有

---

① 这些财宝可能属于孩子们，或者是给威廉·柯克帕特里克和"英俊上校"的礼物。——原书注
② 几尼是 1663~1814 年英国发行的一种金币，1 几尼相当于 21 先令。

些官员看到那个可怜的黑胖保姆，非常粗暴地对待她，从她的体型来看，以为她身上藏着披肩。她这个可怜人，一句英语也不会说，也不明白他们这么做的动机，所以惊恐万状……[2]

埃勒斯用20几尼的巨款贿赂了海关官员，然后把孩子们送到了"英俊上校"位于伦敦菲茨罗伊广场的宅邸。菲茨罗伊广场是首都最受归国的富豪和"印度通"欢迎的地区。孩子们的伯父威廉也在那里迎接他们，这样很好，因为我们不清楚孩子们在这个阶段能听懂多少英语。在他们与懂得双语的尤尔太太分手后，威廉的语言天赋或许很有用武之地。不到一个月后，这两个穆斯林孩子于1806年3月25日在马里波恩路的圣马利亚教堂接受了基督教的洗礼。[3]他们与印度的最后一条纽带被切断了。

孩子们在冬青谷长大。冬青谷是"英俊上校"在肯特郡凯斯顿附近的一座庞大的乡间别墅。孩子们还经常去埃克塞特看望他们的伯父威廉和所有在英格兰西部的堂亲。但是，他们难免会"思念家乡"。他们被禁止给母亲、外祖母或他们的任何印度亲戚写信。而这些印度亲戚又"写了可怜兮兮的呼吁信，请求把孩子们［送回印度］……［英国亲戚们］可能是担心，他们一旦去了印度，可能会使情况复杂化"。[4]更悲哀的是，"在以后的岁月里，女儿［凯瑟琳］告诉她自己的孩子们，她和她的哥哥是多么思念他们记忆中的父母，渴望远离英国的寒冷气候，到海德拉巴去。听说他们不能再去那里了，他们很伤心。这就是他们对父亲去世的全部理解"。[5]

情感伤害和颠沛流离已经给他们年轻的生命留下了伤痕，

但他们的童年还要经受更多的创伤。第一个创伤是他们的伯父威廉越来越古怪。他们最初似乎和他一起度过了很多假期。[6]威廉·柯克帕特里克退休后住在埃克塞特市一栋虽小却优雅的宅邸，那里叫作萨瑟恩海府，距离他"最尊敬的老友"约翰·肯纳韦爵士的家很近，坐马车很快就能到。[7]萨瑟恩海府位于埃克塞特大教堂残破的诺曼式塔楼的背风处，是新开发区萨瑟恩海的核心。据说萨瑟恩海之于埃克塞特，恰似皇家新月街之于巴斯。萨瑟恩海府位于新月形建筑群两翼的中间，是整个开发区中唯一的独栋住宅。它两侧有厢房，竖立着饰有凹槽的古典风格柱子和有山墙的门廊，在其他正面平坦的乔治王朝风格联排别墅（它们有着扇形窗户和木制百叶窗）当中鹤立鸡群，有点像在德文郡建造的海德拉巴常驻代表府的红砖微缩版。在英国的城镇景观中，它还有一个与众不同的东方特色：一对扭曲的老印度棕榈树屹立在屋前，估计是威廉种的，目的是让孩子们（或者说他自己）在萨瑟恩海草坪的橡树、栗树和冬青树中感觉仿佛回到了印度。[①]

威廉现在是个病人。无论肠胃不适还是"风湿性痛风"，都没有痊愈。到 1809 年，他身体衰弱到只能坐在椅子上。从他承受的痛苦和越来越凌乱的笔迹来看，他可能服用了大量鸦片酊来缓解病痛。[8]尽管他生病了，并且服用了鸦片酊，但他还是在东方学研究领域做了大量工作。他帮助东印度公司的图书

---

① 尽管埃克塞特市的这个部分大多在第二次世界大战期间毁于轰炸，但萨瑟恩海府还在。这座宅子的背面过去有一座养鹿场，但这片土地于 20 世纪 80 年代的某个时间被卖掉，建了写字楼。宅子如今属于一群注册会计师，曾经的马车车道（威廉·柯克帕特里克曾在那里乘马车去拜访肯纳韦，或带孩子们去海边野餐）上如今停着一排宝马汽车。——原书注

馆选书，并写了一篇关于他在尼泊尔旅行的记录。[9]他越来越迷
恋蒂普苏丹这个人物。在威廉离开印度之前，詹姆斯在 1801
年 9 月给他送去了一大车文件，都是从蒂普苏丹在塞林伽巴丹
的文书官衙缴获的。① 威廉现在把这些文件整理出来，准备在
1811 年出版的《蒂普苏丹书信选集》中发表。他仔细地筛选
材料，希望尽可能以最令人生畏的角度来展现蒂普苏丹。[10]

在这十年里，威廉的兴趣似乎越来越集中在蒂普苏丹的天
文学和占星学上。印度事务部收藏的威廉的信册中包含了他写
给马克·威尔克斯的一系列非常有意思的书信。威尔克斯是克
莱武勋爵在调查詹姆斯的爱情生活期间的私人秘书，后来成为
迈索尔的常驻代表，并撰写了一系列关于莫卧儿玄学和蒂普苏
丹统治时期政治史的重要研究著作。[11]威廉在与威尔克斯的通
信中，越来越专注于蒂普苏丹的星相学系统。威廉似乎越来越
相信，蒂普苏丹通过一系列深奥的星相计算，正确预测了自己
的死亡时间。

威廉向威尔克斯请教，根据蒂普苏丹的新迈索尔历法，蒂
普苏丹出生的确切时刻是什么。1809 年 11 月，威尔克斯给威
廉回信说，蒂普苏丹出生于"安格拉年的马尔基泽月十七日。
安格拉是该历法的第六个周期，对应我们的 1752~1753 年"。[12]

---

① 不过，詹姆斯曾向威廉道歉，并承认，他把从蒂普苏丹熊熊燃烧的宫殿
抢救出来的绝大多数文献都扔掉了，因为孟希阿齐兹·乌拉抱怨常驻代
表府的办公室太拥挤，于是詹姆斯命令处理掉了一批文献。See OIOC,
Kirkpatrick Papers, Eur Mss F228/13, p. 158, 11 September 1801, James
Kirkpatrick to William Kirkpatrick. 詹姆斯说，在被烧掉的文件当中，有蒂
普苏丹在"这个朝廷［海德拉巴］豢养的"间谍的名单。詹姆斯说可以
把常驻代表府文献抄录一份，但说这要花很长时间，"因为我手头的抄写
员很少，水平也很一般"。——原书注

从威廉的最后一批信中，我们看到了一个不寻常的人物：威廉清楚地意识到自己快死了，服用剂量越来越大的鸦片酊，痴迷地研究迈索尔的占星学体系，同时（我们越读他的信，就越这样怀疑）他在计算、占星，并且相信自己探知了某种奥秘，相信自己掌握了某种"贤者之石"。威廉在鸦片上瘾的迷雾中，是否真的在试图以蒂普苏丹的方式计算自己的死亡日期（他显然相信蒂普苏丹成功做到了），我们对这个问题只能做一些猜测；但肯定是有可能的。[13]

1812 年夏天，威廉在去世前几周，把他在埃克塞特家中的所有财产都卖掉了；① 8 月 22 日，他在"伦敦附近"因过量服用鸦片酊而死亡，享年五十六岁。[14]

这是不是自杀，我们无从知晓。

威廉过量服药后，紧跟着发生了另一场悲剧。

一个月后，当家人还在为威廉哀悼时，十一岁的萨希布·

---

① 《埃克塞特飞行邮报》刊登的销售广告是这样的："萨瑟恩海府：5 月 12 日星期二及次日，举行现场拍卖会，出售柯克帕特里克少将位于萨瑟恩海北端的最后家宅内的新式现代家具；包括桃花心木床和其他床架与帘幕；羊毛床垫；精美羽绒床与床具；地毯与床上毯子；桃花心木衣橱；其他所有卧室用具；桃花心木椅子，配有摩洛哥皮革坐垫；写字台与书柜；旋转阅读桌；希腊式沙发；咖啡色桃花心木的老爷钟；象牙柄的刀叉。拍卖会于上午 11 点开始，每天卖完为止。注意，商品质量极佳，可在拍卖前的星期一看货。"有意思的是，这份广告就在"特罗特牌东方牙粉或亚洲牙粉"的广告旁边。——原书注

阿拉姆，也就是现在人们口中的威廉·乔治，不慎跌入"一大锅滚烫的开水"，导致终身残疾，至少有一个肢体需要截肢。[15]在其后人的档案中，还保存着一封由"英俊上校"写给基蒂（现在人们对凯瑟琳的称呼）的笔迹颤抖的信。这封信是在事故发生不久后写的，反映出悲痛欲绝的祖父和他十岁的混血孙女之间的亲密关系：

> 我亲爱的基蒂，
>
> 许多深受震动的哀悼者和你一起，为我们家最近发生的灾难哀悼，然而待到见面时你我方能一同哭泣，以免我的泪痕洇于纸上。我送你一件小礼物，希望能合你的心意，并请你留意，我将在 28 日派马车送你去见你可怜的哥哥。我亲爱的基蒂，我仍然是
>
> 你亲爱的祖父
>
> 詹姆斯·柯克帕特里克
>
> 冬青谷，1812 年 9 月 8 日[16]

这是"英俊上校"写的留存至今的最后一封信。除了一个儿子之外，他的寿命比其他所有儿子都长。六年后，也就是 1818 年，他去世了，享年八十九岁。[17]葬礼结束后，基蒂和威廉·乔治又要搬家了，轮流和他们各个已婚的堂亲，即威廉·柯克帕特里克的女儿们一起生活：先是路易斯夫人克莱门蒂娜；然后是朱莉娅，她嫁给了爱德华·斯特雷奇（埃尔芬斯通的朋友和曾经的旅伴，1801 年曾与詹姆斯一起住在海德拉巴常驻代表府）；最后是伊莎贝拉·布勒，她与丈夫查尔斯从加尔各答搬回英国，成为狂热的福音派教徒，并在

邱绿地①安家。威廉·乔治此时开始从画面中淡出：他成为一位耽于幻想的残疾诗人，痴迷于华兹华斯和柯勒律治的玄学，但足够活跃（也足够有魅力），在二十岁时结婚，生了三个女孩。

当威廉·乔治于19世纪20年代销声匿迹时，基蒂开始走到舞台的中心。她的美貌已经吸引了人们的注意，同时，由于她父亲留下的丰厚遗产，她也非常富有。1822年，当基蒂二十岁时，她邂逅了伊莎贝拉·布勒为她的两个儿子聘请的新家教。他是一位年轻、不为人知、正在奋斗的苏格兰作家兼哲学家，比她大三岁。他的名字叫托马斯·卡莱尔。而正是通过他的笔触，基蒂突然成为耀眼的焦点。

卡莱尔于1822年春从爱丁堡乘船抵达伦敦。这是他第一次来到这座城市。多年后他在《回忆录》中写道：

> 第一个下午的奇特景观，至今仍让我记忆犹新……然后……潇洒地驶来一辆华丽的马车，走进来一位肤色奇特的年轻女士，她有着柔和的棕色眼睛和潮水般的泛着古铜色的红发，真是一位青春靓丽、笑容可掬、温和可亲、光彩照人的美人，尽管显得十分异域和奇异。大家管她叫

———————————

① 邱绿地是伦敦西部的一大片绿地，今天有许多历史建筑。

"亲爱的基蒂"。

> 基蒂·柯克帕特里克［是］查尔斯·布勒的［妻子的］堂妹……我后来发现，她的身世是一个印度的浪漫故事。她的母亲是一位高贵的贵妇人，父亲是一个同样高贵的英国官员，他们相恋、结婚，隐居在自己的私人乐园里。这是一个在东方闻名遐迩的浪漫故事……[18]

卡莱尔在伦敦的第一个星期就听到了很多关于基蒂的故事。他当时正和儿时的朋友、性格热情的福音派传教士爱德华·欧文一起住在米德尔顿街 7 号。欧文太穷了，无法给自己的房子添置家具，所以他的两个最热心的崇拜者花了 500 英镑为他购买家具，这在当时是一笔不小的数目。这两位"富裕又慷慨的女士"是布勒太太的妹妹朱莉娅·斯特雷奇和她的堂妹基蒂·柯克帕特里克。[19]这两位女士都很虔诚。朱莉娅·斯特雷奇尤其如此，并被福音克拉珀姆教派①吸引，"据说，他们的虔诚成员每隔一段时间就会互相问：'我们要祈祷吗？'然后跪下来"。[20]欧文面容清瘦，戴着黑色宽边帽，是该教派的明星表演者之一，成千上万的人会急切地挤进喀里多尼亚礼拜堂，等待他那长达 3 小时的激情澎湃的布道。

在随后的几个月里，卡莱尔越来越多地见到基蒂，越来越迷恋她那可爱的嗓音、她的幽默感、"微微翘起的上唇、她的头部姿态、她说的那些古怪的小事，以及她那低沉的笑声"。[21]

---

① 克拉珀姆教派是 19 世纪以伦敦克拉珀姆地区为基地的一群英格兰圣公会社会改革家，主要是地位显赫的富人，关心废奴运动、社会改良等问题。著名的废奴主义者威廉·威尔伯福斯就是该教派的领袖之一。

在他们第一次见面后不久，卡莱尔就被邀请到斯特雷奇家的乡间别墅射手山。他后来写道："我记得步入那条蜿蜒的小路，在我们接近房子的时候，在一个开放的温室或长廊里，我看到'亲爱的基蒂'被玫瑰花所簇拥乃至淹没其中的美好景象……第一次拜访的前前后后和所有其他事件，我已经完全不记得了……"[22]

虽然卡莱尔已经和东洛锡安哈丁敦的聪明伶俐、尖酸刻薄的简·韦尔什（他后来娶了她）有了热烈的恋爱关系（虽然在这个阶段主要是书信往来），但这位年轻的哲学家显然有点爱上了基蒂。他认识她不久后，就给简写信：

> 这个基蒂是奇特的、非常讨人喜欢的人儿，一个黑眼睛、赭色头发、肤色较深的小姑娘，非常善良，幽默感十足。我相信，她一生中从来没有对任何生物发过一刻脾气。虽然她二十一岁了，很漂亮，而且完全独立自主，有 5 万英镑的家产，她却像贵格会女教徒一样温顺谦逊……你我要是有这个女孩一半幸福就好了。她的母亲是个印度教公主（她父亲为了得到她，经历过许多斗争，克服了许多困难）；血缘的影响力很强，哲学对我们没有什么帮助。[23]

可想而知，简对卡莱尔在信中不断谈论基蒂的做法，渐渐产生了深深的嫉妒。"我为你现在的境况道贺"，她醋意大发地写道：

> 有这样一幅家庭幸福的图景摆在你的眼前，还有这

个"奇特的、非常讨人喜欢的人儿"来驱散你的忧郁，你很难不高兴。基蒂·柯克帕特里克小姐，天哪，多难听的名字啊！哦，漂亮的、亲爱的、可爱的基蒂！我一点儿都不吃她的醋，我也不嫉妒她，虽然她是印度的公主！只是你最好别让我再听到你提她的名字……哦，你这笨鹅！你疯了吗？基蒂·柯克帕特里克小姐把你迷得神魂颠倒了吗？[24]

1824 年秋天，基蒂、卡莱尔和斯特雷奇夫妇去巴黎旅行，于是简的嫉妒心就更加强烈了。根据卡莱尔后来的描述，在这期间，朱莉娅·斯特雷奇似乎在默默地撮合卡莱尔和基蒂。[25]简在听说这次旅行后，直截了当地发飙道："巴黎？你疯了吗？你是在做梦吗？还是印度教公主真的对你施了魔法，让你把你那张苦脸带到了这个由花花公子和糕点师组成的国度〔法国〕，那里是虚荣和肉体享受的圣殿？"[26]

两年后，由于基蒂仍然是卡莱尔的生活和书信的中心，简继续射出吃醋的飞镖："你的'纤纤手指如玫瑰的晨曦'，那个印度教公主，她在哪里？"[27]或者："比方说有凯瑟琳娜·奥萝拉·柯克帕特里克，她有 5 万英镑和帝王的血统，'一辈子从来没有发过脾气'，有这样一个'奇特的讨人喜欢的人儿'和这么多金子，你一定能安享荣华富贵。"[28]

简·韦尔什非常清楚，基蒂是富家千金，而卡莱尔只是家庭教师。但很讽刺的是，尽管基蒂有印度血统，而卡莱尔后来名声大噪，但人们认为两人在阶级和地位上的差距太大，所以对基蒂来说，与卡莱尔结婚是不合适的，[①] 尽管他们显然互相有意，这一点有目共睹。正如基蒂后来向她的一个朋友解释的那样（在这个过程中攻击了简）："他当时是我的堂姐夫查尔斯·布勒的家庭教师，还没有什么名气，所以当然有人告诉我，绝对不可以考虑嫁给他。大家都反对，我又能怎么办呢？[②] 现在任何女人都会以做他的妻子为荣，而他却娶了一个完全配不上他的女人。"[29]

1828年，伊莎贝拉·布勒的长子查尔斯写信告诉卡莱尔，基蒂的生活中发生了最新的一幕悲剧：她心爱的哥哥威廉·乔治去世了，年仅二十七岁。"我们有些期待很快就能见到柯克帕特里克小姐，但她正处于烦恼之中，"布勒写道，"也许你已经知道了，她的哥哥威廉经受了痛苦的疾病，在5月病逝了。他那可怜的年轻妻子伤心得要发疯了，而基蒂在经历了这一切之后，一直因她哥哥的孩子的照料问题与嫂子进行非常恼人的争执。"[30]

一年后，可能是在从家庭悲剧中恢复元气的过程中，基蒂终于找到了她一直没有得到的爱、支持和稳定。她的对象是约

---

① 印度的头衔总是让英国人肃然起敬。基蒂之所以能够比较容易地融入英国社会，除了要感谢她亲戚的帮助、她本身的美貌和财富之外，部分也要感谢她是"一位印度教公主"的女儿的名声，尽管海尔·妮萨不是印度教徒，也不是公主。在英属印度，拥有一个头衔对印度人来说仿佛一张王牌。迟至20世纪20年代，阿道司·赫胥黎见证印度的大君们聚在德里开会时还能深刻地感受到这一点。在赫胥黎见证的一周里，德里"挤满了东方式君主和他们的维齐尔"。他觉得，普鲁斯特会很喜欢"观察财富和君王头衔对最极端的反亚洲情绪产生怎样不寻常的抚慰。人们向亲爱的大君殿下讲话时或甚至谈论他时的热情洋溢，真是令人喜悦"。Aldous Huxley, *Jesting Pilate* (London, 1926), pp. 106-7. ——原书注

② 至少从这句话来看，她在婚姻问题上不如父母那么勇敢和有主见。——原书注

翰·肯纳韦爵士的外甥，第 7 骠骑兵团①的詹姆斯·温斯洛·菲利普斯上尉。他们于 1829 年 11 月 21 日结婚。[31]卡莱尔显然吃醋了，轻蔑地把菲利普斯（相当不准确地）称为“一个闲散的前印度兵上尉”。[32]但这段婚姻很幸福，充满激情，在菲利普斯写给基蒂的情书（今天由他们的后人收藏）中，他向她保证：“我是多么真诚和忠诚地爱你，语言无法表达。”[33]

不久之后，卡莱尔开始创作他那本著名但可读性极差（今天实际上很少有人读）的小说《拼凑的裁缝》。即使以“埃克尔费亨的智者”②的其他作品的标准来看，这也是一本神秘莫测的书。它通过德意志“一般事物学”教授、“有远见卓识的学究”迪奥根尼·托尔夫斯德吕克所写的服装史和服装哲学的奇特伪装，来探讨信仰和正义这样重大的问题。该书叙述的中心是托尔夫斯德吕克教授与贵族策达姆家族的关系，以及他对布鲁敏的迷恋。布鲁敏用“一个吻让教授获得了永生”，然后却“听天由命地嫁给了另一个男人”。托尔夫斯德吕克在策达姆夫人的花园别墅的“美学茶会”上见到了布鲁敏，她正坐在玫瑰花丛中。她的发色较深（“暗红色”），青春年少，有着淡褐色的眼睛，美丽动人，而且是某人的堂妹，“仿佛多色调的光芒四射的晨曦……这个最美丽的东方之光的使者……他的整个心和灵魂都属于她”。[34]

在该书出版时，以及出版后约四十年的时间里，当人们还在热衷于阅读这本书时，大家对布鲁敏的身份展开了激烈的争

---

① 在这个时期，第 7 骠骑兵团的名声和现代的英国特种空勤团（SAS）有点类似，有一份资料说第 7 骠骑兵团是“安格尔西勋爵的精锐团”。——原书注

② 埃克尔费亨是苏格兰南部的一个村庄，托马斯·卡莱尔出生在那里。

论，简·韦尔什·卡莱尔、玛格丽特·戈登（卡莱尔的初恋情人）和基蒂·柯克帕特里克都被认为可能是人物原型。[35]不过，斯特雷奇家族没有人对这个问题有疑问。斯特雷奇夫人在读到这本书后对她的儿子乔治说："这本书再清楚不过了。托尔夫斯德吕克就是托马斯［·卡莱尔］本人。策达姆夫妇是你的姨父和姨妈布勒夫妇。托乌古特是年轻的查尔斯·布勒。非利士丁是欧文。年长的女伴就是我。玫瑰园是我们在射手山种了玫瑰的花园，玫瑰女神［布鲁敏］是基蒂。"[36]乔治·斯特雷奇说："我们家的人一直坚信不疑，'布鲁敏'代表柯克帕特里克小姐。这件事不需要更多的讨论，就像我们明明白白地知道纳尔逊站在特拉法尔加广场的柱子上一样。"[37]

基蒂本人显然毫不怀疑自己就是布鲁敏。曾有人听到她如此直言不讳地告诉满脸尴尬的卡莱尔："'你知道，你从来没有以那种方式获得过永生！'……然后他俩都笑了起来。"[38]

在发现自己成为英国维多利亚时代最怪异小说之一的浪漫女主角的六年多后，1841年5月，基蒂去拜访儿时的朋友杜勒太太。她被带去和杜勒太太的一个乡下邻居喝茶，这个邻居住在伯克郡雷丁以南一座名叫"燕子野"的大宅里。基蒂以前从来没有去过那座宅子，也不认识它的主人。因此，她不可能知道她会在那里发现什么。

令杜勒太太惊讶的是，基蒂走进房子的前门，立刻"泪流满面……深受震动"。在楼梯上，她一眼就认出她和她哥哥的画像，这幅画是钱纳利在他们离开印度之前画的，距今已有三十六年。

原来，燕子野是亨利·罗素的家，基蒂可能从小就对这个名字有印象。现在他是亨利·罗素爵士。那天罗素本人在伦敦出差，他的第二任妻子，一个叫克洛蒂尔德的法国女人，[①] 给女士们倒茶，并答应从她丈夫那里了解，他是如何获得钱纳利画像的。[39] 罗素最终写信给基蒂，解释说，这幅画是他在海尔·妮萨于 1813 年去世后获得的，并承诺他将在遗嘱中把画留给基蒂。但他没有提出要立即交出画作，而且似乎没有打算去见基蒂。他一定记得基蒂在常驻代表府女眷居住区还是个小女孩时的模样。他的三缄其口不足为奇；毕竟，他能告诉基蒂的真相显然是很有限的。

罗素已经回到英国近二十年了。在离开印度时，他深深地得罪了东印度公司，但为自己的提前退休得到了可贵的补偿，因为他在印度积攒了一笔惊人的财富。由于担心自己会被羞辱性地免职，他在当了九年的海德拉巴常驻代表之后，于 1820年主动辞职。虽然他不知道，但就在他收拾好行李、最后一次向默苏利珀德姆进发时，从伦敦的董事会传来了一些愤怒的书信，命令"立即免去罗素先生的海德拉巴常驻代表职务，不

---

① 罗素于 1816 年 11 月 13 日与克洛蒂尔德·莫泰结婚。我们对细节了解不多，但她似乎赶走了他当时的印度情人拉芙特·妮萨（可能是海尔的亲戚）。See Bodleian Library, Russell Papers, Ms Eng Letts C157, p. 83, 17 September 1814. See also Sir Richard Temple, *Journals of Hyderabad, Kashmir, Sikkim and Nepal* (2 vols, London, 1887), Vol. 1, p. 119. 第二任罗素太太刚到海德拉巴常驻代表府的时候，有一次去观看为常驻代表府提供牛奶的水牛群，以确保使用卫生的挤奶方式。但"水牛不习惯看到白皮肤的面孔，向她冲了过去，她不得不躲到厨房"。See Mark Bence-Jones, *Palaces of the Raj* (London, 1973), p. 102. —— 原书注

再将他任命到其他任何一个土著宫廷"。[40]

罗素被撤职的表面原因是两个强盗的死亡，罗素在没有向尼查姆政府通报的情况下，下令对他们进行残酷的鞭笞；这两个人第二天就伤重不治身亡。然而，这只是一个借口。实际上，罗素已成为东印度公司的一大尴尬，很多人怀疑他有严重的腐败和受贿行为，他带着惊人的财富返回英国似乎证明了这一点。他在就任常驻代表时总共只有 500 英镑的积蓄，但他后来却设法将 85000 英镑的财富运回国；他担任常驻代表九年，年薪 3400 英镑，却积累了如此之多的财富，令人难以置信。[41]

在他担任常驻代表期间，东印度公司与海德拉巴宫廷之间的关系急剧恶化。尽管罗素个人对海德拉巴情有独钟，但他总是野心勃勃。为了给加尔各答的主子留下深刻印象，他强加给尼查姆一系列具有破坏性的新条约，迫使尼查姆拿出每年 40 万卢比的巨款，为越来越多、越来越没有必要的英国驻军买单。这笔钱几乎等同于海德拉巴全年税收的一半。这笔巨款全部用于支付扩大的附属部队和罗素的新海德拉巴特遣队的薪水，而尼查姆并不需要这些部队，对这些部队实际上也没有什么控制权。詹姆斯签署的条约至少在最初对海德拉巴大有裨益，对维护其独立很有帮助；而罗素的条约不仅没有给尼查姆带来任何实际利益，而且严重破坏和威胁了他的整个领地的财政稳定。

爱德华·德·瓦朗伯爵是一位为尼查姆效力的法国雇佣军人，也是罗素第二任妻子的姻亲。① 但他很不喜欢罗素对海德

---

① 德·瓦朗说，他刚到海德拉巴的时候，住在他的"姐夫莫泰上尉家中，他是雷蒙［米歇尔·若阿基姆·德·雷蒙，詹姆斯的老对手］时代尼查姆军队的最后一名仍然在世的法国军官"。这位莫泰上尉大概是罗素的第二任妻子克洛蒂尔德·莫泰的父亲或兄弟。——原书注

拉巴的明目张胆的欺凌：

> 因此，我们看到一个比法国还大的国家的统治者……可以说是莫卧儿人破碎的王冠上最精美的宝石……完全被剥夺了自由，被彻底地压制，自己手下没有一个说得过去的士兵，几乎不能指望几百个雇佣兵的忠诚。这些雇佣兵是从遥远土地来的渣滓，有锡克人、阿拉伯人、阿富汗人，他们像强盗一样在他的宫殿门口闲逛，衣衫褴褛，拿着蹩脚的武器。那么，尼查姆整年都躲在他的后宫里，试图通过沉溺在淫乐中来忘记他是一位君主，这有什么好奇怪的呢？……［海德拉巴人现在对欧洲人如此仇恨，］以至于没有欧洲人可以穿着欧式服装进入海德拉巴，无论步行、骑马还是乘轿子，而不遭到瑜伽士的辱骂、法基尔的诅咒，甚至很可能遭到暴民的殴打。[42]

德·瓦朗对这一切都不惊讶，因为在海德拉巴的英国人，特别是军人，已经习惯对东道主表现出颐指气使和极端无礼的态度。德·瓦朗对英国军官在新任首相拉贾·昌杜·拉尔举行的一次接待会上的恶劣行为和缺乏礼貌感到特别震惊。

> 这场娱乐活动无可指责……但作为一个欧洲人，我对英国各级和各年龄段的军官表现出的缺乏教养，甚至是贪吃的行为感到厌恶和羞愧：他们对法国葡萄酒，特别是香槟酒的贪婪无度，在我们的土著东道主看来一定是加倍卑鄙的，因为我们的东道主是如此清醒、严肃和彬彬有礼，如此充满尊严。这些来自北方的征服者才是真正的野蛮

人。就连常驻代表也意识到自己的队伍正在变成一群猪猡，所以在他们的蜕变完成之前，赶紧从桌子前站起来，结束了这场宴席。[43]

德·瓦朗特别为之扼腕的一个人，是菲兹的儿子威廉·帕尔默。罗素的一大笔财富来自他在帕尔默特别成功的银行进行的秘密而非法的合伙经营。到 1815 年，这家银行已经发展成为英国控制范围之外的印度最成功的商业机构。罗素和威廉起初既是朋友，也是生意伙伴，罗素经常在帕尔默那座被称为帕尔默豪宅的庞大宅邸吃饭。在那里，他会向菲兹（他总是称她为萨希布·贝古姆）请安，她是在老将军于 1814 年去世后搬进来的。菲兹去世后，被她的儿子安葬在一座美观的穆斯林陵墓里，周围有花园和一座小清真寺，就在帕尔默豪宅北边一点的地方。[①] 但罗素担心他与帕尔默银行的非法金融联系会被曝光，最终与帕尔默闹翻，并对帕尔默的业务进行了一系列限制，导致帕尔默银行在罗素离开海德拉巴不久后就发生了彻底的、灾难性的崩溃。

德·瓦朗对罗素和其他英国人对待帕尔默的方式感到厌恶，并在他的著作《英治印度》中对帕尔默进行了深情描述。他在书

---

① 这座陵墓屹立至今。不过，曾经芬芳扑鼻的花园，如今被一排性病诊所侵占，清真寺被用混凝土重建，陵墓本身变成了一家摩托车修理铺。不过修理铺的店主达斯先生主动将他的摩托车修理工作局限在回廊内，并认真地维护墓室和墓穴。在主墓穴周围环绕着五座较小的墓穴，海德拉巴人说它们是威廉·帕尔默的穆斯林妻子们的安息之地。达斯先生告诉我，他每周给菲兹的墓献上一个新的金盏花花环；尽管他是印度教徒，但他也给墓室墙上贴上克尔白和圣心的图画，并维护它们，给它们挂上花环。看来他是具有宗教融合精神的菲兹墓地守护者。——原书注

中对比了常驻代表府的刻板礼节与帕尔默豪宅的优雅精致:

在常驻代表府,礼节是僵硬、冷淡、礼貌的,交谈时也像欧洲宫廷一样轻声细语;但常驻代表府附近就是更具东方特色的帕尔默宅邸,波斯人的礼貌、莫卧儿人的尊严、阿拉伯人的好客,都在这里盛行。威廉·帕尔默总是在餐桌旁预备着大约二十个位置,供任何可能碰巧过来的客人使用。坐在餐桌首席的是帕尔默本人。尽管他有身为混血儿的原罪,但他的天赋让他显得高贵。他身材矮小,皮肤和站在他椅子背后的仆人一样黑。他一边平静地抽着水烟,一边浏览着用波斯文或天城文写的文件,旁边堆放着他几乎没有碰过的午餐。他的两个迷人的侄女坐在他旁边,主持宴会。当他们招待英国客人(三个兵站的精英)时,城里最高贵的贵族都谦逊地向他问候。学识渊博的班智达、虔诚的毛拉、骄傲的埃米尔,都对这位虚弱的老人深表敬意。

长期以来,帕尔默家族一直是尼查姆和在印度的英国政府之间的中间人,忠诚地服务于两方。可以说他们是德干高原的罗斯柴尔德家族。在每一次危机中,他们通过诚实的劳作获得的财富都能拯救保护者和被保护者。那么他们得到了什么样的感谢呢?就像一个忘恩负义的世界里必然发生的那样:两国政府达成协议,剥夺他们的资产……帕尔默家族失去了所有的财产。今天,他们什么都没有了,只有由[首相]昌杜·拉尔支付的一笔微薄津贴,既不可靠,也不定期。但他们的荣誉没有减损一分一毫,白人和土著的尊重将伴随他们到坟墓。

德·瓦朗接着描述了威廉·帕尔默和他的弟弟黑斯廷斯的
生活。这是对白莫卧儿人的跨文化生活方式的最后描述之一：
当德·瓦朗的书于1845年付梓时，英国人和印度人正在迅速
拉开距离，帕尔默的生活方式已经显得不合时宜，是从更早的
时代残存下来的古董。德·瓦朗的语气带着19世纪中期的种
族主义刻板印象，也从另一个方面说明了世界的变化有多快：

> 这个家族的领袖的私生活是非常享乐主义的……他们
> 的欧洲教育使他们成为自然神论者；他们的东方教养使他
> 们习惯于极度的精致；他们的混血使他们不可能找到能够
> 成为智识伴侣的妻子，因此他们在女人那里追寻东方式的
> 感官享受。他们每个人的女眷居住区都住满了各种年龄、
> 各种肤色、各种信仰的女人，男主人按照自己的心血来潮
> 来恩宠她们，与她们结婚或离婚，但她们都得到体面和慷
> 慨的待遇。他们的后代极多，多得足以让普里阿摩斯国
> 王①骄傲。我曾在那里看到过各种年龄和肤色的孩子。这
> 个家族目前还能顶住无情地追逐它的偏见，但等到威廉·
> 帕尔默与世长辞的那一天，他们就倒霉了！只有他能面对
> 公众舆论，以他的天赋、他的学识、他的独立和自由思
> 想、他的长期声誉、他的无限慷慨、他在顺境中的好客热
> 情来战胜偏见。这些优良品质使他被誉为"商人帝王"，
> 他在加尔各答的同父异母兄弟也享有这个绰号。

但威廉是一个体弱多病的老人，被气候和他的悲伤所

---

① 普里阿摩斯是希腊神话中特洛伊战争时期的特洛伊国王，据说有五十个
  儿子和许多女儿。

累。他不接受自己贫穷的现实，也不给自己的慷慨冲动设限，仍然乐善好施，尽管贫穷已经侵入了他自己的家。他的美妙花园无人打理，树木因老迈而倒塌，没有重新栽种；水池没有水；就连房子本身也是摇摇欲坠，很可能活不过年迈的主人。我最后一次参观这个花园和它的柏树是在 1839 年，在我最后一次离开印度的时刻。可怜的帕尔默，在你之后只剩下这些树了，而你经常在餐桌上好客地接待的英国人，将会恩将仇报地蔑视和侮辱你的孩子们，阻止和拒绝他们进入上层社会。[44]

罗素在帕尔默的垮台当中发挥了作用。帕尔默银行的倒闭导致超过 1200 名投资人倾家荡产。在银行倒闭后的调查中，罗素不仅没有为帕尔默辩护，还坚决否认自己与银行有任何关系。他甚至用 60 英镑贿赂官方调查报告《海德拉巴文件》的印刷商，以确保他和帕尔默之间的联系永远不被曝光。[45]

因此，在 1841 年，在德·瓦朗最后一次参观帕尔默破败豪宅的两年后，在基蒂突然造访的一年后，帕尔默的一封信到达燕子野时，罗素一定大吃一惊。更让他惊讶的是，信的主题竟然是沉默了二十一年之久的莎拉芙·妮萨。

在海尔·妮萨去世后，她的母亲莎拉芙·妮萨希望萨希布·阿拉姆和萨希布·贝古姆继续与他们的海德拉巴家庭保持联系。毕竟，在海尔去世时，孩子们不仅继承了海尔的所有珠宝（保守估计价值为 12000 英镑，莎拉芙最初是为孩子们准备这些珠宝的），而且继承了尼查姆领内的大量地产。正如罗素在海尔去世不久后写的那样：

> ［莎拉芙·妮萨］自己的想法似乎是，孩子们长大后会来接管他们的财产……因此，我倾向于在几年后至少让那个男孩前来探望外祖母。他会完全财务自由，无须从事任何职业来谋生。当他完成教育后，我觉得他最好来印度待上两三年。[46]

不过，从那时起，事情就没有按计划进行。不仅孩子们被禁止与外祖母保持联系，[①] 而且正如帕尔默给罗素的信中透露的那样，十多年前，在尼查姆西坎达尔·贾赫驾崩后，莎拉芙·妮萨家族庞大而收益丰厚的地产都被首相拉贾·昌杜·拉尔立即没收了。据悉，在过去的十二年里，莎拉芙·妮萨一直靠威廉·帕尔默的施舍生活。现在帕尔默自己也处于穷困潦倒的边缘，他建议莎拉芙给罗素写一封求救信。罗素不仅在三十年前毁了莎拉芙心爱的女儿，而且坑害了帕尔默。莎拉芙·妮萨写信给罗素，请他运用他对首相的影响力，因为她现在完全没有经济来源，而且，她已经卖掉了最后一件珠宝，可以说是叫天不应叫地不灵。她通过一个用波斯文代写书信的人解释道：

---

① 不过她显然从某种途径知道了萨希布·阿拉姆（威廉·乔治）于 1828 年去世。——原书注

现在这些日子里，我负债累累，十分无助。如果我描述我的处境，只会让你难过。在过去的十二年里，自从我的地产被没收后，我不得不变卖家中的一切，只为了能够糊口，仅仅是获取生存所需的最基本的供给，勉强活命。现在什么都没有了。除了真主，我没有人可以求助！现在不再是遗忘和冷落的时候了。除了祈祷之外，我还能写什么呢……[47]

一般来讲，罗素不是特别有良心的人，但这一次莎拉芙彻底绝望的语气刺痛了他，于是他回信表示愿意尽其所能。在给威廉·帕尔默的信中，罗素感谢他不顾他们之间过去的纠葛而与他取得联系：

我向你保证，你写信给我，让我很高兴……经过二十一年的风风雨雨，莎拉芙夫人会发现很难以其他方式与我联系，我也没有办法向她转达我的答复……夫人所希望的，不过是每个人都理应享有的权利，即安安稳稳地享受自己的合法财产……已经发生的事情无法挽回，但如果我力所能及的话，我愿意为夫人的未来提供一些保障。没有人比莎拉芙·妮萨夫人更值得我尊敬和爱戴，我将不遗余力地减轻她遇到的困难。[48]

他接着描述了自己越来越多的健康问题：一连串的"中风"，以及眼睛的严重感染，使他几乎完全失明。然后，他通过帕尔默给老夫人发去了她多年来收到的第一条关于外孙女的消息：

柯克帕特里克中校的女儿菲利普斯太太一切安好，生活幸福。她住在德文郡。去年我去那里看望我的妹妹时，很遗憾没见着她，因为她住在乡村的另一个地方。她和达勒太太一起去拜访我们附近的一个亲戚，来了燕子野，但可惜我当时碰巧在伦敦。至于你说的她［莎拉芙·妮萨］急需的 2000 卢比，如果能帮她解决困难，我必须请求你代我支付。我在马德拉斯的宾尼银行还有一个小账户，他们一定会把这笔钱兑现给我。

他把一个更私人的请求留到最后：

我早就听说，夫人变卖了她的一些珠宝。现在我很遗憾地看到，果真如此。其中有一件戴在额头上的钻石首饰，我对它有些感情，如果看到它落入陌生人的手中，我会很遗憾。如果你能巧妙地查明它是否已经被卖掉，我会很感谢。如果能追踪到它的下落，拜托帮我买下并寄送给我，我会感激不尽……

他所说的首饰一定是属于海尔·妮萨的，是他熟悉的老情人额头上佩戴的一颗宝石。人的动机向来难以揣测，在这种情况下更是如此。这是一个老男人的情场虚荣心吗？或者我们可以想象，罗素也许是遗憾，或者是悔不当初，或者甚至在某种程度上，还有点爱着海尔·妮萨。他或许还怀念着大约四十年前他们一起在加尔各答度过的时光？那时他们还很年轻，还很快乐，那时他的前途还很光明，名誉还没有受损。毕竟罗素一直是个性格软弱的人，而不是坏人。但是，从各种意义上说，要想追回那一刻，或者挽回已经发生的事情，都为时已晚。威廉·帕尔默谨慎地打听了那件首饰的下落，但他回信说，很遗憾，"这件首饰很多年前就被卖掉了，而且没有留下任何痕迹"。他补充道："你的援助对可怜的老夫人来说非常及时，她现在非常痛苦。所有值钱的东西都被卖掉了，不久前我还帮她卖掉了一个银盆，以应付眼前的需要。与银盆配套的东西，都是价值不高的银器，因此有必要把属于她家的所有银器都打碎［以便熔化］……"[49]

听到这个消息后，罗素又为老夫人做了一件事。他终于直接联系到基蒂，并告诉她，她的外祖母非常需要帮助。

在拜访燕子野不久之后，基蒂又有了一次偶遇：1841 年她在参观埃克斯茅斯①时，恰好遇到了新任命的海德拉巴常驻代表助理邓肯·马尔科姆上尉的妻子，邓肯是詹姆斯·柯克帕特里克的前助理约翰·马尔科姆的侄子。

现在，得到罗素的提醒之后，基蒂利用马尔科姆作为中间人和波斯语译员，设法与近四十年来一直没有联系过的外祖母莎拉芙·妮萨重新建立了联系。随后，祖孙之间有了一段不寻常的、感情洋溢的通信，一个从托基用英语写信，另一个从海德拉巴用波斯语向一名抄写员口授，抄写员用撒满金粉的纸书

① 埃克斯茅斯是英格兰文德郡东部的一座海滨城镇。

写，并将信装在一个莫卧儿风格的金丝锦囊里。

坐在她位于托基的别墅，望着 1805 年将她带到英国的那片灰色的北方海域的浪涛，基蒂写道：

> 我亲爱的外婆，
>
> 很多年前，我收到了你对我亲爱的哥哥去世的慰问信，我很感激你，但我没有回信，所以恐怕你会认为我不当回事。但我确实珍视你的信，而且我觉得你在为我深爱的哥哥哀悼，毕竟他也是你的亲骨肉。
>
> 他去世两年后，我嫁给了约翰·肯纳韦爵士的一个外甥。我丈夫和我同龄，是英国陆军的一名上尉。
>
> 我现在有四个孩子：大女儿今年十一岁，酷似我的丈夫；还有一个八岁半的男孩和一个七岁半的女孩，女孩长得和我妈妈的肖像一模一样；另有一个十九个月大的可爱婴儿。我曾一共有七个孩子，有一个可爱的男孩和两个俊俏的女孩已经不在了。我为那些幸存的孩子感到幸福。我儿子的形象和我父亲酷似，所以我父亲小时候的一张肖像总会被误认为是我儿子。孩子们都聪明伶俐，白皙粉嫩。我住在海边花园当中一幢漂亮的房子里。我亲爱的丈夫对我很好，我非常爱他。
>
> 我常常想起你，想起你和我亲爱的母亲。我常常梦见我在印度，和你在一起，梦见你们俩在你们曾经坐过的房间里。在我的生命中，我没有一天不思念我亲爱的母亲。我还记得走廊和裁缝工作的地方，还有房子顶上的一个地方，母亲曾让我坐在那里滑行。
>
> 当我梦见母亲时，我为再次找到她而兴高采烈，以至

于我会醒来，或者我在梦中痛苦地发现她听不懂我说的英语。我可以清楚地回忆起我们离开时她的哭声，我可以看到我们分别时她坐的地方，她撕扯着她的长发。如今，如果能拥有一绺她美丽的头发（我是多么爱她的头发！），我愿意付出任何代价。想到这么多年过去了，如果我早点与你取得联系，早点知道你多么爱我，我会多么开心！这么多年来，我渴望给你写信，渴望告诉你这些我从来没能表达的感情。但我相信我写的信一定会被扣留。三十五年后我第一次能听到你在想我，爱我，这太美妙了。也许这么多年来你还在想，我为什么不给你写信，你也许会以为我对这样血浓于水的亲情冷漠无情。我感谢上帝，他为我开辟了一条路，让你知道我内心的感受。

这封信能不能传到你手里？你会不会喜欢你的外孙女的信？我自己的心告诉我，你会的。愿上帝保佑你，我亲爱的外婆。[50]

这封信的结尾有一段附言，请求莎拉芙·妮萨寄来一绺她女儿的头发。莎拉芙·妮萨用波斯语回信，随信附上了她一直为基蒂保留的海尔·妮萨的一绺头发（"其中一部分是散开的，其余的编织起来"），并说：

[当听到基蒂还活着时，]我死气沉沉的心被注入了新的活力，我获得了无法估量的快乐，非笔墨所能形容。我的孩子，我眼中的光，我灵魂的慰藉，愿真主赐你长寿！

我献上祈祷，希望你的寿命能延长，你的尊严能增加。我要让你知道，此时此刻，靠着真主的仁慈，我的健康状况非常好，我无时无刻不在全能者的门槛上为她［基蒂］的福祉祈祷。我的眼睛日夜盯着我的孩子。

遵照我的孩子写的信，邓肯·马尔科姆上尉的妻子邀请我去她家，告诉我，我的孩子，以及我孩子的孩子，一切都好。我的眼睛日夜都在盯着我的孩子。你写给我的信，我有时按在头上，有时按在眼睛上……如果我能请到一位女画家，我就把我的画像寄给你。我的孩子，请你把你和你孩子的肖像寄给我……[51]

祖孙俩就这样持续通信了六年。基蒂向海德拉巴送去眼镜（共三副）、药丸、钱、一绺头发和照片；外祖母寄回了泥金手抄本、精致的书法作品和波斯文诗歌。有一次，基蒂回忆道：

在我的记忆中，你的形象很清晰，就像我小时候一样，那时我恐怕给你带来了很多麻烦。我记得有一天，我非常淘气的时候，你用拖鞋打了我一下，我非常生气。我现在也经常这样教训我自己的孩子，然后我会告诉他们："我小的时候，我的外婆有时不得不打我。"

他们听得津津有味，问我关于我外婆的事，我就把我记得的关于你的事都告诉他们。我希望你能看到我的孩子们可爱的脸庞，尤其是那个我确信很像我妈妈的孩子，只是她没有我妈妈那么漂亮。我有一个活泼可爱的小男孩，他一定会让你高兴。他在很多方面都很像我亲爱的哥哥。在我哥哥活着的时候，我可以跟他谈起你和我妈妈，我们可以比较我们对印度的回忆……

基蒂对罗素在她母亲生活中扮演的角色产生了怀疑，并把自己的怀疑告诉了邓肯·马尔科姆，请他尽可能谨慎地查明，钱纳利的肖像到底是要给罗素的还是给她的。马尔科姆巧妙地拒绝了这一要求，在信中说："老夫人的记忆力不好，在这个问题上，我倾向于更相信亨利爵士的陈述，而不是你的外祖母对此事的描述，她似乎对此事没有非常清晰的回忆。"①

基蒂还请求外祖母给她寄来一份关于她父母相识和结婚的完整记录，莎拉芙正式口授了一份记录，寄到托基。不过，有一件东西她拿不出来。基蒂一生都承受着被视为私生子的尴尬。这是因为詹姆斯·柯克帕特里克在遗嘱中称萨希布·阿拉姆和萨希布·贝古姆为他的"亲生子女"（natural children），在当时的法律术语中，这指的是非婚生子女。基蒂在给外祖母写信时，主要关注的问题之一是试图让莎拉芙从尼查姆或穆智台希德那里获取一份证明书，正式证明詹姆斯和海尔之间举行了某种形式的合法的结婚仪式。莎拉芙·妮萨很乐意将詹姆斯的婚姻记录在案并正式签字，但她无法提供当时的任何文件以使此事不存在法律上的疑问。

不过，在这方面，亨利·罗素爵士出人意料地提供了帮助。他听说了基蒂的忧虑和痛苦，觉得自己是最后一个知道真

① 罗素于1852年去世后，基蒂得到了这幅画。罗素的儿媳康斯坦丝后来写道，"尽管他［罗素］的家人激烈抗议［，画还是到了基蒂手中］……这对他们来说是一个黑暗的日子"。See Lady Russell, *The Rose Goddess and Other Sketches of Mystery & Romance* (London, 1910), p. 1. 这幅画留在基蒂家族的手中，在英国度过一百二十年，直到20世纪60年代再次来到东方。它今天悬挂在汇丰银行的董事会会议室内。——原书注

相的人，于是终于决定把真相和盘托出。在一次去英格兰西部的旅途中，他去托基看望基蒂，但发现自己与她单独在一起时，又尴尬得不能自已，所以无法提起这个话题。就像以前和基蒂的母亲打交道时一样，他又请自己的弟弟查尔斯帮忙。查尔斯现在位高权重，是大西部铁路公司的董事会主席，也是代表雷丁的下议院议员。[52] 亨利写信给他，问他是否愿意和基蒂谈谈。他解释说：

> ［在拜访基蒂时］迟疑了一下，出于慎重的考虑，不愿意让人觉得我多管闲事……菲利普斯太太一直被认为是个私生女，她父亲的遗嘱也是这么说的，但她的出生和你我一样合法。柯克帕特里克中校认为她的身份是私生女。他知道自己［与海尔·妮萨］结过婚，但他不认为他的婚姻［在法律上］是有效的。他和我一样，认为穆斯林与基督徒的婚姻是无效的。但后来我父亲纠正了我的这种错误看法。我的理解是，如果柯克帕特里克中校在遗嘱中说她是自己的合法女儿，这一点可能不被法律承认，那么可能影响他对女儿的遗产馈赠，所以他就说她是自己的私生女。
>
> 我在什么时候、从谁那里第一次听说这桩婚姻，我现在不记得了，我想是在 1805 年柯克帕特里克中校去世后不久，是他的孟希阿齐兹·乌拉告诉我的。阿齐兹·乌拉陪我去加尔各答，不久后去了瓦拉纳西，我相信他最后在那里去世。当然，我不是从柯克帕特里克中校本人那里听到的。我从来没有听他谈起这个话题；我最早也不是从菲利普斯太太的母亲海尔·妮萨夫人和她的外祖母莎拉芙·

妮萨那里听到这种说法的，尽管她俩经常向我证实这种说法。我过去和现在都非常相信她们的话，所以我坚信他们描述的婚礼仪式确实举办了，仿佛是我亲眼所见。

1843 年，基蒂告诉外祖母，威廉·乔治的大女儿即将前往印度，她计划到了那里后去拜访莎拉芙·妮萨。外祖母立刻喜悦地回了信：

> 听到萨希布·阿拉姆的女儿即将和她的丈夫一起访问印度斯坦，我的内心无法抑制喜悦之情，我一定会把这个孩子当作我的掌上明珠……愿纯洁而崇高的真主迅速消除阻隔在我们之间的帘幕，让我们团圆，让我们因相聚而幸福和快乐。[53]

目前还不清楚莎拉芙·妮萨是否见到了她的曾孙女，但她肯定再也没有见到过她的外孙女基蒂。四年后，亨利·罗素又收到了威廉·帕尔默的信。这封信的日期是 1847 年 7 月 27 日。

> 我亲爱的先生，
> 我担心我要传达的消息会让你不安。莎拉芙·妮萨夫人

于［本月］21 日死于水肿病。她没有得到英国医生的诊治，但她年事已高（超过八十岁），治疗怕也是无济于事。我不知道你是否还记得她的一个亲戚，马哈茂德·阿里·汗。他和她住在一起。他们之间有一种相互信任和良好理解，所以世人认为他是她收养的儿子。马哈茂德·阿里·汗把他的女儿嫁给了苏莱曼·贾赫①，这样形成的关系给了苏莱曼·贾赫一个借口，对她的财产进行看守，准备扣押。马哈茂德·阿里·汗写信给我说，他对他的女婿很反感，担心他在女婿手里会受到不好的对待。对此，没有任何补救的办法。政府太过混乱，不能给予个人任何保护……[54]

差不多整整十年后，1857 年 5 月 10 日，印度大兵变在德里以北的密拉特爆发。

那时，孕育基蒂·柯克帕特里克的世界已经消失了。实际上，它已经死了将近二十年。所有的白莫卧儿人都已入土为安。戴维·奥克特洛尼爵士因为受到加尔各答上司的羞辱而伤心欲绝，于 1825 年去世（恰好是在密拉特）；他的朋友和门徒威廉·弗雷泽（纽金特夫人曾指责他"既是印度教徒又是

---

① 苏莱曼·贾赫是当时的尼查姆的叔父。1802 年，只有七岁的苏莱曼·贾赫说想要娶菲兹的养女范妮·哈努姆。——原书注

基督徒”）在十年后的 1835 年被暗杀。

詹姆斯·阿基利斯·柯克帕特里克的世界的最后幸存者，可能是威廉·林奈·加德纳，他年轻时娶了坎贝公主，皈依伊斯兰教，并在 1798 年雷蒙军团投降时作为海德拉巴雇佣兵出现在尼查姆的部队中。在为不同的印度王公作战多年后，加德纳最终在 1803 年进入英国军队，组建了自己的非正规骑兵团，即加德纳骑兵团。奇怪的是，他最后的职务是担任“印度教徒”斯图尔特的副手，而斯图尔特尽管有许多怪癖，却被任命为印度中部最大的骑兵兵站（萨格尔）的指挥官。这一定是东印度公司军事机构中一个相当不寻常的前哨，竟然由一对皈依印度两种互相竞争的宗教的欧洲人指挥。

在这里，在整个 19 世纪 20 年代初，斯图尔特继续允许他的印度兵在检阅时戴上种姓标志，并自己选择胡须的样式。但他的这种做法受到英国官方的激烈反对，他因此多次遭到总司令的训斥。他反驳道：“这就是欧洲人对印度有偏见的最突出的例子！”但上级不理睬他的抗议。[55]斯图尔特的军旅生涯就在这种阴云下结束了。正如他的副手加德纳所说：“可怜的班智达将军！他几乎得罪了所有人。”[56]在加德纳的书信中，斯图尔特的最后一次露面是他出发去加尔各答，他的印度伴侣在他身边，他的马车后面跟着一队儿童马车“和满满一轿子的小婴儿”。此时的他已经是一个老古董，是从一个不同的、更宽容和更开放的世界中幸存下来的人物。

在退休生活的最后几年，加德纳在属于他的妻子、位于阿格拉附近哈斯冈吉的庄园安顿下来。他的儿子詹姆斯娶了穆赫塔公主，她是莫卧儿皇帝阿克巴·沙的侄女，同时也是奥德纳瓦布的小姨子。詹姆斯和穆赫塔公主共同建立了一个高贵的英印混血家族，其中一半成员是穆斯林，一半是基督徒。他们中的一些人，如詹姆斯·贾汉吉尔·希科·加德纳，似乎同时拥有两种身份。即使是那些身为基督徒的加德纳家族成员，也取了穆斯林名字。比如，巴塞洛缪·加德纳牧师也可以被称为萨布尔，他用这个名字成为著名的乌尔都语和波斯语诗人。他脱掉牧师的法衣，穿上奥德民族服装，在勒克瑙的诗歌朗诵会上朗诵他的爱情诗。[57]

威廉·加德纳在 19 世纪 30 年代就已经算是老古董了。北印度的报纸偶尔发表文章，对他这样的人物表示惊愕。他于 1835 年7 月 29 日在哈斯冈吉庄园去世，享年六十五岁。他的夫人（三十八年前，他在苏拉特，透过两幅窗帘之间的缝隙第一次看到她的黑眼睛）没有他就过不下去。正如范妮·帕克斯[①]所写：

> 我亲爱的朋友加德纳上校……按照他的愿望，被埋在他儿子艾伦的［圆顶莫卧儿风格的］坟墓附近。他去世后，可怜的夫人一天比一天憔悴。就像他说的那样，她不会抱怨，但她把他的死亡放在心上。她在他去世一个月零两天后也与世长辞。土著贵妇通常有许多头衔；她的死讯、姓名和头衔是这样在报纸上公布的："8 月 31 日，在她位于哈斯冈吉的住所，法尔赞德·阿齐扎·阿兹布德-图勒·阿拉基恩·昂德图勒·阿萨特恩·纳瓦布·玛赫·孟泽尔·妮萨·贝古姆·德尔米殿下，已故威廉·林奈·加德纳上

---

① 范妮·帕克斯（1794~1875）是威尔士的游记作家。她的丈夫是东印度公司的官员，她在印度生活了二十四年，留下大量描写殖民地时代印度的日记。她结交了印度的三教九流，包括社会名流和贫苦农民，表现出对印度文化的尊重。

校的遗孀，与世长辞。鼓和喇叭①的乐声沉寂了。"[58]

在 1857 年大兵变期间，加德纳的混血后裔和其他所有白莫卧儿人的后裔一样，被迫在敌对双方之间选择站队，尽管对许多人来说，他们根本没有办法自由选择。有些家庭，如勒克瑙的罗滕家族，以及穆巴拉克夫人（奥克特洛尼在德里的遗孀）选择支持叛军（或者，也可以称为"自由斗士"）。在他们的庄园遭到攻击后，加德纳一家被迫先在阿里格尔避难，然后在阿格拉要塞躲避，所以最后站在了英国人那一边。不过如果他们可以自由选择的话，完全可能站到他们在德里和勒克瑙的莫卧儿亲戚那边。②

大兵变导致大规模的恶性流血冲突，双方都伤亡惨重。此后，一切都不能再像以前那样，白莫卧儿人试图培养的信任和

---

① 根据加德纳夫人的衔级，她有权使用仪式性的华美轿子（palki）、孔雀羽毛扇子和仪式性的鼓（naqqara）与喇叭（dumana）。——原书注

② 尽管加德纳家族对一个货真价实的英国贵族爵位（尤托克西特男爵）拥有主张权，但家族渐渐把祖传的财富挥霍一空，越来越穷，越来越不像英国人，越来越像印度外省人，并渐渐与他们的英国贵族亲戚断了联系。英印副王的妻子哈利法克斯夫人有加德纳家族的血统，她在回忆录中写道，她有一次从德里乘副王专列去西姆拉，下车时吃惊地看到卡尔卡的车站站长冲过仪仗队，挤到红地毯前。他闯过一排排助理和随从，对副王夫人说："阁下，我姓加德纳。"令随从们惊愕的是，哈利法克斯夫人答道："当然了。所以我们是亲戚。"顺便说一下，加德纳家族至今仍生活在阿格拉和勒克瑙之间的哈斯冈吉，这是今天印度治安最差、最落后的地区之一（不过有一个出身于该家族的福音派传教士把局面搞得更混乱，因为他给所有皈依者都赐姓为加德纳，所以哈斯冈吉有许多姓加德纳的人，但他们与威廉·林奈没有任何基因上的联系）。今天，尤托克西特男爵加德纳大人头衔的主张者从未去过英国，只会说结结巴巴的英语，满足于耕作他的印度土地，享受身为村里摔跤冠军的威望。不过一直到前不久，他都经常威胁要"回国"并在英国上议院占据自己的席位。——原书注

相互欣赏被彻底摧毁了。随着英国的胜利，以及随之而来的一连串种族屠杀性质的绞刑和处决，莫卧儿贵族的整个高层被一扫而空，英国文化被毫不留情地强加给印度。同时，英国女人的大批到来、基督教福音派的兴起及其带来的道德"自信"，结束了两个民族之间所有公开的性接触。

在海德拉巴，战事比饱受战争摧残的北方要少一些，尽管有一队罗赫拉骑兵向常驻代表府发动了半心半意的攻击。但与北方相同的痛苦和极化，还是在海德拉巴发生了。威廉·帕尔默是最后试图弥合两个世界之间鸿沟的人物之一，他最终选择支持英国人。虽然他最初是被当作穆斯林抚养长大的，娶了一大批穆斯林妻妾，并对他的穆斯林母亲菲兹·巴克什夫人爱护有加，但他最后还是自觉地、不顾一切地选择了基督教。在他去世前一年，在他心灰意冷、倾家荡产之时，他给老朋友和曾经的战友弗朗西斯·格雷斯利少校（已经退休回了英国）写了一封悲伤的信。帕尔默写道：

> 我垂垂老矣，八十六岁的我，不再有朋友。我体弱多病，如果没有人搀扶，我无法从一个套房走到另一个，而且在过去的十年或十二年里，我几乎失明了……我继续对周围的人和事感兴趣……［但是］穆斯林的傲慢和自负，以及他们对我们几乎公开的仇恨，使我对他们深恶痛绝。他们当中没有一个人不渴望割断我们的喉咙，布里格斯［常驻代表府工作人员之一］曾说过一句古怪但很有意思的话，说他每次看到一个穆斯林，就会想象对方是杀害他的凶手。据我所知，常驻代表府的工作人员现在都随身携带袖珍手枪，子弹上膛。[59]

这与詹姆斯·阿基利斯·柯克帕特里克的世界大相径庭。詹姆斯能够在海德拉巴老城的豪宅里举行家庭聚会，和塔贾里·阿里·沙以及海德拉巴的诗人一起度过欢乐的夜晚；他晚上和老尼查姆一起钓王宫池塘里家养的鲤鱼，下午和首相一起在花园里放鸽子。

威廉·帕尔默于 1867 年 11 月 25 日星期一去世。英国常驻代表理查德·坦普尔爵士是少数参加葬礼的人之一。但坦普尔很早就离开了，因为他不想错过查达格特赛马会的开始。[60]

基蒂的丈夫菲利普斯少校于 1864 年去世，基蒂活得比他久。在她去世之前，她到卡莱尔在切恩路①的住宅做了最后一次拜访。描述这次拜访时，卡莱尔引用了维吉尔的诗句"我感受到了一丝来自古老时光的火焰"（Agnosco veteris vestigia flammae）。不久之后，他给她写了一封信：

> 你的拜访给我带来了很大的益处；看到我们习惯称为"基蒂"的她从暮色中出现在我面前，仿佛梦境变成了现实，是那么有趣，那么奇异。它使我长时间地思索着逝去的时光，思索着对我来说永远重要和有影响的人和事……我的周围回荡着晚钟的声音，它不仅仅是悲哀的，或者说

---

① 切恩路在伦敦切尔西地区。

不应该是悲哀的，它也是美丽的、有福的、安宁的。亲爱的女士，我最美好的祝愿和亲切的问候将与你同在，直到最后。[61]

　　基蒂在托基安宁地生活，最后于 1889 年在她的索伦托别墅去世。四年后，她的亲戚爱德华·斯特雷奇爵士为 1893 年 7 月号的《布莱克伍德杂志》撰写了第一篇关于詹姆斯与海尔的婚姻以及卡莱尔对基蒂的迷恋的报道，文章以基蒂的去世作为结尾。斯特雷奇写道："在我印象中，她从少女时代到老年，始终是最迷人的女人。"[62]

　　随着威廉·帕尔默于 1867 年去世和基蒂·柯克帕特里克于 1889 年去世，一个时代可以说真正结束了。虽然一个死于海德拉巴，另一个死于托基，但两人都被葬在基督教墓地，并有明确的基督教碑文纪念他们。再也没有任何跨文化的或模糊的空间。那样的日子已经过去了。

　　他们的死亡宣告了三百年跨文化融合的结束。后来的维多利亚时代史书都小心翼翼地将这种跨文化融合的痕迹抹去。不过，海尔在死后被"提升"为"一位印度教公主"，使得她与詹姆斯的恋情有了一种"东方罗曼史"的元素，所以她的故事才能躲过抹去了许多类似故事的非正式审查。[63]要再过七十年，等到大英帝国分崩离析时，两个种族才能再次亲密接触。

　　即使在今天，尽管世界取得了许多进步，我们仍然会听到一些关于"文明冲突"的言论，几乎每天都会在媒体上看到关于东方和西方、伊斯兰教和基督教的笼统概括，听到许多人说巨大的差异和根本的鸿沟将两者分隔开。但白莫卧儿人的身上有着出人意料的混合和融合，具有混血性质。最重要的是，他们为促进宽容和理解做了许多努力。他们试图弥合这两个世界之间的鸿沟，并且取得了一定程度的成功。

正如詹姆斯·阿基利斯·柯克帕特里克和海尔·妮萨的故事表明的那样，东西方并非不可调和，而且从来没有不可调和过。只是偏执、偏见、种族主义和恐惧，会将它们分开。但是，东西方在过去曾经相遇和交融，而且必将再次相遇和交融。

术语表

Akhbar	印度的宫廷新闻通讯。
Alam	阿拉姆旗。什叶派在穆哈兰姆月（见后）礼拜活动中使用的旗帜，通常是泪珠形或手掌形的，象征公元 680 年卡尔巴拉战役中伊玛目侯赛因携带的军旗。阿拉姆旗往往做工精巧十分华美，最好的一些阿拉姆旗可以算是中世纪印度金属工艺品的伟大杰作。
Amir	埃米尔。贵族。
Angia	"安吉亚"。一种性感的吊带式"乔丽"（见后）胸衣，通常是透明或半透明的，在 18 世纪末 19 世纪初的伊斯兰宫廷非常流行。菲兹·帕尔默在她著名的由佐法尼创作的画像中，在"佩什瓦兹"（见后）长袍下穿了一件"安吉亚"短胸衣。
Apsaras	飞天女神。印度教众神的情人和舞女，天堂的情欲幸福分配者。
Arrack	印度的亚力酒。
Arzee	波斯文的请愿书。
Aseel	阿熙尔女仆。后宫和女眷居住区（见后）里的关键人物。她们通常是奴隶出身，从事一

些重要的行政和家务工作，包括担当乳母。在尼查姆的后宫，高级阿熙尔女仆是国家的重要人物。

Ashurkhana　穆哈兰姆月使用的哀悼大厅。

Avatar　化身。

Baksheesh　小费或贿赂。

Banka　"班卡"（字面意思是"十二门"）。莫卧儿人的花花公子，对女人献殷勤的男人。

Baradari　巴拉达利亭子。莫卧儿风格的开放式亭子，每边有三个拱门。

Begum　"贝古姆"，印度穆斯林贵族女子。表示身份高贵的头衔或敬称，类似"夫人"。

Betel　蒌叶。印度人把它当作一种温和的麻醉品，做成"盘安"食用。

Bhand　丑角、哑剧演员或模仿者。

Bhisti　运水工。

Bibi　"比比"，印度裔的妻子或情人。

Bibi-ghar　"女眷的住所"，又称后宫或女眷居住区。

Bidri　地名比德尔（Bidar）的形容词形式，比德尔是15世纪伊斯兰统治下德干地区的首府。Bidri这个词通常指在比德尔生产的以锌为主的合金制品，一般饰有银或黄铜的镶嵌花纹，背景为黑色的金属。

Biryani　香饭。海德拉巴的特色美食，米饭和肉菜混合物。

Brahmin　婆罗门，印度教的祭司种姓，是最高的种姓。

Chamars	清洁工种姓的贱民。
Charbagh	四重花园。一种以规则几何图形布局的莫卧儿园林，因其被交叉的水渠和喷泉分成四个（char）方块而得名。
Chhatri	伞亭（字面意思是"伞"）。一种由柱子支撑的圆顶亭，通常用作塔楼和清真寺宣礼塔顶端的装饰。
Choli	"乔丽"，印度的女式短款紧身胸衣（在这个时期往往是透明的）。
Chunam	抛光的石灰石膏。
Daftar	办公室，或者是尼查姆宫殿里的文书官衙。
Dak	驿站，邮政系统（在 18 世纪和 19 世纪初有时拼写为 dawke）。
Deorhi	有庭院的房子或宅邸。
Derzi	裁缝。
Devadasi	"德瓦达斯"（字面意思是"诸神的女奴"）。神庙里的舞女、妓女和交际花，通常在婴儿时期就被她们的父母送给印度教的一些大神庙。
Dharamasala	旅社。
Dhobi	洗衣工。
Dhoolie	有帘子遮盖的轿子。
Dhoti	缠腰布。
Divan	诗集。
Diwan	首相，或负责财政管理的维齐尔。
Dragoman	奥斯曼帝国或波斯帝国的译员或向导。

Dubash　　　　译员。

Dupatta　　　　披肩或围巾，通常和"纱丽克米兹"长袍
　　　　　　　　（salvar kemise）一起穿。也叫 chunni。

Durbar　　　　　宫廷。

Fakir　　　　　　法基尔（字面意思是"贫穷"）。苏非派圣
　　　　　　　　人、德尔维希或游方的穆斯林苦修者。

Fatiha　　　　　"开端章"。《古兰经》的简短开篇章，在仪
　　　　　　　　式上作为祷文宣读。

Firangi　　　　　外国人。

Firman　　　　　皇帝的书面御旨。

Ghazal　　　　　加扎勒。乌尔都语或波斯语的情诗。

Hakim　　　　　医生。

Halwa　　　　　哈尔瓦酥糖。胡萝卜布丁。

Hamam　　　　　土耳其风格的蒸汽浴。

Haram　　　　　被禁止。

Harkarra　　　　字面意思是"百事通"。他们是传令兵、信
　　　　　　　　使、新闻撰写人或间谍。在 18 世纪，这个词
　　　　　　　　有时拼写为 hircarrah。

Havildar　　　　印度兵（见后）的士官，相当于中士。

Holi　　　　　　侯丽节。印度教的春季节日，人们互相抛撒
　　　　　　　　红色和黄色粉末。

Hookah　　　　　水烟筒。

Id　　　　　　　穆斯林最重要的两大节日。开斋节（Id ul-
　　　　　　　　Fitr）标志斋月的结束，而宰牲节（Id ul-
　　　　　　　　Zuha）纪念易司马仪获救。庆祝宰牲节时要
　　　　　　　　宰杀一头公绵羊或公山羊，因为根据《圣

经·旧约》和《古兰经》，易司马仪获救后都宰杀了公羊。①

Iftar	开斋饭。结束斋月斋戒的晚餐。
Jagir	庄园，被分封给对国家有功的人，庄园的收入被视为庄园主的私人收入。
Jali	有格子的石制或木制屏风。
Jashn	"嘉欣"。宴会或婚宴。
Karkhana	作坊或工厂。
Khanazad	出生于皇宫的皇子。
Khansaman	在 18 世纪，这个词指管家。今天它通常指厨师。
Khanum	妾或姘妇。
Kharita	莫卧儿人用的密封锦囊，用作信封。
Khilat	具有象征意义的宫廷服装。
Kotwal	警察局长。一座莫卧儿城镇的主要行政长官或城市管理者。
Lakh	拉克。1 拉克＝10 万。
Langar	在宗教节日期间免费发放食品。
Lathi	棍棒或棍子。

---

① 按照《古兰经》的说法，安拉为了考验阿拉伯人和以色列人的祖先易卜拉欣（《圣经》称为亚伯拉罕），命令他把儿子易司马仪（《圣经》称为以实玛利）杀死并献祭。易卜拉欣完全服从，将儿子带到耶路撒冷现在阿克萨清真寺内的一块目前作为圣物的石头上，准备将儿子杀死烧化，献祭给安拉。安拉其实没有要杀他的孩子，只是想考验他，随即命令天使及时地送来一只黑色的替罪羊。《圣经·旧约》的记载略有不同，认为以实玛利（易司马仪）是亚伯拉罕（易卜拉欣）的庶子，和他母亲一起回到埃及，亚伯拉罕要献祭的是自己一百岁时生的嫡子以撒（伊斯兰教的说法是易司哈格）。

Lota	水罐。
Lungi	"笼吉"。印度风格的纱笼；缠腰布的较长版本。
Mahal	玛哈尔（字面意思是"宫殿"）。往往指卧室，或宫殿，或住宅的女眷居住区。
Maistry	米斯特里工匠（现代印地语：mistri）。技艺高超的工头或工匠大师。根据《霍布森-乔布森词典》，这个词"是葡萄牙语 mestre 的变形，已经传播到印度各地的方言中，被英国-印度人经常使用"。
Majlis	集会（尤其是穆哈兰姆月的集会）。
Mansabadar	"曼萨卜达尔"。莫卧儿贵族和官员，他的衔级由他（理论上）可以提供的骑兵数量决定，例如，当皇帝作战时，2500 骑级的曼萨卜达尔应当为皇帝提供 2500 名骑兵。
Marqana	清真寺或宫殿大门上的钟乳石形装饰物。
Marsiya	"马尔西雅"哀歌。为先知的外孙侯赛因的殉难而唱的乌尔都语或波斯语哀歌，在穆哈兰姆月，在哀悼大厅演唱。
Masnavi	"玛斯纳维"。波斯语或乌尔都语的情诗。
Maula	"我主"。
Mehfil	莫卧儿宫廷在晚间的娱乐活动，通常包括舞蹈、诗歌朗诵和歌唱加扎勒。
Mihrab	"米哈拉布"。清真寺中指向麦加方向的龛室。
Mir	米尔。名字前面如果有"米尔"的头衔，通常意味着此人是赛义德（见后）。

Mirza	米尔扎。王子或绅士。
Mohalla	莫卧儿城市的特殊区域，即若干民居街巷的集合体，通常从单独一扇门进入。
Muharram	穆哈兰姆月。什叶派穆斯林的重大节日，纪念伊玛目侯赛因（先知的外孙）战败身亡。海德拉巴人和勒克瑙人特别热情地庆祝这个节日。
Munshi	孟希。印度的私人秘书或语言教师。
Mushairas	诗歌朗诵会。
Musnud	这个时期的印度统治者的宝座的一部分，为软垫和垫枕。
Nabob	印度斯坦语 Nawab（纳瓦布）传入英语之后的讹误形式。Nawab 的字面意思是"副手"，是莫卧儿皇帝赐给他们属下的地方总督与副王的头衔。在英语中，这个词被用来辱骂那些返回英国的"老印度通"，尤其是在 1768 年塞缪尔·富特的戏剧《大富翁》（*The Nabob*）让这个词为英国公众所知之后。
Naqqar khana	仪式性的鼓楼。
Nautch	印度的一种舞蹈表演。
Nazr	印度各邦国向封建宗主赠送的象征性礼物。
Nizam	尼查姆。海德拉巴第一任总督"阿萨夫·贾赫，尼查姆·穆尔克"的头衔的一部分。按照当时的习惯，阿萨夫·贾赫实际上独立于德里的莫卧儿政府。他于 1748 年去世后，从他的非婚生幼子和最终继承人尼查姆阿里·汗开

始，继承者们把"尼查姆"当作世袭称号。

Omrah	贵族。
Palanquin	印度的轿子。
Peshkash	下级向上级呈送的供品或礼物。在更具体的层面，马拉塔人用这个词指"臣属"政权（如尼查姆）向他们缴纳的贡金。
Peshwaz	"佩什瓦兹"长袍。一种高腰的女式长袍。
Pikdan	痰盂。
Pir	皮尔。苏非派的圣徒。
Pirzada	苏非派圣所的管理官员，往往是建立该圣所的圣徒的后代。
Prasad	神庙发给信徒以换取供奉的甜食；本是印度教的传统，也传入了伊斯兰教在德干高原的苏非派圣地。
Pukka	恰当的，正确的。
Purdah	字面意思是"幕帘"。指女眷深居于闺房或后宫。
Qawal	卡瓦力（见后）歌手。
Qawalis	卡瓦力。在苏非派圣地歌唱的振奋人心的宗教颂歌。
Qiladar	要塞司令。
Qizilbash	奇兹尔巴什（字面意思是"红头"）。指萨非王朝的士兵（后来还指商人），因为他们在头巾之下戴着高高的红帽子。
Rakhi	"拉基"，圣线、护身绳。系在手腕上的丝线，象征手足情义、团结或保护。

Salatin	在宫殿出生的皇子。
Sanyasi	弃绝者、遁世者。印度教的苦行者。
Sarpeche	头巾上的珠宝或饰物。
Sati	娑提。寡妇自焚殉夫。
Sawaree	象厩（以及与饲养大象相关的全套设施和器材）。
Sayyed	赛义德（阴性为赛义达）。先知穆罕默德的直系后裔。赛义德往往有"米尔"的头衔。
Sepoy	印度兵。为东印度公司效力的印度士兵。
Shadi	婚宴或婚礼派对。
Shamiana	印度的一种帐篷，或帐篷营地周围的屏障。
Shi'a	什叶派。伊斯兰教的两个主要分支之一，可追溯到先知去世不久之后的一次分裂。当时穆斯林分成两派，一派是认可麦地那的哈里发的权威的人，另一派是追随先知的女婿阿里的人（Shi'at Ali 在阿拉伯文中的意思是"阿里派"）。虽然绝大多数什叶派都生活在伊朗，但印度的德干高原也有许多什叶派教徒，海德拉巴在其历史的很大一部分时间里都是什叶派文化的一个中心。
Shikar	狩猎。
Sirdar	贵族。
Surahi	北印度传统的细高而雅致的冷水瓶或冷水罐。
Tawaif	"塔瓦伊夫"。很有素养和文化的舞女和交际花，是莫卧儿晚期社会与文化的特色之一。
Thali	托盘。

'Umbara　　　有帘幕遮挡的象轿。

Unani　　　　尤那尼医学。伊奥尼亚（或拜占庭希腊）医
　　　　　　　学，最初由流亡波斯的拜占庭人传入伊斯兰
　　　　　　　世界，今天在印度仍在应用。

'Urs　　　　　节庆的日子。

Vakil　　　　瓦吉尔。大使或代表（不过在现代仅指律师）。

Vilayat　　　省份，家乡。

Yakshi　　　　药叉女。印度教中主管生育的女仙，往往与
　　　　　　　圣树和圣池有关联。

Zamindar　　柴明达尔，地主或地方统治者。

Zenana　　　后宫，或女眷居住区。

注 释

序 章

1. Mark Zebrowski, *Gold, Silver and Bronze from Mughal India* (London, 1997).
2. Edward Strachey, "The Romantic Marriage of James Achilles Kirkpatrick, Sometime British Resident at the Court of Hyderabad", in *Blackwood's Magazine*, July 1893.
3. 虽然如此，但越来越多的著作开始展现 18 世纪英国东印度公司官员在多大程度上像他们之前的葡萄牙人一样融入莫卧儿文化。不过这些著作还无法构成一个连贯的史学观点。将近三十年前，Percival Spear, *The Nabobs* (Cambridge, 1963) 描绘了这样的图景：18 世纪一些爱抽水烟的英国人和他们的印度情人一起，在加尔各答过着舒适愉快的生活；而另一些英国人在穷乡僻壤的小镇和莫卧儿文化较偏僻的中心经历了更深刻的转变。他们穿上了莫卧儿服装，与莫卧儿贵族通婚，总的来讲在尝试跨越文化疆界，从而欣赏和参与晚期莫卧儿文化。后来的研究著作把这样的图景描绘得更细致。本书的很大一部分内容聚焦于勒克瑙。在勒克瑙方面，Desmond Young、Rosie Llewellyn-Jones、Seema Alavi、Muzaffar Alam、Jean-Marie Lafont 和 Maya Jasanoff 详细描绘了混杂而包容的文化图景。在这样的环境里，克洛德·马丁、安托万·波利耶、伯努瓦·德·布瓦涅、约翰·伍姆韦尔和威廉·帕尔默将军这样的人，都在不同程度上接受了勒克瑙相当具有享乐主义气氛的晚期莫卧儿文明。见 Desmond Young, *Fountain of Elephants* (London, 1959); Rosie Llewellyn-Jones, *A Fatal Friendship: The Nawabs, the British and the City of Lucknow* (New Delhi, 1982), *A Very Ingenious Man: Claude Martin in Early Colonial India* (New Delhi, 1992) and *Engaging Scoundrels: True Tales of Old Lucknow* (New Delhi, 2000); Muzaffar Alam and Seema Alavi, *A European Experience of the Mughal Orient: The I'jaz i-Arslani (Persian Letters, 1773–1779) of Antoine-Louis Henri Polier* (New Delhi, 2001); Jean-Marie Lafont, 'The French in Lucknow in the Eighteenth Century', in Violette Graff (ed.), *Lucknow: Memories of a City* (New Delhi, 1997) and *Indika: Essays in Indo-French Relations 1630–1976* (New Delhi, 2000); Maya Jasanoff 关于勒克瑙的艺术品收藏与文化混合性的文章在 2002 年发表于 *Past & Present*。Toby Falk、Mildred Archer 和我找到了德里存在类似的"文化互化"过程的证据，尤其是在戴维·奥克特洛尼爵士、威廉·弗雷泽和詹姆斯·斯金纳的圈子里，这些人是英国驻德里常驻代表

府的工作人员，时间从大约 1805 年到弗雷泽于 1835 年去世。见 Mildred Archer and Toby Falk, *India Revealed: The Art and Adventures of James and William Fraser 1801–35* (London, 1989); William Dalrymple, *City of Djinns* (London, 1993)。Seema Alavi 还介绍了詹姆斯·斯金纳（有一半苏格兰血统，一半拉杰普特血统）如何将两种文化融合起来，创建一种 "莫卧儿与欧洲军事伦理的混合体"，并 "采纳伊斯兰上流社会的风俗习惯，比如，抽水烟和吃莫卧儿饭菜"，见 Seema Alavi, *The Sepoys and the Company: Tradition and Transition in Northern India 1770–1830* (New Delhi, 1995), esp. Chapter 6。关于斯金纳的研究，另见 Mildred Archer in *Between Battles: The Album of Colonel James Skinner* (London, 1982) and Christopher Hawes in *Poor Relations: The Making of a Eurasian Community in British India 1773–1833* (London, 1996)。Chris Bayly 展现了跨种族的性关系对于两种文化互相了解和学习是多么有帮助，而 Durba Ghosh 关于英国人的印度情人的重要著作展现了当时这种跨文化的性关系是多么司空见惯：C.A. Bayly, *Empire and Information: Intelligence Gathering and Social Communication in India 1780–1870* (Cambridge, 1996); Durba Ghosh, 'Colonial Companions: Bibis, Begums, and Concubines of the British in North India 1760–1830' (unpublished Ph.D., Berkeley, 2000)。Ghosh 还展现了这种同化在多大程度上是双向的进程，既影响了那些与欧洲人发生密切接触的印度女性，也影响了欧洲人自己。与此同时，Amin Jaffer 的著作展现了公司雇员在英国国内的家庭生活环境在多大程度上是英国与莫卧儿两种文化的融合体，而 Lizzie Collingham 在另一部著作中强调了英国人的身体如何融入莫卧儿环境。Linda Colley 展现了英国俘虏（尤其是被蒂普苏丹囚禁在塞林伽巴丹的英国俘虏）在多大程度上出于各种原因而皈依伊斯兰教，以及他们在多大程度上接受了印度生活方式的不同方面：Amin Jaffer, *Furniture from British India and Ceylon* (London, 2001); E.M. Collingham, *Imperial Bodies: The Physical Experience of the Raj* (Cambridge, 2001); Linda Colley, 'Going Native, Telling Tales: Captivity, Collaborations and Empire', in *Past & Present*, No. 168, August 2000, p.172。Colley 即将出版的著作 *Captives* 会继续详细阐述这个话题。

4. Mirza Abu Taleb Khan (trans. C. Stewart), *The Travels of Mirza Abu Taleb Khan in Asia, Africa, and Europe during the years 1799, 1800, 1801, 1802, and 1803* (London, 1810).

5. Michael Fisher, *The Travels of Dean Mahomet: An Eighteenth Century Journey Through India* (Berkeley, 1997), p.xxi.

第一章

1. 'Report of an Examination instituted by the direction of his Excellency the most noble Governor General, Fort St. George zth Nov 1801' OIOC HM464. 关于马

德拉斯政府大楼，见 Sten Nilsson, *European Architecture in India 1750 – 1850* (London, 1968) and Mark Bence-Jones, *Palaces of the Raj* (London, 1973)。

2. Mountstuart Elphinstone: OIOC, Mss Eur F88 Box13/16[b], f.92.

3. Annemarie Schimmel, *Islam in the Indian Subcontinent* (Leiden-Koln, 1980), p.111.

4. OIOC HM464, op.cit., f 368.

5. Wellington, *Supplementary Despatches & Memoranda, Vol.II*, p.174, 'Memorandum of Conversations which passed between Seyd-oo-Dowlah, Captain Ogg, and Colonel Wellesley, and between Meer Allum and Colonel Wellesley, Dummul 26th Sept 1800'.

6. Quoted by Sir Penderel Moon, *The British Conquest and Dominion of India* (London, 1989), p.277.

7. Stanley Lane-Poole, *Aurangzeb and the Decay of the Mughal Empire* (London,1890), p.19.

8. Castanheda, *Historia do Descobrimento e Conquista da India peolos Portugueses*, Vol.I, III-43, p.107, and quoted in Maria A.L. Cruz, 'Exiles and Renegades in Early Sixteenth Century Portuguese India', in *The Indian Economic and Social History Review*, XXIII, 3 (1986), p.9.

9. J.H. Van Linschoten, *The Voyage of John Huyghen Van Linschoten to the East Indies* (2 vols, London, 1885; original Dutch edition 1598), p.205.

10. Ibid., p.213.

11. Jean-Baptiste Tavernier (trans. V. Ball, ed. W.Crooke), *Travels in India* (2 vols, Oxford, 1925).

12. Van Linschoten, op. cit., Vol.1, pp.207–8.

13. Ibid., pp.206–10, 212–14. See also M.N. Pearson, *The New Cambridge History of India 1.1: The Portuguese in India* (Cambridge, 1987), pp.98–119.

14. Quoted in Pearson, op. cit, p.87.

15. Van Linschoten, op. cit, Vol. 1, p.184.

16. Geoffrey Parker, *The Military Revolution* (Oxford, 1988), p.129.

17. See Cruz, op.cit., p.11.

18. G.V. Scammell, 'European Exiles, Renegades and Outlaws and the Maritime Economy of Asia C.1500–1750', in *Modern Asian Studies*, Vol.26, No.4 (1992), pp.641–61.

19. See A.R. Disney, *Twilight of the Pepper Empire: Portuguese Trade in South West India in the Early Seventeenth Century* (Harvard, 1978), p.21.

20. From a manuscript in the OIOC by Mirza Mohd Bux 'Ashoob', '*Tarikh i-Shadaat e Farrukhsiyar va juloos e Mohd Shah*', f.266a, quoted by S. Inayat A.Zaidi, 'French Mercenaries in the Armies of South Asian States 1499–1833', in *Indo-French Relations: History and Perspectives* (Delhi, 1990), pp.51–78.

21. Sanjay Subrahmaniyam, *The Portuguese Empire in Asia: A Political and*

Economic History (London,1993), p.254.

22. William Foster (ed.), *Early Travels in India 1583–1619* (London, 1921) pp.203–4.

23. Nabil Matar, *Islam in Britain 1558–1685* (Cambridge, 1998), p.7.

24. Ibid, p.37.

25. Ms Bodley Or.430,f.47 recto.

26. Thomas Pellow (ed. Robert Brown), *The Adventures of Thomas Pellow, of Penryn, Mariner* (London, 1890), p.103; also quoted in Matar, op. cit, p.39.

27. Samuel C. Chew, *The Crescent and the Rose: Islam and England During the Renaissance* (New York, 1937), pp.373–4.

28. Zaidi, op. cit., p.74, n.112.

29. Nabil Matar, *Turks, Moors and Englishmen in the Age of Discovery* (New York, 1999).

30. Quoted in ibid., p.28.

31. Ibid., p.42.

32. William Foster(ed.), *The English Factories in India 1618–1669* (13 vols, London,1906–27), Vol. I, pp.vi, 39–40.

33. Dr John Fryer, *A New Account of East India and Persia Letters Being Nine Years Travels Begun 1672 and finished 1681* (3 vols, London, 1698), Vol.1, p.83.

34. Foster, *English Factories*, op. cit, Vol.3, p.360.

35. Ibid., Vol. 4, p.99.

36. J.A.de Mandelslo (trans. J. Davis), *The Voyages and Travels of J. Albert de Mandelslo: The Voyages Travels of the Ambasssadors sent by Frederick Duke of Holstein, to the Great Duke ofMuscovy, and the King of Persia* (London,1662), Vol.3, P.27.

37. Alexander Hamilton, *A New Account of the East Indies* (2 vols, London, 1930), Vol. 1, pp.8–9.

38. Foster, *English Factories,* op. cit, quoted in Philip Davies, *Splendours of the Raj: British Architecture in India 1660–1947* (London, 1985).

39. John Jourdain (ed.W. Foster), *Journal of John Jourdain 1608–17* (London,1905), p.162.

40. Foster, *English Factories*, op. cit., Vol.8, passim. Also OIOC E/3/21, OC2121(fi26), OC2150 (f221), OC2151(f224), OC2153 (f228), OC2154 (f232), OC2155 (f234), OC2156 (f236).

41. Foster, *English Factories*, op. cit., Vol.8, p.304.

42. Ibid, Vol. 3, p.345.

43. Cited in H.D. Love, *Vestiges of Old Madras* (2 vols, London, 1913), Vol.2, p.299.

44. Scammell, op.cit., pp.643, 646.

45. Philip B.Wagoner, ' "Sultan among Hindu Kings": Dress, Titles and the Islamicization of Hindu culture at Vijayanagar', in *Journal of Asian Studies*, Vol. 55, No. 4 (November 1996), pp.851–80.

46. Chester Beatty Library 9.681, 'A Young Prince and his Courtesans', in Linda York Leach, *Mughal and Other Paintings from the Chester Beatty Library* (London, 1995), Vol.2, pp.948-9

47. 柯克帕特里克是证据最充分的为了婚姻而皈依伊斯兰教的例子，但从威廉·加德纳的书信中可以清楚地看出，他也不得不接受类似的仪式。威廉·帕尔默很可能也皈依了。这种现象无疑比史料体现的更为常见，因为史料仅在特殊情况下才详细记述这样的事情。

48. Colley, 'Going Native, Telling Tales', op. cit, p.172.

49. P.J.Marshall, 'Cornwallis Triumphant: War in India and the British Public in the Late Eighteenth Century', in Lawrence Freeman, Paul Hayes and Robert O'Neill (eds), *War, Strategy and International Politics* (Oxford, 1992), pp.70-1.

50. James Scurry, *The Captivity, Suferings and Escape of James Scurry, who was detained a prisoner during ten years, in the dominions of Haidar Ali and Tippoo Saib* (London, 1824), pp.252-3.

51. See Jaffer, op. cit., p.36.

52. Claudius Buchanan, *Memoir on the Expediency of an Eccleciastical Establishment for British India; both as a means of Perpetuating the Christian Religion Among Our Own Countrymen; And as a foundation for the Ultimate Civilisation of the Natives* (London, 1805), pp.15ff.

53. 令人遗憾的是，这个经常被人说起、十分有趣的故事很可能是后人附会的。我能查到的最早的资料来源是 Edward Thompson，*The Life of Charles Lord Metcalfe* (London, 1937), p.101，书中说这是"当地传说……听起来像是民间传说"。奥克特洛尼在遗嘱（OIOC L/AG/34/29/37）中只提到了自己的一位印度妻子，即"马哈拉唐·穆巴拉克·妮萨夫人，别名奥克特洛尼夫人"，她为他生了两个女儿。不过他的儿子罗德里克·佩里格林·奥克特洛尼显然是另一个印度妻子生的。不过，这个故事也完全可能是真的。我经常发现，德里的古老传说能够得到研究的证实，而且当时有几位东印度公司雇员确实有这么多妻妾。从黑贝尔主教对奥克特洛尼的描述来看，他肯定已经高度印度化了，完全可能妻妾成群。

54. Reginald Heber, *A Narrative of a Journey Through the Upper Provinces of India from Calcutta to Bombay, 1824-1825*(3 vols, London,1827), Vol.2, pp.362, 392.

55. See Herbert Compton (ed.), *The European Military Adventurers of Hindustan* (London, 1943), pp.365-6; Lester Hutchinson, *European Freebooters* in *Mughal India* (London, 1964), pp.23-6.See also Theon Wilkinson, *Two Monsoons* (London, 1976), p.125.

56. William Francklin, *Military Memoirs of Mr George Thomas Who by Extraordinary Talents and Enterprise rose from an obscure situation to the rank of A General in the Service of Native Powers in the North-West of India* (London,1805), p.333n.

57. 有一幅现存于 Chester Beatty Library, 7.121 的细密画，表现的是简·托马

斯在苏姆鲁夫人的宫廷，身穿"班卡"。See Leach, op. cit., Vol. 2, pp.791–5, colour plates 109–110.

58. Cited in John Keay, *India Discovered* (London, 1981), p.21.

59. Hawes, op. cit, p.4.

60. Quoted in Anna A Surorova, *Masnavi:A Study of Urdu Romance* (Karachi, 2000), pp.89–91.

61. Bengal Wills 1782, Number 24, Will of Thomas Naylor, Probate granted 6 August 1782; OIOC L/AG/34/29/4.

62. Bengal Wills 1804, Number 13, Will of Matthew Leslie; OIOC L/AG/34/ 29/16.

63. Charles D'Oyley, *The European in India* (London, 1813), pp.xix-xx. See also Captain Thomas Williamson, *The East India Vade Mecum* (2 vols, London, 1810; 2nd edition 1825), Vol. 1, p.451.

64. Cited in Fawn M. Brodie, *The Devil Drives: A Life of Sir Richard Burton* (London,1967), p.51n.

65. See Collingham, *Imperial Bodies*, op, cit., pp.46–7.

66. D'Oyley, op. cit, p.ii.

67. C.A. Bayly, *Imperial Meridian: The British Empire and the World 1780–1830* (London, 1989), p.115.

68. Thomas Medwin, *The Angler in Wales* (London, 1834), pp.4–8.

69. Gardner Papers, National Army Museum, Letter 119, Sekundra, 12 December 1821.

70. Elizabeth Fenton, *The Journal of Mrs Fenton* (London, 1901), pp.51–2.

71. See Bengal Wills 1780–1783. 1782, Number 41, The Will Of A. Crawford, Probate granted 13 November 1782; OIOC L/AG/34/ 29/4.

72. Williamson, op. cit, Vol. I, p.412.

73. William Hickey (ed. A. Spencer), *The Memoirs of William Hickey* (4 vols, London, 1925), Vol.3, p.327.

74. Ibid., Vol. 4, p.100.

75. Ibid., p.89.

76. Ibid., p.6.

77. Ibid., pp.26–7.

78. Ibid., pp.140–1.

79. 哈尔海德翻译的《印度教法典》的文本可见 P.J. Marshall, (ed.), *The British Discovery of Hinduism* (Cambridge, 1970)。

80. Anonymous review of *A Code of Gentoo Laws or Ordinations of the Pundits, from Critical Review*, XLIV, September 1777, pp.177–91.

81. Cited in Marshall, *The British Discovery of Hinduism*, op. cit, p.39.

82. Quoted by Michael Edwardes in *King of the Nabobs* (London, 1964).

83. Cited in Marshall, *The British Discovery of Hinduism*, op. cit, p.189, from Hastings' 'Letter to Nathaniel Smith' from *The Bhagavat-Geeta*.

84. Sir William Jones (ed.G.Canon), *The Letters of Sir William Jones* (2 vols, Oxford, 1970),Vol. 2, p.755, 23 August 1787, Sir William Jones to the second Earl Spencer.

85. Ibid., p.766, 4 September 1787, Sir William Jones to the second Earl Spencer.

86. *Asiatic Journal*, Vol. 26,1828, pp.606–7.

87. See Gardner Papers, National Army Museum: Letter 1, 5 January 1820; Letter 2, 10 January 1820; Letter 110, Saugor, 9 November 1821; Letter 119, 12 December 1821.

88. See Wilkinson, op. cit, p.73.

89. James Morris, *Heaven's Command: An Imperial Progress* (London, 1973), p.75.

90. OIOC Eur Mss, Mackenzie Collection General, XXV, pp.162–3, 'The Culleeka-Pooree-PutnaVrittant Or Memoir Of The Ancient City Of Culleeka-Pooree-Putnam, rendered into Marattas from a Tamil Ms. On Cadjan, in the hands of the Curnam of Culleekapoor, near Tuckolm, in Arcot province, & translated by Sooba Row Bramin, September, 1808'; the original is in the Kalikapuricivrttanta in the Madras List, Marathi Mss, p.1. From the collection catalogue, p.362: "我们还有一份显然是目击者留下的记载，记述了马修斯将军参观塔科拉姆时发生的许多奇怪的事情，展现了欧洲人在印度教神庙里的举止。"

91. Marshall, *The British Discovery of Hinduism*, op. cit., p.42.

92. 'British Idolatry in India': a sermon preached by the Rev. R. Ainslie at the monthly meeting of ministers of Congregational Churches, in *The Pastoral Echo: Nineteen Sermons of Eminent Dissenting Ministers and Others* (London, 1837).

93. Rev. A. Thompson, *Government Connection with Idolatry in India* (Cape Town, 1851).

94. *A Vindication of the Hindoos from the Aspersions of the Revd Claudius Buchanan MA by a Bengal Officer* (London, 1808). 关于"印度教徒斯图尔特"是这本小册子的作者一事，参阅 Jorg Fisch, 'A Solitary Vindicator of the Hindus: The Life and Writings of General Charles Stuart (1757/ 8–1828)', in *Journal of the Royal Asiatic Society*, 4, 2–3,1985, pp.35–57。

95. See Jorg Fisch, 'A Pamphlet War on Christian Missions in India 1807–9', in *Journal of Asian History*, Vol. 19, 1985, p.22–70.

96. Anon., *Sketches of India Written by an Officer for the Fire-Side Travellers at Home* (London, 1821), p.221–2.

97. Fenton, op. cit, pp.51–2.

98. Wilkinson, op. cit., p.84.

99. Ibid, p.73.

100. R. B. Saksena, *Indo-European Poets of Urdu and Persian* (Lucknow, 1941), p.21. Hawes, op. cit, Chapter 4.

101. See Norman Gash, *Lord Liverpool: The Life and Political Career of Robert*

Banks Jenkinson, Second Earl of Liverpool, 1770–1828 (London, 1984), p.11.

102. Hastings Papers, BL Add Mss 29,178,Vol. XLVI, 1801–1802, John Palmer to Hastings, 1 January 1802.

103. Anderson Correspondence, BL Add Mss 45,427, William Palmer to David Anderson, 12 November 1786, F196.

104. See Durba Ghosh, op. cit., 第 42 页谈到遗嘱中不再提及印度情人，第 36 页谈到《东印度手册》中不再提及她们。

105. Major J. Blackiston, *Twelve Years Military Adventures in Hindustan 1802–14* (London, 1829).

106. Williamson, op. cit., Vol.1, p.501.

107. Emma Roberts, *Scenes and Characteristics of Hindoostan, with sketches of Anglo-Indian Society* (2 vols, 2nd edition, London, 1837), Vol. 1, p.75.

108. D'Oyley, op. cit., Plate X, 'A gentleman with his Hookah-burdar, or Pipe-bearer'.

109. P. J. Marshall, 'British Society under the East India Company', in *Modern Asian Studies*, Vol.31, No.1, 1997, p.101.

110. Lady Maria Nugent, *Journal of a Residence in India 1811–15* (2 vols, London, 1839), Vol.2, p.9.

第二章

1. Anne Barnard (ed. A.M. Lewin Robinson), *The Cape Journals of Lady Anne Barnard 1797–98* (Cape Town, 1994), p.263.

2. Quoted in Moon, op. cit., p.341.

3. Anne Barnard (ed. A.M.Lewin Robinson), *The Letters of Lady Anne Barnard to Henry Dundas from the Cape and Elsewhere 1793–1803* (Cape Town, 1973), p.99.

4. Barnard, *Cape Journals*, op. cit, p.266.

5. 现藏于 National Gallery of Ireland，可见于 Mildred Archer, *India and British Portraiture 1770–1825*(London, 1979), pp.226, 152。

6. Richard Wellesley (ed. Edward Ingram), *Two Views of British India: The Private Correspondence of Mr Dundas and Lord Wellesley: 1798–1801* (London, 1970), p.16.

7. OIOC, Kirkpatrick Papers, F228/27, p.26, letter to Lieutenant Colonel John Collins from William Kirkpatrick at the Cape, 11 February 1798.

8. Quoted in Henry Briggs, *The Nizam: His History and Relations with the British Government* (London,1861), pp.9–10.

9. Strachey Papers, OIOC F127/478a, PAGES 52–72 'Sketch of the Kirkpatrick Family by Lady Richard Strachey'.

10. Henry Dodwell, *The Nabobs of Madras* (London, 1926), p.113.

11. Ibid., p.122.

12. Kirkpatrick Papers, OIOC F228/13, p.156, James Kirkpatrick to William Kirkpatrick, 8 September 1801.

13. Strachey Papers, OIOC F127/478a, 'Sketch of the Kirkpatrick Family by Lady Richard Strachey'.

14. Kirkpatrick Papers, OIOC F228/96, Letter from Mrs R Strachey (Julia Maria Strachey), 69 Lancaster Gate W, to Sir Edward Strachey, Sutton Court, Pensford, Somersetshire, dated and postmarked 3 April 1886.

15. Kennaway Papers, Devon Records Office, Exeter, Bg61M ADD/F2.

16. Obituary in the *New Monthly Magazine* for 1836; Rev. George Oliver's 'Biographies of Exonians' in *Exeter Flying Post* 1849–50; and a fle on the Kennaway family in the West Country Studies Library.

17. Kennaway Papers, Devon Records Office, Exeter, Bg61M ADD/F2, William Kirkpatrick to Kennaway, London, July 1784.

18. Anderson Papers, BL Add Mss 45,427, f1g8, William Palmer to David Anderson, 12 November 1786.

19. Sir Jadunath Sarkar (ed.), *English Records of Mahratta History: Pune Residency Correspondence Vol.1–Mahadji Scindhia and North Indian Affairs 1785–1794* (Bombay, 1936), p.111, Letter 65, James Anderson to William Kirkpatrick, Sindhia's Camp, Shergarh, 5 December 1786.

20. Ibid, p. 131, Letter 78, Cornwallis to William Kirkpatrick, Calcutta,1 March 1787.

21. Kennaway Papers, Devon Records Office, Exeter Bg61M, ADD/F2, William Kirkpatrick to Kennaway, 24 April 1788.

22. Ibid., John Kennaway to William Kennaway, 23 December 1788.

23. OIOC, Kirkpatrick Papers, F228/1, p.6, Safdar Jung's Tomb, 20 February 1787, William Kirkpatrick to Shore.

24. Ibid, p. 114, 17 February 1794, William Kirkpatrick to Maria Kirkpatrick.

25. Strachey Papers, OIOC F1271478a, 'Sketch of the Kirkpatrick Family by Lady Richard Strachey'.

26. Ibid. 文件中包含一封未标明日期的信，是威廉·柯克帕特里克的外孙女克莱门蒂娜·罗宾逊（她是克莱门蒂娜·路易斯的女儿，1841 年 5 月嫁给斯潘塞·罗宾逊爵士）从法国发出的。这封信填补了关于威廉·柯克帕特里克和玛丽亚的许多空白。姑娘们对玛丽亚显然一无所知。

27. Kennaway Papers, Devon Records Office, Exeter, Bg61M ADD/F2, William Kirkpatrick to Kennaway, 31 October 1788.

28. Charles Ross (ed.), *Correspondence of Charles, First Marquis Cornwallis* (3 vols, London, 1859), Vol.2, p.570.

29. OIOC, Kirkpatrick Papers, F228/1, p.88, 3 March 1793, William Kirkpatrick 'to my dearest Maria'.

30. Ibid, p.92, 4 November 1793, William Kirkpatrick to Maria Kirkpatrick.
31. OIOC, Kirkpatrick Papers, F228/52, p.42, Ellore, 10 May 1792. 这封给《马德拉斯信使报》的信没有署名，但显然是詹姆斯·柯克帕特里克的笔迹，并且显然有自传性质。
32. Ibid., p.10, James Kirkpatrick to the Handsome Colonel, Camp before Seringapatam, 1 March 1792.
33. Ibid., p.1, James Kirkpatrick to the Handsome Colonel, Camp near Colar, 26 December 1792.
34. William Kirkpatrick, introduction to *Select Letters of Tippoo Sultaun* (London, 1811).
35. OIOC, Kirkpatrick Papers, F228/52, p.42, Ellore, 10 May 1792. See n34, above.
36. Ibid, p.15, James Kirkpatrick to the Handsome Colonel, Camp near Doscottah (?),1 May 1792.
37. Ibid., p.1, James Kirkpatrick to the Handsome Colonel, Camp near Colar, completed January 1792.
38. Kennaway Papers, Devon Records Office, Exeter, Bg61M ADD/F2, James Kirkpatrick to Kennaway, 11 August 1793.
39. OIOC, Kirkpatrick Papers, F228/1, p.95, 14 November 1793, William Kirkpatrick to Cornwallis.
40. OIOC, Kirkpatrick Papers, F228/1, p.107, Hyderabad, 29 January, William Kirkpatrick to Gibson [agent] in Calcutta.
41. Bodleian Library, Russell Papers, Ms Eng Letts Cisi, p.8, Henry Russell to Charles Russell, 2 March 1811.
42. Sayyid Abd al-Latif Shushtari, *Kitab Tuhfat al-'Alam* (written Hyderabad, 1802; lithographed Bombay, 1847), p.156.
43. 尼查姆阿里·汗的一对精彩的木板画和他的宫廷行猎图（现存于海德拉巴的 Salar Jang Museum）很好地展现了这些制服。
44. Archives Départmentales de la Savioe, Chambéry, de Boigne archive, bundle AB Ⅱ A, Lieutenant William Steuart to 'Mac', Paangul, 30 October 1790.
45. OIOC, Kirkpatrick Papers, F228/1, p.113, William Kirkpatrick to Kennaway, Camp near Bedar,11 February 1794.
46. De Boigne archive, Chambéry, bundle AB Ⅱ A, Lieutenant William Steuart to 'Mac', Paangul, 30 October 1790.
47. M.A. Nayeem, *Mughal Administration of the Deccan under Nizamul Mulk Asaf Jah (1720–48)* (Bombay, 1985), p.87. 关于非法聚会的报告，见 Lala Mansaram, 'Masir i-Nizami', in P. Setu Madhava Rao, *Eighteenth Century Deccan* (Bombay, 1963), p.112。
48. Nayeem, op. cit, p.95.
49. OIOC, The Hardinge Album, Add Or. 4396–4470.
50. James Achilles Kirkpatrick, 'A View of the State of the Deccan, 4th June

1798', Wellesley Papers, BL Add Mss 13582 f.33.

51. OIOC, Diary of Edward Strachey, Mss Eur F128/196, ff16v–38, p.25v, 17 October 1801.

52. Kennaway Papers, Devon Records Ofice, Exeter. B961M/M/B9, Kennaway to Cherry, 14 December 1788.

53. Shushtari, op. cit., p.160.

54. Gobind Krishen to Nana Phadnavis, 20 February 1794. Quoted in Sarkar, *English Records of Mahratta History*, op. cit, p.ix.

55. Quoted in Lafont, *Indika*, op. cit, p.179.

56. OIOC, Kirkpatrick Papers, F228/3, p.27, William Kirkpatrick to Kennaway, 3 September 1794.

57. OIOC, Kirkpatrick Papers, F228/4, p.3, Kumtaneh, William Kirkpatrick to Shore, 3 December 1794.

58. 关于女兵营，见 Gavin Hambly, 'Armed Women Retainers in the Zenanas of Indo-Muslim Rulers: The Case of Bibi Fatima', in Gavin Hambly (ed.), *Women in the Medieval Islamic World* (New York, 1998), esp. p.454。关于尼查姆的女眷乘坐带帘子的象轿随军行进，见 William Hollingbery, *A History of His Late Highness Nizam Alee Khaun, Soobah of the Dekhan* (Calcutta,1805), esp. p.54。

59. 这些关于贿赂和米尔·阿拉姆的奸计的细节出自 *Gulzar i-Asafiya*, Chapter 3。*Gulzar i-Asafiya* 的作者是古拉姆·侯赛因·汗，他的父亲是尼查姆阿里·汗的御医，陪同尼查姆去了哈尔达。所以这些信息比较可信。

60. OIOC, Kirkpatrick Papers, F228/3, p.30, William Kirkpatrick to Jack Collins, 2 October.

61. OIOC, Kirkpatrick Papers, F228/4, p.11, Camp Khurdla, 13 March; also p.15, 21 March, to James Duncan.

62 . Quoted in G. Kulkarni and M.R. Kantak, *The Battle of Kharda: Challenges and Responses* (Pune, 1980), p.59.

63. K.Sajun Lal, *Studies in Deccan History* (Hyderabad, 1951), p.87.

64. OIOC, Kirkpatrick Papers, F228/4, p.1, Camp Khurdla, 13 March.

65. Ibid., p.15, 21 March, Wiiam Kirkpatrick to James Duncan.

66. Lal, *Studies in Deccan History*, op. cit, pp.80–3.

67. OIOC, Kirkpatrick Papers, F228/4, p.20, 30 March, Khurdlah, William Kirkpatrick to Collins (?).

68. Khan, *Gulzar i-Asafiya*, Chapter 3, notice of Aristu Jah, pp.158–78.

69. OIOC, Kirkpatrick Papers, F228/4, p.28, 13 May, William Kirkpatrick to Shore.

70. OIOC, Kirkpatrick Papers, F228.5, p.2, 24 November 1795, William Kirkpatrick to James Duncan.

71. See Gurbir Mansingh, 'French Military Influence in India', in his *Reminiscences: The French in India* (New Delhi, 1997), p.58. Also Jadunath

Sarkar, 'General Raymond of the Nizam's Army',in Mohammed Taher, *Muslim Rule in the Deccan* (New Delhi, 1997), pp.125–44. Also Compton, op. cit, pp.382–6.

72. Quoted by Anne Buddle in *The Tiger and the Thistle: Tipu Sultan and the Scots in India* (Edinburgh, 1999), p.33.

73. Kate Brittlebank, *Tipu Sultan's Search for Legitimacy: Islam and Kingship in a Hindu Domain* (New Delhi, 1997), p.28. Also Kate Teltscher, *India Inscribed: European and British Writing on India 1600–1800* (Oxford, 1995), p.252.

74. OIOC, Kirkpatrick Papers, F228/7, p.43, 16 December 1796, William Kirkpatrick to Shore.

75. OIOC, Kirkpatrick Papers, F228/6, p. 14, 9 May, William Kirkpatrick to Shore.

76. 肖尔援引《1784年印度法案》作为拒绝的理由，并解释说，根据该法案，只有在少数情况下可以结盟。他认为，尼查姆寻求的那种盟约不符合英国的法律。

77. OIOC, Kirkpatrick Papers, F228/15, p.33, 3 September 1797, William Kirkpatrick to Shore.

78. Ibid.

79. OIOC, Kirkpatrick Papers, F228/12, p.136, 14 August 1797, James Kirkpatrick to William Kirkpatrick.

80. Ibid., p.226, 25 October 1797, James Kirkpatrick to William Kirkpatrick.

81. OIOC, Kirkpatrick Papers, F228/15, p.33, 3 September 1797, William Kirkpatrick to Shore.

82. OIOC, Kirkpatrick Papers, F228/27, p.26, 11 February 1798, William Kirkpatrick to Lieutenant Colonel John Collins at the Cape.

83. OIOC, Kirkpatrick Papers, F228/10, p.87, 4 October 1797, James Kirkpatrick to William Kirkpatrick.

第三章

1. J.Pieper, 'Hyderabad: A Qu'ranic Paradise in Architectural Metaphors', in A.Peruccioli (ed.), *Environmental Design*, pp.46–51.

2. S.Sen, *Indian Travels of Thevenot and Careri* (New Delhi, 1949), p.135.

3. William Methwold, 'Relations of the Kingdome of Golchonda and other neighbouring Nations and the English Trade in Those Parts, by Master William Methwold', in W.H. Moreland, *Relations of Golconda in the early Seventeenth Century* (London,1931).

4. Sir Jadunath Sarkar, 'Haidarabad and Golkonda in 1750 Seen Through French Eyes: From the Unpublished Diary of a French officer Preserved in the Bibliothèque Nationale, Paris', in *Islamic Culture*, Vol. X, p.240.

5. See Omar Khalidi, *Romance of the Golconda Diamonds* (Ahmedabad, 1999),

p.66.

6. 海德拉巴首饰匠制作的许多首饰，见 Manuel Keene, *Treasury of the World: Jewelled Arts of India in the Age of the Mughals* (London, 2001)。

7. James Mackintosh, *Memoirs of the Life of The Rt Hon Sir James Mackintosh* (2 vols, London,1835) Vol.1, p.515.

8. Sarkar, 'Haidarabad and Golkonda in 1750 ...', op.cit, p.243.

9. De Boigne archive, Chambéry, bundle AB Ⅱ A, Lieutenant William Steuart to 'Mac', Paangul, 30 October 1790.

10. Server ul-Mulk (trans. Nawab Jiwan Yar Jung Bahadur), *My Life, Being the Autobiography of Nawab Server ul Mulk Bahadur* (London, 1903), p.91.

11. Ali Akbar Husain, *Scent in the Islamic Garden: A Study of Deccani Urdu Literary Sources* (Karachi, 2000), p.31.

12. Ibid., pp.26–7.

13. *Server ul-Mulk*, op.cit., p.92.

14. Sarkar, 'Haidarabad and Golkonda in 1750 ...', op.cit, p.244.

15. 阿瑟·韦尔斯利给克洛斯上校的信，1800 年 9 月 22 日。我找不到信的原件，威灵顿公开发表的《公文集》只刊载了这封信的很少部分，不过斯特雷奇基金会收藏了芭芭拉·斯特雷奇在 20 世纪 80 年代中期制作的抄件。

16. OIOC, Mountstuart Elphinstone Papers, Mss Eur F88, Box13/16[b], 关于散沫花染剂、印度式小胡子和打嗝和内容，见 Elphinstone's diary f.93, 23 August 1801。

17. Ghulam Imam Khan, *Tarikh i-Khurshid Jahi*, pp.713–14.

18. 关于雷蒙，见 Mansingh, 'French Military Influence in India', op. cit. 。关于皮龙想要皈依的内容，见 OIOC, Kirkpatrick Papers, F228/ 10, p.98, 9 October 1798。

19. Saksena, op. cit, pp.171–85.

20. 柯克帕特里克遇到的一个重大问题是，法国人被驱逐之后，许多海德拉巴女人没了丈夫。柯克帕特里克说，他"没有办法查明有多少这样的妻妾或儿童"，但数量肯定很多。See OIOC, Kirkpatrick Papers, F228/10, p.165, 4 December 1798.

21. OIOC, Mountstuart Elphinstone Papers, Mss Eur F88, Box13/16[b], Elphinstone's diary, f.92, 23 August 1801.

22. OIOC, Bengal Political Consultations,-P/117/18, 3 June, No.1: The Residency, Hyderabad, 19 October 1800, James Kirkpatrick to Sir George Barlow. Also OIOC, Kirkpatrick Papers, F228/59, p.36, 24 October 1800, James Kirkpatrick to Sir John Kennaway.

23. OIOC, Edward Strachey's Diaries, Mss Eur F128/196, f16v.

24. OIOC, Kirkpatrick Papers, F228/12, p.163, 29 August 1800, James Kirkpatrick to William Kirkpatrick.

25. OIOC, Kirkpatrick Papers F228/56, p.14, 10 January, James Kirkpatrick to William Palmer, 关于对女眷人数的抱怨；p.26, 1 February 1802, James

Kirkpatrick to John Tulloch，关于威廉·帕尔默随行队伍中女性的人数。柯克帕特里克自己的女眷居住区内也有大群乳母和女仆，见 New Delhi National Archives, Secret Consultations, Foreign Department, 1800, 15 May, No. 20, "Translation of a Letter from Moonshee Meer Azeez Ooolah to Lieut Col Kirkpatrick", 7 March 1800。

26. OIOC,Mountstuart Elphinstone Papers, Mss Eur F88, Box13/16[b], Elphinstone's diary, 31 August and 16 October.

27. Scottish Record Office, Edinburgh, GD135/2086, The Will of Lieut Col James Dalrymple, Hussein Sagar, 8 December 1800.

28. Fanny Parkes, *Wanderings of a Pilgrim in Search of the Picturesque* (London, 1850), Vol.1, pp.417-18.

29. Gardner Papers, National Army Museum 6305-56, Letter 6, 5 March 1820; Letter 49, Saugor, 6 January 1821, p.131.

30. Cambridge, South Asian Studies Library, Gardner Papers, Letter from W.L. Gardner to his Aunt Dolly Gardner, 25 May 1815.

31. Parkes, op. cit, Vol. 1, p.231.

32. Russell Papers, Bodleian Library, Ms Eng Letts C155, p.15, 9 June 1802.

33. OIOC, Mountstuart Elphinstone Papers, Mss Eur F88, Box13/16[b], Elphinstone's diary, entry for 13 September.

34. For Mrs Ure's appetite see OIOC, Kirkpatrick Papers, Mss Eur F228/11: p.134, 23 April; p.140, 23 April; p.154, 8 May.

35. New Delhi National Archives, Secret Consultations, Foreign Department, 1800,15 May, No.23, 'Moonshee Azeez Oolah's Report of a Conversation with Azim ul Omrah and of what passed at the Durbar of His Highness the Nizam on the 9th of March 1800'.

36. Russell Papers, Bodleian Library, Ms Eng Letts D151, p.96, 31 May 1810, Henry Russell to Charles Russell.

37. OIOC, Mountstuart Elphinstone Papers, Mss Eur F88, Box13/16[b], Elphinstone's diary for 15 November 1801, p.111.

38. OIOC, Edward Strachey's Diaries, Mss Eur F128/196, 13 November, p.29.

39. OIOC, Mountstuart Elphinstone Papers, Mss Eur F88, Box13/16[b], Elphinstone's diary for 15 November 1801, p.112.

40. Ibid.

41. OIOC, Kirkpatrick Papers, F228/11, p.192, 5 August 1799, James Kirkpatrick to William Kirkpatrick.

42. Sarojini Regani, *Nizam-British Relations 1724-1857* (New Delhi, 1963), pp.32-4.

43. Kirkpatrick, 'A View of the State of the Deccan', op. cit, f37.

44. 这种情况在伊斯兰社会里很常见。关于奥斯曼帝国后宫里老妇人的权力，见 Leslie P. Peirce, *The Imperial Harem: Women and Sovereignty in the Ottoman Empire* (New York, 1993), Chapter 1, esp. p.23。

45. New Delhi National Archives, Hyderabad Residency Records, Vol.26, pp.46–7, 23 May 1803.
46. Compton, op. cit., pp.382–6.
47. OIOC, Kirkpatrick Papers,F228/10, p.21, 24 August 1797, James Kirkpatrick to William Kirkpatrick.
48. Compton, op. cit., pp.382–6.
49. OIOC, Kirkpatrick Papers, F228/10, p.21, 24 August 1797, James Kirkpatrick to William Kirkpatrick.
50. Wellesley, op. cit., pp.100–1.
51. 雷蒙通信的完整翻译见 Sarkar, 'General Raymond of the Nizam's Army', op. cit, pp.125–44。
52. Shushtari, op. cit, p.169.
53. Khan, *Gulzar i-Asafya*, Chapter 3, notice of Aristu Jah, pp.158–78.
54. Ibid.
55. Nani Gopal Chaudhuri, *British Relations with Hyderabad* (Calcutta, 1964), p.64.
56. Richard Wellesley (ed.M.Martin), *The Despatches, Minutes and Correspondence of the Marquess Wellesley KG during his Administration of India* (London, 1840), Vol.1, pp.220–1.
57. James Dalrymple, *Letters & Relative To The Capture of Rachore* (Madras, 1796).
58. New Delhi National Archives, Hyderabad Residency Records, Vol.15, 19 December 1797, p.15.
59. 关于尼查姆阿里·汗利用苏非派获取情报，见 Rao, op. cit, pp.95–6, 114–15。
60. 关于尼查姆在各村庄和德里的情报人员，见 Dr Zeb un-Nissa Haidar, 'The Glimpses of Hyderabad in the Light of the Tarikh i-Mahanamah' (research project for UGC Grant, Hyderabad, 1998–99)。关于情报人员和新闻撰写人，见 Bayly, *Empire and Information*, op. cit.。
61. New Delhi National Archives, Political Consultations, 3 February 1844. No. 182, paras 3–4.
62. 感谢 Sarojini Regani 教授为我提供此信息。
63. OIOC, Mss Eur F228/11, p.287, 25 November, James Kirkpatrick to William Kirkpatrick.
64. OIOC, Mss Eur F228/10, p.4, 7 August 1797, James Kirkpatrick in Hyderabad to William Kirkpatrick.
65. 关于常驻代表府办公室内的间谍，见 OIOC, F228/11, p.192, 5 August 1799。
66. OIOC, Mountstuart Elphinstone Papers, Mss Eur F88, Box13/16[b], Elphinstone's diary, f.93, 25 August 1801.
67. OIOC, Kirkpatrick Papers, F228/10, p.75, 26 September, James Kirkpatrick to William Kirkpatrick.
68. OIOC, 'Capt GE Westmacott's Ms Travels in India', Mss Eur C29, f.289, 24

December 1833.

69. Compton, op. cit, p.379. See also Bayly, *Empire and Information*, op. cit., p.146.

70. Kirkpatrick, 'A View of the State of the Deccan', op. cit., f.48.

71. John W. Kaye, *The Life and Correspondence of Sir John Malcolm GCB* (2 vols, London, 1856), Vol.1, p.78n.

72. 此信息出自 Bilkiz Aladin 借给我的一份文件《芬格拉斯家族记载》。Aladin 从芬格拉斯的后人那里得到了该文件。对于芬格拉斯何时开始为海德拉巴效力存在争议，有些二手资料说他参加了 1795 年的哈尔达战役。这似乎不对：没有一份原始资料提到他在 1797 年之前来到海德拉巴，而他有可能是与获释的阿里斯图·贾赫一同来到海德拉巴的。See also Kirkpatrick, 'A View of the State of the Deccan', op. cit., f.50.

73. OIOC, Kirkpatrick Papers, F228/10, p.121, 11 November, James Kirkpatrick to William Kirkpatrick.

74. Ibid.

75. 关于加德纳在美国的童年，见 Narindar Saroop, *A Squire of Hindoostan* (New Delhi, 1983)。关于詹姆斯对他的看法，见 OIOC, Kirkpatrick Papers, F228/10, p.72, 27 September 1798。

76. See *The Dictionary of American Biography* and Compton, op. cit, p.340.

77. OIOC, Kirkpatrick Papers, F228/10, p.19, 22 August 1798, James Kirkpatrick to Ulthoff.

78. Compton, op. cit, pp.354, 340.

79. Ibid., p.382.

80. See Saksena, op. cit., p.288; also John Lall, *Begam Samru: Fading Portrait in a Gilded Frame* (Delhi, 1997), p.127.

81. OIOC, Sutherland Papers, Mss Eur D547, p.8, 1801, Pohlmann to Sutherland.

82. OIOC, Kirkpatrick Papers, F228/11, p.75, 26 September 1798, James Kirkpatrick to William Kirkpatrick.

83. OIOC, Sutherland Papers, Mss Eur D547, p.35, undated.

84. OIOC, Kirkpatrick Papers, F228/12, p.166, 31 August.

85. Wellesley, op. cit., Vol.I, p.209. See also Jac Weller, *Wellington in India* (London,1972), pp.24–5.

86. OIOC, Kirkpatrick Papers, F228/10, p.75, 26 September, James Kirkpatrick to William Kirkpatrick.

87. Quoted by Andrew Roberts in Napoleon and Wellington (London, 2001), pp.16–17. 第二条引文实际上出自 1812 年，当时拿破仑在考虑发动第二次东方远征；不过它能够反映他多么自信，相信占领印度是易如反掌的事情。

88. Quoted in Sir John Malcolm, *Political History of India* (2 vols, London, 1826), Vol. 1, p.310.

89. Louis Bourquien, 'An Autobiographical Memoir of Louis Bourquien translated from the French by J.P. Thompson', in *Journal of the Punjab Historical Society*,

Vol. IX, Pt 7,1923, p.50. 关于法国军队在克塔克登陆的建议，见 Iris Butler, *The Eldest Brother* (London, 1973), p.311。

90. OIOC, Kirkpatrick Papers, F228/10, p.92, 6 October, James Kirkpatrick to William Kirkpatrick.

91. 关于马尔科姆，见 Butler, op. cit., p.157 and J.W. Kaye, op. cit., Vol. 1, Chapter 5。马尔科姆上尉后来被册封为爵士，一般被称为约翰·马尔科姆爵士。詹姆斯后来指控他夸大了自己在解除法国部队武装的过程中发挥的作用。See OIOC, Kirkpatrick Papers, F228/59, p.6, 16 August 1803 to Petrie.

92. OIOC, Kirkpatrick Papers, F228/10, p.98, 9 October, James Kirkpatrick to William Kirkpatrick.

93. Ibid., p.110, 16 October, James Kirkpatrick to William Kirkpatrick.

94. 关于兵变，见 OIOC, Kirkpatrick Papers, F228/11, p.325。关于牛车挽具，见 OIOC, Kirkpatrick Papers, F228/10, p.87, 4 October, 22 February 1799。

95. J.W.Kaye, op. cit., Vol. 1, p.75.

96. Rt Hon. S.R. Lushington, *The Life and Services of Lord George Harris GCB* (London,1840), p.233.

97. Ibid., p.235.

98. J.W.Kaye, op. cit., Vol.1, p.78.

99. Ibid, p.78n.

100. OIOC, Kirkpatrick Papers, F228/10, p.195, 25 December, James Kirkpatrick to William Kirkpatrick.

101. OIOC, Kirkpatrick Papers, F228/7, p.7, 17 October, William Kirkpatrick to Wrangham.

102. 我们不知道迈赫迪·亚尔·汗的死亡时间，但 18 世纪 90 年代的记载从未提及他，所以估计他在那之前就去世了。对于他的家庭以及他与莎拉芙·妮萨的婚姻，*Nagaristan i-Asafiya* 的 Aqil ud-Daula 条目下有讨论。莎拉芙·妮萨可能从未离开巴卡尔·阿里的宅邸，而是迈赫迪·亚尔·汗来到巴卡尔·阿里家中生活。Karen Leonard 关于海德拉巴的 Kayasth 家族的研究表明，有权势的男人会安排他们的女儿嫁给前程似锦、雄心勃勃的年轻男子，这些女婿会入赘。SylivaVatuk 在信中告诉我，她研究的一些地位较高的穆斯林家庭也有类似情况。这就能解释为什么是巴卡尔·阿里·汗安排他的外孙女们的婚事，而不是由迈赫迪·亚尔·汗的男性亲属来安排，尤其是他的长兄米尔·阿萨杜拉。

103. 'Report of an Examination…', op. cit., p.364.

104. OIOC, Kirkpatrick Papers, F228/11, p.2, Hyderabad, 2 January 1799, James Kirkpatrick to William Kirkpatrick.

105. 这份叙述出自莎拉芙·妮萨给她的外孙女基蒂·柯克帕特里克的一封信的译文。信的原件存于她后人的私人档案。

106. OIOC, Kirkpatrick Papers, F228/96, "Account of the marriage of Sharpun Nisa Begam with Colonel Kirkpatrick called Hashmat Jang, Resident, Hyderabad".

这份文件显然是一名为特雷弗·普劳登（19 世纪 90 年代的海德拉巴常驻代表）工作的孟希编纂的。当时爱德华·斯特雷奇正在写那篇 1893 年刊载于《布莱克伍德杂志》上的文章，向普劳登索取关于柯克帕特里克恋情的信息。但是，斯特雷奇的文章发表了一年之后，普劳登的信息才送抵。不知名的孟希说，他的信息是从海尔·妮萨的亲戚和莎拉芙·妮萨的一个迈女奴那里获得的，这些人当时都还活着，都还居住在海德拉巴。这份文件总的来讲是可信的，只不过有一个大的错误，就是自始至终把海尔·妮萨称为莎拉芙·妮萨。

第四章

1. Shushtari, op. cit., pp.36, 56.
2. Ibid, pp.82–5, 121–130.
3. Khan, *Gulzar i-Asafya*, pp.305–15. Also Mohammed Sirajuddin Talib, *Mir Alam,* Chapter l, passim.
4. Kirkpatrick, 'A View of the State of the Deccan', op. cit., f.45.
5. Khan, *Gulzar i-Asafiya*, pp.305–15.
6. Delhi National Archives, Hyderabad Residency Records, Vol.57, pp.256–7, Henry Russell to Hastings, 29 November 1819. Also Henry Russell quoted in Talib, op. cit, pp.183–90.
7. Makhan Lal, *Tarikh i-Yadgar i-Makhan Lal* (Hyderabad, 1300 AH/AD1883), p.54. 杜尔达娜夫人 "出身于贝纳济尔·忠格之子米尔·贾法尔·阿里·汗的家族"。
8. Abdul Raheem Khan, *Tarikh i-Nizam* (Hyderabad, AH1330/ AD1912), pp.68–9; Anon., *Riyaaz e-Mugtaria Salthanath Asafia*, p.57; Khan, *Gulzar i-Asafiya*, pp.305–15.
9. Shushtari, op. cit, p.485.
10. Ibid., p.427.
11. Ibid., p.153.
12. Ibid., p.257.
13. Ibid., pp.11, 270.
14. Ibid., p.342.
15. Ibid.
16. Ibid.
17. Ibid, p.309.
18. Stephen Blake, 'Contributors to the Urban Landscape: Women Builders in Safavid Isfahan and Mughal Shahjehanabad', in Hambly, op. cit., p.407.
19. Asiya Begum, 'Society and Culture under the Bijapur Sultans' (unpublished Ph.D., University of Mysore, 1983), pp.62–3. 有很多描绘昌德·比比骑马的

图画，其中很多出自海德拉巴，亨利·罗素就收藏了一幅，现存于印度事务部图书馆：OIOC Add Or. 3849。

20. 对于莫卧儿帝国与萨非王朝女性赞助文艺的比较，见 Blake, op. cit., pp.407–28。

21. Zinat Kausar, *Muslim Women in Mediaeval India* (Patna, 1992), p.145.

22. 关于嘉罕娜拉，见 Blake, op. cit., p.416。关于古尔巴丹，见 Gulbadan Begum, *Humayun Nama*, trans. Annette S. Beveridge as *The History ofHumayun by Princess Rose-Body* (London,1902)。

23. Saqi Must'ad Khan, *Maasir i-Alamgiri*, trans. by Jadunath Sarkar as *The History of the Emperor Aurangzeb-Alamgir 1658–1707* (Calcutta, 1946), p.322.

24. Shushtari, op.cit., p.342.

25. Parkes, op. cit., Vol. 1, pp.417–18. 当时莫卧儿人惯于向统治者提供女色，以获得提携，见 Michael H. Fisher, 'Women and the Feminine in the Court and High Culture of Awadh, 1722-1856', in Hambly, op. cit., pp.500–1。

26. Husain, *Scent in the Islamic Garden*, op. cit., pp.27, 40, 127.

27. Niccolao Manucci, *Storia do Mogor, or Mogul India, 1653–1708* (London, 1907), Vol. 1, p.218. 关于莫卧儿后宫的婚外情，见 K. SajunLal, *The Mughal Harem* (New Delhi, 1988), pp.180–2。

28. 出自与泽布·妮萨·海德尔博士的一次谈话。资料现存于安得拉邦档案馆。

29. Dargah Quli Khan (trans. Chander Shekhar), *The Muraqqa'e-Dehli* (New Delhi, 1989). 关于阿德夫人，见该书第 107 页；关于努尔·白，见该书第 110 页。

30. 詹姆斯·柯克帕特里克在书信中证实，玛·拉卡是米尔·阿拉姆的情人，例子可见 OIOC, Kirkpatrick Papers, Eur Mss F228/11, p.269, Hyderabad, 12 October 1799。

31. Shushtari, op. cit., p.157.

32. 她也出现在 *Tazkirah e-Niswan e-Hind* (The Biography of Indian Women), by Fasih-ud-Din Balkhi (Patna,1956) 一书中。

33. 关于奥德纳瓦布的图书馆收藏的玛·拉卡诗歌，见 A. Sprenger, *Catalogue of Arabic, Persian and Hindustany Manuscripts of the libraries of the King of Oudh 1854*；关于玛·拉卡在宫廷的地位，见 Dr Zeb un-Nissa Haidar, 'A Comprehensive Study of the Daftar i-Dar ul Insha 1762–1803' (unpublished Ph.D., Osmania University, 1978), p.114。

34. Rahat Azmi, *Mah e-laqa* (Hyderabad, 1998), pp.34, 48–9.

35. Jagdish Mittal, 'Paintings of the Hyderabad School', in *Marg*, 16, 1962–63, p.44.

36. See Delhi National Archives, Secret Despatches, 1800, p.2491, Fort William, 10 May 1800, No.3, 'Intelligence from Azim ul Omrah's Household'.

37. Tamkin Kazmi, *Aristu Jah*, p.38, quoting the *Tarikh i-Saltanat i-Khudadad,* p.39.

38. 至少米尔·阿拉姆是这么告诉阿瑟·韦尔斯利的，见 Wellington, "Memorandum of Conversations ... Dummul 26th Sept 1800", op. cit。

39. Quoted in Butler, op. cit, p.166.

40. Ibid., p.170.

41. Talib, op. cit, p.6.

42. Denys Forrest in *Tiger of Mysore: The Life and Death of Tipu Sultan* (London, 1970), pp.227–8.

43. OIOC, Kirkpatrick Papers, Mss Eur F228/11, p.10, 8 January 1799, James Kirkpatrick to William Kirkpatrick.

44. 组织拉车的牛和为军队提供羊，是柯克帕特里克在这一时期主要关心的问题。See OIOC, Kirkpatrick Papers, Mss Eur F228/11, pp.14, 15, 28 etc.

45. Wellesley's remark quoted by Moon, op. cit., p.286; the subsistence remark quoted by Buddle, op. cit.

46. 关于鲍泽中校，见 'Report of an Examination…', op. cit, pp.362, 364。

47. OIOC, Kirkpatrick Papers, Mss Eur F228/83, Hyderabad, 23 May 1800.

48. Ibid.

49. 菲兹的册封诏书现存于 OIOC, Persian Mss IO 4440。Mildred Archer 在她非常权威的 *India and British Portraiture*, op. cit. 中错误地说菲兹出身于德里皇室。从尚贝里的德·布瓦涅档案中可以清楚地看到，菲兹和她的妹妹努尔是一名波斯骑兵军官的女儿。

50. 关于穆巴拉克夫人的背景，见 Delhi Commissioners Office, DCO F5/1861 中的穆巴拉克园档案。根据那里的记载，"穆巴拉克·妮萨原本是婆罗门出身，被一个叫莫斯特·昌帕的人从德干高原的浦那带到德里，被这个昌帕送给或卖给奥克特洛尼将军，当时她十二岁。穆巴拉克·妮萨从那以后就住在奥克特洛尼将军家中，而昌帕和她一起住在那里，他被称为班巴希"。

51. Bengal Wills 1825; OIOC L/AG/34/ 29/37, pp.185–205.

52. Gardner Papers, National Army Museum, Letter 16, p.42.

53. Ibid.

54. See the Mubarak Bagh Papers in the archives of the Delhi Commissioners Office, DCO F5/ 1861.

55. 根据"克莱武报告"中巴卡尔·阿里·汗向鲍泽中校提供的证据，"达尔林普尔中校去世后，法尔赞德夫人（首相的儿媳）两次在我的夫人拜访首相府的时候纠缠她，强行要求她把外孙女交给常驻代表"。"Report of an Examination…", op. cit. 迟至 1802 年，海尔·妮萨和她的母亲据说还"时而拜访"法尔赞德夫人的深闺，例如，OIOC, Mss Eur F228/58, p.24, James Kirkpatrick to William Palmer, 1 April 1802。

56. Wellington, 'Memorandum of Conversations…Dummul 26th Sept 1800', op. cit.

57. Makhan Lal, *Tarikh i-Yadgar i-MakhanLal*, op. cit., p.54. Lal 写道，巴卡尔·阿里和莎拉芙·妮萨在海尔·妮萨结婚后从尼查姆那里得到了一些地产和头衔，并且"莎拉芙·妮萨夫人到目前为止一直从政府获得地产"，这里的"目前"指的是 1819 年（伊斯兰历 1236 年），也就是 Lal 写作的时间。

58. Wellington, op. cit., p.176.

59. See Fisher, 'Women and the Feminine…', op. cit.

60. Wellington, op. cit., p.174.

61. 杜劳莉·比比时而出现在威廉·柯克帕特里克的书信中，她与他的两个孩子也时而被提到。这两个孩子在肯特郡被称为罗伯特·沃克和塞西莉亚·沃克。例如，詹姆斯承诺在威廉外出期间给杜劳莉·比比支付每个月 100 卢比的生活费，见 OIOC, F228/10, p.14, 14 September 1797。威廉的遗嘱明确说杜劳莉·比比是罗伯特·沃克的母亲，并给了杜劳莉 12000 卢比的遗赠。考虑到威廉的财务状况很糟糕，这算得上一笔数目非常大的钱。

62. OIOC, Kirkpatrick Papers, Eur Mss F228/13, p.113, 4 August 1801.

63. 'Report of an Examination…', op.cit., p.364. Also Khan, *Tarikh i-Khurshid Jahi*, op. cit., pp.713–14.

64. Arthur Wellesley to Colonel Close, 22 September 1800, op. cit.

65. Wellington, op. cit.

66. OIOC, Kirkpatrick Papers, Eur Mss F228/13, p.113, 4 August 1801.

67. 这封信现已散佚，但斯特雷奇夫人在一封信里引用过它。Kirkpatrick Papers, OIOC, F228/96, Letter from Mrs R. Strachey [Julia Maria Strachey], 69 Lancaster Gate W, to Sir Edward Strachey, Sutton Court, Pensford, Somersetshire, dated and postmarked 3 April 1886.

68. OIOC, Kirkpatrick Papers, F228/59, p.27, 24 October 1804, James Kirkpatrick to his father, the Handsome Colonel, on his son's death.

69. 18 世纪的英国贵族男子在性关系方面，以完全不同的方式对待出身于不同阶级的女性，见 Amanda Foreman, *Georgiana, Duchess of Devonshire* (London, 1998); Stella Tillyard, *Aristocrats: Caroline, Emily, Louisa and Sarah Lennox 1740–1832* (London, 1995), passim。

70. OIOC, Kirkpatrick Papers, Eur Mss F228/11, p.348, 14 March 1800, James Kirkpatrick to William Kirkpatrick.

71. 这封信不幸已经佚失。

72. OIOC, Kirkpatrick Papers, Mss Eur F228/83, Hyderabad, 23 May 1800.

73. OIOC, Kirkpatrick Papers, Eur Mss F228/11, p.30, 15 January.

74. Ibid, p.73.

75. Quoted by Buddle, op. cit, p.15.

76. 例如，可见 Lord Macartney quoted in Lafont, *Indika*, op. cit, p.158。

77. 关于火炮口径，见 ibid., p.157；关于火箭，见 Colley, 'Going Native, Telling Tales', op. cit, p.190。

78. Lafont, *Indika*, op. cit., p.186.

79. Quoted by Buddle, op. cit, p.34.

80. Weller, op. cit, p.73.

81. Quoted by Moon, op. cit, p.288.

82. See Buddie, op. cit, p.37.

83. OIOC, Kirkpatrick Papers, Eur Mss F228/11, pp.162–75, 17 and 18 May 1799.

84. Wilkie Collins, *The Moonstone* (London, 1868).

85. Khan, *Gulzar i-Asafiya*, pp.305–15. Mehdi Hasan 画 了 一 幅 类 似 的 画，见 Fateh Nawaz Jung, *Muragg i-Ibrat* (Hyderabad, 1300AH/ AD1894), p.14。

86. Shushtari, op. cit, p.160.

87. Alexander Walker Papers, NLS 13, 601–14, 193, Ms 13, 601, f. 156, Madras, 6 August 1799.

88. OIOC, Kirkpatrick Papers, Eur Mss F228/11, p.321, 7 March 1800.

89. Ibid, p.252, 14 September 1799.

90. Ibid., p.200, 8 August 1799.

91. 詹姆斯也对"津贴"的丰厚程度感到惊讶：OIOC, Kirkpatrick Papers, Eur Mss F228/11, p.258, 14 September, James Kirkpatrick to William Kirkpatrick。

92. Ibid, p. 174, 22 May.

93. Khan, *Gulzar i-Asafiya*, pp.309–10.

94. OIOC, Kirkpatrick Papers, Eur Mss F228/11, p.275, 15 October.

95. Ibid., p.262, 26 September, and p.269, Hyderabad, 12 October 1799, James Kirkpatrick to William Kirkpatrick.

96. Ibid, p.269, Hyderabad, 12 October 1799, James Kirkpatrick to William Kirkpatrick.

97. 玛·拉卡·白·昌达的这本诗集现存于 OIOC, Islamic Ms, 2768。书中有一句题词："海德拉巴著名交际花昌达的诗集。1799 年 10 月 18 日，这位非凡的女性在米尔·阿拉姆·巴哈杜尔家中担任一次歌舞表演的主演时，将本书赠送给马尔科姆上尉。"

98. 'Report of an Examination…', op.cit, p.364.

99. Khan, *The Muraqqa'e-Dehli*, op. cit., pp.45–6, 56, 76, 81.

100. New Delhi National Archives, Hyderabad Residency Records, Vol.20, p.218, 5 November 1799, James Kirkpatrick to Lord Wellesley.

101. OIOC, Kirkpatrick Papers, Eur Mss F228/53, p.16, 24 July 1799, James Kirkpatrick to William Palmer.

102. OIOC, Kirkpatrick Papers, Eur Mss F228/11, p.59, 3 February.

103. OIOC, Kirkpatrick Papers, Eur Mss F228/54, pp.151–2, September, James Kirkpatrick to William Palmer.

104. 詹姆斯为这次"嘉欣"起草的计划书是一份非常有意思的文献，值得全文引用，因为我们从中可以了解到他对莫卧儿礼节和尼查姆内廷的微妙等级关系是多么了然于胸。宾客名单的开头是尼查姆、他的三位地位最高的妻子和王子们，每一位都将收到与其衔级相称的不同类型的珠宝与华服：

一次大型嘉欣的粗略计划

尼查姆殿下
和后宫的夫人们

给尼查姆殿下：
首饰，共九件，即一件 jiggah（一种形状为凸起的花朵的头巾珠宝）、一件 sarpeich（另一种类型的头巾珠宝饰物）、一件 dustbund（镶嵌珠宝的手镯）、一件 Bhojbund（镶嵌珠宝的臂环）、一件 bazoobund（一种用特别大的珠宝做的臂环）、一件珍珠饰物、一件 toorah（另一种类型的头巾珠宝饰物，圆形，悬挂珍珠，与装饰的末端有联系）……价值 6 万卢比的金银织物制成的 khillut（仪式性华服，在莫卧儿宫廷分五个等级）
十套完整的华服
十条披肩
十件金线毛皮大衣……10000 卢比
两头大象……10000 卢比
四匹马……4000 卢比
晚宴等……1000 卢比
共 85000 卢比

后宫的主要夫人们：
给巴克熙夫人
共九件首饰，即一件 kuntee（珍珠项链）、一对 Bhojbund（镶嵌珠宝的臂环）、一件 bazoobund（一种用特别大的珠宝做成的臂环）……4000 卢比
披肩等……1000 卢比
共 5000 卢比

给蒂娜特·妮萨夫人
与巴克熙夫人相同，
共 5000 卢比

给泽布·妮萨，同上，
共 5000 卢比

给王子们：
给西坎达尔·贾赫
（与尼查姆相同，但礼物价值仅有）45000 卢比
给他的新娘
（首饰，品类同上，加一件珍珠手镯）……共 15000 卢比

费里顿·贾赫、阿克巴·贾赫、贾汉达尔·贾赫、贾姆希德·贾赫、苏莱曼·贾赫、米尔·贾汗德·阿里（"刚出生不久"）、胡马雍·贾赫（殿下的兄弟），每人 5000 卢比。

然后是给阿里斯图·贾赫的家人和他的两位夫人的礼单（"给他的大内院的夫人……5000 卢比 [的首饰和披肩]，给他的小内院的夫人……也是 5000 卢比"，给他的儿媳法尔赞德夫人同样的数目）。然后是给海德拉巴三个等级的贵族的馈赠，最后是"舞女、花环、烟花、张灯结彩、向圣所捐赠财物、为贫民提供食物……的开销，共 15000 卢比"。OIOC, Kirkpatrick Papers, Eur Mss F228/11, p.259, 14 September, James Kirkpatrick to Lord Wellesley.

105. OIOC, Kirkpatrick Papers, Eur Mss F228/1, p.217, 21 August.

106. Ibid., p.281, 1 November.

107. New Delhi National Archives, Hyderabad Residency Records, Vol. 20, p.218, 5 November 1799, James Kirkpatrick to Lord Wellesley.

108. OIOC, Kirkpatrick Papers, Eur Mss F228/11, p.348, 14 March.

109. 这些新闻通讯现藏于新德里国家档案馆的海德拉巴常驻代表府档案中，Bilkiz Alladin 在 20 世纪 80 年代抄录过它们，但这些档案现在无法使用了，因为它们在 1999 年或 2000 年被水淹了。Bilkiz 很客气地允许我使用她的抄本，我用的就是这个版本。不过与之相关的一些书信仍然完好地保存在 New Delhi National Archives, Secret Consultations, 1800, Foreign Department, 15 May, No. 14, received from Mir Alam 18 February 1800。Part of the "Memoranda of the Papers referred to in the minute of the Rt. Hon. The Gov Gen of the 10th of May 1800".

110. As above, also OIOC, Kirkpatrick Papers, Eur Mss F228/11, p.338, 9 March.

111. New Delhi National Archives, Secret Consultations, 1800, Foreign Department, 15 May, No.21, 'ranslation of a Letter from Bauker Alli Khaun to Lt Col Kirkpatrick'.

112. OIOC, Kirkpatrick Papers, Eur Mss F228/11, p.338, 9 March.

113. Khan, *Gulzar i-Asafiya*, pp.305–15.

114. New Delhi National Archives, Hyderabad Residency Records，见本章注释 109。

115. New Delhi National Archives, Secret Consultations, 1800, Foreign Department, 15 May, No.22, pt 2, 'Meer Uzeez Ollah's report of his conference with Auzim ool Omrah 4 of March'.

116. Khan, *Gulzar i-Asaffya*, pp.305–15.

117. Munshi Khader Khan Bidri (trans. Dr Zeb un-Nissa Haidar), *Tarikh i-Asaf Jahi* (written 1266AH/AD1851, pub. Hyderabad, 1994), p.84. M. Abdul Rahim Khan, *Tarikh e-Nizam* (Hyderabad, 1311AH/AD1896), pp.167–8.

118. OIOC, Kirkpatrick Papers, F228/96, 'Account of the marriage of Sharpun Nisa Begam with Colonel Kirkpatrick called Hashmat Jang, Resident, Hyderabad'. 更多细节见该书第三章注释 106。

119. Wellington, 'Memorandum of Conversations…Dummul 26th Sept 1800', op. cit.

120. Ibid., pp.175–6.

121. Ibid., p.178.

122. Khan, *Tarikh i-Khurshid Jahi*, op. cit., pp.713–14.

123. Wellington, op. cit, p.180.

124. Arthur Wellesley to Colonel Close, 22 September 1800. See Chapter 3, n15.

125. Khan, *Gulzar i-Asafya*, p.308; Khan, *Tarikh e-Nizam*, op. cit., pp.86, 167–8.

126. See 'Report of an Examination…', op.cit., p.374

127. Scottish Record Office, Edinburgh, GD135/2086, The Will of Lieut Col James Dalrymple, Hussein Sagar, 8 December 1800.

128. Dalrymple, *Letters &…*, op. cit.

129. New Delhi National Archives, Secret Consultations, 1800, Foreign Department, 15 May, No.8, 'Extract of a Letter from Bauker Alli Khaun, 18 February 1800, part of the Memoranda of the Papers referred to in the minute of the Rt. Hon. The Gov Gen of the 10th of May 1800'.

130. 'Report of an Examination…', op. cit., p.361.

131. New Delhi National Archives, 1800, Foreign Department, Secret Consultation – 15 May, No.24, point the 10th.

132. 'Report of an Examination…', op. cit., p.368.

133. Ibid., p.369.

第五章

1. OIOC, Kirkpatrick Papers, Mss Eur F228/12, p.265, 26 November, James Kirkpatrick to William Kirkpatrick.

2. OIOC, Kirkpatrick Papers, Mss Eur F228/13, p.250, 12 November, James Kirkpatrick to William Kirkpatrick.

3. Khan, *Gulzar i-Asafya*, pp.549–59.

4. Ibid., p.552.

5. Bidri, op. cit, p.154.

6. Khan, in *The Muraqqa'e-Dehli*, op. cit., p.17, the passage about the Urs of Khuld Manzil in Delhi.

7. *Mah e-laga*, op. cit, p.25.

8. See S.A. Asgar Bilgrami, *The Landmarks of the Deccan:A Comprehensive Guide to the Archaeological Remains of the City and Suburbs of Hyderabad* (Hyderabad, 1927), p.13.

9. Ibid., pp.12ff. 音乐家胡施哈尔·汗（Khush-hal Khan），即玛·拉卡的舞蹈教师，在那里建造了一座拱门，而玛·拉卡的女儿胡逊·拉卡·白（Hussun Laqa Bai）建造了一座客栈。

10. 关于海德拉巴统治阶级的构成，见 Karen Leonard, 'The Hyderabad Political

System and its Participants', in *Journal of Asian Studies*, XXX, No.3, 1971, pp.569–82; also Leonard's excellent *Social History of an Indian Caste: The Kayasths of Hyderabad* (Hyderabad, 1994).

11. C.Collin Davies, 'Henry Russell's report on Hyderabad, 30th March 1816', in *Indian Archives*, Vol. IX, No.2, July–December 1955, pp.123–4.

12. Bidri, op. cit., p.154.

13. Khan, *Gulzar i-Asafiya*, pp.549–59.

14. OIOC, Kirkpatrick Papers, Mss Eur F228/1, p.217, 21 August, James Kirkpatrick to William Kirkpatrick.

15. Ibid., p.191, Hyderabad, 31 July 1799, James Kirkpatrick to William Kirkpatrick.

16. OIOC, Kirkpatrick Papers, Mss Eur F228/12, p.9, 27 April, James Kirkpatrick to William Kirkpatrick.

17. Ibid.

18. Quoted Butler, op. cit, p.182.

19. Ibid, p.70; Bence-Jones, op. cit, p.49; Moon, op. cit., p.312.

20. Butler, op.cit., p.225.

21. Ibid, p.257.

22. OIOC, Kirkpatrick Papers, Mss Eur F228/11, p.217, 21 August 1799.

23. Ibid., p.248, 8 September 1799, and p.291, 29 November 1799.

24. Ibid, p.313, 3 January 1800.

25. Ibid., p.319, 30 January 1800.

26. Ibid., p.329, 27 February 1800.

27. Ibid., p.350, 22 March 1800.

28. 关于孟希阿齐兹·乌拉的德里背景，见 Shushtari, op. cit., p.591。

29. New Delhi National Archives, Secret Despatches, 1800, p.2491, Fort William, 10 May 1800, No.3, 'Intelligence from Azim ul Omrah's Household' 有对阿里斯图·贾赫办事方式的绝佳描述："1 月 7 日，孟希阿齐兹·乌拉拜见了阿齐姆·奥姆拉 [简称 AUO，即阿里斯图·贾赫]，与他一起观看斗鸡之后告诉他，有要事与他私下里商量，并约定在另一个时间拜见 AUO 来谈此事。AUO 同意了。9 日，孟希阿齐兹·乌拉在中午 12 点来到 AUO 府上，AUO 派人带他去浴室。孟希表示，希望与 AUO 谈话的时候穆斯塔基姆·道拉 [简称 MUD] 不要在场，因为他要与 AUO 单独谈话。孟希在浴室向 AUO 请安后，MUD 告诉 AUO，孟希希望与 AUO 密谈，所以建议自己可以返回温室。于是 MUD 去了温室。AUO 继续与孟希谈了整整一个钟头。14 日，孟希阿齐兹·乌拉又一次拜见 AUO，并与他一起观看斗鸡。"

30. OIOC, Kirkpatrick Papers, Mss Eur F228/12, p.105, 16 July, James Kirkpatrick to William Kirkpatrick.

31. Ibid., p.226, 25 October, James Kirkpatrick to William Kirkpatrick.

32. Ibid., p.185, 11 September, James Kirkpatrick to William Kirkpatrick.

33. Ibid, p.200, 1 October, James Kirkpatrick to William Kirkpatrick.

34. 这幅画就是 Iris Butler，*The Eldest Brother*, op. cit 的封面图。Mildred Archer，*India and British Portraiture*, op. cit., p.315, plate 220 也是这幅画。

35. OIOC, Kirkpatrick Papers, Mss Eur F228/12, p.214, 12 October 1800, James Kirkpatrick to William Kirkpatrick.

36. Ibid., p.38, 9 May 1800, William Palmer to James Kirkpatrick.

37. Ibid., p.183, 9 September, James Kirkpatrick to William Kirkpatrick.

38. Ibid., p.17, 2 May 1800, James Kirkpatrick to William Kirkpatrick.

39. 这些细节全部出自 B.F. Musallam 的优秀研究著作 *Sex and Society in Islam* (Cambridge, 1983)。伊斯兰律法对于堕胎的立场见第 40 页，避孕和堕胎手段见第 77~88 页的表格，伊本·西那对堕胎的论述见第 69 页，印度女性在避孕方面的技能见第 94 页。

40. 海尔·妮萨的同父异母姊妹（迈赫迪·亚尔·汗与一个不知名妻子的女儿）的死亡，见 OIOC, Kirkpatrick Papers, F228/11, p.338, 9 March 1800, James Kirkpatrick to William Kirkpatrick。

41. 'Report of an Examination…' op.cit, pp.373–4.

42. OIOC, Kirkpatrick Papers, Mss Eur F228/12, p.138, 17 August 1800.

43. Ibid., pp.138–9.

44. Richard Wellesley (ed. Edward Ingram), *Two Views of British India: The Private Correspondence of Mr Dundas and Lord Wellesley: 1798–1801*(London, 1970), p.217.

45. Patrick Cadell, *The Letters of Philip Meadows Taylor to Henry Reeve* (London, 1947), p.62.

46. OIOC, Kirkpatrick Papers, Mss Eur F228/12, p.58, 31 May, James Kirkpatrick to William Kirkpatrick.

47. See Dr Zeb un-Nissa Haidar, 'The Glimpses of Hyderabad', op. cit, Chapters 4 and 5 (no page numbers).

48. Khan, *Gulzar i-Asafiya*, p.305.

49. OIOC, Kirkpatrick Papers, Mss Eur F228/12, p.108, 10 July.

50. OIOC, Kirkpatrick Papers, Mss Eur F228/12, p.275, 9 December, James Kirkpatrick to Webbe.

51. 'Report of an Examination…' *op. cit.*, p.377.

52. Ibid, pp.382–3.

53. Ibid, pp.378–80.

54. 引自柯克帕特里克后代的私人档案中的一份文件：'Enclosures from Resident at Hyderabad in a Letter dated 8th January 1801'；Enclosure 2: 'Report of another conversation which took place between Aukil oo Dowlah and Colonel Bowzer on the 29th December 1800'。

55. OIOC HM464, op.cit., pp.377–8.

56. Shushtari, op. cit., p.591.

57. 引自柯克帕特里克后代的私人档案中的一份文件：'Enclosures from Resident at Hyderabad in a Letter dated 8th January 1801'；Enclosure 3: 'Translation of a Shookha addressed by Abdool Lateef Khaun to the Resident, dated the 3rd January 1801'。

58. Ibid.

59. Delhi National Archives, Foreign Department, Secret Consultations, 16 April. Enclosure 'B' attached to No. 132: 'Translation of a letter from Meer Allum addressed to Major Kirkpatrick dated ioth Jan 1801'.

60. OIOC, Kirkpatrick Papers, Mss Eur F228/13, p.4, 16 January 1801, James Kirkpatrick to William Kirkpatrick.

61. 'Report of an Examination…', op. cit, pp.380–1.

62. Ibid., p.381.

63. Ibid., p.383.

64. 这段记录来自莎拉夫·妮萨写给她外孙女基蒂·柯克帕特里克的信的翻译件，该信收藏于基蒂后人的私人档案中。

65. 'Report of an Examination…', op. cit., p.386.

66. Ibid, p.391.

67. Philip Meadows Taylor, *Story of my Life* (London,1878), p.36.

68. Philip Meadows Taylor, *Confessions of a Thug* (London, 1889), pp.124–6. 当然，*Confessions of a Thug* 是一部小说，但这一段显然援引了 Taylor 在海德拉巴长期生活的亲身经历。他在海德拉巴娶了海尔·妮萨的好友菲兹·巴克什·帕尔默的混血孙女。他对威廉·帕尔默及其宅邸进行了精彩纷呈的描述，他在帕尔默家"见过海德拉巴上流社会最聪慧的成员，有土著也有欧洲人。他慷慨好客的家宅中那些宜人的聚会，总能让人从常驻代表府的排场和拘谨气氛中解脱出来"。Meadows Taylor, *Story of my Life*, op. cit., p.37.

69. 托马斯·西德纳姆给亨利·罗素的一封信明确了这一点，西德纳姆在其中谈及两座不同的豪宅（see Bodleian Library, Russell Papers, Ms Eng Letts C172, p.1, 14 January 1807）；但我们从肯尼迪医生的拜访知道，莎拉芙·妮萨的豪宅是巴卡尔·阿里·汗家宅建筑群的一部分。这显然是一个庞大的建筑群。

70. OIOC, Mountstuart Elphinstone Papers, Mss Eur F88 Box13/16[b], p.24. 关于 18 世纪的莫卧儿式豪宅，见 Sarkar, 'Haidarabad and Golkonda in 1750 … ', op. cit., p.240 中的描述。该时期的好几座豪宅至今屹立在海德拉巴老城区，不过都很破败了，例如，广场清真寺背后曾经很美的哈米德·汗豪宅。

71. 'Report of an Examination…', op. cit, pp.387–9.

72. Ibid., pp.388–9.

73. Ibid., p.391.

74. 引自柯克帕特里克后代的私人档案中的一份文件：'Enclosures from Resident at Hyderabad in a Letter dated 8th January 1801'：'Report of a conference which took place on the ist January between Moonshe Meer Azeez

Oolla and Aukil oo Dowlah' and 'Report of Moonshee Aziz Oolah's conference wth Auzim ool Omrah on the 3rd Jan 1801'。

75. OIOC, Kirkpatrick Papers, Mss Eur F228/13, p.1, Hyderabad, 9 January 1801, James Kirkpatrick to William Kirkpatrick. 关于巴卡尔视力与听力的细节，见 Delhi National Archives, Foreign Department, Secret Consultations, 24 April 1800, No. 20, Item No. 66, James Kirkpatrick to Lord Wellesley, 21 January 1800。

76. OIOC, Kirkpatrick Papers, Mss Eur F228/96, 'Account of the marriage of Sharpun Nisa Begam with Colonel Kirkpatrick called Hashmat Jang, Resident, Hyderabad'. 这份文件显然是一名为特雷弗·普劳登（19 世纪 90 年代的海德拉巴常驻代表）工作的孟希编纂的。

77. Ibid.

78. 我们不清楚他与海尔·妮萨曾经的未婚夫的父亲艾哈迈德·阿里·汗是不是同一个人。

79. 赛义德·道拉似乎就是主持詹姆斯皈依仪式的那位穆智台希德。他有可能是米尔·阿拉姆获释后见到阿瑟·韦尔斯利时陪伴在米尔·阿拉姆身边的那个赛义德·道拉。

80. 来自莎拉芙·妮萨写给她外孙女基蒂·柯克帕特里克的信的翻译件。

81. OIOC, Kirkpatrick Papers, F228/84, Will of James Achilles Kirkpatrick.

82. 尽管詹姆斯努力保密，但他皈依伊斯兰教并且根据什叶派律法正式与海尔·妮萨结婚的消息似乎在海德拉巴人尽皆知，因为海德拉巴的许多编年史经常提到这一点，如 Bidri, op. cit., p.84。

83. OIOC, Kirkpatrick Papers, Mss Eur F228/13, p.4, Hyderabad, 16 January 1801, James Kirkpatrick to William Kirkpatrick.

第六章

1. Wellesley, op. cit., Vol.5, pp.405, 407.

2. Abdul Lateef Shushtari, *Tuhfat al-'lam, 'Dhail al-Tuhfa* [the Appendix to the Tuhfat al-'Alam], *Being additional notes to 'Abd al-Latif Shushtari's autobiography, about his return to Haidarabad after he had finished writing his book in 1216/1802, these notes were written at the repeated request of Shiite divines, especially the late 'Allama Aqga Muhammad 'Ali son of 'Allama Aqa Muhammad Bager Behbehani'*, pp.3–5.

3. G.S. Sardesai (ed.), *English Records of Mahratta History: Pune Residency Correspondence Volume 6–Poona Affairs 1797–1801(Palmer's Embassy)* (Bombay, 1939), p.ii.

4. OIOC, Kirkpatrick Papers, F228/25 p.12, 1 January 1801, Lord Wellesley's offer of the Poona Residency to William Kirkpatrick, a letter to the Board.

5. Sardesai, op. cit, p.571, No.350A, William Palmer to Lord Wellesley, 'Poona, 27th June 1800'.

6. Hastings Papers, BL Add Mss 29, 178, Vol. XLVII, 1801–02, 10 October 1802, pp.277–8, William Palmer to Hastings.

7. Ibid., 10 July 1801, pp.61–3, William Palmer to Hastings.

8. 威廉·帕尔默是帮助出版乔治·托马斯军事回忆录的头号出资人，见 William Francklin, *Military Memoirs of Mr George Thomas* (Calcutta, 1803), p.xiii。帕尔默的钱币收藏品在 1857 年兵变期间丢失，见 *Journal of the Asiatic Society of Bengal*, 27, 1858, p.169。

9. Stuart Cary Welch, *Room for Wonder: Indian Paintings During the British Period 1760–1880* (New York, 1979).

10. 威廉·帕尔默的直系后裔亚历克斯·帕尔默于 1972 年去圣基茨时，在巴斯特尔市的圣乔治与圣彼得教堂档案中找到了这段婚姻的记录。See Alex Palmer, 'The Palmer Family 1740–2000' (unpublished manuscript). 档案给出的萨拉的姓氏"黑兹尔"（Hazell）与亚历克斯的祖父爱德华·帕尔默写的手稿中的证据矛盾。爱德华·帕尔默的手稿见 India Office Library, entitled 'The Palmers of Hyderabad', OIOC Mss Eur D443 (1)。爱德华·帕尔默相信萨拉的姓氏是梅利亚多（Melhado）或梅尔卡多（Melkado），但没有给出资料来源。

11. 在萨拉最小的儿子写的一封很动人的信（现存于博德利图书馆）中，年轻的约翰·帕尔默向母亲描述了自己在印度各地的旅行："威廉 [萨拉的次子] 和我正在旅行，去见我父亲。"他提到，他父亲现在是少校了。这似乎表明他父母间没有直接的联络，也许他们疏远了。他继续描述他在海军的冒险，包括有一次与法国人交战，当时"我的岗位在后甲板，那里厮杀不断，死伤的人不少于十个"，但说他最终在 8 月离开了海军。他已经见过长兄萨姆，并请母亲代他向他在圣基茨的老朋友们问好："我的祷告就是，愿上帝赐您健康和幸福。" See Palmer Papers, Bodleian Library, Ms Eng Lit C83, p.1, Benares, 16 December 1782.

12. 根据亚历克斯·帕尔默的说法，圣基茨卡永镇的教区档案中一份被称为"卡永日记"的手抄本表明，萨拉在威廉离开之后仍然居住在岛上。See 'The Palmer Family', op. cit., p.7 n2. 约翰·帕尔默写给他母亲的信，见 Palmer Papers, Bodleian Library, Ms Eng Lit C83, p.1, Benares, 16 December 1782。关于萨拉在格林尼治的情况，以及威廉试图让戴维·安德森给她寄钱，见 Anderson Papers, BL Add Mss 45,427, p.203, March 1792, Gualiar。

13. 常有人说帕尔默根据伊斯兰律法娶了菲兹，例如，爱德华·德·瓦朗伯爵在 *L'Inde Anglaise en 1843* (Paris, 1845) 中说，帕尔默将军"遵照《古兰经》[也就是说根据她的宗教的要求] 与一位出身高贵的印度女士结婚"。帕尔默家族的传说证实了这一点，见 letter from Palmer's great-granddaughter, Mrs Hester Eiloart, of 15 September 1927, OIOC L/R/7/49. 考虑到菲兹的社会地位，这就意味着帕尔默和詹姆斯·柯克帕特里克一样，皈依了伊斯兰教，这样的话就可以排除他之前结过婚这个障碍，因为穆斯林可以有四个妻子。但与柯克帕特里克的情况不同，没有确凿证据表明帕尔默皈依了或者举行了伊斯兰婚礼。并且在帕尔默的遗嘱中，菲兹仅仅被称为"菲兹·巴克什·萨希布·贝古姆，她在超过三十五年的时间里一直是我挚爱的朋友和伴侣"（Bengal Wills 1816, OIOC L/AG/34/29/28, p.297）。不过这种说法并不能说明他们没有结婚，肯定不能说明他们没有举行伊斯兰婚礼。詹姆斯·柯克帕特里克在遗嘱中用类似说法描述海尔·妮萨，而他们是举行了合法的伊斯兰婚礼的。根据詹姆斯的朋友和助理亨利·罗素的说法，詹姆斯之所以这么做，是因为他担心英国法律不认可伊斯兰婚姻，而他不希望自己给孩子们的遗产受到威胁（See letter from Henry Russell to his brother Charles, Swallowfield, 30 March 1848, in the private archive of James Kirkpatrick's descendants）。所以帕尔默完全可能出于同样的理由，用上述方式描述菲兹。

14. Young, *Fountain of Elephants*, op. cit., pp.99–100. Young 引用了他在尚贝里档案馆找到的一些书信，其中有些似乎在他于 20 世纪 50 年代查阅这些档案之后就失踪了。我找不到那封提到"波斯军官"的信，但找到了一些努尔在英国时期留下的法律文件，它们反复说她是"德里人"。尽管菲兹后来被皇帝册封为贵妇，但没有史料证据能表明她是"德里皇室成员"，尽管她的孙女婿菲利普·梅多斯·泰勒似乎是这么相信的。

15. 关于菲兹的妹妹即德·布瓦涅之妻的名字，长期以来很糊涂。贾杜纳斯·萨卡尔爵士在 *Bengal Past and Present* (Vol. XLIII, p.150) 中说，因为她皈依基督教的时候选择的名字是海伦娜，所以她的穆斯林名字很可能与之相似，如哈利玛。自那以后，哈利玛这个名字就进入了史学文献，仿佛这是事实。最近的一个例子是 Rosie Llewellyn-Jones, *Engaging Scoundrels*, op. cit., pp.88–93 对她的精彩描述。实际上，根据米尔扎·阿布·塔利布·汗的记载，她的名字是努尔。他在 *The Travels of Mirza Abu Taleb Khan*, op. cit., pp.198–200 中记载了自己在伦敦与她见面的情况："陪同德·布瓦涅将军从印度来的努尔夫人……[她]穿着英国人的服装，看上去一切都好。她对我的来访非常高兴，并请我给她住在勒克瑙的母亲捎一封信。"

16. Anderson Papers, BL Add Mss 45, 427, p.198v, undated but c.1781.

17. Ibid, p.146, 3 May 1783.

18. Ibid., p.180, 3 October 1784.

19. OIOC, IO Coll 597.

20. 关于这一时期宫廷服装的细节，见 Ritu Kumar, *Costumes and Textiles of Royal India* (London, 1998)。Kumar 的书是关于该时期服装的最佳著作，但她严重低估了当时跨种族婚姻和采纳异族服装的常见程度。

21. 就像帕尔默的婚姻的其他许多方面一样，关于这幅画中的人物的身份，学术界也有许多争议。帕尔默的后人"阿萨姆的"M.P. 汉利写的一封信（现存于印度事务部图书馆）坚持说，"帕尔默将军是个老色狼，有两位妻子，第一位是德里的菲兹·妮萨公主，即海德拉巴的威廉·帕尔默的母亲；第二位是奥德的一位公主。我是从查尔斯·帕尔默先生那里得到这条信息的，他说他的信息来源是梅多斯·泰勒小姐，她编辑了梅多斯·泰勒的《我一生的故事》（OIOC, L/R/7/49）。Mildred Archer, *India and British Portraiture*, op. cit., pp.281–6 中遵循了这种说法。她认为跪在帕尔默左侧的人肯定是"奥德的公主"，并且她在"热切地凝视帕尔默，并倚靠着他的膝盖，而他拉着她的手"（但如果仔细观察未完成的画像，就会发现显然并非如此，Archer 女士一贯一丝不苟，这次却没有仔细观察：实际上努尔并没有看帕尔默，也没有和他拉手）。Beth Toibin, *Picturing Imperial Power: Colonial Subjects in Eighteenth Century British Painting* (Duke, 1999), pp.113–14 盲目地遵循了 Archer 对这幅画的解读。但在重述故事的过程中把故事搞得更让人糊涂了，因为菲兹和她的妹妹经常出现在帕尔默的书信和遗嘱中，但他从未提及另一个印度妻妾，尽管帕尔默将军确实有另一位妻子，即圣基茨的萨拉·黑兹尔。所以上述糊涂故事的根源肯定就是这一点。1925 年 2 月 19 日，帕尔默的夫人的一位自豪的后人要结婚，在《泰晤士报》上登了启示，提及帕尔默的"奥德夫人"，Archer 相信这足以证明帕尔默有第二位印度妻子，但实际上这里的"奥德夫人"指的就是菲兹，因为她尽管出生于德里，却早就生活在勒克瑙。所以图中跪在帕尔默身旁披金戴银的美女肯定是努尔。菲兹的另一位后人海斯特·艾略特太太（她将这幅画卖给了印度事务部）始终相信这一点，而 Durba Ghosh 在研究这幅画之后得出了相同的结论（see "Colonial Companions", op. cit., p.97, n36）。印度事务部当前的印刷品与画作部门的主任 Jerry Losty 博士也是这么认为的。但他在前不久认定这幅画的作者是约翰·佐法尼，就让这幅画的问题更加复杂了（Mildred Archer 相信这幅画的作者是 Francesco Renaldi，见 *India and British Portraiture*, op. cit., p.282, and 'Renaldi and India: A Romantic Encounter', in Apollo, Vol. 104, July–September 1976, pp.98–105.）。站在画的最右侧的衣装华丽的女性肯定是菲兹的另一个姊妹。

22. De Boigne archive, Chambéry, letters from William Palmer to Benoit de Boigne, 13 March 1790; Ogeine, 23 April 1792; and 'Friday Evening'(undated but c. 1785).
23. De Boigne archive, Chambéry, *arzee* from the Lady Faiz un-Nissa.
24. Dennis Kincaid, *British Social Life in India 1608–1937* (London, 1938).
25. 穆尔卡公主也是莫卧儿皇帝的侄女。See Narindar Saroop, *A Squire of Hindustan* (London, 1983), p.149.
26. 范妮·帕克斯拜访纳瓦布的后宫时，遇见了来自英国的纳瓦布妻妾之一，并在 *Wanderings of a Pilgrim*, op. cit. 中详细描写了她。
27. Mrs B.Meer Hassan Ali, *Observations on the Mussulmauns of India Descriptive of their Manners, Customs, Habits and Religious Opinions Made During Twelve Years Residence in their Immediate Society* (London, 1832).
28. See the Introduction by W. Crooke to the 1917 OUP edition, p.xv.
29. De Boigne archive, Chambéry, 'Mrs Begum's London accounts'.

30. Alam and Alavi, *A European Experience of the Mughal Orient*, op.cit, esp. pp.69–71.

31. Hastings Papers, BL Add Mss 29, 178, Vol. XLVI, 1801–02, 10 October 1802, pp.277–8, William Palmer to Hastings.

32. Ibid., 4 December 1802, pp.314–19.

33. OIOC, Kirkpatrick Papers, F228/12, p.30, 5 May 1800.

34. For example ibid., p.179, 16 September 18ol, William Palmer to James Kirkpatrick.

35. 如威廉·帕尔默向沃伦·黑斯廷斯报告的那样，根据条约，移交给公司的土地是"完整而完全的交付，不管其财政收入超过还是低于估算值。无论何种情况，任何一方不得向另一方提出任何要求"。Hastings Papers, BL Add Mss 29, 178, Vol. XLVII, 1801–02, 10 July 1801, pp.61–3.

36. Ibid.

37. OIOC, Kirkpatrick Papers, F228/13, p.70, 23 June 1801, James Kirkpatrick to William Kirkpatrick.

38. Ibid., p.113, 4 August 1801, James Kirkpatrick to William Kirkpatrick.

39. See Moon, op. cit, p.305, and Butler, op.cit, pp.242–51.

40. OIOC, Kirkpatrick Papers, F228/56, p.2, 2 December 1801, James Kirkpatrick to William Palmer.

41. OIOC, Kirkpatrick Papers, F228/13, p.58, 7 June 18ol, James Kirkpatrick to William Palmer.

42. Ibid., p.17, 26 January, William Palmer to James Kirkpatrick.

43. OIOC, Kirkpatrick Papers, F228/56, p.13, 4 January 1802, and p.14, 10 January 1802, James Kirkpatrick to William Palmer.

44. Ibid., p.26, 1 February 1802, James Kirkpatrick to John Tulloch.

45. 关于菲兹被皇帝收养和她的头衔，见 OIOC, Persian Mss, IO 4440。

46. OIOC, Kirkpatrick Papers, F228/83, pp.19–24, 4 January 1802, James Kirkpatrick to Lord Wellesley.

47. Ibid., p.152, 6 September 1801, and p.166, 21 September 1801, James Kirkpatrick to William Kirkpatrick.

48. Ibid., p.152, 6 September, James Kirkpatrick to William Kirkpatrick.

49. Ibid., p.166, 21 September 1801, James Kirkpatrick to William Kirkpatrick.

50. Thomas Sydenham, quoted in Anon., *Some Notes on the Hyderabad Residency Collected from Original Records in the Residency Office* (Hyderabad, c.1880), p.3.

51. Mackintosh, *Memoirs*, op. cit., Vol.1, p.511.

52. Julian James Cotton, 'Kitty Kirkpatrick', *Calcutta Review*, April 1899, p.243.

53. OIOC, Kirkpatrick Papers, F228/13, p.35, 5 April 1801, James Kirkpatrick to William Kirkpatrick.

54. Ibid., p.39, 17 April 1801, James Kirkpatrick to William Kirkpatrick. 关于威廉·萨克

雷在马德拉斯的情况，见 Sir William Hunter, *The Thackerays in India* (London, 1897), pp.111–40。这本奇异的小书还有意思地提及詹姆斯原本在南公园街公墓但现已消失的墓地（p.174），因为他被埋葬在里士满·萨克雷（即小说家萨克雷的父亲）的墓旁。

55. OIOC, Kirkpatrick Papers, F228/13, p.40, 22 April 1801, James Kirkpatrick to William Kirkpatrick.

56. Ibid., p.58, 7 June 1801, James Kirkpatrick to William Kirkpatrick.

57. Ibid., p.44, 4 May 1801, James Kirkpatrick to William Kirkpatrick.

58. OIOC, Kirkpatrick Papers, F228/25, p.21, 20 June 1801, Lord Wellesley to William Kirkpatrick.

59. OIOC, Kirkpatrick Papers, F228/13, p.62, 11 June 1801, James Kirkpatrick to William Kirkpatrick.

60. OIOC, Kirkpatrick Papers, F228/55, p.3, 6 December 1801, James Kirkpatrick to William Palmer.

61. 对这两个年轻人的旅程，有一部极好的叙述，作者是爱德华的后人，见 Barbara Strachey, in *The Strachey Line: An English Family in America, India and at home from 1570 to 1902* (London, 1985), pp.100–5。两个年轻人的日记都保存在印度事务部图书馆，不过埃尔芬斯通的字迹太潦草，部分无法辨认。蒙斯图尔特·埃尔芬斯通的日记见 Mss Eur F88 Box13/16[b]，爱德华·斯特雷奇的日记见 Mss Eur F128/196。

62. OIOC, Edward Strachey's Diary, Mss Eur F128/196, pp.16–20.

63. OIOC, Mss Eur F88 Box13/16[b], entry for 14 September 1801.

64. OIOC, Edward Strachey's Diary, Mss Eur F128/196, p.33.

65. Ibid., p.17.

66. OIOC, Mss Eur F88 Box13/16[b], entry for 13 September 1801.

67. OIOC, Kirkpatrick Papers, F228/58, p.92,16 October 1802, James Kirkpatrick to to Sir John Kennaway.

68. Colley, 'Going Native, Telling Tales', op. cit, pp.180–1, 184.

69. OIOC, Mss Eur F88 Box 13/16[b], entry for 22 August 1801.

70. Ibid., entry for 23 August 1801.

71. Ibid, entry for 15 November 1801.

72. Khan, *Gulzar i-Asafiya*, p.560.

73. Ibid., pp.560–5.

74. 这种实例见 Lucknow see Fisher, 'Women and the Feminine…',op. cit, p.507。

75. Khan, *Gulzar i-Asafiya*, p.588.

76. 这里的瓷砖画，见 Michell and Zebrowski, *The New Cambridge History of India 1.7: Architecture and Art of the Deccan Sultanates* (Cambridge, 1999), p.138 中的描述。印度考古研究所不久前大幅 "翻新" 了这些瓷砖画，用的是非常丑陋的迪士尼风格的色彩。

77. Husain, *Scent in the Islamic Garden*, op. cit., p.31.

78. Kausar, op. cit., p.224.

79. Ali, *Observations on the Mussulmauns…*, op.cit, p.51.

80. Shushtari, op.cit., pp.545–8.

81. OIOC, Kirkpatrick Papers, F228/13, p.166, 21 September, James Kirkpatrick to William Kirkpatrick.

82. Ibid. p. 168, 22 September, James Kirkpatrick to William Kirkpatrick.

83. Ibid., p.187, 29 September, James Kirkpatrick to William Kirkpatrick.

84. Ibid, p.216, 13 October, James Kirkpatrick to William Kirkpatrick.

85. Wellesley Papers, BL Add Mss 37, 282, p.279, 7 October 1801, Lord Wellesley to William Kirkpatrick.

第七章

1. OIOC, Kirkpatrick Papers, F228/56, p.13, 4 January 1802, James Kirkpatrick to William Palmer.

2. Ibid, p.26,1 February 1802, James Kirkpatrick to John Tulloch; also F228/57, p.7, Hyderabad, 5 April 1802, James Kirkpatrick to John Read.

3. OIOC, Kirkpatrick Papers, F228/56, p.25, 1 February 1802, James Kirkpatrick to William Petrie.

4. OIOC, Kirkpatrick Papers, F228/58, p.36, 2 October 1802, James Kirkpatrick to William Palmer.

5. 詹姆斯通常把 Sulaiman 拼写成 Sooleymaun，但我为了帮助读者理解，在全文中使用了新的拼法。

6. OIOC, Kirkpatrick Papers, F228/58, p.23, 6 May 1802, James Kirkpatrick to William Palmer.

7. Ibid., p. 15, 24 July 1802, James Kirkpatrick to William Palmer.

8. Ibid., p.24, 1 April 1802, James Kirkpatrick to William Palmer.

9. 从第六章引用的菲兹给德·布瓦涅的信就可以看出，她是识字的。从现存于博德利图书馆的亨利·罗素书信可以看出海尔·妮萨也是识字的，这些书信经常提到他收到了她的信，尽管她的书信没有留存至今。不过莎拉芙·妮萨的信有存世的，尽管不知怎么地脱离了罗素的编目清晰的英文通信，如今散落在博德利图书馆波斯文部的仓库里，没有编目。我非常感谢 Doris Nicholson 找到了这些书信。海尔·妮萨的书信也许被刻意销毁了，要么是被罗素销毁，要么是被他的儿媳罗素夫人（即罗素家史的撰写者）销毁。罗素的英文通信也有受过删节的迹象，尤其是那些可能表明罗素卷入帕尔默银行破产丑闻的书信。罗素因为这件事情而受到东印度公司的正式调查，不得不提前退休，离开印度。

10. 见上一条注释。罗素的信里说，他担心帕尔默利用"海尔·妮萨夫人"的事情，在东印度公司对帕尔默银行破产案的调查中对他不利。也许就是在这个时期，他为了万无一失，销毁了海尔的来信。

11. OIOC, Kirkpatrick Papers, F228/57, p.8, 8 April 1802, James Kirkpatrick to William Palmer.

12. 这两张纸片都在他们后人的私人档案中。

13. OIOC, Kirkpatrick Papers, F228/58, p.23, 6 May 1802, James Kirkpatrick to William Palmer.

14. OIOC, Kirkpatrick Papers, F228/57, p.24, 1 April 1802, James Kirkpatrick to William Palmer.

15. Scottish Record Office, Edinburgh, Seaforth Muniments, GD46/8/1, Henry Russell to Lady Hood, Hyderabad, 5 November 1813.

16. OIOC, Kirkpatrick Papers, F228/56, p.8, 8 April 1802, James Kirkpatrick to William Palmer.

17. Ibid, p.24, 1 April 1802, James Kirkpatrick to William Palmer.

18. OIOC, Kirkpatrick Papers, F228/58, p.73, 10 December 1802, James Kirkpatrick to William Palmer.

19. Durba Ghosh discusses this letter eloquently in her thesis 'Colonial Companions', op. cit, p.124.

20. OIOC, Kirkpatrick Papers, F228/18, p.30, 31 October, William Kirkpatrick to James Kirkpatrick.

21. OIOC, Kirkpatrick Papers, F228/12, p.280, 6 December, James Kirkpatrick to William Kirkpatrick.

22. OIOC, Kirkpatrick Papers, F228/18, pp.20–3, from Maula Ali, 23 November 1801, James Kirkpatrick to William Kirkpatrick.

23. Ibid., pp.11–13, John Malcolm to William Kirkpatrick, Patna, 19 October 1801.

24. OIOC, Kirkpatrick Papers, F228/13, p.265, 28 November 1801, James Kirkpatrick to William Kirkpatrick.

25. Ibid., p.222, 19 October 1801, Vigors to James Kirkpatrick.

26. 也许就是因为这件事情，詹姆斯后来写了一份接待英国常驻代表时的礼节规则，详细规定了在接待他时应当做什么，包括礼炮数量和仪仗队的规模与构成。See New Delhi National Archives, Foreign Department, Secret Consultations, 16 May 1805, No. 89–90.

27. OIOC, Kirkpatrick Papers, F228/13, p.238, 9 November 1801, James Kirkpatrick to William Kirkpatrick.

28. OIOC, Kirkpatrick Papers, F228/58, p.15, 24 July 1802, James Kirkpatrick to William Palmer.

29. OIOC, Kirkpatrick Papers, F228/13, p.282, 7 December 1801, William Palmer to James Kirkpatrick.

30. OIOC, Kirkpatrick Papers, F228/n, p.192, 5 August 1799, William Kirkpatrick to James Kirkpatrick.

31. OIOC, Kirkpatrick Papers, F228/56, p.9, 8 April 1802, James Kirkpatrick to

Close.

32. OIOC, Kirkpatrick Papers, F228/18, p.48, 30 November 1801, John Malcolm to Wiliam Kirkpatrick.

33. Ibid., pp.24–7, 20 January 1802, William Kirkpatrick to James Kirkpatrick.

34. Ibid., pp.33–7, 20 April 1802, John Malcolm to William Kirkpatrick.

35. OIOC, Kirkpatrick Papers, F228/58, p.27, 25 March 1802, N.B. Edmonstone to James Kirkpatrick.

36. 从信的文风、内容、笔迹都可以看出，信的作者是威廉·帕尔默，并且詹姆斯对威廉的父亲帕尔默将军也提过这一点。

37. 关于威廉·帕尔默待在他的兄弟约翰那里的情况，见帕尔默将军于 1799 年 12 月 13 日在浦那写给连襟伯努瓦·德·布瓦涅的信，该信现藏于尚贝里的德·布瓦涅档案。

38. From James Baillie Fraser, *Military Memoirs of Lt. Col. James Skinner C.B.*(2 vols, London, 1851), Vol.2, p.162.

39. Hastings Papers, BL Add Mss 29, 178, pp.240, 254–5.

40. Hawes, op. cit., pp.102–3.

41. OIOC, Kirkpatrick Papers, F228/57, p.l, 14 March 1802, James Kirkpatrick to Ebeneezer Roebuck.

42. East India Company, 'The Hyderabad Papers: Papers Relative to Certain Pecuniary Transactions of Messrs William Palmer and Co With The Government of his Highness the Nizam'(London, 1824), letter from William Palmer to Henry Russell, p.2.

43. The Resident Charles Metcalfe, quoted in Hawes, op. cit., p.106.

44. OIOC, HM 743, 'The Affairs of Messrs Wm Palmer & Co Vol.2 Extract from Bengal Pol Cons 7th Oct 1825', Point 61–2,(18).

45. Anon., *Sketches of India…*, op. cit, pp.325–6.

46. 威廉·帕尔默至少从 1802 年起开始做规模不算大的生意，当时詹姆斯从他那里买了一批骆驼。See OIOC, Kirkpatrick Papers, F228/58, p.22, 8 September 1802, James Kirkpatrick to Charles Farran.

47. OIOC, Kirkpatrick Papers, F228/83, 'The Letter from Philothetes'.

48. OIOC, Kirkpatrick Papers, F228/57, p.27, 25 March 1802, N.B. Edmonstone to James Kirkpatrick.

49. OIOC, Kirkpatrick Papers, F228/27, p.19, 27 April 1802, James Kirkpatrick to N.B. Edmonstone.

50. See J.W. Kaye., op.cit, Vol.2, p.162.

51. OIOC, Mountstuart Elphinstone Papers, Mss Eur F88, Box13/16[b], Elphinstone's diary, f.92, 23 August 1801.

52. J.W. Kaye, op. cit., p.162. 霍兰起初下榻在王宫内，几个月后租下了常驻代表府所在的土地。See Ashwin Kumar Bakshi, 'The Residency of Hyderabad 1779–1857' (unpublished Ph.D., Osmania University, 1990), p.97.

53. OIOC, Kirkpatrick Papers, F228/12, p.163, 29 August 1800, James Kirkpatrick to William Kirkpatrick.

54. OIOC, Bengal Political Consultations, P/117/18, 19 October 1800; 3 June 1801, No. 1 The Residency, Hyderabad.

55. 关于沙姆谢尔·忠格，见 OIOC, Kirkpatrick Papers, F228/13, p.117, 15 August 1801。

56. OIOC, Kirkpatrick Papers, F228/12, p.143, 30 August 1801, James Kirkpatrick to William Kirkpatrick. 关于詹姆斯请求采购桃树，见 F228/57, p.33, 27 May 1802。

57. OIOC, Kirkpatrick Papers, F228/58, p.30, 12 September 1802, James Kirkpatrick to Fawcett in Bombay.

58. OIOC, Kirkpatrick Papers, F228/54, p.8, 9 September, James Kirkpatrick to Trail.

59. OIOC, Kirkpatrick Papers, F228/53, p.21, 25 September 1800, James Kirkpatrick to Trail.

60. Ibid, p.31, 25 September 1800, to Richard Chase.

61. OIOC, Kirkpatrick Papers, F228/57, p.16, 29 April 1802, James Kirkpatrick to an unnamed Madras jeweller.

62. Ibid., p.25, 9 May 1802, James Kirkpatrick to Barry Close.

63. OIOC, Kirkpatrick Papers, F228/59, p.31, 24 October 1804, James Kirkpatrick to Kennaway.

64. OIOC, Kirkpatrick Papers, F228/58, p.44, 18 October 1802, to Fawcett.

65. OIOC, Kirkpatrick Papers, F228/59, P.31, 24 October 1804, James Kirkpatrick to Kennaway.

66. OIOC, Kirkpatrick Papers, F228/58, p.67, 3 December 1802, James Kirkpatrick to T.G. Richardson in Madras.

67. OIOC, Kirkpatrick Papers, F228/58, p.77, 21 December 1802, James Kirkpatrick to T.G. Richardson.

68. Anon., *The Chronology of Modern Hyderabad from 1720 to 1890 AD* (Hyderabad, 1954), p.55.

69. Khan, *Gulzar i-Asafiya*, pp.305–15.

70. Jagdish Mittal, 'Paintings of the Hyderabad School', in *Marg*, 16, 1962–63, p.44.

71. 詹姆斯·柯克帕特里克的助理和继任者托马斯·西德纳姆说，他"从尼查姆家族档案馆颇费了一番周折"才买下了这幅精美肖像。图见 Mark Zebrowski, *Deccani Painting* (London, 1983) p.265。

72. 这部分内容出自 Ali Akbar Husain 的重要著作 *Scent in the Islamic Garden*, op. cit., p.108。

73. Ibid, pp.105–6.

74. Ibid, pp.38, 71, 78, 131.

75. Ibid, pp.107–8.

76. OIOC, Kirkpatrick Papers, F228/58, p.3, 2 October 1802, James kirkpatrick to William Palmer.

77. 基蒂·柯克帕特里克给莎拉芙·妮萨的第一封信（现存于她们后人的私人档案）明确地提到了这一点。

78. 詹姆斯在 1801 年写道，常驻代表府工作人员当中只有尤尔医生见过詹姆斯的孩子们，见 OIOC, Kirkpatrick Papers, F228/13, p.152, 6 September, James Kirkpatrick to William Kirkpatrick. 后来我们知道，亨利·罗素也见过孩子们。不过海尔严守深闺的规矩，从未与（除了詹姆斯之外的）任何欧洲人见面。罗素在柯克帕特里克在世时和去世后都经常需要与海尔打交道，但直到 1806 年在加尔各答才真正见到除去面纱的海尔。她这么做，显然被认为是赐予他极大的荣耀。她与罗素恋爱后，她答应要见他的弟弟查尔斯，这也被认为是特殊情况下的极大恩典。亨利解释道："两位夫人都非常感谢你无微不至的关怀，她们经常以极大的热情和兴趣谈论你。海尔·妮萨说，只要有机会，她就会见你，并与你相识……" See Bodleian Library, Russell Papers, Ms Eng Letts C155, p.164.

79. 但海尔·妮萨似乎见过罗素的情人，我们不知道她的名字，罗斯仅仅称她为"我的姑娘"。罗素与这个姑娘的关系似乎并不认真，感情也不深：1806 年，他长期待在加尔各答期间，她怀孕了，这让罗素大怒，尽管他确信自己是孩子的父亲。他写信给弟弟查尔斯："你对我的姑娘的行为的描述让我很痛苦，听说她怀了孩子，我非常不满意。她没有多少资格向我提要求，但夫人非常热情地为她求情；应她的特别请求，我已同意重新开始支付这姑娘原来从我这里得到的每月 30 卢比生活费。因此，请你今后付给她这笔钱，并告诉她，我期望她对夫人以及对我心存感激，将来的表现要更好才行。" See Bodleian Library, Russell Papers, Ms Eng Letts C155, p.155, Calcutta, 18 June. 詹姆斯的孩子们可能见过的一个儿童是约翰·尤尔，即尤尔医生的儿子，他与萨希布·贝古姆同龄。

80. 我这么说的依据是，海尔和莎拉芙·妮萨把范妮和菲兹带去了首相和尼查姆的女眷居住居。

81. 这个部分出自 Zinat Kausar 的精彩著作 *Muslim Women in Mediaeval India*, op. cit., esp. Chapter 1。

82. 很感谢 Ruby Lal 博士帮助我研究乳母在莫卧儿后宫发挥的作用。

83. 莎拉芙·妮萨给基蒂·柯克帕特里克的书信，未标明日期，但可能写于 19 世纪 40 年代，现存于她们的后人的私人档案。

84. Jehangir (trans. Alexander Rodgers, ed. Henry Beveridge), *The Tuzuk i-Jehangiri or Memoirs of Jehangir* (London, 1909–14), p.36.

85. Kausar, op. cit, p.11.

86. Ibid., p.14.

87. OIOC, Kirkpatrick Papers, F228/59, p.33, 24 October 1804, James Kirkpatrick to George Kirkpatrick.

88. Bodleian Library, Russell Papers, Ms Eng Letts C156, p.21, 21 April 1808. 詹

姆斯去世和海尔·妮萨流亡到默苏利珀德姆之后，亨利·罗素派弟弟查尔斯前往海尔在海德拉巴城的宅邸，去拿詹姆斯存放在那里的一些莫卧儿服装，因为亨利需要这些服装参加马德拉斯的一次化装舞会。他指示弟弟取走"可怜的中校的尽可能多的印度斯坦服装"，让查尔斯在那座宅邸"看能不能搞到一整套衣服，如果没有的话，就拿足够多的衣服，并搞清楚买它们需要多少钱。那里应当有一套完整的长袍、一对华美的头巾、一条阿姆贾德·阿里·汗风格的头巾和一条华丽的腰带。我相信，在夫人家中，上述的每一种你都能找到至少三四件，也许头巾和腰带没有那么多。不过你可以很快就查明并告诉我"。

89. 在亨利·罗素发自加尔各答的书信中，他提到过，海尔不仅写信给她的外祖母，还写信给她的朋友"齐斯坦和海蒂的母亲"。Bodleian Library, Russell Papers, Ms Eng Letts C155, p.150, Chowringhee, 4 July 1806. 海尔去世时，"她的母亲 [莎拉芙·妮萨] 和所有亲友都陪在她身边"。聚集在她床边的人当中就有菲兹。在随后的日子里，许多人参加了她的葬礼，"当地每一个有身份的人都到场了"。See Scottish Record Office, Edinburgh, GD46/15/3/1–30, Henry Russell to Lady Hood, Hyderabad, 23 September 1813.

90. Letter from William George Kirkpatrick (Sahib Allum) to Kitty Kirkpatrick (Sahib Begum), dated 1 March 1823, in the private archive of Kirkpatrick's descendants.

91. OIOC, Kirkpatrick Papers, F228/59, p.4, 11 June 1803, James Kirkpatrick to William Kirkpatrick.

92. Letter from Kitty Kirkpatrick to Sharaf un-Nissa, undated but c.1840, in the private archives of their descendants.

93. Ibid. 海尔·妮萨为朋友制作衣服的一个例子，见 Bodleian Library, Russell Papers, Ms Eng Letts C172, p.67, 7 June 1813, Masulipatam, from Lady (Mary) Hood。

94. Kausar, op. cit., pp.194–8.

95. 对韦尔斯利重建加尔各答政府大楼的绝佳叙述，见 Bence-Jones, op. cit., Chapter 2。

96. Quoted in Davies, *Splendours of the Raj*, op. cit., p.35.

97. Quoted by Moon, op.cit., p.340.

98. 马尔科姆在讲故事时犯了一个错误，把首相称为"米尔·阿拉姆"。因为米尔·阿拉姆在 1802 年还处于软禁中，当时的首相是阿里斯图·贾赫，所以我为了避免混乱而纠正了引文中的错误。

99. J.W. Kaye, op. cit., Vol. 2, p.100.

100. 关于尼查姆没有牙齿，见 de Boigne archive, Chambéry, bundle AB IA, Lieutenant William Steuart to 'Mac', Paangul, 30 October 1790。关于骆驼奶，见 Bidri, op.cit., p.60; 关于钓鱼，见 New Delhi National Archives, Foreign Department, Secret Consultations, 1800, 15 May, No. 12, 'Moonshee Azeez Oolah's Report of a conversation with AUO and of what passed at the Durbar of HH on 9th March 1800'。关于香料

岛 的 鸽 子，见 OIOC, Kirkpatrick Papers, F228/13, p.80, 29 June 1801, James Kirkpatrick to William Kirkpatrick。关 于 小 母 狮，见 OIOC, Kirkpatrick Papers, F228/ 58, p.65, 3 December 1802, James Kirkpatrick to N.B. Edmonstone。关于钟、自动装置和斗篷，见 OIOC, Kirkpatrick Papers, F228/11, p.332, 5 March 1800, James Kirkpatrick to William Kirkpatrick。

101. OIOC, Kirkpatrick Papers, F228/13, p.292, 17 December 1801, James Kirkpatrick to William Kirkpatrick.

102. OIOC, Kirkpatrick Papers, F228/57, p.35, 23 May 1802, James Kirkpatrick to William Kirkpatrick.

103. OIOC, Kirkpatrick Papers, F228/11, p.287, 25 November 1800, James Kirkpatrick to William Kirkpatrick.

104. OIOC, Kirkpatrick Papers, F228/13, p.47, 6 May 1801, James Kirkpatrick to William Kirkpatrick.

105. OIOC, Kirkpatrick Papers, F228/58, p.38, 6 October 1802, James Kirkpatrick to James Brunton.

第八章

1. See Anon., *Some Notes on the Hyderabad Residency*, op. cit., p.29.

2. OIOC, Kirkpatrick Papers, F228/59, p.1, 11 June 1803, James Kirkpatrick to William Kirkpatrick.

3. New Delhi National Archives, Hyderabad Residency Records, Vol.834, p. 178, 6 August 1803, James Kirkpatrick to Arthur Wellesley.

4. Ibid, 7 August 1803, James Kirkpatrick to 'Major Laton commanding the Hyderabad Detachment' for the 'extra butter'; pp.179–80, 8 August, James Kirkpatrick to Arthur Wellesley for the succession of Nizam Sikander Jah.

5. OIOC, Kirkpatrick Papers, F228/59, p.8, 18 August 1803, James Kirkpatrick to William Kirkpatrick.

6. Kirkpatrick, 'A View of the State of the Deccan', op. cit, p.33.

7. From Davies, 'Henry Russell's Report on Hyderabad', op. cit, pp.121–3.

8. Moon, op. cit., p.314.

9. Arthur Wellesley quoted in ibid., p.316.

10. Letter from James Kirkpatrick to N.B. Edmonstone, undated but c.May 1803, in the private archive of Kirkpatrick's descendants.

11. OIOC, Kirkpatrick Papers, F228/59, p. 1, 11 June 1803.

12. Sir Thomas Munro, quoted in Moon, op. cit., p.321.

13. OIOC, Kirkpatrick Papers, F228/59, p.40, 4 June 1805.

14. Ibid, p.13, 2 October, James Kirkpatrick to William Kirkpatrick.

15. Ibid., p.l, 11 June 1803, James Kirkpatrick to William Kirkpatrick.

16. Hastings Papers, BL Add Mss 29,178, Vol. XLVII, 1801–02, 4 December 1802, pp.314–19, William Palmer to Hastings.

17. OIOC, Kirkpatrick Papers, F228/58, p.62, 23 November 1802, and p.67, 1 December 1802, both James Kirkpatrick to William Palmer.

18. New Delhi National Archives, Hyderabad Residency Records, Vol.634, 9 May 1804, pp.32–3.

19. OIOC, Kirkpatrick Papers, F228/59, p.8, 18 August 1804, and p.40, 4 June 1805, James Kirkpatrick to William Kirkpatrick.

20. Bodleian Library, Russell Papers, Ms Eng Letts C155, p.42, 17 August 1804, Madras, Henry Russell to Charles Russell.

21. I am grateful to Professor Robert Frykenberg for sending me a copy of this image.

22. Bodleian Library, Russell Papers, Ms Eng Letts C155, p.1, 21 February 1802; p.5, 19 March 1802; p.11, 15 April 1802: all Henry Russell to Charles Russell.

23. Quoted in 'A Preliminary Report on the Russell Correspondence Relating to Hyderabad 1783–1816', reprinted in *Indian Archives*, Vol. IX, January–June 1955, No.I, pp.25–6.

24. OIOC, Kirkpatrick Papers, F228/59, p.40, 4 June 1805, James Kirkpatrick to William Kirkpatrick.

25. Bidri, op. cit, p.83.

26. New Delhi National Archives, Hyderabad Residency Records, Vol.634, 20 October 1804, 'A Secret Communication', p.85.

27. Moon, op. cit., pp.340–1.

28. Quoted in Butler, op. cit., p.326.

29. Hastings Papers, BL Add Mss 29,180, Vol. XLIX, f.328, October 1804–December 1805, William Palmer to Hastings, Berhampore, 12 October 1805.

30. OIOC, Kirkpatrick Papers, F228/75, p.3, 27 July 1805, Lieutenant Colonel Robinson to James Kirkpatrick.

31. OIOC, Kirkpatrick Papers, F228/58, p.53, 9 November 1802, James Kirkpatrick to James Brunton.

32. Ibid., p.66, 30 November 1802, James Kirkpatrick to James Brunton.

33. Ibid, p.31, 24 October 1804, James Kirkpatrick to Kennaway.

34. OIOC, Kirkpatrick Papers, F228/59, p.8, 18 August 1804, *James Kirkpatrick to William Kirkpatrick.*

35. See the obituary in the *New Monthly Magazine* for 1836; Rev. George Oliver's 'Biographies of Exonians', in the *Exeter Flying Post* 1849–50; and a file on the Kennaway family in the West Country Studies Library, Exeter.

36. OIOC, Kirkpatrick Papers, F228/59, p.31, 24 October 1804, James Kirkpatrick to Kennaway.

37. Ibid., p.25, 23 July 1804, *James Kirkpatrick to William Kirkpatrick.* 伊莎贝拉（受洗时的教名为芭芭拉·伊莎贝拉·柯克帕特里克，但长大成人之后一般使用更好听的中间名伊莎贝拉）生于 1788 年。See Strachey Papers, OIOC F127/478a, 'Sketch of the Kirkpatrick Family by Lady Richard Strachey'.

38. OIOC, Kirkpatrick Papers, F228/58, p.67, 3 December 1802, James Kirkpatrick to T.G. Richardson in Madras.

39. Ibid., p.53, 8 November 1802, James Kirkpatrick to James Brunton.

40. OIOC, Kirkpatrick Papers, F228/59, p.20, 9 October.

41. Ibid., p.40, 4 June 1805, James Kirkpatrick to William Kirkpatrick.

42. See Khan, *Indian Muslim Perceptions of the West*, op. cit, Chapter 2.

43. Shushtari, op.cit., pp.11, 351, 425.

44. 关于托马斯·迪恩·皮尔斯对天文学的兴趣，见 *Bengal Past and Present*, Vol.2, 1908, pp.304ff, and esp. Vol.6, 1910, pp.40 and 273–4, part of a long series of articles on Pearse's letters。

45. OIOC, Kirkpatrick Papers, F228/59, p.40, 4 June 1805, James Kirkpatrick to William Kirkpatrick.

46. Ibid., p.33, 24 October 1804, James Kirkpatrick to George Kirkpatrick.

47. OIOC, Kirkpatrick Papers, F228/82, p.32, 13 July 1805, Dr Ure.

48. OIOC, Kirkpatrick Papers, F228/59, p.40, 4 June 1805, James Kirkpatrick to William Kirkpatrick.

49. OIOC, Kirkpatrick Papers, F228/84, dated 22 March 1805.

50. Mirza Abu Taleb Khan, op. cit., p.197.

51. Ibid, pp.198–200.

52. OIOC, Kirkpatrick Papers, F228/13, p.166, 21 September 1801, James Kirkpatrick to William Kirkpatrick.

53. OIOC, Sutherland Papers, Mss Eur D547, pp.133–4, undated but c.1803.

54. Ibid., p.134.

55. OIOC, Kirkpatrick Papers, F228/13, p.152, 6 September 1801, James Kirkpatrick to William Kirkpatrick.

56. OIOC, Kirkpatrick Papers, F228/59, p.27, 4 October 1804, James Kirkpatrick to the Handsome Colonel.

57. Ibid.

58. Ibid., p.40, 4 June 1805, James Kirkpatrick to William Kirkpatrick.

59. Ibid., p.27, 4 October 1804, James Kirkpatrick to the Handsome Colonel.

60. Ibid, p.35, James Kirkpatrick to Mrs Hooker, c. August 1805.

61. Ibid, p.40, 4 June 1805, James Kirkpatrick to William Kirkpatrick.

62. Letter from Kitty Kirkpatrick to Sharaf un-Nissa, undated but c.1840, in the private archive of Kirkpatrick's descendants.

63. Hickey, op. cit., Vol.4, p.385.

64. Patrick Conner, *George Chinnery 1774–1852: Artist of India and the China*

Coast (London, 1993), p.62.

65. OIOC, Kirkpatrick Papers, F228/75, p.5, 6 August 1805, William Petrie to James Kirkpatrick.

66. Hickey, op. cit., Vol.4, pp.319–20.

67. OIOC, Kirkpatrick Papers, F228/75, p.3, 27 July 1805, Lieutenant Colonel Robinson to James Kirkpatrick.

68. See Hastings Papers, BL Add Mss 29,180, Vol. XLIX, f.328, October 1804–December 1805, William Palmer to Hastings, Berhampore, 12 October 1805.

69. OIOC, Kirkpatrick Papers, F228/75, p.5, 6 August 1805, William Petrie to James Kirkpatrick.

70. OIOC, Kirkpatrick Papers, F228/68, p.109, 20 August 1805, Mir Alam to James Kirkpatrick, trans. by Henry Russell, First Assistant.

71. OIOC, Kirkpatrick Papers, F228/75, p.13, 9 September 1805, Henry Russell to James Kirkpatrick.

72. *Calcutta Gazette*, 3 October.

73. OIOC, Kirkpatrick Papers, F228/75, p.15, 14 September, James Kirkpatrick to William Bentinck. 信中转述了米尔·阿拉姆的要求，即购买阿尔果德的纳瓦布在海德拉巴的房屋和地产。另见第18页，9月22日的信件：阿尔果德的纳瓦布的秘书发出的一封信，约詹姆斯·柯克帕特里克于次日上午10点在齐博科府觐见纳瓦布，也许就是为了讨论米尔·阿拉姆的买房提议。

74. *Calcutta Gazette*, 10 October.

75. OIOC, Elphinstone Papers, Mss Eur F88, Boxi3/16[b], entry for 13 September 1801.

76. *Calcutta Gazette*, 3 October.

77. Hastings Papers, BL Add Mss 29, 180, Vol. XLIX, f.328, October 1804–December 1805, William Palmer to Hastings, Berhampore, 12 October 1805.

78. 遗嘱附录在遗嘱的底部。See OIOC, Kirkpatrick Papers, F228/84, dated 22 March 1805. 詹姆斯添加的条款包括一条非常体贴的指示，即他给侄女们的慷慨遗赠应当在她们结婚时支付，而不一定要等到她们年满二十一岁。

79. 这些细节摘自一部精彩著作：Theon Wilkinson, *Two Monsoons*, op. cit.; n.b. esp. Chapter 1。

80. *Calcutta Gazette*, 28 November.

81. Bodleian Library, Russell Papers, Ms Eng Letts C152, p.50.

第九章

1. Denis Kincaid, *British Social Life in India up to 1938* (London, 1938), pp.22, 95.

2. David Burton, *The Raj at Table: A Culinary History of the British in India*

(London, 1993), p.208.

3.　Shushtari, op. cit, p.427.

4.　Quoted in John Keay, *India Discovered* (London, 1981), p.22.

5.　Hickey, op. cit, Vol. 2, p.187.

6.　Shushtari, op. cit, p.434.

7.　Ibid., p.137.

8.　Ibid., p.301.

9.　OIOC, Fowke Papers, Mss E6.66, Vol. XXVII, J. Fowke to M. Fowke, Calcutta, 12 December 1783.

10.　Shushtari, op. cit, p.432.

11.　Bodleian Library, Russell Papers, Ms Eng Letts C155, p.128, 9 April 1806, Henry Russell to Charles Russell; and p.176, 30 August 1806, Henry Russell in Calcutta to Charles Russell in Hyderabad.

12.　Ibid, pp.190–2, 7 November 1806, Henry Russell to Charles Russell.

13.　Ibid, p.138, 9 May; p.152, 11 July; and p.128, 25 June: all three letters from Henry Russell in Calcutta to Charles Russell in Hyderabad.

14.　Ibid., p.140, 2 June 1806, Henry Russell to Charles Russell; and p.158, Calcutta, 23 July, Henry Russell to Charles Russell.

15.　Ibid., p.164, 16 August, Henry Russell to Charles Russell.

16.　Ibid., p.190, 7 November, Henry Russell to Charles Russell.

17.　Ibid, p.162, 3 August 1806.

18.　Khan, *Tarikh i-Khurshid Jahi*, op. cit., pp.713–14.

19.　Bodleian Library, Russell Papers, Ms Eng Letts D151, p.96, Poona, 31 May 1810, Henry Russell to Charles Russell.

20.　Quoted in Anon., *Some Notes on the Hyderabad Residency*, op. cit, p.4.

21.　Bodleian Library, Russell Papers, Ms Eng Letts D15l, p.120, c.June 1810, Henry Russell to Charles Russell.

22.　Ibid., p. 1, 1 March 1806; and p.126, 24 March: both Henry Russell to Charles Russell.

23.　Bodleian Library, Russell Papers, Ms Eng Letts.

24.　Ibid, C155, p.155, 18 July 1806.

25.　Ibid., p.132, 14 May.

26.　Bodleian Library, Russell Papers, Ms Eng Letts D151, p.76, Poona, 19 May 1810, and p.96, Poona, 31 May 1810. 关于他发誓不会雇用任何对詹姆士不忠之人，见 Ms Eng Letts C155, p.132, 14 May。

27.　Bodleian Library, John Palmer Papers, Ms Eng Lit C76, pp.82–3, 8 September 1813, John Palmer to William Palmer.

28.　Hastings Papers, BL Add Mss 29, 180, Vol. XLIX, October 1804–December 1805, f.328, William Palmer to Hastings, Berhampore, 12 October 1805.

29.　Bodleian Library, John Palmer Papers, Ms Eng Lit C76, p.115, 25 July 1810,

John Palmer to William Palmer.

30. Bodleian Library, Russell Papers, Ms Eng Letts C155, p.138, 29 May 1806, Henry Russell to Charles Russell.

31. Ibid., p.142, 5 June 1806, Henry Russell to Charles Russell.

32. Ibid.

33. Ibid., p.145, 13 June 1806, Henry Russell to Charles Russell.

34. Ibid., p.198, 29 November, Henry Russell to Charles Russell.

35. Ibid., p.140, 2 June 1806, Calcutta, Henry Russell to Charles Russell.

36. Ibid, p.150, 4 July 1806, Henry Russell to Charles Russell.

37. Ibid., p.158, Calcutta, 23 July; and p.150, 4 July: both Henry Russell to Charles Russell.

38. Ibid., p.155, Calcutta, 18 July, Henry Russell to Charles Russell.

39. Ibid.

40. Ibid, pp.190–2, 7 November 1806, Henry Russell to Charles Russell.

41. Bodleian Library, Russell Papers,Ms Eng Letts C172, p.5, 25 November 1806, Thomas Sydenham to Henry Russell.

42. Ibid., p.7, 26 December 1806, Henry Russell to Thomas Sydenham.

43. Ibid.

44. Bodleian Library, Russell Papers, Ms Eng Letts C168, p.1, 24 December 1806, N.B. Edmonstone to Henry Russell.

45. Bodleian Library, Russell Papers, Ms Eng Letts C172, p.7, 26 December 1806, Henry Russell to Thomas Sydenham.

46. Ibid, p.l, 14 January 1807, Thomas Sydenham to Henry Russell.

47. Ibid, p.11, 20 February 1806, Hemming to Henry Russell.

48. Bodleian Library, Russell Papers, Ms Eng Letts C155, pp.205–6, 22 March 1806, Henry Russell to Charles Russell.

49. Ibid., p.207, 14 April 1807, Henry Russell to Charles Russell.

50. Ibid.

51. Scottish Record Office, Edinburgh, GD135/2086, The Will of Lieut Col James Dalrymple, Hussein Sagar, 8 December 1800.

52. Jacon Hafner, from his *Reizen van Jacob Haafner eerste Deel*, pp.112, 135, quoted in Sinnappah Arasaratnam and Aniruddha Ray, *Masulipatam and Cambay: A History of Two Port Towns 1500–1800* (New Delhi, 1994), p.116.

53. Bodleian Library, Russell Papers, Ms Eng Letts C155, p.213, 27 April 1807, Henry Russell to Charles Russell.

54. Ibid., p.216, 14 January 1808, Henry Russell to Charles Russell.

55. Ibid.

56. Ibid.

57. 关于马德拉斯，见 Dodwell, op. cit, pp.187, 217, 220；Jan Morris, *Stones of Empire: The Buildings of the Raj* (Oxford,1983), pp.214–15；Davies, *Splendours*

of the Raj, op. cit, p.30。

58. Bodleian Library, Russell Papers, Ms Eng Letts C156, p.4, 7 April 1808, Henry Russell to Charles Russell.

59. Bodleian Library, Russell Papers, Ms Eng Letts C155, pp.226–30, 4 March 1808, Henry Russell to Charles Russell.

60. Bodleian Library, Russell Papers, Ms Eng Letts C156, p.21, 21 April 1808, Henry Russell to Charles Russell.

61. Bodleian Library, Russell Papers, Ms Eng Letts C155, p.31, 7 March 1808, Henry Russell to Charles Russell.

62. Bodleian Library, Russell Papers, Ms Eng Letts C156, p.51, 14 May 1808, Henry Russell to Charles Russell.

63. Bodleian Library, Russell Papers, Ms Eng Letts C155, p.236, 9 March 1808, Henry Russell to Charles Russell.

64. Bodleian Library, Russell Papers, Ms Eng Letts C156, p.29, 29 April 1808, Henry Russell to Charles Russell.

65. Bodleian Library, Russell Papers, Ms Eng Letts C155, p.236, 9 March 1808, Henry Russell to Charles Russell.

66. Ibid., p.244, 10 March 1808, Henry Russell to Charles Russell.

67. Bodleian Library, Russell Papers, Ms Eng Letts C156, p.4, 7 April 1808, Henry Russell to Charles Russell.

68. Ibid, p.18, 19 April 1808.

69. Ibid., p.30, 1 May 1808, Henry Russell to Charles Russell.

70. Ibid, p.41, 7 May 1808, Henry Russell to Charles Russell.

71. Ibid., p.51, 14 May 1808, Henry Russell to Charles Russell.

72. Ibid., p.88, June 1808, Henry Russell to Charles Russell.

73. Ibid., p.89, 11 June 1808, Henry Russell to Charles Russell.

74. Ibid., p.91, 11 June 1808, Henry Russell to Charles Russell.

75. Bodleian Library, Russell Papers, Ms Eng Letts C152, undated letter (c.1809), Sir Henry Russell to Charles Russell; also letter from Sir Henry to Henry Russell, 13 November 1818, reprinted in *Indian Archives*, Vol. VIII, July—December 1954, pp.135–6. See also Peter Wood, 'Vassal State in the Shadow of Empire: Palmer's Hyderabad, 1799–1867'(unpublished Ph.D.,University of Wisconsin-Madison, 1981), pp.106–7.

76. Bodleian Library, Russell Papers, Ms Eng Letts C156, p.98, 20 October, Henry Russell to Charles Russell.

77. Ibid.,p.102.

78. Ibid, p.107, 29 December 1808, Henry Russell to Charles Russell.

79. Bodleian Library, Russell Papers, Ms Eng Letts D152, p.8, 9 October 1810.

80. Bodleian Library, Russell Papers, Ms Eng Letts C156, p.279, n.d., Henry Russell to Charles Russell.

81. Bodleian Library, Russell Papers, Ms Eng Letts C172, p.67, 7 June 1813, Lady Hood to Henry Russell.

82. Scottish Record Office, Edinburgh, GD46/15/3/1-30, Henry Russell to Lady Hood, Hyderabad, 23 September 1813.

83. Scottish Record Office, Edinburgh, GD46/8/1, Henry Russell to Lady Hood, Hyderabad, 5 November 1813.

84. See Lady [Constance] Russell, *The Rose Goddess and Other Sketches of Mystery & Romance* (London, 1910), pp.1-18.

85. Scottish Record Office, Edinburgh, GD46/8/1, Henry Russell to Lady Hood, Hyderabad, 5 November 1813.

第十章

1. Quoted in Archer and Falk, *India Revealed*, op. cit., p.54.

2. Captain George Elers, *Memoirs of George Elers, Captain of the 12th Regiment of Foot* (London, 1903), pp.179-88.

3. 感谢 Michael Fisher 为我提供这条信息。

4. 孩子们思念印度，见 Lady Russell, *The Rose Goddess...* , op. cit., pp.1-18。基蒂说她被禁止与母亲通信，见她的后人的私人档案中的书信。她在 1841 年的一封信中告诉莎拉芙·妮萨："我渴望写信给你，渴望把这些我在过去始终没有办法表达的情感传递给你。我相信如果我过去写了这样的信，它也一定会被扣留。"

5. Edward Strachey, 'The Romantic Marriage of James Achilles Kirkpatrick', op. cit, pp.27-8.

6. 肯定是威廉，而不是"英俊上校"，偶尔写信给亨利·罗素，介绍孩子们的成长状况。威廉的信里对孩子们的描述显然是基于一手观察而不是二手报告，所以我们可以推断孩子们与威廉在一起待了相当长的时间。

7. 他在遗嘱中就是这么描述肯纳韦的。我找不到这份文件的原件，所以用的是威廉的后人肯尼斯·柯克帕特里克做的一份抄本，他将该抄本寄给了海德拉巴的比尔齐兹·阿拉丁（Bilkiz Alladin）。我很感谢比尔齐兹两次允许我阅读这份文件，并使用她收藏的大量柯克帕特里克档案。

8. Brendan Carnduff, entry for William Kirkpatrick in *The New Dictionary of National Biography* (forthcoming). Brendan 告诉我，柯克帕特里克在这个时期给肯纳韦的信似乎暗示柯克帕特里克有严重的鸦片滥用问题。

9. 东印度公司藏书后来演变成英国政府的印度事务部图书馆，今天是大英图书馆（伦敦）的一个单独部分。威廉对尼泊尔的描述后来发表了，即 *An Account of the Mission to Nepaul in 1793* (London, 1811)。

10. 在 *India Inscribed*, op. cit. (p.235) 中，Kate Teltscher 评论道，在序言中，"柯克帕特里克描述蒂普苏丹的书信时大体上用的是描述暴政的词语：残酷的敌人、不宽容的宗教狂、压迫成性的统治者、暴虐的主人、嗜血和背信弃义的暴君……[序言的]最后一句话颇有言外之意，而不是直接表达，暗示了柯克帕特里克在试图驳斥少数对苏丹的描述比较正面的作者，那些作者认为苏丹的暴君形象是严重的夸张"。柯克帕特里克就是这样有选择性地发表文献，目的是展现伊斯兰统治者的负面。今天还有人这么做，比如，各种亲以色列的游说组织有选择性地翻译阿拉伯世界和伊斯兰世界的新闻报道。

11. 马克·威尔克斯（1760?~1831），于 1798~1803 年担任克莱武勋爵的军事秘书和私人秘书，1803~1808 年担任驻迈索尔常驻代表，1808 年离开印度。退休回英国后，他写了 Historical Sketches of the South of India in an Attempt to trace the History of Mysore (London, 1810–14)，以及对波斯形而上学著作 Akhlak i-Nasiri 的分析。

12. OIOC, Kirkpatrick Papers, F228/21, pp.1, 7; 4 and 12 November 1809, Mark Wilks to William Kirkpatrick.

13. 我很感谢 Brendan Carnduff 帮助我研究威廉·柯克帕特里克，以及 Carnduff 的那些明智而慷慨的建议，尤其是涉及威廉可能吸食鸦片成瘾并执迷于蒂普苏丹占星学的内容。

14. 威廉因过量服用鸦片酊而死亡，见 Strachey Papers, OIOC F127/478a, 'Sketch of the Kirkpatrick Family by Lady Richard Strachey'。他的外孙女克莱门蒂娜·罗宾逊（克莱门蒂娜·路易斯夫人的女儿）写道："我认为他患有风湿性痛风，但他的死因是过量服用鸦片酊，他的仆人把鸦片酊放在他床边，误以为是轻泻药。"威廉被葬在伦敦河岸街的丹麦圣克莱蒙教堂。《埃克塞特飞行邮报》的讣告是这样的："1812 年 9 月 3 日，星期四：上月 22 日，东印度公司的陆军少将柯克帕特里克在伦敦附近突然去世。他生前居住在埃克塞特市。他曾长期在印度担任重要的公职，他的文学成就、政治知识和私德同样卓越。"

15. 他妹妹的后人档案里有一封没有标明日期的书信，其中说他即将接受截肢手术，但没有说要截掉哪一个肢体。爱德华·斯特雷奇的未发表回忆录中提及此事，见 Charles Richard Sanders, The Strachey Family 1588–1932: Their Writings and Literary Associations (New York, 1968), p.122。

16. From the private archive of their descendants. The Handsome Colonel to Katherine Kirkpatrick, Hollydale, 8 September 1812.

17. "英俊上校"在冬青谷去世，被葬在伦敦河岸街的丹麦圣克莱蒙教堂。该教堂的北墙高处曾悬挂着纪念他和威廉的铭牌，但该教堂毁于第二次世界大战时期的德军轰炸，铭牌也不见踪影。

18. Thomas Carlyle (ed. Charles Eliot Novem), Reminiscences (London, 1887), p.243.

19. Ibid., p.244.

20. Barbara Strachey, The Strachey Line, op. cit, p.113.

21. Carlyle, Reminiscences, op. cit., p.247.

22. Ibid., p.246.

23. Alexander Carlyle (ed.), *Love Lerters of Thomas Carlyle and Jane Welsh* (London,1909), Vol.2, p.15.

24. Ibid., p.20.

25. Carlyle, *Reminiscences,* op. cit., p.247 写道："斯特雷奇太太从一开始就对我有好感，也从来没有动摇过。我现在比当时更清楚地感到，她私下里愿意看到'亲爱的基蒂'和我走到一起。"

26. *Love Letters of Thomas Carlyle and Jane Welsh,* op. cit., Vol.2, p.25.

27. Ibid., pp.50–1.

28. Ibid., p.235.

29. Quoted in 'Carlyle and the "Blumine" of *Sartor Resartus*', *Westminster Review*, CLXLII, August 1894, pp.164–5.

30. Barbara Strachey, *The Strachey Line*, op.cit., p.117.

31. In Sanders, *The Strachey Family 1588–1932,* op. cit, p.134.

32. Carlyle, *Reminiscences*, op. cit., p.248.

33. From the private archive of their descendants, letter from James Phillipps to Kitty dated only 'Friday Night'.

34. Thomas Carlyle, *Sartor Resartus* (London,1833–34); see Chapter s, 'Romance', passim.

35. 关于卡莱尔的"布鲁敏"和"玫瑰女神"的身份，有大量研究著作。See G. Strachey, 'Carlyle and the Rose Goddess', in *Nineteenth Century*, Vol. 32, July– December 1892, pp.470–86; J.J. Cotton, 'Kitty Kirkpatrick', in *Calcutta Review*, Vol. CCXVI, April 1899, pp.236–48; and the follow-up in Vol. CCIXX, December 1899, J.J. Cotton, 'Kitty Kirkpatrick and Blumine', pp.128–35; Henry Strachey, 'Carlyle's First Love', *Spectator*, CIII, 9 October 1909, pp.559–60. See also Lady Russell, *The Rose Goddess…* , op. cit., pp.1–18. 布鲁敏原型的其他人选包括玛格丽特·戈登和卡莱尔的妻子简·韦尔什。See C.F. Harrold (ed.), *Carlyle's Sartor Resartus* (New York, 1937), pp.37–8.

36. G.Strachey, 'Carlyle and the Rose Goddess', op. cit.

37. Ibid.

38. Ibid., p.475.

39. 我们不知道他是如何获得钱纳利画像的。基蒂为了查明此事，写信给她在海德拉巴常驻代表府的一个熟人。罗素不是立即将画交给她的，而是在遗嘱中将其遗赠给她，这让他自己的亲人十分恼火。See letter of Henry Russell to William Palmer in Bodleian Library, Russell Papers, Mss Eng Letts C174, 2 October 1841, p.147. 这封信的内容与罗素夫人后来在 *The Rose Goddess…* , op. cit., p.1 中的不准确记述有矛盾。罗素夫人写道，基蒂第一次去燕子野是 1846 年夏季在某位克莱武太太的陪同下去的。不过她当然可能去了两次燕子野。

40. Anon., *Some Notes on the Hyderabad Residency,* op. cit., p.23.

41. See Wood, op. cit, pp.269–71.

42. De Warren, op. cit., Chapter 9.

43. Ibid., Chapter 10.

44. Ibid.

45. 对帕尔默银行以及罗素秘密参与其业务的最佳叙述仍然是 Peter Wood 的精彩论文 'Vassal State in the Shadow of Empire', op. cit., pp.348–61。关于罗素贿赂《海德拉巴文件》的印刷商，见 ibid., p.357。另见 Hawes, op. cit., pp.101–9 精彩的简短叙述。

46. Scottish Record Office, Edinburgh, GD46/8/1, Henry Russell to Lady Hood, Hyderabad, s November 1813.

47. 这封信现存于博德利图书馆的亨利·罗素波斯文通信合集里。见本书第七章注释 9。

48. Bodleian Library, Russell Papers, Mss Eng Letts C174, p.147, 2 October 1841, Henry Russell to William Palmer.

49. Ibid., p.154, 15 January 1842, William Palmer to Henry Russell.

50. 这封信没有标明日期，但可能写于 1841 年，现存于他们后人的私人档案。原文是波斯文的，附有 D.C. 马尔科姆上尉的略微不准确的译文。

51. 这些通信现存于伦敦，在海尔·妮萨后人的私人档案中。没有编目。

52. See Wood, op. cit., p.362n.

53. 这些通信现存于伦敦，在海尔·妮萨后人的私人档案中。没有编目。

54. Bodleian Library, Russell Papers, Mss Eng Letts C174, p.174, 27 July 1847, William Palmer to Henry Russell.

55. Bengal Regimental Orders, IOR/P/ Ben/Sec/253, Fort William, 17 December 1813, No.39, Regimental Orders by Lt. Col. Stuart, Futtyghur, 2 July 1813. Also No. 68.

56. Gardner Papers, National Army Museum, p.206, Letter 81, Babel, 27 June 1821.

57. Saksena, op. cit., pp.100–37.

58. Parkes, op. cit, p.458.

59. Quoted in Alex Palmer's unpublished *The Palmer Family*, op. cit.

60. Temple, *Journals of Hyderabad...*, op. cit, Vol. 1, p.240.

61. Quoted by Lady Russell, *The Rose Goddess...*, op. cit, p.18.

62. Edward Strachey, 'The Romantic Marriage of James Achilles Kirkpatrick...' op. cit, p.29.

63. See for example p.52.

参考书目

1. 欧语手稿史料

Oriental and India Office Collections, British Library (formerly India Office Library), London (OIOC)

James Dalrymple Papers, Mss Eur E330
Elphinstone Papers, Mss Eur F88
Fowke Papers, Mss Eur E6.66
Gardner Papers, Mss Eur C304
Kirkpatrick Papers, Mss Eur F228
'Memoirs of William Prinsep', Mss Eur D1160
Strachey Papers, Mss Eur F127
Edward Strachey's Diaries, Mss Eur F128
Sutherland Papers, Mss Eur D547
GE Westmacott's Ms Travels in India, Mss Eur C29
Home Miscellaneous 464, 'Report of an Examination instituted by the direction of his Excellency the most noble Governor General, Fort St. George 7th Nov 1801'
Home Miscellaneous 743, 'The Affairs Of Messrs Wm Palmer & Co, Extract From Bengal Pol Cons 7th Oct 1825'
Bengal Wills 1780–1804, L/AG/34/29/4–16
Madras Inventories, L/AG/34/29/185–210
Bengal Regimental Orders, IOR/P/BEN/SEC
Bengal Political Consultations, IOR/P/117/18

British Library

Warren Hastings Papers, Add Mss 29,172, Vol. XLI, 1790
Anderson Papers, Add Mss 45,427
Brit Mus Egerton MS 2123
Wellesley Papers, Add Mss 13,582–

Bodleian Library, Oxford

Russell Correspondence, Ms Eng Letts C155–7, C174, D150, D151
Palmer Papers, Ms Eng Lit C176
Ms Bodley Or. 430

Devon Records Office, Exeter

Kennaway Papers, B961M, ADD/F2

West Country Studies Library, Exeter

Kennaway Files
Palk Files

Archives Départmentales de la Savioe, Chambéry, France

De Boigne archive

National Army Museum Library, London

Gardner Papers, NAM 6305–56

Scottish Record Office, Registrar House, Edinburgh

The Will of Lieut Col James Dalrymple, Hussein Sagar, 8 December
   1800: GD135/2086
Seaforth Papers: GD46 Letters from Henry Russell to Lady Hood

National Library of Scotland

Papers of Alexander Walker, NLS 13,601–14,193,

National Archives of India, New Delhi

Secret Consultations
Political Consultations
Foreign Consultations
Foreign Miscellaneous
Secret Letters to Court
Secret Letters from Court
Political Letters to Court
Political Letters from Court
Hyderabad Residency Records

Delhi Commissioners' Office Archive, New Delhi

Mubarak Bagh Papers, DCO F5/1861

Private Archives

Fraser Papers, Inverness
Kirkpatrick Papers, London
Strachey and Kirkpatrick Papers, Strachey Trust, Oxford

2. 未刊手稿和论文

Bakshi, Ashwin Kumar, 'The Residency of Hyderabad 1779–1857'
    (unpublished Ph.D., Osmania University, 1990)
Chander, Sunil, 'From a Pre-Colonial Order to a Princely State:
    Hyderabad in Transition, c1748–1865' (unpublished Ph.D.,
    Cambridge University, 1987)
Ghosh, Durba, 'Colonial Companions: Bibis, Begums, and Concubines
    of the British in North India 1760–1830' (unpublished Ph.D.,
    Berkeley, 2000)
Haidar, Dr Zeb un-Nissa, 'A Comprehensive Study of the Daftar
    i-Dar ul-Insha 1762–1803' (unpublished Ph.D., Osmania University,
    Hyderabad, 1978)
Haidar, Dr Zeb un-Nissa, 'The Glimpses of Hyderabad: In the Light
    of the Tarikh i-Mahanamah' (research project for UGC Grant,
    Hyderabad, 1998–99)
Wood, Peter, 'Vassal State in the Shadow of Empire, Palmer's
    Hyderabad 1799–1867' (unpublished Ph.D., University of
    Wisconsin-Madison, 1981)

3. 波斯语和乌尔都语史料

A. 手稿

*Oriental and India Office Collections, British Library (formerly India
    Office Library), London*
Diwan e-Chanda Islamic Ms, 2768

Private Collection, Hyderabad
Tamkin Kazmi (ed. and expanded by Laeeq Salah), *Aristu Jah*
    (unpublished Urdu biography, written c.1950 and re-edited by
    Laeeq Salah c.1980)

Oriental Manuscript Library, Hyderabad
Khazan wa Bahar Mutafarriqat Ms, 686
Risala-e Baghbani Mutafarriqat Ms, 164

B. 已刊文献

Anon., *The Chronology of Modern Hyderabad from 1720 to 1890AC*
 (Hyderabad, 1954)

Azmi, Rahat, *Mah e-laqa* (Hyderabad, 1998)

Balkhi, Fasih-ud-Din, *Tazkirah e-Niswan e-Hind* (Patna, 1956)

Bidri, Mohammed Khader Khan Munshi (trans. Dr Zeb un-Nissa
 Haidar), *Tarikh i-Asaf Jahi* (written 1266AH/AD1851, pub.
 Hyderabad, 1994)

Fazl, Abu'l (trans. H. Blochman and H.S. Jarrett), *Ain i-Akbari*
 (written c.1590, pub. Calcutta, 1873–94, 3 vols)

Gohar, Ghulam Samdani, *Hyat e-Mah e-Laqa* (Hyderabad, 1240AH/
 AD1825)

Hasan, Mehdi Fateh Nawaz Jung, *Muraqq-Ibrat* (Hyderabad, 1300AH/
 AD1894)

Husain, Saiyyad Iltifat, *Nagaristan i-Asafi* (written c.1816, pub.
 Hyderabad, 1900?)

Jehangir (trans. Alexander Rodgers, ed. Henry Beveridge), *The Tuzuk
 i-Jehangiri or Memoirs of Jehangir* (London, 1909–14)

Kasravi, Ahmad, 'Ham dozd ham dorugh' ('Not Only a Liar but a
 Plagiarist'), in *Peyman*, Vol. 1, No. 3, 1312AH (about Shushtari's
 Tuhfat al-'Alam)

Khan, Dargah Quli (trans. Chander Shekhar), *The Muraqqa' e-Dehli*
 (New Delhi, 1989)

Khan, Ghulam Husain, Khan Zaman Khan, *Gulzar i-Asafiya*
 (Hyderabad, 1302AH/AD1891)

Khan, Ghulam Imam, *Tarikh i-Khurshid Jahi* (Hyderabad, 1284AH/
 AD1869)

Khan, Ghulam Imam, *Tarikh e-Rasheeduddin Khani* (written
 Hyderabad, 1270AH/AD1855, pub. 1321AH/AD1901)

Khan, M. Abdul Rahim, *Tarikh e-Nizam* (Hyderabad, 1311AH/AD1896)

Khan, Mirza Abu Taleb (trans. Charles Stewart), *The Travels of Mirza
 Abu Taleb Khan in Asia, Africa, and Europe during the years 1799,
 1800, 1801, 1802, and 1803* (London, 1810)

Khan, Mohammed Najmul Ghani, *Tarikh e-Riyasat e-Hyderabad* (Lucknow, 1930)

Khan, Saqi Must'ad, *Maasir i-Alamgiri* (trans. as *The History of the Emperor Aurangzeb-Alamgir 1658–1707*), (Calcutta, 1946)

Lal, Makhan, *Tarikh i-Yadgar i-Makhan Lal* (Hyderabad, 1300AH/ AD1883)

Mansaram, Lala (trans. P. Setu Madhava Rao), *Masir i-Nizami, Eighteenth Century Deccan* (Bombay, 1963)

Ruswa, Mirza Mohammed Hadi Ruswa (trans. Khuswant Singh and M.A. Hussani), *Umrao Jan Ada* (Hyderabad, 1982)

Server ul-Mulk (trans. from the Urdu by his son, Nawab Jiwan Yar Jung Bahadur), *My Life, Being the Autobiography of Nawab Server ul Mulk Bahadur* (London, 1903)

Shushtari, Sayyid Abd al-Latif, *Kitab Tuhfat al-'Alam* (written Hyderabad, 1802; lithographed Bombay, 1847)

Talib, Mohammed Sirajuddin, *Mir Alam* (Hyderabad, n.d.)

Talib, Mohammed Sirajuddin, *Nizam Ali Khan* (Hyderabad, n.d.)

4. 欧语当代著作和期刊文章

Ainslie, Rev. R., '"British Idolatry in India": A sermon preached by the Rev. R. Ainslie at the Monthly Meeting of Ministers of Congregational Churches', in *The Pastoral Echo: Nineteen Sermons of Eminent Dissenting Ministers and Others* (London, 1837)

Alam, Muzaffar and Alavi, Seema, *A European Experience of the Mughal Orient: The I'jaz i-Arslani (Persian Letters, 1773–1779) of Antoine-Louis Henri Polier* (New Delhi, 2001)

Anon., review of *A Code of Gentoo Laws or Ordinations of the Pundits*, in *Critical Review*, XLIV, September 1777, pp.177–191

Anon., *Sketches of India Written by an Officer for the Fire-Side Travellers at Home* (London, 1821)

Barnard, Anne (ed. A.M. Lewin Robinson), *The Letters of Lady Anne Barnard to Henry Dundas from the Cape and Elsewhere 1793–1803* (Cape Town, 1973)

Barnard, Anne (ed. A.M. Lewin Robinson), *The Cape Journals of Lady Anne Barnard 1797–98* (Cape Town, 1994)

Bayley, Emily, *The Golden Calm: An English Lady's Life in Moghul Delhi* (London, 1980)

Bourquien, Louis, 'An Autobiographical Memoir of Louis Bourquien translated from the French by J.P. Thompson', in *Journal of the Punjab Historical Society*, Vol. IX, Pt 7, 1923

Carlyle, Thomas, *Sartor Resartus* (London, 1833–34)

Carlyle, Thomas, *Reminiscences* (London, 1887)

Dalrymple, James, *Letters &c Relative To The Capture of Rachore* (Madras, 1796)

D'Oyley, Charles, *The European in India* (London, 1813)

East India Company, *The Hyderabad Papers: Papers Relative To Certain Pecuniary Transactions Of Messrs William Palmer And Co With The Government Of His Highness The Nizam* (London, 1824)

Elers, George, *Memoirs of George Elers, Captain of the 12th Regiment of Foot* (London, 1903)

'Ex-Civilian', *Life in the Mofussil* (London, 1878)

Fenton, Elizabeth, *The Journal of Mrs Fenton* (London, 1901)

Foster, William (ed.), *The English Factories in India 1618–1669* (13 vols, London, 1906–27)

Foster, William (ed.), *Early Travels in India 1583–1619* (London, 1921)

Francklin, William, *Military Memoirs of Mr George Thomas Who by Extraordinary Talents and Enterprise rose from an obscure situation to the rank of A General in the Service of Native Powers in the North-West of India* (London, 1805)

Fraser, James Baillie, *Military Memoirs of Lt. Col. James Skinner CB* (2 vols, London, 1851)

Fryer, Dr John, *A New Account of East India and Persia Letters Being Nine Years Travels Begun 1672 and finished 1681* (3 vols, London, 1698)

Hamilton, Alexander, *A New Account of the East Indies* (2 vols, London, 1930)

Heber, Reginald, *A Narrative of a Journey Through the Upper Provinces of India from Calcutta to Bombay, 1824–1825* (3 vols, London, 1827)

Hickey, William (ed. Alfred Spencer), *The Memoirs of William Hickey* (4 vols, London, 1925)

Hollingbery, William, *A History of His Late Highness Nizam Alee Khaun, Soobah of the Dekhan* (Calcutta, 1805)

Jones, Sir William (ed. G. Canon), *The Letters of Sir William Jones* (2 vols, Oxford, 1970)

Jourdain, John (ed. W. Foster), *Journal of John Jourdain 1608–17* (London, 1905)

Kaye, John W., *The Life and Correspondence of Sir John Malcolm GCB* (2 vols, London, 1856)

Kindersley, Mrs Jemima, *Letters from the East Indies* (London, 1777)

Kirkpatrick, William, *Diary and Select Letters of Tippoo Sultan* (London, 1804)

Kirkpatrick, William, *An Account of the Mission to Nepaul in 1793* (London, 1811)

Linschoten, J.H. Van, *The Voyage of John Huyghen Van Linschoten to the East Indies* (2 vols, London, 1885; original Dutch edition 1598)

Lockyer, Charles, *An Account Of The Trade With India Containing Rules For Good Government In Trade, And Tables: With Descriptions Of Fort St. George, Aheen, Malacca, Condore, Anjenjo, Muskat, Gombroon, Surat, Goa, Carwar, Telicherry, Panola, Calicut, The Cape Of Good Hope, And St Helena Their Inhabitants, Customs, Religion, Government Animals, Fruits &C.* (London, 1711)

Lushington, Rt Hon. S.R., *The Life and Services of Lord George Harris GCB* (London, 1840)

Mackintosh, James, *Memoirs of the Life of The Rt Hon Sir James Mackintosh* (London, 1835)

Malcolm, Sir John, *Sketch of the Political History of India from the Introduction of Mr Pitts Bill* (London, 1811)

Malcolm, Sir John, *Political History of India* (2 vols, London, 1836)

Mandelslo, J.A. de (trans. John Davis), *The Voyages and Travels of J. Albert de Mandelslo; The Voyages & Travels of the Ambasssadors sent by Frederick Duke of Holstein, to the Great Duke of Muscovy, and the King of Persia* (London, 1662)

Manucci, Niccolao (trans. William Irvine), *Storia do Mogor, or Mogul India, 1653–1708* (2 vols, London, 1907)

Medwin, Thomas, *The Angler in Wales or Days and Nights of Sportsmen* (2 vols, London, 1834)

Methwold, William, 'Relations of the Kingdome of Golchonda and other neighbouring Nations and the English Trade in Those Parts', in W.H. Moreland, *Relations of Golconda in the Early Seventeenth Century* (London, 1931)

Nugent, Lady Maria, *Journal of a Residence in India 1811–15* (2 vols, London, 1839)

Parkes, Fanny, *Wanderings of a Pilgrim in Search of the Picturesque* (London, 1850)

Peggs, James, *A Voice from India: The British Connection with Idolatry and Mahomedanism, particularly the Government grant to the Temple at Juggarnarta and numerous other temples in India. A letter to Sir J.C. Hobhouse* (London, 1847)

Pellow, Thomas (ed. Robert Brown), *The Adventures of Thomas Pellow, of Penryn, Mariner* (London, 1890)

Pope, Alexander (ed. N. Ault, completed by J. Bull), *Minor Poems* (London, 1954)

Russell, Lady [Constance], *The Rose Goddess and Other Sketches of Mystery & Romance* (London, 1910)

Sarkar, Jadunath (ed.), *English Records of Mahratta History: Poona Residency Correspondence. Vol. 1 – Mahadji Scindhia and North Indian Affairs 1785–1794* (Bombay, 1936)

Sarkar, Jadunath (trans. and ed.), 'Haidarabad and Golkonda in 1750 Seen Through French Eyes: From the Unpublished Diary of a French Officer Preserved in the Bibliothèque Nationale, Paris', in *Islamic Culture*, Vol. X, 1936, p.24

Scurry, James, *The Captivity, Sufferings and Escape of James Scurry, who was detained a prisoner during ten years, in the dominions of Haidar Ali and Tippoo Saib* (London, 1824)

Sen, S., *Indian Travels of Thevenot and Careri* (New Delhi, 1949)

Sprenger, A., *A Catalogue of Arabic, Persian and Hindustany Manuscripts of the libraries of the King of Oudh* (Lucknow, 1854)

Stuart, Charles, *A Vindication of the Hindoos from the Aspersions of the Revd Claudius Buchanan MA with a refutation of the arguments exhibited in his Memoir . . . By a Bengal Officer* (London, 1808)

Tavernier, Jean-Baptiste (trans. V. Ball, ed. William Crooke), *Travels in India* (2 vols, Oxford, 1925)

Taylor, Philip Meadows, *Story of my Life* (London, 1878)

Taylor, Philip Meadows, *Confessions of a Thug* (London, 1889)

Thompson, Alexander, *Government Connection with Idolatry in India* (Cape Town, 1851)

Vitkus, Daniel J. (ed.), *Three Turk Plays from Early Modern England: Selimus, A Christian Turned Turk and The Renegado* (New York, 2000)

Warren, Count Edouard de, *L'Inde Anglaise en 1843* (Paris, 1845)

Wellesley, Arthur, Duke of Wellington (ed. by his son, the 2nd Duke of Wellington), *Supplementary Despatches and Memoranda of Field Marshal Arthur Duke of Wellington* (15 vols, London, 1858–72)

Wellesley, Richard, Marquess Wellesley (ed. Montgomery Martin), *The Despatches, Minutes and Correspondence of the Marquess Wellesley KG during his Administration of India* (5 vols, London, 1840)

Wellesley, Richard, Marquess Wellesley (ed. Edward Ingram), *Two Views of British India: The Private Correspondence of Mr Dundas and Lord Wellesley: 1798–1801* (London, 1970)

Williamson, Captain Thomas, *The East India Vade Mecum* (2 vols, London, 1810; 2nd edition 1825)

Yule, Henry, *Hobson-Jobson: A Glossary of Colloquial Anglo-Indian Words and Phrases* (London, 1903)

5. 二手资料与期刊文章

Alam, Shah Manzur, 'Masulipatam: A Metropolitan Port in the Seventeenth Century', in Mohamed Taher (ed.), *Muslim Rule in the Deccan* (New Delhi, 1997)

Alavi, Seema, *The Sepoys and the Company: Tradition and Transition in Northern India 1770–1830* (New Delhi, 1995)

Arasaratnam, Sinnappah and Ray, Aniruddha, *Masulipatam and Cambay: A History of Two Port Towns 1500–1800* (New Delhi, 1994)

Archer, Mildred, *Company Drawings in the India Office Library* (London, 1972)

Archer, Mildred, *India and British Portraiture 1770–1825* (London, 1979)

Archer, Mildred, *Between Battles: The Album of Colonel James Skinner* (London, 1982)

Archer, Mildred and Falk, Toby, *India Revealed: The Art and Adventures of James and William Fraser 1801–35* (London, 1989)

Ballhatchet, Kenneth, *Race, Sex and Class Under the Raj: Imperial Attitudes and Policies and their Critics 1793–1905* (London, 1980)

Bayly, C.A., *Imperial Meridian: The British Empire and the World 1780–1830* (London, 1989)

Bayly, C.A., *Empire and Information: Intelligence Gathering and Social Communication in India 1780–1870* (Cambridge, 1996)

Bence-Jones, Mark, *Palaces of the Raj* (London, 1973)

Bilgrami, S.A. Asgar, *The Landmarks of the Deccan: A Comprehensive Guide to the Archaeological Remains of the City and Suburbs of Hyderabad* (Hyderabad, 1927)

Bilkiz Alladin, *For the Love of a Begum* (Hyderabad, 1989)

Boyd, Elizabeth French, *Bloomsbury Heritage: Their Mothers and their Aunts* (New York, 1976)

Briggs, Henry, *The Nizam: His History and Relations with the British Government* (London, 1861)

Brittlebank, Kate, *Tipu Sultan's Search for Legitimacy: Islam and Kingship in a Hindu Domain* (New Delhi, 1997)

Buddle, Anne, *The Tiger and the Thistle: Tipu Sultan and the Scots in India* (Edinburgh, 1999)

Burton, David, *The Raj at Table: A Culinary History of the British in India* (London, 1993)

Butler, Iris, *The Eldest Brother: The Marquess Wellesley 1760–1842* (London, 1973)

Cadell, Patrick (ed.), *The Letters of Philip Meadows Taylor to Henry Reeve* (London, 1947)

Chatterjee, Indrani, *Gender, Slavery and Law in Colonial India* (New Delhi, 1999)

Chaudhuri, Nani Gopal, *British Relations with Hyderabad* (Calcutta, 1964)

Chew, Samuel C., *The Crescent and the Rose: Islam and England During the Renaissance* (New York, 1937)

Colley, Linda, 'Britain and Islam: Perspectives on Difference 1600–1800', in *Yale Review*, LXXXVIII, 2000

Colley, Linda, 'Going Native, Telling Tales: Captivity, Collaborations and Empire', in *Past & Present*, No. 168, August 2000

Collingham, E.M., *Imperial Bodies: The Physical Experience of the Raj c.1800–1947* (London, 2001)

Compton, Herbert (ed.), *The European Military Adventurers of Hindustan* (London, 1943)

Conner, Patrick, *George Chinnery 1774–1852: Artist of India and the China Coast* (London, 1993)

Cruz, Maria Augusta Lima, 'Exiles and Renegades in Early Sixteenth Century Portuguese India', in *Indian Economic and Social History Review*, XXIII, 3

Dalrymple, William, *City of Djinns* (London, 1993)

Davies, Philip, *Splendours of the Raj: British Architecture in India 1660–1947* (London, 1985)

Disney, A.R., *Twilight of the Pepper Empire: Portuguese Trade in South-West India in the Early Seventeenth Century* (Harvard, 1978)

Dodwell, Henry, *The Nabobs of Madras* (London, 1926)

Eaton, Richard Maxwell, *Sufis of Bijapur 1300–1700* (Princeton, 1978)

Findly, Ellison Banks, *Nur Jehan: Empress of Mughal India* (New Delhi, 1993)

Fisch, Jorg, 'A Solitary Vindicator of the Hindus: The Life and Writings of General Charles Stuart (1757/8–1828)', in *Journal of the Royal Asiatic Society*, 4, 1985, 2–3

Fisch, Jorg, 'A Pamphlet War on Christian Missions in India 1807–9', in *Journal of Asian History*, Vol. 19, 1985, pp.22–70

Fisher, Michael, *The Travels of Dean Mahomet: An Eighteenth Century Journey Through India* (Berkeley, 1997)

Flexner, J.T., *Mohawk Baronet: Sir William Johnson of New York* (New York, 1959)

Forrest, Denys, *Tiger of Mysore: The Life and Death of Tipu Sultan* (London, 1970)

Ghosh, Suresh Chandra, *The Social Condition of the British Community in Bengal* (Leiden, 1970)

Goffman, Daniel, *Britons in the Ottoman Empire 1642–1660* (Washington, 1998)

Grey, C., and Garrett, H.L.O., *European Adventurers of Northern India 1785–1849* (Lahore, 1929)

Hambly, Gavin (ed.), *Women in the Medieval Islamic World* (New York, 1998)

Hawes, Christopher, *Poor Relations: The Making of the Eurasian Community in British India 1773–1833* (London, 1996)

Husain, Ali Akbar, *Scent in the Islamic Garden: A Study of Deccani Urdu Literary Sources* (Karachi, 2000)

Hutchinson, Lester, *European Freebooters in Moghul India* (London, 1964)

Jaffer, Amin, *Furniture from British India and Ceylon* (London, 2001)

Kausar, Zinat, *Muslim Women in Medieval India* (New Delhi, 1992)

Kaye, M.M. (ed.), *The Golden Calm: An English Lady's Life in Moghul Delhi* (London, 1980)

Keay, John, *India Discovered* (London, 1981)

Keene, Manuel, *Treasury of the World: Jewelled Arts of India in the Age of the Mughals* (London, 2001)

Khan, Gulfishan, *Indian Muslim Perceptions of the West During the Eighteenth Century* (Karachi, 1998)

Kincaid, Denis, *British Social Life in India up to 1938* (London, 1938)

Kulkarni, G. and Kantak, M.R., *The Battle of Kharda: Challenges and Responses* (Pune, 1980)

Kumar, Ritu, *Costumes and Textiles of Royal India* (London, 1998)

Lafont, Jean-Marie, 'The French in Lucknow in the Eighteenth Century', in Violette Graff (ed.), *Lucknow: Memories of a City* (Delhi, 1997)

Lafont, Jean-Marie, *Indika: Essays in Indo–French Relations 1630–1976* (Delhi, 2000)

Lafont, Jean-Marie, *Maharaja Ranjit Singh: Lord of the Five Rivers* (New Delhi, 2002)

Lal, John, *Begam Samru: Fading Portrait in a Gilded Frame* (Delhi, 1997)

Lal, K.S., *Studies in Deccan History* (Hyderabad, 1951)

Lal, K.S., *The Mughal Harem* (New Delhi, 1988)

Lane-Poole, Stanley, *Aurangzeb and the Decay of the Mughal Empire* (London, 1890)

Leach, Linda York, *Mughal and Other Paintings from the Chester Beatty Library* (London, 1995)

Llewellyn-Jones, Rosie, *A Fatal Friendship: The Nawabs, the British and the City of Lucknow* (New Delhi, 1982)

Llewellyn-Jones, Rosie, *A Very Ingenious Man: Claude Martin in Early Colonial India* (New Delhi, 1992)

Llewellyn-Jones, Rosie, *Engaging Scoundrels: True Tales of Old Lucknow* (New Delhi, 2000)

Love, H.D., *Vestiges of Old Madras* (2 vols, London, 1913)

Mansingh, Gurbir, 'French Military Influence in India', in Mansingh, G., *Reminiscences: The French in India* (New Delhi, 1997)

Marshall, P.J. (ed.), *The British Discovery of Hinduism* (Cambridge, 1970)

Marshall, P.J., 'Cornwallis Triumphant: War in India and the British Public in the Late Eighteenth Century', in Lawrence Freeman, Paul

Hayes and Robert O'Neill (eds), *War, Strategy and International Politics* (Oxford, 1992)

Marshall, P.J., 'British Society under the East India Company', in *Modern Asian Studies*, 31, 1, 1997, pp.89–108

Matar, Nabil, *Islam in Britain 1558–1685* (Cambridge, 1998)

Matar, Nabil, *Turks, Moors and Englishmen in the Age of Discovery* (New York, 1999)

Michell, George and Zebrowski, Mark, *The New Cambridge History of India 1.7: Architecture and Art of the Deccan Sultanates* (Cambridge, 1999)

Moon, Sir Penderel, *The British Conquest and Dominion of India* (London, 1989)

Moreland, W.H., 'From Gujerat to Golconda in the Reign of Jahangir', in *Journal of Indian History*, Vol. XVII, 1938, pp.139–50

Morris, James, *Heaven's Command: An Imperial Progress* (London, 1973)

Morris, Jan, *Stones of Empire: The Buildings of the Raj* (Oxford, 1983)

Moynihan, Elizabeth B., *Paradise as a Garden in Persia and Mughal India* (New York, 1979)

Moynihan, Elizabeth B., *The Moonlight Garden* (Washington, 2000)

Mukherjee, S.N., *Sir William Jones: A Study in Eighteenth-Century Attitudes to India* (Cambridge, 1968)

Nayeem, M.A., *Mughal Administration of the Deccan under Nizamul Mulk Asaf Jah (1720–48)* (Bombay, 1985)

Nilsson, Sten, *European Architcture in India 1750–1850* (London, 1968)

Parker, Geoffrey, *The Military Revolution* (Oxford, 1988)

Pearse, *Life of Alexander Gardiner* (London, 1920)

Pearson, M.N., *The New Cambridge History of India 1.1: The Portuguese in India* (Cambridge, 1987)

Peirce, Leslie P., *The Imperial Harem: Women and Sovereignty in the Ottoman Empire* (New York, 1993)

Pieper, J., 'Hyderabad: A Qu'ranic Paradise in Architectural Metaphors', in A. Peruccioli (ed.), *Environmental Design*

Priolkar, A.K., *The Goa Inquisition* (Bombay, 1961)

Rao, P. Setu Madhava, *Eighteenth Century Deccan* (Bombay, 1963)

Regani, Sarojini, *Nizam–British Relations 1724–1857* (New Delhi, 1963)

Ridgeway, Christopher and Williams, Robert (eds), *Sir John Vanbrugh and Landscape Architecture in Baroque England* (London, 1999)

Robb, Peter, 'Clash of Cultures? An Englishman in Calcutta', SOAS Inaugural Lecture, 12 March 1998 (London, 1998)

Roberts, Andrew, *Napoleon and Wellington* (London, 2001)

Saksena, Ram Babu, *European and Indo-European Poets of Urdu and Persian* (Lucknow, 1941)

Sanders, Charles Richard, *The Strachey Family 1588–1932: Their Writings and Literary Associations* (New York, 1968)

Sarkar, Jadunath, 'General Raymond of the Nizam's Army', in Mohammed Taher (ed.), *Muslim Rule in the Deccan* (Delhi, 1997)

Saroop, Narindar, *A Squire of Hindoostan* (New Delhi, 1983)

Scammell, G.V., 'European Exiles, Renegades and Outlaws and the Maritime Economy of Asia c.1500–1750', in *Modern Asian Studies*, 26, 4, 1992, pp.641–61

Schimmel, Annemarie, *Islam in the Indian Subcontinent* (Leiden-Koln, 1980)

Shreeve, Nicholas, *Dark Legacy* (Arundel, 1996)

Shreeve, Nicholas (ed.), *From Nawab to Nabob: The Diary of David Ochterlony Dyce Sombre* (Arundel, 2000)

Spear, Percival, *The Nabobs* (Cambridge, 1963)

Strachey, Barbara, *The Strachey Line* (London, 1985)

Strachey, Edward, 'The Romantic Marriage of James Achilles Kirkpatrick, Sometime British Resident at the Court of Hyderabad', in *Blackwood's Magazine*, July 1893

Subrahmanyam, Sanjay, *Improvising Empire: Portuguese Trade and Settlement in the Bay of Bengal 1500–1700* (Delhi, 1990)

Subrahmaniyam, Sanjay, *The Portuguese Empire in Asia: A Political and Economic History* (London, 1993)

Surorova, Anna A., *Masnavi: A Study of Urdu Romance* (Karachi, 2000)

Tamaskar, B.G., *Life and Work of Malik Ambar* (Delhi, 1978)

Teltscher, Kate, *India Inscribed: European and British Writing on India 1600–1800* (Oxford, 1995)

Thompson, Edward, *The Life of Charles Lord Metcalfe* (London, 1937)

Toibin, Beth, *Picturing Imperial Power: Colonial Subjects in Eighteenth Century British Painting* (Duke, 1999)

Wagoner, Philip B., '"Sultan among Hindu Kings": Dress, Titles and the Islamicization of Hindu Culture at Vijayanagar', in *Journal of Asian Studies*, Vol. 55, No. 4, November 1996, pp.851–80

Weller, Jac, *Wellington in India* (London, 1972)

Wilkinson, Theon, *Two Monsoons* (London, 1976)

Young, Desmond, *Fountain of Elephants* (London, 1959)

Zaidi, S. Inayat, 'European Mercenaries in the North Indian Armies 1750–1803 AD', in *The Ninth European Conference on Modern South Asian Studies*, Heidelberg, 9–12 July 1986

Zaidi, S. Inayat, 'French Mercenaries in the Armies of South Asian States 1499–1803', in *Indo-French Relations: History and Perspectives* (Delhi, 1990)

Zebrowski, Mark, *Deccani Painting* (London, 1983)

Zebrowski, Mark, *Gold, Silver and Bronze from Mughal India* (London, 1997)

译名对照表

Adam，Robert 罗伯特·亚当

Adams，William 威廉·亚当斯

Ad Begum 阿德夫人

Agra 阿格拉

Ahmednagar 艾哈迈德讷格尔

Akbar I，Shah 阿克巴一世皇帝

Akbar II，Shah 阿克巴二世皇帝

Akil ud-Daula. See Khan，Bâqar Ali 阿基勒·道拉，即巴卡尔·阿里·汗

Alam II，Shah 沙·阿拉姆二世

Alam Bahadur（Mir Abul Qasim）米尔·阿拉姆·巴哈杜尔（米尔·阿布·卡西姆）

Albuquerque，Afonso de 阿方索·德·阿尔布开克

Alexander，Major 亚历山大少校

Ali，Meer Hassan 米尔·哈桑·阿里

Ali Jah 阿里·贾赫

Ali Khan，Nizam of Hyderabad，Asaf Jah II 阿里·汗，海德拉巴的尼查姆，即阿萨夫·贾赫二世

Allard，Bannou Pan Dei 班努·潘·戴·阿拉德

Aloopaim，Maham 玛哈姆·阿鲁派姆

Anaga，Maham 玛哈姆·阿娜嘉

Anderson，David 戴维·安德森

Anderson，James 詹姆斯·安德森

Annals and Antiquities of Rajasthan（Todd）《拉贾斯坦历史与古迹》（托德）

Arcot, Nawab of 阿尔果德的纳瓦布

Aristu Jah 阿里斯图·贾赫

Asadullah, Mir 米尔·阿萨杜拉

Asaf Jah（Nizam ul-Mulk）阿萨夫·贾赫（尼查姆·穆尔克）

Asaf Jah II（Nizam Ali Khan）阿萨夫·贾赫二世（尼查姆阿里·汗）

Asaf Jah III（Akbar Ali Khan）阿萨夫·贾赫三世（阿克巴·阿里·汗）

aseels 阿熙尔女仆

Asiatic Journal《亚洲杂志》

Asiatic Society of Bengal 孟加拉亚洲学会

Atagha Khan 阿塔加·汗

Aurangabad 奥郎加巴德

Aurangzeb 奥朗则布

Avadh, Nawab of 奥德的纳瓦布

Badshahi Ashur Khana 巴德沙希哀悼大厅

Bahar-i-Ishq（Shauq）《爱的春天》（肖克）

Baillie, Ewen 尤恩·贝利

Baird, David 戴维·贝尔德

Baji Rao II 巴吉·拉奥二世

Bakshi Begum 巴克熙夫人

Bangalore 班加罗尔

Barlow, George 乔治·巴洛

Barnard, Andrew 安德鲁·巴纳德

Barnard, Anne 安妮·巴纳德

Barros 巴罗斯

Barun, Mama 巴伦嬷嬷

Bassein 巴塞因

Begum's Garden 夫人花园

Buller, Rose 罗丝·布勒

Burke, Edmund 埃德蒙·伯克

Burne-Jones, Edward 爱德华·伯恩-琼斯

Burton, Richard 理查德·伯顿

Calcutta 加尔各答

Calcutta Gazette《加尔各答公报》

Calcutta Telegraph《加尔各答电讯报》

Campbell, Colin 科林·坎贝尔

Canbay, Nawab of 坎贝的纳瓦布

Canon of Medicine（Ibn Sina）《医典》（伊本·西那）

Carlyle, Jane Welsh 简·韦尔什·卡莱尔

Carlyle, Thomas 托马斯·卡莱尔

Carnehan, Peachey 皮奇·卡纳汉

Champa, Mama 昌巴嬷嬷

Chand, Mir 米尔·昌德

Chanda, Raj Kanwar Bai 拉吉·坎瓦尔·白·昌达

Chanda, MahLaqa Bai 玛·拉卡·白·昌达

ChandBibi 昌德·比比

Charles II 查理二世

Char Minar 查米纳塔门

Charnock, Job 约伯·查诺克

Chinnery, George 乔治·钱纳利

Chinnery, John 约翰·钱纳利

Clive, Edward 爱德华·克莱武

Clive, Robert 罗伯特·克莱武

Close, Barry 巴里·克洛斯

Code of Gentoo Laws, A（Halhed）《印度教法典》（哈尔海德）

Collins, Colonel John 约翰·柯林斯上校

Goa 果阿

Golconda 戈尔康达

Gordon, Margaret 玛格丽特·戈登

Government Connection with Idolatry in India, The (Thompson)《政府与印度偶像崇拜的关系》(汤普森)

Grant, Charles 查尔斯·格兰特

Grant, James 詹姆斯·格兰特

Gresley, Francis 弗朗西斯·格雷斯利

Gulbadan 古尔巴丹

Gulzar i-Asafiya (Ghulam Husain Khan)《阿萨夫史集》(古拉姆·侯赛因·汗)

Guntur 贡土尔

Haidar, Zeb un-Nissa 泽布·妮萨·海德尔

Haidar Ali 海德尔·阿里

Halhed, Nathaniel Brassey 纳撒尼尔·布拉西·哈尔海德

Halifax, Lady 哈利法克斯夫人

Hamilton, Alexander 亚历山大·汉密尔顿

Hamilton, Captain 汉密尔顿上尉

Hare, David 戴维·黑尔

Hare, Doctor 黑尔医生

Harris, General 哈里斯将军

Hasan Aga (Samson Rowlie) 哈桑·阿迦 (萨姆森·罗利)

Hastings, Warren 沃伦·黑斯廷斯

Hastings Diamond 黑斯廷斯钻石

Hawkins, William 威廉·霍金斯

Hawley 霍利

Hazara 哈扎拉人

Heber, Reginald 雷金纳德·黑贝尔

Kothi 豪宅

Krishen, Gobind 戈宾德·克里香

Krishna River 克里希纳河

Laclos, Choderlos de 肖德洛·德·拉克洛

Ladies' Monitor, *A*（Stuart）《淑女宝鉴》（斯图尔特）

Lal, Rajah Chandu 拉贾·昌杜·拉尔

Layla and Majnun《蕾莉与马杰农》

Lazat al-Nissa《女子之乐》

Leachland, John 约翰·利奇兰

Legge, Thomas 托马斯·莱格

Leith, Captain 利思上尉

Leslie, Matthew 马修·莱斯利

Leyden, John 约翰·莱登

L'Inde Anglaise（de Warren）《英治印度》（德·瓦朗）

Linschoten, Jan van 扬·范·林斯霍滕

Liverpool, Lord 利物浦勋爵

Loll Bazaar mansion 劳尔集市

Lord Hawkesbury"霍克斯伯里勋爵"号

Louis, Clementina 克莱门蒂娜·路易斯

Lucknow 勒克瑙

Luft un-Nissa 拉芙特·妮萨

Ma'ali Mian 马阿里·米安

Maasir i-Alamgiri《奥朗则布本纪》

Machlibandar 玛奇里班达尔

Machlipatnam. See Masulipatam 玛奇里帕特纳姆，即默苏利珀德姆

Madhu Rao 马达夫拉奥二世

Madras 马德拉斯

Madras Courier《马德拉斯信使报》

Sharaf un-Nissa 莎拉芙·妮萨

Shauq 肖克

Shirley, Thomas 托马斯·舍利

Sholapur 索拉普

Shooter's Hill 射手山

Shore, Frederick 弗雷德里克·肖尔

Shore, John 约翰·肖尔

Shushtar 舒什塔尔

Shushtari, Abdul Lateef 阿卜杜勒·拉蒂夫·舒什塔里

Shushtari, Sayyid Ali 赛义德·阿里·舒什塔里

Shushtari, Sayyid Reza 赛义德·礼萨·舒什塔里

Shushtari, Zein ul-Abidin 扎因·阿比丁·舒什塔里

Sikander Jah 西坎达尔·贾赫

Silva, Favier de 法维耶·德·席尔瓦

Skinner, James 詹姆斯·斯金纳

Southernhay House 萨瑟恩海府

Srngaramanjari 《性爱之乐的花束》

Steuart, William 威廉·斯图尔特

Story of Wonders, The (Suroorrs) 《奇迹的故事》（苏鲁尔）

Strachey, Edward 爱德华·斯特雷奇

Strachey, George 乔治·斯特雷奇

Strachey, Jane Maria 简·玛丽亚·斯特雷奇

Strachey, Julia (née Kirkpatrick) 朱莉娅·斯特雷奇（娘家姓柯克帕特里克）

Strachey, Lytton 利顿·斯特雷奇

Stuart, Charles ('Hindoo') 查尔斯·斯图尔特（"印度教徒"）

Subsidiary Force 附属部队

Sufis 苏非派

Sulaiman Jah 苏莱曼·贾赫

图书在版编目（CIP）数据

白莫卧儿人：爱情、战争与18世纪的印度 /（英）威廉·达尔林普尔（William Dalrymple）著；陆大鹏，刘晓晖译 . --北京：社会科学文献出版社，2024. 9

书名原文：White Mughals：Love and Betrayal in Eighteenth-Century India

ISBN 978-7-5228-3409-2

Ⅰ.①白…　Ⅱ.①威…②陆…③刘…　Ⅲ.①印度-近代史　Ⅳ.①K351.43

中国国家版本馆 CIP 数据核字（2024）第 064846 号

审图号：GS（2024）1145 号。书中地图系原书插附地图。

白莫卧儿人：爱情、战争与 18 世纪的印度

著　　者／〔英〕威廉·达尔林普尔（William Dalrymple）
译　　者／陆大鹏　刘晓晖

出 版 人／冀祥德
责任编辑／沈　艺
责任印制／王京美

出　　版／社会科学文献出版社·甲骨文工作室（分社）（010）59366527
　　　　　地址：北京市北三环中路甲 29 号院华龙大厦　邮编：100029
　　　　　网址：www. ssap. com. cn
发　　行／社会科学文献出版社（010）59367028
印　　装／三河市东方印刷有限公司

规　　格／开本：889mm×1194mm　1/32
　　　　　印　张：24　插页：1　字　数：544 千字
版　　次／2024 年 9 月第 1 版　2024 年 9 月第 1 次印刷
书　　号／ISBN 978-7-5228-3409-2
著作权合同
登 记 号／图字 01-2024-4129 号
定　　价／148. 00 元

读者服务电话：4008918866